교류분석과 CKFR 심리검사를 활용한 준거 틀 사례분석

최영일 · 노정자 · 박봉근 · 서미경 · 손희란 · 조윤정 · 조찬희 · 최정온 · 허찬희 공저

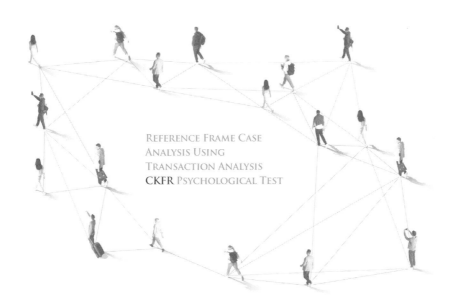

REFERENCE FRAME CASE
ANALYSIS USING
TRANSACTION ANALYSIS
CKFR PSYCHOLOGICAL TEST

학지사

교류분석과 CKFR 심리검사를
활용한 준거 틀 사례분석

머리말

CKFR 심리검사란 Choe's Korean standard Frame Reference의 약자로 교류분석 이론 중 준거 틀에 의한 심리적 현상을 측정하기 위한 한국형 준거 틀 심리검사이며 총 90개 문항으로 구성 되어 있다.

'본 심리검사'는 '2016년 2월부터 2017년 12월까지 1년 10개월간' 연구와 준비를 하여, 전국 단위 21,360명을 표집하고 부산대학교 통계연구소에 의뢰, 통계분석을 통해 개발된 교류분석 이론에 의한 심리검사로 개인의 준거 틀 탐색을 통해 개인의 심리적인 현상을 측정하여 상담, 심리치료, 의사소통, 그리고 인간을 이해하는 데 효과적인 도구로 활용된다.

준거 틀이란, 사람마다 자극에 대한 지각하는 방법과 반응하는 방법이 다르며, 특정한 자극에 대해 특정한 방법으로 반응하게 된다. 인생각본은 준거 틀의 부분을 형성하는 것으로 전체적으로 준거 틀은 많은 정의로 이루어졌다. 따라서 한 사람의 다양한 인생각본은 그 사람의 준거 틀을 형성하기 때문에 준거 틀은 그 사람의 정체성을 말해 준다.

준거 틀을 형성하는 인생각본은 어린 시절에 그 기초가 형성되고 양육자에 의해 강화되며 후속 사건에 의해 정당화되어 양자택일 선택의 순간 절정에 달하게 되는 무의식적 인생계획이다. 이러한 준거 틀은 교류분석 이론의 중요한 부분을 차지하고 있다.

교류분석 이론의 궁극적인 목적은 자율적 인간이다. 자율적 인간은 자각성, 자발성, 친밀성의 세 가지 능력을 회복하고 발휘하는 인간이다. 자각성은 남에게 배운 대로가 아니라 스스로 깨달은 것이다. 자발성은 억압받지 않는 상태에서 스스로 행동, 사고, 감정을 선택하고 표현하는 자유다. 친밀성은 개방과 수용으로 진술하고 긍정적 감정에 의한 교류이고 교감하는 것이다. 이러한 교류분석의 목적을 달성하기 위해서는, 교류분석 원리를 통해 수련하고 삶 속에서 실천하며 지행합일이 되지 않으면 어려운 문제다. 자신의 낡은 인생각본을 변화시키지 않으면 근본적으로 달라지기 어렵다. 인생각본이란 무의식적 인생계획을 말한다. 이러한 인생각본은 수많은 선입관들로 구성되어 있다. 선입관이란 내가 직접 체험하기 전에 이미 마음속에 형성된 고정관념이나 견해다. 이러한 선입관에 가장 크게 영향을 미치는 것은 양육과정이다. 양육자와 어떻게 대상관계를 통해 애착의 스트로크를 형성하였느냐에 따라 삶에 대한 인생태도가 달라진다. 이러한 인생태도는 조기 결단에 영향을 주어 인생각본을 형성한다. 사람들의 마음속에는 수많은 인생각본들이 있다. 이것들을 집약한 것이 아홉 가지 핵심 인생각본이다. 이러한 아홉 가지 핵심 인생각본은 누구나 사람들의 마음속에 내재되어 있다. 이것을 그 사람의 준거 틀이라고 하여 이것이 '삶의 현실 여과기'가 된다.

그럼 왜? 나를 변화시켜야 하겠는가? 인생각본은 무의식중에 나를 통제하고 있다는 것이다. 이러한 통제는 나의 삶에 있어서 부정적 관점을 형성하고 이에 따른 많은 스트레스가 반복되고 반복되는 스트레스는 정신적 병리상태를 만들고 정신적인 문제는 육체적 병을 낳게 된다. 우리가 어떤 병에 걸렸을 때는 그 병이 하루아침에 발생하는 것이 아니다. 그것은 이미 오랜 역기능적인 삶의 과정 속에서 만들어진 결과물이다. 따라서 지금이라도 순기능적인 삶을 살고 싶거든, 나의 삶을 변화시키자는 것이다. 변화된 삶이 되기 위해서는 나로부터 시작되어야 세상이 다르게 보인다. 세상을 바꿀 수 없다. 내가 변화하는 세상에 적응해 가면 된다. 따라서 나를 변화시키는 것은 새로운 부활이다. 내가 죽지 않고 새롭게 태어난 것이다. 이것은 행복이고 평화이고 사랑이다.

CKFR 심리검사는 영성적인 삶을 살아갈 수 있도록 안내하는 효과적인 도구라고 생각된다. 한 인간의 에고인 관념의 나는 수많은 각본으로 이루어져 있다. 이러한 각본을 집약해서 아홉 가지 핵심 각본으로 분류한다. 이 아홉 가지 핵심 각본은 세상을 받아들이고 반응하는 하나의 현실 여과다. 이것을 준거 틀이라고 한다. 이 준거 틀은 개인마다 독특하게 작동한다. 외부 환경에서 어떤 자극이 인간의 오감을 통해서 들어왔을 때 종합하여 개념을 만들고 분별하는 것이 준거 틀이고, 이러한 준거 틀에서 바로 반응을 하면 조건반사다. 그러나 준거 틀 너머에 있는 순수의식이 알아차리고 정화된 다음 반응하게 될 때 자율성의 발휘이고 자기실현이며 영성적인 행위가 되는 것이다.

개인이 자기실현을 하는 것은 자율성을 발휘하는 것이다. 이러한 자율성을 발휘하는 것은 각자 정화된 개체성을 드러내는 것이다. 이와 같은 정화된 개체성을 드러내는 삶이 영성적인 삶인 것이다.

우리는 신령한 존재이며 자유의지가 있는 존재다. 영성적인 삶은 가장 권위 있게 사는 길이다. 완성이란 없지만 지향점이 있어야 한다. 우리는 매 순간 배양되는 과정이다. 이러한 의미에서 청정한 근원인 '참나'가 경영하고 인도하는 대로 늘 소통하고 함께 했을 때 영성적인 삶을 영위할 수 있을 것이라고 믿는다.

우리는 긍정적인 존재이고, 합리적 사고를 할 수 있는 존재이며, 변화 가능한 존재다.

교류분석 이론을 바탕으로 한 이 책은 상담과 심리치료 현장에서 활동을 하고 있는 '한국교류분석상담협회 연구위원'들이 개인과 커플상담 사례를 교류분석 이론에 의한 CKFR 심리검사를 활용하여, 분석한 상담과 심리치료의 결과물이다. 이러한 결과가 앞으로 교류분석 상담과 심리치료 임상에서 하나의 방편으로 활용되고, 교류분석 상담과 심리치료에 있어서 진일보한 계기가 되었으면 한다. 아쉬운 부분이나 부족한 부분이 있다면 앞으로 계속 보완하여 완성도 높은 심리 검사지가 되도록 노력하겠다.

마지막으로, 이 책이 발간될 수 있도록 많은 도움을 주신 학지사 김진환 사장님을 비롯한 관계자 여러분께 마음속 깊이 감사드린다.

2024년 4월
최영일

교류분석과 CKFR 심리검사를
활용한 준거 틀 사례분석

차례

제1부
교류분석 이론의 실제

제1장

교류분석 개관

1. 정의 및 개념

1) 교류분석의 정의

교류분석(Transactional Analysis: TA) 이론은 자신의 내면에 세 가지 마음(P자아, A자아, C자아) 간 교류, 두 사람 간의 각각 세 가지 마음(P자아, A자아, C자아) 간 교류, 환경과 사이에서 이루어지는 교류, 자아와 순수의식과의 교류인 기도나 명상과 같은 신과의 교류를 포함할 수 있겠다. 이러한 언어적·비언어적·의식적·무의식적 교류를 분석하는 것이다. 여기서 교류란 자극과 반응이고 스트로크의 교환이며 사회적 교재의 기본 단위다.

국제교류분석협회(ITAA)에서 제시한 교류분석에 대한 정의는 "교류분석 이론은 개인의 성장과 개인의 변화를 위한 체계적인 상담이론이며 심리치료법이다."라고도 정의하고 있다. 교류분석 이론은 심리학적 접근에 있어서 심오할 뿐만 아니라 다양한 응용적 효율성을 가지고 있다고 할 수 있다.

교류분석 이론은 미국의 정신의학자 에릭 번(Eric Berne, 1910~1970)에 의해 개발된 임상심리학에 기초를 둔 인간 행동에 관한 이론체계이며, 이에 의거한 상담과 심리치료법이다. 교류분석 이론은 개인의 성장과 변화를 위한 체계적 심리치료법으로 성격이론, 의사소통 이론, 아동발달 이론, 병리학 이론을 포함하고 있다(Stewart & Joines, 1987). 사람은 심리학적으로 마음이 어떻게 구조화되었고, 기능하는지를 다루는 성격이론과 인간관계에서 자아상태가 어떻게 교류하고 기능하는지를 다루는 의사소통 이론, 우리의 현재 생활패턴이 어린 시절로부터 어떻게 유래되었는지를 다루는 아동발달 이론, 인간의 삶 속에서 잘못된 생활각본으로 인한 자멸적이거나 고통스러운 결과가 어떻게 만들어졌는지를 다루는 병리학 이론으로 이루어졌다.

　이러한 교류분석 이론을 활용한 3대 영역은 임상, 교육, 그리고 조직(경영 및 행정)이다. 임상 영역은 상담과 심리치료의 영역으로 생활문제에서부터 심각한 정신장애까지 치료하는 데 활용 가능하다. 이러한 영역은 개인, 집단, 가족 내에서 사용되는 치료방법을 제공하고 있다. 교육의 영역은 교육적이고 예방적인 교육현장에서 상담과 코칭으로 활용된다. 예를 들자면, 부모교육이나 부부교육, 교사교육, 청소년과 노인교육 등에 활용할 수 있다. 조직(경영 및 행정)의 영역은 회사, 사회복지시설, 경찰, 보호관찰소, 교회 등에서 효과적인 공동체 환경을 만들기 위해 구성원의 스트레스를 줄이고, 창조성을 극대화시킬 수 있는 상담, 코칭, 컨설팅 등에 활용할 수 있다.

2) 교류분석의 개념

　교류분석(Transactional Analysis: TA)은 '정신분석학의 구어판(口語版)'이라고도 불린다. 이렇게 부르는 이유는, 교류분석은 드러난 말이나 행동을 통하여 그 사람의 마음을 읽은 방법으로 자아상태(P자아, A자아, C자아)의 관찰 가능한 현상에 근거를 두기 때문이다. 또한 정신의학에서 사용하지 않는 일반인도 알기 쉬운 새로운 용어를 사용했기 때문이다. 즉, 비전문가와도 소통할 수 있는 일반적인 용어를 사용했다는 것이다.

　최초의 이론체계는 에릭 번이 발표한 「교류분석-새로운 효과적 집단치료법」(1958)이라는 논문이 그 발단이다. 초기의 교류분석은 정신분석의 이론의 창시자인 프로이트(S. Freud)의 심리성적 사고방식과 인간의 내적인 경험이나 무의식보다는 외부로부터 관찰 가능한 행동을 연구의 출발점으로 하고 있는 왓슨(G. B. Watson) 등의 행동주의를 기초로 하고 있다. 이러한 에릭 번의 새로운 방식이나 방법의 도입은 새로운 방향을 제시하고 있다.

　에릭 번 사후 그 후계자들은 초기 교류분석 이론의 인지적 측면의 편향을 극복하기 위해 펄스(Fritz Perls)의 게슈탈트 심리학(Gestalt Psychology)을 도입하고 그 후 다양한 상담 이론을 접목시켰다. 오늘날 현대 교류분석 이론은 다양한 상담 이론이 접목된 교류분석 통합 이론을 완성하였다.

　1971년에 교류분석 저널에서 교류분석 이론 및 실제에 뚜렷한 공적을 남긴 사람에게 수여하는 에릭 번 기념 과학상을 제정하였다. 이 후 많은 에릭 번 기념 과학상을 수상한 이론들이 나와 현대 교류분석 이론의 근간을 이루고 있다.

2. 교류분석의 지향점

1) 교류분석 철학과 기본 원리

교류분석 인간관은 결정론을 반대하는 철학적 가정에 따라 인간은 자율적인 존재이다. 스스로 깨닫고, 자유롭게 선택하고, 선택에 따른 책임을 지고, 진실한 교류를 하는 존재라는 것이다. 자율적인 인간으로 회복되고 발휘하는 것이 교류분석의 목적이다.

① 인간은 긍정적인 존재다

인간은 누구나 가치 있고 존엄한 존재라는 것은 어떤 인간의 행동에 대한 긍정성이 아니라 인간 존재로서 본질에 대한 긍정성을 말한다. 이것은 다음과 같은 것을 의미한다. 모든 인간은 인간으로서의 가치, 유용한, 존엄성을 갖고 있다는 것이다. 나는 항상 상대를 있는 그대로 받아들인다. 상대의 행동이 아니라 인간 존재로서 상대의 본질은 나에게 긍정이라는 것이다.

② 인간은 누구나 합리적인 사고능력을 가지고 있다

심각한 뇌 손상을 입은 경우를 제외하고 모든 사람들은 충분이 사고할 수 있는 능력을 가지고 있다. 따라서 사람들은 자신이 결정한 삶의 목표와 행동들에 대해 책임을 지고 자신이 설정한 목표에 도달하기 위한 삶을 산다.

③ 인간은 자신의 운명을 자신이 결정하고 그 결정을 바꿀 수 있다

교류분석은 결정론에 반대하는 입장이다. 우리는 매 순간 최상의 선택을 하고 바꿀 수 있다. 따라서 과거의 결정에 대해 재검토하고 초기 결단이 타당하지 않다고 판단될 때 새로운 결단을 내려 운명을 개척할 수 있다는 것이다.

2) 교류분석의 목적

교류분석의 목적은 자율적인 인간으로 자율성을 회복하고 발휘하는 데 있다. 자율성을 회복한다는 것은 각본으로부터 자유로써, 각본 신념에 따라 반응하지 않고 지금 여기의 현실에 대한 반응으로써 사고, 감정, 행동을 나타낸다. 자율성의 획득은 자각성, 자발성, 친밀성의 세 가지 능력의 회복과 발휘에 의해서 나타난다. 자각성이란 남에게 배운 대로가 아니라 스스로 깨닫는 것이고, 자발성은 스스로 사고, 감정, 행동을 선택하고 표현하는 자유다. 친밀성은 개방과 수용으로 솔직하고 긍정적 감정에 의한 진실한 교류와 교감을 하는 것이다.

3) 교류분석의 기본적 사고방식

교류분석의 기본적 사고방식은 자타긍정성에 대한 확신, 자기존중감 증진에 대한 확신, 모든 것은 마음이 만든다는 확신, 죄업 단절에 대한 확신, 마음을 정화할 수 있다는 확신을 가지고 있다.

① 자타긍정성(OKness)에 대한 확신

먼저 자신을 이해하고 수용하고 신뢰하는 자기긍정성을 통해 타인을 이해와 수용으로 신뢰하여 결국 자타긍정성에 대한 확신을 갖는다.

② 자기존중감 증진에 대한 확신

자기는 천상천하유아독존이라 한다. 우주에 유일무이한 독특한 존재란 것이다. 따라서 이러한 자신의 소중함을 깨달았을 때 진정한 자기를 이해하고, 수용하고, 신뢰하고, 개발하여 독특한 자기를 실현할 수 있다는 것이다.

③ 모든 것은 마음이 만든다는 확신

미국의 심리학자 윌리엄 제임스(William James)는 사고는 감정을 낳고 감정은 행동을 하게 하고 행동의 반복은 습관을 만들고, 습관은 성격을 형성하고 성격은 운명을 결정하다고 주장하였다. 또한 불교 경전 중 하나인 『화엄경』에 일체유심조란 말이 있다. 6근(안, 이, 비, 설, 신, 의-감각기관)과 6경(색, 성, 향, 미, 촉, 법-대상)이 접촉할 때 느낌에 의한 생각(사고)이 일어난다. 즉, 모든 것은 그대로인데 마음(사고)이 호불호를 만든다는 것이다. 따라서 마음의 본질인 생각(사고)을 바꾸면 운명을 바꿀 수 있다는 것이다.

④ 죄업 단절에 대한 확신

가장 가까운 타인인 부모는 우리에게 많은 은혜를 베풀지만 또한 깊은 상처를 주기도 한다. 어린 시절 부모의 양육과정에서 부모의 영향으로 지금 여기에 적합하지 않은 각본을 갖게 되어 부모의 죄업을 대물림하게 된다. 이러한 대물림을 끊기 위해 부모의 죄업을 지금 여기로 가져와 토설하고 직면하여 감정을 정화해야 한다. 결과 대물림을 끊고 낡은 각본에서 벗어나 자율적인 인간이 될 수 있다는 것이다.

⑤ 마음 정화에 대한 확신

실제 우리는 완전성을 지니고 있는 순수의식(신성 또는 불성)인데 에고(자아 또는 관념의 나)의 작용에 의해 개인마다 독특한 모습을 나타낸다. 그러므로 교류분석의 지혜로 에고(자아 또는 관념의 나)를 잘 정화하면 우리의 본성인 자율성이 회복되고 발휘될 수 있다는 것이다.

4) 교류분석의 성격이론

손디(L. Szondi)는 성격은 유전이라 했고, 융(C. G. Jung)은 성격은 변하지 않는 다는 불가소성의 입장을 취하고 있다. 그러나 교류분석은 이러한 결정론에 반대하는 입장이다. 근대 심리학의 창시자인 윌리엄 제임스는 인간은 변화가 가능한 가소성의 동물이라고 주장한다.

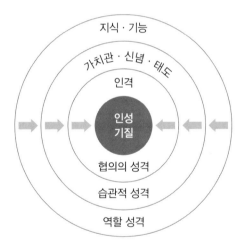

[그림 1-1] 교류분석 이론의 성격 범위도

교류분석에서 협의의 성격은 교정하기 쉬운 일은 아니지만 습관적 성격이나 역할 성격은 교정 가능하다고 주장한다. 자기분석을 통해 성격을 교정하여 자기변혁을 할 수 있다는 것이다. 교류분석에서 성격은 협의의 성격과 습관적 성격, 역할 성격으로 나눌 수 있는데 협의의 성격은 성격의 기초인 기질과 환경의 반응에 의해서 형성된 인격이다. 기질은 생물학적 뇌의 구조차로 기질에 따라 활동 수준(남자와 여자의 차이)과 자극의 민감성(정서의 개인차), 공포의 수준(공포의 개인차), 사회성(사람과 개방성), 진정능력(정서적 안정감)이 사람마다 다르다. 최근 후성유전학에 이론에 의하면 기질도 변화된다고 한다. 그렇다면 인간에 있어서 고정된 것은 하나도 없다는 것이다. 따라서 교류분석 이론에서는 성격은 교정을 통해서 얼마든지 자기변혁이 가능하다는 것이다.

5) 교류분석 상담과 심리치료

교류분석은 정신분석의 구어판으로 인지, 정서, 행동 이론을 바탕으로 현재에 기반을 두고 과거의 기억을 지금 여기에 재경험하게 하는 방법인 현상학적인 방법으로 여러 가지 환경의 영향으로 잃어버린 자율성을 회복하고 발휘할 수 있도록 하는 내담자 중심 상담과 심리치료법이다. 교류분석의 적용은 인지, 정서, 행동의 마음에 통합과 마음과 몸 그리고 영적인 영역까지 통합을 위한 상담과 심리치료에 적용이 가능하다.

6) 교류분석 상담 원리

교류분석 상담과 심리치료의 기본 원리는 다음의 세 가지 실천 원리를 바탕으로 실시한다. 이와 같은 세 가지 실천 원리는 교류분석의 인간관에서 인간은 긍정적, 합리적, 변화 가능한 존재로 가정하고 있기 때문에 인간의 뇌에 손상이 없는 한 교류분석의 인간관에 의해 내담자 중심의 상담과 심리치료를 실천할 수 있다는 것이다.

① 결단 모델(decision model)

유아기의 어떠한 결단이 현재의 행동에 불쾌한 결과를 가져왔다면 그 결단을 추적해 새롭고 보다 적절한 결단으로 바꿈으로써 삶을 변화시킬 수 있다는 원리다.

② 계약적 방법(contractual method)

상담자나 내담자가 공동 책임을 갖기 위해 계약을 함으로써 상담의 목적을 명확히 하고, 치료 동맹관계를 분명히 하여 연대책임을 갖게 하고, 수동적 · 의존적 자세를 탈피하게 하기 위한 원리다. 교류분석 상담은 계약으로 시작해서 계약으로 끝난다고 해도 틀린 말이 아니다. 그 만큼 교류분석에서 상담 계약은 중요한 의미를 가지고 있다.

③ 공개적 의사소통(open communication)

상담자와 내담자는 변화 도모를 위한 작업에 있어서 정보를 개방해야 한다는 원리다.

7) 교류분석 상담과 심리치료 과정

교류분석 상담과 심리치료는 맨 먼저 계약으로부터 시작한다. 계약이 없다면 교류분석 상담이 아니다. 상담 계약을 에릭 번은 무엇을 할 것인가에 대한 잘 정의된 두 사람의 공약이라고 했다. 교류분석 상담의 계약에는 크게 두 가지로 되어 있다. 하나는 상담 업무 계약이고 하나는 상담치료 계약이다. 상담업무 계약은 제공된 서비스의 조건과 기간을 명시한다. 기본 요소는 시간, 기간, 비용, 약속을 어겼을 때 방침, 업무시간 외 접촉, 윤리강령 등이고, 상담치료 계약은 효과적 상담과 심리치료를 위한 계약으로 다시 성과계약(목표계약)과 행동계약으로 나눈다. 모든 계약은 명확하고 융통성 있는 계약이 되어야 하고, 계약은 감각에 기초한다는 것을 명심해야 한다. 즉, 계약이 우리의 오감을 사용해 성과를 점검해 볼 수 있는 방법으로 진술되어야 한다는 뜻이다. 정서적으로 느낀다가 아니라 신체적으로 느낀다는 것을 강조한 것이다.

자아상태 구조, 기능 분석에서는 인간의 성격은 어떻게 구성되어 있고 기능하는지 분석하고 자신의 성격을 이해한다.

교류패턴 분석과 인정자극, 개인 분석에서는 대인관계 존재 방식을 분석 이해한다. 교류패턴 분석에서는 사람들은 인간관계를 할 때 어떤 방식으로 교류하는지 분석하고, 인정자극에서는 인간을 지탱하게 해 주는 몸과 마음의 영양물이 무엇인가를 다룬다. 심리게임 분석에서는 대인관계 중에 되풀이되는 힘들고 편치 않는 인간관계는 왜 그런지에 대해 분석한다.

인생태도에서는 사람이 살면서 갖는 삶에 대한 태도는 어떤 것인가를 자기와 타인에 대한 마음가짐을 분석하고 이해한다.

시간의 구조화에서는 인생이란 시간을 어떻게 각자 꾸려 나가는지 시간의 사용을 분석하고 이해한다.

각본 분석에서는 인생을 하나의 드라마로 보고 자신이 현재 연기하고 있는 각본을 분석하고 무의식적 인생계획을 이해한다.

이러한 분석을 통해 참자기를 발견하고 재결단을 통해 자율성을 회복하여 실존적 인간이 되도록 한다.

실존적 인간이란 시키는 대로 임무만 수행하는 도구적 인간이나, 이상이나 동경을 따르는 이상적 인간이 아니라 실제 존재하는 인간으로 과거, 미래가 아닌 지금 여기에 살고 자기 삶의 주인이 자기란 것을 자각하는 것이다.

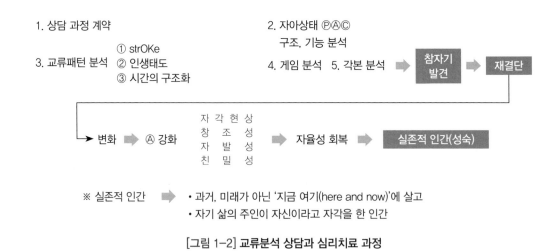

[그림 1-2] 교류분석 상담과 심리치료 과정

8) 교류분석의 활동 영역

교류분석의 3대 활동 영역은 임상, 교육, 조직(경영 및 행정)이다. 임상은 생활문제에서부터 심각한 정신장애까지 상담에서 심리치료 영역으로 상담센터나 병원에서 개인, 집단, 가족, 아동, 청소년, 노인에게 교류분석 이론을 활용할 수 있다. 교육은 교육현장에서 교육적이고 예방적인 역할을 하는 독특한 치료 개념으로 교류분석 이론을 활용하고 있다. 조직은 직원의 스트레스를 줄이고 창조성을 최대화하며 효과적인 작업환경을 만들기 위해 회사, 사회복지시설, 경찰, 보호관찰소, 교회 등에서 상담, 코칭, 컨설팅에 교류분석 이론을 활용하고 있다.

제2장

교류분석의 핵심 이론

1. 자아상태 분석

1) 자아상태 이해

(1) 자아상태 구조

불교 경전 중 하나인 『화엄경』에 일체유심조라는 말이 있는데 이는 일체 모든 것은 오직 마음의 조화라는 뜻이다. 행복과 불행도 마음의 조화요, 성공과 실패도 마음의 조화다. 이러한 마음의 본질은 생각이다. 우리가 어떤 사고를 하느냐에 따라 우리의 운명이 결정된다고 해도 무리한 말은 아닐 것이다. 근대 심리학의 창시자인 윌리엄 제임스(William James)는 "사고(생각)는 감정(느낌)을 낳고, 사고와 감정은 행동을 낳는다. 행동의 반복은 습관을 낳고, 습관은 성격을 낳으며 이러한 성격은 한 개인의 태도, 가치관, 신념을 형성하여 이윽고 개인문화를 형성해서 결국 한 사람의 운명을 결정짓는다"고 말했다. 이러한 마음은 어떤 구조를 하고는 있을까? 교류분석의 창시자인 에릭 번(Eric Berne)은 이러한 마음을 자아상태(ego-states)라 하여 "사고 및 감정, 이에 관련된 일련의 행동 양식을 종합한 하나의 시스템"이라고 정의하고 있다. 자아상태는 어버이 자아, 어른 자아, 어린이 자아의 세 가지 구조로 되어 있는데, 부모나 부모처럼 여겨지는 사람을 모방하는 방식으로 행동하고 사고하고 느낄 때, 나는 어버이 자아상태에 있다고 하고, 성인으로서 가지는 모든 능력을 사용하여, 나를 둘러싼 사건들에 대하여 지금 여기에서 반응하는 방식으로 행동하고 사고하고 느낄 때, 나는 어른 자아상태에 있다고 말한다. 그리고 어린아이였을 때 한 것과 같이 행동하고 사고하고 느낄 때, 나는 어린이 자아상태에 있다고 한다.

다음은 세 가지 자아상태의 예를 들고 각각의 단서와 파악방법을 보다 쉽게 이해할 수 있는

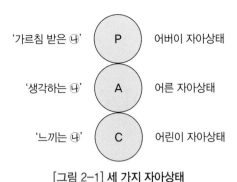

'가르침 받은 ㉯'   P   어버이 자아상태

'생각하는 ㉯'   A   어른 자아상태

'느끼는 ㉯'   C   어린이 자아상태

[그림 2-1] 세 가지 자아상태

구체적인 내용을 들어 보겠다.

① 어버이 자아상태(Parent Ego State)

번(Berne, 1964)에 의하면, 어버이 자아상태는 출생에서부터 5년간 외계의 경험원들, 주로 부모를 모방학습하여 형성된 태도 및 기타 지각 내용과 그 행동들로 구성된다. 다시 말하면, 어버이 자아상태는 자신의 생활 가운데서 의미를 부여하는 타인들, 즉 부모나 그 밖의 부모 대리인들이 말하고 행동하는 것들을 듣고, 관찰하는 내용들이 어버이 자아상태라고 하는 고성능의 테이프에 기록되어 내면화된 것이라 할 수 있다. 이러한 어버이 자아상태의 형성 과정의 특징은 거의 무의식적으로, 비판에 의하여 교정됨이 없이 바로 받아들여져서 내면화된 것이라는 점이다. 출생에서 5세까지의 어린아이는 의존성과 언어로 의미를 구성할 수 없는 무능력으로 특정지어지는 때다. 그러므로 모방이나 학습의 과정에서 감지하는 자료들을 변동하거나 수정하거나 또는 설명할 수가 없는 것이다. 그렇기 때문에 무비판적으로 진정한 의미를 파악하지 않고 무조건 수용된 낡은 어버이 자아상태의 자료에 의한 우리의 행동은 비현실적이고, 독선적이며, 무조건 금지적이며, 또한 부적절하게 나타나게 되는 경우가 많게 된다. 따라서 우리들의 행동 가운데서 융통성이 없는 무조건 금지적이고 독선적이며 비판적인 행동들은 이 어버이 자아상태의 기능 작용에 의한 것으로 분석할 수 있다.

사람이 어버이 자아상태에 있을 때에는 질책하는 자세로 "밤을 새워 바둑을 둬서는 안 돼!"와 같은 경우나 상대에게 힘이 되어 주는 것과 같이 "아주 어려운 것 같군. 힘이 되어 주도록 하겠네." 등에서 볼 수 있듯이 과거 부모가 했던 것과 같이 질책하거나 원조하게 된다.

② 어른 자아상태(Adult Ego State)

어른 자아상태는 생후 10개월경 어린아이가 자기 자신의 자각과 독자적 사고가 가능해짐에 따라 자신이 혼자서 어떤 일을 해낼 수 있다는 자신감을 갖게 되면서 서서히 형성되기 시작한다(Harris, 1967). 그러므로 어른 자아상태는 어버이 자아상태나 어린이 자아상태와는 달리 어떤 것을 지금 여기서 혼자서 해낼 수 있는 어린아이의 자신감 위에 형성된다는 것이 특징이다.

이러한 어른 자아상태는 일종의 컴퓨터와 같은 기능을 갖고 있는 것으로 볼 수 있다. 즉, 어른 자아상태는 추리하고, 외부의 자극들을 평가하고, 정보들을 모아서 미래의 행동 수행에서 참고 자료로 사용할 수 있게 저장한다. 나아가서 어른 자아상태는 수집, 저장된 자료들과 새로이 현재 수집된 자료들을 근거로 하여 어떤 결정을 집행할 수 있게 한다. 또 독립적으로 살아갈 수 있게 하며, 보다 선택적으로 행동할 수 있게 된다.

어른 자아상태는 객관성의 잣대를 제공해 준다. 개인은 어른 자아상태를 통해서 자신을 보다 현실적으로 검증할 수 있다. 즉, 어른 자아상태는 어버이 자아상태에 기록된 자료의 진실 여부가 현재에도 적용될 수 있는가를 확인하고, 그 자료의 용납과 거부를 결정하는 기능과, 어린이 자아상태에 기록되어 있는 감정들이 현재 상황에도 적절한 것인가, 아니면 어버이 자아상태의 고루하고 낡은 자료에 대한 반응 형식인가를 알아보는 검토 기능을 가지고 있다. 다시 말해서 어른 자아상태는 어버이 자아상태와 어린이 자아상태의 자료들을 검토하여 어버이 자아상태에 의한 편견이나 독선을 그리고, 어린이 자아상태에 근거하는 현실적으로 부적절하고 유치한 부적응 행동을 방지하고자 하는 것이다. 그러므로 어른 자아상태가 언제나 어버이 자아상태와 어린이 자아상태의 행동을 거부하는 것은 아니고, 상황에 맞추어 적절하게 나타날 수 있도록 조정하는 것이다(James, 1973).

한 개인이 여러 가지 행동들을 할 수 있다. 그때, 그의 어른 자아상태는 여러 가지 행동 과정들의 결과들을 예측할 수 있어서 후회나 실패의 가능성을 최소화하고, 창의적으로 성공의 가능성을 증대시킬 수 있게 한다.

이와 같은 기능을 하는 어른 자아상태를 우리는, 눈을 깜박이며 골똘히 사고하고 있는 표정, 적극적으로 경청하는 자세, 여러 가지 가능성을 탐색하는 행동에서, 그리고 '비교적 ～하다', '생각건대', '내가 알기로는' 등과 같은 언어들이 포함되는 언어적 표현들을 통하여 알 수 있다(Harris, 1967).

사람이 어른의 자아상태로부터 심적 에너지를 방출하고 있을 때는 바른 자세와 냉정한 태도로 '어떻게 하면 해결할까? 어쨌든 확실히 보기로 하자'는 경우와 같이 사실에 입각한 냉정한 판단에서 이론적으로 해결하려고 한다.

③ 어린이 자아상태(Child Ego State)

울램스(Woollams, 1976)에 의하면, 어린이 자아상태는 인간 개체 내에서 자연히 나타나는 생득적인 모든 충동과 감정들, 그리고 그의 생의 초기에 경험하는 사태들에서 느끼게 된 감정들과 그러한 감정들에 대한 반응 양식들로 구성된다. 생의 초기에 수반되었던 감정들이란 주로 출생 후 5세경까지의 외적 사태들(주로 부모와 관련된)에 대한 느낌 차원의 반응, 즉 감정적인 반응으로서 외적 사태들에 대한 그 어린아이의 감정적 반응체제가 내면화된 것이다. 그런데 어린아이가 생의 초기에 갖게 되는 감정적 경험은 그에게 있어서 결정적으로 중요한 의미를 갖게 된다. 이때 경험하게 되는 부정적 감정이 그 어린아이로 하여금 자기부정적 자아(I'm not OK)를 형성하도록 하기 때문이다.

　인생 초기의 어린아이들은 그 감정들을 표현할 수 있는 언어적 능력이나 어휘를 거의 가지고 있지 못하기 때문에 글들이 갖는 경험 상태에 대한 반응의 대부분이 내적인 감정적 반응이다. 물론 그러한 감정적 반응들 가운데는 경험 상태에 따라 긍정적인 경험도 혹은 부정적인 경험도 모두 포함될 수 있다. 그러나 대체로 생의 초기에 어린아이들의 낯설고 서툰 환경에 던져진 상태에서 적응 행동을 시행착오적으로 학습해 나가는 동안 불가피하게 당면할 수밖에 없는 다양한 욕구 좌절의 경험들이 따르게 마련인데, 이때 많은 부정적 감정들을 경험하게 된다. 따라서 이러한 부정적 감정들이 기초가 되어 어린아이는 자기부정적인 자아를 형성하게 되는 것이다.

　"야! 멋있어! 놀랐는데!"와 같이 느낀 그대로를 표현하거나 "저런 저렇게 굽히고 나올 수가 있나. 상대가 나빴기 때문일 거야."와 같이 본래의 감정을 억제한 언동을 취할 때에는 어린이 자아상태에서 에너지를 방출하고 있는 것이다.

　그러면 어떤 S교사의 자아상태 변화의 사례를 들어 보기로 하자. S교사가 교실에서 수업을 하고 있다. S교사는 수업을 진행하면서 한 학생, 한 학생을 관찰하고 학생들의 반응을 보고 있다. S교사는 지금 여기에서 자신을 둘러싸고 있는 학생들에 반응하면서 수업을 진행하고 있는 것이다. 이때 S교사는 어른 자아상태에 있다.

　그런데 그때 어떤 학생이 떠들기 시작했다. 그 순간 S교사는 다른 학생들의 수업에 방해가 될 것 같다는 생각이 들었다. S교사는 재빨리 그 학생이 있는 자리 옆으로 이동했다. 그랬더니 학생은 떠드는 것을 멈추고 다시 조용해졌다. 이 시간 동안 내내 S교사는 어른 자아상태에 있었던 것이다. 수업시간 느끼는 감정은 S교사가 수업 분위기가 흐트러지지 않도록 하기 위해 보다 빠르게 대처하도록 해 주며 지금 여기의 교실 분위기에 대한 적절한 반응이었다.

　그런데 잠시뿐 그 학생은 다시 계속 옆 학생과 장난을 하기 시작했다. 그러자 S교사는 학생을 향해서 이렇게 말했다. "너는 왜 자꾸 수업 시간마다 주의가 산만하니? 주의해라!" 이 순간 S교사는 어버이 자아상태로 이동한 것이다. S교사도 어렸을 때 무척 개구쟁이 아이였다. 그래서 자주 선생님들께 주의를 받곤 하였다. 그때 그 선생님들의 모습과 표현하는 말들을 보고 들었다.

　수업 시간이 다 끝나갈 무렵 그 학생은 다시 옆 학생과 장난을 하기 시작했다. 이것을 본 S교사는 화가 났다. 수업이 끝나자 그 학생을 데리고 교무실로 와서 학생과 상담을 하게 되었다.

상담을 하다 보니 중요한 회의 시간에 늦었다는 것을 알게 되었다. 학생을 보낸 다음 S교사의 마음은 가라앉고 잠시 동안 당황한 느낌을 갖는다. 지금 S교사는 어린이 자아상태로 옮겨 갔다. S교사는 옛날에 본인이 학교 다닐 때 학교에 지각해서 선생님에게서 받았다고 기억되는 벌의 위협감을 가졌던 오래된 추억을 기억했다. S교사의 당혹감은 이러한 오래된 기억에 대한 반응이며, 성인으로서의 상황에서 발생할 수 있는 어떤 것에 대한 반응은 아니다. 이 순간에 S교사는 자신이 어린 시절을 재연하고 있다는 사실을 의식적으로 자각하지는 않고 있다. 만약 당신이 S교사에게 "이런 상황이 어린 시절의 어떤 것을 회상하게 합니까?"라고 묻는다면, S교사는 의식적으로 기억을 되살려 오래된 학교 교실의 장면을 떠올릴 것이다. 그렇지 않으면 S교사는 즉시 그것들을 기억할 수 없도록 그런 고통스러운 회상들을 애써 감추어 버릴 것이다. 만약 S교사가 비록 치료를 받으러 가게 되더라도, 깊이 감춰진 기억들은 의식 속으로 후진시키기를 원했다면 더 오래 걸릴지도 모른다. 어린 시절의 감정과 생각을 이제 다시 경험함으로써 S교사는 학생이었던 몇 년 동안에 보여 주었던 어떤 행동들을 다시 보여 주고 있다. S교사의 마음은 급히 서두르고 있다. 입가로 손을 올리고 눈은 커진다. 자세히 보면 S교사는 땀을 약간 흘렸다는 것을 알 것이다. 잠시 후에 S교사는 생각한다. '잠깐만! 내가 무엇을 두려워하고 있지? 내가 늦은 이유를 말하면 다 이해할 거야. 지금부터라도 참석해서 동참하면 되겠지.' S교사는 어른 자아상태로 되돌아온다.

지금까지 기술한 사례는 S교사의 마음의 변화상태, 즉 자아상태의 변화 과정을 나타낸 것이다.

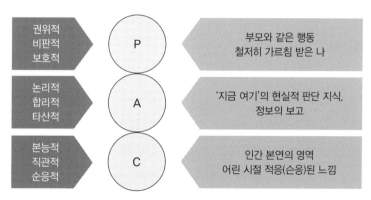

[그림 2-2] 자아상태의 개요

④ 유동적인 자아상태의 심적 에너지

자아상태 ⓟⓐⓒ의 전체 심적 에너지는 사람마다 총량이 일정하다. 따라서 상황에 따라 자아상태 ⓟⓐⓒ가 각각 잘 활성화되어야 건강하고 균형 잡힌 성격이 된다. 가치 판단이 필요할 때는 어버이 자아상태가 활성화되어야 하고, 현실 판단이 필요할 때는 어른 자아상태가 활성화되어야 하며, 본능적 판단이 필요할 때는 어린이 자아상태가 활성화되어야 한다.

어머니가 성가시게 말썽을 부리고 있는 아들을 큰 소리로 꾸짖고 있는 장면을 상상해 보자. 찌푸린 얼굴로 째지는 외마디 소리를 내고, 한쪽 팔은 공중에서 한 대 내리치려는 찰나다(Ⓟ의 자아상태). 그때 돌연 전화벨이 울렸다. 그녀는 20년 전 친했던 초등학교 동창생의 목소리를 듣는다. 그 순간 그녀의 자세는 일변하고 어조나 표정은 부드럽게 변하기 시작한다. 점차 옛날 어린 시절의 추억을 회상하고 천진난만한 모습으로 변한다(ⓒ의 자아상태). 전화를 끊은 후 말썽 부린 아이에게 그렇게 해서는 안 된다는 이유를 설명하고 그런 버릇을 고치도록 노력해 보자고 제의한다(Ⓐ의 자아상태).

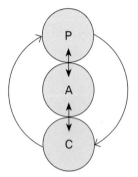

[그림 2-3] **자아상태의 유동**

이 경우에서 볼 수 있듯이 자아상태는 상황의 변화에 따라 바뀌게 된다. 또 자아상태와 자아상태의 사이는 반투막으로 되어 있어서 ⓅⒶⓒ 사이를 정신에너지가 자유롭게 이동한다는 것이다. 생화학적으로 설명하자면, 자아상태 전체는 용액이고, 자아상태 ⓅⒶⓒ는 용질이며, 심적 에너지는 용매다. 자아상태 ⓅⒶⓒ 사이는 반투막이 형성되어 있어서 심적 에너지만 유동할 수 있어야 한다.

⑤ **자아상태의 파악방법**

자아상태 ⓅⒶⓒ의 각각에 대해서 언어적 단서, 행동자세의 단서, 목소리의 단서, 얼굴 표정상의 단서에 대해서 살펴보면 다음과 같다.

◆ 「어버이」 자아상태(Ⓟ)

• 언어적 단서: 하지 않으면 안 돼, 하여야 한다, 해서는 안 돼, 하지 않으면 안 돼, 항상, 결코, 질문해서는 안 돼, 방해해서는 안 돼, 착한 아이가 되어라. 가까이서 뭐라고 말하려고 생각한다. 도와주도록……, 좋다, 나쁘다, 나보다 추하다, 아름답다, 귀엽다, 영리하다, 어처구니없다, 부질(쓸데)없다, 도리에 어긋난다, 자아! 해 봐, 괜찮겠지요, 걱정하지 말고, 너를 돌봐 줄 테니, 이렇게 하면 기분 좋게 되겠지, 성가신 놈, 두려워하지 말라 등

• 행동자세의 단서: 탁자를 친다, 손가락질해서 비난한다, 손가락질해서 위협한다, 등을 두드린다, 접촉하여 위로한다, 탁자를 친다, 눈을 위로 향해서, 지겨워하는 얼굴, 발을 쿵쿵거리고, 머리를 가로저으며 '안 돼'라고 하든가, 또는 끄덕이며 긍정적 의미를 나타낸다, 팔짱을 끼고 턱을 잡아당긴다, 얼굴을 위로 향해 훑어본다, 양보한다, 양손을 쥐고서 참는다 등

• 목소리의 단서: 징벌적, 격려적, 지지적, 동정적, 조소적, 비난적 등

• 얼굴 표정상의 단서: 용기 있는 수긍, 이마에 주름을 잡는다, 어금니를 깨문다, 동정적, 거만한 미소, 애정적, 몹시 불쾌한 얼굴 등

◆「어른」 자아상태(Ⓐ)

• 언어적 단서: 5W1H(육하원칙: 언제, 어디서, 누가, 무엇을, 어떻게, 왜), 예, 아니요, 가능성을 양자택일로 하기로 하지요, 결과는, 사실은 무엇인가, 이것은 실증되어 있지 않는 의견이다, 조사해 보도록 하자, 지금까지 무엇이 올바르게 된 것일까, 이유는 뭔가, 이것을 시도해 보겠습니까, 그렇다면 움직여 보지요, 비교해 보도록 하지요, 원인을 조사해 보자, 통계에 의하여 변경이 표시되어 있습니다, 회의는 토요일 10시입니다, 오후 3시입니다 등

• 행동자세의 단서: 수준 있는 안목에 의한 접촉, 똑바르고 굳어지지 않는 자세, 손가락으로 뭔가를 나타낸다, 이해와 확인, 관심을 보인다, 피드백한다 등

• 목소리의 단서: 냉정, 지적(서두르지 않고 솔직함), 여유 있는 정서를 구김 없이 명쾌하게, 자신의 정보를 찾거나 주거나 한다 등

• 얼굴 표정상의 단서: 주의 깊게 관찰한다, 질문하는 듯이 생생했다, 지금 여기에서의 반응, 예민한 눈빛, 자신에 찬 얼굴 모습, 사려 깊다 등

◆「어린이」 자아상태(Ⓒ)

• 언어적 단서: 어머 깜짝이야, 될 수 없다, 하고 싶지 않다, 주십시오, 알 바 없다, 원한다, 나를 귀여워 해 주세요, 이봐! 나를 좀 봐, 두려워, 도와주세요, 누구도 좋아해 주지 않으므로, 당신이 나를 울렸어요, 저는 아니에요, 그는 틀렸어, 내 쪽이 저 사람보다 나아요, 집에 돌아가고 싶다, 노는 편이에요, 체(자기의 기대나 관심에 어긋나 못마땅할 때 지르는 소리), 아이처럼 돌봐 주고 싶은 일, 과자를 더 주세요, 모두가 날 좋아해 주길 바란다, 야, 와 등

• 행동자세의 단서: 의기소침, 낙담한다, 짜증을 부리다, 즐거운 모습, 신이 나서 마음이 들뜬 모양, 머리털이 쭈뼛하고 서다, 깡충깡충 뛰어다니다, 거북해하듯, 머뭇머뭇하다(주저하다), 손톱을 깨물다, 손을 올려 신호하다, 의기소침 등

• 목소리의 단서: 목구멍에서 소리가 난다, 구슬프게 울다, 어물어물 넘기다, 어리광스런 대화 방식, 허가를 구한다, 입이 걸게 욕을 하다, 심보 나쁘게 울다, 놀리다, 토라져 침묵하다, 조소하다, 못살게 굴다, 큰 소리로 웃다, 흥분 상태에서 재빨리 큰 소리로 말하다, 농담하다, 피식피식 웃다 등

• 얼굴 표정상의 단서: 뿌루퉁한 얼굴을 하다, 타인에게 눈을 치켜뜨다, 내려뜨는 눈, 망연해한다, 기뻐하다, 흥분된 얼굴 모습, 불가사의하다는 듯, 머리를 갸웃함, 악의가 없고 순진

한, 눈을 크게 뜬 얼굴 모습, 비참하게 침울, 절망, 감탄, 눈물 흘린 눈매 등

(2) 자아상태 기능

개개인의 자아상태 ⓟⒶⓒ가 어떻게 구성되어 있는가를 알기 위한 구조 분석에 대하여 그 사람의 자아상태가 어떻게 사용하는가를 실제 면에서 알기 위한 방법이 기능 분석이다. 이것도 구조 분석과 아울러 자기이해 방법의 하나다.

기능 분석은 구조 분석 자아상태 ⓟⒶⓒ를 더욱 기능적으로 세분화하는 데에서 시작하지 않으면 안 된다. 기능 분석에서는 어버이 자아상태 ⓟ를 더욱 기능적으로 분류하여 비판적 또는 통제적 어버이 CP(Critical or Controlling Parent)와 양육적 어버이 NP(Nurturing Parent)로 나눈다 (Berne, 1970; Woolams, 1976; James & Jongeward, 1971).

다음으로 어린이 자아상태 ⓒ를 태어날 때 그대로의 자연스럽고 속박이 없는 자유스런 어린이 FC(Free Child)와 순응한 어린이 AC(Adapted Child)로 기능적으로 분류한다.

기능 분석에서도 Ⓐ는 더 이상 나누지 않고 그대로 사용한다.

그러면 다섯 가지 자아상태([그림 2-4] 참조)로 우리들의 언동이나 태도를 분류하는 '기능 분석'을 좀 더 구체적으로 보기로 하자.

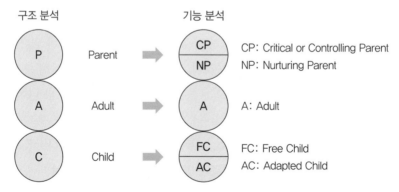

[그림 2-4] 세 가지의 자아상태와 기능 분석

① 통제적 또는 비판적 어버이(CP)

비판적 어버이(CP)는 다른 사람의 권리를 고려하지 않고 비현실적인 고집을 부리거나 또는 다른 사람의 자존심을 말살해 버리는 것과 같은 행동을 하게 한다. 그리하여 비판적인 어버이 자아상태를 자주 사용하는 사람들은 상대방을 화나게 하든지 혹은 그들로부터 따돌림을 받게 될 수도 있다. 이 어버이 자아상태는 그 개인의 도덕과 가치 판단의 모체를 내포하고 있다 (Woollams & Huige, 1977). 따라서 어버이 자아상태의 자료 속에도 많은 가치 있는 것들이 포함

되어 있는 것이다.

이러한 어버이 자아상태에 내면화되어 있는 자료들에 의한 메시지들이, 앞서 설명한 바와 같이 다른 사람들을 향하여 나타나기도 하지만 개인의 내면에서 내적 대화로서 작용할 수도 있다. 예컨대, 어떤 사람이 혼성 미팅에 관한 견해를 솔직하게 말해 보라는 요청을 받았을 때, 그는 낡은 어버이 자료 테이프로부터는 '어리석게도 다른 사람 앞에서 자신을 드러내어 놓지 말라'는 내면적 메시지를 들을 수 있다. 반면에, 어떤 사람은 같은 상황에서 '한번 용기를 내어 솔직하게 말해 보라. 두려워 말라'는 내면적 메시지를 들을 수도 있을 것이다.

CP의 경우 자신의 가치관이나 생각하는 방법을 올바른 것으로 보고 그것을 양보하려고 하지 않는 부분이다. 양심이나 이상과 깊이 관련되어 있어서 주로 비평이나 비난을 하지만 동시에 아이들이 생활하는 데 필요한 여러 가지 규칙 등도 가르친다. 비판적 어버이가 높은 사람은 타인부정형(You're not OK)인 경우가 많다.

이 비판적 어버이(CP)가 지나치게 강하면 거만하고 지배적인 태도, 명령적인 말투, 칭찬보다는 질책하는 경향 등이 있으며 상대를 질책하는 듯한 느낌을 준다. 이와 같은 비판적 어버이를 지나치게 강하게 전면에 나타내는 상사, 배우자, 교사, 부모, 친구, 등은 상대를 초조하게 하고 상대로부터 경원당하기 쉽다.

이와 같은 어버이 자아가 작용하고 있는 징후들은 얼굴 표정이나 몸짓과 같은 여러 가지 비언어적 행위를 통하여 또는 언어적 행위를 통하여 관찰할 수 있다(Harris, 1967; Woollams & Huige, 1977; Berne, 1976). 관찰할 수 있는 단서들의 예는 다음과 같다. 비판적, 훈육적, 통제적, 어버이 자아상태인 경우에는 '해라', '하지 마라'는 등의 명령, '옳다', '그르다', '좋다', '나쁘다' 등의 비판적이고 평가적인 말이나 태도 '항상 ~하다', '결코 ~', '당연한 것이야', '틀림없이 ~하다'는 등의 단정적이고 융통성이 없는 말이나 태도, 관용성이 없고, 독선적이며, 강압적으로 요구하는 것, 발로 마루를 구르는 것, 눈살을 찌푸리는 것, 머리를 가로젓는 것, 준엄한 응시, 비난이나 경멸의 동작으로 손가락을 까닥거리는 것 등을 들 수 있다.

② 보호적 또는 양육적 어버이(NP)

이것은 친절, 동정, 관용적인 태도를 나타내는 부분이다. 아이들, 부하, 후배 등을 위로하고 격려하며 친부모와 같이 돌보는 것이 이 양육적 어버이(NP)의 작용이다. 벌보다는 용서하고 칭찬하는 생활태도다. 남의 고통을 자신의 것처럼 받아들이려는 보호적이고 온화한 면을 갖고 있다. 양육적 어버이가 높고 사람은 타인긍정형(You're OK)인 경우가 많다.

이 양육적 어버이(NP)가 지나치게 강하면 아이들의 숙제를 밤중까지 해 주거나 입학시험에 아이를 따라가서 돌보아 주는 등 과보호가 되어 지나친 간섭이 되기 쉬우므로 주의해야 한다.

요컨대, 인간은 부성적인 엄격성과 이해를 가진 통제적 어버이(CP)와 모성적인 공감과 이해를 가진 양육적인 어버이(NP)라는 두 가지 면으로부터의 작용이 잘 조화될 때 건강한 성장과 발전을 이룰 수 있는 것이다.

양육적 어버이 자아상태의 단서는 '열심히 하면 된다', '최선을 다 하는 것이다', '모든 것이 잘될 것이다', '걱정할 필요 없다', '포기할 필요가 없다' 등의 격려하는 말이나 태도, 그리고 보호적 태도, 사랑스러워하는 태도, 미소 짓는 행동, 잡아 주는 것, 걱정스러워하는 태도, 껴안는 것 등을 들 수 있다.

③ 어른 자아상태(Ⓐ)

사람은 현실적응을 위해서 필요한 지식을 축적하고 그것을 합리적으로 이용하는 컴퓨터와 같은 부분을 갖고 있다. 컴퓨터와 같이 냉정히 합리적으로 사물을 판단하고 처리해 갈 때 어른의 자아상태(Ⓐ)가 작용하고 있는 것이다.

그러나 어른 자아상태의 작용은 자칫하면 개인만을 위한 보다 좋은 적응이란 틀 속에서 영위되기 쉽고 주위와의 조화가 결여될 두려움이 있다.

또 이는 우리들 성격 중에서 사실에 근거해서 사물을 판단하려고 하는 부분으로 자료를 모아 논리적으로 처리해 가는 작용을 한다. 얻어진 자료는 그대로 사용될 수 있고 과거의 지식이나 경험에 비추어서 평가 수정되기도 한다.

어른 자아상태(Ⓐ)는 감정에 지배되지 않는 자유로운 입장을 취하고 울거나 웃거나 질책하거나 비꼬거나 걱정하거나 하는 일은 없다. 이러한 의미에서 어른 자아상태는 지성, 이성과 깊이 관련되어 있고 합리성, 생산성, 적응성을 갖고 냉정한 계산에 의해 합리적 작용을 하고 있다. 그러나 어른을 이른바 통상적인 어른(성인, 성숙한 인간, 군자)이라고 보는 것은 잘못이다. 어른 자아상태(Ⓐ)가 수행하는 작용은 자료를 수집하여 이들을 다만 합리적으로 판단하는 것뿐이다.

다른 사람과의 교류하는 면에서 볼 때 어른 자아상태(Ⓐ)는 성인으로서 주위와 주거니 받거니 하는 관계를 갖는 마음씨라고 할 수 있다. 그러나 어른 자아상태(Ⓐ)가 인격 중에서 지나치게 주도권을 쥐었을 때 자기 본위와 타인 무시의 경향이 강해져서 인간미가 없는 사람이 되기 쉽다. 따라서 어버이 자아상태(Ⓟ)나 어린이 자아상태(Ⓒ)와 균형 또는 중용을 취하는 일이 중요하다.

④ 자유스런 어린이(FC)

자유스런 어린이(FC)는 자연스런 어린이(Natural Child: NC)와 작은 교수(Little Professor: LP)를 합친 개념으로 성격 중에서 가장 생래적인 부분이다. 이상적으로 말하면 자유로워서 어떤 것에도 구애받지 않는 자발적인 부분이며 창조성의 원천이라고도 할 수 있다. 그러나 제멋대로여서 의존적인 면도 갖고 있다. 자유스런 어린이(FC)가 높은 사람은 자기긍정(I'm OK)적인 면이 강하다.

자연스런 어린이(NC)는 자유롭고 검열 받지 않는 어린이 자아상태의 한 부분이다. 그것은 마치 충동적이고, 호기심과 요구가 많고, 무엇인가 갈구하면서 터치에 민감하게 반응하는 어린아이와 흡사하다. 우리가 결과를 따져 봄도 없이 하고 싶은 대로 행동할 때 그것은 우리의 내면에서 자연스런 어린이 자아상태가 작용하고 있다는 것을 말해 주고 있는 것이다. 또한 당신이 좋다는 감정을 갖고 있다든가, 무엇인가 자주 캐묻고 있다든가, 자기중심적으로 행동하고 있다거나 또는 농담을 하고 있거나, 반항하고 있다면 그것 또한 당신의 자연스런 어린이 자아상태가 작용하고 있다는 증거다. 이 자연스런 어린이 자아상태는 부모나 상관이나 연장자들의 반응에 구애됨이 없이 자발적으로 자신을 자유롭게 나타낸다. 그래서 자유스런 어린이 자아상태라고 불리기도 하는 것이다. 이것은 훈련받지 않은 있는 그대로의 어린아이라 할 수 있다.

작은 교수(LP)는 모든 사람들의 내부에 존재하고 있는 재치 있는 작은 어린아이의 모습을 나타내는 것이다. 비록 훈련을 받은 바는 없지만 어린아이들의 창의적이고, 직관적이며, 자신이 바라는 바를 얻을 수 있도록 자신과 다른 사람들을 대하는 법을 안다. 당신이 친구의 얼굴 표정을 통해서 그가 지금 어떻게 느끼고 있는가를 알게 되는 것은 당신의 직관적인 작은 교수 자아상태가 작용하고 있다는 것을 말해 주고 있는 것이다. 당신이 바닷가에서 모래성을 쌓고 있는 것이나, 당신 주위의 사람들로부터 위로를 받을 수 있는 슬픈 표정을 짓는 것 등은 바로 당신의 작은 교수 자아상태의 작용에 의한 것이다. 다시 말해서 작은 교수 자아상태는 어린이 자아상태 속에 나타나고 있는 어른 자아상태라고도 할 수 있다(Jongeward & James, 1973).

이 자유스런 어린이(FC)가 작용하고 있는 사람은 울고 싶을 때 울고, 웃고 싶을 때 웃는 등 자연의 감정을 솔직히 표현하거나 어린아이 같은 행동을 하거나 한다(순진이). 이 자유스런 어린이(FC)는 일반적으로 명랑하여 장난을 좋아하며 유머가 풍부하고 멋대로인 면이 있어서 타인에 대한 배려가 결여되기도 한다(까불이). 선천적으로 구비하고 있는 예술적인 소질이나 창의력, 직관력 등도 이 자유스런 어린이(FC)에서 나오는 것이다(꾀돌이).

어린이 자아의 기능 작용을 관찰할 수 있는 단서들은 다른 자아상태에서와 마찬가지로 비언어적 또는 언어적 단서들이다(Bennet, 1976). 자연스런 어린이의 경우 '나는 ∼원한다', '나는 할 수 있다', '나를 그냥 두세요' 등의 말이나 불안정한, 농담을 즐기는, 다정한, 호기심 있는, 발명적인, 그리고 반항적인 행동들 또한 웃음, 항변, 놀이, 눈물, 터치하기, 주시, 화내는 행동 등을 통해서 알아볼 수 있다.

⑤ 순응한 어린이(AC)

순응한 어린이(AC)는 성인들, 주로 부모들에 의하여 훈련되고, 영향을 받아 형성된 어린이 자아상태의 한 부분이다. 즉, 자연스런 어린이 자아상태의 변용을 보여 주고 있는 어린이 자아 상태의 한 부분이라 할 수 있다. 자연스런 어린이 자아상태의 자연적인 충동들이 적응적인 것으로 변용하는 것은 외상적 경험이나 훈련에 의해서 일어나게 되고, 그것은 거의 대부분 중요한 권위 인물들의 요구에 맞추려는 반응으로 나타나는 것이다. 예컨대, 어린아이는 배고플 때에 자연적으로 먹으려는 행동을 나타내도록 되어 있다. 그러나 출생 후 얼마 지나지 않아서 그 자연적 충동은 부모들에 의하여 결정된 수유 시간에 따르도록 훈련된다. 이와 같은 순응한 어린이 자아상태가 때때로 다른 사람들이 자신을 보는 시각에 지나치게 민감하여 죄의식이나 부끄러움, 그리고 두려움 등으로 특징을 보이는 고분고분한 어린이(Compliant Child)의 모습으로 나타날 때가 있고, 반면에 때로는 화와 분노를 보이는 반항적 어린이(Rebellious Child)의 모습으로 나타날 때도 있다(Abell, 1976). 그러니까, 순응한 어린이는 합리적이든 혹은 불합리적이든 간에 부모가 그에게 바라는 바에 따라 행동하게 된다. 그리하여 자신에 대한 부정적인 감정을 배우게 되기도 한다. 다시 말해서 순응한 어린이는 한 개인이 연장자나 권위 인물들로부터 어떤 종류의 환심을 얻기 위하여 눈치 보는 행동을 보이기도 하는 것이다.

당신이 당신 자신의 어린이 자아상태의 작용하에 있다고 말할 때, 그것은 반드시 당신이 부정적으로만 어린애 같다거나 혹은 어리석다는 것만을 의미하는 것은 아니다. 그것은, 지금 당신이 당신의 어린 소년이나 소녀시절에 그랬던 것처럼 느끼고 있고, 또한 행동하고 있다는 것을 의미한다.

순응한 어린이는 자신의 참된 감정을 억제하고 부모나 상사의 기대에 부응하도록 노력하고 있는 부분이며, 주로 부모의 영향하에서 형성된 것이다. 앞의 자유스런 어린이(FC)에 여러 가지 수정을 가한 부분이라고 할 수 있다. 순응한 어린이(AC)가 높은 사람은 자기부정적인 면(I'm not OK)이 강하다.

이 순응한 어린이는 자신을 억제하고 사회적 규범에 따라서 행동하려고 하는 경향을 가지나 이것이 지나치게 강하면 싫은 것을 싫다고 말할 수 없어 간단히 타협하고 만다. '좋은 아이', '착한 아이'로 행동하며 자연스런 감정을 나타내지 못하는 마이너스 면이 나타난다. 평상시에는 얌전하게 있다가 어떤 사태가 생기면 반항하거나 격노하거나 하는 것도 이 순응한 어린이(AC)의 행동패턴의 하나다.

교류분석에서는 순응한 어린이(AC)의 지나침에 특히 유의한다. 이것은 자유스런 어린이(FC)를 극도로 억압하여 가짜 어른처럼 행동하면서 스트레스를 느끼고 지금까지와는 판이하게 달라져 주위 사람을 애먹이는 경우가 있기 때문이다.

순응한 어린이의 한 부분인 고분고분한 어린이의 경우에는 '나를 떠나지 마세요', '나를 사랑해 주세요', '나를 도와주세요', '나에게 보여 주세요', '나를 돌봐 주세요' 등의 언어 불안정한, 의존적인, 두려워하는, 소중한, 단정한 행동 특성들과 고분고분하고, 손을 꼬고, 움츠리며, 눈을 내리깔고, 입술을 물고, 또 손톱을 물어뜯는 행동들을 통해서 관찰할 수 있고, 반항적 어린이의 경우는 '아니요', '나는 그러고 싶진 않아요', '결코 하지 않을 거야', 혹은 그렇지 않아요'와 같은 언어를 통해서 그리고 화내고 반항하는 행동특성들이나 또는 발끈하거나 공격하는 행동, 뾰루퉁해서 입을 삐쭉거리거나 철수하는 행동을 통해서 관찰할 수 있다(Abell, 1976).

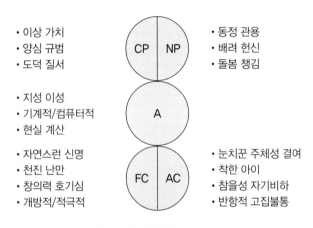

・이상 가치
・양심 규범
・도덕 질서

CP NP

・동정 관용
・배려 헌신
・돌봄 챙김

・지성 이성
・기계적/컴퓨터적
・현실 계산

A

・자연스런 신명
・천진 난만
・창의력 호기심
・개방적/적극적

FC AC

・눈치꾼 주체성 결여
・착한 아이
・참을성 자기비하
・반항적 고집불통

[그림 2-5] **자아상태 기능 분석도**

(3) 기능 분석의 양면성

자아상태의 심적 에너지가 강할 때나 약할 때 각각 긍정성과 부정성의 양면성을 가지고 있다.

① 「통제적 어버이(CP)」의 양면성
◆ CP과잉형

• **긍정성**: 책임감이 강하며 사회적인 윤리와 질서를 존중하고 인간적인 도리를 잘 지키며 중시한다. 자신의 행동에 책임을 지며 자신이 해야 할 일은 당연한 의무감으로 수용하고 수행한다.

• **부정성**: 상대의 장점보다는 단점을 지적하고 다른 사람의 생각이나 말을 가로막아 진실한 대화가 어렵다. 자신의 가치관이나 사고를 옳다고 보고 양보하지 않으며, 상대방의 권리나 자존심을 무시하거나 비현실적 고집을 내세우며, 편견을 갖기 쉬운 일면도 있다.

• **부정성의 개선 방안**: 상대방을 대하기 전에 잠시 생각하는 여유를 가지고 단점보다는 장점을 먼저 인정하는 생각과 습관을 기른다. 지나치게 책임감과 완벽함을 추구하기보다는 다

소 유연한 사고와 함께 어떠한 일이든지 즐기려는 노력을 한다.

◈ CP결핍형

• **긍정성:** 융통성이 있고 유연한 사고와 대범한 성품에 소유자다. 상대방의 자존심을 자극하는 비판을 하거나 마음의 상처를 주는 행동을 하지 않는다.

• **부정성:** 책임감과 가치관 그리고 판단력이 부족하고 모든 일에 소극적이다. 사회적인 도덕 기준이 낮고 행동이 느슨하며 생활 전반에 질서가 없거나 윤리와 규범적인 부분을 경시하는 경향이 있다. 무절제하고 제멋대로이며 규정과 규칙을 잘 지키지 않는다. 유혹에 쉽게 넘어가며 게으르다.

• **부정성의 개선 방안:** 비교 평가하는 습관을 갖도록 노력하여 평가하는 능력과 판단력을 높인다. 적극적이고 책임 있는 리더 역할의 경험을 쌓아 리더십을 발휘하는 연습과 훈련을 한다. 자신의 생각을 자신 있게 주장하되 일단 결정된 것은 책임지고 지키며 존중하는 태도를 가진다.

통제적 어버이(CP) – 관용적, 지배적, 비판적
• 높다 •

Not OK	OK
간섭하고 압박함	선악 구별 가르침
지시적임	예의 범절 제시함

• 낮다 •

Not OK	OK
책임감, 가치관, 판단력 부족	관용적임
윤리와 규범적인 부분 경시	비판하거나 상처를 주지 않음

[그림 2-6] 통제적 어버이의 양면성

② 「양육적 어버이(NP)」의 양면성

◈ NP과잉형

• **긍정성:** 온정적이고 관용주의자로서 상대방과 따뜻한 만남의 교류를 가지며, 인정이 많고 상대방을 배려한다. 동정심이 많고 친절하여 도움을 필요로 하는 상대방을 도와주지 않으면 마음이 아프고 염려된다.

• **부정성:** 상대방에게 지나치게 간섭하며 일방적이다. 상대방이 무엇인가 시도하기 전에 문

제를 해결해 주려 하기 때문에 자립심을 해치기 쉽다. 상대방의 요구를 거절하지 못해 이용당하거나 타인 중심적인 일에 많은 시간을 소비한다.

- 부정성의 개선 방안: 상대방에게 지나치게 관여하지 않도록 한다. 일방적으로 상대방을 위한 과보호, 과간섭보다는 상대방 스스로 문제를 해결할 수 있도록 기다려 준다. 타인 중심적인 태도에서 벗어나 자기 존재감을 드러내고 표현할 수 있도록 한다.

◈ NP결핍형

- 긍정성: 상대방을 의식하지 않고 자신의 의사를 표현할 줄 알고 상대방의 일에 간섭이나 관여를 하지 않으며, 정에 끌리지 않아 공적인 일처리가 명확한 사람이다.
- 부정성: 상대방에 대한 동정과 관용, 배려심과 친절 등이 부족하고 상대방에 대한 비판력이 상당히 높기 때문에 자신의 일 외에는 무관심하며 인간관계가 온정적이지 못하다. 상대방의 감정과 반응에 관계없이 직설적인 표현으로 인해 상대방과의 대립과 갈등을 일으키기 쉽다.
- 부정성의 개선 방안: 상대방에 대한 배려와 관심도를 높여 이해심과 관용의 마음을 갖도록 노력한다. 스킨십과 상대방의 장점을 표현할 줄 아는 훈련과 경청할 줄 아는 여유를 가진다. 교육활동을 통해 상대방을 기본적으로 믿을 수 있고 선하며, 도움을 주고받으며 함께하는 존재임을 느끼도록 한다.

양육적 어버이(NP) – 방임적, 헌신적, 과보호적

· 높다 ·

Not OK	OK
과보호, 자립심 해침	배려 마음 쓰기
상대방 요구에 거절 못함	온정적이고 따뜻한 만남

· 낮다 ·

Not OK	OK
상대방과 대립과 갈등	상대방을 의식하지 않고 자신의 의사 표현
배려심과 친절 부족	상대방 일에 간섭이나 관여하지 않음

[그림 2-7] 양육적 어버이의 양면성

③「어른 자아상태(A)」의 양면성

◈ A과잉형

- **긍정성**: 현실적이며 철저한 합리주의로써 객관적이고 정확하며 감정보다는 사실에 입각해 상황을 평가한다. 시간관념과 목표가 명확하고 계획적이므로 생활 전반에 질서가 잡혀있다.
- **부정성**: 감정이나 감수성이 둔해 인간미가 결여되어 있으므로 삶을 즐기지 못하고 정서가 결핍된 기계와 같은 사람으로 비춰질 수 있다. 상대방과의 관계보다는 일에 몰두하며 마음이 차갑고 사실에 입각한 대화로 재미가 없는 사람으로 비춰진다.
- **부정성의 개선 방안**: 이해관계에 집착하여 편협한 생각에 치우치기보다는 상대방과의 관계에서 감정을 주고받는 연습을 하도록 한다. 철저한 계획이나 일 등에서 벗어나 마음의 여유를 가질 수 있는 여행이나 다른 사람들과 함께 하는 취미나 오락 등을 즐긴다.

◈ A결핍형

- **긍정성**: 현실 적응을 위한 계산적인 평가보다는 인간관계를 고려한 인간적인 관계를 추구하므로 다정다감하게 보일 수 있다.
- **부정성**: 생활 전반이 체계적이지 못하고 즉흥적인 계획과 의사결정을 내리므로 현실에 대한 판단력과 분석력이 부족하다. 실수나 실패 경험 뒤 후회와 반성을 하고도 같은 실수를 반복하게 되므로 상대방으로부터 신뢰를 얻기 힘들다. 활동에서 방향성을 잃기 쉽다.

어른 자아상태(A) – 즉흥적, 현실적, 기계적

· 높다 ·

Not OK	OK
타산적, 계산적	사실과 데이터 중시
인간미 결여	논리적 · 이상적 사고
무감동적으로 행동	문제 해결
컴퓨터 같이 냉정	컴퓨터 같이 정확

· 낮다 ·

Not OK	OK
계획과 체계가 없음	계산적이지 않음
현실에 대한 판단력과 분석력 부족, 신뢰할 수 없음	편안하게 보임

[그림 2-8] 어른 자아상태의 양면성

• **부정성의 개선 방안**: 의사결정이나 판단에 앞서 신중함을 기하기 위해 여러 가지 대안들을 탐색할 여유를 가진다. 행동으로 옮기기 전에 다른 사람에게 조언을 구하거나 결과를 예측하는 분석력을 기른다. 감성보다는 냉철한 사실에 입각해 행동으로 옮기며, 계획적이고 체계적인 생활을 한다.

④「자유스런 어린이(FC)」의 양면성
◆ FC과잉형

• **긍정성**: 감정 표현이 적극적이며 자유주의자로서 감정 표현이 솔직하고 재미와 재치로서 분위기를 주도하며 행동이 자유롭고 자발적이며 창조성이 풍부하다. 자신의 생각이나 바람을 곧잘 행동으로 옮기고 유쾌하며 적극성이 있다.

• **부정성**: 어떠한 것에도 구애됨이 없이 자기중심적으로 멋대로 행동을 취하기 쉽다. 자기도취적이고 스스로의 감정을 통제하기 힘들므로 경솔한 행동이나 실수를 하기 쉽다. 상대방에게 예측할 수 없는 사람이라는 인상으로 비춰진다.

• **부정성의 개선 방안**: 충동적이고 즉흥적인 행동을 하지 않도록 한다. 생각을 행동으로 옮기기 전에 결과를 예측해 보는 습관을 기르는 것이 필요하며, 자아도취적인 감정을 통제할 수 있는 절제력을 기른다. 분위기에 휩쓸리지 않도록 주의한다.

◆ FC결핍형

• **긍정성**: 정서가 안정되어 있고 차분하다. 기분에 따라 행동하지 않고 행동이 조심스럽고 침착하며 인내심이 있다.

• **부정성**: 감정 표현을 억제하고 정서와 감정적인 교류가 부족하다. 활동적이지 못하여 의욕이 낮으며 표현력이 결여되어 생기가 없어 보일 수 있다. 상대방과의 관계에서 솔직하게 자신을 드러내지 않아 자신감과 재미가 없는 사람으로 비춰질 수 있다.

• **부정성의 개선 방안**: 하고 싶은 말이나 감정을 적극적으로 표현하는 연습과 훈련을 한다. 상대방과의 만남의 시간을 즐겁고 유쾌하게 보낼 수 있도록 유머감각을 기른다. 스스로를 격려하고 매사 즐기려는 노력을 한다. 스포츠 등을 통해 상대방과 만남의 시간을 가지고 자신감을 기른다.

자유스런 어린이(FC) – 폐쇄적, 개방적, 자기도취적

· 높다 ·

Not OK	OK
제멋대로, 자기중심적	자유, 자연스러운 행동
충동적, 향락적	자발적, 직관적

· 낮다 ·

Not OK	OK
감정 표현을 억제하고 정서의 교류가 부족함	인내심이 있고 차분함
표현력이 결여되고 생기가 없음	행동이 조심스럽고 침착함

[그림 2-9] 자유스런 어린이의 양면성

⑤ 「순응한 어린이(AC)」의 양면성

◈ AC과잉형

- 긍정성: 순응적이며 타협주의자로서 상대방의 의견을 따르고 자신의 감정은 통제한다. 상대방에게 협조적인 자세를 취하며, 진지하게 경청하는 자세를 지니고 있다. 상황 판단에 있어서도 신중한 태도를 보인다.
- 부정성: 싫은 것도 참아버리고 자연스런 감정을 나타내지 못하며 고집이 없다. 자발성이 없어서 상대방에게 맡기거나 의사결정에 주저한다. 평소에는 마음에 들지 않는 것도 표현하지 못해 불만이 축적되면 특정 상황에 불만이나 분노를 폭발키기도 한다. 지나치게 상대방을 의식하고 자신감 결여로 스트레스를 받기 쉽다.
- 부정성의 개선 방안: 생각이나 행동에 자신감을 가지고 자신의 감정이나 의사를 분명히 표현한다. 모든 일은 스스로 결정하고 계획하며 실행에 옮긴다. 불만이 있다면 쌓아 두지 말고 풀도록 한다. 맺고 끊는 의지력을 높인다.

◈ AC결핍형

- 긍정성: 자신의 의지를 실행에 옮길 줄 아는 사람이다. 독자적 사고와 의사 표현을 함으로써 불만이 축적되지 않고 행동에 자신감이 있다.
- 부정성: 상대방의 의견에 대한 사리 판단보다는 자신의 주장을 감정적으로 끝까지 고수하는 고집불통이다. 자신의 의사를 관철시키기 위해서는 상대방의 분위기를 의식하지 않는다. 의지가 강하여 맺고 끊음이 분명하지만, 자신의 감정에 지나치게 사로잡힌 외고집으로 비춰질 수 있다.

• **부정성의 개선 방안**: 상대방의 의사를 존중하고 경청하며, 의식적으로 상대방에게 맞추려는 노력을 한다. 상대방과 분위기를 의식하고 부정적인 감정은 직접적인 표현을 자제한다. 이성적인 판단과 합리적인 방법을 찾도록 노력한다. 서로 다른 의견에서는 상대의 입장을 먼저 고려한다.

순응한 어린이(AC) − 독단적, 의존적, 자기비하
· 높다 ·

Not OK	OK
자연스러운 감정 억제	예의범절을 잘 지킴
남의 말대로 움직임	상대방에게 협조적인 태도

· 낮다 ·

Not OK	OK
고집불통	자신의 의지를 싱행에 옮길 줄 아는 사람
상대방의 분위기를 의식하지 않음	자신의 감정에 충실

[그림 2-10] 순응하는 어린이의 양면성

(4) 기능 분석과 의사소통의 걸림돌

자아상태의 기능으로 볼 때 대인관계에서 의사소통의 걸림돌이 되는 기능들을 보면 다음과 같다.

① **통제적 어버이**: 명령, 강요, 위협, 훈계, 설교, 충고, 규제, 지배, 욕설, 헐뜯기, 비난 등
② **양육적 어버이**: 과보호, 과간섭, 역성들기, 동조적, 찬성, 동정, 위로 등
③ **어른 자아상태**: 논쟁, 캐묻기, 심문, 분석, 진단, 논리적 설득 등
④ **자유스런 어린이**: 조롱, 빈정거림 등
⑤ **순한 어린이**: 회피, 증오, 복수, 독선 등

(5) 기능 분석의 활용
① **기능 분석의 활용 방법 Ⅰ(과녁 맞히기 대화)**

과녁 맞히기 대화를 세 갈래 갈퀴법이라고 하는데 세 갈래 갈퀴란 'Three pronged'가 그 원어다. 직역하면, '세 갈래 갈라진 뾰족한 것'이다. 여기서는 hoOK(= 잡아끄는 것)의 의미가 있으므로 'Three pronged'를 세 갈래의 뾰족한 '낚싯바늘'을 한 단어로 하여 '세 갈래 갈퀴'라고 표현했

다. 과녁 맞히기 대화법은 하나의 교류를 가지고 세 가지 자아상태 전체에 효과적으로 소통하는 방법이다. 과녁 맞히기 교류의 장점은 스스로 생각을 하고 자율적으로 결정하게 되며, 비난이나 비판이 없으므로 신뢰가 생긴다.

　과녁 맞히기 대화법에는 자기 쪽에 문제가 있는 경우와 상대방 쪽에 문제가 있는 경우 활용할 수 있다. 자기 쪽에 문제가 있는 경우에, 처음부터 Ⓐ로 일을 처리하려고 하면 잘못하다가 상대의 Ⓒ의 발발(감정)을 일으켜 해결이 안 되는 경우가 있다. 이런 경우 활용하면 효과적이다. 다음 사례를 들어 보겠다.

〈사례 1〉 자기 쪽에 문제가 있을 때

• 상대가 바쁜 척하는 경우

• 상대가 협조해 주지 않는 경우

• 상대가 나쁜 감정을 갖고 있는 경우

〈활용 방법〉

* Ⓐ → AC(감정 다루기)

* Ⓐ → NP(공감 다루기)

* Ⓐ → Ⓐ(문제 해결 정보 다루기)

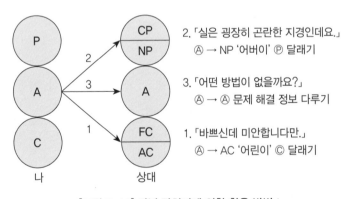

[그림 2-11] 과녁 맞히기에 의한 활용 방법 Ⅰ

또 다른 상황에서 기능 분석의 활용 방법의 사례를 보면 다음과 같다.

〈사례 2〉 상대방 쪽에 문제가 있을 때

• 상대에게 어려운 일이 있는 경우

• 상대에게 협조해 주려고 하는 경우

• 자기가 바쁜 경우

〈활용 방법〉

* Ⓐ → AC(감정 다루기)

* Ⓐ → NP(공감 다루기)

* Ⓐ → Ⓐ(문제 해결 정보 다루기)

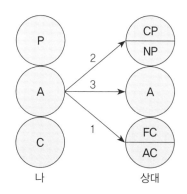

2. 「급한 일 때문에 조금만 기다려 주세요.」
   Ⓐ → NP '어버이' Ⓟ 달래기

3. 「이 일이 끝나는 대로 처리해 드릴게요.」
   Ⓐ → Ⓐ 문제 해결 정보 다루기

1. 「얘기 들었습니다. 얼마나 힘드세요.」
   Ⓐ → AC '어린이' Ⓒ 달래기

[그림 2-12] **과녁 맞히기에 의한 활용 방법Ⅱ**

② 기능 분석의 활용 방법Ⅱ(심적 에너지 전환)

심적 에너지 전환 방법은, 듀제이 박사의 항상성설에 의하면, 자아상태 다섯 가지 기능의 심적 에너지 총량이 일정하기 때문에 한쪽 기능의 심적 에너지가 줄어들면 다른 쪽 기능의 심적 에너지가 늘어나 결국 심적 에너지 총량은 일정해진다는 이론이다. 따라서 자신의 자아상태 변화를 원한다면 심적 에너지를 전환시키면 된다.

편견이나 망상에 의한 Ⓐ의 오염으로부터 심적 에너지의 이동을 통해 자아상태가 자유스러워져 자아상태를 활성화시킬 수가 있다. 그 방법은 다음과 같다.

편견인 경우 부정적인 통제적 어버이 자아상태(CP)에 심적 에너지를 넣는 대신에 긍정적 양육적 어버이 자아상태(NP)에 심적 에너지를 넣음으로써, 보다 바람직한 Ⓟ로 바뀌 나갈 수 있고, 통제적 어버이 자아상태(CP)에 의한 Ⓐ의 오염에서 탈피할 수 있다. 또한 부정적인 순응하는 어린이 자아상태(AC)에서 긍정적인 자유스런 어린이 자아상태(FC)로 심적 에너지 전환을 행함으로써, 보다 바람직한 Ⓒ로 바뀔 수 있어 순응하는 어린이 자아상태(AC)에 의한 Ⓐ의 오염으로부터 탈피할 수 있다. 마찬가지로 부정적인의 통제적 어버이 자아상태(CP)나 순응하는 어린이 자아상태(AC)에서 어른 자아상태(A)로 주입된 것을, 긍정적 어른 자아상태(A)의 강화 쪽으로 돌림으로써 풍부한 데이터 뱅크(data bank)를 만들어, 문제 해결을 용이하게 하는 것이 바람직하다.

이처럼 어른 자아상태(A)가 오염되어 있는 경우, 심적 에너지 전환을 통해서 효과적이고 능률적인 소통을 할 수 있다. 그리고 보다 좋은 인간관계를 만들어 갈 수 있게 된다. 이상에서 언급한 내용은 [그림 2-13]과 같이 도식화할 수 있다.

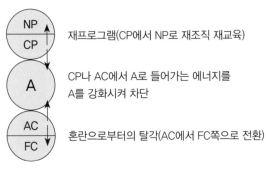

[그림 2-13] **심적 에너지 전환 방법**

2) 자아상태의 이차 구조 분석

우리는 태어난 순간부터 세상을 경험한다. 그리고 그러한 경험들을 기억 속에 저장한다. 우리는 모든 사람이 과거에 대한 기억을 가지고 있다는 것을 알고 있다. 어떤 사람은 의식 속으로 쉽게 되돌아가 기억해 낼 수 있다. 어떤 사람들은 기억해 내기가 더 어렵다. 우리들 각자는 기억 속에 저장된 엄청나게 많은 수의 사고와 감정, 행동들의 경험들을 가지고 있다. 이차 구조 모델의 목적은 우리가 알고 있는 자아상태의 구조 틀 내에 유용한 방식으로 이러한 기억들을 분류하는 것이다.

자아상태 내측을 해부학적으로 조사하여 각각의 자아상태 알맹이가 어떻게 되어 있는가를 분석하는 방법으로 이것을 통해 개인의 성격 형성과 대물림이 어떻게 이루어지는지를 이해할 수 있다.

아이가 출생했을 때는 아직 자아상태가 형성되지 않는 상태다. 양육자로부터 길들여지면서 아이의 어린이 자아상태 안에 P1(마술적 어버이, Magical Parent), A1(작은 교수, Little Professor), C1(신체적 어린이, Somatic Child)가 형성된다. P1(마술적 어버이, Magical Parent)는 부모로부터 규칙과 가치 판단을 배우면서 자기 식으로 해석 마술적 형태로 간직하고 행동한다. A1(작은 교수, Little Professor)는 논리보다는 직관으로 현실 판단하고 행동한다. C1(신체적 어린이, Somatic Child)는 아이가 세상을 신체적 감각으로 주로 경험하고 느끼며 행동한다.

이와 같이 아이가 성장하면서 어린이 자아상태 속에 P1, A1, C1는 분화해서 한 인간 안에 마음 그림인 P2, A2, C2가 형성된다. P2 속에는 부모나 권위적인 인물들이 보여 준 P3, A3, C3가 내면화되며 그 내용과 수는 사람에 따라 다르다. 이것이 그가 살아온 환경에서 내면화되어 그의 성격을 형성하고 이러한 정보들을 대물림하기도 한다. 여기에서 P3는 부모나 양육자들로부터 그대로 내사된 예절, 규칙, 가치관들을 의식과 무의식 형태로 저장하고 있는 것이다. A3 역시 부모나 양육자들로부터 들은 지식, 상식, 정보들이 의식과 무의식 형태로 저장하고 있는 것이다. C3는 부모나 양육자가 했던 것처럼 느끼고 반응한 것을 의식이나 무의식 형태로 저장하고 있다.

P2는 5세까지 중요한 형성기로 양육자의 행동을 무비판적으로 모방학습에 의해 형성하고, CP와 NP로 기능이 다시 분화된다. A2는 생후 10개월경부터 자신에 대한 자각과 독창적 사고가 가능하여 현실 판단에 의해 형성되고, 분화되지 않고 그대로다. C2는 5세까지 중요한 형성기로 자신이 하는 행동을 통해서 모방학습에 의해 형성되고, FC와 AC로 기능이 분화된다.

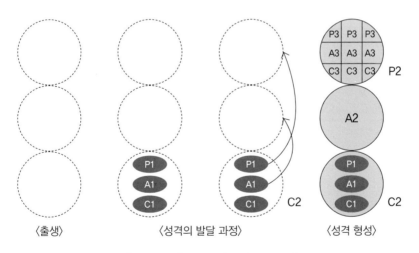

[그림 2-14] 자아상태 이차 구조 모델

3) 자아상태의 진단 방법

에릭 번(Eric berne)은 자아상태의 진단에 있어서 네 가지 방식을 제시하였다. 네 가지 방식은 행동적 진단(behavioral diagnosis), 사회적 진단(social diagnosis), 역사적 진단(historical diagnosis), 현상학적 진단(phenomenological diagnose)이다.

에릭 번은 한번에 이들 방법 중 한 가지 이상을 사용하는 것이 최선이라고 강조하였다. 완전한 진단을 위해서는 앞의 순서대로 네 가지 모두가 사용되어야 한다. 행동적 진단은 네 가지 방법 가운데 가장 중요하다. 다른 세 가지도 자아상태를 확인하는 데 사용된다(Berne, 1976; James, 1977; Woolams & Brown, 1978).

(1) 행동적 진단

행동적 진단에서는 행동을 관찰함으로써 어떤 사람이 어느 자아상태에 있는지를 판단하게 된다. 단어, 어조, 제스처, 자세, 얼굴 표정 등과 언어적 · 비언어적 단서들의 관찰을 통해서 확인할 수 있다. 행동적 진단을 할 때는 다양한 행동적 단서들이 서로 일치하고 일관성이 있는지 진단해야 한다. 관념상으로, 우리는 모두 네 가지 방법의 진단을 사용한다. 그러나 임상에 있어서 이것은 불가능하다. 그럴 경우 단지 우리가 할 수 있는 최선의 방법으로 진단을 단순화해야 한다. 행동적 진단은 자아상태를 인지하는 데 가장 우선적이며 중요한 방법이다. 〈표 2-1〉은 행동 진단에 있어서 단서들을 분류한 것이다.

〈표 2-1〉 행동 진단의 분류표

구조 분석	「어버이」 자아상태 ⓟ(가르침을 받는 나)	
기능 분석	「비판적(통제적) 어버이」 CP	「양육적(보호적) 어버이」 NP
자아상태	비판적, 통제적, 규제적, 보수적, 봉건적, 권위적, 편견적, 도덕적, 선악감, 정의감, 문화, 전통, 습관을 전한다.	양육적, 보호적, 동정적, 구호적, 교육적, 동정, 응석 받기, 염려, 도와줌, 배려, 돌봄, 위로, 지지적이다.
말	• 이렇게 해. • 해서는 안 돼. • 요즈음 젊은 사람은 무책임해서 곤란하단 말이야! • 남자가 머리를 길러서 불결하게 하고 다녀선 안 돼! • 소용없어. • ~하지 않으면 안 돼. • 결코~해서는 안 돼. • 옳다, 그르다. • 좋다, 나쁘다. • 항상 ~하다. • 틀림없이 ~하다. • 당연한 거야.	• ~이 걱정된다. • ~해 주지. • 잘했어. 가엾게도……. • 맡겨두게. • ~이 마음에 걸려. • 예쁘군, 귀여워. • 열심히 하면 된다. • 최선을 다하는 것이다. • 모든 것이 다 잘될 것이다. • 포기할 필요가 없다.

태도	무시하는 자세 팔짱을 낀다. 비난하는 얼굴 모습 압력을 가하는 자세 비판적 · 단정적 · 위압적 권위적 · 강압적 · 설교적	상대방의 어깨를 두드린다. 손을 내민다. 포옹한다. 온화한 태도 애정이 깃들어 있는 모습 다정하다. 스킨십
상대가 받는 느낌	얕보고 있다. 간섭받고 있다. 따르지 않으면 안 된다. 열등감을 품는다.	위안을 받는 느낌 달래는 듯한 태도 위로받고 있다. 간섭받고 있다.

구조 분석	「어른」 자아상태 Ⓐ(생각하는 나)
기능 분석	생각하는 나 「어른」 Ⓐ
자아상태	이성적, 논리적, 합리적, 과학적, 객관적, 능률적, 평가적, 정보수집 지향, 현실 지향, 컴퓨터적, 확률론적, 설명적, 사실중심주의적
말	• 오늘이 무슨 요일이더라. • 어쨌든 사실을 조사해 보자. • 어떻게 해서 그곳에 갈 수 있는지 사실을 확인해 보자. • 숫자는 어떻게 되어 있는지 통계를 보고 조사해 보자. • 6하 원칙(5W1H: 언제, 어디서, 누가, 무엇을, 어떻게, 왜) • 구체적으로 말하면 ~라는 겁니다. • 비교적 ~하다. • 생각하건대……. • 내가 알기로는…….
태도	발을 바르게 착지하고, 손을 조용히 무릎 위에 얹은 올바른 자세, 안정된 기분, 침착한 목소리, 눈을 깜빡거리며 골똘히 사고하는 표정, 무감정하고 냉담함, 적극적으로 경청하는 자세, 여유가 있고 주의 깊게 듣는다. 여러 가지 가능성을 탐색하는 행동, 상대방과 눈을 마주친다. 필요한 경우 침묵하고 생각을 정리한다.
상대가 받는 느낌	안정된 기분 냉정하고 침착해진다. 객관적으로 사물을 보는 방식 타산적이라고 생각

구조 분석	「어린이」 자아상태 ⓒ(느끼는 나)	
기능 분석	「자유스런 어린이」 FC	「순응한 어린이」 AC
자아상태	본능적, 자발적, 자동적, 직관적, 창조적, 향락적, 반항적, 반동적, 자기중심적, 조작적, 공상적	순응적, 소극적, 패쇄적, 감정 억압적, 비대결적, 자기연민, 걱정, 순종, 신중, 고분고분, 좋은 아이, 의존적, 타율적, 자학적, 고집불통, 독선적
말	• 와! 캬! 아아! 유쾌하다! • 나를 그냥 두세요. • 나는 ~을 원한다. • 좋아해, 멋있어! • 자아! 하나 해치웠다. 한잔 할까? • 그따위 일은 어찌되든 상관없어! • 누군가에게 도와달라고 해야겠군. • 아하! 체험 • 감탄사! • 나는 할 수 있다.	• 나를 떠나지 마세요. • 나를 사랑해 주세요. • 나를 도와주세요. • 나에게 보여 주세요. • 난 그러고 싶지 않아요. • 결코 하지 않을 거요. • 그렇지 않아요. • 나를 돌봐 주세요. • ~해도 괜찮을까요? • ~수 없습니다. • 어차피 저 따위는…… • ~할 생각입니다. • (원조, 칭찬, 거부) 이젠 됐습니다. • 뭐, 상관없겠지. 그 사람이 말한 대로 해 주지.
태도	자유스런 행동 발명 행동 호기심 많은 행동 희로애락의 직접적 표현 스스럼없이 어리광을 부림 영감(착상)이 떠올랐구나! 밝고 명랑하여 큰 소리로 말함 자유분방한 태도 웃음, 항변, 놀이, 눈물, 주시 화내는 행동, 접촉	발끈하거나 공격하는 행동 부루퉁해서 입을 삐죽거림 틀어박히는 행동 자신의 감정을 억압 영합적, 의존적 태도 중얼중얼하는 목소리 우물쭈물 사양 음침한 목소리 남의 안색을 살피는 태도 불안, 공포, 증오 요구가 많음
상대가 받는 느낌	자연스러움 자유스러움 밝고 명랑함 번뜩이는 재능	기분을 억압 비굴함 좋은 아이 아양 떨다

(2) 사회적 진단

사회적으로 타인과의 관계 속에서 자신의 자아상태를 진단할 수 있다. 사회적 진단은 상대방이 반응하는 자아상태를 주목함으로써 자신이 나타낸 자아상태를 검토할 수 있는 것이다.

(3) 역사적 진단

자아상태의 역사적 진단에서 어떤 사람이 아이였을 때 어땠는지에 대해 질문을 한다. 그 사람의 부모와 같은 사람에게 묻는다. 이렇게 하는 것은 그 사람의 기능적 자아상태에 대한 인상을 다시 한번 확인하도록 해 준다. 또한 자아상태 구조에 대해서도 알게 해 준다. 역사적 진단은 과정과 내용 모두를 다루고 있다.

(4) 현상학적 진단

과거의 기억을 현재로 불러서 현재 상태에서 과거를 재체험을 하도록 하여 어린이 자아상태 내용의 한 부분을 현상학적으로 진단할 수 있다. 이것은 단순히 과거를 기억하기보다는 재체험을 통해서 어린이 자아상태의 현상학적 진단을 할 수 있다는 것이다.

4) 자아상태의 역기능적 현상

교류분석에서 구조적 역기능이란 심적 에너지는 자아상태들 사이에서 잘 이동해야 건강하고 균형 잡힌 자아상태가 되는데, 자아상태의 경계가 터져 있어 너무 애매하거나, 너무 견고하거나, 너무 편향되었거나 서로 중복된 상태 등에 의해 일어난 것이 자아상태 구조적 역기능이다. 각각의 자아상태는 경계를 가지고 있다. 자아경계는 반투막으로 되어 있어 심적 에너지만 이동할 수 있다. 심적 에너지는 하나의 자아상태에서 다른 자아상태로 흘러들어 갈 수 있다. 이러한 심적 에너지의 유동이 원활하게 잘되어야 건강한 자아상태를 유지할 수 있다.

(1) 애매한 자아상태

애매한 자아상태를 갖은 사람은 세 가지 자아상태 경계가 터져서 어른 자아로부터 거의 통제가 되지 않는다. 자아정체성이 결여되고 행동이 적절하지 못하여 현실 사회에서 생활하기 매우 어렵다. 애매한 자아상태를 갖은 사람이 더욱 심화되며, 경계선 장애로 발전하게 된다. 경계선 장애는 현실감각이 불안정하다. 이러한 경계선 장애에는 신경증과 정신증 경계선 장애가 있다.

[그림 2-15] **애매한 자아경계**

신경증 경계선 장애는 현실인식과 생활적응에 불편과 고통이 따른다. 이런 사람은 감정 변화가 심하다. 정신증 경계선 장애는 현실 인식과 생활 적응에 치명적 결함이 있어 나무를 귀신이라고 한다든지 비행기를 우주선이라고 하여 인지 왜곡이 심하다.

(2) 자아상태 편향

편향이란 주로 많이 사용하는 자아상태로 어버이 자아상태의 주도형과 어른 자아상태 주도형, 어린이 자아상태 주도형으로 나눈다. 어버이 자아상태 주도형은 고지식하고 본래 감정을 나타내지 않고 인생을 즐기는 능력이 부족하다. 어버이 자아상태 주도형과 어울리려면 상대는 어린이 자아상태 우세형으로 된다. 어른 자아상태 주도형은 이해 타산적이고 냉철하여 어른 자아상태 주도형과 어울리려면 상대도 어른 자아상태로 되기 쉽다. 어린이 자아상태 주도형은 유아적인 욕구가 강해 멋대로인 경향이 있고 현실성이 부족하여 사회 적응에 문제가 있을 수 있다. 인생 연령적 발달 단계에서 편향을 보면 일반적으로 청소년기는 어린이 자아상태 편향이, 청소년기는 어른 자아상태 편향이, 장년기에는 어버이 자아상태 편향이 우세하고 노년기는 다시 어린이 자아상태 편향이 나타난다.

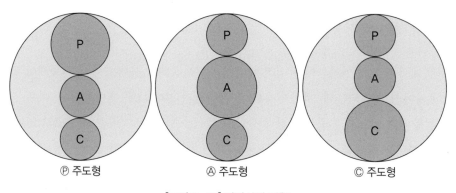

Ⓟ 주도형   Ⓐ 주도형   Ⓒ 주도형

[그림 2-16] **자아상태 편향**

(3) 경직(배타)된 자아상태

경직된 자아상태는 심적 에너지와 자유로운 유동을 허락하지 않아서 두꺼운 벽이 에너지를 하나 또는 두 개의 자아상태 안에 가두고 나머지를 따돌려 일관되거나 배제를 시키는 현상을 말한다. 이런 사람은 오직 하나의 자아상태나 두 개의 자아상태로 반응하는 경향이 있다.

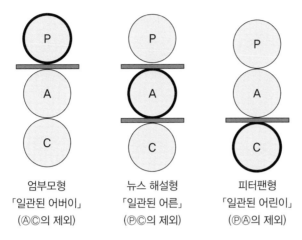

엄부모형	뉴스 해설형	피터팬형
「일관된 어버이」	「일관된 어른」	「일관된 어린이」
(ⒶⒸ의 제외)	(ⓅⒸ의 제외)	(ⓅⒶ의 제외)

[그림 2-17] 경직(배타)된 자아경계-일관된

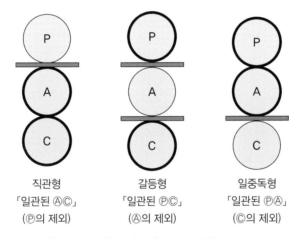

직관형	갈등형	일중독형
「일관된 ⒶⒸ」	「일관된 ⓅⒸ」	「일관된 ⓅⒶ」
(Ⓟ의 제외)	(Ⓐ의 제외)	(Ⓒ의 제외)

[그림 2-18] 경직(배타)된 자아경계-배제된

(4) 자아상태 오염(혼합)

어버이 자아상태 또는 어린이 자아상태가 어른 자아상태 경계 안으로 침범하여 어른 자아상태가 제 기능을 못한 것을 자아상태 오염이라고 한다.

어버이 자아상태로 부터 어른 자아상태의 오염을 편견이라고 한다. 편견은 에토스적(관습적)으로 지속적인 특성이 있다. 어버이 자아상태에서 나온 슬로건을 마치 어른 자아상태의 내용으로 착각할 때 어버이 자아상태에 의해 오염되었다 한다(예: 흑인은 게으르다).

어린이 자아상태로부터 어른 자아상태의 오염을 망상이라고 한다. 망상은 파토스적(격정적)으로 일시적인 특성이 있다. 망상은 감정에 의해 발생한 상상을 믿어 버린 것을 말한다. 어린이 자아상태에서 나온 사실에 근거하지 않는 신념을 마치 어른 자아상태의 내용으로 착각할 때 어린이 자아상태에 의해 오염되었다고 한다(예: 저 사람들이 등 뒤에서 비웃는다.).

이중오염은 어버이 자아상태와 어린이 자아상태가 동시에 어른 자아상태를 오염시킨 경우다. 사람들은 정도 차이는 있으나 누구나가 약간의 이중오염이 있을 수 있다. 그러나 심한 경우 이중오염으로 자신과 타인 또한 세상에 대한 왜곡된 신념으로 가득 차 있다. 인지 왜곡에 따른 자기분열이 심하다(예: 마약, 도박, 섹스 중독자).

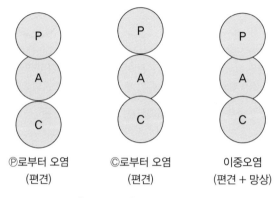

ⓟ로부터 오염   ⓒ로부터 오염   이중오염
(편견)   (편견)   (편견 + 망상)

[그림 2-19] **자아상태 오염**

〈편견의 사례〉

• 장애자는 정상인보다 항상 작업능력이 뒤떨어진다.
• 여성은 남성보다 작업능력이 떨어진다.
• 남자는 믿을 수가 없다.
• 여자는 의리가 없다.
• 흑인은 게으르다.

〈망상의 사례〉

• 언젠가는 나를 구원해 줄 왕자님이 올 것이다.
• 침대 밑에 괴물이 있다.
• 모두가 나에 관해 뭔가 이야기하고 있다.
• 나를 좋아해 주는 사람이 있을 리가 없다.

5) 이고 · 오케이 그램 이해

(1) 이고그램(Ego Gram)

이고그램은 듀제이(Jack Dusay)에 의해서 고안된 성격검사로써 사람들의 자아상태가 어떻게 구조화되어 있고, 실제 면에서 어떻게 기능하는지 한 사람의 자아상태에 발생하는 심적 에너지 양을 그림 또는 그래프로 나타내는 심리검사다.

듀제이는 이고그램을 검사하기 위해서 먼저 수평선상에 다섯 가지 자아상태 기능을 약자로 적은 다음 그 위에 각 기능의 사용한 양을 그리는데, 먼저 제일 많이 사용한 것을 그리고 다음으로 가장 적게 사용한 심적 에너지 양을 막대그래프로 나타낸다. 그리고 나머지 세 가지 자아상태 기능의 양도 상대적으로 그린다. 정확한 높이는 중요하지 않다. 막대의 상대적 높이를 비교하는 것이다.

다섯 가지 자아상태 기능을 다 그린 다음 이번에는 자신의 자아상태 각 기능의 부정적 면을 각각 기능 막대에 색칠해서 나타낸다.

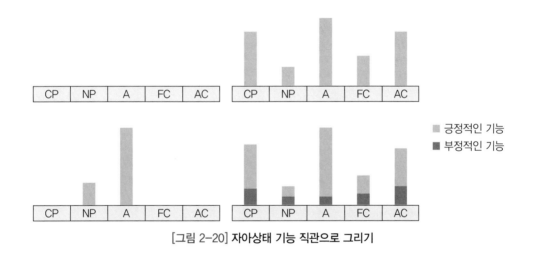

[그림 2-20] **자아상태 기능 직관으로 그리기**

자신의 이고그램이 완성되면 자신의 이고그램을 보고 어떤 특징이 있는지 해석해 보고, 자신의 이고그램을 어떻게 변화시키고 싶은지 결단한다. 자신이 높이고자 하는 기능이 무엇인지 결정이 되면, 높이기 위한 행동지침을 정하고 매일 실천하도록 한다. 그리고 나중에 자신의 자아상태가 변화되었는지 타인에게 검사를 부탁한다.

듀제이는 항상성 가설(constancy hypothesis)을 제시하였다. "어느 한 자아상태가 증가하면 다른 자아상태들은 반대로 감소한다. 즉, 심적 에너지의 총량은 일정하며 균형의 변화는 심적 에너지의 이동을 가져온다."라고 했다.

우리나라와 일본은 듀제이의 직관에 의한 방법보다는 질문지법을 더 활용하고 있다. 한국교류분석상담협회에서는 최영일 박사가 개발한 CKEO 그램 성격검사지를 사용하고 있다.

(2) 기본적 이고그램 패턴과 성향

다음은 기본적인 이고그램의 패턴과 성향을 나타내고 있다.

〈표 2-2〉 이고그램의 패턴과 성향

패 턴	체크리스트	성향
이상적		가장 이상적인 형으로 자아상태의 균형이 잡혀 있는 사람이다. 이 패턴은 온정적이면서 합리적이고 책임감도 있고 명랑하고 타인과도 협조를 할 줄 아는 패턴이다. 대인관계가 원만하며 자타긍정적인 태도를 가지고 있다.
헌신적		NP와 AC가 높아 자신을 희생하더라도 타인과 관계를 잘하려는 경향이 있다. CP와 FC가 낮아 남에게 엄격하게 못하고 적극적으로 자기주장을 못하는 타입이다. 남에게 의존적이고 기분 전환도 잘하지 못한다.
자기중심		CP와 FC가 높아 타인에게 통제적이고 비판적이며, 자기주장을 적극적으로 한다. NP와 AC가 낮아 남을 챙기고 돌보는 감정은 약하고 자기중심의 행동을 한다. 자칫하면 주위 사람들과 마찰이 생기기 쉬운 타입이다.
갈등적		CP와 AC가 높아 자기 탓과 남의 탓을 잘하는 타입으로 남에게 엄격하게 하고 자신은 좋은 사람이 되려고 한다. 여기에 A가 낮아 통합능력이 떨어져서 자기불신과 열등감에 잘 빠질 타입이다.
외곬적		A가 매우 높아 철저하게 이성적이고 합리적이지만 CP가 낮고 NP와 FC가 중간이라 실천력은 거의 없는 타입이다. 매사 사리는 밝으나 CP와 AC가 낮아 책임감이 낮고 자신의 생각대로 하는 경향이 있다.
명랑낙관		NP와 FC가 높아 인간적이고 온정적이어서 타인을 잘 챙기고 명랑하고 느긋하며 감정이 풍부하고 호기심과 적극적인 태도로 타인을 즐겁게 한다. 그러나 CP, A, AC가 낮아 규범을 잘 지키지 않고 고집이 세며 즉흥적으로 행동하는 경우가 많다.
염세적		CP, A, AC가 높아 통제적이고 기계적이며 동시에 AC가 높아 자신의 감정을 잘 표출을 못한다. FC가 낮아 자유롭게 놀지도 못하며, NP와 FC가 낮아 타인과 즐겁고 따뜻한 관계를 맺지 못한다.
완고한		CP와 NP가 높아 과보호와 과간섭을 하고 완고하며 FC와 AC가 낮아 인간미가 결여된 벽창호와 같은 느낌을 받을 수 있다. CP, NP가 높고 A가 중간이어서 인정이나 상식을 벗어나는 일은 결코 하지 않는 타입이다.
천진난만		FC와 AC가 높고, CP와 NP가 낮고 A는 중간인 타입으로 사회적 관습이나 의리, 인정 등을 무시하는 편이며, 호기심이 많아 자기 멋대로 행동하지만 남으로부터 소외되는 것을 매우 두려워하는 타입이다.

(3) 오케이 그램(OK Gram)

인생에 대한 태도는 어린 시절에 그 기초가 형성되어서 수정되지 않는 한 일관되게 취하는 자세다. 자신과 다른 사람에 대한 기본적인 신념으로 이렇게 형성된 확고한 신념은 일생 동안 그 사람의 삶의 태도를 결정한다. 또한 모든 심리게임과 각본의 기본 바탕이 된다. 사람들은 네 가지 기본적인 관점을 근거로 하여 다른 사람들과 교류를 한다. 이러한 신념들은 다음과 같이 분류한다.

- I'm OK(자기긍정, I+): 스스로에 대해 자신이 있고, 자신의 사고방식이나 느낌을 아주 소중히 여긴다.
- I'm not OK(자기부정, I−): 자신의 능력이나 감정에 자신이 없고, 항상 열등감을 가지고 있는 유형, 자기혐오, 자기비하의 상태에 빠지기 쉽다.
- You're OK(타인긍정, U+): 상대방을 신뢰하고, 그 인격이나 능력을 유연하게 인정할 줄 아는 마음상태다.
- You're not OK(타인부정, U−): 타인을 기본적으로 신용하지 못하고, 비판적으로 받아들이는 마음상태다.

이와 같은 네 가지 기본적인 관점을 근거로 하여 인생태도 영역을 나타내는 것이 오케이 그램(OK Gram)이다. 오케이 그램은 관점과 확신의 심적 에너지 양을 점수나 그래프로 나타낸다.

우리 모두는 어떤 상황에서 네 가지 인생 태도 영역 중 하나의 영역에 바탕을 둔 각본을 쓰면서 성년기에 이르렀다. 그러나 매일 매 순간 그 태도에 머무르는 것은 아니다. 순간마다 우리는 태도들 사이로 이동한다. 플랭클린 언스트(Franklin H. Ernst)는 인생태도 이동 분석방법을 개발하였는데 이것을 'OK 목장(Corralogram)'이라고 부른다.

OK 목장은 수직축과 수평축으로 사분할을 하는데 수직축의 위쪽 방향은 타인긍정을 아래 방향은 타인부정을 나타낸다. 수평축의 오른쪽은 자기긍정을 왼쪽은 자기부정을 나타낸다. 따라서 OK 목장은 네 가지 영역으로 나누어지는데 그 영역과 특성은 다음과 같다.

- Ⅰ(I+U+) 영역: 협력적 태도로 남과 함께 조화롭게 더불어 살아가는 태도를 나타내며 친교, 친밀, 무한한 가능성을 나타내는 교류분석이 원하는 태도로 각본 없이 심리게임을 하지 않는다. 교류분석이 바라는 인생태도의 지향점이다.
- Ⅱ(I−U+) 영역: 도피적 태도로 남 앞에서 주눅이 들어 위축된 태도, 있는 곳에서 회피하는 태도, 자기비하, 열등감을 나타내며, 주로 AC 자아상태 기능을 연출한다.

- **Ⅲ(I+U-) 영역**: 배타적 태도로 남들 위에 군림하려는 방어적 자세, 상대방을 신뢰하지 않는 태도, 우월감, 타벌적, 비행, 편집중을 나타내며 주로 CP, NP 자아상태 기능을 연출한다.
- **Ⅳ(I-U-) 영역**: 만사무용하다는 태도로 부조화, 조현중, 발광의 태도를 나타낸다.

6) CKEO 그램

우리나라와 일본은 듀제이의 직관에 의한 방법보다는 질문지법을 더 활용하고 있다. 한국교류분석상담협회에서는 최영일 박사가 개발한 CKEO 그램 성격검사지를 사용하고 있다. CKEO 그램 성격검사는 최영일 박사에 의해 개발된 교류분석 이론에 의한 자아상태와 인생태도를 측정하기 위한 한국형 표준화 이고·오케이 그램 검사로 총 90개 문항으로 구성되어 있다. 이 검사는 2011년 10월 3일부터 2013년 7월 16일까지 1년 9개월간에 걸쳐 전국 단위 20,510명을 표집하고 부산대학교 통계연구소에 의뢰 통계분석을 통해 개발된 교류분석 성격검사다. 이 검사는 개인의 자아상태 탐색을 통해 마음의 구조와 기능을 측정하여 자아상태의 균형을 찾고 인생태도 이동의 분석방법을 통해 올바른 인생태도를 확립하여 자기변혁과 성장의 도구로 활용되고 있다.

2. 교류패턴 분석

1) 교류패턴 분석 이해

(1) 교류패턴 분석의 의미

교류분석에서 교류패턴분석이란 자아상태의 구조 분석나 기능 분석에 의해서 명확화된 자아상태의 이해를 기반으로 하여 일상생활 속에서 주고받은 말, 태도, 행동 등을 분석하는 것이다. 이 같은 분석의 목적을 삶의 현장에 적용해 보면, 인간관계에 있어 어떤 대화방법을 취하고 있는가, 또 인간관계에 있어 어떤 관계를 적용하고 있는가를 학습함으로써 자신의 자아상태의 모습에 대해서 자각을 깊게 하고 상황에 따른 적절한 자아상태를 스스로 의식적으로 통제할 수 있도록 하는 것을 의미한다.

(2) 교류 벡터(vector)의 방향

교류분석에서 자아상태 간의 심적 에너지 거래를 벡터로 나타낸다.

① 자신의 Ⓟ Ⓐ Ⓒ 에서의 발신

Ⓟ → 부모, 또는 양육자와 언동 같은 권위적 · 통제적 · 비판적 · 보호적 메시지

Ⓐ → 사실에 입각한 논리적 · 합리적 · 타산적 · 객관적 태도의 메시지

Ⓒ → 정서적이며 본능적 · 직관적 · 순응적 · 주관적 태도의 메시지

② 상대의 Ⓟ Ⓐ Ⓒ 로 향한 발신

→ Ⓟ 지지나 원조를 전하는 말이나 태도의 메시지

→ Ⓐ 사실이나 정보를 전하는 지성적 · 이성적 · 객관적 태도의 메시지

→ Ⓒ 감성에 작용하는 말이나 태도를 전하는 주관적 태도의 메시지

(3) 교류분석 모형을 통한 교류방식 이해

교류분석에서 모든 대인 교류(대화)는 다음 세 가지 기본 유형으로 분류할 수 있다.

① 상보 교류

• 어떤 자아상태에서 보내진 메시지에 대해서 예상대로의 반응이 돌아오고, 자극과 반응의 교류가 병행되는 교류로서, 두 개 자아상태가 상호 관여하는 교류다.

• 건강한 인간관계의 자연스런 질서에 따르고 있기에 대인 간 의사소통에 있어서 가장 바람직한 교류가 계속 이루어진다(의사소통의 제1규칙).

예 1) 학생: 아! 정말 오늘 수업하기 싫어요.

　　교사: 그래, 야! 좋다. 그럼 우리

　　　　　재미있는 게임이나 한번 하자.

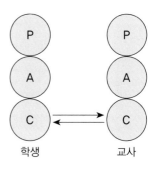

학생　　　　교사

② **교차 교류**

• 어떤 반응을 기대하고 시작한 발신자의 교류가 저지되고 예상 외의 수신자의 반응이 돌아와 중도에 대화가 단절되거나 싸움이 되는 교류로써, 네 개의 자아상태가 관여하며 두 대화의 방향이 교차되는 교류다.

• 뒤틀린 대인관계의 원인이 되는 교류패턴이다(의사소통의 제2규칙).

예 1) 학생: 선생님! 오늘 자율학습 시간에 친구
　　　　　생일파티가 있어서 빠지고 싶은데요.
　　　교사: 무슨 소리야, 네가 잘하겠다고 신청해
　　　　　놓고선 그런 일로 빠지면 어떻게 해.

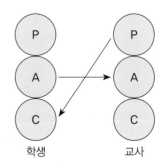

③ **이면 교류**

• 말로 표현된 사회적 메시지(상보적 교류)는 언뜻 보기에 아무렇지도 않으나 실제로 숨겨진 의도를 지닌 심리적 메시지를 담고 있는 교류로서, 2개 이상의 자아상태를 동시에 포함하고 있다.

• 두 사람 사이의 교류에 표면적인 사회적 메시지와 숨겨진 심리적 메시지가 있기 때문에 숨겨진 이면의 메시지에 주의하지 않으면 그 사람의 진의를 이해할 수 없으며, 겉마음과 속마음이 나누어져 있기에 이 또한 대인관계를 저해하는 원인이 되는 교류패턴이다(의사소통 제3규칙).

예 1) 교사: 정말 너 글을 잘 쓰는 구나!
　　　　　너의 글 솜씨는 최고야, 최고.
　　　　　(여전히 글 솜씨가 형편없어.)
　　　학생: 고맙습니다.(참 없는 말도 잘해.
　　　　　또 나한테 부탁하실 일이 있나 보지.)

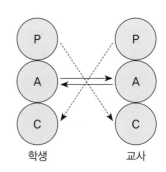

④ **기능 분석에 의한 대화 분석**

구조 분석에 의한 대화 분석보다 이해를 한층 깊게 하고 행동 면에서 참된 교류를 분석하기 위해서는 기능 분석을 사용하는 방법이 있다. 구조 분석으로 본다면 다음과 같은 ⓒ 대 ⓟ의 상보 교류도 내용 여하에 따라 교차 교류로 된다.

예 1) 학생: 선생님, 이 문제 좀 가르쳐 주세요.

　　　교사: 네가 알아서 해.

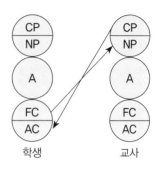

예 2) 학생: 선생님, 이것이 분명하지 않습니다.

　　　　　가르쳐 주세요.

　　　교사: 그런 것 정도라면 스스로 생각해서

　　　　　결정할 수 있잖아!

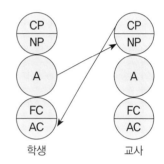

2) 교류개선의 방법과 활용

(1) 교류개선 방법

① 교류는 자극과 반응의 연속이다

생활은 매일 교류에 의해서 성립되고 있다고 말할 수 있다. 인간관계에서 교류라는 것은 자극과 반응의 연쇄이므로 자극을 주는 방법이나 반응의 방법을 바꾸면 교류의 흐름이 바뀌게 된다. 구조 분석이나 기능 분석 또는 이고그램에 의해 자신의 성격에 나타나는 태도나 자세 등의 편향을 감지하게 되면 필요에 따라 의식적·의도적으로 바꿀 수 있다.

인간관계 교류에서 타인을 자신에게 맞도록 바꿀 수는 없다. 그리고 타인에 따라 자신을 바꾼다는 것도 매우 어려운 일이다. 그러나 교류분석을 학습하고 있다면 이 점을 감지하고, 지금 이 순간부터 자극이나 반응의 방법을 조금씩 바꿔 가면 자신도 느끼지 못하는 사이에 변화된 바람직한 인간으로서 자기 모습을 발견하게 될 것이다.

② 'CP 대 AC', 'NP 대 FC'의 관계를 개선하려면

일반적으로 CP과잉형인 사람은 대개의 경우 타인을 AC 과잉형의 자아상태로 몰아붙인다. 타인은 하고 싶은 말이나 반론을 제기하지도 못할 뿐만 아니라 그런 기회도 주지 않는다. 그래서 생각한 것도 말할 수 없고, 감정도 자유롭게 표현하지 못하고 억압된 감정에 의해 그 장면에 영합한다. CP 과잉상태로 발신하는 사람은 타인으로부터 사실이나 실정을 들을 수 없고 표면 상으로만 접촉할 때가 많다. 항상 CP 과잉상태로 있는 사람은 타인을 통제하거나 비판적인 태도를 견지한다. 이와 같이 오랜 세월을 지켜 온 사람의 성격은 하루아침에 바꾸기는 어렵다. 서두르기보다는 차근차근 바꿀 필요가 있다. 우선 처음에 내용은 같다고 해도 말투를 조금만 가볍게 해 본다. 두 번째는 말끝에 '무엇, 무엇에 대해서 어떻게 생각하지?'라고 Ⓐ를 사용해 보는 것으로도 매우 큰 효과가 있다. 이것은 자신의 Ⓐ 자아상태에서 보내는 것으로 타인은 인격적으로 교류되고 있다는 느낌을 가지게 된다. 그러나 형식적이거나 대답을 잘못하면 비판하는 느낌을 주는 자세나 태도가 있다면 CP의 냄새가 남아 있어서 타인은 경계심을 더욱 강화할 뿐, 전혀 변하지 않으며 방어기제(defence mechanism)를 쓰게 된다. 그래서 타인과의 교류에서 가장 소중한 것은 진실함이다. 자극이 Ⓐ에서 발신되면 대개의 경우 타인의 Ⓐ에서 반응이 되돌아온다. 그것은 Ⓐ대 Ⓐ의 대화가 되는 것이다. 반복되는 것이지만 '반응'은 '자극'의 결과다. 만일 타인이 바뀌지 않았다면 그것은 자신이 바뀌지 않았다는 것이다. 한번 성공하면 그다음에는 문제가 없다. 학생이 바뀌었다는 것은 교사가 바뀐 것이다. 이것을 체험하게 되면 그 순간을 경계로 자신과 타인의 관계가 눈에 띄게 달라지고 신뢰관계가 생기고, 그것이 정착되면 무의식적으로 한 가지 형태의 행동에서 새로운 세계를 밝히게 된다.

다음에는 NP적 행동의 결과를 인지해야 한다. NP과잉형인 사람은 잠시도 앉아 있지 못한다. 타인의 일을 일일이 관여하기 때문이다. NP과잉형은 일반적으로 FC와 대응하므로 타인은 편하지만 결과적으로는 자신에게 의존하게 만든다. 혹시라도 타인의 일을 자신이 도우려다 실수를 하게 되면 타인은 CP 자아상태가 작동하여 자신을 원망하고 비난한다. 이때 자신은 AC 자아상태가 반응하여 미안하게 생각한다. 사실은 이것은 타인이 해야 할 일이고 잘못은 타인의 책임인데 자신의 NP 자아상태가 지나치게 과보호한 데서 생기는 부산물이다. 개선 방법으로는 필요 이상의 NP적 행동을 감소시키는 것이 제일 중요하다. 타인 스스로 자율적으로 능력을 발휘하여 문제를 해결할 수 있도록 인내하고 기다려야 한다. 처음에는 어려움이 있겠지만 연구를 해 보면 잘될 것이다. 타인의 의존적인 태도에는 교차 교류를 해서 의존이라는 악습을 없애고, 자신의 Ⓐ 자아상태와 타인의 Ⓐ 자아상태가 상보 교류할 수 있도록 노력하여야 한다.

(2) 대화 분석의 활용

① 대화는 상보에서 시작해서 상보로 끝나는 것이 바람직하다

인사·예절은 생활에서 최적 조건이다. 그리고 업무를 진행하는 데 윤활유이기도 하다. 대화를 진행하다 보면 교차 교류나 이면 교류가 될 때도 있겠지만 최후에는 상보 교류로 끝내도록 노력해야 한다.

② 말하려는 것, 말하는 것을 잘 경청해야 한다

상보 교류를 성립하려면 대화의 방향(vector)을 맞추어야 한다. 그러기 위해서는 타인의 말을 경청하고 타인이 원하는 내용을 이해하지 않으면 타인이 기대하는 말을 되돌려 줄 수 없다. 그리고 타인의 말과 자기의 의견을 교환하고 검토함으로써 대화의 생산성은 향상된다. 인간관계의 대화 속에 협의하는 대화가 아니고, 내뱉는 말이나 내던지는 말과 같은 언어폭력이 있어서 의사소통에 걸림돌이 된다.

③ 말을 솔직하게 수용하고 솔직하게 되돌려 준다

말이나 태도를 곡해한다든가 과소평가한다든지 경시하면 방향이 맞지 않는 교류가 된다.

④ 우선 타인의 말을 긍정한다 (OK-OK의 감정에서)

내용에 관계없이 ‘아…… 그래’, ‘그랬구나!’, ‘정말……’ 등 긍정적인 언어는 타인의 입장과 인격을 존중하는 것으로 상보 교류가 계속된다.

⑤ 타인의 말을 반복해 본다

‘늦잠 자서 지각했습니다.’ ⇒ ‘늦잠 자서 지각했다고.’

‘어제 시내에서 상담선생님을 만났어요.’ ⇒ ‘상담선생님을 만났다고.’ 같은 말을 반복한다는 것은 타인의 감정을 그대로 수용한다는 표현으로 상보적 관계를 증명하는 것이 된다.

⑥ ⑫와 ⓒ에서 상보 교류는 서두르지 말고 음미해 본다

대화가 상보 교류라고 해도 자아상태가 ⑫나 ⓒ에서 발신할 때는 반응을 서두르지 말고 음미해 본다. 생산성 있는 대화는 대부분 Ⓐ대 Ⓐ인 것이 일반적이다. 냉정하고 객관적인 사실에 근거를 두고 정확한 판단과 의사결정을 할 때는 Ⓐ의 자아상태가 기본이 되어야 하며 ⑫나 ⓒ가 개입하면 대화의 생산성이라는 면이 저해될 위험이 있다. 자신이 지나치게 ⑫의 발언을 하고 있는 것은 아닌지, 타인이 지나치게 자기의 ⓒ에서 나의 ⑫로 호소하고 있는 것은 아닌지 항상 유념해야 한다.

⑦ 대화는 원칙적으로 교차 교류를 하지 않는다

대화의 흐름을 멈추게 하고 커뮤니케이션의 활성화를 저해하고 타인과의 관계에도 악영향을 주게 되므로 원칙적으로 피하는 것이 좋다.

⑧ 평상시에 교차 교류를 어떻게 하고 있는지 반성해 본다

자기 말의 경향을 알려면 대화를 할 때 자기의 말에서 타인의 표정, 태도, 분위기, 의견 등을 냉정하게 관찰해 본다.

⑨ 생산성 없는 상보 교류가 계속될 경우에는 교차 교류를 해야 한다

타인이 반복되거나 장황하게 말장난을 할 때 분위기를 환기시키는 의미에서 필요하다.

⑩ 타인의 입장이나 최종 결과를 생각해서 필요하다고 생각할 때 교차 교류를 해야 한다

언제나 의존적인 발언과 원조를 바라는 타인에게 자주성이나 자발성을 갖도록 하기 위해 ⓒ에서 ⓟ로 교류하던 것을 Ⓐ 대 Ⓐ로 교차 교류를 하도록 한다.

⑪ 타인과 대화를 원만하게 계속하려면 말보다는 이면에 숨겨진 의도를 알아야 할 때도 있다

⑫ 커뮤니케이션 능력을 향상하려면 이면 교류는 단절되어야 한다. 이면 교류는 부정적인 교류가 많아져서 타인과의 관계를 악화시킬 경우가 많다는 것을 알아야 한다

3) 대화의 원리

(1) 대화의 중요성을 분명히 알아야 한다

어떤 사람들은 대화를 '대놓고 화내는 것'으로 착각하고 있는 것 같다. 물론 의도적으로 그런 사람은 없을 것이라고 생각된다. 우리는 대화에 중요성에 대해서 귀에 박히게 들어왔다. 그러면서도 습관이 쉽게 바뀌지 않는 것 같다. 그러다 보니 인간관계에서 일방적인 전달만이 가득하게 된다. 인간관계의 문제는 바로 여기에서 출발한다. 서로 간에 마음을 주고받는 대화가 오고 가지 않을 때, 대화자가 모두 서로 자신을 무시한다고 생각하기도 하고, 말이 통하지 않는다고 하기도 한다. 이렇게 마음이 통하지 않게 되면 쉽게 오해하게 되고, 사소한 일에도 감정이 쌓이게 된다. 인간관계에 막힌 벽이 생기게 되는 것이다.

타인과 대화를 잘하는 사람은, 첫째, 자신의 감정을 타인과 함께 나눌 수 있기 때문에 타인의 이해를 구할 수 있으며, 자신이 더욱 성장할 수 있는 발판을 만들 수 있다. 둘째, 대화를 나누다 보면 자신의 정체성을 발견할 수 있게 된다. 인간으로서 자신을 분명히 알게 될 때 자신은 더욱 성장하게 된다. 셋째, 대화를 나눔으로써 문제들을 해결해 나갈 수 있다. 타인의 의견도 들을 수 있기 때문에 더 좋은 지혜를 구할 수 있다.

(2) 대화를 잘하지 못하는 이유는?

대화가 막혔을 때 그 대화의 장벽은 인간 간에 위기를 당장 유발시키지는 않는다. 그러나 동맥 속의 콜레스테롤이 영양분을 뇌, 신경, 혹은 몸의 각 부분에 가는 것을 가로막아 큰 병으로 몰고 가는 것처럼 대화의 장벽은 느리기는 하지만 꾸준하게 쌓여 간다. 그래서 그 징후가 한번 나타나면 치명적이다. 보통 사람들은 마음속 깊은 곳에 있는 감정을 잘 드러내 놓지 않는 경향이 있다. 자신의 감정을 그대로 드러내 놓으면 타인이 자신을 어떻게 생각할까 하는 두려움을 가지고 있는 것 같다. 물론 상황에 따라 가려야 되겠지만 그러나 분명한 것은 우리의 마음은 깊은 곳에 쌓이고 쌓인 진실된 감정을 표현하고 싶어 한다는 점이다. 이 마음을 털어놓지 못할 때 사람들은 많은 스트레스 상황에 놓이게 된다. 이렇게 자신과 타인 간의 대화를 가로막는 장벽은 다음과 같이 여러 가지가 있다.

- **부적절한 경청 태도**: 대화에서 경청은 대화의 핵심이라고 해도 틀린 말이 아니다. 그러나 사람의 부적절한 경청의 태도는 타인으로 하여금 대화의 창을 닫게 만드는 원인이 된다. 적극적인 경청은 타인 스스로 문제가 무엇인가 분석하게 하여 해결의 주체가 자신임을 알게 한다. 따라서 적극적인 경청을 하게 되면 타인은 적극적으로 문제에 직면하여 스스로 해결책을 찾아 나가는데, 그 에너지와 창조성은 놀라울 정도라 해도 과언이 아니다.
- **가치관의 차이**: 어떤 사물, 사건을 보는 생각의 차이, 종교 또는 신앙 수준의 차이 등은 가치관의 차이를 가져오게 되어 대화가 단절되는 중요한 요인이 된다.
- **문화 차이**: 가치관의 차이와 마찬가지로 자라 온 가정의 문화적 배경이나 기질, 생활태도가 다르면 이 역시 대화의 단절을 가져오게 된다.
- **비판적 태도**: 타인에게 비판적인 태도를 취하게 되면 타인은 잘 해 보려고 하다가도 비판받을까 봐 대화를 중단하게 된다.
- **묵비권 행사**: 타인을 변화시킨다는 수단으로 어떤 사람들은 묵비권 행사를 한다. 그런데 이런 묵비권 행사는 더욱더 관계를 어렵게 만드는 요인이 된다.
- **끊임없는 자기 자랑**: 끊임없는 자기 자랑은 타인의 귀를 막아 버린다. 특히, 자기 말만 내세우면서 타인의 말에는 귀를 기울이지 않는 자랑은 그야말로 대화를 단절시키는 큰 요인이 된다.
- **용서에 인색할 때**: 순간순간의 실수를 용납하지 않고 타인을 죄인 다루듯이 대한다면 이 또

한 숨 막히는 환경을 만들게 될 것이다.

- **감정의 활화산**: 타인이 말하면 화부터 내는 스타일로 이런 경우 대화를 막을 뿐 아니라 타인에게 분노를 심어 주기도 한다.
- **기계적이고 바쁜 생활**: 너무 바쁘다 보니까 서로 간에 개인적으로 얼굴 볼 시간이 없어지기도 한다.
- **피곤함**: 과다한 업무로 인해, 너무 지쳐서 타인들과 개인적으로 대화할 수 있는 시간이 충분하지 못하거나 거의 짧아진다.
- **충돌에 대한 두려움**: 어떤 문제에 있어서 타인과 충돌할까 봐, 미리 대화를 기피한다. 그래서 곤란한 문제들이 생길 때도 일단은 덮어놓고 미루게 된다. 그러다 보면 어떠한 부분에 대해서는 항상 비껴 나가게 된다. 이것이 바로 벽을 만들게 된다.
- **소재의 빈곤**: 타인의 문화에 대한 관심과 이해가 부족해 대화의 소재가 빈곤하다.

(3) 대화의 차원

① 제1차원의 대화: 입술의 말(상투적인 말)

틀에 박힌 상투적인 대화로 타인의 대답을 기대하지도 않는 질문 등이 여기에 해당하며 정보를 전달하는 수준의 대화다(예: 오늘 오후에 박물관에 간다.).

② 제2차원의 대화: 머리의 말(자신의 생각을 말하는 차원)

자신의 생각과 판단을 전하는 대화로 이 단계부터 참다운 대화가 시작된다. 즉, 이것은 사실만을 말하는 것이 아니라 자신의 개인적 생각을 말하는 수준이다(예: 내 생각에는 이 책을 사는 것이 좋을 것 같다.).

③ 제3차원의 대화: 가슴의 말(자신의 감정을 표현하는 차원)

자신의 기분과 감정을 전하는 대화로 이런 대화는 친밀한 관계일 때 가능해진다. 타인의 감정이나 마음을 읽어 주기 때문이다(네가 그렇게 하는 것을 보니까 고맙다.).

④ 제4차원의 대화: 영의 말(칭찬과 격려를 통해 혼을 살리는 대화)

가장 깊은 수준의 대화로써 칭찬과 격려를 통해 혼을 살리고 치유하기도 한다. 인격적인 신뢰 관계가 형성되어 타인을 진심으로 변화시키는 대화다(예: 너를 볼 때마다 저절로 힘이 생긴단다.).

(4) 대화의 전제

대화의 전제는 무엇보다도 인격의 반영이므로 인격이 전제되어야 한다.

- **바른 마음**: 대화는 인격이 반영되어야 한다. 그러므로 마음을 바로 써야 한다. 올바른 마음으로 정성을 다하여 대화에 임해야 한다.
- **분리 개별화**: 참다운 대화가 이루어지려면 개체가 공생관계를 하면서 서로 융합되어 누가 누구인지 식별이 잘되지 않는 상태에서 대화를 해서는 안 된다. 서로의 인격이 분명하게 구분되어야 하며, 서로가 분리 개별화되어 있지 않는 상태에서는 올바른 대화란 성립될 수 없다.
- **긍정적 인생태도**: 대화의 전제로서 우선 긍정적 사고방식이나 긍정적 인생태도를 가져야 한다. 부정적 사고방식이나 인생태도는 대화의 단절을 가져올 뿐만 아니라 저급한 교류가 되기 쉽다. 긍정적 인생태도의 저변에는 무엇보다도 자아존중감을 가져야 한다.
- **TPO의 법칙**: 카프만(S. Karpman)이 창안한 것으로 시간(time), 장소(place), 경우(occasion)를 의미하는 문자에서 따온 말이다. 첫째는 시간을 잘 선택해서 만남을 가져야 한다는 것으로 피로감이나 공복감, 불안감이 겹쳐질 때 시간을 피하는 것이 성공적인 대화를 할 수 있다는 것이다. 둘째로, 사람은 태반원망의 심리가 있다 한다. 모든 사람은 어머니 뱃속에서 웅크리고 있을 때가 가장 안전하다고 느낀다는 것이다. 즉, 상대에 따라 안전하고 편안한 장소를 택해서 대화를 나누어야 한다는 것이다. 셋째로, 기회나 경우에 맞추어 대화를 해야 한다. 상대의 욕구를 감안하여 기회를 잡으며, 필요한 용어 선택을 해야 한다는 것이다.

(5) 대화의 원리

- **개방적 대화**: 자신부터 열린 마음으로 대화를 해야 타인도 마음을 열게 된다. 자신이 닫힌 마음으로 대화하면 타인도 마음을 닫게 된다.
- **긍정적 인정자극**: 칭찬, 격려 등 긍정적 인정자극은 타인에게 동기를 부여하며 타인을 성장하게 하는 원동력이 된다. 칭찬이나 격려 등 긍정적 인정자극은 순환성이 있어 반드시 피드백되어 되돌아오게 된다.
- **황금률**: 성서 중 마태복음의 산상의 수훈에 나오는 것으로 '네가 대접받고자 하는 대로 남을 대접하라'는 원리다. 대화도 자신이 대접받고자 하는 대로 타인에게 대화하라는 얘기다. 따라서 타인이 원하는 명칭으로 이름을 불러 주고, 타인이 원하는 바를 이해하고 타인이 원하는 감정을 읽어 주고, 타인이 심층심리에서 좋아할 것이라고 기대하는 대로 타인을 읽어 주라는 말이 된다.

- **적극적 경청**: 의사소통을 잘하는 사람들은 입술에만 의존하지 않는다. 오히려 눈과 귀에 의존하는 편이다. 대화는 온몸으로 들을 수 있어야 한다. 듣기를 잘하는 사람이 대화에서 성공할 수 있다. 타인이 이야기할 때에는 그냥 듣지 말고 경청하도록 하라. 그냥 듣는 것은 타인의 말을 무관심하게 듣는 것 혹은 들리는 것이고, 경청하는 것은 귀를 기울여서 관심을 집중하여 듣는 것이다. 경청하는 것은 시간을 들여서 오직 타인의 말에 집중하는 것이며, 타인의 느낌과 관점을 진지하게 받아들이는 것이다. 타인이 말을 하는데 다른 일을 하면서 건성으로 듣고 있는 것은 단순히 소리를 듣는 것이다. 가능하면 가까이에서 눈동자를 마주 보며 대화하면 소리뿐만 아니라 서로의 감정까지도 그대로 교류할 수 있게 된다. 그렇게 하면 자신의 귀로는 마음의 소리를 들을 수 있을 것이고, 자신의 눈으로는 마음을 읽고 볼 수 있다. 폴 투르니에(Paul Tournier)는 이런 말을 했다. "우리는 다른 사람의 말을 절반만 듣습니다. 그리고 들은 것의 절반을 이해하며, 이해한 것의 절반만을 믿습니다. 그리하여 결국 믿은 것의 절반만을 겨우 기억할 수 있게 됩니다." 얼마나 의미 있는 말인가? 이러한 지적을 되풀이해서는 안 되겠다.

(6) 적절하게 대화하기

① 활력을 불어넣는 대화를 하여야 한다

긍정적인 대화는 타인과 생활을 공고히 해 주며 생생한 활력을 갖게 한다. 칭찬과 격려, 지지, 사랑 등이 여기에 해당된다. 이런 말은 타인을 성장시킨다. 긍정적인 대화를 하기 위해서는 우선 마음이 준비되어야 한다. 어떠한 경우에라도 타인에게 긍정적인 말을 한다면 그 환경은 풍성해질 수밖에 없다.

② 칭찬과 격려가 있는 대화를 나눈다

우선 부정적인 말을 하려는 충동을 억눌러야 한다. 타인이 하는 일마다 사사건건 시비를 따진다든지 타인의 제안을 묵살한다든지, 반박하고 언쟁을 벌이는 것은 온당치 못하다. 우선 이러한 행동이 제어되어야 칭찬의 말들이 오고 갈 수 있다. 말하는 것이 쑥스럽다면 비언어적인 방법으로 칭찬해 보면 좋다. 시기적절한 포옹이나 열심히 고개를 끄덕여 주는 것들이 여기에 해당된다. 가끔은 창의적인 방법으로 칭찬해 보는 것이 좋다. 예쁜 카드나 꽃을 통해서 편지를 통해서, 칭찬하는 방법도 있다. 그리고 직접 또는 간접적으로 타인을 인정해 주어야 한다.

③ 솔직하게 자기표현을 하라

우선 자신이 필요한 바를 숨기지 말라. 타인들에게 어떻게 하기를 원하면서도 자존심 때문에 혹은 다른 이유로 인해 마음을 묵살해서는 안 된다. 마음의 솔직한 감정을 억누르지 말고 표현한다. 또한 자신의 감정에 정직해야 한다. 기분이 나쁠 때는 나쁘다고 말해야 한다. 자기감정에 솔직할 때 타인들의 반응에서 자유롭게 된다. 그리고 자신의 감정을 축소시키거나 왜곡시키지 말아야 한다.

④ '너' 대신에 '나'라는 단어를 사용하라

이런 대화의 방법을 '나−전달법(I Message)'이라 한다. 나−전달법이란 '너'가 아닌 '너'로 인한 '나'에 초점을 맞추는 것을 의미한다. 다시 말해서 자신의 감정과 느낌을 솔직하게 표현하는 것을 말한다. 이런 나−전달법을 사용하기 위해서는 3가지 요소가 필요하다.

- 문제를 유발하는 타인의 행동을 비난 없이 서술하고,
- 그 행동이 당신에게 미치는 구체적인 영향을 서술하고,
- 그 결과에 대한 당신의 느낌을 전달하여야 한다.

⑤ 말없는 말이 마음을 움직인다

비언어적인 대화가 언어적인 대화보다 훨씬 효과적임을 이미 말한 바 있다. 부드러운 보살핌과 함께 접촉을 통한 신체 언어, 그리고 가슴의 언어가 생명을 발한다. 표정을 통해, 몸짓을 통해, 행동으로, 눈동자로 감정을 전하면 훨씬 의사소통을 원활하게 할 수 있다. 타인이 말할 때 공감하는 자세로 고개도 끄덕여 주고, 긍정적인 얼굴 표정도 지으면서, 가끔은 자연스럽게 포즈도 취하면서 대화한다면 얼마나 행복한 대화를 나눌 수가 있을까? 또 타인의 손을 잡아 준다거나 어깨에 손을 얹으면서 이야기를 들어줄 때 서로의 친밀감은 생겨나게 된다. 그리고 시기적절한 포옹은 긍정적인 메시지를 한아름 안겨 주는 극적인 방법이다. 말없는 말이 마음을 움직인다.

⑥ 부정적인 대화는 타인에게 상처가 되므로 피해야 한다

비판하는 말이거나 빈정거리는 말, 강요하는 말, 모욕적인 농담과 거절 같은 말은 타인을 공격하는 말로 용기를 꺾거나 상처를 입힌다. 잔소리 또한 언어의 폭력이다. 잔소리를 하는 사람을 좋아하는 사람은 아무도 없다. 오히려 타인의 마음을 강퍅하게 할 뿐이다.

(7) 경청의 지침

노먼 라이트(Norman Wright)가 제시하는 경청의 지침을 생활 현장에 적용하여 정리해 보면 다음과 같다.

① 적극적인 태도로 들어야 한다

타인의 이야기를 들을 때는 정신을 집중해야 한다. 어느 사람도 무관심, 무감정의 사람하고 이야기하고 싶은 사람은 없기 때문이다. 타인이 말할 때 어떻게 이야기하는지 주의를 기울여야 되는 것이다.

② 깊이 공감하면서 들어야 한다

이 말은 타인의 입장에 서서 상황을 살피고 염려한다는 의미다. 타인의 말에 동의하지 않을 수도 있지만 만약 자신이 그 입장이라면 그렇게 생각할 수도 있겠다는 적극적인 공감이 필요하다. '즐거워하는 사람들과 함께 즐거워하고 우는 사람들과 함께 우는 감정이입이 필요하다'는 것이다.

③ 있는 그대로 다 받아들이면서 들어야 한다

선택적으로 듣거나 방어적으로 경청하는 일, 또는 여과해서 듣는 태도는 바른 경청의 자세가 아니다. 타인의 관습이나 신앙, 사고방식은 나와 다를 수 있지만 그것을 이해하도록 노력해야 한다. 이것은 편견 없이 타인의 모든 말을 들어야 한다는 것을 의미하기도 한다.

④ 의식하면서 들어야 한다

타인의 말에 대해서 말과 사실이 어떻게 다른지 의식하면서 들어야 한다. 일관성이 있는지 없는지도 생각하면서 들어야 한다. 그렇다고 공격해서는 안 된다. 이럴 때 응답하는 최선의 방법이 질문이다. '조금 더 말해 주겠니?', '구체적인 예를 들어 줄 수 있을까?', '너의 입장을 알게 해 주어서 고맙구나', '그런 관점은 한 번도 생각해 보지 않았는데 참 흥미롭구나'

타인의 말에 귀를 기울인다는 것은 타인을 귀히 여기고 가치 있게 여긴다는 신호이기도 하다. 경청한다는 것은 사랑과 관심의 표현이다.

(8) 경청에 방해가 되는 요소

① 자신을 방어하는 태도

타인이 이야기를 하고 있는 도중에 자신은 그의 말에 이의를 제기하고 반박하려고 골몰해 있는 경우를 말한다. 또 성급하게 타인의 말을 결론짓는 경우도 있다. 또 타인의 이야기에 귀를 기울이지 않고 자신의 생각을 계속 말하거나 자신의 추측으로 해석하는 경우도 있다. 이런 사람들은 예단하거나 극단적이고 단정적인 말로 대답하는 경우가 많다.

② 타인에 대해 가지고 있는 편견이나 태도

특정한 부류의 사람들에 대해 가지고 있는 편견은 종종 그 사람들의 말을 들어보지도 않고 그들을 거절해 버리도록 만든다. 가끔 사람들은 말하는 타인의 말씨나 태도에 따라서 타인을 일방적으로 판단하는 태도를 가질 때도 있다.

③ 자신의 마음속에 있는 고민

자신이 깊은 고민에 빠져 있을 때 역시 경청을 방해하게 된다.

④ 타인의 말을 중간에 가로채는 경우

가끔 말하는 타인이 우물쭈물할 때 답답하게 여긴 자신이 말을 가로채서 대신 해버리는 경우가 많다. 역시 경청의 큰 장애물이다.

(9) 경청의 10계명

노먼 라이트가 제시하는 상대방의 이야기를 잘 듣기 위한 10가지 계명을 삶의 현장에서 인간관계에 적용하여 정리해 보면 다음과 같다.

① 미리 판단하지 말라.
② 자신의 생각을 덧붙이지 말라.
③ 자신이 들은 것이 타인이 이야기한 것의 전부라고 생각하지 말라.
④ 타인의 이야기를 다른 곳으로 유도하지 말라.
⑤ 타인이 어떤 말을 하든지 마음을 닫지 말라.
⑥ 타인의 말을 끝까지 들으라.
⑦ 말하는 사람이 이야기해 준 것 이외에는 다른 의미로 해석하지 말라.

⑧ 타인이 이야기하고 있는 동안에 미리 타인에게 대답을 하거나 아니면 타인에게 줄 대답을 준비하지 말라.

⑨ 타인이 말을 올바르게 정정해 주는 데 두려움을 갖지 말라.

⑩ 대화자들은 공평하게 서로의 말을 들어주라.

3. 인정자극

1) 인정자극 이해

(1) 인정자극의 의미

모든 사람은 자폐상태에서 태어난다. 태어난 후 중요한 타인들, 즉 부모 등이 주변에서 인정자극을 얼마나 어떻게 주느냐에 따라 심리적으로 성장하느냐 않느냐가 결정된다. 인정자극 (StrOKe)은 심리적 성장의 밑거름이다. 사람은 피부 접촉이나 몸짓, 눈짓, 표정, 감정, 언어 등 자신의 반응을 상대에게 알리는 인간인식(존재인지)의 기본 단위로서 인정자극을 사용한다.

'안녕하십니까?' 등의 인사를 서로 교환하는 것도 사회생활에 있어서 하나의 교류이며 동시에 인정자극의 교환이다. 부모가 자녀에게 '어서 와'라고 반기거나 부모가 자녀에게 '이 멍청한 녀석' 하고 꾸중을 하는 것도 하나의 교류이며 동시에 인정자극이다. 부모와 자녀 간의 교류를 인정자극이라는 관점에서 생각해 보면 지금까지보다 나은 부모와 자녀 간의 관계 방식이나 개선방향을 찾는 수단을 얻을 수 있게 된다.

(2) 인정자극의 특징

① 인간은 누구나 접촉과 인정 욕구를 지니며, 타인과 스트로크 교환이 이루어질 때 자기존중감 및 애정과 보살핌에 기초한 원만한 인간관계를 형성할 수 있다.

② 일상생활에 있어서 스트로크의 획득은 삶의 근본적인 동기로 작용한다.

③ 유아기는 주 양육자로부터 받는 신체적 스트로크의 욕구가 강하지만 성장하면서 칭찬이나, 승인 등의 정신적 스트로크에 대한 욕구가 강해진다.

④ 스트로크는 인간이 성숙할수록 신체적인 것에서 상징적인 것으로 대치되며, 크게 긍정적 · 부정적 · 무 스트로크로 나누어진다.

⑤ 긍정적 스트로크를 상호 교환하게 되면 행복감이 높아지고 지적 능력 발휘 및 칭찬이나 승인을 순순히 받아들이는 등 긍정적 생활자세를 형성함으로써 건강한 심리적 발달과 적응이 가능하다(우재현, 2006).

⑥ 스트로크 부족은 그 자체가 심리적 죽음과 같다(Harris, 1967).

⑦ 긍정적 스트로크를 획득하지 못한 경우 심리적으로 불건강한 기제인 이면 교류를 사용하며(우재현, 2006), 폭력, 절도, 규칙 위반, 왕따 등을 행함으로써 부정적 스트로크라도 획득하고자 한다.

⑧ 비록 부정적 스트로크이더라도 상대의 존재 자체는 인정해 주기에 무 스트로크(NO-strOKe)보다는 훨씬 낫다(김규수, 류태보, 2001).

⑨ 부정적 스트로크나 무 스트로크의 경우 부정적인 생활자세를 형성하는 원인이 되며, 심지어 성격장애를 유발할 수 있을 뿐만 아니라 생의 후반기에도 부정적 스트로크를 추구하게 되어(Stewart & Joines, 1987) 부정적 생활자세가 전 생애를 지배하게 된다.

2) 인정자극의 종류

(1) 비언어적(신체적) 인정자극과 언어적 인정자극

사람을 안아 주거나 머리를 쓰다듬거나, 등을 토닥거리거나, 손을 잡아 주거나 하는 것은 신체의 직접적인 인정자아의 접촉, 즉 신체적 인정자극이다. 사람은 이와 같이 신체적인 인정자극을 충분히 경험할 때 성격 발달에 긍정적인 결과를 가져온다.

타인에게 칭찬을 하는 말이나, 꾸중을 하는 말 모두 언어적 인정자극이며, "민철이는 참 잘생겼어." 하면서 머리를 쓰다듬는 것은 신체적인 것과 언어적인 인정자극을 동시에 주는 것이다. 그러나 성장함에 따라 말에 의한 인정자극이 많아지게 된다. 자신이 타인에게 '축하해' 하면서 악수를 한다면 신체적인 것과 언어적인 인정자극 욕구의 두 가지를 동시에 충족하는 것이다.

(2) 긍정적 인정자극과 부정적 인정자극

긍정적 인정자극은 자신과 타인 간의 적절한 이해와 평가, 경우에 따라 합당한 칭찬과 승인, 마음을 주고받는 사랑의 행위 등을 포괄하며, 이것은 자신과 타인을 기분 좋게 만들고 자신과 타인의 의미를 느끼게 하며 건전한 정서와 지성을 갖추게 한다. 이 긍정적 인정자극으로부터 자신과 타인 모두 자타긍정의 인생태도에 이르게 한다.

부정적 인정자극은 자신이나 타인의 부정성을 유발시키는 자극으로 자신이나 타인이 지니고 있는 중대한 문제를 대단찮은 일로 묵살해 버리거나 문제의 의미를 일부러 왜곡하는 것으로, 관심의 결핍이나 잘못된 관심에서 유발된다. 이것은 부정적인 인생태도를 유발하지만 인정자극이 없는 상태보다는 낫다.

(3) 조건적 인정자극과 무조건적 인정자극

조건적 인정자극은 특정의 행위에 대해서 하는 긍정적 또는 부정적·언어적·비언어적(신체적) 인정자극인 것이다. 장난치는 아이의 손을 때린다든지 나쁜 짓을 한 아이의 종아리를 때리는 것은 그 행위에 대해서 하는 조건적·부정적·신체적 인정자극이 된다.

무조건적 인정자극은 자신이나 타인의 존재 자체에 대해서 발신하는 것이다. "아빠는 너를 좋아한다."라고 말하거나, 아무 말도 안하면서 살며시 안아 주는 것도 학생의 존재 자체를 인정하는 긍정적 무조건적 인정자극이다. 앞의 예는 언어적 무조건적 인정자극이고, 뒤의 예는 신체적인 무조건적 인정자극이라고 한다. 이 두 가지의 인정자극을 동시에 한다면 무조건적 긍정적인 신체적·언어적 인정자극이 된다. 반면에 "더 이상 말하기 싫다.", "그만하자."라는 말은 무조건의 부정적인 언어적 인정자극이다.

〈표 2-3〉 스트로크의 유형별 특징

특징 / 유형	신체적	언어적	조건적	무조건적
존재인지 (인간, 인식)	접촉에 의한 직접적 표현	말에 의한 간접적 표현	행위나 태도에 대해서 표현	존재나 인격에 대해서
긍정적 (상대가 기분 좋게 느낀다.)	안아 준다. 손을 잡아 준다. 어깨를 쳐 준다.	칭찬과 격려의 말을 한다.	힘들었을 텐데 지각하지 않으려고 애써 줘서 고마워. 참 잘한 일이야.	내 생애에 너희들을 만난 것이 가장 큰 행운이야.
부정적 (상대가 기분 나쁘게 느낀다.)	때린다. 꼬집는다. 걷어찬다.	겨우 이것밖에 못해. 넌 늘 이런 식이지. 그럼 그렇지.	깨끗이 정리정돈하지 않으면 안 된다. 그 태도가 뭐야.	우리 말하지 말자. 이 교실에서 나가.

3) 인정자극 질과 양 그리고 타이밍

개강을 해서 모처럼 교수님을 만난 학생이 "교수님 안녕하세요. 잘 계셨죠?"라고 말을 걸었을 때, 교수가 "예" 하고 한마디만 하고 지나친다면 학생은 많이 섭섭해할 것이다. 학생은 속으로 '교수님은 나에겐 관심도 없어.' 하며 기분이 상하게 된다. 그런데 왜 그와 같은 것이 마음에 걸리는지 학생도 알 수가 없을 것이다.

인정자극에는 '질'과 '양' 두 가지 면이 있다는 것을 알게 되면 왜 그랬는지를 이해할 수 있을 것이다. "교수님 안녕하세요. 잘 계셨죠?"라는 말은 두 개의 단원으로 성립되었다. 그런데 '안녕'은 한 단원으로써 인정자극의 양이 부족한 것이다. 그리고 돌아온 반응의 질이 낮다(관심이 없다). 교수의 질, 양이 모두 낮은 반응을 수용하는 순간 이 학생의 정신에너지는 그때까지 NP의 자아상태에서 순식간에 그것도 자신의 Ⓐ의 승낙 없이 CP로 이동하므로 '교수님은 나에게 관심도 없어'가 된 것이다. 즉, 질과 양이 모두 에누리(discount)된 것에 신경이 반응된 것이다. 인정자극을 되돌려 주는 데는 똑같은 양과 똑같은 질의 것을 그것도 타이밍이 좋은 반환이 아니면 안 된다.

여기서 타이밍이란 교수와 학생의 만남에서 인정자극의 적절한 시점을 말한다. 예를 들어, 교수를 만나로 온 학생에게 밝은 얼굴로 "어서 와요. 무슨 일이 있어요."라고 한 말이 학생의 존재를 인정하는 것이며, 또 의자를 내 주며 앉으라고 했을 때 그 학생에게 유의하고 있다는 것을 보여 주는 행동이다. 이와 같은 행위로 존재를 인정받은 학생은 마음 놓고 이야기를 할 수 있다. 이상과 같이 학생과의 관계에서 관계의 질을 높이는 비결의 하나는 적절한 타이밍이 좋은 긍정적 인정자극을 할 수 있는지 여부에 달려 있다. 교수의 NP가 학생의 FC에 기분 좋은 에너지를 타이밍 좋게 줄 수 있어야 하며, 교수 스스로 학생에게 풍부한 긍정의 인정자극을 줌으로써 학생들의 NP도 성장되어서 강의실은 화기애애한 분위기가 될 것이다.

사람을 거울이라고 한다. 발신한 인정자극과 같은 것이 되돌아오지 않으면 '거울'(건전한 인간관계)의 역할을 할 수 없다. 성서에서처럼 '네가 대접받고자 하는 대로 상대를 대접하라'는 것이 기본 원리다. 교수와 학생의 관계도 이러한 사소한 것을 소홀히 하거나 부족하다거나 인정자극의 교환이 서툴러서 이것이 반복되는 사이에 축적된 데에서 문제가 될 때가 많이 있다.

학교생활에서 교수로부터 인정자극을 받지 못하면 결과적으로 지각을 한다든지 결석을 한다든지 실수나 문제를 일으키는 경우가 많다. 인정자극은 조금만 학생에게 관심을 가진다면 가능하지만 실제로는 이것을 하지 않거나 혹은 하지 못해서 어려움을 겪은 교수가 있는 것 같다. 그것은 교수가 학생에게 명령이나 지시한 일을 시간 내에 지시한 대로 하는 것은 당연한 것이라고 생각하기 때문이다. "잘했어요.", "수고했어요.", "고마워요!"라고 대화에 있어 양과 질과 타이밍이 맞는 인정자극이 교수로부터 없다면 학생은 에누리로 느끼게 될 것이다.

4) 에누리와 부정적 인정자극

에누리(Discount)란 '싸게 한다'든가 '깎아 준다'라는 의미를 가지고 있다. 교류분석에서는 이것을 '경시'라든가 '과소평가'라는 의미의 전문용어로 사용하고 있다. 솔직한 부정적 스트로크는 에누리와 분명히 구분된다. 솔직한 부정적 스트로크와는 달리 에누리는 당신의 존재나 당신이 하는 일의 실제를 왜곡하거나 축소하는 것이다. 에누리는 화의 근원이다.

학교 현장에서 에누리의 사례를 들어보자. 학생이 자율학습 시간에 "선생님 다음 자율학습 시간에 2반하고 축구시합해도 될까요?"라고 묻자 교사는 "무슨 소리야 반 성적도 안 좋으면서 곧 시험인데 공부나 해." 그러자 학생은 "다음 시험은 잘할게요. 이번 한 번만 축구해요."라고 말을 했고, 교사는 "너희는 정신 상태부터 틀렸어, 안 돼."라고 했다. 이 같은 예는 학생의 기대를 배반했다든지 과소평가한 경우이며 학교생활에서 이와 같은 교류는 의외로 많이 있다. 이런 에누리는 교사와 학생 간의 대단히 큰 부정적 인정자극을 주고 있다는 것을 인식해야 한다.

교사가 학생에게 범하기 쉬운 네 가지 유형의 에누리는, 첫째, 문제 존재 그 자체의 에누리로써 파티에 초대받지 못한 학생에 대하여 '생일잔치에 초대받지 못한 것 가지고 뭘 그래, 다른 재미있는 것이 얼마든지 있는데.' 둘째, 문제의 중요성 에누리로써 '그런 것은 대단한 일이 아니잖아!' 셋째, 문제의 해결 가능성 에누리로써 '너같이 친구들하고 잘 못 어울리는 애를 누가 초대하겠니?' 넷째, 원조하는 자기 자신의 능력 에누리로써 '유감이지만 나는 아무것도 해 줄 수가 없구나.'

가장 바람직하지 않은 인정자극은 무 인정자극(No strOKe)으로 사례를 들어보면 어떤 교사들은 학생들에게 별로 관심이 없다. 또 어떤 학생들은 교사를 만나도 인사를 잘 안 한다. 이런 경우 교사가 먼저 '안녕' 하고 솔선해서 한다면 학생들도 따라서 하고 곧 습관화될 것이다. 이와 같이 무 인정자극도 에누리가 되어 건강하지 않은 관계로 발전할 수 있다.

5) 관계 증진을 위한 인정자극 교환

(1) 상호 긍정적 스트로크 교환하기

자신이나 타인 모두에 있어서 괴롭거나 슬프거나 쓸쓸함은 자신이 갈망하고 있는 인정자극을 자신은 타인에게 타인은 자신으로부터 얻을 수 없기 때문이다. 기분 좋은 자신과 타인관계를 가지려면 자신이 갈망하고 있는 스트로크를 타인으로부터 부여받고, 자신 또한 타인이 갈망하고 있는 스트로크를 아끼지 않고 주어야 한다. 자신과 타인관계에 있어서 에누리하지 않고 긍정적 인정자극을 풍부하게 교환하는 것이 바람직한 자신과 타인관계를 구축하는 기초가 된다.

(2) 스트로크 경제(StrOKe Economy) 법칙 타파하기

스타이너(Claude Steiner)가 주장한 스트로크 경제법칙은, 재산을 모으는 사람은 더욱더 풍부해지고, 가난한 자는 더욱더 가난해지는 일반 경제법칙이 대 인간 스트로크 교환에도 적용되고 있다는 것에서 착안한 것이다. 따라서 상호 간 원만한 관계를 구축하기 위해서는 다음의 다섯 가지 스트로크 경제법칙을 타파해야 한다는 것이다.

이와 같은 스트로크 경제법칙은 아이가 어릴 적에 부모가 아이를 통제하는 방법으로써 이렇게 된다고 생각한다. 스트로크의 공급이 부족한 상태에 있는 아이들을 가르치면서 부모는 스트로크 독점가의 위치를 얻는다. 스트로크가 꼭 필요하다는 것을 알게 되면 어린아이는 재빨리 부모가 요구하는 방식대로 행동함으로써 스트로크를 얻는 법을 배운다. 성인일 때도 우리는 무의식적으로 여전히 다섯 가지 규칙을 따른다고 스타이너는 말한다. 그 결과 우리는 부분적인 스트로크 박탈 상태에서 삶을 살아 나간다. 우리는 여전히 공급이 부족하다고 믿는 스트로크를 얻기 위해 많은 에너지를 사용하고 있다.

우리의 자각성, 자발성과 친밀성을 되찾기 위해서 스타이너는 스트로크 교환에 관하여 부모들이 우리에게 강요하는 구속적인 기본 훈련을 거절할 필요가 있음을 강조한다. 그 대신에 우리는 스트로크가 무한히 공급될 수 있다는 것을 인식할 수 있다. 우리가 원할 때는 언제나 스트로크를 줄 수 있다. 우리가 아무리 많은 스트로크를 준다 하더라도 그것은 결코 끝이 없을 것이다. 우리는 스트로크가 필요할 때 자유롭게 그것을 요구할 수 있으며, 스트로크가 제공될 때는 그것을 받을 수 있다. 제공받은 스트로크를 좋아하지 않는다면 솔직히 거절할 수 있다. 그리고 우리는 자신에게 스트로크를 주는 것을 즐길 수 있다.

확실한 것은 우리들 대부분이 초기 어린 시절의 결단과 일치하도록 스트로크 교환을 제한하고 있다는 점이다. 이 결단들은 부모의 억압에 대한 유아 지각의 응답으로 이루어졌다. 성인이 되어 우리는 이러한 결단을 재평가할 수 있고 원한다면 그 결단을 바꿀 수 있다.

그러면 이 다섯 가지 법칙을 삶의 현장에 적용해서 어떻게 타파해야 하는지에 대해 예를 들어 정리해 보겠다.

① 주어야 하는 스트로크가 있어도 그것을 타인에게 주어서는 안 된다.
　→ 주어야 하는 스트로크가 있으면 그것을 타인에게 주라.
　(예 동철이가 유리창을 깨끗이 닦아서 보기가 좋구나.)
② 원하는 스트로크를 타인에게 요구해서는 안 된다.
　→ 원한다면 스트로크를 타인에게 요구하라.
　(예 네가 엄마에게 예의 바르게 행동했으면 좋겠어. 할 수 있지.)
③ 원하는 스트로크가 와도 받아들여서는 안 된다.
　→ 원하는 스트로크가 오면 받아들이라.
　(예 현규야! 고맙다. 엄마를 그렇게까지 생각해 주니.)
④ 원하지 않는 스트로크가 왔을 때에는 그것을 거부해서는 안 된다.
　→ 원하지 않는 스트로크가 왔을 때에는 그것을 거부하라.
　(예 고맙지만, 이 일은 내가 할 일이니 너희 할 일을 하라.)

⑤ 자기 자신에게 스트로크를 주어서는 안 된다.

→ 자기 자신에게 스트로크를 주라.

(예 이 정도면 나는 대단한 거야.)

6) 스트로킹 프로파일

(1) 스트로크 필터

인간은 누구나 스트로크 필터(strOKe filter)를 가지고 있으며, 누군가가 자기가 선호하는 스트로크 지수(strOKe quotient)와 일치하지 않는 스트로크를 주게 될 때 그것을 무시하거나 하찮게 여기는, 즉 문제 해결과 관련된 정보를 무의식적으로 무시하는 것을 스트로크 에누리(discount) 혹은 걸러낸다(filter out)라고 한다.

이와 같은 스트로크 필터를 삶의 현장에 있는 사람에게 적용한다면, 사람들 각자는 자신과 받고 있는 스트로크 사이에 스트로크 필터를 가지고 있고, 사람들은 선택적으로 스트로크를 걸러내는 것이다. 사람들은 선호하는 스트로크 지수와 일치하는 스트로크는 받아들이고, 그렇지 않은 스트로크는 받아들이지 않는다. 그러므로 스트로크 지수는 자신이 존재하고 있는 모습을 계속 유지하는 데 도움을 준다.

아동기에 긍정적 스트로크를 충분히 받지 못하였거나 혹은 신뢰할 수 없는 것이라고 결단한 경우 부정적인 스트로크를 추구하는 경향이 있어서 성인기에도 계속 긍정적인 것을 걸러내고 부정적인 것을 받아들이기에 칭찬을 받아도 그 칭찬을 에누리하게 된다.

특별히 고통스러운 어린 시절을 보낸 사람들은 어떤 스트로크도 전혀 안전하게 받아들일 수 없다고 결단할 것이다. 이러한 사람들은 그들이 제공받은 모든 스트로크를 사실상 외면해 버릴 정도로 엄격해서 계속 스트로크 필터를 유지한다. 그렇게 함으로써 사람들은 어린이 자아상태를 안전하게 유지하지만 성인으로서 정말 안전하게 얻을 수 있는 스트로크를 스스로에게 빼앗아 버린다. 스트로크 필터를 개방하는 방법을 찾지 못한다면 사람들은 폐쇄나 억압되는 상태로 머물면서 타인과의 관계에 있어서 원만한 관계를 유지하는 데 많은 어려움을 갖게 될 것이다.

(2) 스트로킹 프로파일

얼마나 자주 긍·부정적 스트로크를 주고, 받고, 요구하고, 주는 것을 거부하는지에 대한 직관적인 평가를 위해 네 개의 각 열에 긍정적인 것은 중앙 축으로부터 위쪽에 부정적인 것은 중앙 축으로부터 아래쪽에 막대로 그린다.

우리가 삶의 현장에서 얼마나 빈번히 스트로크를 주고, 스트로크가 제공되었을 때 그것을 받으며, 스트로크를 요구하고, 그리고 스트로크를 주기를 거부하는지에 대한 직관적인 평가를 표현하도록 네 개의 각 열에 막대를 그린다.

스트로크를 그릴 때 긍정적인 스트로크는 좋은 것이고 부정적 스트로크는 나쁜 것이라고 가정하고 싶어 하는데 사실은 그렇지 않다. 다행히 대부분의 사람들은 그들의 충동을 따르고 있고 긍정적인 것과 부정적인 것을 혼합하여 규칙을 정하여 실시하고 있다. 그래서 건강한 스트로크 지수는 긍정적인 것과 부정적인 것, 조건적인 것과 무조건적인 것 모두를 포함할 것이다. 잘못한 것에 대한 부정적인 것뿐만 아니라 잘한 것에 긍정적인 것을 줌으로써 스트로크 피드백의 효율성을 향상시킬 수 있을 것이다.

	얼마나 자주 당신은 사람들에게 플러스 스트로크를 주는가?	얼마나 자주 당신은 플러스 스트로크를 받는가?	얼마나 자주 당신은 사람들에게 당신이 원하는 플러스 스트로크를 요구하는가?	얼마나 자주 당신은 타인이 기대하는 플러스 스트로크 주기를 거부하는가?
5				
4				
3				
2				
1				
0				
	주기	받기	요구하기	주기를 거부하기
0				
1				
2				
3				
4				
5				
	얼마나 자주 당신은 사람들에게 마이너스 스트로크를 주는가?	얼마나 자주 당신은 마이너스 스트로크를 받는가?	얼마나 자주 당신은 직접-간접으로 마이너스 스트로크를 요구하는가?	얼마나 자주 당신은 마이너스 스트로크 주기를 거부하는가?

4. 인생태도

1) 인생태도 이해

(1) 인생태도란

인생에 대한 기본적인 자세는 유아기에 그 기초가 형성되어 그 후 수정되지 않는 한, 자기와 타인에 대해 일생 동안 일관되게 취하는 자세다.

어떤 사람이 자기 자신과 타인에 대해서 어떻게 느끼고 어떻게 결론을 내리고 있는가를 그 사람의 기본적 태도라고 한다. 이 경우 그 성질을 긍정적인 것과 부정적인 것의 두 개로 크게 나누어 이들을 각각 간단히 긍정(OK), 부정(NOT-OK)으로 나타낸다. 자신에 대해서 OK인지 NOT-OK인지, 타인에 대해서 OK인지 NOT-OK인가를 결합하여 자타긍정(++), 자기긍정·타인부정(+−), 자기부정·타인긍정(−+), 자타부정(−−)의 4가지 유형으로 나눈다.

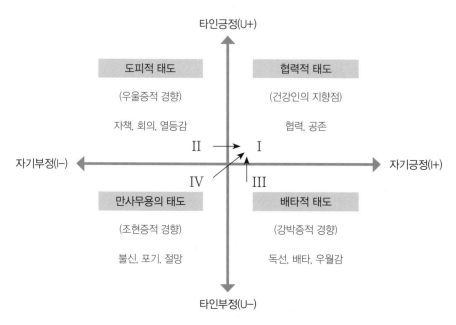

[그림 2-21] 커랠로그램(Corralogram)

다음은 이고·오케이 그램에 나타난 자아상태의 그림이다. 어떤 사람의 자아상태의 이고·오케이 그램이 U+가 U−보다 높게 나오면 타인긍정이 되고, I+가 I−보다 높게 나오면 자기긍정이 된다. 또한 각각 반대로 나오면 타인부정, 자기부정이 되는 것이다.

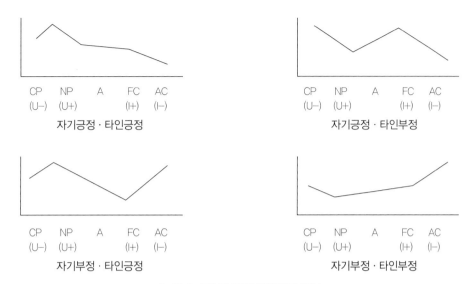

[그림 2-22] 네 가지 인생태도 유형

(2) 인생태도의 형성

인생 초기 경험을 통해 정착된 관념은 성장 후 성격의 일부가 되어 특수한 방법으로 행동이나 반응할 것을 결심하게 된다.

인생의 매우 빠른 시기에 이루어진 자기와 타인에 대한 결단은 그것이 전혀 비현실적인 것이라 해도 그와 같은 결단을 할 시기의 아이에게는 이론적이며 의미가 있는 것으로 생각되는 것이다.

예를 든다면 만일 어떤 아이가 반복적으로 놀림을 받는다든지 바보 취급을 당한다면 그 아이는 자기는 바보이며 타인을 모두 자기보다 우월하다는 생각을 하게 될 것이다. 따라서 그 아이는 '나는 OK가 아니다' 그러나 '당신(자기 이외의 사람)은 OK이다'라는 인생태도로 자기의 각본을 구성하게 되며 직장에 들어가서도 실패만 해서 자기는 능력이 없다고 생각하게 된다.

직장인이 되어 일을 할 때나 또는 사생활에 있어서도 자기의 인생태도를 행동으로 표시함으로써 자기가 정한 방향을 실현하게 된다.

자주 과오를 범해서 지적을 받고 그것이 반복되면서 자신은 무엇인가 모자라는 인간이라고 느끼게 되며 그것이 정착되면서 자기에게 특유한 인생태도를 형성하게 된다.

어떤 사람이든 자기 인생각본에는 다음 두 가지의 기본적인 질문과 관계가 있다. 나라는 사람은 도대체 이 세상에서 어떤 존재인가? 다른 사람들은 나에게 있어서 도대체 어떤 존재인가?

OK인가? NOT-OK인가? 등의 결단은 인생태도의 기초가 되는 것이다. 그리고 그와 같은 인생태도는 긍정적인 것이든 부정적인 것이든 관계없이 의식하지 못한 채 각본의 역할('희생자', '박해자', '구원자')로 굳어져 간다.

특히, 유아기 때 부모나 부모를 대신하는 양육자로부터 받은 스트로크의 '질과 양'에 따라, 결국 네 가지의 인생태도 유형 중에 어떤 것을 형성하게 된다.

2) 인생태도의 영역

(1) 인생태도 영역의 특징

① 자기부정 · 타인긍정(I'm not OK-You're OK)

아이들은 성장 초기에 이 태도를 취하게 된다. 그리고 아이는 자기 자신에 대해 실망하고 있다. 왜냐하면 부모나 부모를 대신하는 사람들과 같은, 자기에게 소중한 다른 사람들의 기대에 맞게 살아가지 않으면 곤란하다는 것을 알고 있기 때문이다.

뿐만 아니라 실패를 반복하게 되면 아이는 다른 사람과의 관계에서 자기는 항상 열등하다는 생각을 가지게 되며, 또 다른 측면에서는 어른들은 자유롭고 자기 생각을 그대로 행동할 수 있는 존재로 느끼게 되어 그 결과 '나는 OK가 아니고 타인은 OK'라는 인생태도를 취하게 된다. 그리고 성장해서 성인이 된 후에도 항상 자기는 부족하고, 무가치하고, 무력하다는 감정태도를 강화시킨다.

② 자기부정 · 타인부정(I'm not OK-You're not OK)

양친에 의한 육아의 기간이 끝날 무렵에는 아이는 혼자서 걸을 수 있게 되어 안아 주고 업어 주고 만져 주는 것이 줄어들면서 엎어지고 떨어지는 위험에 처하게 된다. 그뿐만 아니라 호기심에서 위험한 짓이나 위험한 것에 접근하려고 한다. 이럴 때 갑자기 어머니로부터 주의를 받는 경험을 반복하게 된다. 즉, 태어나서 지나간 1년과는 전혀 다른 체험을 한다. 그리고 그 정도가 강하면 강할수록, 그 차이가 크면 클수록 자기는 무능하다고 생각하는 것이 계속되며 자기 주위의 사람들도 자기를 버렸다는 실감이 체험을 통해 남게 되어 결국에는 '나도 OK가 아니지만, 타인도 OK가 아니다'라는 가장 나쁜 태도를 체득하게 된다.

이와 같은 태도로 성장하면 자신의 태도를 변화시키지 않는 한 사회생활뿐만 아니라 가정생활을 하면서도 인간관계가 원만하게 지속할 수가 없다.

태어나면서 긍정적 스트로크(애무나 인정)를 받지 못한 채 엄격한 규제에 의해 양육된다든지 부모가 다 같이 계속해서 편향된 스트로크를 주어서 이와 같은 인생태도를 형성하는 경우가 가장 많다. 이 인생태도를 가진 사람은 '박해자'를 기다리는 '희생자'의 역할을 하게 된다.

③ 자기긍정 · 타인부정(I'm OK-You're not OK)

인생 초기에는 OK라고 느낄 수 있었던 부모로부터 때로는 매우 지독한 처벌을 받는 일이 생긴다든지 그와 같은 일이 장기간 계속해서 경험하게 되면 유아기는 의존할 곳이 없어져 자기 스스로를 위안하고 자기를 도와주는 사람은 아무도 없다는 생각을 굳혀 간다.

그래서 '자기만이 OK이며, 타인은 모두 OK가 아니다'라는 것을 마음속에 새기게 된다. 이렇게 사는 방법을 체득하면 '나는 OK, 당신은 OK가 아니다'라는 입장을 가지고 스스로의 생명을 지키기 위한 인생태도를 정착시키게 된다.

이 태도를 취하는 사람은 잘못이 언제나 타인에게 있다고 느끼며, 그와 같은 언동을 시종일관하고 있다. 뿐만 아니라 자신에게 과오가 있다고 해도 그것을 바르게 보려고 하지 않고 타인에게 원인이 있다고 결정하고 타인을 몰아부친다든지 책임을 전가한다.

이와 같은 사람은 언제나 강한 자기애로 자기를 치켜세워 줄 사람을 주위에서 찾고 있지만 대개 그런 사람들을 '희생자'로 만들어서 결국에는 자기로부터 떠나게 한다.

이 태도를 지닌 사람은 언제나 '박해자'나 '구원자'의 역할을 하며 '희생자'의 역할을 하는 경우는 거의 없다는 것도 특징의 하나다.

④ 자기긍정 · 타인긍정(I'm OK-You're OK)

자기의 가치와 타인의 가치를 모두 인정하는 건설적인 태도다. 자타긍정의 태도는 자기도 OK이며 타인도 그렇지 않다는 것이 증명될 때까지 OK로 가정한다. 이것은 스스로 감사하는 마음에서의 친근과 신뢰의 감정을 결합한 행복하고도 건전한 인생태도다.

유아기에 부모나 양육자들로부터 따뜻한 마음으로 기분 좋은 애무(스트로크)를 받으며 양육되면 언어가 없을 때부터 자기와 타인(주로 어머니)과의 사이에 싹튼 OK의 감정은 오랜 기억으로 자기 속에 남는다. 그리고 그 같은 체험이 성장하면서도 자주 반복되면 더욱 강화되어 '나도 OK, 당신도 OK'라는 가장 좋은 인생태도를 형성하게 된다.

그러나 이러한 인생태도는 유아기의 체험의 일부가 작용할 수는 있지만 애무로 만족하고 있는 자연적인 자타긍정과는 다른 것이며, 앞에서 설명한 세 가지의 태도와 같이 자연발생적인 감정에 따른 인생태도는 더욱 아니다. 「어버이 Ⓟ」나 「어린이 Ⓒ」 안에 기록된 개인적 체험뿐만 아니라 「어른 Ⓐ」가 수집한 사실이나, 현실에 관한 풍부한 정보나 철학, 종교에서 비판적으로 섭취한 사상이나 신념에 의해 구축된 태도다.

비판적으로 검토한 다음에 얻은 신념은 「어버이 Ⓟ」의 무비판적인 신념이나 명령, 편견과는 다른 것이다. 그러나 「어른 Ⓐ」의 검토를 받는 사상, 신념이라고 해도 잘못이 없다는 보증은 없으나, 잘못이 발견되거나 잘못이 아닌가 하고 느끼게 되면 주저하지 않고 재검토를 하고 언제나 적절한 준비를 갖추고 있다.

「어른 Ⓐ」는 이해타산에만 독주하지 않고 「어버이 Ⓟ」나 「어린이 Ⓒ」를 조정하고 자연스러운 감정으로 기뻐하고 웃고 그리고 슬퍼한다.

이 태도를 항상 취하는 사람은 심리적 게임을 하지 않는다는 특징이 있다. 이와 같은 자타긍정의 태도는 교류분석이 바라는 목적 중에 하나이기도 하다.

그러나 이와 같은 'OK-OK의 감정'은 매우 얻기 어렵다는 것이 상식이며 아들러는 인간 고민의 근본은 '성'이 아니고 열등감('OK가 아니다'의 감정)이라고 말하고 있다. 예로, 어린이는 몸이 작고 허약하여 주위의 어른들에 비하면 열세하다. 뿐만 아니라 그것을 보충할 만한 충분한 스트로크가 주어지지 않으면 '자기는 OK가 아니며, 타인은 OK'(자기부정·타인긍정)라는 태도를 몸에 익히게 될 것이다.

(2) 인생태도 유형
① 자기부정·타인긍정(I'm not OK, You're OK)
자신을 믿지 못하고 인정하지 않으며, 상대방만 믿고 의지하려는 인생태도다.

예 나는 어떤 일도 할 수 없는 놈이야. 최과장은 항상 당당하고 활기에 넘친데 난 늘 왜 이렇게 소심하고 내성적인지 모르겠어.

② 자기긍정·타인부정(I'm OK, You're not OK)
자신을 과신하고 있으나 타인의 존재나 능력을 인정하지 못하는 인생태도다.

예 너는 왜 언제나 그러냐? 너 때문에 우리 부서 실적이 늘 형편없잖아.

③ 자기부정·타인부정(I'm not OK, You're not OK)
인생을 살 만한 가치가 없다고 절망하거나 타인이 주고자 하는 긍정적 스트로크를 부정하고, 자기 자신에게도 긍정적 스트로크를 주지도 못하는 인생태도다.

예 회사에 가면 어리석고 한심한 놈들뿐, 답답한 것들…… 다들 타성에 젖어서 말이야, 아! 또 초라한 내 꼬락서니하고는……. 이것도 싫다 싫어. 확 그만두어야지 말이야…….

④ 자기긍정·타인긍정(I'm OK, You're OK)
Ⓒ나 Ⓟ 속에 기록된 개인적인 체험뿐만 아니라, Ⓐ가 수집한 사실이나 현실에 관한 풍부한 정보나 철학 및 종교로부터 비판적으로 취득한 사상이나 신념에 근거를 두고 형성된 인생태도다.

예 아, 오늘 김과장이 잘못한 것도 아니었는데 너무 크게 꾸중을 했구나. 참 많이 속상해했겠다. 더 상처 받기 전에 출근하면 잘 위로해 주어야겠다.

3) 인생태도 개선

일반적으로는 'OK-OK'나 'NOT OK-NOT OK'의 태도를 가진 사람보다는 'OK-NOT OK'거나 'NOT OK-OK'의 인생태도를 가지고 상호 간의 심리적 게임으로 소일하는 사람이 많다고 할 수 있다.

인간의 생육사는 특별한 경우를 제외하고 일반적으로 애정을 부모로부터 몸과 마음에 가득히 받으면서 성장한다.

그래서 많은 사람들에게는 이 네 가지 인생태도 중에 지나치게 강한 것이 없어 그것으로 인해 정신이상이나 자살 또는 살인 등을 하지는 않는다. 대개의 경우 'OK-NOT OK'나 'NOT OK-OK'의 기본적 인생태도를 가진 사람들은 그때 그 장면의 환경이나 상태에 의해 다른 태도로 수시로 이동하게 된다. 그러나 기본 인격 형성 과정에서 「어린이 ⓒ」가 받은 감정의 기억, 사실의 기억은 지워 버릴 수는 없다.

즉, 어떤 인생태도를 정하는 데 영향을 미친 경험 그 자체를 지워 버릴 수는 없다. 그러나 한 번 결정한 인생태도는 그것이 왜곡된 태도이고 자신과 타인에게 행복을 가져다주는 것이 아니라는 것을 알게 되면 새로운 다른 인생태도로 바꿀 수 있다.

교류분석을 학습하므로 자신의 생활태도가 어느 것인지를 알고 스스로의 약점을 감지한다면 그 태도에서 벗어나 밝은 인생, 서로 신뢰할 수 있고 인간관계를 창출할 수 있는 '나도 OK, 너도 OK'로 이행할 결심을 하고 그것을 실행하게 될 것이다.

그러나 교류분석은 아는 것만으로는 충분하지 않다. 적극적인 실천(TA의 활용)을 반복하여야 비로소 '느낌'에 연결되는 것이다.

교류분석을 염두에 둔 행동은 일의 대소나 질의 고저에 관계없이 모두가 실천행동을 해야 한다는 생각을 가져야 하며 교류분석을 생활화할 수 있는 적극성이 있어야 한다. 실천이 수반되지 않은 학습은 '그림의 떡'과 같은 것이다.

① 바꾸는 방법의 하나로 제4의 태도(OK-OK의 관계)를 가질 수 있는 사람은 어떤 사람들인지 또는 어떤 상황이면 'OK-OK'의 관계로 교류할 수 있는지 그 상황을 생각해 보면서 그와 같은 시간을 될 수 있으면 많이 가져 본다(모델링).

② 자타부정은 누구와 어떤 상황에서 'NOT OK-NOT OK'가 되는지 잘 생각해서 그 사람과

그 상황이 되는 것을 피하도록 노력해야 한다. 그래야만 불유쾌한 기분을 갖지 않게 된다.

③ 자기부정 · 타인긍정 태도나 자기긍정 · 타인부정 태도는 심리적 게임을 하고 있을 가능성이 있다. 이것은 어느 곳으로 이동시켜 봐도 '희생자'와 '박해자'의 입장만 바뀌는 것으로 개선되지는 않는다.

④ TV에서 방영되는 대담 방송에서 대화 내용을 중심으로 인생태도를 본다든지 극중 인생태도를 분석해 보는 것은 객관적인 분석이 가능하므로 'OK-OK'의 감정을 이해하고 체득하는 데 가장 효과적인 방법의 하나다.

이상과 같은 과정을 밟으면서 스스로의 인생태도를 감지하고 매일의 생활을 'OK-OK'의 자세로 바꾸어 그 행동을 유지함으로써 밝고 보람된 인생을 살아가도록 한다.

5. 시간의 구조화

1) 시간의 구조화 이해

인간이 사회생활을 영위하는 최대 동기는 행복추구다. '우리 모두의 좋은 기분 좋은 느낌인 행복'을 추구하기 위해 생활에서 어떻게 시간의 구조화를 하면서 만족할 만큼 인정자극을 주고받을 수 있는지, 교류분석 이론의 관점에서 고찰해 보도록 하겠다.

교류분석 이론의 입장에서 볼 때, 인간이 삶을 영위하는 최대의 동기는 타인들과의 교류에서 될 수 있는 한 많은 만족이나 또는 자기실현에 있어서 효용성을 얻으려고 하는 데 있다. 심신 의학적 견지에서 보면 이것은 가장 바람직한 심신의 조화에 깊이 관계되어 있다. 인간이 삶 속에서 시간 구조화를 통해서 얻은 이점은 긴장의 해소, 스트레스로 되는 상황의 회피, 인정자극의 획득, 획득된 항상성의 유지관계 등의 요인으로 이루어져 있다.

시간을 유효하게 활용한다는 것은 자기의 인생을 보람 있고 값지게 하는 것과 깊이 관련되어 있다. 시간을 구조화하는 것은 자신의 인정자극을 충족시키는 데 중요한 역할을 한다.

교류분석에서는 인간이 시간을 보내는 것을 다음과 같이 여섯 개의 범주로 분류하여 인간 스스로가 시간을 어떻게 사용하는지를 알아서, 이를 의식화함으로써 보다 바람직하게 시간을 재구성하는 것을 하나의 목표로 삼고 있다.

[그림 2-23] 시간의 구조화에 의한 스트로크 교환 밀도

2) 시간 구조화 탐색

(1) 폐쇄

이것은 신체적 혹은 심리적으로 자신을 타인으로부터 거리를 두고 혼자만의 시간을 가짐으로써 인정자극을 얻는 방법이다. 몸은 함께 있어도 주위 사람들과 전혀 교류를 하지 않는 상태나, 또는 혼자서 시간을 보내는 것이다. 이러한 태도는 크게 두 가지 이유에서 볼 수 있다. 하나는 의도적 계획에 입각해서 행해지는 것이거나, 또 하나는 지난 과거의 적응패턴을 반복하는 것이다.

심리적인 폐쇄의 대표적인 것은 휴식, 회피, 공상에 잠기는 것 등이 있다. 폐쇄하는 동안 받거나 줄 수 있는 유일한 스트로크는 자기 스트로크다. 타인들과 관계하지 않기 때문에 어린이 자아상태에서 인지할지도 모르는 불편한 심리학적 위험을 피하게 된다. 이는 자신을 타인으로부터 거리를 둠으로써 자신에게 인정자극을 주려고 하는 자기애적인 모습도 있다.

(2) 의식

생활에서 만들어진 전통이나 관습에 의해 프로그램화된 단순한 정서적 교류로 일상의 사회적 상호작용이다. 모든 사람들은 자기들의 문화에서 적절한 의식을 배운다. 일상의 인사, 조회, 예배, 제사, 결혼식, 시무식, 취임식 등이 대표적인 사례다. 의식은 친숙한 관계가 아니어도 상호의 존재를 인정하고 정형화된 시간을 보낼 수 있기 때문에 그것을 지키기만 하면 타인과 깊이 관계하지 않고도 안전하게 시간을 보낼 수가 있다.

구조적으로 의식의 프로그램은 어버이 자아상태에 속한다. 의식을 수행하는 가운데 우리는 어버이 자아상태의 지시를 어린이 자아상태에서 듣고 있다. 기능적으로 의식은 보통 순응한 어린이 자아상태에서 수행한다. 대개 의식은 예상된 규범들을 따른다는 점에서 편안한 결과를 가져오고 따라서 긍정적으로 순응한 어린이 자아상태의 행동으로 분류할 수 있을 것이다. 정형화된 언어, 어조 그리고 신체적 신호가 의식에 사용되기 때문에 이것을 행동적 단서로 확신하기란 쉽지 않는 일이다.

(3) 활동

활동은 일상적으로 생활 속에서 일어나는 대부분의 일들, 연주연습, 체육활동, 축제, 시험공부, 판매활동 등 어떤 목적을 달성하기 위해 하는 일이다. 활동할 때는 주로 어른 자아상태에 놓여 있고 또한 적절한 규칙을 따라야 할 때가 있다. 이것은 활동들이 지금 여기의 목표를 성취하는 데에 관심을 기울이고 있다는 사실에서 나오는 것이다. 그러한 점에서 활동과 잡담의 차이가 있다. 활동에는 생산적이고 창조적인 면이 있으며, 이것을 행하는 사람에게 커다란 만족을 가져다준다. 직장 활동 등으로 완전하게 시간을 메우고 살아온 대부분의 사람들은 정년퇴직 후 시간을 잘 구조화시켜 삶을 영유한 사람들도 있지만, 무료함에 고통받고 급격히 건강이 악화된 사람도 있다. 활동은 시간의 구조화 중 핵심적인 것이다.

(4) 잡담

가벼운 피상적인 대화와 같은 것이 전형적으로 나타나는 의례적이며 비교적 간단한 상보 교류로서 목욕탕, 노인정, 시장, 쉬는 시간, 실내, 실외 등에서 시간을 보내는 방법으로 잡담을 활용한다. 잡담은 대부분 지금 여기의 것이 아니라 지나간 과거의 것에 대해 이야기한다. 잡담은 서로 상대를 잘 모르는 상태에서 직장생활, 자신의 일, 장래 직업, 교육, 스포츠, 여행 등을 이야기하며 시간을 보낸다. 그러는 사이 무의식중에 앞으로도 관계를 유지하고 싶은 상대를 고르며, 두 번 다시 이야기하고 싶지 않은 상대를 제외해 가며, 서로 속을 떠보려고 하는 방식을 취하면서 심리게임을 준비하기도 한다.

잡담의 내용은 의식만큼 그렇게 엄격하게 프로그램화되어 있지 않다. 잡담하는 사람들은 자신들의 이야기를 재미있게 더 윤색하는 경향이 있다.

잡담의 이점은 인정자극의 교환에 의해 상호 만족이 얻어지고 이에 참가함으로써 존재가 인정되고, 역할이 명확해져서 안정감을 얻게 된다.

(5) 심리게임

심리게임은 어떤 이유에서든지 솔직하게 인정자극을 얻을 수 없고 비뚤어진 형태로 그것을 얻으려는 사람들에게 보여지는 교류 양식이다. 심리게임은 부적절한 방법으로 인정자극을 얻고 자신의 각본을 합리화시키려고 한다. 심리게임은 어른 자아상태가 의식하지 못한 채 성인으로는 적절하지 못한 과거 낡은 전략을 재연하는 속임수가 깔린 교류로 문제 해결에 도움이 안 된다. 보통 심리게임은 디스카운트와 이면 교류로 시작하고 극적 전환 단계를 거치면서 어른 자아상태가 의식을 하게 된다. 이와 같이 심리게임은 일련의 주고받는 대화 후에 승부가 나서 결과적으로 불쾌한 감정을 맛보는 것이 특징이고, 어린 시절에 뿌리를 두고 있는 낡은 전략을 재연하여 반복적인 경우가 많다.

심리게임을 하지 않기 위해서는 심리게임의 함정인 드라마 삼각형을 돌며 다니지 말고 드라마 삼각형 전체에서 벗어나야 한다. 드라마 삼각형에서 어떤 역할이든 디스카운트가 일어나 심리게임을 하게 된다. 박해자와 구원자는 상대를 디스카운트하고 희생자는 자신을 디스카운트한다.

(6) 친밀(친교)

친밀이라는 시간의 구조화에서는 속에 깔린 비밀 메시지가 없다. 사회적 수준의 메시지와 심리적 수준의 메시지가 일치를 이룬다. 이것이 친밀과 심리게임의 중요한 차이다.

이는 사람들이 서로 신뢰하고 상대에 대하여 서로 순수한 배려를 행하는 관계다. 이 관계가 성립되기 위해서는 사람들 모두 '나도 OK이고 너도 OK(I'm OK, You're OK)'라는 기본적 태도를 갖는 것이 필요하다. 여기에서 행해지는 주고받기는 사람들이 기쁨의 자발적 표현이며, 사회적인 압력에 의해서 프로그램화된 '의식'에 대한 반응은 아니다.

친교는 인격 대 인격의 교류다. 여기에서 어버이 자아상태의 요구는 존중되며 동시에 자유스런 어린이 자아상태가 출현하여 활발하게 활동하는 것도 허용된다. 이 어린이 자아상태는 창조적이고 자발적이며 호기심이 풍부하다. 지금 여기라는 입장에서 자발적으로 직접적인 인정자극의 교환이 이루어진다.

3) 행복한 시간으로 구조화

인간이 생활에서 행복해지기 위해서는 시간의 구조화를 잘해야 될 것 같다. 시간의 구조화를 잘한다는 것은 자신의 욕구를 충족하기 위한 긍정적인 스트로크를 많이 받기 위한 것이다. 여섯 가지의 시간의 구조화를 어떻게 잘할 수 있냐에 따라 우리는 만족할 만한 행복한 사람으로서 생활을 영위할 수가 있을 것이다.

이러한 시간의 구조화를 잘하기 위해 여섯 가지의 구조화 방법들을 잘 활용할 수 있다. 예를 들면, 적당한 폐쇄를 통해 정신적 신체적 안정을 취하고, 자기 성장을 위한 성찰의 시간을 가질 수 있을 것이다. 폐쇄라고 해서 무조건 부정적인 것은 아니다. 그러나 폐쇄에 너무 오래 머물게 되면 스트로크의 고갈이 생겨 스트로크의 기아상태에 직면하게 될 수 있다.

의식의 구조화에서 의식은 마치 이전에 프로그램된 것처럼 진행되는 일상의 사회적 상호작용이기 때문에 구조화되어 있는 의식의 틀 속에서 쉽게 긍정적인 스트로크를 사람들과 나눌 수가 있을 것이다. 이러한 의식을 적절하게 활용한다면 기본적으로 사람들과의 안정적 관계를 평범하게 유지는 할 수 있을 것이다.

활동은 시간의 구조화 중 핵심적인 것이다. 이 시간의 구조화는 많은 사람들이 사용하고 있는 무리 없는 방법으로 편리하고 실용적이다. 이러한 활동에 있어서 시간의 구조화를 잘한다면, 사람들은 안정적이고 효율적으로 삶의 목적을 달성할 수 있을 것이다. 또한 사람들은 생활에서 효과적으로 자신의 시간을 활용할 수 있을 것이다.

잡담은 가벼운 피상적인 대화와 같은 것이 전형적으로 나타나는 의례적이며 비교적 간단한 상보 교류로써 기분전환이라고 할 수 있다. 잡담과 활동의 차이점은 잡담은 목적의 성취를 향하고 있지 않기 때문에 부담 없이 친숙한 형태로 진행된다. 인정자극의 교환에 의해 상호 만족이 얻어지고 이에 참가함으로써 존재가 인정되고, 역할이 명확해져서 안정감을 얻게 된다. 따라서 적당히 이러한 잡담의 시간을 가짐으로써 스트레스를 해소할 수 있고, 타인들과 인간적인 교류를 할 수 있을 것이다.

사람들은 생활을 하면서 알게 모르게 많은 심리게임을 하고 있을 것이다. 이러한 심리게임은 결과적으로 사람들에게 신뢰할 수 없는 결과를 가져 올 것이다. 그러므로 인간관계에서 심리게임에 들어가지 않도록 항상 교류에 각별한 주의를 가져야 한다. 또한 심리게임에 들어갔더라도 알아차림을 통해 빨리 벗어나고, 승화와 초월할 수 있도록 깊은 통찰이 필요할 것이다. 그 외에 앞 장에서 배운, 심리게임에서 벗어나는 방법을 다시 한번 상기하기 바란다.

친밀은 진정한 요구나 감정의 교환이라고 정의할 수 있다. 즉, 사람들이 친밀할 때, 사람들은 서로 에누리 없이 의사소통을 잘하고 있다는 것을 의미한다. 친밀 상태에서는 비밀 메시지가 없다. 사회적 수준과 심리학적 수준은 일치한다. 이것이 친밀과 게임의 중요한 차이점이다. 친밀은 미리 프로그램된 것이 아니기 때문에 또한 가장 예측할 수 없는 시간의 구조화의 한 방법이다. 그래서 어린이 자아상태에서, 인간관계하는 방법 중 가장 위험한 방법으로 친밀을 받아들일지도 모른다. 역설적이게도 그것은 실제로 가장 덜 위험하다. 그러므로 친밀의 결과는 항상 관련된 타인에게 반드시 건설적일 것이다. 사람들은 이러한 친교의 시간을 구조화했을 때 가장 행복함과 평화를 느낄 것이다.

6. 인생각본

1) 인생각본의 이해

(1) 인생각본이란

인생각본이란 어린 시절에 만들어지고, 부모에 의해 강화되며, 후속 사건에 의해 정당화되며, 양자택일 선택의 순간에 절정에 달하게 되는 무의식적 인생계획을 말한다(Eric Berne, 1972).

왜 사람들은 자신과 타인들, 그리고 세상에 대해서 이러한 전면적인 유아의 결단으로 각본을 갖게 되는가? 이런 결단은 어떤 기능을 수행하는가? 그 대답은 첫째, 각본 결단은 종종 적대적이며, 심지어 인생을 위협하기까지 하는 것으로, 세상에 살아남기 위한 유아의 최선의 전략으로 나타난다. 둘째, 각본 결단은 유아의 정서와 현실 검증의 토대 위에서 이루어진다.

이렇게 형성된 각본은 반복 강박의 결과로 나타나고, 정신의학에서 반복 강박이란 불행했던 어린 시절 사건들을 반복하려는 경향성을 사람들이 지니고 있다는 것을 가정한다. 그러므로 각본 분석의 목적은 이러한 강박에서 사람들을 자유롭게 하고 현재의 상황에 맞는 새로운 활로를 찾아 살아가도록 하는 과제를 달성하는 데 있다.

이상과 같은 에릭 번의 정의를 분석하면 다음과 같다.

첫째, 인생각본은 인생(생활) 설계다.

성인들의 생활양식이 어린 시절의 경험에 의해 영향 받는다는 것은 교류분석뿐만 아니라 다른 심리학적 접근에서도 중요한 개념이다. 교류분서 각본 이론의 특수성은 어린아이는 자신의 인생에 대해 단순하게 세상의 일반적 견해를 갖는 것이 아니라 독특한 설계를 세운다고 주장하는 데 있다. 이러한 생활 설계는 서막과 중막, 그리고 종막이 있는 드라마의 형태로 설계된다.

둘째, 인생각본은 결말(결과적 보수) 지향적이다.

각본 이론의 또 다른 특수한 주장은 인생(생활) 설계가 '결국 선택된 대안에 이른다.'는 것이다. 어린아이가 자기의 인생 드라마를 쓸 때, 그 아이는 드라마의 필수적 부분으로서 결말 장면을 쓴다. 서막 장면 이후부터 써진 줄거리의 다른 모든 부분들은 이 마지막 장면을 끌어내기 위해 설계된다.

각본 이론의 전문 용어로 종막 장면을 각본의 결말(pay-off)이라고 부른다. 이 이론은 성인으로서 우리가 자신의 각본을 연기할 때 각본의 결말에 더 가까이 접근하게 될 행동을 무의식적으로 선택하게 된다고 주장한다.

셋째, 인생각본은 선택 결단적이다.

에릭 번은 각본을 "어린 시절에 만들어진 인생(생활) 설계"라고 규정했다. 이는 어린아이가 생활설계를 결정한다는 것을 말한다. 단지 부모와 같은 외부적 힘에 의해서나 환경에 의해서 결정되는 것이 아니다. 전문 교류분석 용어로 우리는 이것을 '인생각본은 결단적'이라고 표현한다.

동일한 환경에서 자란 각각의 어린아이들조차도 상당히 다른 인생(생활) 설계를 결정한다는 결과로 된다. 에릭 번은 어머니로부터 다음과 같은 말을 들은 두 명의 형제에 대한 이야기를 하고 있다. "너희들은 수용소에서 끝장이 날 거야." 그런데 형제 중 한 명은 정신병원 환자가 되었고, 다른 한 명은 정신과 의사가 되었다.

각본이론에서 '결단(decision)'이라는 용어는 전문적 의미로 사용되며, 이 용어의 보통 사전적 의미와는 다르다. 어린아이의 인생각본 결단은 어른의 의사결정과 관련된 방식처럼 신중한 사고를 통해 형성되는 것은 아니다. 최초 결단은 느낌에서 비롯되며 어린아이가 말을 배우기 전에 이루어진다. 또한 그들의 성인들이 사용하는 것과는 다른 종류의 현실 검증에 의존하고 있다.

넷째, 인생각본은 부모에 의해 강화된다.

부모가 아이의 각본을 결정할 수는 없지만 주요한 영향력을 행사할 수 있다. 유아 시절에 부모는 자신과 다른 사람들, 그리고 세계에 대한 결론을 형성하는 데 기본이 되는 메시지들을 주게 된다. 이 각본 메시지들은 언어적일 뿐만 아니라 비언어적이기도 하다. 그것들은 어린아이의 주요 인생각본 결단이 이루어지는 것을 도와 형성한다.

다섯째, 인생각본은 의식 밖에(무의식) 있다.

성인 생활에서 우리의 어린 시절을 기억해 내는 데 가장 쉬운 방법은 꿈과 환상이다. 우리가 일할 시간이나 각본을 발견하지 못한다면 우리의 행동 속에서 결단을 살려간다고 하더라도 우리가 한 초기 결단을 깨닫지 못한 채 남을 수 있다.

여섯째, 현실은 각본을 '정당화'하기 위해 재정의된다.

번(Berne)이 각본은 "후속사건에 의해 정당화된다."고 말했을 때 정당화라는 말에 따옴표를 붙이는 것이 더 나았을지도 모른다. 우리의 인생각본 결단을 정당화하는 것으로 보이도록 우리는 종종 우리의 준거 틀 속에서 현실을 해석하기도 한다. 우리가 이렇게 하는 것은 「어린이 ⓒ」 자아상태에서, 각본에 입각한 세계관에 대한 위협이거나, 우리의 욕구 충족을 위협하고 심지어는 우리의 생존까지 위협하는 것으로 받아들일지도 모르기 때문이다.

바꾸어 말하면, 각본은 부모의 영향하에서 발달하는데 부모 혹은 부모 대리인 사람들과의 사이에서 실제로 행해진 교류를 의미한다. 따라서 막연한 부모의 영향이라기보다는 어린 시절 어떤 때 어떤 확실한 형태로 체험한 부모−자녀 관계의 영향을 통해 인생각본이 만들어진다. 그러한 각본은 현재도 진행 중이며 지금도 계속 진전한다는 의미를 담고 있다. 동시에 일방통행 길을 달리고 있는 상황과 유사하다. 일단 거기에 들어가면 되돌릴 수 없게 되며 어떤 행동도 결말로 향하게 된다.

또 인생각본은 프로그램과 같은 것으로 따라야 할 계획이나 스케줄이 있다는 것이다. 일정한 행동양식, 프로젝트, 기획이 포함되어 있으며, 그들을 실시하는 방법도 나타내고 있다. 교류분석에서는 인생각본의 프로그램 내용이 당사자가 특히 관심을 기울이는 이야기의 줄거리에 나타나 있는 점에 주목하고 있다.

나아가 각본은 인생의 중요한 행동에 대해서 지도하고 있는 것으로 개인이 그러한 지령에 거슬릴 수 없다는 것이다. 그러나 지령이 미치지 않는 것에 대해서는 자유롭게 선택할 수가 있다. 지령은 때때로 '반대의 것을 행한다'는 형태로 주어지는 경우가 있다. 예를 들면, 부모로부터 명령받은 것에 철저하게 반발하여 정반대의 행동을 하는 사람이 있는데 이 같은 행동은 실제는 인생각본을 촉진시키는 프로그램의 일부에 가담하고 있는 것이다.

교류분석에서는 우리들 인생을 하나의 드라마와 같은 것으로 파악하고 그 속에서 자신이 연출하고 있는 역할을 각본이라고 부르고 있다. 각본은 우리들이 어린 시절에 양친의 영향을 받아 발달하며 그 후의 인생 체험에 의하여 강화, 고정화된 인생 설계, 즉 청사진이다. 각본은 인생의 중요한 국면, 예를 들면 취학, 취업, 결혼의 선택, 죽는 방법 등의 행동을 결정할 정도로 강력한 것으로 우리들의 삶의 방식에 커다란 영향을 미친다. 각본을 분석함으로써 지금까지 숙명이라든가 운명이라고 체념하고 있던 것이 실은 자신이 무의식중에 강박적으로 연출하고 있던 드라마라는 것을 깨닫게 된다. 또 자신의 성격 형성 과정이 분명해지며, 인생 초기에 만들어진 기본적 태도 등에 대해서도 상세히 알 수 있다.

그래서 자신이 어떤 각본을 연출하고 있는가를 확인하고 지금까지의 비건설적인 각본을 고쳐 씀으로써 거기에서의 지배를 벗어나서 참된 자신을 살려갈 가능성을 충분히 살릴 수도 있는 것이다.

(2) 인생각본의 형성

우리 인생은 마치 한편의 연극과 같은 것이다. 인생 드라마 속에서 자기 자신이 현재 연출하고 있는 역할을 교류분석에서는 인생각본이라고 한다. 이 각본은 연극의 각본과 유사해서 등장인물에 정해진 배역, 대사, 연기, 배경을 가지며 거기에다 클라이맥스에의 솟구침이 있은 후에 막이 내려 끝을 맺는다.

사람들은 공적인 무대와 사적인 무대라고 하는 두 개의 무대를 갖고 있다고 한다. 공적 무대는 우리의 실제 행위를 의미하며 제3자가 관찰 가능하고 증명할 수 있는 것인 데 반하여 사적 무대는 생각하는 무대, 리허설을 하는 무대로써 장차 자신이 연출하고 싶다고 생각하는 역할을 연습하는 무대다.

개인이 무대에서 각본대로 활동하듯이 모든 세계도 무대에서 각본대로 행동한다. 가족도 국가도 각각 각본대로 행동한다. 인간은 가소성 동물이다. 따라서 처음에 결단에 의해 만들어진 각본은 재결단 또는 제3의 결단에 의해 부단히 새로운 각본을 만들어 가게 된다.

사람은 때와 장소만 다를 뿐 자기도 모르게 같은 또는 비슷한 언행을 반복하는 경우가 많다. 경험하지 않는 것을 말이나 행동으로 옮기기가 어렵기 때문이다. 처음 경험임에도 이미 보거나 경험한 것처럼 보이는 현상은 이미 무의식적으로 반복 경험한 경우가 많기 때문이다. 또 항상 틀에 박힌 일정한 방식이나 태도를 취함으로써 신선미와 독창성을 잃는, 즉 타성에 젖어 틀에 박힌 언행을 하는 사람은 자신이 알거나 경험한 것을 기본으로 해서 무의식적으로 반응한 경우가 많다. 이러한 현상이 타인을 혼란스럽게 하거나 자신에게 피해가 된다는 것을 깨닫게 되면 자신의 각본 형성 과정이 잘못되었다는 것을 알게 된다. 그 결과 불필요한 인생각본에서 벗어날 수 있는 방법을 생각하고 실행해야겠다고 결심하게 된다.

인생 초기의 경험에 의한 각본은 어떻게 형성되었는가 그 원리를 보면, 인간이 인생 초기에 뭔가 의미 있는 자극(Stimulus)을 받거나 체험을 하게 되는데, 그것이 몇 회고 반복되면 어떤 형태의 동인(Driver), 즉 기본적 감정적 태도가 만들어지며, 다음으로 그것이 원인이 되어 반응(Reaction)이 일어난다. 이 같은 반응이 반복되는 속에 '동인'은 의식화되게 된다. 그렇게 되어 각본이 형성되고 그 뒤 어떤 자극을 받게 되면 'S−D(S1−R1)−R'의 조건 부여로 반응이 일어나게 된다. 즉, 과거의 일에 의해 형성된 각본이 현재의 일에 연결되어 행동(반응)을 지배하게 된다.

인생각본 형성에 있어서 결정적으로 지배하는 것은 부모나 부모의 대리인과의 관계다. 부모의 언행이 유아의 마음을 형성하는 데 결정적인 역할을 하기 때문이다. 유아는 아직 새하얀 한 점의 오염되지 않는 백지 상태이므로 외부의 자극에 대해 그대로 흡수한다고 볼 수 있다. 다른 말로 하자면, 아이는 자신의 생존을 위해서 차근차근 한정된 유형으로 편향되어 가고, 이는 아이가 태어난 국가, 지역사회, 가정의 문화와 부모의 양육태도에 따라 적응해 간다는 뜻이다. 이 시기 유아는 무분별하게 정보를 경험하고 모으고 비축하여 그 후 그것이 일생 동안 유아에게 영향을 미치게 된다. 그러므로 유아기는 인생각본의 기본적 정보원이 되는 것이다.

아이가 이 세상에 태어났을 때 아이의 자아상태는 백지상태의 어린이 ⓒ에 있는 NC(자연스런 어린이 자아)만을 갖고 있다. 그 뒤 부모로부터 차근차근 길들려지면서 LP(작은 교수)가 만들어지고 이것이 발달하여 A1이 형성된다. 그리고 A1에서 나쁜 마녀로 된 P1이 형성되어 어린이 ⓒ의 모체인 C2가 완성된다. C2가 완성된 뒤 C2로부터 어버이 ⓟ와 어른 Ⓐ가 각각 분화되어 한 사람의 마음인 자아상태를 형성하게 된다.

(3) 성인 생활에서의 인생각본

성인이 되어 우리는 종종 유아일 때 결정한 전략들을 재연하고 있다. 이때 우리는 초기의 결정에서 우리가 묘사했던 세상처럼 지금 여기에서의 현실에 반응하고 있다. 그렇게 할 때 우리는 각본 상태에 있다고 말한다. 이 상태를 다르게 표현하면 우리는 각본 행동이나 감정에 말려들었다라고 한다.

우리가 이렇게 하는 이유는 무엇인가? 왜 우리는 성인이 되어서도 유아의 결정을 뒤에 남겨둔 채 버리지 못하는가? 그 첫째 이유는 유아일 때 해결하지 못하고 남겨진 기본적인 문제, 즉 무조건적인 사랑과 관심을 얻는 방법을 아직도 해결하기를 원하고 있기 때문이다. 그래서 성인이 되어도 여전히 유아인 것처럼 다시 행동한다. 많은 다른 치료법들과 마찬가지로, 교류분석은 이러한 사실을 대부분의 인생 문제의 근원으로 본다.

인생각본에 들어갈 때, 우리가 유아의 전략을 재연하고 있다는 것을 보통 인식하지 못한다. 우리는 우리의 각본을 이해하고 초기의 결정을 발견함으로써 이러한 인식을 발전시킬 수 있다.

과장이 부장과 의견 불일치 상태에 있다고 가정하자. 이것은 단지 낮은 스트레스 수준을 나타낸다. 그래서 과장은 인생각본의 바깥에 머물러 있다. 과장은 「어른 Ⓐ」상태의 방식에서 과장과 부장은 서로의 차이점에 대해서 논쟁한다. 과장은 부장과 자신이 타협을 하거나, 견해의 차이를 인정하여야 한다는 판단을 내린다. 만약 타협한다면 그 후의 불행은 없다.

그러나 이제 부장이 사장을 불러들인다고 가정해 보자. 이제 논쟁은 스트레스가 높은 수준을 나타낸다. 과장은 인생각본으로 이동하게 된다. 사장과 마주 서서, 과장이 어린아이였을 때, 즉 화난 아버지가 과장 자신을 이해할 수 없었던 욕설로 소리치면서 마치 거인처럼 거대하게 보였을 때 과장이 가지곤 했던 것과 동일한 신체적 반응, 감정 그리고 생각들을 움직이게 한다. 그것은 의식적으로 깨닫지 못하고, 과장은 그 사장을 아버지'인 것으로' 만들었다. 그리고 과장은 다시 마치 세 살짜리 겁먹은 아이처럼 반응한다.

만약 과장이 인격적인 치료를 시작한다면, 과장은 각본 행동으로 빠져들어 가기보다는 문제 해결을 위해 과장 자신의 능력을 더 향상시킬 수 있다.

교류분석의 용어에서 현재의 상황은 초기의 상황으로 되돌아가는 고무 밴드라고 말한다.

이것은 과장이 어린 시절의 장면으로 되돌아갔었던 것 같이 어떻게 반응하는가를 사실적으로 표현한다. 시간을 관통하여 뻗치는 거대한 고무 밴드를 상상해 보면, 그 고무 밴드는 어린 시절의 고통을 되살리는 현재의 몇 가지 특징에 갈고리를 고정시킨다. 그리고 '팅!' 하면서 과장은 과거로 되돌아간다.

과장은 보통 어린 시절의 장면에 대한 의식적인 기억은 없다. 그러므로 과장은 그 유사점을 깨닫지 못한다. 과장에게 있어서 고무 밴드는 사장으로부터 화난 아버지에게로 다시 뻗쳐졌다.

하지만 과장이 사장의 노여움에 겁을 먹고 있었을 때, 과장의 아버지가 그 뒤에 있었다고 의식적으로 생각하지는 않았다.

부모는 내 인생의 초기에 중요한 인물이기 때문에, 그들은 종종 고무 밴드의 극점에서 발견된다. 과장의 자매, 조부모와 같은 부모의 특징을 지니는 다른 사람들, 아주머니 그리고 아저씨들도 그렇다. 사람들의 집단들에 참가할 때마다, 교사는 집단 각 성원들에게 부모나 자매의 역할을 맡기는 것 같다. 관련된 모든 사람들과 의미심장하게 이야기하면서 일정 시간 동안 과장은 그들을 과거의 인물들과 동일하다고 여기게 된다. 과장은 의식적인 자각 없이 그렇게 한다.

이것은 프로이트주의자들이 '전이'라고 부르는 현상이다. 교류분석에서는 '누군가의 위에 얼굴을 얹는 것'이라고 구어체로 표현한다. 과장이 사장과 논쟁을 하고 있는 각본으로 빠져들어 갔을 때 과장은 사장의 위에 아버지의 얼굴을 얹고 있는 것이다.

고무 밴드가 언제나 사람들에게만 과거 스트레스 상황으로 돌아가는 것은 아니다. 또한 소리나 냄새, 특별한 환경, 또는 어린 시절의 강압적인 상황을 무의식적으로 상기시키는 어떤 것도 되돌아가는 고리가 될 수 있다.

교류분석에서 변화시키고자 하는 하나의 목표는 고무 밴드를 단절시키는 것이다. 인생각본의 이해와 인격의 변화를 통하여 과장은 원래의 충격을 해소하고 오래된 어린 시절의 감각들로 오므라드는 자신을 자유롭게 할 수 있다. 그렇게 함으로써 과장은 자신의 지시에 따라 모든 성인의 자원을 가지고 지금 여기의 상황에 직접 부딪쳐 씨름하도록 하게 된다.

(4) 각본의 이해가 중요한 이유

교류분석 이론에서 인생 생활각본의 개념이 왜 그렇게 중요한가? 그 이유는 사람들이 왜 그런 식으로 행동하는지의 이유를 이해하는 방법을 인생각본이 우리에게 알려 주기 때문이다. 우리가 고통스럽거나 자기 패배에 직면한 것 같이 보이는 인생각본의 행동방식을 조사하고 있는 경우에 이런 이해는 특히 필요하다.

예를 들어, 심리게임에 대해 살펴볼 때, 우리는 계속해서 되풀이되는 고통스러운 교환을 하고 있는 사람들에 대해서 살펴볼 것이다. 그것이 그렇게 불편한데도 우리는 왜 그런 종류의 일을 계속하는 것일까?

인생각본 이론은 다음과 같이 대답을 제시한다. 즉, 우리는 우리의 각본을 강화하고 진전시키기 위해서 그렇게 한다. 인생각본 상태에 있을 때 우리는 유아의 결단에 매달리고 있다. 어린 시절 우리는 이러한 결단이 생존을 가능하게 하고 욕구를 충족시켜 주는 가장 좋은 방법으로 여겨졌다. 성인이 되어 우리는 「어린이 ⓒ」 자아상태에서 이러한 신념을 여전히 가지고 있다. 의식적인 자각 없이 우리는 초기의 결정을 정당화하기 위해 세상을 짜 맞추려고 한다.

인생각본에 있을 때 우리는 유아의 전략을 재현함으로써 성인의 문제에 대처하려고 한다. 이러한 것들은 필연적으로 우리가 유아기 때 가져왔던 결과들과 같은 결과들을 가져온다. 그러한 불쾌한 결과들을 얻을 때 우리는 「어린이 ⓒ」 자아상태에서 우리 자신에게 말할 수 있다. 예를 들면, '세상은 그런 것이라고 내가 결정했던 것과 같은 거야.'

그리고 이러한 방식으로 각본 신념들을 '확신'할 때마다 우리는 각본의 결말에 더 가까이 다가갈 수 있다. 예를 들어, 나는 아기였을 때 결단하였을 것이다. 즉, 나에게는 뭔가 잘못된 것이 있어. 사람들은 나를 거부해. 내 이야기의 끝은 슬프고 쓸쓸한 죽음일 거야. 성인의 생활에서 나는 계속 다시 거절당하도록 인생계획을 더욱 짜맞출 것이다. 거부들로 인해 나는 나의 결말 장면이 외로운 죽음이라는 또 다른 '확신'을 점검하게 된다. 의식의 바깥에서, 내가 이런 결말을 끝까지 수행한다면 부모님은 변화할 것이고 결국은 나를 사랑할 것이라는 마술적인 신념을 유지하고 있을 것이다.

인생각본은 어린 시절에 해결하지 못한 기본적인 문제, 즉 무조건적인 사랑과 인정을 받는 방법을 해결하기 위한 마술적인 해결책을 제공한다. 성인이 된 우리는 그런 마술적인 상태로 들어가는 데 어려움을 겪게 된다. 왜냐하면 어린아이로서 우리는 종종 동화와 동일시하고 만약 삶을 동화와 같이 만들어 갈 수 있다면 우리의 삶도 '가끔 행복하게' 끝낼 수 있을 것이라고 여기기 때문이다.

유일한 문제는 동화가 어린아이를 완전히 속인다는 것이다. 동화는 만약 당신이 당신에게 뭔가 좋은 일이 일어나기를 원한다면 먼저 그것을 가질 만큼의 충분한 희생이 있어야 한다고 가르친다.

예를 들면, 당신이 왕자와 결혼하고 싶다면 몇 가지 흥미 있는 선택을 하게 된다. 당신은 열심히 일을 하고, 고통을 겪으면서, 창백하게 눈물을 흘리며 앉아 당신을 무도장에 갈 수 있도록 도와줄 요정을 기다리거나, 당신이 독이 든 사과를 먹거나 독이 묻은 물렛가락에 손가락이 찔려서 죽은 여자에게 키스해 주는 남자가 오기를 기다릴 수 있으며, 또한 당신은 탑에 갇히고 머리카락은 길게 자라는데 갇혀 있는 여자를 찾으려는 누군가가 오기를 기다릴 수도 있고, 또는 두꺼비에게 키스를 하기 위해 방문을 할 수도 있고 왕자의 가슴에 안기려고 할 수도 있다.

만약 당신이 공주와 결혼하기를 원한다면 위와 마찬가지의 선택을 호소할 수 있다. 당신은 죽은 여자에게 키스를 하러 갈 수 있고, 또한 갇혀 있는 여자를 찾으러 갈 수 있다. 또한 당신으로부터 도망간 여자를 찾으려고 할 수 있으며, 잔인하고 냉정하게 할 수도 있다. 만약 당신이 성공적이고 매우 좋게 끝을 맺기를 원한다면 먼저 못생기고 놀림을 받는 존재에서 시작해야 한다.

동화에서 긍정적인 것은 아이들에게 힘을 제공하며 무기력할 때 그 삶을 잘 통제하도록 도와주는 것이다. 동화의 유일한 문제점은 얻은 해결책이 마법과 같은 것이고, 현실과 적합하지 않다는 점이다. 그러나 적어도 다른 면에서는 아이에게 절망적으로 보이는 상황에서 살아남을 수 있도록 해 준다.

그 후 성인 생활에서의 「어린이 ⓒ」 자아상태는 그 마술적인 신념을 계속 유지하고 신념대로 이루어지도록 계속 노력한다. 만약 그것이 이루어지지 않았다면 아마 우리는 거기에서 벗어나려고 그렇게 노력하지는 않을 것이다. 각본에서 벗어나는 하나의 방법은 완전한 세계에서의 신념을 포기하는 것이다. 대신 문제를 해결하기 위해 「어른 Ⓐ」 상태를 사용할 수 있고, 언제나 완전하지는 않지만 아름답고 즐거울 수 있는 세상에 살아가면서 우리의 욕구를 어떻게 이룰 수 있는지를 이해할 수 있다.

왜 사람들이 인생각본 신념에 그토록 집요하게 매달리는지에 대한 또 다른 이유가 있다. 내가 나의 각본과 맞지 않는 방식으로 행동하고 생각하고 느낄 수 있는 상황을 겪고 있다고 가정해 보자. 「어린이 ⓒ」 상태의 나에게 이것은 마술적인 해결책을 포기하는 것을 의미하며 아주 바람직하지 않게 보인다. 그러나 내가 두려워한 것은 갈망해 온 마술적 결과 대신에 일어났을 사실에 직면해야 했다는 것을 의미한다.

유아기에 인생각본 결정을 하였을 때 나에게는 이러한 결정을 따르는 유일한 대안이 무섭고 말할 수 없는 불행으로 여겨졌다. 나는 그 불행이 무엇인지 전혀 짐작이 가지 않았다. 나는 오직 그것이 무섭다는 사실만 알았다. 전력을 기울여 그것을 피해야 했고, 그것을 피하기 위해 알고 있는 유일한 방법은 자신과 다른 사람들과 세상에 대하여 했던 결정들에 매달리는 것이었다. 내가 이런 결정들을 '확신'할 수 있었을 때마다 나는 그 큰 불행이 나에게 적게 덮쳐 오는 것으로 보였다.

성인의 생활에서 인생각본을 실행할 때 우리는 여전히 이런 유아의 동기를 따르고 있다. 이것이 사람들이 자기 피해로서 인식되는 행동방식을 계속 따르고 있을 때 '좀 더 편안하게' 느낀다고 종종 말하는 이유다. 그것을 인식하지 못한 채 그들은 지금 내가 하고 있는 행동방식은 고통스러워, 그렇지만 만약 행동을 바꾼다면 일어날지 모르는 재난만큼 나쁘지는 않을 거야라는 신념으로 행동하고 있다.

이러한 모든 점들이 인생각본의 이해가 왜 인격 변화의 과정에 그렇게 중요한지를 우리에게 보여 준다. 인생각본을 바꾸기 위해 나는 어린 시절에 대처하지 못했던 요구들을 이해해야 한다. 이제 인생각본의 '마술적 해결책'에 의존하기보다는 성인의 자원을 사용하여 그런 욕구들에 대처하여 얻는 방법들을 찾아야 한다. 그리고 내가 유아였을 때 그렇게 두려워했던 불행과 직면하지 않으면서 나의 인생각본 형태에서 자유로워질 수 있다는 것을 스스로 확신해야 한다.

2) 인생각본의 장치와 법칙

(1) 인생각본의 장치

에릭 번은 각본을 일곱 가지 요소로 나누어 분석하였다. 그 전체를 각본 장치라고 한다. 각본 장치의 일곱 가지를 정리하고 사례를 들어 각본을 분석하겠다.

① 결말

당신의 인생은 어떤 형태로 끝나는가, 그 종언의 모습이다. 일반적으로 운명이라고 불리는 것이다. 어린 시절부터 초등학교에 들어가는 시기까지 부모로부터 몇 번이고 말한 저주와 같은 말, 예를 들면 '죽어라 이 녀석!', '변변치 못한 녀석!'과 같은 말은 장래 비극적인 결말을 초래할 가능성이 있다. 똑같이 과도한 체벌이나 학대 행위도, 성인기의 파괴적인 각본의 원천으로 될 수 있다. 이러한 아이의 심신 발달에 바람직하지 않은 부모와 자녀 간의 교류를 자녀 자신이 어떻게 받아들이는가 하는 것이 장래 어떤 결말을 맞이할까 하는 열쇠가 된다. 예를 들면, '죽어 버려 이 녀석!'이라는 부모의 저주를 정면으로 받아들여 자녀가 '어쨌든 나는 없는 편이 좋은 것이다'라고 마음을 결심했다고 하면 인생 도중에 불행한 결말로 갈 가능성이 충분히 있다고 말해도 좋을 것이다.

② 금지령

일반적으로 금지령은 부모가 자녀에게 주는 명령 중 불공평하고 부정적인 의미를 가진 명령이다. 예를 들면, '불평을 말하는 것을 그만해!', '쓸데없는 것을 생각해선 안 돼!', '결코 손님 앞에서 웃어선 안 돼!'와 같은 것으로 반복하여 거듭 말해지며, 또 그것에 위반하면 벌을 주는 것이다. 그러나 금지령이 모두 부정적인 것만은 아니다. 승자각본에 기여하는 긍정적 금지령도 있다.

금지령은 세 가지 수준의 금지령으로 구분된다. 제1수준 금지령은 사회적으로 인정받고 있는 온건한 것으로 승자각본에 기여하는 금지령이다. 예를 들자면, '너무 무리해서 탐내서는 안 돼', 너무 큰 야망을 갖지 마라' 등을 들 수가 있다. 제2수준 금지령은 어딘가 내용적으로 비뚤어져 있어 평범한 각본에 기여하는 금지령이다. 예를 들자면, '이것을 아빠에게 보여서는 안 돼', '입 다물고 말하지 마라' 등을 들 수가 있다. 제3수준 금지령은 명확히 불합리한 내용을 갖고 타인에게 공포심을 안겨 주는 패자각본을 초래하는 금지령이다(골딩의 12가지 금지령).

골딩(Goulding) 부부는 치료가로 일하면서 금지령을 경험하였다. 사람들은 부정적인 초기 결단을 하는 데 기초로써, 반복하여 12가지 테마가 나타난 것을 알았다. 다음은 12가지 테마의 제3수준 금지령에 대해서 정리한 것이다.

- 존재해서는 안 된다.

  어린 시절 거절, 학대, 존재무시와 같은 언동 등에서 메시지가 발신하며, 아이는 '내가 죽어 주겠어. 그렇게 하면 부모님은 나를 사랑해 줄 것임에 틀림없어.'라고 결단을 한다.

- 남자(여자)여서는 안 된다.

  부모가 바라지 않는 성으로 태어난 아이에게 발신하며, 아이는 성적 통일성 부정과 혼란의 인생으로 연결된다.

- 아이들처럼 즐겨서는 안 된다.

  지나치게 엄격한 부모로부터 전달되는 메시지로, 아이는 '고통을 참고 견디어라.'는 결단을 하게 된다.

- 성장해서는 안 된다.

  보통 가족의 막내를 향해 발신한 경우이며, 아이는 '안전을 위해 부모로부터 떠나고 싶지 않다.'라는 결단을 하게 된다.

- 성공해서는 안 된다.

  실패가 주의를 환기시키며 길어질 때 발신되며, 아이는 '나는 어딘가 반드시 실수할 것이다.'라고 결단을 한다.

- 실행해서는(아무것도 하면) 안 된다.

  뭔가 하려고 하면 강력한 브레이크가 걸리는 사람에게 발신하며, 아이는 '다른 사람이 지시할 때까지 기다린다.'는 결단을 한다.

- 중요한 인물이 되어서는 안 된다.

  언제나 억압되어 자기주장이 허용되지 않은 가정에서 발신하며, 아이는 '다른 사람은 나보다 훌륭하다.'라는 결단을 하게 된다.

- 모두의 무리 속에 들어가선 안 된다.

  부모에게 엘리트 의식이 강하거나, 뭔가 소외감이 있거나 하여 가족이 고립된 생활방식을 하고 있는 경우 발신되며, 아이는 '나는 어디에도 소속되지 않는다.'라고 결단을 하게 된다.

- 사랑해서는 안 된다./신용해서는 안 된다.

  친절한 애정 표현이 거의 보여지지 않는 가정에서 발신되며, 아이는 '사랑은 반드시 도중에 깨진다.', '타인을 절대로 신용해서 안 된다.'라는 결단을 하게 된다.

- 건강해서는 안 된다 /제정신이어서는 안 된다.

  질병에 걸렸을 때만 부모로부터 귀염을 받는 체험이 전달되는 메시지이며, 아이는 '나는 다른 사람보다 약하다.'라고 결단을 하게 된다.

- 생각해서는 안 된다.

아이들의 자연스런 호기심이 무시되는 가정에서 발신하며, 아이는 '생각하는 것은 위험하다.'라고 결단을 하게 된다.

- 자연스럽게 느껴서는 안 된다.

희로애락의 자유로운 표현이 금지되는 경우, 가정이 너무 지적이어서 정서적 교류가 결핍된 경우에 발신되며, 아이는 '감정을 말로 표현해서는 안 된다.'라고 결단을 하게 된다.

〈표 2-4〉는 제3수준 금지령 진단 분류표(최영일, 2018)다.

〈표 2-4〉 제3수준 금지령 진단 분류표

금지령(무의식)	발신된 환경	메시지(비언어적) 사례	성향
존재하지 마라. (생명을 소중히 여기지 마라.)	거절, 학대, 존재 무시, 같은 언동 등 환경에서 발신	너만 아니었으면…… 못난 놈.	자신의 몸이나 생명을 소중히 여기지 않은 경향
너 자신이 되지 마라. (여자/남자여서는 안 돼.)	부모가 원하지 않는 성으로 태어난 아이에게 발신	딸을 원했는데…… 아들 낳아 봤자 소용없어.	성적 혼란, 자신에 대해 자신감을 갖지 못함
즐기지 마라. (아이처럼 굴지 마라.)	지나치게 엄격한 부모로부터 발신	어른스럽게 행동해. 형이니까 울면 안 돼.	고지식, 융통성이 부족한 사람이 되는 경향
나를 떠나지 마라. (성장해서는 안 돼.)	과잉보호/과잉간섭하는 환경에서 발신	엄마가 다 해 줄게. 너는 시키는 대로 하면 돼.	자기가 결정 못하고 타인에게 자주 의존하는 성향
성공하지 마라. (성취하지 마라.)	실패한 결과만 주의를 환기시키는 환경에서 발신	꼭 중요한 순간에 망쳐. 그럴 줄 알았다.	추진력, 신념이 없고 자신감이 없어 실패하기 쉬운 사람
아무것도 하지 마라. (실행해서는 안 돼.)	뭔가 실행하려고만 하면 제동을 거는 환경	째하고 놀면 안 돼. 축구하면 안 돼! 다치니까.	적극성이 부족하고 타인의 의견을 따르는 순종적임
중요한 존재가 되지 마라. (나서지 마라.)	억압되어 자기주장이 허용되지 않는 환경에서 발신	어른이 말하면 듣고 있어. 참견하지 마라.	리더십이 부족하고 나서지 않고, 책임지려 하지 않음
함께하지 마라. (무리 속에 들어가면 안 돼.)	가족이 고립된 생활방식을 하고 있는 경우 발신	사람들은 귀찮게 해. 내 일에 간섭하지 마라.	공동체에 녹아들지 못하고 외톨이가 되기 쉬움
친해지지 마라. (사랑/신용해서는 안 돼.)	애정 표현이 거의 보이지 않는 가정환경에서 발신	타인에게 속을 보이면 안 돼. 예뻐하면 버릇이 없어져.	애정 표현, 자신의 생활이나 본심을 드러내지 못함
잘되려고 하지 마라. (건강하지/제정신이지 마라.)	문제가 있을 때나 질병에 걸릴 때만 관심 가진 환경	네가 아프니까 돌보지. 무슨 일이 있어야 봐 주지.	건강에 주의하지 않고 생활습관도 고치지 않음
생각하지 마라. (알려고 하지 마라.)	아이들의 자연스런 호기심이 무시되는 환경	잠자코 듣기나 해. 쓸데없는 생각하지 마라.	논리적 · 합리적 · 이성적으로 판단하기 어려움
감정을 느끼지 마라. (자연스럽게 느끼면 안 돼.)	자유스런 표현이 금지되거나 정서 교류가 결핍된 환경	참을성이 있어야지. 약한 모습 보이면 안 돼.	자신의 감정을 억누르고, 무감각하고 무관심함

③ 유발자극

당신을 결말로 모는 행동을 억지로 도발하는 작용이다. 구체적으로는 내심 악마같이 속삭이는 '어버이 자아'가 내는 소리다. 예를 들면, 알코올 의존증 환자가 '좋지 않을까, 한 잔 정도 마셔도 아무 일도 없을 거야' 또는 도박에 말려든 사람이 '손해 본 채 끝낼 건가, 다시 한번 소신껏 도박해 보자'라고 하는 유혹의 속삭임이다.

④ 대항각본

얼핏 보아 금지령에 대항하는 것과 같은 슬로건을 내걸면서 실제로는 각본의 진행에 가담하는 작용을 말한다. 대항각본의 지령은 부모의 '양육적 어버이'에서 발신되는 매우 교훈적이고 상식적인 메시지로, 예를 들면 '착한 아이는 울지 않는 것이야', '쓸데없이 쓰지 말고 저축을 하라', '열심히 해라'이다. 어느 것도 자녀의 건전한 성장을 바라는 부모의 소리다. 대항각본은 사회적으로 받기 좋은 삶의 태도를 연출한다.

⑤ 행동 범례(모델링)

부모의 '어른 자아'에서 자녀의 '어른 자아'로 향하여 보여지는 행동 모델이다. 실제의 일상생활에 있어서 부모의 사고방식, 문제 해결 방식에서 말로 묻는 태도, 돈을 버는 방법까지 구체적으로 어떻게 대항각본을 실천하는가를 나타내는, 이른바 프로그램이다. 예를 들면, 부친이 '여자는 여자답게 해야지'라고 딸에게 말하면 딸은 어떻게 하면 부친이 요구하는 바와 같은 여자다운 아이로 될까를 생각하고 그 모델을 모친 속에서 찾는다. 모친의 행동거지, 남자(부친)를 대하는 방식, 가사에 대처하는 방식, 손님 다루는 방식 등 실제의 방법을 배우고, 몸에 익혀 간다. 이같이 통상 자녀는 자신의 행동 모델을 동성의 부모에게 구하는 것이다.

⑥ 각본 충동

각본으로부터 탈출을 바라며 노력하고 있는 사람이 그 도중의 중요한 단계에서 완전히 역전현상을 나타내며 그때까지의 태도 전체가 반전하고 마는 악마적인 작용이다. 예를 들면, 금주이건 다이어트이건 '자신의 몸을 중시하시오'라는 소리를 지키며 상당한 기간 성공을 거두고, 효과도 거두고 있기 때문에 '이만하면 좋지 않을까, 어디 마시고 보자!'라고 압박하는 것이다. 그래서 다시 본래의 각본으로 돌아가게 되는 것이다.

⑦ 내적 해방

금지령에서 해제되고 각본에서 자유롭게 되는 힘이다. 이상적으로 말하면 유능한 치료자와 만나서 지금까지의 생활 방식의 조종 장치에 자각하고 각본을 연출하는 것이 아니고 본래의 자신을 살려도 좋은 것이라는 허가증을 얻을 때 당신은 자기 자신이 된다. 사람에 따라서는 특별한 일이나 시간을 거쳐 패자각본으로부터 해방되는 경우도 있다.

어느 세일즈맨의 각본 분석 사례

J씨에게는 정직은 없는데, 그는 그 지역에서도 손꼽을 정도의 세일즈맨이며, 판매 성적은 항상 톱클래스를 차지하고 있었다. 그런데 왠지 경제적으로 안정할 수가 없고 언제나 밑바닥에 가까운 생활 속에서 발버둥치는 것이다. J씨 자신도 이 점에 대해서 몇 번이고 생각해 보았다고 한다. 그에 의하면 마차를 끄는 말처럼 열심히 일해서 수입이 점차 올라가면 '반드시'라고 해도 좋을 만큼 거기서 뭔가가 일어난다는 것이다. 그것은 마치 주기적으로 찾아오는 것 같다. 어느 때는 축하의 술을 들고 돌아오는 길에 중요한 서류를 분실하여 회사를 사직했다고 한다. 저번에는 어렴풋이 알고 있던 여성과 함께 살았는데 (J씨는 부인이 질병으로 죽었다.), 그때까지 고분고분하던 장남이 반항하기 시작했기 때문에 집안에 대소동이 일어났다.

그런데 불가사의한 것은 떨어질 때까지 떨어지면 J씨는 몸속에서 뭔가 힘이 끓어올라 순식간에 실패를 만회하고 다시 톱의 수익을 올리는 것이다. 이러한 반복이 확실히 생각나는 것만도 다섯 번은 있었다고 말한다. J씨는 내분비계의 질병을 갖고 있었지만 그 질병의 재발도 이같이 산통을 깨어 빈곤으로 돌아가는 도중에 언제나 일어나고 있다고 한다. 이 같은 반복 패턴에 대해서 이야기하면서 J씨는 "본디(나쁜)의 상태로 돌아간다"라는 속담이 있는데, 나 같은 사람을 위해 만들어진 것이 아닐까?' 하고 자신을 나쁘게 말하는 조소를 하는 것이다.

다음으로 J씨의 생육사를 보기로 하자. 그의 어린 시절은 결코 행복했다고는 할 수 없을 것 같다. 세 살 때 어머니를 잃고 이후 친척 집을 전전했다. 그사이 먹는 것에는 모자람이 없었지만 어디에 가도 마음으로부터 사랑받는다는 기분을 맛볼 수가 없었다고 한다. 특히, 초등학교 시절을 보면 숙부의 집에서는 아침 일찍부터 일을 시켰지만 무엇을 해도 만족할 줄 모르고 언제나 "변변치 못한 녀석!"이라고 호통을 들었다. J씨는 왠지 아직도 이 소리가 뇌리에 박혀 있어서 무엇을 해도 결국 최후에는 실패하고 만다는 것이다. '나는 역시 쓸모없는 자이다'라고 자신에게 말을 걸지 않고는 끝나지 않는 것이라고 말한다.

J씨의 이야기를 듣고 있으면 어린 시절에 체험한 고독이나 소외를 견디는 감정을 반복하여 맛보기 위해 지금까지 살아온 것은 아닐까 하는 느낌을 받는다. 그러면 J씨의 케이스를 각본 장치에 입각해서 분석해 보기로 하자.

• 결말(종언, 운명): 본디로 돌아간다.

- 금지령: 자신을 중요시해서는 안 돼, 성공해서는 안 돼, 어디에도 소속해서는 안 돼.
- 대항각본: 충분히 일해라, 정상급 세일즈맨이 되어라, 돈을 모아라.
- 프로그램(모델링): 일생 열심히 일해라(대항각본을 실천하기 위한 구체적 방법).
- 유발자극: 이만큼 벌었으니 여유를 가지자(어버이 ⓟ의 유혹).
- 각본 충동: 남이 버는 것만큼 벌었으니까, 조금 즐겨 볼까(어린이 ⓒ의 유혹).
- 내적 해방: '쓸모없음'이란 자기상과 '본디 상태로 되돌아간다'라는 줄거리에 따라 강박적으로 살아간다. 이것에서 해방되는 것이다.

(2) 인생각본의 법칙

에릭 번은 최후의 저서 『당신은 인사 후에 무슨 말을 하십니까?』 중에서 다음과 같은 각본 법칙을 소개하고 있다.

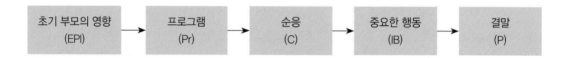

- EPI(Early Parental Influence): 초기 부모의 영향으로 J씨의 예로 보면 모친이 그를 남기고 죽거나 숙부 부부로부터 차가운 대우를 받는 등 10세 정도까지 주어진 체험을 의미한다. 정신분석에서 말하는 인생 초기의 심적 외상 체험(trauma)이 여기에 해당한다.
- Pr(Program): 프로그램으로 J씨의 예로 보면 쓸데없는 역할을 연출하거나 돈을 몽땅 잃고 마는 등 패자각본의 연출을 한다.
- C(Compliance): 순응으로 주어진 각본 줄거리를 연출할 것을 승인하는 것을 말한다. 아무리 부모의 영향하에 인생 프로그램이 작성되어도 그것에 따르겠다는 결심이 서지 않으면 각본으로 되지 않는다. J씨는 '나는 틀림없이 쓸모없는 사람이다'라고 프로그램에 따라서 행동하고 있었던 것이다.
- IB(Important Behavior): 중요한 행동으로 인생의 중요한 상황에 있어서 행동의 존재 방식을 의미한다. 구체적으로는 결혼, 직업, 육아, 죽는 방식 등에 나타난다. J씨의 예에서 보면 직장을 쉬는 적이 없고 아이를 기숙사에 맡기고 물건을 팔고, 일하지만 좀처럼 돈이 붙어 있지 않는 행동 양식을 한다.
- P(Pay off): 결말로 인생 설계의 마지막에 맞는 결단을 말하며, 운명의 최종 단계라고 할 수 있을 것 같다. J씨의 각본에서 상상하면, 무일푼으로 되돌려 자기멸시의 생각에 잠기거나 나아가서는 재기 불능인데까지 건강을 해쳐서 어딘가 시설에서 고독한 인생을 마감한다

는 형태로 될 것이다.

　각본은 소위 자율성과 정반대의 의미를 갖는 것이라고 생각해도 좋다. 자율적인 사람도 물론 여러 가지 실패를 하지만 자신의 행동을 재고하고 그것을 수정하여 궁지에 빠지는 경우가 없도록 앞으로의 생활을 다시 세울 수가 있다. 그런 의미에서 자율적인 사람의 행동은 다시 바꿀 수 있는 가역적이라고 할 수 있다. 각본의 지배하에 있는 사람은 상기 법칙에 붙들려 결말로 향해서 일방통행 식으로 달려가는 것이다. 즉, 다시 바꿀 수 없는 불가역적인 행동 양식을 갖는 것이다. 그것은 실험실에서 길러지고 훈련받는 쥐와 비슷한 것이다. 쥐는 실험자가 마련한 조건반사의 프로그램대로 행동한다. 그것은 이미 야생 쥐하고는 크게 다르며, 일종의 자동화된 기계 같은 것이라고 할 수 있다. 각본에 따르는 사람도 이와 유사하다. 많은 경우 그 사람을 조작하는 것은 본인 마음속의 부모들이며, 본인도 또한 그들의 영향을 거부하고 스스로의 인생을 걸겠다는 결단을 하고 있지 않을 것이다.

(3) 각본 메시지와 각본 모형

　최초의 각본은 영유아기 주위 사건들에 의해 각본 메시지가 형성된다. 각본 메시지는 언어적 · 비언어적으로 또는 혼합해서 전달되고, 메시지는 명령과 속성 형태로 전달된다. 말을 배우기 전 영유아기는 다른 사람들의 메시지를 비언어적 신호 측면에서 해석한다. 이와 같은 각본 메시지로는 사회 통용된 가치관인 대항지령, 불건전한 상황에서 발신하는 메시지인 금지령, '……해도 좋다'인 허용, 구체적 수단인 프로그램이 있다.

　스타이너(Steiner)는 각본이 형성된 과정을 도식화하여 각본 모형을 고안했다. 이러한 도식화

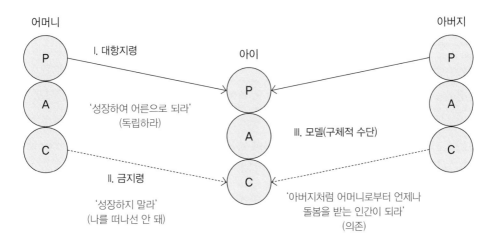

[그림 2-24] 스타이너의 각본 모형

한 각본 모형은 각 개인의 각본에 깔려 있는 메시지들을 분석하는 표준 방법을 제공한다.

스타이너의 각본 모형은 [그림 2-24]와 같다.

CKDP 심리검사지(최영일 외, 2017)나 간편 각본 질문지를 통해 각본 모형을 만들 수 있다. 다음은 간편 각본 질문지를 통해 각본 모형을 만들기 위한 질문이다. 각 질문은 목표가 있다.

- 질문 1-당신은 어떤 사람입니까?

  이 질문에 대한 대답 내용은 자신과 타인에 대해 어린 시절에 했던 결단에 대한 단서를 줄 것이다. 이것은 또한 인생태도와 그 사람이 가장 선호하는 라켓과 게임을 나타내기도 한다. 내담자의 드라이버를 통해 각본 전체로 안내할 것이다.

- 질문 2-당신의 부모님(양육자 역할을 한 사람)은 어떤 사람이었나요?

  이것은 모델로 만들어진 프로그램, 대항금지령, 금지령이나 허용에 대한 정보를 전할 것이다.

- 질문 3-당신의 어린 시절 부모가 당신에게 화났을 때, 당신은 무엇을 하고 있었습니까?

  이것은 금지령이나 대항금지령, 긍정적 내용 또는 부정적 내용을 나타낼 것이다. 내담자의 부모가 어린 내담자 앞에서 어떻게 분노의 감정을 표현하였는지에 대해서도 면밀히 조사할 수 있다.

- 질문 4-당신이 어린 시절 무엇을 했을 때 당신의 부모와 당신은 기뻐했나요?

  이것은 대항금지령이나 허용, 금지령을 나타낼 수 있다. 또한 내담자가 어떻게 기쁨을 표현하는지를 알 수 있다.

- 질문 5-당신의 부모가 자서전을 쓰게 되어서 당신은 그것의 제목을 붙여야만 한다면 그 제목은 무엇이 될까요?

  이것은 그 부모의 각본 주제나 결정적 사실을 드러내는 것을 도울 것이다. 특히, 부모의 감정 상태를 알 수 있다.

- 질문 6-당신의 가족이 당신의 출생에 대해 어떤 이야기를 하는 것을 들었습니까?

  출생 신화는 초기 공헌과 결단을 나타낼 것이다. 그리고 내담자의 인생태도가 그로 하여금 어떤 선택을 하게 하는지도 보여 줄 것이다.

- 질문 7-당신은 언젠가 자신이 자살하거나, 타인을 해치거나, 혹은 미쳐 버릴 것이라고 생각한 적이 있습니까?

  이것은 그 각본에 있는 하나 이상의 비극적 결말의 존재를 찾아내는 것이다.

- 질문 8-당신의 비석에는 무엇이라고 쓰여 있을까요?

  이것은 각본 결말과 중심 각본 주제를 나타낼 수 있다. 때때로 그것은 과정각본 형태에 재확인을 해 준다.

- 질문 9-일이 잘못될 때, 당신은 보통 어떻게 느낍니까?

이것은 내담자의 라켓 감정에 대한 직접적인 검사를 제공한다.

- 질문 10-당신이 현재 상태를 계속 유지한다면 당신은 5년 후에 어떻게 되었을까요?

이것은 그 각본 주제와 결말에 대한 그 이상의 실마리를 준다. 결정적으로 자살, 살인 또는 다른 사람을 해칠 수도 있는 가능성을 암시하는 실마리들을 특히 주의해서 들어야 한다.

- 질문 11-당신이 마법적인 소원을 빌 수 있다면 어떻게 또는 무엇을 변화시킬 것입니까?

이것은 내담자가 인생의 목표를 설정하는 데 각본에 의존하는 정도를 나타낼 것이다. 또, 자유스런 어린이 자아상태 욕구가 답을 통해 드러날 수 있다.

(4) 축소각본

축소각본은 해지스 캐퍼스(Hedges Capers)와 타이비 칼러(Taibi Kahler)가 1977년에 발표한 이론으로, "짧은 시간에 일어나는 일련의 행동패턴이며, 인생각본을 강화하는 것"이라고 정의하고 있다. 이 축소각본은 드라이버(몰이꾼)라 불리는 대항금지령에 의하여 시작된다. 드라이버에는 '완벽하게 하라.', '열심히 노력하라.', '서두르라.', '다른 사람을 기쁘게 하라.', '강해지라.', '꼭 이루어 내라.', '주의하라.' 등 대항지령 일곱 가지가 있다. 드라이버에 속박되어 있을 때에는 드라이버의 명령에 충실히 실행하는 한 나는 OK라고 믿고 있다. 그러나 현실적으로는 아무리 노력해도 드라이버의 요구를 충분히 채울 수가 없다고 느끼는 경우가 많다. 이 경우 스토퍼(제지꾼)라는 금지령의 소리를 듣고 유아기의 조기 결단 때에 체험한 싫은 감정을 다시 맛본다. 사람은 이 같은 경과를 밟아서 인생각본을 단시간에 소규모로 재현하여, 자신의 각본을 강화한다. 축소각본은 항상 드라이버로 시작하지만 반드시 스토퍼(제지꾼), 블레이머(비난꾼), 디스페어러(낙담꾼)의 순서로 진행한다고는 할 수 없다. 예를 들자면, 어떤 사람이 통상 패턴은 '타인에게 완전하라.'의 드라이버에서 스토퍼로 이행하며, 자신이 부적절한 라켓 감정을 맛본다. 때로는 스토퍼의 입장에서 바로 디스페어러의 입장으로 이행하여 절망감, 모든 것에 회의를 느끼며, 타인들로부터 존경을 받지 못한다는 감정을 갖는 경우도 있다.

이러한 축소각본에서 벗어나기 위해서는 드라이버 행동에서 벗어나야 한다. 각 드라이버에 상응하는 '허가자'라고 부르는 교정 수단을 활용할 수 있다. 드라이버와 상응하는 허가자를 보면, '완벽하게 하라.'는 '당신은 있는 그대로 충분하다.'로 허가를 줄 수 있으며, '다른 사람을 기쁘게 하라.'는 '너 자신을 기쁘게 하라'로, '강해지라.'는 '네가 원하는 것을 공개하고 표현하라'로, '열심히 노력하라.'는 '그것을 해도 좋다'로, '서두르라.'는 '너의 시간을 가져라'로 '꼭 이루어 내라.'는 '자신에게 진술하고 할 수 있는 만큼 해도 좋다'로 '주의하라.'는 '솔직하게 개방하고 믿음을 가져도 좋다'로 허가를 주어 축소각본에서 벗어날 수 있다.

3) CKDP 심리검사

(1) 드라이버의 이해

드라이버(Driver)는 1970년대 초 임상심리학자인 칼러(Kahler)에 의해 발견되었다. 칼러와 그 동료들은 특정 각본 행동이나 감정에 빠져들기 전에 일관성 있게 드러나는 일단의 행동들이 있다는 사실을 알게 되었고, 이 순간순간 드러나는 다섯 가지 행동을 '드라이버(Driver)'라고 불렀다. 지금 현재는 드라이버 종류를 일곱 가지로 보고 있다.

- PO(Please Others, 다른 사람들을 기쁘게 하라. ─타인을 기분 좋게 하려고 한다.)
- TI(Take It, 꼭 이루어 내라. ─반드시 이루어 내려고 한다.)
- BS(Be Strong, 강해지라. ─욕구나 감정을 드러내지 않고 잘 견디려고 한다.)
- BC(Be Careful, 주의하라. ─약점을 보이지 않기 위해 통제하려고 한다.)
- BP(Be Perfect, 완벽하게 하라. ─정확하고 모범적으로 하려고 한다.)
- TH(Try Hard, 열심히 노력하라. ─계속 부가적인 노력을 하려고 한다.)
- HU(Hurry Up, 서두르라. ─신속하게 하려고 한다.)

드라이버 형성 과정을 보면, 인생 초기에 양육자의 어버이 자아상태 자극(대항지령)을 받아 의미 있는 체험을 하게 되고 반복되면 기본적이고 감정적인 태도를 형성한다. 아이는 수많은 대항지령 중에 선택하여 많은 대항각본을 갖게 된다. 이러한 대항각본들을 집약하면 일곱 가지가 되는데, 이 일곱 가지를 드라이버라고 한다. 사람들은 누구나 일곱 가지 드라이버 행동을 다 나타낸다. 그러나 대부분의 사람은 가장 흔히 나타내는 한 가지의 드라이버를 가지고 있다. 이것은 상대방과 교류를 할 때 상대방이 보내는 자극에 대해 가장 먼저 나타내는 반응일 것이다. 이것을 그 사람이 가장 많이 활용한 1차 드라이버라고 한다. 1차 드라이버를 제외한 나머지 여섯 가지 드라이버도 개인마다 정도 차이가 있으나 모두 나타난다. 그 사람이 가장 활용하지 않는 드라이버가 7차 드라이버다.

드라이버는 사람마다 특정한 방식으로 행동하게 만드는 무의식적·내적 동인으로 충동적으로 따르려고 하기 때문에 몰이꾼이라고 한다.

드라이버 자체는 좋은 평판과 좋은 인간관계를 형성하는 데 도움이 되며, 스트레스 상황에서는 도움이 되지 않는 강박적 행동인 축소각본으로 이어진다.

사람들의 행동에 대한 통찰을 제공하며 일곱 가지 드라이버는 각각의 구별된 드라이버 행동을 수반한다. 드라이버 행동(말, 어조, 몸짓, 얼굴 표정, 태도)의 효과적인 탐색을 위해서는 드라이버 내용보다는 행동 과정에 중심을 두는 것이 중요하다. 드라이버를 통해서 한 개인의 각본에 효과적으로 개입할 수 있다.

(2) CKDP 심리검사 이해

한국교류분석상담협회에서는 최영일 박사가 개발한 표준화 심리검사지인 CKDP 심리검사지를 활용하고 있다. CKDP 심리검사란 Choe's Korean standard Driver Pattern의 약자로 교류분석 이론 중 드라이버 행동에 의한 심리적 현상을 측정하기 위한 한국형 표준화 드라이버 검사다. 이 검사지는 2013년 9월부터 2015년 7월까지 1년 10개월간에 걸쳐 전국 단위 23,100명을 표집하고 부산대학교 통계연구소에 의뢰 통계분석을 통해 개발된 교류분석 이론에 의한 표준화 심리검사다.

본 심리검사는 총 70문항으로 구성되어 있고, 개인의 드라이버 탐색을 통해 개인의 인생각본을 진단하여 상담, 심리치료, 의사소통 그리고 인간을 이해하는 데 효과적인 도구로 활용한다.

CKDP 심리검사 방법은 먼저 CKDP의 70문항 질문지를 통해 검사 결과를 응답지에 체크하고 각각 일곱 가지 드라이버 점수 합계를 낸다. 그리고 이 값을 CKDP 체크리스트에 꺾은선그래프로 작성한다. 자신의 일곱 가지 드라이버 합계 점수 중 가장 높은 점수가 각각 1차, 2차 드라이버이며, 가장 낮은 점수가 7차 드라이버다. 다음으로 한국 연령 성별 CKDP 규준 점수표를 참고로 자신의 전국 연령 성별에 따른 등급을 찾는다. 그 후에 다음 CKDP 심리검사 해설지에 의해 자신의 검사 결과를 중점적으로 해석한다.

4) 승자각본과 패자각본

생활방식으로서의 승자각본을 가지고 있는 사람과 패자각본을 가지고 있는 사람이 있다. 교류분석에서 승자라고 하는 경우는 자기가 선언한 목적을 성취하고 더 낫게 세상을 만드는 사람이다. 그러면 패자는 단순히 경쟁이나 전쟁에 진다는 것은 아니다. 스스로 선언하고 설정한 목적을 달성하지 못하고 끝날 때 패자라고 부르는 것이다. 그리고 승자도 패자도 아닌 평범한 각본도 있다. 평범한 각본은 매일매일 어떤 성취를 얻고자 하는 것도 아니고 손해도 보지 않으려고 하면서 살아가는 무사안일한 사람이다. 여기서는 승자각본을 가지고 있는 사람과 패자각본을 가지고 있는 사람의 특징에 대해서 알아보도록 하자.

(1) 패자각본을 가지고 있는 사람의 특징

- 패자각본을 가지고 있는 사람은 자아존중감이 약하며, 진짜 행복과 가짜 행복을 구별하지 못한다.
- 개인으로서나 사회의 일원으로서도 신뢰받는 소질이 모자라며, 진실성을 품은 행동을 취하지 못하고 부당한 행동에 대해서 정당화하거나 궤변을 쓴다.
- 현실의 자기를 체험하지 않고, 자신을 잘 알지 못하고 이렇게 있어야 할 것이라는 이미지가 지배하며, 진짜 자기를 표현하고 있지 않다. 지금 여기에서의 자기를 인식하지 못하고 끊임없이 과거나 미래에 얽매여 과거의 망상이나 미래의 환상에서 헤어나지 못한다.
- 사이비의 겉모양을 내세우며, 그 가면을 유지하는 데 많은 에너지를 쏟는다.
- 자신의 감정을 아는 것을 두려워하고 자신의 한계를 인정하지 않는다.
- 성공해도 그것을 평가하지 않고 자신이 불안, 불행하다고 표현한다.
- 미래 파국의 공포에 사로잡히고 동시에 마법과 같은 구제의 망상을 품으며, 현실을 인지하고 문제를 효과적으로 처리하려고 하지 않는다.
- 자율적인 생활 방식을 두려워하며, 다른 사람의 의견에 영향을 받기 쉬우며 자신의 생각을 갖지 않는다.
- 자신의 생활 방식을 책임지지 않으며, 다른 사람에게 크게 의존하거나 비굴한 태도를 취하고 다른 사람을 책망하고 자기를 변명하는 타벌적 자세를 연출한다.
- 창조적인 행동을 할 수 없고 융통성이 없는 반응 양식을 반복하며, 자신이 선택한 길이 막혔을 때 다른 방식이 있다는 것을 깨닫지 못한다.
- 다른 사람을 조작, 통제함으로써 자신의 안전을 얻으려고 하며, 상호 의존 관계를 두려워한다.
- 사회 일반의 문제에 고립되고, 다른 사람이나 주위에 대하여 세심한 배려를 하지 않는다.
- 인생을 즐기는 것을 알지 못하고 다른 사람의 성공을 기뻐하지 않으며, 다른 사람을 사랑하고 다른 사람으로부터 사랑받는 데 곤란을 느낀다.

(2) 승자각본을 가지고 있는 사람의 특징

- 승자각본을 가지고 있는 사람은 자아존중감이 강하며, 자신이 많은 잠재능력을 가지고 있다는 것을 알고 있다.
- 자신의 독특성을 이해하고 그것을 실현하며, 인간으로서 도리를 홍행에 두거나 체면을 유지하려고 하거나 다른 사람을 조종하는 데 사용하지 않는다.
- 승자각본을 가지고 있는 사람은 사랑하고 있는 것과 사랑하는 체하는 것, 어리석은 것과

어리석은 체하는 것, 그리고 아는 것과 아는 체하는 것과의 차이를 자각하고 있다.

- 승자각본의 사람은 가면 뒤에 숨지 않으며, 열등감이나 우월감이라는 비현실감인 자아상을 벗어던진다.
- 적시성의 감각이 정확하여 그때그때 적절한 때 반응한다.
- 이러한 사람은 지금 여기에서 시간을 소중하게 여기며, 인간으로서 자신의 과거를 알고 현재를 자각하며, 미래를 바라보면서 살아간다.
- 자신의 감정과 한계를 이해하고 잘 활용할 줄 안다.
- 타인들이 자신에게 무례할 때도 타인들에게 귀를 기울일 수 있다.
- 승자각본의 사람은 자율적인 사람으로서 그들은 이미 고정된 방법으로 반응해야 한다고 생각하지 않고 필요하면 상황에 따라 그들의 계획을 변경시킬 줄 알며, 문제를 외면하지 않으며 관심과 동정하는 마음을 갖고 개선하려고 노력한다.

지금까지 편의상 삶의 현장에서 각본에 따른 특징을 승자각본과 패자각본으로 나누어서 이분법으로 기술해 보았다. 확실히 삶의 현장에서 사람의 사고방식, 느낌 방식, 행동 방식에는 승자 그리고 패자의 각본이 보여진다. 사람의 이러한 무의식적으로 형성된 각본은 하루아침에 변하지 않는다. 왜냐하면 오랜 시간에 거쳐 각본이 형성되었기 때문이다. 그러면 자신도 모르는 가운데 형성된 각본을 자율각본으로 회복하고 증진시키기 위해 어떠한 노력이 필요할까? 한 마디로 말하면 부단한 자기분석과 자기성찰과 자기통합이 필요하다.

5) 인생각본의 진단

(1) 승자와 패자의 각본 진단

에릭 번은 승자를 "자기가 선언한 목적을 성취하는 사람"으로 정의하였다. 로버트 골딩(Robert Goulding)은 결과적으로 세상을 더 낫게 만드는 사람이라고 덧붙였다. 승리한다는 것은 또한 선언한 목적이 편안하고 행복하게 그리고 부드럽게 이루어지는 것을 의미하지만, 반대로 패자는 선언한 목표를 성취하지 못하는 사람을 의미한다. 다시 말하면 그것은 단지 성취나 기타의 문제가 아니라 거기에 따르는 편안함의 정도를 말하는 것이다. 비승자(평범한) 각본은 항상 어떤 큰 승리를 얻고자 하는 것도 아니고 큰 손해도 보지 않으려고 하면서 살아가는 사람이다. 그는 위험을 겪지도 않는다.

승자, 비승자, 패자와 같은 각본에 대한 이런 분류는 단지 대략적인 것이다. 당신에게 비승자의 결말로 여겨지는 것이 나에게는 승자의 결말이 될 수도 있다. 나의 사회 집단에서는 받아들여질 수 없는 것이 당신에게는 긍정이 될 수 있다. 사실 우리들 대부분은 승자와 비승자 그리고 패자로 혼합된 각본을 결정한다. 어린 시절 나의 독특한 결단에서 아마 나는 정신노동에서 승자가 될 수도, 그리고 육체 활동에서는 비승자가, 인간관계에서는 패자가 될 수도 있다. 당신의 개인적인 결단들의 혼합은 완전히 다를 것이다. 가장 중요한 것은 어떤 각본이든 바꿀 수 있다는 것을 깨닫는 것이다. 나의 각본을 이해하게 됨으로써 나는 상실각본을 구성한 분야들을 알 수 있고 그것들을 승자 결단으로 바꿀 수 있다. 승자, 비승자, 패자의 분류는 과거에 대한 유용한 정보이다. 그것은 현재를 변화시키기 위한 가치 있는 지도를 나에게 제공해 준다.

〈표 2-5〉 승자각본과 패자각본 비교

구분	승자	패자
기본 정신	Top-dog mind	Under-dog mind
시간	지금 여기(현재)	과거의 기억, 미래의 불안에 사로잡힘(망상)
단서	'나는 잘못을 하지만 두 번 다시 실수를 반복하지 않는다' '역시 이것이 올바른 방식이 분명하다'	'만약 ……이 없었더라면' '……하면 좋았을 텐데' '만약 불행하게 ……이 일어났더라면'
주제 파악	자기인식(주인의식)	자기인식의 결여(손님 의식)
책임	독립 이행 후 점차 상호 의존	책임 회피
조직적 테크닉	벗어나려 함	보다 의존
잠재능력	자각성, 자발성, 친밀성	타율성, 수동성, 비친밀성
자아실현	자아실현	자아실현의 장애

(2) 시간의 구조화와 각본(과정각본) 진단

과정각본의 여섯 가지 형태는 본래 에릭 번이 고안했다. 그 이후 타이비 칼러(Taibi Kahler)가 번의 분류를 일부 개정하여 제시하였다. 이 각각의 과정은 고유한 주제를 가지고 있고 이 주제는 사람이 계속 자신의 각본을 유지하는 방식을 묘사하고 있다. 과정각본의 여섯 가지 형태는 다음과 같다.

① '까지'식 각본

'……까지는 유보하겠다'는 각본으로, '좋은 것은 덜 좋은 것이 끝날 때까지 유보하겠다'라는 과정각본이다. 예를 들면, S는 자신에게 다짐한다. '좋아, 앞으로 여행을 많이 하고 살 거야, 그러나 내가 정년할 때까지만 기다리자'라고 말했을 때 S는 무의식적으로 이러한 과정각본에 있는 것이다.

만약 S는 자신의 과정각본이 불편하다면 그것에서 벗어날 수 있다. 인격을 변화시키는 모든 것 가운데 교류분석은 실행이 가능한 것이며, 성취하기가 가장 쉬운 것 중의 하나다. 자신의 주된 과정각본 유형이 무엇인가를 설정하여 시작하는 것이 필요하다. 일단 이런 통찰력을 가지면 S는 '어른 Ⓐ' 상태의 통제를 간단히 실행하고 그 유형에서 벗어나는 방식으로 행동할 수 있다. S의 주된 과정각본 유형이 '까지'식이라면 앞으로 정년하기 전에도 계속 시간을 구조화해서 국내와 국외 여행을 동호인들과 즐겁게 지냄으로써 이 유형의 각본에서 벗어날 수 있다.

② '그 후'식 각본

'까지'식 과정각본 유형과 반대로써, 이 유형은 격조 높은 고기압으로 시작한다. 그 후에는 그 지점이 지나면 남아 있는 부분은 모두 저기압 상태를 유지한다는 유형이다. 예를 들면, S가 '오늘 즐겁게 보낼 수 있지만 내일 그것에 대한 대가를 지불해야 할 거야'라고 생각한다면 S는 '그 후' 과정각본에 있는 것이다. 만약 S가 자신의 과정각본이 불편하다면 그것에서 벗어날 수 있다. '그 후'식 각본을 가진 사람에게 있어 과정각본으로부터 탈출은 계속 나아가 내일도 즐겁게 지낼 것을 먼저 결정하면서 오늘을 즐기는 것이다. 예를 들면, 만약 S가 동료교사와 음주를 하고 있다면 즐거울 만큼 충분히 마시지만 다음 날 심한 두통으로 끝날 정도로 마시지 않는다.

③ '결코'식 각본

이 유형은 '나는 내가 가장 원하는 것을 결코 얻을 수가 없어'라는 각본으로 언제나 배고프고 목마르다. 단지 어떤 노력을 하면 원하는 것을 얻을 수 있지만 그렇게 하지 않는다. 예를 들면, S는 어떤 사람과 좀 더 좋은 관계를 가지고 싶지만, S는 결코 방법을 알려고 하지 않는다. 만약 S가 자신의 과정각본이 불편하다면 그것에서 벗어날 수 있다. '결코'식의 유형을 깨뜨리기 위해서는 자신이 무엇을 원하는가를 결정한다. S가 원하는 것을 가지기 위해 할 수 있는 특별한 일들을 열거한다. 그 후에 구체적으로 실천을 한다.

④ '언제까지나'식 각본

이 과정각본 유형은 '왜 이런 일이 언제나 나에게 발생하지?'라고 묻는다. 즉, 결과는 항상 같게 계속 반복되는 유형이다. 예를 들면, S는 결혼을 하기 위해서 결혼 상대자를 찾고 있었다. 첫 번째 결혼 상대자는 조용하고 은둔적이며 매우 사교적이지 못한 남자였다. S는 그와 헤어졌고, 좀 더 활동적인 사람을 정말 원하기 때문이라고 친구에게 헤어진 이유를 말하였다. 그러나 S가 곧 첫 번째 남자와 너무나 비슷한 성격을 가졌다고 보이는 다른 사람을 사귄다고 말하자 그 친구들은 놀랐다. 그 사귐도 오래 지속되지 않았다. S는 세 번째 남자를 사귀고 있으나 은둔적이고 조용하며 매우 활동적이지 못하여, S는 이미 자기 친구들에게 사귄 남자에 대하여 불평을 하고 있다. 만약 S가 자신의 과정각본이 불편하다면 그것에서 벗어날 수 있다. S는 똑같은 실수를 되풀이할 필요가 없으며 원하는 만남이 아니라면 처음부터 계속할 필요가 없다는 것을 이해해야 한다. 만약 원한다면 불만족스러운 관계에서 떠날 수 있으며 새로운 사람을 찾을 수 있다.

⑤ '거의'식 각본

'거의'식은 '나는 그것을 거의 다 했어'라고 말하는 유형으로 항상 완성하지 못하고 진행 중이다. 예를 들면, S는 친구에게서 책을 한 권 빌린다. 책을 돌려주면서 S는 "책을 빌려 줘서 고마워. 마지막 한 장을 빼고는 다 읽었어."라고 말한다. S가 자기 차를 청소할 때 S는 빠뜨린 몇 군데의 진흙을 제외하고는 거의 깨끗하게 청소한다. 이와 같이 항상 완성하지 못하고 끝없이 진행선상에 있는 경우다. 만약 S가 자신의 과정각본이 불편하다면 그것에서 벗어날 수 있다. S는 자신이 하는 일을 완성한다고 확신함으로써 '거의'식 과정각본에서 빠져나올 수 있다. 만약 방을 청소한다면 완전하게 청소하고, 책을 읽고 있다면 모든 장을 읽는다. 또 어떤 일이 성취되었을 때 성취한 것에 대하여 스스로 칭찬하고 다른 목표로 출발한다.

⑥ '무계획'식 각본

이 유형은 일단 시간 내 어떤 일을 성취하면 그 후에 무엇을 할지 모른다. 이 유형은 사건들이 변하는 분명한 분기점을 보여 주는 점에서 '까지'식 각본과 '그 후'식 각본과 비슷하다. 그러나 '무계획'식 각본을 가진 사람에게 있어 그 시점 후의 시간이란 단지 하나의 커다란 공백이다. 예를 들면, S는 회사에서 30년을 근무한 후 은퇴하였다. 이제 그는 특별한 여가를 기다렸다. 그

⟨표 2-6⟩ 과정각본의 요약

시간 경과에 따른 각본 유형	내용
'그 후'식 각본	"잠시 인생을 즐겨도 좋다. 그러나 '그 후'에 재난이 일어날 것임에 틀림이 없다"
'언제까지나'식 각본	'왜 이런 일이 언제나 나에게 발생하지' 식의 각본으로 결과는 항상 같게 계속 반복됨.
'까지'식 각본	어떤 것을 달성하기 '까지'는 보수를 받을 수 없다는 각본
'결코'식 각본	"자신을 위해서 '결코' 아무것도 요구해서 안 된다"식의 각본으로 아무런 시도도 하지 않음.
'거의'식 각본	'나는 그것을 거의 다 했어'식 각본으로 항상 완성하지 못하고 진행 중임.
'무계획'식 각본	시간을 어떻게 구조화하면 좋을까를 알지 못하고 다만 의미 없이 아무 일도 없이 시간을 보내는 사례의 각본

러나 그는 그 여가를 즐기기보다는 이상하게 불편함을 느끼고 있다. 그는 무엇을 해야 할지, 시간을 어떻게 채울 것인지, 자신의 시간에 무엇을 할지 당황해하고 있다. S는 일단 은퇴 후에 다른 것을 알게 되기 전까지는 무엇을 할지 몰라서 허둥거린다. 그 후에 S는 이와 같은 과정을 되풀이하게 된다. 만약 S가 자신의 과정각본이 불편하다면 그것에서 벗어날 수 있다. 이 유형에서 벗어나기 위해서는 S는 원래 각본의 결말 페이지는 잃어버렸기 때문에 좋아하는 어떤 방식으로든 자신의 결말을 자유롭게 쓸 수 있다.

6) 임상적 관점의 인생각본

(1) 병리적인 인생각본

① 억울형(애정결핍형) 각본

교류분석에서는 사람이 애정을 구하거나 그것을 주거나 하는 능력을 스트로크라는 개념으로 파악하고 있다. 스트로크란 '당신이 거기에 있다는 것을 알고 있다'고 하는 상대의 존재를 인정하는 각종 존재 인지 자극, 즉 긍정적·부정적·조건적·무조건적·언어적·비언어적 자극을 말한다. 예를 들면, "안녕하십니까? 잘되어 갑니다. 수고하셨습니다"와 같은 말을 거는 것은 상대를 인정한다는 것이기 때문에 상대는 좋게 느낀다. 이것을 플러스(+) 스트로크라고 말한다.

스타이너에 의하면 억울형 각본의 지배하에 있는 사람들은 어린 시절부터 스트로크에 대해서 부모로부터 주어지는 다섯 가지의 금지령에 따르고 있다고 말한다.

'스트로크를 주어서는 안 돼', '스트로크를 구해서는 안 돼', '스트로크를 받아들여서는 안 돼', '갖고 싶지 않은 스트로크를 거부해서는 안 돼', '자신에게 스트로크를 주어서는 안 돼'

사람이 이들 금지령하에 있으면 만성적인 애정 기아의 상태에 빠지며, 자신이 관계하고 있는 사람들에게 플러스 스트로크를 줄 마음도 힘도 상실하고 만다. 그러면 상대방으로부터는 점차 스트로크가 오지 않는 것이다. 스타이너는 이것을 스트로크 경제의 법칙이라고 부르고 있다. 즉, 경제법칙과 유사하여 스트로크가 결핍한 사람은 점차 정신적으로 빈곤하게 되며, 그것에 충만해 있는 사람은 점차 정신적으로 풍요하게 된다는 것이다. 그런데 최근에는 각 방면에서 우울병 문제가 문제로 되고 있다. 성인의 자살이 증가하고 있는 점, 나아가서는 아이들에게까지 우울병이 보여지는 것이 보고되고 있다. 또 보통의 내과적인 질병을 취급하는 병원에는 불면이나 식욕 부진 등을 호소하는 소위 '우울병' 환자들이 증가하고 있다. 우울병의 증가와 더불어 심신의학은 그 원인의 규명과 치료법의 개발에 많은 공헌을 하고 있다. 여기서는 그들 연구나 정보 중에서 각본 분석에 관련된다고 생각되는 면을 검토해 보기로 한다.

우선 인생 초기(생후 6개월에서 1년)에 애정 박탈의 체험을 가진 사람이 많다고 하고 있다. 물론 이 같은 기억은 남지 않는 경우가 대부분이지만 아이는 신체적 레벨에서 '존재해서는 안 돼.' 혹은 '사랑받아서는 안 돼.', '사랑해서는 안 돼.'라는 금지령이 주어졌을 가능성이 충분히 있다.

또, 우울병은 자주 분리나 상실의 체험이 방아쇠가 되어 발병하는 것으로 알려져 있다. 하지만 본인은 그 상관을 의식하고 있지 않는 것이 보통이다. 다음으로 우울병 환자의 성격 경향으로서 집착 성격이나 강박 성격을 들 수 있다. 집착은 문자 그대로 '매달리다', '붙들고 늘어지다'는 경향으로 탐욕으로 스트로크를 구하고 있는 모습을 시사한다. 또 강박에는 강력한 비판적 어버이(CP)와 양가감정의 갈등이 포함되어 있다. 이들 경향은 우울병 환자의 대항각본과 금지령 사이에 큰 부조화가 있다는 것을 의미한다. 즉, 본인에게는 지칠 줄 모르는 스트로크 욕구가 있어서 대항각본(완전하게 하라, 근면하라.)은 금지령(사랑받아서는 안 돼.)도 이것을 지탱하지 못하는 것이다. 한국적으로 말하면 '약간은 응석도 좋지 않을까?'라든지 '하여튼 대충해 두세요'와 같이 자신을 지탱하는 힘이 결여되어 있는 것이다.

이와 관련해서 우울병의 대항각본을 생각해 보기로 하자. 이것은 근면, 꼼꼼함, 책임감이 강하고 착실함과 같은 모습으로 나타난다. 그러나 이 라이프스타일이 본인을 몰아세워서 '인생을 즐겨서는 안 돼.'와 같은 식의 금지령을 도리어 활성화하고 마는 것이다. 우울병 환자의 행동 범례는 어떠할까? 착실함, 근면과 같은 행동 양식 외에 우울병인 사람은 자신만의 세계에 틀어박히는 경우가 곧잘 보여진다. 여기에서 어린 시절에 부모 자신의 생활 태도 중에 비슷한 행동 양식이 보여지는 것은 아닐까 하고 추측한다. 실제 많은 우울병인 사람의 이야기를 들어 보면 어린 시절에 부모는 일 중심인 사람이고 친밀한 정서적 교류를 갖지 못했다고 한다. 또 다스리기 어려운 우울병 환자의 배우자에게는 강하고 단단한 성격의 사람이 많다는 것이 알려져 있다.

교류분석적으로 이것은 비판적 어버이(CP)가 높고 양육적 어버이(NP)가 낮은 사람이라고 할 수 있다. 원래 우울병은 어머니와의 일체감을 구하는 병이기 때문에 부모나 배우자와도 몰래 동일화하고 그들과 비슷한 행동을 취하게 되는 것이라고 생각된다.

② 정신장애형(사고결여형) 각본
우리 인생의 불행이나 비극은 사실을 올바르게 관찰하고 적절한 판단을 내리는 노력을 게을리하는 데서 생긴다. 과거 독일이나 일본이 일으킨 전쟁은 그 대표적인 예라고 할 수 있다.

개인의 인생에 있어서는 똑같은 것이 일어날 수 있다. 예를 들면, 최근 직장의 정신건강 문제가 주목받고 있는데, 거기에서의 적응 곤란에는 당사자의 반응 방식이 관계되어 있다. 어떤 사람은 직장에서는 전혀 문제로 되지 않는데 자신의 직무 내용이 나쁘다고 굳게 믿어 '잘될 수 없으므로 배치 전환시켜 주기 바란다'고 호소하는 것이다. 이것을 정면으로 받아들여 인사 이동을 행하면 당사자의 인생에 중대한 영향을 미치게 된다. 그러나 이와는 반대로 직장에서 대부분의 사람이 어떤 사람을 어떻게 취급하고 있는가가 원인이 되어 결과를 낳기 때문에 해당된 본인은 전혀 그것을 눈치 채지 못하고 더구나 누군가가 지적하려고 하면 '나만 부당하게 취급받는다'고 대드는 케이스도 있다.

스타이너는 이러한 노이로제나 자기통제가 될 수 없는 사람들, 혹은 실제로 이성의 작용에 장애를 받아서 정신장애자로 되는 사람들의 각본을 연구하고, 거기에 사고나 판단력에 대한 금지령이 작용하고 있는 것을 눈치 채게 되었다. 그는 특히 우리들의 합리적 사고와 직관력이 에누리와 허언이라는 두 가지 요인에 의해서 방해받는다고 주장하고 있다.

에누리는 상대의 직관이나 생각을 그대로 인정하지 않고 그보다도 가치를 낮게 평가하는 것을 말한다. 에누리를 구체적인 교류 양식으로 보면, 스타이너는 다음 세 가지 타입의 에누리에 대해서 기술하고 있다. 즉, 직관의 에누리, 개인적 감정의 에누리, 합리적 판단의 에누리다. 아이가 본능적으로 생각한다든가 호소할 때에 그것을 무시하는 반응을 계속 나타내면 아이의 직감력은 점차 둔화되며, 이윽고 성인이 된 후, 때로는 살아가는 데 필요한 직관력이나 판단력을 사용할 수 없게 된다. 이것이 직관을 에누리한 경우의 예다.

개인적 감정의 에누리 예로서는 '우는 아이는 싫어!' 라고 꾸짖고 아이의 자연스런 감정 표현을 무시하거나 거부하거나 하는 경우다. 그 결과 행동과 감정의 해리가 생기며, 자기 자신을 미숙하고 감정적인 인간으로 보게 되거나, 나아가 그 양쪽 반응을 몸에 붙이기 위해 혼란과 불안으로 가득 찬 사람이 만들어진다.

세 번째 합리적 판단의 에누리 중 대표적인 것은 아이가 부모를 잘 관찰하고 적절한 비판을 내림으로 도리어 부모의 마음을 거슬리는 것과 같은 체험이다. "두 번 다시 그런 건방진 말을 해 봐라. 다시 집에 들이지 않을 거야."와 같은 부모의 반응에 접하고 아이는 생각하는 것은 위험하다. '더 이상 생각하는 것은 위험하다', '더 이상 생각하는 것을 중지하자' 라는 마음으로 되는 것이다. 또한 기타 가정 내외에서 생기는 트러블을 '양친이 어떻게 해결하는가, 일상생활에서 양친이 텔레비전을 끄고 어느 정도 책을 읽을까, 혹은 부모가 어떤 술을 어떻게 마실까'와 같은 것도 생각해서는 안 돼.'라는 금지령의 내용에 영향을 미치는 것이라고 생각된다.

스타이너는 아이에 대하여 진실을 왜곡하거나 그것을 숨기거나 하는 것은 에누리와 똑같은 정도로 바람직하지 않은 영향을 미친다고 한다. 이 같은 허언에는 크리스마스이브에 산타클로스가 온다는 습관적인 것에서, 텔레비전 세일즈맨의 판매 촉진, 나아가서는 부모나 교사의 언행 불일치와 같은 도덕적인 것까지 폭넓은 내용이 포함된다.

아이는 성장하여 사회인으로 되는 사이에 최종적으로는 윗사람에게 거짓말을 하며, 또 사람들로부터 거짓말을 하는 능력을 몸에 붙여 가게 된다. 이 같은 거짓말에는 다음 세 가지의 요소가 포함되게 된다. 첫째, 의도적인 행위로서 거짓말을 한다. 둘째, 올바르지 못한 진술을 한다. 셋째, 올바른 진술을 생략하고 잘못된 인상을 수정하지 않는다.

허언과 비밀은 사고장애형 각본에 중요한 영향을 가져다준다는 것이 스타이너의 주장이며, 어린 시절부터 진실을 둘러싸고 부모-자녀 간에 교류의 혼란이 많을 때, 일종의 조현증이나 망상병이 생긴다고 한다.

정신장애형 각본이 사물마다 '올바르게 생각해서는 안 돼.'라는 금지령하에 있다는 점을 여기서 더욱 조금씩 파내려가 보기로 하자. 이것은 정신분석 관점에서 보면 자아의 현실 검토 기능이 왜곡되어 있거나 불완전한 것을 의미하며, 개인 자신이 내계에서 무엇이 일어나고 있는가, 외계 사람들과의 관계가 어떻게 되어 있는가를 올바르게 이해할 수 없는 상태라고 할 수 있다. 즉, 자신의 내외의 상황이 잘 이해되고 있지 않는 모습인 것이다.

③ 약물 의존형(기쁨결여형) 각본

알코올이나 각종 약물에 과도하게 의존하는 인생이 얼마나 비참한 결말을 초래하는가 하는 것은 임상 체험은 물론 나날의 매스컴 정보에 의해서도 너무나 명확한 사실이다. 스타이너는 이 현상을 기본적 각본형의 하나로 생각했다. 그는 특히 약물 의존자에게 쾌락 체험을 구하는 경향이 있다는 점에 주목하고, 이것이 어린 시절부터 자연스런 정서나 신체 감각을 느끼는 것을 방해하는 금지령과 관계가 있다고 하여 세 번째의 기본적 각본으로 분류하고 있다.

스타이너에 의하면 심신 양면에 걸친 '느끼지 마.'라는 금지령은 옛날부터 서구 사회를 지배하는 '쾌락은 악, 기쁨은 죄'라는 사고방식에 뿌리를 가지며, 아이의 정서 표현을 과도하게 금지하거나 통제하거나 하는 가정교육을 통하여 발신된다는 것이다. 특히, 작금의 지성 편중의 교육은 감각과 의식의 관계를 끊고 시각이나 청각 등의 감각기관의 작용을 대폭 제한하고 있다. 젊은 청년이 귀를 찢는 듯한 뮤직 쇼에 열광하는 것도 이러한 정동의 해리 상태를 때려 부수려고 하는 시도로 나타나는 것이라고 기술하고 있다.

약물 의존은 위험하다는 경고에도 불구하고 왜 사람은 자기파괴로 돌진할까? 여기에 각본이 관여한다. 신체 감각의 쾌감을 억제해 버린 사람들이 약물의 힘으로 그것을 맛보려고 쾌락 추구와 자기 처벌 사이의 악순환에 빠진다. 약물에 의해서 일시적으로나마 기쁨을 체험할 때 이 각본에 남는 것처럼 되는 것이다.

스타이너는 정동 혹은 신체 감각과 지성과 사이의 분열을 약물 의존자에 특정지은 것처럼 논하고 있지만 최근에는 이 조종 장치가 다른 질병이나 성격장애에도 인정되는 것이 명확해졌다. 예를 들면, 정신생리적 장애(심신증) 환자 중에는 위궤양이나 피를 토하기 직전까지 자신의 몸의 부조, 즉 전구 증상을 끝내 느끼지 못했다고 호소하는 사람이 있다. 또 이지적인 일류 대학

학생이 물건을 사는 척하고 훔치기를 해도 아무런 죄의식을 갖지 않는 케이스도 들고 있다. 더욱이 가정 내에서는 모친에게 폭력을 휘두르고 가구를 엉망진창으로 파손하고 있으면서, 학교에서는 교사의 칭찬을 받을 정도의 '고분고분한' 고등학생도 있다. 이같이 본래는 내면으로 느끼고 말로서 처리하는 것의 불안, 욕구, 분노 등을 몸의 질병이나 행동으로 메워 버리는 경향이 증가하고 있다.

여기에서는 제3의 각본 기본형을 약물 의존증에 한정하지 않고 정신생리적 장애(심신증)나 행동장애 등을 포함해서 내면을 느끼는 힘이 모자라는 사람들의 각본으로서 검토해 보려고 한다.

(2) 임패스의 해결

임패스란 길이 막힘, 혼돈, 진퇴양난이란 의미로 재결단학파의 교류분석에서는 개인의 심리적 증상이나 문제를 진단하는 데 임패스의 정도를 판단 기준으로 내렸다. 골딩 부부(R. Goulding & M. Goulding)에 의하면 마음속 갈등 상황에는 세 가지 정도가 있다고 보았다.

① 제1유형 임패스

부모의 대항지령에 대한 반항으로 아이의 어버이 ⑫와 어린이 ⓒ사이에 교착상태를 말한다. 이 경우 해결 방안은 빈 의자 기법을 통해 어릴 적에 하고 싶어도 말할 수 없었던 것을 해 봄으로써 자신의 어린이 ⓒ가 재결단을 하기 쉽다.

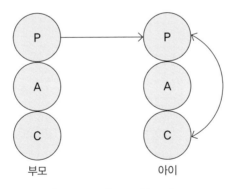

[그림 2-25] 제1유형 임패스

② 제2유형 임패스

부모의 금지령에 대한 반항으로 어린이 ⓒ 내부에 P1와 C1 사이 갈등이 보여지는 경우다. 제2유형의 임패스를 해결하기 위해서는 빈 의자 기법으로 내담자의 어린이 ⓒ 상태에서 퇴행 작업을 통해 어릴 때에 있었던 어떤 구체적인 장면을 재현 빈 의자 기법을 이용해서 부모와의 대화를 역할 연기를 통해 자신의 어린이 ⓒ가 재결단하도록 한다.

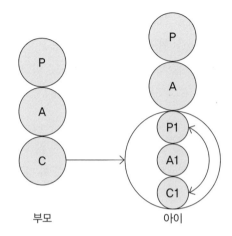

[그림 2-26] 제2유형 임패스

③ 제3유형 임패스

내담자 자신이 살아 있는 이 모습 '이러한 것이 자신이다'라고 굳게 믿고 있는 상태에서 어린이 ⓒ 중 순응하는 어린이(AC)와 자유스런 어린이(FC) 사이의 갈등을 말한다. 제3유형의 임패스를 해결하기 위해서는 빈 의자 기법을 이용하여 순응하는 어린이(AC)를 치료하여 재결단을 하도록 한다.

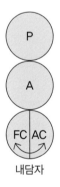

내담자

[그림 2-27] 제3유형 임패스

7) 각본을 통해 세상 보기(수동성)

(1) 에누리

① 에누리의 의미

삶을 살아가는 과정에서 우리들은 끊임없이 문제에 직면하고 있다. 죽음을 당하지 않고 어떻게 우리는 길을 건너는가? 우리에게 당장 주어진 일을 어떻게 처리하는가? 어떤 사람으로부터 우호적이거나 또는 공격적인 접근에 우리는 어떻게 반응할까?

매번 우리는 문제에 직면하고, 두 가지의 선택권을 갖는다. 우리는 그 문제를 해결하기 위해 성인의 생각과 감정 그리고 행동들을 전력으로 사용할 수 있다. 아니면 각본으로 빠져들어 갈 수도 있다.

만약 내가 각본에 빠져들게 되면 유아일 때 결단한 것에 맞도록 세상을 인식하기 시작한다. 나는 어느 정도 실제 상황의 어떤 측면에 대한 우리의 의식을 공백 상태로 비워 버리는 것 같다. 동시에 나는 엄청난 정도로 지금 여기의 문제의 또 다른 측면을 간과해 버리려 할 것이다. 그와 동시에 「지금 여기에서(here and now)」 부딪힌 문제와 관련하여 큰 부분을 빠뜨려 버릴지도 모른다. 나는 문제를 해결하려는 어떤 행동을 취하기보다는 나의 각본이 제공해 주는 마술적 해결(magical solution)에 의존한다. 「어린이 ⓒ」 상태에서, 나는 이러한 마술을 사용하여 세상이 문제의 해결책을 제공하도록 조작할 수 있기를 바란다. 그 결과 문제 해결에 있어서 나는 능동적이기보다는 수동적으로 된다.

여기에서는 수동성과 문제 해결 사이의 이러한 대조를 살펴보고자 한다. 교류분석 이론 가운데 이 영역은 쉬프 가(Schiff family)가 처음으로 발전시키고 커텍시스 연구소를 세운 후로, 쉬피언 이론 또는 커텍시스 이론으로 알려져 있다. 쉬프는 "어떤 식으로 사람들이 일을 하지 않거나 또는 그것을 효과적으로 하지 않는가?" 하는 것을 수동성이라 정의했다.

② 에누리의 본질과 정의

에누리(discounting)는 "문제 해결과 관련된 정보를 자신도 모르는 사이에 무의식적으로 무시하는 것"으로 정의된다.

내가 혼잡한 음식점에 앉아 있다고 상상해 보자. 나는 갈증을 느끼기 시작하고 그래서 물 한 잔을 마시고 싶어 한다. 나는 웨이터의 눈길을 끌려고 애썼지만, 그는 주목하지 않았다. 나는 다시 손짓을 한다. 여전히 반응이 없다. 바로 이 순간에 나는 각본으로 빠져들어 간다. 유아였을 때 어머니가 내게 와 주기를 원했지만 어머니는 오지 않았던 바로 그때를 나는 의식하지 못한 채 재연하기 시작한다. 나는 반응이 없는 웨이터의 얼굴 위에 어머니의 얼굴을 겹쳐 놓는다. 동시에 나는 여전히 내가 마치 어린아이였을 때처럼 행동하고 느끼고 생각하기 시작한다. 나는 의기소침해하고 무력감을 느낀다. 나는 마음속으로 나 자신에게 중얼거린다. "소용없어. 내가 아무리 노력해도 웨이터는 오지 않을 거야."

이러한 결론에 도달하기까지, 나는 지금 여기의 현실에 대한 얼마간의 정보를 무시해야만 했다. 나는 아기일 때 가지지 못했던 선택, 즉 성인으로서 가지는 몇 가지 선택을 에누리한 것이다. 나는 일어나 웨이터에게로 걸어가서 그의 귀에다 고함을 칠 수도 있었다. 나는 물주전자가 있는 가장 가까운 탁자로 가서, 물주전자를 달라고 해서 내 스스로 마실 수도 있었다. 내가 이러한 방식으로 행동했다면, 나는 수동적이기보다는 문제를 해결하는 데 능동적이었을 것이다. 한 친구가 음식점에서 나와 함께 앉아 있다. 나의 손짓에 대해 웨이터가 반응이 없는 것을 보고, 그 친구는 화가 났다. 그는 코를 씨근거리며 "저 녀석은 분명히 무능한 자야. 내 방식대로 한다면, 그를 해고시켜 버릴 텐데!" 하고 말한다.

내 친구는 또한 각본으로 빠져들어 갔다. 그러나 어린아이일 때, 나의 I−U+보다는 오히려 I+U−라는 인생태도를 결단했다. 이제 그는 자신의 각본 안경을 통해 웨이터를 본다. 그는 나의 부름에 반응하는 웨이터의 능력을 에누리한다. 나처럼 내 친구도 수동적으로 된 것이다. 그는 웨이터가 내게 물을 가져다주지 않을 것이라는 사실에 대해 화가 나 으르렁거리며 앉아 있는 것이다.

③ 과장 행동

모든 에누리는 과장 행동에 의해 이루어진다. 과장 행동은 현실의 몇몇 특징을 과장한 것이다. 허풍 떤다는 표현은 과장 행동을 적절히 묘사하는 말이다. 상황의 한 특징이 에누리를 통해 흐려지거나 사라져 버리게 되는 것처럼, 다른 특징은 과장 행동에 의해 어느 정도 확대된다.

웨이터가 물을 가져다주지 않고 있었기 때문에 식당에서 무력한 감정으로 앉아 있었을 때, 나는 단지 선택할 수 있었던 것을 에누리하고 있었을 뿐만 아니라 나는 또한 나에게 물을 주고 안 주고 하는 것을 결정하는 힘을 웨이터가 가지고 있다고 또한 믿고 있었다. 내 친구가 웨이터의 능력을 에누리했을 때, 그는 또한 자신에 대해서 과장된 입장을 취하고 있었다. 그가 그렇게 하는 데 적절한 증거나 책임감을 가지지 않았을 때도, 그는 재판관과 배심원의 역할을 스스로 맡고 있었던 것이다.

④ 네 가지 수동적 행동들

에누리할 때, 나는 내 마음속으로 자신에게 말을 함으로써 에누리를 하게 된다. 그래서 '에누리 그 자체는 눈에 보이는 것이 아니다(관찰할 수 없다).' 당신은 내 마음을 읽을 수 없기 때문에, 에누리를 하고 있다는 것을 가리키는 몇 가지 방식으로 말하거나 행동하지 않는다면 당신은 내가 에누리를 하고 있다는 것을 알 방법이 없다. 관련된 사람이 에누리를 하고 있다는 것을 항상 가리켜 주는 네 가지 수동적 행동 유형이 있다.

- '아무것도 하지 않음(doing nothing: 부작위)'
- '과잉 적응(over adaptation)'

- '흥분(agitation)'
- '무능력화(incapacitation) 또는 폭력(violence)'

◈ 아무것도 하지 않음[doing nothing: 부작위(不作爲)]

교류분석 집단의 구성원들이 원형으로 앉아 있다. 그 집단의 지도자는 다음과 같이 말한다. "집단을 한 바퀴 쭉 돌아가면서 각자 오늘의 연습 활동에 대해서 어떤 것이 감사하고 어떤 것이 불유쾌한지를 말해 봅시다." 만약 당신이 참여하기를 원하지 않는다면, '통과(pass)'라고 말해도 OK이다.

연습을 시작한다. 집단을 쭉 돌면서 사람들은 각각 감사하거나 분개를 한다. 한두 사람이 '통과'라고 말한다.

그 후에 '규식'이의 차례가 되자, 침묵이 흐른다. 사람들은 '규식'이가 뭔가를 말하기를 기다리고 있지만 그는 아무 말도 하지 않는다. 그는 공간을 응시하면서 움직이지 않고 조용히 앉아 있다. 그가 어떠한 감사나 평가의 말을 하고 싶지 않는 것으로 보이기 때문에, 그다음 사람은 그가 통과라는 말을 하기를 기다린다. 그러나 '규식'이는 그 말도 하지 않는다. 그는 마치 벙어리처럼 계속 앉아 있다.

'규식'이는 '아무것도 하지 않음(doing nothing)'이라고 불리는 수동적 행동을 보여 주고 있다. 문제 해결을 위해 행동하는 에너지를 사용하는 대신에 그는 행동을 하지 않으려는 데에 에너지를 사용하고 있다. 이러한 수동적인 행동을 나타내는 사람은 불편함을 느끼면서 생각하지 않는 자신을 경험한다. 그는 그 상황에 대해 아무것도 하지 않음으로써 자신의 능력을 에누리하고 있다.

◈ 과잉 적응(over adaptation)

'진희' 여사는 힘든 하루의 일과를 마치고 집에 돌아왔는데, 그녀의 남편 '성태'는 앉아서 신문을 읽고 있다. 남편 건너 부엌 쪽으로 보면서, '진희'는 부엌 싱크대 옆에 씻지 않은 접시들이 잔뜩 쌓여 있는 것을 본다.

"안녕, 즐거운 하루를 보냈겠지. 차를 마실 시간이군. 그렇지 않소?" 하고 '성태'가 말한다. 코트를 벗으면서 '진희'는 바로 부엌으로 들어간다. 그녀는 쌓인 접시를 닦고 차를 준비한다.

'성태'는 '진희'를 보고 설거지하고 차를 만들도록 요구하지 않았다는 사실을 둘 다 주목하지 않고 있다. 그가 그녀에게 설거지 등을 해 줄 것을 원하는지 어떤지를 그녀는 남편에게 묻지도 않았던 것이다. 심지어 그녀가 스스로 설거지를 해야 옳은지 또는 '성태'가 접시를 씻는 것이 도리인지에 대해 그녀는 생각하지도 않았다.

'진희'이의 수동적 행동은 과잉 적응이다. 과잉 적응할 때 그녀는 「어린이 ⓒ」 상태에서 다른 사람이 원하고 있다고 믿고 있는 것을 따르고 있다. 그녀는 다른 사람들이 원하는 것이 무엇인지를 실제로 검토해 보지도 않고, 그리고 자신이 원하는 것이 무엇인지를 관련지어 보지도 않고 그렇게 한다. 아무것도 하지 않는 사람과는 달리 과잉 적응을 하는 개인은 수동적인 행동을 하는 동안 자신을 생각하고 있는 것으로 경험한다. 그러나 그녀의 생각은 실제로는 오염에서 생긴 것이다.

다른 사람들은 과잉 적응을 하는 사람은 도움을 주거나 잘 순응하고, 또는 남의 편의를 잘 보아 주는 것으로 곧잘 경험할 것이다. 그래서 그 사람과 관련된 사람들은 자주 과잉 적응에 대해서 스트로크한다. 이러한 사회적 수용 때문에 그리고 그 사람도 생각하고 있는 것으로 보이기 때문에, 과잉 적응은 네 가지 수동적 행동 가운데 알아내기가 가장 어렵다.

과잉 적응을 하는 사람은 자신의 선택에 따라 행동하는 능력을 에누리하고 있다. 대신에 다른 사람이 원한다고 자신이 믿고 있는 선택들을 따른다.

◆ 흥분(agitatoin)

수업 중에 학생들이 강사에게 귀를 기울이고 있다. 교실 뒤쪽에 '동철'이라는 학생이 앉아 있다. 강사가 다소 조용하게 말하고 있어서 '동철'이는 그의 말을 알아듣기가 힘들다. 강의가 계속 진행되면서 '동철'은 강사가 말하고 있는 것을 따라가는 데 점점 어려움을 겪는다. 그는 펜을 놓고 손가락으로 책상 위를 두드리기 시작한다. 만약 책상 아래쪽을 볼 수 있었다면 '동철'이가 손가락으로 두드리면서 발을 빠르게 아래위로 구르고 있는 것을 보았을 것이다.

'동철'이는 흥분을 보여 주고 있다. 이러한 수동적 행동에서 개인은 문제를 해결하기 위해 행동할 자신의 능력을 에누리하고 있다. 그는 예민하게 불쾌감을 느끼고, 그리고 불쾌감에서 벗어나기 위해 무의미한 활동을 반복한다. 에너지는 문제를 해결하기 위한 행동보다는 흥분된 활동을 하는 쪽으로 향한다. 흥분하는 동안 그 사람은 생각하고 있는 자신을 경험하지 못한다.

만약 '동철'이가 명확한 「어른 Ⓐ」 상태를 사용하고 있었다면, 그는 단순하게 강사의 주의를 끌어 강사로 하여금 말을 크게 하도록 요청할 수 있었다. 실제로 손가락을 두드리는 것과 발을 구르는 것은 문제 해결을 위해 도움이 되지 못한다.

많은 평범한 습관들 속에 흥분이 들어 있다. 손톱 물어뜯기, 끽연 머리카락 비틀어 돌리기 그리고 강박적으로 먹는 것, 이 모든 것이 그 예다.

◆ 무능력화와 폭력(incapacitation and violence)

인순 씨는 30대 후반이다. 그녀는 아직도 어린 두 딸과 나이 든 어머니를 돌보면서 함께 집에 살고 있다. 어머니는 나이에 비해 실제로 상당히 건강하다.

뜻밖에 '인순' 씨는 한 남자를 만나 서로 사랑에 빠지게 된다. 다행히 그녀는 그와 함께 살기 위해 떠나려고 하며 결혼할 것이라고 어머니에게 알린다. 이런 일이 있은 지 며칠 후 어머니는 현기증이 나는 발작을 하기 시작하고 몸져눕게 된다. 의사는 그녀가 신체적으로 전혀 이상이 없음을 알 수 있었다. 그러나 '인순' 씨는 떠날 작정을 한 데 대해 죄의식을 느끼기 시작한다.

어머니의 수동적 행동은 무능력화다. 여기서, 사람은 어떻게든 자신을 무능하게 만든다. 문제를 해결하려는 자신의 능력을 에누리하면서, 그녀는 「어린이 ⓒ」 상태에서 자신(어머니)을 무능하게 함으로써 다른 사람을 통해 문제를 해결해 주기를 바란다.

무능력화는 여기에서처럼 때때로 정신생리적 질환(심신증: psychosomatic ailments)의 형태로 될 수 있다. 다른 경우에는 정신장애(mental break-down)나 약물 남용 또는 알코올 중독으로 될 수 있다.

다른 한 예로 '창호'는 방금 그의 여자친구와 심한 말다툼을 하였다. 그는 집을 뛰쳐나가 오랫동안 거리를 돌아 다녔다. 시내로 가서 맥주를 몇 잔 마셨다. 그러고 나서 그는 의자를 집어 들고 술집의 판금 유리창을 모두 박살내 버린다. '창호'의 수동적 행동은 폭력이다. 폭력을 수동적 행동으로 간주하는 것은 좀 이상하게 여겨질 것이다. 그러나 그것은 수동적이다. 왜냐하면 문제를 직접적으로 해결하기 위해 도움이 되는 것은 아무것도 없다.

무능력화는 폭력이 내적으로 지향된 것으로 볼 수 있다. 무능력화와 폭력에서는 모두 문제를 해결하는 능력을 에누리하고 있다. 개인은 문제를 해결하기 위해 환경을 억지로 밀어붙이는 필사적인 시도에서 자신이나 다른 사람에게 향한 에너지의 폭발이라는 발산 형태를 취하게 된다. 무능력화나 폭력은 흔히 흥분의 시기 뒤에 따라올 수 있다. 사람이 흥분하고 있을 때는 그 후에 무능력화나 폭력에 의해 파괴적으로 배출해 버릴 에너지를 쌓아 올리고 있다.

⑤ 에누리와 자아상태

에누리는 자아상태 병리학에 대해 알고 있는 것과 관련될 수 있다. 에누리는 오염의 상황에 있음을 나타내기도 한다. 즉, 에누리하고 있을 때 나는 내가 「어른 Ⓐ」 상태의 생각일 것이라고 잘못 알고 있는 「어버이 Ⓟ」나 「어린이 ⓒ」 상태의 각본 신념에 맞추기 위해 현실을 잘못 인식하고 있을지도 모른다.

제외(exclusion)는 에누리의 또 다른 원천이 될 수 있다. 여기서 나는 하나 또는 그 이상의 자아상태를 없애 버림으로써 현실의 측면을 무시하고 있는 것이다. 만약 「어린이 ⓒ」 상태를 제외하고 있다면, 나는 어린 시절부터 지녀 온 욕구나 감정 그리고 직관을 무시할 것인데, 이것은 실제로 현재 해결해야만 하는 문제들과 관련되어 있을지도 모른다.

「어버이 ⓟ」 상태를 제외시킨다면, 나는 문제 해결에 자주 유용하게 사용될 수 있더라도 부모와 같은 사람들로부터 배운 세상에 대한 규칙과 정의들을 배제시켜 버릴 것이다. 제외된 「어른 Ⓐ」 상태는 내가 지금 여기의 상황의 어떤 특성에 직접 반응하여 평가하고 느끼고 또한 행동하는 능력을 에누리하는 것을 의미한다. 예상할 수 있듯이 제외된 「어른 Ⓐ」 상태는 개인의 에누리 강도의 측면에서 세 가지 제외 가운데 가장 부정적인 결과가 되는 것이다.

보통 에누리는 어떠한 자아상태 병리가 없이 일어날 수 있다. 이러한 경우에 그것은 알려지지 않았거나 잘못된 정보를 받은 그 개인의 「어른 Ⓐ」 상태의 결과일 뿐이다. 예를 들면, 체중과다의 여성은 체중을 줄이는 다이어트를 하려고 결정한다. 그녀는 빵, 감자, 그리고 파스타를 먹지 않는다. 대신에 그녀는 견과류와 치즈를 먹는다. 사실 견과류와 치즈는 그녀가 먹지 않기로 한 음식보다 칼로리가 더 많다. 그녀는 그것에 대해서 잘 모르기 때문에 단지 이 사실을 에누리한다.

자아상태 기능 모델의 관점에서 에누리는 직접 바로 표현될 수 있다. 내가 어떠한 부정적인 자아상태 부분에 있게 될 때마다 나는 에누리하고 있다. 그리고 내가 에누리하고 있을 때마다 나는 부정적인 자아상태 부분에 있게 된다. 하나의 사고는 다른 사고를 규정한다.

내가 나의 퍼스낼리티의 부정적인 부분에 있다고 말하는 것은 내가 불쾌하거나 실패적인 또는 쓸모없는 결과를 얻는 방식으로 생각하거나 느끼고 또한 행동하고 있다는 것을 의미한다. 그것은 내가 문제를 해결하지 못했음을 의미한다. 내가 문제의 해결을 스스로 포기할 때면, 나는 반드시 에누리를 했던 것이다.

⑥ 에누리 찾아내기
◆ 개요

본래 눈에 띄지 않는 에누리는 그 사람이 네 가지 수동적인 행동 중 보여 주는 행동에 의해 추리할 수는 있다. 기타 많은 방법으로 에누리를 찾아낼 수 있다.

'드라이버 행동'은 언제나 에누리를 나타낸다. 내가 드라이버를 보여 줄 때는 다음과 같은 각본 신념을 내적으로 재연하고 있다는 것을 기억해 보자. 즉, "나는 열심히 노력하고, 다른 사람들을 기쁘게 해 주고, ~하면, 나는 OK이다" 현실은 내가 이러한 드라이버 메시지를 따르거나 따르지 않든 간에 나는 OK라는 사실이다.

쉬프(Schiff)는 '사고의 장애'를 에누리의 단서로 뚜렷하게 지정하고 있다. 이 가운데 하나가 '과잉 세분화'다. 이러한 혼란을 나타내는 사람은 간단한 질문을 해 보면 세세한 부분도 장황하게 대답할 것이다. '과잉 일반화'는 과잉 세분화와는 반대로 그 사람은 오로지 포괄적이고 총체적인 용어로 표현한다. 즉, "예, 제 문제는 굉장한 문제예요.", "사람들이 나를 못살게 굴어요.",

"모든 일이 나를 실망시키고 있어요."

'드라마 삼각형'에서는 라켓, 게임 그리고 행동들을 살펴보겠지만, 이 모두는 또한 에누리의 존재를 확인해 준다.

◆ 언어적 단서

교류분석 기술 가운데 하나는 사람들이 사용하는 말을 듣고 에누리하는 것을 알아내는 것이다. 이 장에 주어진 예에서 우리는 화자가 에누리하고 있음을 분명히 보여 주는 말들을 골라내었다. 일상 대화에서 에누리에 대한 언어적 단서들은 보통 좀 더 미묘한 형태를 띤다.

이론에서 우리가 듣는 것은 직접적인 것이다. 실재에 대한 정보를 무시하거나 왜곡되는 뭔가를 말할 때 화자는 에누리하고 있다고 우리는 알고 있다. 실제 생활에 있어서의 어려움은 일상의 대화가 에누리로 가득 차 있어서 우리가 그 에누리에 무감각하게 되었을 정도라는 점이다.

예를 들면, "어떤 사람이 나는 ~할 수 없어."라고 말할 때 그 사람은 대게 에누리하고 있을 것이다. 검토하는 방법은 당신 자신에게 물어보는 것이다. 즉, "글쎄, 그는 지금이나 언젠가는 할 수 있습니까?", "나는 ~하려고 노력할 것이다"는 보통 에누리인데, 왜냐하면 그것은 보통 '나는 노력하겠지만 결국 하지 않을 것이다'라는 의미를 함축하고 있기 때문이다. 모든 다른 드라이버의 말도 사실 마찬가지다. '튼튼하게 되라.' 드라이버의 에누리들은 특히 흔한 것이다.

"나는 당신의 말이 지루해."

"나는 이 문제 때문에 실패한 거야."

"생각이 방금 내 마음에 떠올랐어."

때때로 에누리는 문장의 한 부분을 빠뜨리는 것으로 나타나기도 한다. 예를 들면, 교류분석 집단의 한 성원이 집단의 다른 성원들을 둘러보며 다음과 같은 말을 할 수도 있다. "나는 포옹하고 싶어요." 그녀가 누구를 포옹하고 싶다고 말한 것은 아니다. 그녀는 문제의 해결(그녀가 원하는 포옹을 얻는 방법)과 관계있는 정보를 생략하고 있으며, 그래서 그녀의 요구는 에누리를 한 결과가 된다.

◆ 비언어적 단서

마찬가지로 비언어적 단서에서 에누리를 알아내는 기술이 중요하다. 여기에서 이야기되고 있는 말들과 함께 이루어지는 비언어적 신호 사이의 짝이 서로 맞지 않을 때에 에누리로 나타난다. 당신은 앞에서 이렇게 서로 어울리지 않는 것을 부조화라고 부른다는 것을 기억할 것이다.

예를 들면, 선생이 학생에게 다음과 같이 질문한다. "내가 너에게 내 준 문제를 이해하겠니?"

그 학생은 "예"라고 대답한다. 그러나 동시에 그 학생은 눈살을 찌푸리며 머리를 긁적인다. 만약 선생이 생각하는 화성인처럼 방심하지 않는다면, 학생이 에누리하고 있는지를 검토하기 위해 더 질문할 것이다.

부조화가 항상 에누리를 나타내지는 않는다. 예를 들어, 모임의 의장이 일어나 "오늘 우리에게는 해야 할 일들이 많습니다."라고 선언한다. 그러나 이러한 진지한 말을 하면서 그는 두루 둘러보며 방송한다. 그의 화성인은 단지 "여기서 여러분 모두를 뵙게 되어 반갑군요."라는 것을 신호할 뿐이다.

⑦ 교수대의 웃음

에누리에서 빈번히 일어나는 하나의 징후는 '교수대의 웃음(gallows laughing: 블랙 유머)'이다. 여기서 개인은 뭔가 불쾌한 것에 대해 말하면서 웃는다.

"오, 내가 생각해도 어리석었어. 하하!"

"히히히…… 내가 그를 이겼어(속였어)."

"이 건너 길에서 작은 차 사고가 있었어. 호호!"

교수대에서 웃음과 고통스러운 말들의 내용 사이에는 부조화가 있다. 어떤 사람이 교수대의 웃음이나 미소 또는 낄낄대는 웃음을 지을 때마다, 그 사람은 자신의 각본 신념을 강화하기 위해 듣는 사람을 비언어적으로 유인하고 있는 것이다. 만약 듣는 사람이 교수대의 웃음을 함께 한다면 그 유인을 심리학적 수준에서 수용한 것이다. 예를 들어, "나는 어리석어, 하하!"라고 말하는 사람은 그의 웃음으로 듣는 사람을 유인하고 있으며, 나는 '생각할 수 없어.'라는 자신의 각본 신념을 확신하게 된다.

교수대에 대한 바른 반응은 함께 웃거나 미소 짓는 것을 거부하는 것이다. 만약 당신이 사회적으로 그렇게 할 만한 적절한 상황에 있다면 "그것은 웃을 일이 아니군." 하고 말할 수 있다.

⑧ 에누리 모형
◆ 개요

에누리는 문제를 미해결된 채 남겨두는 결과로 된다. 그래서 우리가 에누리의 본질과 강도를 확인하는 체계적인 방법을 고안해 낼 수 있다면 문제 해결의 강력한 도구를 가질 수 있게 된다. 이러한 도구가 있는데, 이것은 켄 멜러(Ken Mellor)나 에릭 지크문트(Eric Sigmund)에 의해 발전된 '에누리 모형(discount matrix)'이라고 부르는 것이다. 에누리 모형은 다음의 세 가지 범주에 따라서 에누리를 분류할 수 있는 사고에서부터 시작된다.

- '영역(범위: area)'
- '형태(유형: type)'
- '수준(양식: level)'

◈ 에누리 모형

사람들이 에누리할 수 있는 영역(범위)에는 세 가지, 즉 자신, 다른 사람 그리고 환경이 있다. 앞의 예에서 종업원이 물을 가져다주지 않아서 의기소침한 상태로 음식점에 앉아 있었던 나는 나 자신을 에누리하고 있었다. 원하는 것을 얻기 위해 행동으로 옮기는 자신의 능력을 무시하고 있었던 것이다. 화가 나서 종업원을 비난하기 시작한 내 친구는 자신이 아니라 다른 사람을 에누리하고 있었다. 종업원의 비적절함을 비난하였을 때, 그 친구는 그의 비난과 맞지 않았을지도 모르는 종업원이 어떤 행동 부분을 삭제해 버리고 있었다. 잠시 동안 불평을 하던 내가 내 친구를 돌아보며 말했을 것이다. "자, 보라고. 다른 사람들은 서비스를 받고 있는데 나는 그렇질 못하니 이것은 정말 공평하지 않아. 그러니 이 세상은 불공평한 곳이야, 그렇지 않니?" 여기서 나는 상황(환경 영역)을 에누리하고 있었던 것이다.

◈ 에누리의 형태(유형)

에누리에는 자극, 문제 그리고 선택의 세 가지 형태가 있다. 자극을 에누리하는 것은 무엇이 일어나고 있다는 지각을 삭제하는 것이다. 내가 음식점에 앉아 있었을 때 내 자신이 단지 목만 마르다고는 생각하지 않았다. 나는 나의 갈증을 자극하는 것을 에누리하고 있었던 것이다. 아마도 내 친구는 부적절한 행동을 하는 종업원을 부르면서, 그 종업원이 실제로 다른 많은 손님들에게 계속하여 서비스하는 행동을 눈앞에서 보면서도 그는 종업원의 태도를 그런 식으로 '보지 않았다'

문제를 에누리하는 사람은 어떤 일이 일어나고 있다는 것을 알고 있지만 그 일로 인해서 문제가 일어나고 있다는 그 사실을 무시한다. 음식점에서 갈증을 느끼며 나는 친구에게 이렇게 말했을지도 모른다. "나는 지금 당장 매우 갈증이 나. 그러나 그것은 문제가 되지 않아."

선택을 에누리할 때 사람은 무엇인가가 일어나고 있다는 것과 그것이 문제를 포함하고 있다는 것을 잘 알고 있다. 그러나 문제를 해결하기 위하여 무슨 일이든 행할 수 있다는 가능성을 간과하고 있다. 음식점에서의 처음 장면에서 내가 에누리하고 있었던 것이 바로 이것이다. 내가 기가 죽어 앉아 있을 때 나는 갈증을 느낀다는 것을 알았다. 나는 그 갈증이 나에게 문제가 된다는 것을 의식하고 있었다. 하지만 단지 앉아서 종업원이 반응해 주기를 바라는 것보다 내가 취할 수 있었던 많은 선택들을 무의식적으로 무시하고 있었다.

◈ 에누리의 수준(양식)

수준(level)이나 양식(mode)이란 용어는 서로 바꾸어 쓸 수 있는 것이지만 수준이란 용어가 의미하는 바를 좀 더 명확하게 나타낸다. 에누리의 네 가지 수준은 존재, 중요성, 변화 가능성과 개인적 능력이다.

우리의 예에서 이 네 가지 수준을 선택에 대한 에누리에 적용하여 보자. 처음의 장면에서 나는 문제를 해결하기 위한 나 자신이 선택의 존재를 에누리하고 있었다. 예를 들어, 종업원에게 손짓을 하는 대신에 그에게 다가가서 말을 하는 가능성을 생각조차 하지 않았다.

선택의 중요성을 에누리하고 있었다면 나는 친구에게 이렇게 말했을 것이다. "내가 그에게 다가가 부탁할 수도 있었다고 생각해. 하지만 그 종업원은 조금도 달라지지 않을 것임에 분명해." 여기에서 나는 내가 달리 할 수 있는 무엇인가가 있다고 믿고 있었다. 그러나 이러한 행동이 가져올 수 있는 어떤 효과에 대한 가능성을 배제하였다.

변화 가능성의 수준에서 선택을 에누리하는 나는 이렇게 말할 것이다. "물론, 나는 저쪽으로 건너가서 친구에게 콜라를 가져다줄 수도 있었어. 그러나 사람들은 음식점에서 그렇게 행동하지 않아." 이 경우에서 누구든지 실제로 선택을 실행에 옮길 수 있다는 가능성을 무시하면서도, 그런 선택은 존재할 수 있고 결과를 가져다줄 것이라고 스스로 알고 있었을 것이다.

개인적 능력 수준에서 "나는 건너가서 종업원에게 물을 좀 줄 것을 부탁할 수 있다는 것을 알아. 하지만 나는 그렇게 할 용기가 없어."라고 말함으로써 에누리를 하고 있었을 것이다. 여기에서 나는 선택이 존재하고 있으며 결과도 가져올 수 있다는 것을 잘 알고 있다. 세상의 어떤 사람들은 그러한 선택이 존재하고 있으며 결과도 가져올 수 있다는 것을 잘 알고 있다. 세상의 어떤 사람들은 그러한 선택을 잘 사용할지도 모른다. 그러나 나는 그렇게 하는 나의 능력을 부정한다.

◈ 에누리 모형 도해

에누리 모형은 에누리의 형태와 수준이 결합될 수 있는 가능성을 모두 열거하여 만든다. 그렇게 했을 때 [그림 2-28]에서 보는 바와 같은 도해를 얻을 수 있다. 모형은 세 가지 형태의 에누리에 대해 세 개의 칸을 가지고 있고 네 가지 수준이나 양식에 대해서는 네 개의 열을 가지고 있음을 볼 수 있다. 결과적으로 12개 박스 속의 글들은 형태와 수준의 결합을 가리키는 것이다.

모형의 의미를 설명하는 데 도움이 되는 다른 예를 들어 보자. 두 명의 친구가 이야기를 하고 있다고 해 보자. 그들 중 한 사람은 애연가다. 그가 벌써 다른 담배에 불을 붙이면서 마른기침으로 경련을 일으키고 있었다. 그의 친구가 "기침이 심하네. 걱정이 되는구나. 제발 담배를 끊어."라고 말한다. 그 흡연자가 모형의 12개의 각 상자에서 에누리하고 있다면 그가 대답할 수 있는 것은 무엇이겠는가?

　만약 그 흡연자가 자극의 존재를 에누리한다면 그는 "무슨 기침? 나는 기침을 하지 않았어." 라고 대답할 것이다.

　문제의 존재에 대해 에누리한다면 "괜찮아, 늘 기침하는 걸 뭐."라고 말할 것이다. 그는 자기가 감기에 걸렸다는 것을 잘 아는 상태에 있지만 이것이 그에게 문제가 될 수 있다는 가능성을 배제하고 있다.

수준 ＼ 유형	자극		문제		선택	
존재	T1	자극의 존재	T2	문제의 존재	T3	선택의 존재
중요성	T2	자극의 중요성	T3	문제의 중요성	T4	선택의 중요성
변화 가능성	T3	자극의 변화 가능성	T4	문제의 해결 가능성	T5	선택의 실행 가능성
개인적 능력	T4	자극에 따라 행동할 개인적 능력	T5	문제에 따라 반응할 개인적 능력	T6	선택에 따라 해결할 개인적 능력

[그림 2-28] 에누리 모형

　이렇게 하고 있는 애연가는 또한 자극의 중요성도 에누리한다는 것을 주목하라. 그는 기침이 문제가 될지도 모른다는 가능성을 에누리하면서, 또한 기침이 그에게 어떤 의미(중요성)를 가질 것이라는 사실도 에누리하고 있다. 이것은 모형 도해에서 문제의 존재와 자극의 중요성에 대한 상자를 연결하는 대각선의 화살표로 나타내고 있다. 화살표는 이러한 하나의 에누리가 언제나 다른 것을 수반하고 있다는 것을 의미한다.

　도해에서 모든 대각선의 화살표는 이러한 의미를 가진다. 각 상자의 왼쪽 위에 기입되어 있는 T는 서로 다른 대각선들의 분류 표시다. 예를 들어, 문제의 존재와 자극의 중요성에 대한 에누리는 대각선 T2에 해당하는 것이다. 이것을 다음 대각선에 있는 T3에서 실제로 해 보자. 이 대각선은 오른쪽 맨 위의 상자에 둘 수 있는데, 여기서 그 애연가는 선택의 존재를 에누리하고 있다. 그는 다음과 같이 대답하면서 이러한 사실을 보여 줄 것이다. "그래, 좋아, 하지만 우리 애연가들은 기침을 해. 당신도 알고 있지? 내가 말하고 싶은 것은 짧지만 행복한 삶이라는 거야. 하하." 이제 그는 자신이 기침을 하고 있다는 것과 기침이 문제, 즉 흡연이 사람을 죽일 수도 있다는 문제를 낳는다는 것을 인정하고 있다지만 그는 모든 사람이 흡연가의 기침을 피하기 위해 뭔가를 할 수 있다는 가능성을 배제하고 있다. 이렇게 하면서 그는 또한 흡연으로 죽게 되는 가능성이 자신이 염려해야 하는 일이라는 지각도 배제한다. 그는 문제의 중요성을 에누리하고 있다. 누구라도 애연가의 기침을 없애기 위한 행동을 하는 것이 가능하다는 사실을 부정함으로써 그는 자극에 대한 변화 능력을 에누리한다.

이와 똑같은 에누리가 또한 다른 대각선에도 적용될 수 있는지 검토하라. T4에서 흡연가는 "그래 좋아, 나도 실제론 담배를 끊으려고 했어. 그러나 오랫동안 담배를 피워 왔고 지금 내가 담배를 끊는다고 해서 달라질 것이 없다고 생각해."라고 말할지도 모른다.

T5에서 그는 "그래, 당신이 옳아, 나도 담배를 끊어야겠어. 그런데 나는 그러려면 어떻게 해야 할지 모르고 있어."라고 반응할 것이다. 그리고 T6에서 흡연가는 "그래, 나는 담배와 성냥을 내던져 버려야 한다고 오랫동안 다짐해 왔어. 그러나 당장 그렇게 할 수 있을 것 같지 않아."라고 말할 것이다.

도형의 또 다른 특징은 모든 상자에서 에누리는 그 박스의 오른쪽과 아래의 에누리를 수반한다는 것이다.

예를 들어, 한 사람이 문제의 존재를 에누리한다고 가정하여 보라. 그 사람은 문제가 존재한다는 것조차 자각하려고 들지 않기 때문에 문제가 중요하다는 데 대한 어떠한 인식도 분명히 무시하려고 할 것이다. 그는 자신이나 다른 사람이 문제를 해결할 수 있다고 생각하지 않는다. 그래서 그는 문제와 관련된 모든 세로 칸의 상자에서 에누리하고 있다.

문제의 존재를 무시하고 있는데 문제를 해결하기 위한 선택이 있는지를 왜 고려하겠는가? 왜냐하면 선택의 존재를 에누리하기 때문에 선택이라는 세로 줄에 있는 다른 모든 상자를 또한 에누리할 것이다.

마지막으로, 문제의 존재를 에누리하는 것은 대각선 T2를 따라 이어지는 자극의 중요성을 에누리하려는 것과 동일하다는 것을 상기하라. 그러므로 자극의 칸에서 자극의 중요성 아래에 있는 다른 두 개의 상자 또한 에누리될 것이다.

요약하자면, 어떠한 대각선에서 에누리하고 있는 사람은 또한 그런 대각선의 아래와 오른편에 있는 모든 상자도 에누리하게 될 것이다. 당신은 흡연가의 예로 돌아가서 이러한 '에누리의 체계'를 확인할 수 있을 것이다.

⑨ 에누리 모형의 사용

문제가 해결되지 않을 때는 언제나 그 문제의 해결과 관련 있는 몇몇 정보가 무시되고 있는 것이다. 에누리 모형은 우리에게 정보가 쳐지고 있다는 정확한 위치 결정에 대한 체계적인 방식을 제공한다. 다음으로 이것은 우리가 문제를 해결하는 데 취해야 할 특별한 행동에 대한 방침을 제시해 준다.

만약 한 사람이 모형에서 주어진 어떤 대각선을 에누리하고 있다면 그녀는 역시 그 대각선의 오른쪽과 아래쪽의 모든 상자에서 에누리하고 있다는 것을 상기할 것이다. 이것은 우리에게 문제 해결의 과정에 중요한 단서를 제공한다. 문제를 해결하려는 노력에도 불구하고 해결되지 않는 문제가 남아 있을 때 이것은 흔히 그 사람이 에누리 모형의 너무 아래쪽 대각선에서 문제의 자리를 잡기 때문이다.

문제 해결의 도구로 모형을 사용할 때 우리는 먼저 제일 위의 대각선에서 에누리를 찾아 시작할 필요가 있다. 우리는 왼쪽 구석의 맨 위에서 모형으로 들어간다. 만약 그곳에서 에누리를 발견할 수 있다면 우리는 좀 더 밑으로 내려가거나 오른쪽으로 움직이기 전에 그 에누리를 다룰 필요가 있다.

이유는 우리가 그 처음의 에누리를 빠뜨리고 보다 아래의 대각선에 대한 에누리를 다루려고 한다면 우리의 개입 그 자체가 에누리될 것이기 때문이다.

흡연자와 그를 염려하는 친구에 대한 예를 다시 언급해 봄으로써 이것을 설명해 보자. 당신이 그의 친구라고 가정하여 보라. 당신이 흡연가의 마른기침을 들었을 때, 당신은 "만약 그가 담배를 끊지 않으면 죽게 될 거야. 이 일에 대하여 뭔가 대책을 강구하는 것이 필요해."라고 스스로에게 말한다. 그래서 당신은 큰 소리로 "나는 네가 걱정이 돼. 제발 담배를 끊어라."라고 외친다.

개입을 통하여 당신은 상자의 제일 밑 대각선에 문제를 위치 지었다. 문제는 애연가가 어떠한 특별한 선택으로 행동하려고 하는지의 여부에 달려 있다. 그러나 애연가가 모형의 보다 더 높은 곳에서 에누리하고 있다고 가정할 수 있는가? 예를 들어, 그는 대각선 T2에 있을 수도 있다. 이것은 그가 마른기침을 하고 있다는 것을 잘 알고 있음을 의미할 것이다. 그러나 그는 이것을 자기와 관계있는 것이라고 여기지 않는다. 그는 그것을 문제라고 받아들이지 않는다. 에누리 모형의 면에서 보면, 그는 자극의 중요성과 문제의 존재를 에누리하고 있는 것이다.

그 후에야 그는 당신이 방금 그에게 이야기 한 것과의 관계도 에누리할 것이라는 점은 분명하다. 그가 흡연자의 기침이 문제가 되지 않는다고 알고 있는 한, 흡연을 멈추기 위해 어떤 투자를 하겠는가?

당신은 그의 마음을 알 수 없기 때문에 그가 당신에게 반응을 보일 때까지 에누리를 하고 있는지를 아는 방법은 없다. 여기서 중요한 점을 주목하라. 즉, 그는 에누리하고 있는 제일 위의 대각선에서 반응하지만 또한 그 아래에 있는 모든 대각선에서도 반응할 것이다.

예를 들어, 그의 대답을 가정해 보자. "음, 그래, 나도 끊어야 한다는 것을 알고 있어. 하지만 당신도 이러한 습관을 가진 적이 있지. 당신도 그런 습관에 매여 있어." 이것은 그가 대각선 T4

에서 에누리하는 것처럼 보이는 문제의 해결 가능성을 에누리하는 것이다.

당신의 시도는 사실 사람들이 담배를 끊을 수 있다는 분명한 증거를 제시하는 것으로 시작하는 것이다. 그러나 당신은 이 증거를 어디에서도 얻을 수 없을 것이다. 애연가는 실제로 T2에서 에누리하고 있다. "그래서 인식 밖에서 그는 스스로에게 말하고 있다. 그래서 사람들은 담배를 끊을 수 없어. 나에게 무슨 일을 하라는 거야? 나의 이 기침은 어쨌든 아무 문제가 되지 않아."

이제 에누리 모형을 체계적으로 사용하여 당신이 흡연 친구를 돕기를 원한다고 가정하여 보라. 당신은 대각선 T1에 있는 에누리를 조사하기 시작할 것이다. "너는 정말 심한 기침을 하고 있다는 것을 알고 있니?" 만약 그가 기침을 하고 있다는 것을 인정한다면, 다음 대각선으로 내려가야 할 것이다. "너를 괴롭히는 것이 기침이니?"라고 질문할 것이다. 그가 "아니, 정말 아니야. 그것은 의심할 여지가 없어."라고 대답한다면 당신은 그의 에누리 위치를 T2에 잡을 것이다. 이 사실은 당신에게 다음과 같은 사실을 알려 준다. 즉, 흡연가 친구가 흡연의 습관을 그만 두려면 그는 먼저 기침이 문제일 수 있다는 것을 알 필요가 있다는 것이다. 그는 또한 이러한 문제가 그의 걱정거리의 원인이 될 것임을 깨달을 필요가 있다.

에누리 모형은 근본적으로 심리 치료에서 사용하기 위해 발달되었다. 그러나 그것은 조직과 교육에 있어서의 문제 해결에도 똑같이 효과적인 도구를 제공해 준다. 이러한 상황에서 에누리 모형의 너무 아래쪽 대각선에 문제들이 위치되고 있기 때문에, 문제가 해결되지 않은 채 남아 있는 일이 많다. 이런 치료에는 다음과 같은 과제가 남겨져 있다. 즉, "놓치고 있는 정보를 확인하기 위하여 모형의 왼쪽 모서리 맨 위에서 시작하여 대각선을 따라 아래쪽을 쭉 검토하세요. 사람들이 각본으로 빠져들어 가고 있기 때문이 아니라 그들이 잘못 알고 있거나 알지 못하기 때문에 흔히 에누리를 결심하게 된다는 것을 명심해야 한다.

예를 들면, 대학 강의실 안에 있는 대학 강사와 학생을 상상해 보라. 그는 최근에 강의한 것을 학생들이 이해하고 있는지를 알아보기 위하여 그들에게 질문을 한다. 놀랍게도 학생들은 어떠한 대답도 거의 할 수 없다. 수업이 끝났을 때 강사는 스스로에게 말한다. "학생들은 정말 공부를 하지 않았어. 문제가 무엇일까? 왜 그들은 동기부여가 되지 않을까?" 학생들이 공부를 하지 않았다는 것을 생각함으로써, 그는 다른 영역인 에누리 모형의 대각선 T5와 T6에서 에누리 위치를 잡고 있다. 학생들은 공부를 하지 않으면 문제를 겪게 될 것이라고 알고 있지만 그들은 공부를 할 수 있다고 느끼거나 시작하려고조차 하지 않는다고 그는 생각했다.

강사가 에누리 모형을 통하여 이것을 검토했다면 실제 문제는 아주 다르다는 것을 알게 될 것이다. 그것은 그가 강의를 할 때 중얼거린다는 사실이다. 학생들은 그가 말하는 것을 들을 수가 없다. 에누리는 대각선 T2에 해당한다. 문제를 해결하기 위해서 강사는 크게 말할 필요가 있는 것이다.

(2) 준거 틀과 재규정

① 개요

나는 세계를 인식하는 나름대로의 방식이 있다. 당신도 당신의 방식이 있는데, 그것은 내 방식과는 다를 것이다. 당신과 내가 창문 밖에 서서, 방 안을 들여다본다고 해 보자. 우리는 본 것을 각자 다르게 말한다. 나는 말한다. "그것은 아주 작은 방이며, 그 방은 사각형이다. 그 안에 사람들이 있으며, 카펫은 녹색이고 커튼은 갈색이다." 당신은 말한다. "그것은 가족 장면이다. 전반적 분위기는 따뜻하다. 어머니, 아버지와 두 아들이 있는데, 그들은 이야기하면서 웃고 있다. 그것은 큰 방이다. 그래서 그들은 충분한 여유가 있다."

이러한 진술을 통해 판단하면, 듣는 사람은 당신과 내가 두 개의 완전히 다른 방들을 보고 있었다고 생각할지 모른다. 그러나 그 방은 같은 것이다. 다른 것은 그 방에 대한 우리의 지각이다. 그 방을 보았을 때, 듣고, 느끼고, 냄새 맡고, 혹은 맛보는 것에 관한 보고를 우리가 각각 한다면, 이러한 지각에 대한 우리의 보고가 또한 다르다는 것을 예상할 수 있다. 더욱이 당신과 내가 그 장면에 대해 다른 방식으로 대답할 수 있을 것이다. 나는 특별한 것을 느끼지 못하고, 잠시 그 방을 본 뒤에 떠날 것이다. 당신은 행복하게 느끼고, 창문을 두드려 안에 있는 사람들과 대화를 할 것이다.

따라서 우리가 그 장면을 인식하는 방법과 거기에 반응하는 방식에서 당신과 나는 다르다. 당신의 준거 틀(frame of reference)과 나의 준거 틀이 다른 것이다.

② 준거 틀

◈ 개요

쉬프 가(Schiffs)에 의하면 준거 틀의 정의는 특수한 자극에 반응하여 다양한 자아상태를 통합시키는 것과 관련된 반응들의 구조다. 그것은 자아와 다른 사람들의 세계 등을 정의하는 데 사용되는 인지적, 개념적, 감정적 그리고 행위의 총 합체를 개인에게 제공한다(Mellor & Sigmund, 1975).

이러한 공식적 정의에 대한 설명을 돕기 위하여, 쉬프는 준거 틀은 현실에 대한 필터로 간주될 수 있다고 한다. 당신과 내가 그 방을 보았을 때, 우리들은 각각 그 장면에서 어떤 부분들을 걸러 내었다. 예컨대, 나는 카펫의 색깔을 주목하였지만, 그 방 안에 있는 사람들에 대한 정체는 걸러 내었다. 당신은 당신의 준거 틀에 따라, 그 반대로 했다.

우리는 또한 그 방의 크기를 각자 다르게 규정한다. 나에게는 그 방이 아주 작았다. 당신에게 그 방은 컸다. 나는 방이 모두 컸던 시골의 옛집에서 자랐기 때문에 그렇게 보았다. 당신은 어린 시절을 방들이 작은 도시 아파트에서 보냈다. 그래서 우리 각자의 준거 틀에서는 큰 방에 대한 정의가 다르다.

당신은 다른 정의를 덧붙여서 다음과 같이 말했다. 전반적 분위기는 따뜻했다. 나는 분위기를 규정짓지 않았고, 그것을 장면의 부분으로 인식하지도 않았다.

이제 그 분위기가 따뜻했다는 점에서 내가 당신의 의견에 동의하는지를 당신이 내게 묻는다고 생각해 보자. 나는 "아니, 확실히 그렇지 않아."라고 대답할 것이다. 당신은 내가 어떻게 그렇듯 단호하게 당신의 의견에 반대할 수 있는지 의아해할 것이다. 그 방에서 얘기하면서 웃고 있는 가족들은 서로 솔직하지 않은가? 어떻게 그보다 더 따뜻한 분위기가 있을 수 있는가?

그러나 나는 덧붙인다. "따뜻한 분위기라고? 아니, 그 카펫은 아주 보기 싫은 색이다. 거기에는 오렌지색이나 붉은색이 필요하다. 그리고 저 회색의 벽들을 봐라!" 당신과 나는 사람들의 준거 틀이 흔히 다르다는 또 다른 방식을 만나게 되었다. 우리는 서로 똑같은 단어들을 사용했다. 그러나 우리가 그 단어들에 두었던 의미들은 아주 다르다. 이 경우에, 당신의 준거 틀과 나의 준거 틀 사이에서 따뜻한 분위기라는 정의는 서로 다르다.

◆ 준거 틀과 자아상태

준거 틀에 대한 이해를 좀 더 돕기 위하여, 쉬프는 그것을 자아상태를 둘러싸고, 함께 묶여 있는 외피로 간주할 수 있다고 주장하였다. 내가 나의 독특한 준거 틀에 따라 세계를 인식할 때, 나는 세계를 인식하는 나 자신의 독특한 일련의 자아상태 반응들을 만든다. 준거 틀은 바로 이러한 다양한 자아상태를 통합하는 방식이다.

당신과 내가 그 방을 봤을 때, 나는 「어른 Ⓐ」 상태가 되어, 지금 여기에서 본 형상과 크기, 색상에 관한 언급을 했다. 당신은 「어린이 Ⓒ」 상태가 되어, 어린 시절 즐거웠던 이와 같은 가족의 장면에 대한 행복한 기억을 재생했다. 이러한 자아상태를 내적으로 이동시켜, 우리는 우리가 선택한 자아상태에서 서로 외적으로 교류할 것이다.

준거 틀은 우리가 자신의 전체적 퍼서낼리티를 표현할 수 있도록 자아상태 반응들을 통합하는 유형들을 제공해 준다.

◆「어버이 Ⓟ」 상태의 역할

「어버이 Ⓟ」 자아상태는 준거 틀의 형성에 특히 중요한 역할을 한다. 이것은 우리의 준거 틀이 세상과, 자기와 다른 사람들에 대한 정의를 구성하기 때문이다. 부모나 부모와 같은 사람들로부터 우리는 원초적으로 이러한 정의들을 배운다. 그것들을 받아들이는 연령에 따라, 그것들은 우리의 「어버이 Ⓟ」 자아상태나(P2) 「어린이 Ⓒ」 상태 중 「어버이 Ⓟ」 상태(P1)의 내용을 부분으로 저장될 것이다.

　우리들 각각은 좋은, 나쁜, 그른, 옳은, 겁 많은, 쉬운, 어려운, 더러운, 깨끗한, 공정한 등등의 것에 대한 나름대로의 「어버이 ⓟ」 상태의 정의들을 가진다. 자신과 다른 사람들, 그리고 세상에 대한 우리의 견해에 바탕이 되는 것은 바로 이러한 정의들이다. 따라서 우리는 상황에 대한 우리의 반응들을 선택한다.

③ 준거 틀과 각본

　각본과 준거 틀의 관계는 어떤 것인가? 그 대답은 각본은 준거 틀의 부분을 형성한다는 것이다. 전체적으로 준거 틀은 많은 정의들로 이루어진다. 이러한 정의들의 일부는 에누리를 수반하기도 하지만, 어떤 것들은 그렇지 않다. 각본은 에누리를 수반하는 준거 틀에서 모든 정의를 구성한다.

　각본 상태에 빠져 있을 때, 나는 어떤 문제의 해결책과 관계있는 지금 여기의 상황의 특성을 무시하고 있다. 나는 에누리를 하고 있는 것이다. 그렇게 할 때, 나는 그러한 에누리를 포함하는 나 자신과 다른 사람들, 세상에 대한 오래된 정의들을 재연하고 있다(각본은 수많은 선입관으로 구성).

　예를 들어, 어린아이일 때 나는 내가 생각할 수 없었던 것을 말해 주는 나의 부모로부터 메시지를 받을 수 있었다. 이제 어른으로서, 내가 막 시험을 치르고 있다고 생각해 보자. 만약 내가 이 시점에서 각본 상태에 빠져 들어간다면, 나는 "너는 생각할 수 없다!"라고 말하는 「어버이 ⓟ」 상태의 낡은 정의를 내적으로 재연하기 시작한다. 「어린이 ⓒ」 자아상태에서 이것에 동의하면, 나는 나 자신의 사고 능력에 대한 에누리를 받아들인다. 나는 무력하고 혼란하게 느끼기 시작한다.

④ 재규정의 본질과 기능

　이러한 예에서, 현실의 상황은 내가 생각할 수 있다는 것이다. 따라서 생각할 수 없을 때의 나 자신에 대한 옛날 정의를 받아들여서, 나는 각본에 맞도록 현실의 인식을 왜곡한 것인데, 이러한 과정을 재규정(재정의: redefining)이라고 부른다.

　당신은 앞에서 어린아이가 적대적인 세상에서 생명을 유지하고 살아가는 최선의 방법인 것처럼 보이기 때문에 각본을 결정한다는 것을 배웠다. 성인으로서의 나의 「어린이 ⓒ」 자아상태에서, 나는 이러한 초기 결단을 고수할지도 모른다. 왜냐하면 나는 여전히 그것들이 생존에 필수적이라는 신념을 고수하고 있기 때문이다. 따라서 현실의 어떤 특징이 나의 각본 결정에 도전하는 것 같으면, 나는 그것에 대항하여 방어할 것이다. 이러한 생각을 쉬프주의자의 언어로 우리는 다음과 같이 말한다. 나의 각본의 준거 틀이 위협을 받으면, 나는 재규정을 함으로써 이러한 위협을 방어한다.

⑤ 교류의 재규정

◈ 개요

재규정할 때, 나는 아주 내적으로 그렇게 한다. 어떻게 당신은 나의 외면적 행동으로부터 내가 재규정을 하고 있는지 아닌지를 알 수 있는가? 유일한 외적인 단서는 당신이 내가 에누리하는 것을 보거나 듣는 것이다. 그래서 에누리의 신호들은 재규정이 내적으로 일어나고 있다는 외적인 표명이다. 모든 에누리는 현실의 왜곡을 나타낸다.

에누리에서, 당신은 어떤 사람이 에누리를 하고 있는 것을 나타내 주는 전 영역의 행동적 단서들을 인식하는 법을 배웠다. 그러면 이러한 똑같은 단서들은 또한 그 사람이 재규정을 하고 있다는 것도 알려 준다. 우리는 또한 어떤 사람이 만약 과장과 생각의 혼란을 보여 준다면 재규정하고 있다는 것을 알 수 있는데, 그것은 에누리에 대한 전형적인 수반물들이다.

두 가지의 명백한 교류가 재규정에 대한 분명한 언어적 증거를 제공해 준다. 그것들은 접선 교류와 방해 교류다.

◈ 접선 교류(동문서답 교류, 일탈 교류)

접선 교류는 자극과 반응이 다른 문제를 전하거나, 혹은 다른 시각에서 똑같은 문제를 전하는 것이다.

예를 들면, 한 치료자가 집단 구성원에게 "기분이 어떻습니까?"라고 질문을 한다. 그녀가 "글쎄요, 어제 집단에서 이것에 관해 이야기를 할 때 나는 화가 났어요."라고 대답한다. 반응과 함께, 그녀는 그녀가 어떻게 느꼈는지에 대한 문제를 얘기하지만, 오늘의 관점 대신에 어제의 관점에서 얘기한다.

또는 임금 협상에서 노동조합 대표는 질문한다. "우리가 협정을 해결할 수 있으려면 당신이 우리 측으로부터 원하는 것은 무엇입니까?" 인사 관리자는 "우리는 당신들이 지금까지 제시해 온 조건에 전혀 만족하지 않습니다."라고 대답한다. 여기서 문제는 원하는 것에서 만족한 느낌으로 변화되었다.

일상 대화는 접선 교류로 채워져 있다. 사람들이 스트레스가 많은 것으로 인지하는 상황에 처할 때, 그들은 훨씬 더 이러한 방식으로 재규정하는 경향이 있다. 이것은 놀라운 것이 아니다. 왜냐하면 스트레스가 많은 상황에서 사람들은 그들의 준거 틀에 대한 위협을 인지하기 시작하는 경향이 있기 때문이다. 접선에서 진행되는 숨겨진 목적은 그 위협을 구성하는 문제로부터 다른 사람의 주의를 딴 곳으로 돌리는 것이다. 접선 교류를 시작하는 사람은 그 사람이 그렇게 하고 있는 것을 의식적으로 자각하지는 않을 것이다. 그 다른 사람은 흔히 원래의 주제를 고수하기보다는 접선을 따를 것이다. 그는 심지어 스스로 접선으로 더욱 나아갈 것이다. 예를 들면 다음과 같다.

> 노조 대표: "우리가 이 협정을 채결할 수 있으려면 당신이 우리 측으로부터 원하는 것은 무엇입니까?"
>
> 인사 관리자: "우리는 지금까지 당신들이 제시해 온 조건에 전혀 만족하지 않습니다."
>
> 노조 대표: "아니, 또한 우리도 당신들이 제안한 것에 만족하지 않소."
>
> 인사 관리자: "그래요? 그렇다면 당신들이 만족하기 위해서 우리에게 요구할 것은 무엇입니까?"
>
> 노조 대표: "아, 곤란하군요. 나는 당신 측이 우리가 요구하는 것을 들어줄 수 있을지 확신할 수 없습니다."

사람들은 접선 교류의 교환에 들어갈 때, 그들의 대화가 '아무 소용이 없다'거나, '쳇바퀴를 돌고 있다'는 불편한 느낌을 갖는 경향이 있다. 심리학적 수준에서는, 그것은 정확히 의도된 것이다. 이와 같은 대화는 오랫동안 계속될 수 있다. 참여자들은 그들이 열심히 일하고 있었다고 느낄지 모르지만, 결국 헛수고라는 것을 느끼게 된다. 그들은 토론을 중단할 때까지 그들이 전하고자 했던 원래의 논제로 결코 되돌아올 수 없을 것이다.

◈ 방해 교류(차단 교류)

방해 교류에서는 문제를 제기하는 목적이 그 문제의 규정에 대해서 반대함으로써 회피된다. 예를 들어 보자.

> 치료자: "기분이 어떠세요?"
>
> 집단 성원: "당신은 감정적인 것을 의미합니까, 아니면 신체적인 것을 말합니까?"
>
> 노조 대표: "우리가 이 협정을 체결하기 위해서 당신이 우리 측으로부터 원하는 것이 무엇입니까?"
>
> 인사 관리자: "당신은 우리가 원하는 것에 관해 얘기하고 있습니까, 아니면 우리가 얻을 수 있다고 생각하는 것에 관해 얘기하고 있습니까?"

당신은 방해 교류의 장기적인 교환을 거의 들어 보지 못했을 것이다. 최초의 방해 후에 각 집단들은 그 주제의 정의에 관한 상세한 논쟁을 시작하는 경향이 보다 많은 것 같다. 아니면 관련된 사람들 중에 하나가 실제로 결정된 방해자라면, 대화는 얼떨떨한 침묵 속의 정지로 들어갈 수도 있다. 심리학적 수준에서 방해 교류의 목적은 접선 교류의 목적과 똑같다. 어느 한쪽이나 양쪽 참여자들의 준거 틀을 위협하도록 전달되는 문제들을 피하는 것이다.

(3) 공생

　쉬프주의자 이론에서 공생(symbiosis)은 두 사람 혹은 더 많은 사람들이 마치 그들 사이에서 한 사람을 형성하는 것처럼 행동할 때 일어나는 것을 말한다.

　이와 같은 관계에서, 관련된 사람들은 자신의 자아상태들을 충분히 보완하여 사용하지는 못할 것이다. 전형적으로, 그 사람들 가운데 한 사람은 「어린이 ⓒ」 상태를 배제하고 다만 「어버이 ⓟ」 상태와 「어른 Ⓐ」 상태만을 사용할 것이다. 다른 사람은 「어린이 ⓒ」 상태에 머물면서 다른 두 자아상태를 배제해 버리는 반대 입장을 취할 것이다. 그리하여 그들은 그들 사이에 전체적으로 단 세 가지 자아상태에만 접근하는 것이다. [그림 2-29]와 같다.

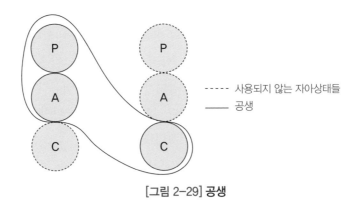

[그림 2-29] 공생

　예를 들면, 학생들과 수업을 하고 있는 강사를 생각해 보라. 그들은 몇 가지 연습을 통하여 이론을 공부하고 있다. 강사는 칠판에 연습문제 하나를 쓴다. 학생 가운데 한 명을 향하여 그는 질문한다. "좋아, 상호군. 자네는 어떻게 이 다음 단계를 공부하여 그 해답을 얻을 수 있겠나?"

　상호는 아무 말도 못한다. 대신에, 그는 잠시 동안 조용히 꼼짝 않고 앉아 있다. 그러고 나서 발을 빠르게 아래위로 흔들면서 머리를 긁적이기 시작한다. 여전히 그는 한 마디도 못한다. 침묵이 오래 계속된다. 그 반의 다른 학생들도 마찬가지로 마음을 졸이기 시작한다. 드디어 강사가 말한다. "자네는 이것을 모르는 것 같군, 상호군. 자네는 또 이런 상태가 되지 않도록 하기 위해 정말 더 열심히 공부해야 하겠네. 자, 우리가 그 해답을 얻기 위해 할 일이 있네……." 그리고 그는 칠판에 그 연습문제를 푼다. 상호는 긴장이 풀리며 발 흔들기를 멈추고, 강사가 풀어 준 해답을 충실히 기록한다.

　이 지점에서, 학생과 강사는 공생으로 들어갔다. 답을 생각해 낼 수 있는 자신의 능력을 부인함으로써, 그리고 강사가 해답을 찾도록 은밀히 조종함으로써, 상호는 그 자신의 「어버이 ⓟ」

와 「어른 Ⓐ」의 자아상태를 에누리한 것이다.

강사는 상호에게 그의 교정에 관한 의무를 부여해 주는 동시에 친절하게 해답을 제시해 주면서 「어른 Ⓐ」상태와 「어버이 Ⓟ」상태의 보완적 역할로 나아갔다. 그렇게 할 때, 강사는 자신의 「어린이 Ⓒ」자아상태를 에누리했다. 그가 자신에게 「어린이 Ⓒ」상태의 자원을 사용하는 것을 허용했다면, 상호와 그 사이에 계속되는 교환으로 그는 불편하고 불만족스럽게 느끼고 있다는 것을 자각하게 되었을 것이다. 그는 직관에 의존했을 것이다. "이봐, 나는 이 부분의 모든 연구를 상세히 해 왔는데, 나는 이것을 좋아하지 않아!" 그러한 「어린이 Ⓒ」상태의 지각을 사용함으로써, 그는 상호를 돕는 창조적인 방법을 발견할 수 있었고 다른 학생들이 스스로 그 문제를 풀게 할 수 있었던 것이다. 즉, 그 강사는 불안하게 느끼는 자신의 「어린이 Ⓒ」상태를 그만두었다. 대신에 그는 그의 친숙한 「어른 Ⓐ」상태와 「어버이 Ⓟ」상태의 친근한 공생적 역할을 수행함으로써 편안함을 추구했다.

상호 또한 그가 친숙한 「어린이 Ⓒ」상태의 역할로 들어가자마자 긴장을 풀고 더욱 편안하게 느끼게 되었다.

그것이 공생의 문제다. 일단 공생이 확립되면, 참여자들은 편안하게 느낀다. 모든 사람들이 그들에게 기대되는 역할 속에 있다는 것은 의미가 있다. 그러나 편안함은 상당한 대가를 요구한다. 즉, 공생에서 사람들은 자신의 성인의 전체 자원 영역을 서로 가로막고 있다.

일상적 관계에서, 사람들은 때때로 서로 공생의 안팎으로 이동한다. 또한 장기적인 관계는 때때로 공생에 토대를 둔다. 이것이 '성철'이와 '은미'에게 있어서 사실로 보이는데, 그들은 '전통적인' 결혼을 한 부부를 보여 주는 좋은 예다. '성철'은 강하고 과묵한 유형의 사람이다. 파이프에 턱을 고정시키고, 불퉁거리며 자신을 표현한다. 즐거운 일이나 재앙이 오면 '성철'은 완고한 외관 뒤에 감정을 굳게 유지한다. 그는 가계의 재정을 전부 돌보며 '은미'에게 주마다 일정액을 준다. 결정을 내릴 것이 있으면 '성철'이가 결정을 하고 나중에 '은미'에게 말한다.

'은미' 편에서 보면, 그녀는 생활에서의 임무를 남편을 즐겁게 해 주는 것으로 간주한다. 그녀는 남편의 결정을 따르는 것이 행복하다. 왜냐하면 그녀는 친구에게 "여자는 강한 남자에게 의지하는 것을 좋아한다."고 말하기 때문이다. 만약 가정에 급한 상황이 발생하면, '은미'는 울거나 쩔쩔매거나 또는 킬킬 웃는 것으로 해결하고, '성철'이 집으로 와서 그것을 분별해 주기를 기다린다.

그들의 친구 중 어떤 친구들은 어떻게 '성철'이가 '은미'의 무능함에도 용케 살아가는지 때때로 의아해한다. 다른 사람들은 '성철'이가 기분이 아주 좋지 않을 때, '은미'가 그와의 관계를 유지할 수 있는 것을 놀랍게 생각한다. 그러나 사실, 그들은 공생으로 안정을 얻은 것이다. '성철'은 '은미'의 「어린이 Ⓒ」상태에 대해서 「어버이 Ⓟ」상태와 「어른 Ⓐ」상태의 역할을 한다.

그러한 공생 내에서 서로는 다른 사람을 필요로 한다. 그리고 공생에서 언제나 그렇듯이, 그들이 체험하는 안정은 각자 능력의 일부를 에누리하는 대가를 치르고서 얻어진다. 시간이 지나면, 그들은 서로 에누리해 왔던 것에 원망을 쌓게 될 것인데, 이것은 그들의 관계에 어느 정도 거리를 두는 원인이 될 것 같다.

① 건강한 공생 대 건강하지 못한 공생

사람들이 공생을 하는 것이 적절한 몇몇 상황이 있다. 예를 들어, 내가 수술 후 마취에서 막 깨어났다고 상상해 보자. 나는 병원 복도로 실어 나르는 운반 침대 위에 누워 있다. 나는 아직 내가 어디에 있는지 전혀 모르지만 하나는 확실하다. 즉, 나는 아프다는 것이다. 고통과는 별도로 내가 의식하고 있는 주된 것은 간호사가 내 옆에서 따라 걸으면서, 내 손을 잡고 나에게 이야기하고 있다는 것이다. "당신은 괜찮을 거예요. 내 손을 잡으세요."

그 시점에서 나의 「어른 Ⓐ」 상태와 「어버이 Ⓟ」 상태는 별 소용이 없다. 나는 지금 여기의 문제들을 판단할 형편이 안 된다. 나는 나 자신을 돌보는 방법에 대해서 「어버이 Ⓟ」로부터 받은 메시지에 접근할 기력이 없다. 나는 내가 적절히 해야 할 것을 하고 있다. 이것은 그의 일이며, 그래서 그녀는 또한 적절하게 공생적 위치에 있는 것이다.

쉬프의 용어로, 우리는 간호사와 내가 건강한 공생에 있다고 말한다. 이것은 이 장의 더 앞부분에서 들었던 보기에서 설명한 건강하지 못한 공생과 대조된다. '공생'이라는 단어가 단독으로 사용될 때, 그것은 보통 건강하지 못한 공생을 암시한다.

우리는 공식적으로 건강한 공생과 건강하지 못한 공생을 어떻게 구별하는가? 그 답은 공생이 에누리를 포함할 때는 언제나 건강하지 못하다는 점이다. 학생과 강사 사이와, '성철'과 '은미' 사이의 공생의 예에서, 이 두 부류의 사람들은 마치 그들 사이의 단 세 가지 자아상태만을 가지는 것처럼 행동함으로써 각자가 현실을 에누리하고 있었다. 대조적으로 내가 병원 운반 침대 위에 실려 가고 있었을 때는, 현실은 나의 「어른 Ⓐ」 상태와 「어버이 Ⓟ」 상태가 상처와 마취 효과 때문에 행동할 수 없었던 것이다. 그 간호사는 실제로 「어른 Ⓐ」 상태와 「어버이 Ⓟ」 상태를 사용하고 있었다. 그러나 그녀가 그렇게 하고 있을 때 자신의 「어린이 Ⓒ」 상태를 분명 에누리하지 않았다.

② 공생 대 정상적 의존

건강한 공생의 한 가지 분명한 예는 아이와 그의 부모 사이에 존재하는 것이다. 아기가 태어날 때 그는 완전한 「어린이 Ⓒ」 상태다. 그는 아직 문제를 해결하거나 자신을 보호할 능력이 없다. 이러한 기능들은 「어버이 Ⓟ」들에 의해 수행될 필요가 있는데, 그들은 그렇게 할 때 「어른

Ⓐ」과 「어버이 Ⓟ」의 자아상태를 적절히 사용할 것이다. 스탠 울램스(Stan Woollams)와 크리스티 후이지(Kristy Huige)는 이러한 건강한 부모-자녀 공생을 의미하는 말로 정상적 의존이라는 용어를 제안했다.

건강한 공생에서, 각 당사자들은 그들의 어떠한 자아상태도 에누리하지 않는다는 것을 상기하자. 유아는 아직 역할을 할 수 있는 「어버이 Ⓟ」 상태와 「어른 Ⓐ」 상태가 없으므로 자아상태가 에누리될 수 없다. 그러나 부모는 「어린이 Ⓒ」 자아상태를 가지고 있다. 건강하지 못한 공생으로 빠지는 것을 피하기 위하여 그녀는 유아를 돌보는 데 아주 전념하면서도, 자신의 「어린이 Ⓒ」 상태의 욕구들을 의식하고 그 욕구에 대처할 수 있는 몇 가지 방법을 찾을 필요가 있다.

③ 공생과 각본
◆ 개요

따라서 이상적인 육아에서 어린아이를 돌보는 사람은, 여전히 그녀 자신의 「어린이 Ⓒ」 상태를 에누리하지 않으면서, 「어버이 Ⓟ」 상태와 「어른 Ⓐ」 상태의 자원을 적절히 사용하게 될 것이다. 어린아이가 성장함에 따라, 부모는 각 발전 단계를 완성시키는 데 필요한 것을 아이에게 제공할 것이다. 각 단계에서 어린아이는 자원을 점점 더 많이 습득하게 되고, 그래서 부모에게 의존할 필요는 점점 더 적어진다. 이상적으로, 부모는 어린아이가 여전히 필요로 하는 영역에 지원을 계속하면서, 이렇게 적절히 거리를 둠으로써 아이를 고무시킨다. 이러한 이상적 과정에서 처음의 어린아이와 부모 사이의 강한 공생은 점차로 무너지게 된다. 최종적 결과는 어린아이가 젊은 성인기에 도달할 때, 양 당사자는 공생 없이 관계를 맺는다는 것이다. 각자 자립할 수 있고 뜻대로 접촉을 하거나 그만둘 수 있다.

문제는 이상적인 부모가 없다는 것이다. 어머니와 아버지가 양육을 하는 데 아무리 좋은 직업을 가졌다 하더라도, 모든 어린 자녀는 그 길을 따라가서는 충족시킬 수 없는 몇몇 욕구들을 가지고 성장 과정을 거친다.

이러한 사실은 성인 생활에서 공생의 각본 기능을 나타낸다. 모든 공생은 개인이 어린 시절 동안 충족시킬 수 없었던 것을 충족시키려는 발전적 요구를 얻으려는 시도다.

여느 때와 같이 각본 행동과 함께, 공생에 있는 사람은 그의 요구를 충족시키려는 시도로 낡은 전략들을 사용한다. 이러한 전략들은 그가 어린아이로서 행할 수 있는 최선의 것이지만, 성인 생활에서는 이미 더 이상 적절하지 않다. 공생에서 그 사람은 성인의 선택권을 에누리하고 있는 것이다. 그 에누리는 그의 인식을 벗어나 있다.

우리가 공생에 들어갈 때면 우리의 욕구가 충족되지 않았다고 느낀 옛날 어린 시절의 상황을 부지중에 재연하고 있는 것이다. 우리는 우리 자신과 부모나 부모와 같은 사람 사이에 과거에 존재했던 관계를 또다시 수립하고, 충족되지 않은 욕구를 만족시키려고 다른 사람들을 조작하려는 시도에서 상황을 재연한다.

◈ 공생적 태도의 선택

당신은 다음과 같이 생각할 수 있다. "좋아, 그래서 공생이 옛날 어린 시절 상황의 재연이라면, 나는 왜 사람들이 공생에서 「어린이 ⓒ」 상태의 역할로 들어가는지 알 수 있어. 하지만 왜 어떤 사람들은 「어버이 ⓟ」 상태의 역할이 되기를 선택해야 하는가?" 그 답은 어떤 어린아이들은 다음과 같이 초기의 결단을 내린다는 것이다. 즉, 여기서 양육은 너무 쓸모없어서 나의 최선의 선택은 스스로 「어버이 ⓟ」로서의 몫을 하는 것이야. 아마도 어머니는 「어린이 ⓒ」 자아상태에서, 아이들에게 완고한 경계를 설정하는 것을 두려워했던 것이다. 대신에, 그녀는 아이들에게 다음과 같이 말함으로써 윽박지른다. "너, 그것을 하면 혼난다." 혹은 "이봐, 너는 아버지를 화나게 하고 있잖아!" 그 아이는 부모의 감정과 복지에 책임이 있다고 요청받고 있었다. 그는 생활에서 그의 일이 부모를 돌보는 것이라고 결정함으로써 반응할 것이다. 그리하여 사실상, 그는 스스로 어린 부모가 된다. 성인의 생활에서 그는 공생에서 이러한 역할로 다시 들어갈 것이다.

그들의 부모가 학대를 하거나 억압적이라고 여기는 다른 어린아이들은 나는 OK이고, 당신은 not-OK라는 생활 자세를 취하고 그들의 부모를 부모의 위치에서 끌어내리는 공상을 할지도 모른다. 다시 이것은 그들의 성인의 공생관계를 재연한다.

④ 공생적 초대

사람들이 만날 때는, 그들이 취하고 싶어 하는 공생적 역할이 무엇인지 서로에게 신호하는 경향이 있다. 이러한 공생적 초대(symbiotic invitation)는 흔히 말없이 전달된다. 보통, 네댓 번의 수동적 행동이 보여질 것이다.

이 장의 시작에서 본보기에서, '상호'는 아무것도 하지 않고 그저 안절부절못함으로써 그의 공생적 초대를 처음 행하였다. 그가 말없이 앉았다가 불안해하기 시작했을 때, 그는 강사에게 다음과 같은 암암리의 메시지를 전달하고 있었다. "나는 당신에게 나에 대해서 생각하고 사정이 어떤지를 나에게 말해 주기를 요구합니다." 그의 공생적 초대는, 그가 「어린이 ⓒ」 상태를 취하고 있는 동안, 그 강사가 「어버이 ⓟ」 상태와 「어른 Ⓐ」 상태의 역할을 취하는 것이다.

그 연습을 계속해서 이제 완결했을 때 그 강사는 다음과 똑같은 심리학적 수준에 의견을 같이하고 있었다. 즉, "그래, 네가 옳아. 넌 내가 너를 위해 생각하고 사정이 어떤지를 네게 말해 주기를 요구한 거야." 그렇게 함으로써 그는 '상호'의 공생적 초대를 받아들인 것이다.

때때로 공생적 초대는 말로 전달되기도 한다. 이런 일이 일어날 때, 개인은 바로 묻기보다는 그녀가 원하는 것이 무엇인지를 다루어 보는 데 귀 기울이게 될 것이다. 이것은 흔히 미묘하게 행해진다. 예를 들어, 치료 집단의 한 성원이 바닥을 쓸쓸하게 내려다보며 "나를 껴안아 주기를 바라."라고 말할지도 모른다. 집단의 다른 성원들이 그 유혹을 받아들여, 그녀가 요구하는 것으로 보이는 포옹을 해 준다. 그들이 그렇게 한다면, 그들은 그녀의 공생적 초대를 받아들이게 된 것이다. 그녀가 비공생적 태도로 포옹을 요구했다면, 그녀는 한 특별한 집단 성원을 보고 다음과 같이 말했을 것이다. "나를 좀 껴안아 주시겠어요?" 그러나 두 사람 모두 똑같은 공생적 역할을 위하기를 원하는 사람이 만날 때마다 어떤 일이 일어나겠는가? 만약 그들이 모두 「어버이 Ⓟ」 상태가 되기를 원하거나, 아니면 둘 다 「어린이 Ⓒ」 상태의 행동을 하려고 한다면 어떻게 되겠는가?

그럴 경우 당사자들은 그들이 선호하는 공생적 역할을 취하기 위해 자기가 유리한 입장을 취하기를 시작할 것이다. 예를 들면, 당신은 두 사람이 식사를 마친 후 돈을 지불하려고 할 때 음식점에서 다음과 같은 종류의 의사 교환을 하는 것을 들을 수 있을 것이다.

"자, 그 돈은 넣어 둬요. 내가 지불할 거예요."

"아뇨, 됐어요. 자, 내가 낼 게요."

"정말 내가 낼 거예요! 다른 말은 마세요!"

이러한 교류는 각자가 돈을 지불하려고 강력히 주장함으로써 한동안 계속될 것이다. 각자는 다른 사람에게 「어버이 Ⓟ」 상태가 되려고 노력하고 있는 것이다. 그들은 이 경우에 서로 「어버이 Ⓟ」 상태의 위치를 차지하려는 경쟁적 공생 상태에 있는 것이다.

본래 경쟁적 공생은 변하기 쉽다. 이와 같은 교환은 보통 비교적 짧은 시간 동안만 지속된다. 그들은 두 가지 가능한 방법으로 결말을 맺을 것이다. 당사자들은 나갈 때 문을 '탕' 하고 닫고 서로 사라져 버릴 것이다. 아니면, 그들 중 한 사람이 물러서서 다른 한 사람에게 원하는 공생적 위치를 양보할 것이다. 그러면 한 발 물러선 사람은 공생에 있어서 상보적 입장을 취하는 것이다.

예를 들면, 음식점에서의 의사 교환은 두 사람 가운데 한 사람이 "아, 예, 정 그러시다면……"이라고 말하고 마지못해 함을 보여 주면서 자기 지갑을 치우는 것으로 끝날 것이다. 그는 다른 사람이 자신을 돌봐 주도록 하면서 「어린이 Ⓒ」 상태의 위치로 한 발 물러선 것이다.

⑤ 이차 공생

몇몇 공생 관계에서는, 일차의 아래쪽에서 계속되는 이차 공생(second-order symbiosis)이 있다. 그것은 그림에서 그 형태를 보여 주고 있다. 이러한 유형의 공생은 「어린이 ⓒ」 자아상태의 이차 구조 내에 서 일어나기 때문에 이차 공생이라고 불린다.

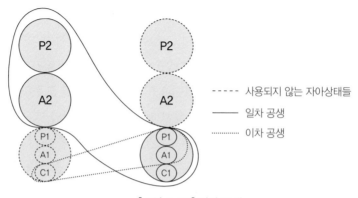

- - - - - 사용되지 않는 자아상태들
──── 일차 공생
············· 이차 공생

[그림 2-30] 이차 공생

'성철'과 '은미'와 같은 부부 사이의 관계는 종종 이차 공생을 수반한다. 우선 느낌으로는 그들의 공생에서 '성철'이 「어버이 ⓟ」－「어른 Ⓐ」 상태의 역할을 하고, '은미'는 「어린이 ⓒ」 상태를 연기하는 것이 명백한 것처럼 보인다. '성철'은 통제를 하고 실제의 문제를 다루게 된다. '은미'는 통제를 받고 감정을 표현하게 된다. '성철'은 다음과 같은 초기의 결정을 재연하고 있다. 즉, 내가 해나갈 수 있는 유일한 방식은 나 자신을 포함한 모든 사람들의 책임을 맡고 잘 통제하는 것이다. '은미'의 결정은 인생에 있어서 내 임무는 다른 사람들, 특히 남자들을 즐겁게 하는 것이며 일에 대해서 생각하지는 않는 것이다. 일차 공생은 이러한 각본 결정에 따라 그들의 요구를 충족시키려는 공동의 노력을 표현한다.

그러나 '성철'은 아직 다른 요구를 가지고 있다. 그것은 책임과 통제를 하려는 욕구보다 그의 인식의 훨씬 더 아래에 있는 것이며, 그의 성장 과정의 초기 단계에서 유래하는 것이다. 신체적인 스트로크와 안락함에 대한 욕구가 바로 그것이다. 우리는 이것을 '성철'의 C1 내용 부분, 즉 「어린이 ⓒ」 상태의 초기 「어린이 ⓒ」 상태로써 보여 준다.

'성철'에게 있어서 문젯거리는 그러한 초기의 「어린이 ⓒ」 상태의 욕구들을 차단하고, 그의 후기의 각본을 결정하는 데 있다. 그러면 이제 그가 어떻게 초기의 「어린이 ⓒ」 상태의 욕구들을 충족시킬 것인가? 그 대답은 그가 이차 공생에서 상보적 역할을 취해 줄 누군가를 적절히 선택하는 일로, 그의 공생적 파트너로서 '은미'를 선택하는 데 있는 것이다.

'은미'와 마찬가지로 '은미'의 어머니도 신체적 스트로크를 주는 데 인색하며 강하고 과묵한 사람과 결혼을 했다. '은미'가 유아였을 때, 그녀의 아버지는 주위에 많이 있어 주지 않았다. 아버지는 일을 하거나 친구들과 함께 술을 마시는 데 시간을 보내기를 더 좋아했다. 어머니는 스트로크와 보살핌을 받으려는 자신의 초기의 「어린이 ⓒ」 상태의 욕구를 만족시키기 위한 다른 「어른 Ⓐ」을 가지고 있지 않았다.

기민한 유아의 자각으로 '은미'는 말없이 속으로 결정했다. "어머니를 내 주위에 좋은 모습으로 보이기 위해서는, 내가 그녀를 돌보는 것이 더 나을 것이야." 자신의 초보적인 「어버이 Ⓟ」와 「어른 Ⓐ」 상태, 즉 P1과 A1을 사용함으로써, 그녀는 어머니의 신체적인 「어린이 ⓒ」 상태를 돌보는 사람이 되었다. 이제 성인의 공생에서 그녀는 '성철'과 이러한 유형을 재연하고 있는 것이다.

이와 같은 공생은 특히 깨닫기가 어려운 것이다. 그러한 스트로크는 초기의 「어린이 ⓒ」 상태의 생존의 문제임을 상기해 보자. 그래서 이 예에서 만약 '은미'가 공생에서 갑자기 벗어나려고 한다면, '성철'은 신체적인 「어린이 ⓒ」 상태에서 치명적인 두려움을 체험할 것이다. 그의 「어린이 ⓒ」 상태의 신념은 신체적 스트로크의 유일한 근원을 상실할 것 같고 곧 그것은 죽음을 의미한다는 것이다.

동시에 초기의 「어린이 ⓒ」 상태의 수준에서 '은미'는 공생의 파괴가 곧 어머니의 상실을 의미하는 것으로 여길지도 모른다. 유아에게 이것은 또한 죽음의 선고를 의미한다.

'성철'이나 '은미'는 그들의 인식 속에서 이러한 초기의 「어린이 ⓒ」 상태(P1)의 두려움을 허용하지 않을 것 같다. 그들은 대신에 그들의 공생 관계를 계속 유지해야 할 합당한 이유를 찾을 것이다. 만약 그들이 그 관계를 깨고자 원한다면, 그들은 각본 통찰력과 치료상의 도움을 필요로 할지도 모른다.

8) 라켓과 라켓 체계

(1) '라켓'과 '라켓 감정'의 정의

'라켓(rackets: 부적절한, 공갈)'과 '라켓 감정(racket feeling)'이라는 용어의 의미에 대해서는 교류분석 문헌에서도 많은 혼란이 있었다. 일부 저작가들은 두 용어를 서로 바꾸어 쓸 수 있는 것이라고 한다.

이 책에서는 그렇게 사용하지 않는다. 우리는 라켓과 라켓 감정 사이에는 유용한 구분이 이루어질 수 있다고 말하는 다른 학파의 사고를 따르고자 한다.

우리는 "라켓 감정을 어린 시절에 배우거나 장려 받고, 많은 스트레스 상황에서 경험한 친숙한 정서이나 성인의 문제 해결의 수단으로써 적합하지 않은 것"으로 정의한다.

그리고 "라켓은 환경을 조장하고 개인이 라켓 감정을 경험하는 것을 수반하는 수단으로써 의식 밖에서 사용되는 일련의 각본 행동들"로써 정의한다. 다른 말로 하면, 라켓은 개인이 라켓 감정을 느끼도록 장면 설정을 하고 그 감정을 느끼는 과정이다. 이러한 장면 설정은 개인의 의식적 자각 밖(무의식)에 있다.

사람들은 라켓 감정을 느끼기 위해 항상 라켓을 설정할 필요가 있을까? 아니다. 우리는 진정으로 아무것도 설정하지 않은 스트레스 상황을 일으키는 데에 독자적으로 반응하여 라켓 감정을 경험할 수 있다. 예를 들어, 당신이 목적지에서 만나기 위한 제한된 시간을 가지고 어떤 형태의 공공 수단(비행기, 기차, 버스)으로 여행을 한다고 상상해 보라. 기계의 결함으로 여행이 지연된다. 시계의 초침이 똑딱거리며 지나가는 것을 보며 앉아 있을 때, 당신은 어떤 기분을 느끼는가? 아마 나는 운송 회사에 화난 감정을 느낄 것이다. 당신은 당황스러워할 것이며, 또 다른 사람은 몸이 찌뿌듯함을 느낄 것이다.

라켓 감정의 예를 보면 다음과 같다.

라켓 감정

노여움, 공포, 열등감, 우울, 죄악감(죄의식), 안절부절, 우월감, 절망감, 허무감, 버려진 기분, 혼란, 자기비하, 상심, 라이벌 의식, 낙담, 비애, 연민, 응석 받고 싶은 기분, 불안, 걱정, 무력감, 결핍감, 분노, 긴장감, 혐오감, 완고(옹고집), 한, 시기심, 고독감, 불뚱이(핏대), 초조감, 동정, 연모, 의무감, 패배감

(2) 라켓과 각본

① 개요

먼저 각본과 라켓 사이의 일반적인 관계, 즉 당신이 라켓 감정을 경험할 때는 각본 상태에 빠져 있다는 것을 인식하라.

왜 라켓 감정은 각본 기제에서 그러한 중요한 부분을 차지하는가? 그 대답은 가족 속에서 어린아이들이 그들의 욕구를 충족시키는 수단으로써 라켓 감정을 사용하는 법을 배웠기 때문이다. 우리는 라켓 감정이 어린 시절에 배우고 장려된 것임을 보아 왔다. 모든 가족은 감정을 허용하는 그 자체의 고유한 제한된 범위를 가지고 있다. 그리고 실망시키거나 금지되는 다른 폭넓은 범위의 감정들도 가지고 있다.

때때로 허용된 감정들은 어린아이가 소년이거나 소녀에 따라 다를 것이다. 종종 어린 소년들은 화를 내고 공격적인 것은 OK이지만 두려워하거나 눈물을 자아내는 것은 안 된다는 것을 배운다. 어린 소녀들은 화를 내고 싶은 마음이 들더라도 눈물을 흘리거나 애교를 부리고 속을 부글부글 끓임으로써 스트레스에 반응하도록 기대된다는 것을 배울 것이다.

그렇다면 만약 어린아이가 계속해서 금지된 감정들 가운데 하나를 보여 준다면, 무슨 일이

일어날까? 예를 들어, 어린 소년이 두려움을 가지고 그리고 그러한 감정을 보여 준다고 가정해 보라. 아마도 그 어린아이는 못살게 구는 사람에 의해 쫓겨날 것이다. 그는 어머니에게 달려가서 공포로 떨고 어머니의 보호를 기대한다. 어머니는 어린아이를 멸시하며 "이제 용감한 사내가 되어라! 밖에 나가서 자신의 두 발로 서라(맞붙어 싸우고 독립해라)." 라고 말한다. 그리고 나서 어머니는 허드렛일을 계속한다.

어린아이는 "만약 내가 두려워하고 그런 감정을 보인다면, 이 주위에서 내가 원하는 결과들을 얻지 못할 거야. 나는 보호를 원했지만 그 대신에 무시를 당했어."라고 생각한다.

예민한 「작은 교수(LP)」의 상태에서 그 소년은 자기가 원하는 방식으로 결과들을 얻을 수 있는 방법들을 찾는다. 그는 스트레스 상황에 대한 반응으로 매일 감정들의 모든 영역을 실제로 시험해 볼 것이다. 그는 슬픔, 환호, 공격, 혼란, 멍청함 그리고 당신이 이름 붙일 수 있는 많은 상이한 감정들을 철저히 시험해 볼 것이다. 공격성이 어머니로부터 최상의 반응을 얻는다는 것을 그가 알았다고 가정해 보자. 이제 만약 이웃의 못살게 구는 사람이 그를 내쫓는다면, 그는 저항한다(그러나 이기지 못한다. 왜냐하면 못살게 구는 사람은 그보다 몸집이 더 크기 때문이다.). 상처를 입을지라도, 적어도 그는 어머니로부터 "그래 잘했어, 멋진 사내는 울지 않아!" 라는 칭찬의 말을 듣는다.

그는 '대개 그가 원하는 결과들을 가져다주는', 즉 부모로부터 인정을 받는 감정을 발견했다. 원하는 스트로크를 얻기 위해서 그는 공격을 보여 줄 필요가 있다. 확실히 그는 이러한 스트로크들을 얻기 위해서 상처의 대가를 치를 것이다. 이러한 일련의 사건들은 어린 소년이 계속 성장할 때 되풀이하여 반복되는 것 같다. 반복할 때마다 그는 감정과 그 결과들에 대해서 점차 더 나아진 결론에 이르게 된다. 즉, "공격성을 제외한 다른 종류의 감정은 여기서 사용되어서는 안 되는 것 같다. 사실 내가 다른 어떤 감정을 보여 준다면 나의 부모는 그들의 옹호하지 않아 버리는데, 그것은 위험스러운 일이야. 그러므로 나는 공격성을 제외한 어떤 감정들도 느껴서는 안 되는 거야." 이제 두려워하거나 슬퍼할 때마다 그는 심지어 그 자신에게도 그 감정을 숨긴다. 대신에 그는 곧장 공격적인 감정으로 전환해 버린다.

② 라켓과 고무 밴드

내가 그러한 어린 소년이었다고 가정해 보고, 지금 나는 슈퍼마켓의 계산대에 서서 점원이 신용해 주기를 요구하고 내가 거절당할 때의 상황에 있다고 가정해 보자. 이러한 상황의 스트레스를 경험할 때 나는 고무 밴드의 끝을 갈고리로 고정시킨다. 나는 과거의 스트레스 상황으로 돌아가 아주 어린아이였을 때처럼 반응하기 시작한다. 내게 있어서 그 점원과 실제로 온 세상은 내가 어렸을 때 주위의 못살게 구는 사람이 위협적이었던 것처럼, 나를 위협한 것이었다.

즉시 나는 어린아이일 때 그렇게 하도록 배운 것을 한다. 나는 공격적으로 바뀐다. 점원에게 맞서서 나는 "수치스러운 일이군! 당신은 나를 믿지 못한다고 말하려고 하고 있는 것이오?"라고 고함지른다. 점원은 어깨를 으쓱해 보인다.

여전히 화가 나서 시큰거리며, 나는 뻣뻣하게 슈퍼마켓에서 나온다. 몇 분 동안 나는 어떤 소름 끼치는 만족감을 느낀다. 나는 나 자신에게 "그래, 적어도 나는 나올 때 그 점원에게 따졌어!"라고 말한다. 그러나 동시에 나는 내가 고함치는 모든 것이 물건을 그대로 남겨 놓아야만 했던 사실을 바꾸지 못할 것이라는 점도 안다. 여전히 속으로는 달아오르고, 그날 이후에 나는 언짢은 소화 불량에 걸린다.

나의 감정의 반응은 지금 여기의 문제를 해결하는 데 최소한의 도움도 되지 못한 것이다. 그러나 의식의 밖에서(무의식) 나는 그 문제보다 내게 훨씬 더 중요한 동기를 추구하고 있었다. "나는 이러한 라켓 감정들을 경험하고 보여 줌으로써 내가 어린 시절에 얻었던 부모의 지지를 얻기 위해 그 환경을 조작하려고 시도하고 있어."

이것이 항상 성인 시절에서의 라켓 감정의 기능이다. 라켓 감정을 경험할 때마다 나는 오래된 어린 시절의 전략을 재연하고 있다. 다른 말로 하면 나는 각본 상태에 빠져 있는 것이다.

③ 라켓 설정하기

앞의 예로 되돌아가서, 나는 라켓 감정을 경험하는 것으로 나를 '정당화한' 일련의 사건들에 라켓을 설정하였다. 나는 '우연히' 돈을 가져오는 것을 잊어버렸다.

이제 라켓 감정들의 각본 기능을 알고 있는 우리는 내가 왜 그렇게 했는지를 알 수 있다. 나는 라켓 감정을 경험할 수 있도록 라켓을 설정한다. 「어린이 ⓒ」 상태에서 나는 스트로크에 대한 욕구를 경험해 왔다. 그래서 나는 어린아이일 때 배운 방식으로 그러한 스트로크를 위해 조장하도록 설정했다. 나는 내가 가족 속에서 '결과를 얻은 것'과 똑같은 감정을 느끼는 것을 설정했다.

이렇게 하여 라켓 이론은 사람들이 왜 나쁜 감정에 이르는지에 대한 완전히 새로운 관점을 우리에게 제공해 준다. 슈퍼마켓의 예로 돌아가 보자. 이것에 대한 평범한 변명은 다음과 같은 것이 될 것이다. 즉, "필요한 물건을 구입하지 못하고 돌아왔어. 그래서 난 화가 났어."

그러나 라켓에 대한 지식을 가지고, 우리는 그 대신에 다음과 같이 말할 것이다. 즉, "나는 화나는 감정을 정당화하기를 원했어. 그래서 필요한 물건을 구입하지 못하고 돌아오도록 설정하였다."

(3) 라켓 감정과 진실한(순수한) 감정들

① 개요

우리는 어떤 감정들은 가족 속에서 장려 받는 반면 다른 감정들은 실망시키거나 금지된다는 것을 어린아이들이 어떻게 배우는가를 설명했다. 어린아이가 금지된 어떤 감정을 경험할 때, 그는 허용되는 대안적 감정으로 빠르게 전환해 버린다. 그는 금지된 감정을 인식하게 되는 것조차 허용하지 않을 것이다. 우리가 성인 시절에 라켓 감정을 경험할 때도 똑같은 과정을 거친다. 이렇게 하여 라켓 감정은 항상 어린 시절에 금지되었던 다른 감정에 대한 대체물인 것이다.

이러한 대체의 특성에 대한 의미를 전달하기 위하여 우리는 라켓 감정을 진실하지 않는 감정들로 설명한다. 반대로 진실한 감정들은 우리가 가족 속에서 실망시켜 잃게 되는 것으로써, 감정들을 통제하도록 교육받기 전인 아주 어린아이일 때 경험하는 감정들이다.

라켓과 진실한 감정들 사이의 이러한 구분은 패니타 잉글리시(Fanita English, 1972)에 의해 처음으로 제시되었다. 최초의 저작에서 그녀는 라켓 감정들에 대한 대조로써 '현실(실제)적 감정들'이라는 말을 사용했다. 그러나 현재에는 '현실적' 감정들보다는 '진실한' 감정들을 이야기하는 것이 더 일반적이다. 요점은 내가 라켓 감정을 경험하고 있을 때 그 감정은 확실히 내가 의식하고 있는 한 '현실적'이라는 것이다. 점원에게 소리치기 시작했을 때 나는 화나는 감정을 가장하지는 않았다. 나는 현실적으로 화가 났다. 그러나 나의 화는 라켓 감정이었으며, 진실한 감정은 아니었다.

우리는 종종 라켓 감정을 진실한 감정을 덮어 가리기 위해 사용하는 것이라고 말한다. 예를 들어, 어린 소녀가 '가족 속에서 소녀가 슬퍼하는 것은 허용되지만, 화를 내는 것은 결코 허용되지 않는다'는 것을 배운다고 하자. 성인으로서 각본 상태에 있을 때 그녀가 누군가에게 화를 낼지도 모르는 상황에 있다고 가정해 보자. 예를 들어, 그녀가 만원 버스에서 누군가에 의해 무례하게 팔꿈치로 밀쳐진다고 가정해 보자. 순간적으로 그녀는 화를 내기 시작하고, 거의 조건반사처럼 어린 시절에 배운 형태로 이동한다. 화를 내는 대신에 그녀는 슬픈 감정을 느끼기 시작하고, 아마도 눈물을 흘릴 것이다. 그녀는 현실적인 화를 진실하지 않는 라켓의 슬픔으로 덮어 가린 것이다.

일부 사람들은 진실한 감정들을 진실한 감정들로 덮어 가릴 뿐만 아니라 하나의 라켓을 다른 라켓으로 가린다. 예를 들어, '해준'이는 어머니가 그를 버려두고 떠날지도 모르는 경우를 생각하여 그의 초기 어린 시절의 많은 시간을 두려운 감정으로 보냈다. 그가 두려움을 느낄 때마다 화를 낸다면 적어도 어머니로부터 어떤 스트로크를 얻는다는 것을 말없이 배웠다. 그래서 유아였을 때 그는 두려움을 화로 덮어 가리기 시작한 것이다.

조금 더 나이를 먹었을 때, 그는 어떤 감정도 보여 주는 것이 금지되어 있는 것이, 어린 아기를 제외한 그의 가족의 모든 사람에게서도 그렇다는 것을 알았다. 가족의 기준에 맞추기 위하여 '해준'은 참고 표정 없이 있도록 기대되었다. 그다음 '해준'이는 '나는 화난 감정조차 그만두는 것이 더 나아. 왜냐하면 내가 화를 낸다면 결국 가족으로부터 소외되는 위험에 처할 것이기 때문이야.'라고 생각했다. 그래서 그는 가족의 나머지 사람들과 함께하고, 그가 두려움을 가졌을 때처럼 화를 억누르고, 그것을 공백으로 가려 버렸다.

이제 '해준'이가 성인의 생활에서 통제받지 않은 감정의 위협이 되는 상황에 있다고 가정해보자. 아마 그는 관계를 맺고 있는 파트너가 거절의 신호를 나타내고, 그는 어린이일 때 혼자가 되는 것을 원치 않은 상황에 그를 혼자 남겨두는 위협을 겪고 있다고 생각할 것이다. 순간적으로 '해준'이는 이러한 일에 대해 위험을 느끼기 시작하고, 그 두려움을 화로 가려 버린다. 바로 그때 빠르게 그는 화를 공백으로 가린다. 그가 의식하는 한, 그 공백은 그의 '현실적' 감정이다. 그가 어떻게 느끼는지를 묻는다면, "난 정말 아무것도 느껴지지 않아요." 라고 대답할 것이다.

② 라켓과 진실한(순수한) 감정들에 이름 붙이기

우리가 통제받지 않고 있을 때 느끼는 정서들인 진실한(순수한) 감정들은 무엇인가? 교류분석에서는 그것을 보통 네 가지로 열거한다.

- '성난(mad)'
- '슬픈(sad)'
- '두려운(scared)'
- '기쁜(glad)'

여기서 '성난'이라는 단어는 영국인의 관념인 '미친(crazy)'의 의미가 아니고 미국인의 관념으로 '화난(angry)'이라는 의미로 사용된다.

이러한 것들에 대해서 우리는 어린아이가 느낄 수 있는 다양한 신체적인 감각, 예를 들면 편안한, 배고픈, 충만한, 피곤한, 흥분된, 졸음이 오는 등등을 덧붙인다.

진실한 감정들의 이름에 대한 이러한 짧은 목록들과 대조하여, 당신은 사람들이 그들의 라켓 감정들에 부여하는 이름들로 페이지를 가득 채울 수 있다. 아마 당신은 자신이 이것을 시험해 보려고 할 것이다.

당신은 당황, 질투, 의기소침, 죄의식 등등의 '정서들'로써 보통 범주화되는 진실하지 않은 감정들을 가지고 시작할 수 있다. 그 후, 당신은 사람들이 각본 상태에 있을 때 자신들에 대해서 어떻게 느끼는지를 표현하는 모호한 용어들, 즉 마음이 팔린, 고착된, 걱정하는, 절망적인 등등을 덧붙일 수 있다. 몇몇 라켓 이름들은 감정보다는 사고와 더 분명히 관련이 있다. 즉, 혼동된, 마음속이 텅 빈, 당황한 등등.

모든 라켓 감정이 그것들을 경험하고 있는 사람들에 의해 '나쁜' 것으로 범주화되지는 않을 것이다. 정말 화가 날 때조차도 애교 있고 기운차도록 되어야 한다고 배운 어린 소녀의 예를 상기해 보자. 성인일 때 그녀는 '모든 사람의 햇살'처럼 각광받는 존재로 평판이 날 것이다. 그녀는 바로 어린아이였을 때 그랬던 것처럼 그녀의 적절한 라켓에 대한 많은 스트로크들을 얻을 것이다. '좋은' 것으로 경험될지도 모르는 다른 라켓 감정들은 의기양양함, 공격성, 결백함 또는 행복감이다. 그럼에도 불구하고 이러한 모든 감정들은 진실한 것일 수 없는 것이다. 그것들은 어린 시절 동안 배워 온 것이며, 환경으로부터 지지를 만들어 내려는 시도로써 성인의 생활에서 사용된다.

감정들의 이름을 붙이는 데 있어서 다른 복잡한 일은, 진실한 감정들에 부여된 이름들은 또 라켓 감정들에게도 부여된다는 것이다. 예를 들어, 당신은 현실의 분노나 라켓의 분노, 현실의 슬픔이나 라켓의 슬픔 등등을 얻을 수 있다. 아마도 내가 어린아이일 때 분노를 혼동으로 가리도록 배운 반면에 당신은 분노를 슬픔으로 가리도록 배웠을 것이다. 당신의 라켓 감정은 진실한 감정들 중 하나와 똑같은 이름을 가지게 된다. 나의 감정은 그렇지 않다. 그러나 당신의 진실하지 않은 슬픔과 나의 혼동은 둘 다 라켓 감정이다.

(4) 라켓 감정, 진실한 감정, 그리고 문제의 해결

그래서 라켓 감정들이 항상 '나쁜' 것으로 경험되지 않는다면, 라켓과 진실한 감정들 사이를 구분하는 것이 중요한 이유는 무엇인가? 그 대답은 진실한 감정들의 표현은 지금 여기의 문제를 해결하는 수단으로써 적절한 반면에 라켓 감정들의 표현은 그렇지 않다는 것이다.

다른 말로 하면, 우리가 진실한 감정을 표현할 때는 우리가 상황을 끝내는 데 도움이 되는 어떤 일을 한다는 것이고, 라켓 감정을 표현할 때는 그 상황을 미완성인 채로 남겨 둔다는 것이다.

조지 톰슨(George Thomson)은 세 가지 진실한 감정들, 즉 공포, 화, 슬픔의 문제 해결의 기능을 설명했다. 그는 이 감정들을 각기 미래, 현재, 과거를 다룬다고 지적했다.

내가 진실한 공포를 느끼고 그 정서를 표현하는 어떤 방식으로 행동할 때 미래에 일어나리라고 예상하는 문제를 해결하는 데 도움을 얻는다. 내가 길을 건너면서 그 길이 자유로이 통행할 수 있는지를 살펴본다고 가정해 보자. 갑자기 아주 빠르게 운전한 차가 길 쪽으로 질주해 와서 내 쪽으로 미끄러진다. 공포에 질린 나는 한쪽으로 껑충 뛴다. 나는 차에 부딪히게 되는 미래의 사건을 피한 것이다.

진실한(순수한) 화는 현재에서의 문제를 해결한다. 아마 나는 가게에서 서비스를 받기 위해 줄을 서서 기다리고 있다고 하자. 한 여성이 쇼핑 바구니를 가지고 한쪽으로 나를 밀치면서 내 앞으로 들어오려고 한다. 나는 화를 내면서 현재 위치에서 나 자신을 지키기 위해 적절히 반응한다. 나는 똑같은 힘으로 그녀의 등을 밀고 "내가 당신 앞에 있었어요. 제발 줄 끝으로 가세요."라고 고함친다.

내가 진정으로 슬퍼한다면, 과거에 일어난 고통스러운 사건을 잊는 데 도움이 될 수 있다. 이것은 결코 다시는 얻지 못할 어떤 것이나 어떤 사람을 잃은 그런 종류가 될 것이다. 내 자신이 솔직히 슬퍼하고, 한동안 울고, 그리고 나의 상실에 대해서 이야기하도록 함으로써 나는 과거의 고통에서 자유롭게 된다. 나는 그 상황을 끝내고 벗어나게 된다. 그다음 나는 현재와 미래에 내게 제공되는 것이 무엇이든지 간에 그것에 대해서 계속해서 준비한다.

조지 톰슨은 행복의 기능을 논의하지 않는다. 우리의 진실한 행복은 '변화는 필요하지 않다'라고 나타낼 것을 제시하고자 한다. 이러한 의미에서 행복은 초시간적인 특성을 지닌다. 그것은 '과거에 일어난 일이 현재에도 일어나고 계속해서 미래에 일어나는 것은 OK이다'를 의미한다. 진실한 행복의 표현은 느슨하고, 편안함을 느끼며, 현재를 즐기는 것이고 충분히 채워졌을 때는 잠드는 것이다.

진실한 감정들의 이러한 문제 해결의 기능과 아주 대조적으로 라켓 감정들은 상황을 끝내는 데 결코 도움이 되지 않는다. 당신은 이 장의 앞에서 든 많은 예들 가운데서 이러한 사실을 검토할 수 있다. 내가 점원에게 고함쳤을 때는, 미래에 내가 구입한 물건을 집으로 가져오는 데 아무런 도움이 되지 못했다. 나는 현재에서 어떤 생산적인 결과도 얻지 못한 것이다. 그리고 슈퍼마켓이 문을 닫기 전에 물건을 구입하는 과거의 가능성을 끝내는 데도 도움이 되지 않았다. 당신은 적절한 시간 틀에서 공포, 화 또는 슬픔을 느끼기 시작할 때 그 정서가 라켓 감정이라는 것을 안다. 예를 들어, 일부 사람들이 과거에 일어난 일들에 대해서 화난 감정으로 살아간다. 그러나 과거는 변화될 수 없다. 그러므로 이러한 화는 문제를 해결하는 수단으로써는 비생산적인, 즉 그것은 라켓 감정이다. 감정들과 시간의 틀 사이에 가능한 다른 부조화의 어떤 것과 똑같이 딱 들어맞는 것을 검토해 보자.

소개하고 있는 예에서 당신에게 그 상황을 끝내는 데 도움이 되었을 진실한 감정은 무엇이라고 말하겠는가? 물건을 구입하지 못할 것이라는 것을 알았을 때 당신은 진정으로 화나거나 슬프거나 두렵거나 또는 행복했는가? 이러한 감정들 각각이 당신이 그 상황을 끝내는 데 도움이 되었겠는가를 검토해 보자.

라켓들은 낡은 「어린이 ⓒ」 상태의 전략의 재연을 나타내기 때문에, 지금 여기에서의 라켓 감정들의 표현은 똑같은 불만족스러운 결과로 되풀이하여 귀착되지 않을 수 없다. 각본 상태에 빠져 있는 동안 개인은 그 환경으로부터 어떤 스트로크들을 조작해 냄으로써 일시적으로 만족하게 될 것이다. 그러나 진실한 감정을 표현하는 데 나타나게 되는 근본적인 욕구는 여전히 충족되지 않은 것이다. 그래서 그 사람은 각 스트레스 상황에서 다시 그것을 연출해 내면서 전체적인 유형을 재순환하게 될 것이다. 다음 장에서 라켓 체계를 살펴볼 때 이러한 생각을 다시 접하게 될 것이다.

(5) 라케티어링(racketeering)

패티나 잉글리시(Fanita English)는 사람들이 라켓 감정에 대한 스트로크를 얻는 수단으로써 사용하는 교류 방법을 설명하기 위해 '라케티어링(racketeering: 이것은 '공갈치기'라고 해석된다)'라는 말을 만들어 냈다.

라켓 하는 사람(racketeer)은 다른 사람을 그가 라켓 감정으로 표현하는 대화(주고받기)로 끌어들이고, 다른 사람으로부터 그 감정에 대한 스트로크를 얻어 내고자 한다. 이러한 교류는 다른 사람이 라켓 하는 사람에게 기꺼이 스트로크를 주려고 하는 한, 계속될 것이다.

패티나 잉글리시는 라케티어링은 「어버이 Ⓟ」와 「어린이 Ⓒ」 상태 간의 평행 교류를 수반하는 두 유형으로 될 수 있다고 말한다. 유형 I 에서 라켓 하는 사람은 처음으로 「어린이 Ⓒ」 상태의 역할을 취한다. 그의 인생태도는 "나는 not-OK이고, 당신은 OK"이다. 유형 II 에서 그는 "나는 OK이고, 당신은 not-OK"라는 인생 태도를 가지고 「어버이 Ⓟ」 상태에서 이루어진다.

유형 I 의 라켓 하는 사람은 슬프고 애처롭게 생각될 것이다. 이는 패니타 잉글리시가 유형 I a라고 이름 붙이고 '무력한 사람(Helpless)'이라고 부른 라케티어링의 한 양식이다. 예를 들어, 당신은 다음과 같은 종류의 대화를 듣게 될 것이다.

라켓 하는 사람(C–P): "나는 오늘 또 기분이 좋지 않아요."

상대자(P–C): "오, 그런 소리를 들으니 유감이군."

라켓 하는 사람: "그런데 상사는 또다시 나를 놀리고 있었어요."

상대자: "쯧쯧, 안됐군."

결과적으로 「어린이 Ⓒ」 상태의 라켓 하는 사람은 애처로운 소리를 내고 불평하는 자세로 나올 수 있을 것이다. 이것은 유형 I b인 '건방진 사람(Bratty)'이다. 전형적으로 상대는 부정적으로 「양육적인 어버이(NP)」 상태 대신에 부정적으로 「통제적인 어버이(CP)」 상태에서의 스트로크로 반응할 것이다.

라켓 하는 사람: "그리고 당신은 많이 도와주지도 않았어요."

상대자: "흥, 당신은 스스로 일어설 수 없어요?"

라켓 하는 사람: "당신은 내가 무엇을 할 것을 기대합니까? 그는 상사예요, 그렇지 않아요?"

상대자: "당신은 왜 노동조합에 불평하지 않았나요?"

유형 Ⅱ의 라켓 하는 사람은 작용할 수 있는 두 가지 양식을 가진다. 유형 Ⅱa의 '도움이 되는 사람(Helpful)'에서, 그는 「어버이 ⓟ」 상태에서 다른 사람으로부터 감사의 스트로크를 얻어내려고 하면서 부정적으로 「양육적인 어버이(NP)」 자세를 취한다. 즉,

라켓 하는 사람(P–C): "당신은 확실히 충분히 먹었어요?"

상대자(C–P): "오, 그래요. 고맙습니다."

라켓 하는 사람: "이제 여기로 와서 이 파이를 더 먹는 게 어때요?"

상대자: "아니요. 솔직히 그것은 훌륭했습니다만, 지금은 충분합니다. 고맙습니다."

'으스대는 사람(Bossy)'은 부정적으로 「통제적인 부모(CP)」 상태에서 교류를 시작하는 유형 Ⅱb의 라켓 하는 사람을 묘사한다. 그는 그의 상대자로부터 변명하는 「어린이 ⓒ」 상태의 스트로크를 추구한다.

라켓 하는 사람: "또 늦었군!"

상대자: "죄송합니다."

라켓 하는 사람: "죄송하다는 것은 무슨 뜻이지? 이 일이 이번 주 들어 네 번째야……."

라켓티어링은 라켓 감정의 임무를 수행하는 교환이 이루어지는 일종의 잡담(기분 전환)이라는 것을 알 것이다. 평행 교류는 단지 참여자 가운데 한 사람이 교류를 폐쇄하거나 교차할 때 그만두게 될 것이다. 흔히 교차를 시작하는 사람은 상대자가 아닌 라켓 하는 사람이 될 것이다. 그것은 평소의 라켓 하는 사람은 다른 사람이 교환에서 폐쇄하려고 할 때 그것을 알아채는 데 익숙하기 때문이다. 이렇게 하여 라켓 하는 사람은 스트로크 자원을 다 써 버리기보다는 오히려 독창력을 계속 유지하려 할 것이다.

흔히 있는 결과는 라켓티어링의 교환이 게임으로 변형된다는 것이다. 다음 장에서 게임에 대해서 살펴볼 때 우리는 이러한 일이 어떻게 일어나는지를 생각해 볼 것이다.

(6) 심리적 교환권(stamp)

① 개요

라켓 감정을 경험할 때는 그것을 계속할 수 있는 두 가지 일이 있다. 그것은 거기서 그때 표현할 수 있고, 아니면 나중에 사용하기 위해서 그것을 축적해 둘 수 있다. 나중에 사용할 때는 스탬프(심리적 교환권)를 모아 두게 된다고 말한다.

지난주에, 당신이 라켓 감정을 느끼고 그것을 거기서 그때 표현하는 대신에 모아 둔 경우가 있었는가?

만약 그렇다면, 당신은 스탬프를 모아 둔 것이다. 이러한 스탬프 위에 쓴 라켓 감정의 이름은 무엇이었는가? 그것은 질투, 승리, 화난, 신난, 우울한, 무력한 스탬프였는가? 아니면 무엇이었는가?

당신은 이러한 종류의 감정을 얼마나 많이 수집해 놓고 있는가?

당신은 이런 종류의 감정들을 얼마나 오래 수집해서 쌓아 놓으려고 하는가?

당신이 수집한 것을 현금으로 대체하려고 결정할 때, 그것을 무엇과 대체하려고 하는가?

'스탬프'라는 말은 '심리적 교환권'의 약자다. 그것은 1960년대에 슈퍼마켓에서 인기 있는 관례를 말하는 것으로, 거기서 손님들은 구입한 상품과 함께 다른 색의 스탬프가 주어진다. 이러한 교환권들은 스탬프 책 속에 붙여 끼워 둘 수 있다. 일정 수가 모아지면, 당신은 수집한 것으로 상품을 사기 위해 현금으로 교환할 수 있다.

일부 사람들은 자주 작은 품목으로 스탬프를 현금으로 교환하려고 한다. 다른 사람들은 책들을 모아 두고, 그것들을 채워서 아주 큰 상품을 위해 그것들을 현금으로 교환한다. 사람들이 심리적 교환권들을 모을 때, 그들은 그것들을 청산하는 것에 대해 똑같은 종류의 선택을 한다. 예를 들어, 내가 화난 스탬프들을 모은다고 가정해 보라. 일할 때 상사는 나를 비난한다. 나는 그에게 화가 나지만, 그러한 감정을 보여 주지는 않는다. 나는 그날 밤 집에 도착할 때까지 그 스탬프를 계속 가지고 있다. 그다음 나는 내 발쪽으로 들어오는 개에게 소리친다. 여기서 나는 단지 하나의 스탬프만을 모으며, 그것을 그날 안으로 청산해 버린 것이다.

예는 스탬프의 현물화에 대한 다른 일반적인 특성을 설명하는 것이다. 결국 수집한 것을 투매하게 되는 사람은 흔히 첫째로 라켓 감정의 대상이었던 사람은 아닌 것이다. 나의 작업 동료도 화난 스탬프들을 모을 것이다. 그러나 그가 스탬프들을 청산하기 전에 더 큰 수집을 하려고 한다고 가정해 보라. 그는 몇 달 그리고 몇 년 동안이나 상사에 대해서 화를 수집할 것이다. 그다음 많은 화난 스탬프 책들을 모음으로써 그는 상사의 사무실에 들어가서 상사에게 소리치고 그래서 해고당할 것이다.

스탬프 색깔의 종류를 정리해 보면 〈표 2-7〉과 같다.

〈표 2-7〉 스탬프 종류와 의미

스탬프 색깔의 종류	감정의 의미
금색 스탬프	우월감, 유능감, 자기 중시
갈색 스탬프	상황에 맞지 않는 감정, 엉뚱한 감정
청색 스탬프	우울 감정
적색 스탬프	분노
회색 스탬프	무관심, 불쾌한 감정
황색 스탬프	공포
녹색 스탬프	질투
흰색 스탬프	결백, 독선

② 스탬프와 각본

사람들은 왜 스탬프를 수집하는가? 에릭 번은 그 대답을 제시했다. 즉, 사람들은 스탬프들을 청산함으로써 그들의 각본 결말로 이동할 수 있기 때문에 그렇게 한다. 만약 개인의 각본이 비극적이라면 그의 심각한 결말을 위해 현금으로 교환할 수 있는 더 큰 스탬프들을 수집하기를 좋아할 것이다. 예를 들어, 그가 해마다 우울 스탬프를 수집할 것이라면 결국 그것들은 자살함으로써 청산될 것이다. '다른 사람을 해치는' 범죄형 결말을 가진 사람은 거대한 격노의 스탬프들을 수집할 것이며, 그다음 살인을 '정당화하기' 위해 그 스탬프들을 사용할 것이다. 상실각본의 좀 더 가벼운 수준에서 사업 간부는 시달림 스탬프들을 모으고 그것들을 심장마비, 궤양 또는 고혈압으로 청산할지도 모른다.

평범한 각본을 가진 사람은 더 작은 스탬프들을 수집하기를 유지하고 그것들을 더 가벼운 결말로 교환할 것이다. 오해의 스탬프들을 모으는 여성은 남편과 큰 싸움을 벌이는 걸로, 몇 달 동안에 그것들을 청산할 것이다. 권위를 지닌 사람에 대해서 화난 스탬프들을 수집하는 나의 직장 동료와 같은 사람은 일할 때 논쟁하고, 때로 해고당하는 데 그 스탬프들을 교환할 것이다.

우리는 스탬프 축적이 진정으로 승자각본에는 조금도 필요하지 않다고 본다. 열심히 일하는 간부는 '일을 잘 해 나가기' 때문에 다른 근거로 그의 휴일을 정당화할 필요가 없다. 그는 원하기 때문에 계속해서 일을 해 나가고 바로 휴일을 가질 수 있다.

(7) 스탬프 버리기

스탬프의 각본 기능에 대한 이러한 지식을 가지고 당신이 청산할 때 보여 줄지도 모르는 당신 자신의 스탬프 수집과 결말을 검토해 보라. 당신은 여전히 이러한 결말을 원하는가?

아니라면, 당신은 수집한 것을 포기할 수 있다. 그러나 그것들을 포기하는 것을 결정하기 전에 당신이 기대한 결말을 포기하기를 진정으로 원한다는 것을 확실히 하라. 당신이 스탬프 수집을 포기하는 것을 선택한다면, 당신이 계획한 결말과 영원히 결별해야 한다는 것을 분명히 하라.

이러한 생각을 하면서, 당신은 여전히 스탬프들을 포기하길 원하는가?

만약 당신의 대답이 '예'라면, 영원히 스탬프들을 처분할 방법을 선택하라. 일부 사람들은 그것들을 불에 던져 버린다. 다른 사람은 그것들을 화장실에 쏟아부어 버린다. 또 다른 사람은 그것들을 빠르게 흐르는 강물에 던져 버리고, 바다로 떠내려가는 것을 지켜본다. 당신 자신의 방법을 선택하라. 당신이 무엇을 선택하든지, 당신이 스탬프를 도로 얻을 수 없는 방법이어야 한다.

당신이 처분 수단을 결정할 때는 편안하게 하고 당신의 눈을 감으라. 스탬프 수집을 억누르는 자신을 상상해 보라. 얼마나 많은 스탬프 책과 가방이 있는지 보라. 그것들의 이름이 스탬프들 위에 쓰여진 것을 보라.

당신은 스탬프를 놓을 준비가 되었는가? 그러면 계속해서 당신이 결정한 방법이 무엇이든지 간에, 스탬프들을 처분하라. 그것들을 불에 던지고 연기 속으로 사라질 때까지 지켜보라. 또는 그것들을 화장실에 쏟아부어 버려라. 아마 그것들을 모두 확실히 내려가도록 하기 위해서는 몇 번의 물을 쏟아부어야 할 것이다. 만약 강에 던져 버린다면, 마지막 스탬프가 당신의 시야에서 사라질 때까지 그것들을 지켜보라.

상상으로, 당신의 손을 살펴보고, 그곳에는 당신이 가져온 스탬프들이 없다는 것을 확인하라.

이제 당신이 주위를 돌아보고 호전되는 것을 상상해 보라. 당신은 이전에 보지 못했던 누군가나 어떤 일을 매우 기쁘게 보게 될 것이다. 반가운 어떤 사람이나 어떤 일에 대해 인사말을 하라. 그것은 미래에 당신이 스탬프를 축적할 필요를 느끼지 않는다는 것을 의미할 좋은 스트로크를 얻을 수 있는 근거다.

이러한 스트로크들을 환영하라. 더 이상 스탬프 수집을 수행하지 않아도 되므로 안도감을 느끼라. 그런 후에 연습장에서 나오라.

(8) 라켓 체계

① 개요
라켓 체계란 인생 각본의 본질을 설명하는 하나의 모델이며, 사람들이 어떻게 인생을 통하여 그들의 각본을 유지하는가를 보여 준다. 리처드 어스킨(Richard Erskine)과 매릴린 잘크맨 (Marilyn Zalcman)이 이를 고안했다.

　이 장에서 라켓 체계에 대한 도식적 제시와 그 도식의 의미에 대한 실제적 설명은 어스킨과 잘크맨의 논문 「라켓 체계: 라켓 분석에 대한 모델」(이 논문으로 인하여 그들은 에릭 번 기념 과학 상을 받았다.)에서 직접 끌어내 온 것이다. 현재의 저작자들이 사례의 예증과 뒷받침하는 해석 들을 보완해 가고 있다.

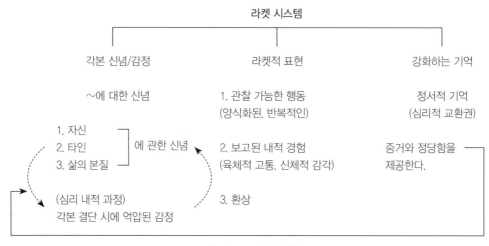

[그림 2-31] 악순환

　라켓 체계는 개인의 각본 변동에 의해 유지되는 왜곡된 감정, 사고, 행동들의 체계인 '자기 강 화'로 규정된다. 이는 내적으로 관련되면서 상호 의존적인 세 가지 요소를 가지고 있는데, 즉 각 본 신념과 감정, 라켓의 표현 그리고 강화하는 기억이 그것이다. [그림 2-31]에서 도식적으로 보여 주고 있다.

　각본 상태에 빠져 있을 때 나는 나 자신과 다른 사람들 그리고 삶의 질에 대한 오래된 신념들 을 재연할 것이다. 어스킨과 잘크맨은 각본 결정이 미완성의 감정을 '교묘히 변명하면서 벗어 나는' 수단으로써 어린 시절을 받아들이게 된다고 주장한다. 성인의 생활에서 스트레스를 받고 있을 때 나는 이러한 유아의 전략을 재연할지도 모른다. 그러한 감정 경험을 방어하기 위해 나 는 어린 시절의 결론들을 되살려서 그것들을 현재에서도 사실인 것처럼 경험함으로써 '교묘히 감정에서 벗어난다.' 그 후 이러한 것들이 각본 신념들을 형성한다.

　어스킨과 잘크맨은 대체로 각본 신념과 감정이 「어른 Ⓐ」 상태의 이중오염을 표현하는 것으 로써 설명한다.

　각 표제하의 각본 신념들은 핵심 각본 신념과 지지 각본 신념으로 나누어진다.

② 핵심 각본 신념

핵심 각본 신념은 어린아이의 초기의 가장 기본적인 각본 결단에 해당하는 것이다. 모든 유아에게는 통제되지 않은 감정의 표현이 그들의 욕구를 충족하는 데 실패할 때가 많다. 그렇다면 어떻게 어린아이가 부모의 관심이라는 측면에서 '결과를 얻을' 때까지 대리 감정의 영역을 시험해 보는지를 우리는 앞 장에서 살펴보았다. 이 대리 감정들은 라켓 감정으로 채택되며, 원래의 통제되지 않은 감정은 억눌려진다.

그러나 원래의 감정은 반응하지 않았기 때문에, 유아의 감정적 경험은 완성되지 않은 채 있다. 이것의 의미를 이해하려는 시도에서, 유아는 자신과 다른 사람들과 세상에 대한 결론을 내리게 된다. 이 결론이 핵심 각본 신념을 형성한다. 어린아이들은 그들이 할 수 있는 구체적이고 마술적인 사고의 종류에 의존한다.

성호라는 한 내담자의 예를 들어 보자. 20대 후반의 성호는 여러 번 여성들과 동거를 해 왔다. 매번 여성이 1년 정도 후에는 성호와 헤어져 버렸다. 그가 그의 여자친구에게 싸움을 걸고, 질투를 하고, 성미가 까다롭고 공격적으로 행동하기 때문에 이러한 결과를 초래했다는 것을, 그 스스로 인정하였다. 이제 성호는 그가 사랑하고 소중히 여기는 한 여성과 또다시 관계를 맺고 있었다. 그는 이전과 똑같은 방식으로 관계가 깨지려고 한다는 점을 두려워했다. 자신의 공격성과 질투심을 인식하고 있었지만, 이러한 감정들을 느끼기 시작했을 때, 그는 스스로 그것을 통제할 수 없다고 느꼈다. 최근에 그는 여자친구를 때렸고, 그래서 그녀는 그를 떠나겠다고 위협하고 있었다. 바로 이때에 그는 치료를 받게 되었다.

이러한 문제에 관한 라켓 체계 분석은 바로 성호의 유년기를 회상하게 한다. 인생의 가장 초기 몇 달 동안에 성호는 갓난아기와 어머니 사이에 존재하는 아주 가까운 신체적 친밀감을 만끽했다. 그러나 성호가 좀 더 자랐을 때, 즉 그의 첫 번째 생일 바로 후에 어머니는 이젠 그가 더 어렸을 때 그랬던 것처럼 꼭 껴안고 싶은 갓난아기가 아니라고 느끼기 시작했다. 그는 이제 더 움직였고, 종종 지저분하기도 했다. 비록 어머니는 의식하지 않았지만 성호를 신체적으로 밀쳐 내는 반응을 했다.

유아의 예민한 의식으로 성호는 어머니의 거절 신호를 알아챘다. 그는 충격을 받았으며 어리둥절한 기분을 느꼈다. "세상의 무엇이 잘못된 걸까? 끔찍하게도 어머니가 혼자 나를 남겨두고 떠나려고 하는가?" 그럴지도 모른다는 가능성을 생각하면서 성호는 완전한 공포와 참담한 고통을 느꼈다. 그가 위로받기 위해서 어머니에게 다가갔지만, 어머니는 여전히 그를 거절하는 것처럼 보였다. 두려움과 마음의 상처를 표현하면서 성호는 그의 욕구를 충족시키지 못했던 것이다.

어머니의 움츠림에 대한 실제적인 이유들을 이해할 수 없는 성호는, 다음과 같은 결론으로 자신의 미완결 감정에 대한 '의미를 이해했다.' 즉, "나는 귀엽지 않아. 내게는 뭔가 잘못된 게 있어." 그래서 그는 자신에 대한 하나의 핵심 각본 신념을 형성하였다.

이것과 일치하여, 또한 그는 다음과 같은 하나의 핵심 각본 신념들도 받아들였다. 즉, "다른 사람들(특히, 의미 있는 여성들)은 나를 거절해. 세상은 두렵고, 쓸쓸하고, 예측할 수 없는 곳이야."

마음의 상처와 두려움에 대한 표현이 그의 욕구를 충족시켜 주지 못했다고 결론 내린 성호는 얼마 후에 그것을 포기하고 차선의 전략을 채택했다. 그가 화난 것을 표현하면 어머니로부터 적어도 얼마간 관심을 끌 수 있다는 것을 알아냈다. 발끈하거나 떼를 씀으로써 적어도 어머니가 그에게 큰소리치거나 노려보도록 할 수 있었다. 비록 이러한 부정적인 관심이 고통스러웠지만 아무것도 하지 않는 것보다는 훨씬 더 나았다. 성호는 "나의 욕구를 충족시키기 위한 최선의 방법은 화를 내는 거야."라고 결단했다. 그는 분노의 라켓으로 두려움과 마음의 상처에 관한 자신의 진실한 감정을 숨기는 법을 배웠고, 그렇게 함으로써 자신의 라켓 표현에 대한 기초를 이룬 것이다.

③ 지지 각본 신념

일단 유아가 자신의 핵심 각본 신념들에 이르면, 이러한 신념들과 맞추어서 현실의 경험을 해석하기 시작한다. 이 신념들은 그가 겪은 경험과 그 경험이 갖고 있는 의미, 그리고 그것들을 얼마나 중요하게 여길지에 영향을 미친다. 이런 식으로 그는 핵심 각본 신념들을 재확인하고 정교화해 주는 지지 각본 신념들을 보태기 시작한다.

성호에게는 두 살 위인 형이 있었다. 나이 차이 때문에 그는 자연히 성호보다 몸집이 더 클 뿐만 아니라 생각하는 능력도 훨씬 앞서 있었다. 걸음마하는 어린아이의 추리력으로 성호는 좀 더 앞지르는 결론을 내렸다. "내게는 너무나 잘못된 것이 있다는 걸 이제 알아. 그건 바로, 충분히 크지도 않고, 똑똑하지도 않다는 것이야. 난 이 사실을 나보다 크고 똑똑해서 모든 관심을 받고 있는 형으로부터 알았어."

그래서 성호는 다음과 같은 자신의 지지 각본 신념들을 세우기 시작한 것이다. "나는 어리석어. 나는 신체적으로 나약하고 너무 작아. 나의 욕구는 중요하지 않아. 다른 사람들은 나보다 더 크고 똑똑해. 이 때문에 그들은 모든 관심을, 특히 의미 있는 여성들로부터 얻게 된다. 인생은 너무나 불공평해."

④ 재순환하는 각본 신념과 각본 감정

이제 성호는 성인이다. 그가 스트레스를 받는 순간에는 각본 상태로 빠져들어 갈지도 모른다. 우리가 살펴본 바와 같이 이것은 특히 지금 여기의 상황이 어린 시절의 스트레스 상황과 어떻게든 유사한 것으로, 마치 고무 밴드가 있는 듯하다.

그러한 때에 성호는 초기 어린 시절의 감정과 신념들을 재경험한다. 그들의 관계에서 여자친구가 '그를 떠나 버린 것'으로 그가 인지했다고 가정해 보라. 그리고 그는 어머니가 유아일 때 그를 밀어제친 경우에 그랬던 것처럼 반응한다. 의식 수준의 아래에서, 그는 마음의 상처와 공포를 경험하기 시작한다.

그렇게 할 때 그는 자신의 각본 신념들을 재연한다. 그는 의식의 밖에서 마음속으로 다음과 같이 자신에게 말하면서 그가 감지했던 거절을 '설명한다.' "나는 귀엽지 않아. 그것은 근본적으로 나에게 뭔가가 잘못된 것이 있기 때문이야. 이 의미 있는 여성은 오로지 나를 거절하려고 하고 있어. 만약 그녀가 거절한다면, 나는 완전히 혼자 남게 될 거야."

성호가 자신에게 이러한 말들을 할 때, 그는 두려움과 마음의 상처에 대한 그의 감정들을 '정당화'한다. 그리고 이러한 감정들을 재경험할 때는 그가 어떻게 느끼는지를 자신에게 '설명'하기 위하여 각본 신념들을 다시 진술한다. 이렇게 하여 각본 신념과 감정들은 끊임없이 재순환된다. 그림에서 점으로 표시한 화살표가 이것을 설명해 준다. 어스킨과 잘크맨은 이러한 과정들이 심리 내적으로, 즉 개인의 마음속에서 진행된다는 것을 강조한다. 성호는 이미 거절로써 감지했던 것에 관해 내적으로 각본 '설명'을 하기 때문에, 그는 지금 여기의 현실을 새롭게 하는 데 유용한 각본 신념들을 만들지 않았다. 반대로, 그가 이렇게 재순환하는 과정들을 반복할 때마다 그는 현실이 각본 신념들을 '확인했다'는 그의 지각을 강화한다.

⑤ 라켓의 표현

라켓의 표현은 각본 신념과 각본 감정들의 표현인 모든 명백하고도 내면적인 행동들로 구성된다. 그것들은 관찰 가능한 행동들, 보고된 내면적인 경험들과 환상들을 포함한다.

◆ 관찰 가능한 행동

관찰 가능한 행동은 개인이 심리 내적인 과정에 반응하여 만들어 내는 감정, 말, 어조, 제스처 그리고 몸의 움직임들의 표현들로 구성된다. 이러한 표현은 어린아이가 자기의 가족 속에서 '원하는 결과를 얻는' 하나의 방법으로서, 광범위한 상황 속에서 사용하기 위해 배운 각본 행동을 재생산하기 때문에 반복적이고 양식화되어 있다.

라켓의 표현들은 각본 신념들과 일치하거나 그것들을 방어하는 행동들을 수반할 것이다. 예를 들어, 어린 시절에 '나는 어리석어'라고 결론 내린 성호는 성인으로서 이러한 각본 신념을 재연할 때 혼란스럽고 어리석은 행동을 한다. 이와 똑같은 어린 시절의 결론을 가진 또 다른 사람은 오랜 시간 동안 공부를 하고, 학교와 대학에서 높은 점수를 얻고 그 후에는 차례로 전문직 자격증을 무리해서라도 차례로 따냄으로써 그 신념을 방어할 것이다.

성호가 그의 여자친구를 향하여 했던 공격의 라켓 표현들은 다음과 같은 초기의 결론에서 나온 것이다. 즉, "내가 나의 욕구를 충족시킬 수 있는 방법은 마음의 상처나 두려움을 느끼기 시작할 때마다 화를 내는 것이다." 그의 여자친구가 그가 경멸이나 거절로써 여기는 방식으로 행동할 때, 그는 핵심 각본 신념들과 이에 따르는 공포와 고통의 감정들을 재연하기 시작한다. 그러나 그가 유아일 때 하도록 배운 것처럼 즉시 그러한 감정들을 화로 덮어 버린다. '조건반사'의 태도로 그는 화를 내고 공격적으로 된다. 그는 여자친구와 격렬한 언쟁을 시작하고 그녀에게 큰소리치거나 밀쳐내기도 할 것이다. 아니면 그는 화를 억제하면서 집을 뛰쳐나가 성을 내어 시큰거리며 거리를 걷기도 할 것이다.

이러한 행동은 그의 진실한 감정들이 고통, 두려움 그리고 친밀감에 대한 갈망이라는 것을 성호의 여자친구에게 알려 주는 방법이 될 수는 없다. 실제로 성호 자신은 이러한 감정을 의식적으로 억눌러 왔다. 그는 대신에 성미 까다롭고 신체적으로 공격적인 사람으로 행동한다. 성호가 맺어 온 관계의 역사에서, 최종 결과는 그의 여자친구들이 결국엔 그를 버렸다는 것이다. 그때마다 성호는 그의 각본 신념들, 즉 "나는 사랑스럽지 않고, 여자들은 나를 거절해. 나는 나 자신 때문에 버림받았어."를 '정당화'하기 위해 이런 반응을 사용해 왔다.

◆ 보고된 내적인 경험

유아가 미완결된 감정적 경험의 의미를 이해하려는 시도에서 각본 신념들을 채택하고, 그가 할 수 있는 최선으로써 경험을 완결한다는 것을 우리는 보았다. 이러한 인지적 과정뿐만 아니라, 개인은 신체적으로, 즉 몸으로 행하는 측면에서도 유사한 과정을 경험할 것이다. 미완결된 욕구에서 에너지를 전환시켜 버리기 위해 유아는 어떤 신체적인 긴장이나 불쾌감의 형태를 설정하는 데 그 에너지를 사용할 것이다.

우리는 앞의 장에서 이것에 관한 예를 들었다. 반복적으로 어머니에게 다가갔지만 반응을 얻지 못한 유아를 기억할 것이다. 그래서 얼마 후 그는 스스로 접근하는 것을 그만두기 위해 어깨를 위로 긴장시킨다. 이것이 불쾌하긴 하지만, 그것은 어머니에게 계속 닿으려고 하면서도 어머니의 명백한 거절을 받게 되는 것만큼 괴로운 일은 아니다. 그다음에 그는 원래의 욕구에 관한 의식과 어깨에 긴장을 유지하는 의식 둘 다를 모두 억누른다. 성인이 되어 그는 어깨, 목 그리고 등뼈 상부에 아픔과 고통을 경험할 것이다. 이것은 우리가 든 예 가운데 성호에게 있어서도 그렇다.

사람들은 이런 식으로 각본 신념에 반응하는 긴장, 불쾌함 그리고 신체적 고통의 영역을 가지고 있다. 이러한 것들은 관찰 가능한 행동으로 분명하게 나타나지 않을지도 모르지만, 그 사람에 의해 보고될 수 있다. 때때로 근육의 긴장이 너무나 철저히 억눌러져 있어서, 안마 중일 때를 제외하고는 그 사람은 근육의 긴장을 의식하지 않게 된다.

◈ 환상

개인의 각본 신념과 일치하여 실제로 행동하는 사람이 아무도 없더라도, 개인은 계속하려고 하면서 그러한 행동을 꿈꿀지도 모른다. 그 상상된 행동은 자신이나 그 밖의 다른 사람의 행동일 수도 있다.

예를 들어, 성호는 때때로 여자친구에게 신체적인 폭행을 한 것 때문에 벌을 받거나 감금되는 것을 상상한다. 그는 사람들이 그에게서 잘못된 것을 찾아내 그 모든 것들을 강조하면서, 그를 등 뒤에서 얕잡아 보고 있다고 자주 상상한다. 때때로 그의 환상은 다음과 같이 '일어날 수 있는 최상의 것'에 관한 과장된 그림이다. 즉, 그는 완벽한 여자친구를 만나는 것을 상상한다. 그 여자친구는 그를 완전히 수용할 것이며, 그가 거절이라고 간주할 수 있는 방식으로는 결코 행동하지 않을 것이다.

⑥ 강화하는 기억

각본 상태에 빠져 있을 때, 개인은 각본 신념들을 강화하는, 모아진 기억들을 고려한다. 이러한 기억된 사건들 각각은 그 사람이 각본 신념과 감정들을 재순환시킨 것 가운데 하나가 될 것이다. 그렇게 했을 때 그녀는 라켓 감정을 경험하거나 자신의 라켓 체계를 정형화하는 다른 명백하고도 내적인 행동들을 시작함으로써 그에 따라오는 라켓의 표현에 들어갈 것이다. 사건이 기억될 때, 라켓 감정이나 다른 라켓의 표현은 그 사건과 함께 기억된다. 다른 말로 표현하면, 스탬프는 각각의 강화하는 기억을 동반하고 있다.

기억된 사건들은 여자친구들이 잇따라 성호의 공격적인 행동에 반응하여 그를 떠났을 때처럼 개인의 라켓 표현들에 대한 다른 사람들의 반응이 될 것이다. 그것들이 실제로 각본 신념들에 대해 중립적이거나 반대될지라도, 그 사람이 내적으로 해석했던 반응들도 각본 신념들을 확인해 주는 데 포함될 것이다. 예를 들어, 한 여자가 파티에 성호를 초대할지도 모른다. 내심 그는 자신에게 다음과 같이 말할 것이다. "정말 그런 뜻은 아닐 거야. 단지 내가 기분이 좋도록 그렇게 말했을 뿐이야." 이러한 해석을 하고는 또 다른 거절로 화를 낼 것이다. 그래서 그는 자신의 각본 신념에 관한 또 다른 확인을 새겨 넣고, 모아진 교환권으로 다른 강화 기억을 수집할 것이다.

가장 영리한 「작은 교수(LP)」조차도 각본 신념들과 일치하도록 해석할 수 없는 몇 가지 사건들이 있다. 그러나 그 경우에 개인은 그런 사건들을 선택적으로 잊어버리는 다른 전략을 채택할 수도 있다. 예를 들어, 한 여성이 솔직하게 성호에게 그녀는 그를 그 자신처럼 아주 존중하며, 그와 가까이 머물면서 사랑할 것이라고 말했던 경우가 있었다. 그러나 각본 상태에 빠져 있는 동안 그는 그러한 기억들을 기억력에서 삭제해 버린다.

우리는 또한 개인이 각본 신념에 맞는 장면에 대하여 환상들을 구성한다는 것을 보아 왔다. 이러한 환상의 기억들은 바로 실제의 사건을 기억하는 것만큼 효과적으로 강화하는 기억들의 역할을 한다. 성호가 '그에게 잘못된' 무언가 때문에 등 뒤에서 그에 관해 이야기하고 있는 사람들을 정신적으로 상상할 때마다 그는 기억 속에 또 다른 강화하는 기억을 보태게 된다.

여기서 다시 라켓 체계가 어떻게 자기 강화하는가 하는 것을 알게 된다. 강화하는 기억들은 각본 신념들에 대한 피드백으로 소용된다. 이것은 그림의 직선 화살표에서 볼 수 있다.

강화하는 기억이 회상될 때마다, 개인은 각본 신념을 재연하는데, 각본 신념 그 자체가 강화하는 기억에 의해 강화된다. 각본 신념이 재연될 때 저변에 깔려 있는 억눌린 감정은 자극을 받고, 심리 내적인 '재순환'의 과정은 또 한 번의 움직임을 시작한다. 이러한 일이 일어날 때, 개인은 라켓의 표현들을 시작하게 된다. 라켓의 표현들은 관찰 가능한 행동들, 내적인 경험들, 환상들 또는 이 세 가지의 혼합을 포함한다. 다음 순서로 라켓 표현의 결과는 그 사람이 감정적 스탬프들을 동반한, 강화하는 기억들을 더 많이 수집하도록 할 수 있게 한다.

⑦ 자신의 라켓 체계 만들기

큰 종이를 가지고 그림과 똑같은 것을 그린다. 각각 세 칸의 하위 표제 아래 많은 공간을 남겨 둔다. 이 빈 도해에 당신은 당신 자신의 라켓 체계의 내용으로 채우기를 시작한다.

만약 연습을 계속하기를 원한다면, 당신에게 불만족스럽거나 고통스러웠던 최근의 상황과 나쁜 감정으로 끝내 버린 일을 기억한다. 당신이 계속하기를 원하지 않는다면 이제 나쁜 감정을 다시 경험할 필요는 없다.

스스로 그 상황으로 되돌아가 생각해 보면서, 당신에게 적용되는 것으로 라켓 체계의 세부 사항을 채운다. 빨리 그리고 직관적으로 행한다.

각본 신념들에 이르는 좋은 방법은 자신에게 다음과 같이 묻는 것이다. "그러한 상황 속에서 스스로에 대해 나는 마음속으로 무엇을 말하고 있었는가? 관련된 다른 사람들에 대해서는 무엇을 말하고 있었는가? 삶의 질과 일반적인 세상에 대해서 무엇을 말하고 있었는가?"

'각본 결단의 시기에 억제된 감정들'을 당신은 어떻게 기록하는가? 이러한 감정들은 당신이 라켓 체계에 있는 동안 억제되고 있다는 바로 그 사실 때문에, 당신이 분석하고 있는 그 장면 동안 그것들을 명확히 의식하지는 못했을 것이다. 그러나 당신이 사용할 수 있는 다양한 단서들이 있다. 때때로 당신은 라켓 감정으로 들어가기 전에 한순간 진실한 감정을 경험했을 것이다. 예를 들어, 만약 그 장면에서의 라켓 감정이 화남이었다면, 당신은 그 순간 바로 전에 두려움을 느꼈을 것이다. 또 다른 방법은 자신에게 다음과 같이 묻는다. "만약 내가 유아였고 나의 감정의 통제에 대한 개념을 가지지 못했다면, 이러한 상황을 어떻게 느꼈겠는가? 격노함을 느꼈겠는가? 외로움? 슬픔? 공포? 황홀감?" 의문스럽다면 추측해 본다. 마지막 검토 때, '라켓 감정들, 진실함 감정들 그리고 문제 해결'에 대해 앞 장의 부분으로 되돌아가 살펴본다. 진실한 감정들 가운데 어느 것이 당신이 이러한 상황을 끝내는 데 적절하겠는가?

이제 라켓 표현들에 관한 칸으로 이동한다. 당신의 관찰 가능한 행동들을 열거하기 위해서, 당신 자신을 담은 비디오에서 그 장면을 보고 있다고 상상해 본다. 당신의 말, 어조, 제스처, 자세 그리고 얼굴 표정들을 적는다. 당신은 무슨 라켓 감정을 표현하고 있는가? 이것을 그 장면 동안 당신이 경험하였던 라켓 감정에 대한 기억과 대조하여 본다.

'보고된 내적 경험들' 아래에는 당신 신체의 어느 곳에 있는 긴장이나 불편함을 기록한다. 당신은 두통이 있는가? 위경련? 목에는 통증이 있었는가? '감각이 없다는 것'도 일종의 감각이라는 점을 명심한다. 돌이켜 생각해 볼 때, 당신이 의식으로 삭제하고 있었던 신체의 어떤 부분이 있었는가?

당신이 경험하고 있었던 환상들을 기입해 넣는다. 여기서 한 가지 좋은 방법은 그 장면으로 되돌아가 스스로를 생각해 보는 것이며, 그 후에 자신에게 다음과 같이 물어본다. "내가 느끼는 최악의 일이 여기서 어떤 일로 일어날 수 있었는가?" 그것이 아무리 공상적인 것으로 보일지라도 상관하지 말고, 당신의 반응으로 제일 먼저 마음에 떠오르는 것을 적어 넣는다. 다음에 당신 자신에게 물어본다. "당신이 느끼는 최선의 일이 여기서 어떤 일로 일어날 수 있었는가?" 이러한 공상 또한 라켓 체계의 일부이므로 똑같은 방법으로 적어 넣는다.

마지막으로, 강화하는 기억들의 칸으로 이동한다. 당신의 기억을 자유롭게 두면서, 당신이 분석하고 있는 장면과 유사한 과거의 상황들에 관한 기억들을 적어 넣는다. 이러한 기억들은 오랜 과거에서 최근의 과거까지가 될 것이다. 그 모든 것들에서 당신은 동일한 라켓 감정과 위에서 '라켓 표현들'이라는 표제하에 언급한 것과 동일한 신체적 불쾌감 또는 긴장 등의 경험을 회상할 것이다.

당신의 라켓 체계의 세부 항목들을 초기의 연습에서 자신에 대해 만든 각본 모형과 대조해 보면, 흥미롭다는 것을 알게 될 것이다. 그것들은 얼마나 많은 공통점을 가지는가? 당신은 다른 부분을 새롭게 하거나 수정하기 위해 그것들을 각각 사용할 수 있다.

⑧ 라켓 체계를 탈출하기

라켓 체계는 분석을 위한 도구의 의미뿐만 아니라 변화를 위한 수단이기도 하다. 어스킨과 잘크맨은 다음과 같이 말한다. "라켓 체계의 흐름을 방해하는 어떠한 치료상의 개입도, 개인의 라켓 체계의 변화에 효과적인 방법이 될 것이므로, 각본의 변화 또한 그럴 것이다."

다른 말로 하면, 라켓 체계의 어떤 지점에 개입하여 각본에서 벗어나기 시작하는 그 지점에서 변화를 만들 수 있다는 것이다. 당신이 그러한 변화를 가져올 때는, 오래된 피드백 고리를 깨뜨리게 된다. 그래서 변화는 더 쉽게 이루어진다. 그 과정은 여전히 자신을 강화하고 있지만, 당신은 이제 각본 상태에서 고정되어 있는 것이 아니라 각본의 이동을 강화하고 있다.

당신은 개입의 한 지점에서 당장 멈출 필요는 없다. 멈추기를 원한다면 몇몇 다른 지점에서 라켓 체계의 흐름을 깨뜨릴 수 있다. 이러한 것들을 많이 변화시킬수록 각본에서 당신의 움직임은 더 크게 된다.

어스킨과 잘크맨의 논문에서, 그들은 치료자들이 라켓 체계를 방해하기 위해 사용할 수 있는 여러 가지 특별한 개입을 설명하고 있다. 당신은 자기 치료에 이와 유사한 접근법을 사용할 수 있다. 만약 당신이 이런 식으로 라켓 체계를 사용하는 것을 원한다면, 여기에 출발의 준거 틀을 제공해 주는 연습이 하나 있다. 당신이 좋아하는 창조적인 방법들이 있다면, 그것으로 이 준거 틀을 보완할 수도 있고 수정할 수도 있다.

그러면 [그림 2-32]를 참고로 하여 라켓 체계에서 벗어나는 방법을 연습해 보기로 하자.

라켓 체계를 그렸던 것과 같은 큰 종이를 마련하고, 거기에 라켓 체계처럼 보이는 도해를 그리지만 실제로 그것은 라켓 체계의 긍정적인 대응물이다. 만약 당신이 원한다면, 이 새로운 도해를 '자율 체계(autonomy system)'라고 부를 수 있다.

다시 한번 세 칸을 그린다. 자율 신념과 감정은 왼쪽 칸에 두고, 중간 칸은 자율적인 표현 이라는 이름으로 하고, 세 번째 칸은 라켓 체계에서처럼 '강화하는 기억'이라는 똑같은 이름으로 한다.

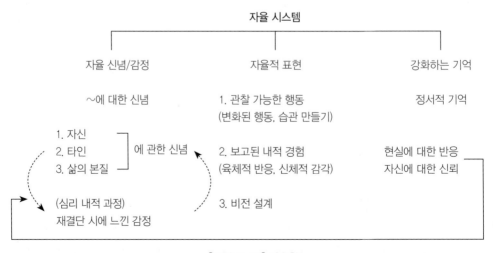

[그림 2-32] 선순환

　　자율 신념과 감정 아래에는 라켓 체계에서처럼 '자신, 다른 사람들, 그리고 삶의 질에 관한 신념'이라는 하위 표제를 적는다.

　　라켓 체계를 만들 때 당신이 회상했던 장면으로 한 번 더 돌아가 생각해 보고, '자신에 관한 신념'부터 시작한다. 당신이 지금 새로운 최신 신념으로서 기입할 당신 자신에 대한 긍정적인 현실은 무엇인가?

　　예를 들어, '성호'가 이러한 연습을 했다고 가정해 보자. 그는 이 제목하에 다음과 같이 기록할지도 모른다. "나는 완전히 사랑스러워, 그리고 나는 있는 그대로 모든 면에서 충분히 훌륭해." 여기서는 시종일관 이러한 유형의 긍정적인 어법을 사용하는 것이 중요하다. '아니다, 중지, 상실, 없이'와 같은 부정적인 단어들은 피한다. 당신이 처음 기입한 란에 그러한 부정적인 어떤 단어가 들어가 있다면, 긍정적인 말만으로 그것을 말하도록 문구를 다시 만들 시간을 가진다. '성호'의 예에서, 그의 각본 신념은 "내게는 뭔가 잘못된 것이 있어."라는 것이었다. 이것을 "내게는 뭔가 잘못된 것은 없어."와 같이 부정적인 말로 바꾸기보다는 "나는 충분히 크고 훌륭해."와 같은 긍정적인 말로 바꾸도록 한다.

　　계속해서 긍정적인 단어들을 사용하여 똑같은 방식으로 다른 사람들과 삶의 질에 대한 당신의 신념들을 새롭게 한다. 여전히 당신의 라켓 체계의 부분이 될 수 있는 과장 행동에 대해서 주의를 한다. 그러나 의심스럽다면, 낙관주의 측면에서 벗어난다.

　　당신의 라켓 체계에서 '억제된 감정'이라고 기입해 넣은 왼쪽 칸 아래에는 이제 '표현된 진실한 감정'이라는 표제를 써넣는다. 당신이 라켓 체계에서 기입한 것과 똑같은 진실한 감정들을 써 넣는다. 그 장면으로 되돌아가 자신을 상상해 보면서 당신이 어떻게 안전한 방법으로 그 상황이 끝나도록 진실한 감정을 표현할 수 있었는지를 눈앞에 떠올린다.

　　다음에는 '자율적인 표현'이라는 중간 칸으로 간다. 다시 한번, 비디오에서처럼 당신 자신의 장면을 본다. 그러나 이때에 긍정적이며 각본에서 벗어나는 그리고 라켓보다는 진실한 감정을 느끼는 방식으로 행동하도록 그것을 다시 해 본다. 당신이 이 새로운 란에서 스스로 사용하는 자신에 대해서 보고 듣는 단어, 제스처 등을 '관찰 가능한 행동' 아래에 기입한다.

　　같은 방식으로, 변형된 장면에 '보고된 내적 경험'을 완성한다. 불쾌감 대신에 어떤 편안함을 느끼는가? 당신이 이전에는 알지 못했던 어떤 긴장들을 알게 되었는가? 그렇다면 당신은 이러한 긴장들을 풀려고 결심하는가? 그렇게 할 때 무슨 일이 일어나는가?

　　자율체계에서는 '환상'을 기입하지 않는다. 우리가 살펴본 것처럼 '최상의 것'의 결과에 관한 과장된 환상들은 라켓 체계의 두 부분이다. 그보다도 이제는 '계획과 긍정적 시각화'를 여기에 기입한다. 이것은 이 연습의 나머지 부분을 완성하기 위한 표제다. 그것은 미래의 상황들이 당신이 라켓 체계에서 분석한 라켓의 방법 대신에 지금 세우고 있는 긍정적 방법으로 진행되도록 보장하기 위해 당신이 할 수 있는 「어른 Ⓐ」 상태의 생활 계획을 말하는 것이다. 환상들 대신에 당신의 인생 계획들은 가능하게 하고 진전시키기 위해 창조적인 시각화 기술들을 사용할 수 있다.

마지막으로, 강화하는 기억에 대한 칸은 완성한다. 당신이 지금 만들고 있는 재연 상황과 유사한 인생의 긍정적 상황에서 과거의 몇몇 경우들을 회상할 수 있을 것이라는 점은 거의 확실하다. 아마도 그것에 대해 생각할 때 당신은 많은 것을 회상할 수 있게 될 것이다.

그리고 당신이 실제로 어떤 것도 회상할 수 없다 하더라도 어쩌겠는가? 그냥 몇몇 부분만을 만든다. 만들어 낸 긍정적 상황들을 회상하는 것은 실제의 상황들을 회상하는 것만큼 아주 효과적이다. 이제 당신은 자율 체계의 변환을 시작하게 된다. 라켓 체계에서처럼 당신은 시간이 지남에 따라 그것을 수정하고 새롭게 할 수 있다.

자율 체계의 도해 위에 몇 인치 떨어져서 유지하고 있는 당신의 라켓 체계에 관한 완성된 도해를 상상해 본다. 앞으로 당신은 라켓 체계의 어떤 지점에 통풍구를 만들 수 있고, 자율 체계와 일치하는 지점에 내리기 위해 그것을 통해 내릴 수 있다. 그 지점에서부터 당신은 과거에 돌아갔던 라켓의 피드백 고리로 돌아가는 대신에 자율 체계의 흐름에 따르게 될 것이다.

아마 당신은 스스로 몇 개의 통풍구를 만들 것이다. 당신이 통풍구를 많이 가질수록 라켓 체계에서 벗어나 자율로 들어가는 것을 발견하기가 보다 쉽다. 그리고 이러한 방법을 만들 때마다 앞으로도 이렇게 만들기가 더 쉬워질 것이다.

7. 심리게임

1) 심리게임 이해

(1) 심리게임이란

우리들이 심리게임을 참으로 이해하기 위해서는 무의식, 정신의 발달 단계, 불안과 방어, 정신병리의 역동 등에 대해서 기본적인 지식을 익히는 것이 필요하다고 생각된다. 지금부터 심리게임의 의미를 알아보기로 하겠다.

일반적으로 게임이라 하면 그 대부분이 즐겁고 유쾌한 시간을 보내는 방식을 생각하지만 교류분석에서 말하는 게임은 심리적 게임으로써 사람들에게 불쾌한 감정을 주는 것이며, 때로는 그 종말이 몇 사람의 죽음을 초래하는 경우도 있을 수 있다. 이 심리적 의미에서 게임의 특색은 한 사람의 인간으로부터 현재적인 자극과 잠재적인 자극의 양쪽이 발전한다는 특수한 교류다.

게임 진행 공식

인생게임의 흐름도

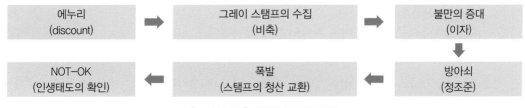

[그림 2-33] 게임의 공식과 과정

이 같은 이면적 게임을 받는 상대는 그 게임의 결말에서 반드시 불쾌한 감정을 맛보게 된다.

심리게임이라 함은 명료하고 예측 가능한 결과를 향해 진행해 가는 일련의 상보적 · 이면적 교류를 말한다. 기술적으로 말하면 그것은 숨겨진 동기를 수반하고 자주 반복적이며 표면상으로는 올가미나 속임수를 품은 일련의 흥정이다.

인간이 심리게임을 하는 것은 애정이나 스트로크를 얻기 위한 수단이고, 시간을 구조화하는 방법의 하나이며, 심리게임은 각자의 기본적 라켓 감정을 지키기 위해서 연출되고, 사람은 그 사람의 인생태도를 강화하고 또한 증명하게 된다.

에릭 번에 의하면 심리게임은 다음과 같은 일정한 공식에 따라 진행된다고 한다.

먼저 플레이어는 숨겨진 동기를 가지고 심리게임을 연출할 수 있는 상대를 찾고 있던 중 적절한 상대가 발견되면 계략을 쓴다. 이 같은 유인장치에 의해 약점을 가진 상대가 걸려든다. 여기에서 심리게임이 성립되고 일련의 표면적 교류로서 반응이 나타나게 된다. 점차 심리게임은 서서히 확대되어 교류 과정에서 어떠한 전환이 생긴다. 이것은 통상 엇갈림, 대립, 허둥대기와 같은 교차 교류의 형태로 양자관계는 혼란이 일어나고 최후에 심리게임은 의외의 결말을 가지고 막을 내린다.

이 시점에서 객관적으로 플레이어의 동기가 현재화되고 그 정체가 폭로되는 것이지만 많은 경우 당사자들은 강한 불쾌감을 맛보고 그 의미를 감지하지 못한 채 끝나고 만다.

여기에서 유의해야 할 점은 심리게임이 반드시 R → S → X → P · O의 화살표 방향으로만 진행하는 것이 아니고 실제로는 C + G의 부분도 포함해서 각 단계를 왔다 갔다 하면서 최후의 결말을 맞이하는 경우가 많다는 것이다.

(2) 심리게임의 특징

① 심리게임은 반복적이다

각자는 계속해서 그들이 좋아하는 심리게임을 한다. 다른 연기자들의 환경은 변할 수 있지만 심리게임의 양상은 비슷하게 남는다.

② 심리게임은 「어른 ⓐ」 상태의 의식이 없이 연기된다

사람들이 심리게임을 반복해서 진행한다는 사실에도 불구하고 그들이 심리게임을 하고 있다는 것을 의식하지 않고 그들의 심리게임을 재연해 나가는 것이다. 이것은 연기자가 다음과 같이 스스로 자문하게 되는 심리게임의 마지막 단계까지 계속되는 것은 아니다. 즉, '어떻게 그런 일이 다시 일어났지?' 그때까지도, 사람들은 보통 자신들이 심리게임을 하는 것을 조장해 왔다는 사실을 깨닫지 못한다.

③ 심리게임은 항상 연기자들이 라켓 감정을 경험하면서 끝이 난다

여기서 라켓 감정이란 부적절한 대리 감정을 말한다. 어린 시절에 배웠고 장려 받았으며, 많은 스트레스 상황에서 경험했던, 그리고 문제 해결을 위한 어른스러운 수단으로 잘못 적용된 익숙한 감정이다.

④ 심리게임은 연기자들 사이에서 이면 교류의 교환을 수반한다

모든 심리게임에 심리학적 수준으로 일어날 수 있는 것은 사회적 수준에서 일어날 수 있는 것으로 보이는 것과는 다른 차이점을 가지고 있다. 즉, 사회적 수준의 메시지와 심리적 수준의 메시지가 다르게 교류를 한다. 우리는 사람들이 자신과 결합하여 심리게임을 할 다른 사람을 찾으면서 그들의 심리게임을 계속 반복하는 방식에서 이것을 알 수 있다.

⑤ 심리게임은 항상 놀라움과 혼란의 순간을 포함하고 있다

이 경우에 연기자는 예상치 못한 일이 일어났다는 느낌을 가진다. 어쨌든 사람들은 변화된 역할을 담당하는 것처럼 보인다.

⑥ 심리게임은 각본 신념을 강화시킨다

어린아이들이 초기의 결단을 통해 세상의 극복과 생존을 위한 유일한 방법으로 여긴다는 것을 알고 있다. 그래서 우리가 성인이 되어 인생각본 속에 있을 때, 자신과 다른 사람, 그리고 세상을 진실한 것으로 보는 우리의 각본 신념을 확인하기를 원한다는 것은 조금도 놀랄 일이 아니다. 우리는 심리게임을 할 때마다, 그런 각본 신념을 강화하기 위한 결말을 사용한다.

⑦ 심리게임은 인생태도를 정당화시킨다

사람들이 어린 시절의 공생을 재연하기 위해 심리게임을 사용할 때, 그들은 에누리하고 있는 문제를 정당화하고 유지한다. 이렇게 함으로써, 그들은 자신의 준거 틀을 방어하는 것이다. 그래서 심리게임은 연기자가 이미 느끼고 믿고 있는 것(라켓 감정과 인생태도)을 정당화하기 위해 연기되며, 어떤 사람이나 또 다른 어떤 것에 책임을 전가시키기 위해 연기된다. 이러한 것들을 행할 때마다 그 사람은 자신의 인생각본을 강화하고 인생태도를 정당화시킨다.

⑧ 심리게임은 불건전한 공생을 유지하기 위한 하나의 시도이거나 그러한 공생에 대한 화난 반응이다

심리게임은 각 연기자가 자신과 다른 사람을 모두 에누리하는 불협화음의 공생적 관계에서 비롯된다. 연기자는 '나는 할 수 없어 당신이 도와줘'(어린이 ⓒ 상태), 아니면 '나는 당신만을 위해 무엇이든 할 수 있어'(어버이 ⓟ, 어른 Ⓐ 상태)와 같은 상징을 정당화하기 위해 과장된 믿음을 유지한다.

⑨ 심리게임은 세상으로부터 무엇을 얻으려는 어린이 ⓒ의 최선의 전략을 나타낸다

우리가 성인 시절에 심리게임을 연기할 때는 순진한 어린이 ⓒ 상태의 욕구를 충족하려는 시도를 하고 있는 것이다. 그것은 진부하고 속임수적인 욕구를 충족시키는 수단 바로 그것이다.

2) 교환권 수집과 심리게임

부모와 자녀는 가정생활에서 많은 시간을 함께 보내게 된다. 그러다 보니 부모와 자녀는 교류의 홍수 속에 많은 정서적·심리적 교류를 하게 된다. 이 과정 속에 특별한 감정들을 모으게 된다. 이러한 감정들은 부모와 자녀 간의 관계에 중대한 영향을 주게 된다. 부모와 자녀의 심리적 교환을 교류분석의 관점에서 비춰 보고 부모와 자녀 간의 바람직한 교류 방향을 찾아 볼 수 있을 것이다.

교류분석에서 어린이 자아상태(ⓒ)가 모으는 특별한 감정을 교환권(Stamp)이라고 부른다. 이 교환권이라는 용어의 의미는 상품을 살 때 덤으로 받는 것으로 후에 현금으로 대체하기 위해 물품과 교환하게 된다. 교류분석에서 교환권은 심리적 교환권이다.

심리적 교환권은 결국 가치 있는 현물로 상환된다. 이 수집한 원한은 그것이 점점 커져 가서 포화 상태가 되면 자신이 취하는 행동을 정당화하면서 상환하게 된다. 이것을 '교환권의 현물화'라고 한다.

이 같은 교환권에는 기분이 좋고 자신을 중시하는 감정으로서 금색 교환권, 부적절한 감정 수집 경향으로서 갈색 교환권, 혹은 회색 교환권 또는 우울 감정 수집 경향으로서 청색 교환권, 분노와 적대적 감정으로서 적색 교환권 등이 있다. 이 외에도 결백을 드러내는 감정으로서 백색, 녹색, 황색 교환권도 있다.

사람들은 대화를 통해 인정자아를 교환하면서 그 결과를 좋을 때는 금색 교환권을 나쁠 때는 회색 교환권을 수집하게 된다. 여기서 금색이나 회색 교환권이나 모두 라켓 감정의 수집이라는 것을 알아야 한다.

그리고 받는 편에는 자기의 '마음의 용지'에 그 교환권을 저축하게 된다. ⓒ에 의해 이루어지는 이와 같은 감정 교환권의 수집은 그것이 어느 정도 축적되면 사소한 감정의 동요를 계기로 "뭐야! 잠자코 듣고만 있으니 못할 말이 없군." 하면서 갑자기 교환권 교환을 요구하게 된다. 이것을 교류분석에서는 라켓이라는 말로 표현하고 있다.

돌연 폭발하는 것은 평소 부정적 감정이 축적된 결과 감정 교환권의 청산이라고 생각하면 이해할 수 있을 것이다. '티끌 모아 태산'이라는 말과도 같다.

가정이나 학교에서 폭력 사태가 돌발하는 것도 오랜 시일 부모들의 지나친 과보호(NP)나 '이렇게 하라', '그렇게 하면 안 돼!' 하는 지나친 통제(CP)의 결과일 수도 있다.

이럴 때 '너를 위해서 한 말인데……'라고 생각해 봤자 그것은 '사후 약방문' 격이 된다.

사소한 일까지 다 해 주는 어머니, 자기 생각을 강요하는 아버지, 그들의 자녀들은 '자기 일은 자기가 하고 싶다. 자기 생각대로 행동하고 싶다'라고 생각하지만 일체 허용하지 않는다. 분노, 그들의 자율성이 박탈에서 회색 교환권이 쌓일 대로 쌓여 그 후 교환은 사소한 계기가 마련되면 언제라도 폭발의 형태로 교환된다.

불쾌감을 뜻하는 '회색 스탬프'의 수집은 타인으로부터 부정적 인정자아를 받아 그 결과 얻어진 것과 자기 자신이 수집하는 경우가 있다. 타인으로부터의 부정적 인정자아는 어떤 한 사람으로부터 단 한 번의 부정적 인정자아를 받는 것, 같은 사람으로부터 반복해서 몇 번이고 또는 몇 달간에 걸쳐 받는 것, 여러 사람들에게서 받는 것 등 다양한 케이스가 있다.

그러나 어떤 것이든 자기가 수집한 부정적인 감정의 응어리를 언제 어떤 형태로 청산할 것인지 하는 것은 그 방아쇠를 당기는 계기가 어떤 것인지 또 어느 정도 수집됐는지에 따라 다를 것이다.

예를 든다면 교환권이 약간 수집된 경우라면 머리가 아프다든지 의자나 책상을 걸어차는 정도지만 이것이 더 많이 수집되었다면 타인의 사소한 실수에도 언성을 높여 꾸중을 할 때도 있을 것이다.

부정적인 인정자아를 단 한 번 받았다 해도 회색 교환권을 많이 수집할 수도 있으며 시간이 경과하면, 구르는 눈덩이가 커지듯이 분노가 증가될 것이다.

이런 상태를 청산하지 않으면 마음의 평온을 가질 수가 없다. 그래서 회색 교환권(불쾌감)은 어떤 방법이든 빨리 교환해서 그와 같은 '부적응 상태'에서 벗어나야 하는 것이 자연의 섭리라고 할 수 있다.

그러나 여기서 문제가 되는 것은 '어떤 방법이라도'라고는 했지만 방아쇠를 당기는 그 시기의 표적이 불건전하고 부도덕한 것에서 청산된다면 그것은 개인적으로나 사회적으로 문제를 야기시킨다. 참고 또 참았다가 더 이상은 못 참겠다는 단계에서 청산하는 것은 청산 후에도 마음속을 안정시킬 수가 없다. 그래서 어떤 방법이든 축적하지 않고 청산하는 것이 현명한 방법이다.

대상에 대해 혼자서 고함을 친다든지 베개를 주먹으로 두드려 보는 것도 심리적인 라켓, 즉 마음속에 폭력단을 밖으로 몰아내는 방법이다.

회색 교환권을 자기가 수집하는 과정의 예를 들어보자.

어느 날 사원이 10분 정도 늦게 출근하였다. 그리고 그는 인사말도 없이 우물쭈물하면서 자기 자리로 갔다. 이것은 완전한 에누리라고 할 수 있다. 상사는 10분의 지각을 꾸중한다는 것은 상사답지 못하다고 생각해서 침묵으로 대했다. 그러나 자신도 느끼지 못하는 사이에 회색 교환권이 축적되고 있었다. 2~3일 후 같은 사원이 또다시 지각을 했다. 이번에도 또 한 번 불문에 붙였지만 스탬프는 이자가 덧붙여 첨가되었다. 시간의 경과와 더불어 몇십 배로 축적된 어느 날 아침 상사는 집에서 출근 직전에 아내와의 언쟁으로 회색 교환권을 증가시키면서 출근을 했다. 출근한 상사는 아침 인사도 없이 자기 자리로 가서 앉았다. 운 나쁘게도 전에 지각을 했던 사원이 1~2분 늦어서 출근을 했다. 그것이 계기가 되어 방아쇠는 당겨진 것이다.

상사는 벌떡 일어서면서 창백한 얼굴로 "이봐요, 현규 씨! 이리와 봐요!" 하면서 "당신 말이야! 당신 멋대로 회사를 다니는 거야!" 하는 고함소리와 함께 소동이 일어났다.

'교환권의 교환'이라는 것은 상사 자신도 느끼지 못하며, 사원 측에서 보면 마치 폭력단(라켓)에게 급습을 받은 기분이며 상사가 왜 그런지 이유를 모르는 것도 무리가 아니다. '겨우 1~2분 지각에 그렇게 화를 내지 않아도……' 하고 놀란 것은 그 사원뿐만 아니라 다른 사원들까지도 놀라게 한다. 주위 시선을 느낀 상사는 어색한 표정으로 '아아! 상사가 된 자기 사원들 앞에서 이게 뭐야!' 생각하지만 이미 늦었다.

회색 교환권의 뭉치가 한번에 폭발함과 동시에 자기권위도 주저앉고 말았다. 교환권 교환의 실례의 하나다. 결코 부정적의 교환권은 모으지 말자 '자기의 감정은 자기 책임'이다.

'모였구나'라고 느끼면 빨리 청산하자.

이상은 자기 자신에 대해 나쁜 감정을 의미하는 회색 교환권의 예를 들어 교환권 수집과 결과는 필히 감정과 교환한다는 것을 설명하였다.

교환권의 수집이라는 것을 학습을 하는 것은 대화는 인정자아의 교환이며 받은 인정자아의 종류나 질과 양에 따라 여러 가지 감정을 수집해서 저축한다는 것, 그리고 언젠가는 교환한다는 것이다. 그래서 감정이라는 것은 '자기가 축적한다'는 것이며 '축적하게 했다'라고 생각되는 것은 타벌적·의존적인 것이 된다.

교류분석의 목적 중 하나인 '자율성을 갖는다'라는 것에 비추어 보면 '자기의 감정은 자기의 책임'이라고 할 수 있으며, 따라서 '타인의 감정에는 책임을 질 수 없다'는 것이 되는 것이다.

평소 듣는 말 중에 '저 사람이 내 감정을 상하게 했다', '저 사람 기분을 상하게 한 것이 아닌지 몰라' 등이 있다. 전자는 타벌적이고 주체성이 없으며, 후자는 그 사람의 감정은 그 사람의 책임이지 내가 책임질 수는 없다는 것이다. 만일 기분이 상했다 해도 그것은 '그 사람의 책임'이다. 이런 경우 어른은 아이 스스로 자신의 감정을 다룰 수 있도록 지도가 필요하다. 문제는 자기감정을 자기가 통제할 수 있어야 한다는 것이다.

래리 마트(Larry Mart)는 감정 추적법에 의한 교환권 버리는 8단계를 다음과 같이 들고 있다.

① 나는 기분이 상한다.
② 어떤 감정인가?
③ 어느 부분이?
④ 누가 그랬어?
⑤ (ⓅⒶⒸ) 중 무엇으로?
⑥ 왜?
⑦ 나는 어떻게 하면 좋을까?
⑧ 이후 내가 어떻게 달라져야 하지?

3) 드라마 삼각형과 심리게임

우리들은 삶의 현장에서 어른 Ⓐ가 의식하지 못한 채 타인들과 많은 심리게임을 하게 된다. 드라마 삼각형은 생활에서 심리게임을 하고 있는 자신과 타인 간의 관계 틀을 잘 설명해 주고 있다. 지금부터 드라마 삼각형의 개념과 의미를 알아보겠다.

카프만(S. Karpman, 1968)은 심리적 게임과 연극(drama) 사이에 유사점이 있다는 데 주목하고

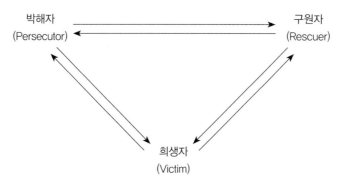

[그림 2-34] 드라마 삼각형

게임을 이해하는 근거로 삼았다. 즉, 무대에서 배우의 교체가 있는 것처럼, 게임에 있어서도 연출자 간에 극적인 역할이 교대로 일어난다는 것으로 [그림 2-34]와 같이 도식화하여 '드라마 삼각형'이라 불렀다.

[그림 2-34]에서 볼 수 있듯이 드라마 삼각형은 '박해자', '희생자', '구원자'의 3개 역할로 구성된다.

(1) 박해자

두 사람 혹은 그 이상의 인간관계 속에서 주도권을 쥐고 있는 자로서 지배적인 힘을 발휘하고 상대의 행동을 억압하거나 지시한다. 사디즘적 잔인성을 갖고 희생자를 학대하거나 벌하거나 규율을 강조하는 사람이다. 주로 CP가 연출하는 역할이다.

(2) 희생자

대립되는 인간관계에 있어서 그 힘의 균형을 유지하기 위해서 희생되는 자를 말한다. 실제는 일에 부적합하기 때문에 인종, 성별, 신조 등의 이유에서 거절 받는다고 거짓된 주장을 하는 사람이다. 주로 AC가 관여하고 있다.

(3) 구원자

희생자를 원조하거나 박해자를 지지하거나 하면서 친절한 것처럼 겉치레로 타인을 자신에게 의존하도록 만드는 사람이다. 화해를 시키거나 관대한 태도를 보이며, 때로는 상대편을 자신에 의존시키려는 과보호적 역할도 연출하며, 때로는 호인이 되기도 한다. 주로 NP가 연출한다.

지금까지 드라마 삼각형과 심리게임에 대한 관계와 의미를 알아보았다. 이와 같은 이론을 삶의 현장에도 적용할 수 있을 것이다. 생활에서 사람들은 '박해자', '희생자', '구원자'의 3개 역할을 반복하면서 타인과의 관계를 이어가는 경우가 많이 있다. 이러한 '박해자', '희생자', '구원자'의 3개 역할을 반복하는 동안 사람들과의 관계에 있어서 교류가 계속될 것이다. 그러나 사람들은 심리게임 속에서 부정적인 교환권을 비축하게 되고 언젠가는 부정적 교환권을 현물로 교환하게 되어 사람들 관계는 신뢰할 수 없는 관계를 형성하게 되면서 라켓 감정을 맛보게 될 것이다. 이러한 관계에서 오래 머물지 말고 벗어나는 것이 타인과의 관계에서 자율적인 자신이 될 수 있고, 타인을 자율적인 사람으로 안내할 수 있는 자신이 될 수 있을 것이다.

4) 심리게임을 중단하는 방법

사람들은 생활에서 자신의 「어른 Ⓐ」가 의식하지 못하는 사이 자신과 타인 사이에 많은 심리게임을 하고 있다. 그러므로 심리게임 분석에 대한 지식과 결합된 기술은 게임을 벗어나기 위한 효과적인 무기를 자신에게 제공할 것이다. 게임 공식의 어떤 단계에서 게임의 흐름을 끊기 위해 선택을 사용할 수 있다. 만약 자신이 게임의 과정에 놓여 있다는 것을 알게 되면, 부정적인 것에서 벗어나 긍정적인 기능 자아상태로 이동하는 선택을 취할 수 있다. 만약 타인이 그들의 게임 속으로 당신을 유인할 때도, 그 게임의 단계에서 당신이 할 것이라고 가정한 것에 관한 타인들의 기대를 포함하는 반응으로부터 되돌아오도록 선택들을 사용해야 할 것이다. 타인들과 함께 드라마 삼각형을 돌며 다니기보다는 삼각형 전체에서 벗어나야 한다는 것이다. 자신은 타인이 게임을 그만두도록 만들 수는 없다. 그리고 타인들이 게임으로 당신을 끌어들이려고 하는 노력을 그만두도록 할 수도 없다. 그러나 선택을 사용하여 당신은 스스로 게임 연기에서 나갈 수 있으며, 또한 당신이 이미 해 봤던 게임을 알게 된다면 그것을 취소할 수 있다. 그리고 이러한 계획이 당신의 일이라면, 타인들도 게임의 바깥으로 벗어나도록 초대하는 기회를 최대로 많이 가질 수 있다.

다음은 이러한 심리게임을 중단하는 방법이다. 자신이 생활에서 타인과 교류로부터 발생한 심리게임을 벗어나는 매우 유용한 지침이 될 것이다.

(1) 심리게임의 시작에 주의하고 그것을 피할 것

심리게임은 공식에 따라 진행되는데, 많은 심리게임은 상대를 에누리(discount)하는 데서부터 시작하므로 타인의 인격 무시, 경시, 고민이나 문제의 부정, 기만 등을 중지하도록 한다. 또한 타인으로부터 오는 에누리를 받아들인다면 게임으로 들어갈 수 있으므로 타인의 에누리에 직면할 필요가 있다. 심리게임으로 이동하기 전 순간적으로 연기자는 드라이버 행동을 나타낼 것이다. 이때 게임에서 나가기 위해서는 자신의 드라이버로 타인의 드라이버 행동에 반응하는 것을 거부하고, 대신 스스로에게 허용법을 제공하여야 한다. 자신은 도발자의 형태를 띠는 이면의 메시지를 찾아내어 사회적 수준에서 반응하기보다는 초월해 버릴 필요가 있다. 이때 자신은 온전한 「어른 Ⓐ」 상태에서 교차 교류를 사용할 수 있을 것이다. 심리적 수준에서 시작하는 도발자를 가로지르는 반응은 다음과 같은 메시지를 전달하고 있다. '나는 너의 심리게임을 통찰하고 있어. 그러니 대신 좀 진실되게 하자.'

(2) 라켓(racket) 감정과 행동과의 관계를 객관적으로 관찰할 것

생활에서 자신이 가끔 체험하는 라켓 감정, 예컨대 분노, 죄악감, 성급함, 후회 등에 초점을 맞추어 그것과 행동과의 관계를 어른 Ⓐ를 가지고 객관적으로 관찰하도록 한다.

(3) '드라마 삼각형'의 세 가지 역할을 연출하지 않도록 할 것

'드라마 삼각형'에서는 '박해자', '희생자', '구원자'의 3가지 역할이 있는데 상대편이 어떤 실수를 했더라도 이것을 언제까지나 책망하는 '박해자' 역할을 연출하지 않는다. 다음은 드라마 삼각형에서 벗어난 방법을 정리한 것이다.

◆ 희생자에게 건강하게 반응하는 법
　① 지금 여기에서는 아무도 희생자가 아니라는 사실을 의식하라.
　② 상대의 불행한 사연과 넋두리를 끝까지 듣고 있지 말라.
　③ 현재의 문제에 집중하도록 유도하라.
　④ 부득이 도움을 요청하는 경우 다음을 유의하라.
　　• 도와 달라는 요청이 없으면 먼저 대응에 나서지 말라.
　　• 도움의 내용과 기한을 분명히 정해 두라.
　　• 적절한 보상을 받으면서 도와주라.
　　• 문제의 절반 이상을 도와주지 말라.
　　• 자율성 회복을 목표로 삼아 도와주라.

◆ 희생자 역할에서 벗어나는 법
　① 수동적 태도를 버리고 스스로 행동에 나서야 한다.
　② 넋두리를 구체적 요구로 대체하는 법을 배우라.
　③ 내 문제는 내가 풀어야 한다는 점을 명심하라.
　④ 희생자가 없으면 박해자나 구원자도 없다.

◈ 박해자에게 건강하게 반응하는 법

① 내가 상처받기를 원치 않는다면 표현하라.

② 박해자가 비난할 때 나도 비난하겠다는 생각은 버리라.

③ 차분하게 내가 할 말을 하라.

④ 사실에만 근거해서 요구하는 바를 명확하게 말하라.

◈ 박해자 역할에서 벗어나는 법

① 충족되지 못한 나의 욕구를 분명히 파악하라.

② 먼저 내 스스로에게 너그럽게 허용해 보라.

③ 나의 상처를 보살피라.

◈ 구원자에게 건강하게 반응하는 법

① 내 쪽에서 희생자 역할을 거부하라.

② 어린애 취급하게 내버려두지 말라.

③ 상대가 제공하는 도움을 정중하게 거절하라.

④ 상대가 잘해 준 일에 대해 반드시 고마움을 표현하라.

◈ 구원자 역할에서 벗어나는 법

① 남을 돕는 것도 좋지만 먼저 나 자신의 구원자가 되라.

② 남을 돕는 것 외에도 관심과 만족감을 느낄 수 있는 수단을 찾아보라.

③ 다른 사람이 조금 더 자율적으로 살 수 있는 여지를 주라.

④ 건강한 조력 관계를 실천에 옮기라.

(4) 기존 교류패턴을 바꾸어 볼 것

심리게임은 언제나 비생산적인 교류패턴을 계속하고 있기 때문에 연출된다. ⓅⒶⒸ 자아상태 모두를 써서 자기 행동의 발신원을 추적하여 그것을 바꾸어 본다. 많은 경우 자신이 말하는 것보다 타인의 말을 보다 많이 듣는 태도로 바꾸면 게임은 중단된다.

(5) 결말을 생각하고 그것을 철저히 회피하는 수단을 구체적으로 강구할 것

자신이 게임으로 들어가 전환점에서 게임을 의식하게 되었다면 어쩌겠는가? 아직 모든 것을 잃지는 않았다. 나쁜 감정의 결말을 거부할 수 있다. 당신은 아직 좋은 감정의 결말을 스스로에게 줄 수 있다. 자신은 어른 Ⓐ 상태의 의식을 가지고 다른 과정을 택할 수 있다. 라켓 감정으로 이동하기보다는 자신의 진실한 감정과 욕구에 대하여 타인에게 공개할 수 있다. 그래서 당신은 부정적인 결말 대신에 긍정적인 결말인 친밀을 끌어들일 수 있다.

(6) 비생산적인 시간을 오래 보내지 말 것

"5분간 할 말이 있다."고 시작해서 1시간 동안 주의를 주는 것이 게임이다. 부정적 인정자극의 교환을 빨리 단절하는 것이 좋다.

(7) 긍정적 스트로크를 교환하고 서로 유쾌한 시간을 갖도록 할 것

심리게임 연기는 「어린이 ⓒ」 상태에서 스트로크를 얻는 믿을 만한 방법으로 여겨진다. 아마 자신은 똑같이 낡은 심리게임들을 연기하는 다른 방법으로 행동할 것이다. 그 행동들의 동기는 스트로크의 공급을 계속 유지하는 것이며, 그래서 생존을 보장하는 것이다. 이런 이유로, 그저 심리게임 연기를 중단하려고 하지 않을 것이다. 스트로크 기아에 있는 「어린이 ⓒ」 상태는 질보다는 양에 더 많은 관심을 기울인다. 그러므로 심리게임의 바깥으로 이동했을 때 잃어버릴, 심리게임을 일으키는 스트로크들을 대체하기 위한 스트로크를 얻을 방법을 결정하여야 한다. 즉, 대항적인 긍정적 스트로크의 공급원을 찾아야 한다. 예를 들면, 타인이 게임을 연출하기 쉬운 관계라 하더라도 그와는 달리 함께 즐길 수 있는 방법을 연구한다. 타인의 관심사에 귀를 기울이고 타인이 좋아하는 일을 중심으로 대화하는 것 등을 해 본다.

5) 심리게임의 종류와 전개

사람들은 왜 심리게임을 하는가? 교류분석 저술가들의 일치된 대답은, 그것은 심리게임을 하는 데 있어서 우리가 낡은 전략을 따르고 있다는 것이다. 심리게임을 한다는 것은, 어릴 때 우리가 세상으로부터 원하는 것을 얻기 위해 적응했던 장치 중 하나라는 것이다. 그러나 성인의 삶에서 우리는 좀 더 효과적인 다른 방법을 가지고 있다. 그런데도 낡은 전략인 심리게임을 계속해서 반복하고 있는 것이다.

우리들은 삶을 살아가는 인간이다. 우리들의 삶속에서 어릴 적에 해 왔던 삶의 방식을, 지금도 생활에서 그대로 의식하지 않고 쓰고 있는 경우가 많을 것이다. 우리는 이러한 낡은 전략을 지금 여기에 효과적인 다른 방법으로 전환했을 때 우리는 자율적인 사람으로 거듭 태어날 수 있다는 것이다. 다음은 교류분석에서 제시한 게임의 대표적인 유형과 전개 과정을 나타낸 것이다. 이러한 사례를 통해 삶의 현장에서 자주 쓰고 있는 자신의 심리게임의 유형을 알아보고 자신을 통찰하는 데 도움이 되었으면 한다.

(1) 나를 거절해 주세요

목적	상대편을 도발하여 징벌, 거절시킨다.
초대자	분노의 도발(요구의 강요성, 규칙 위반 등)
수락자	구원자, 관용적인 사람, 자존심이 강한 사람
반응	당사자를 구제, 지도해 주려고 노력하는 동안 인내 유지
전환	구원자의 참을성 한계 도달. 박해자 → 희생자
혼란	구제 중지 위협, 행동화의 빈발, 구원자의 자신 상실
결말	거절당함. 어째서 항상 나는 이런 봉변을 당하는 것일까?(희생자)

(2) 자, 혼내주겠어, 이 녀석

목적	상대의 실수를 방패삼아 철저히 규탄하고 굴복시키는 것
초대자	함정을 감춘 규칙이나 약속을 제시
수락자	신중성이 결여된 자, 과오를 범하기 쉬운 사람
반응	상대편이 실수를 범하기를 가만히 기다리는 동안
전환	상대에게 어떤 잘못이 발견될 때. 희생자 → 박해자
혼란	철저한 규탄, 몰아치기
결말	분노의 정당화

(3) 당신 탓으로 이렇게 되었어(책임전가)

목적	상대에게 책임을 전가하고 자기를 변호한 것
초대자	돌보고 싶어 하는 자기반성을 하기 쉬운 자
수락자	상대에게 결정을 맡긴 자
반응	상대편의 원조가 주효하고 있는 동안
전환	자신이 잘못을 범한 경우, 의존하고 있는 상대에게서 실수가 발견된 경우. 희생자 → 박해자
혼란	자기변호가 상대에게 인지되지 않는 데 대한 분노
결말	원한, 무력감, 고립

(4) 궁지로 몰아넣기

목적	상대의 내심의 소원을 거부하고 표면적인 호소를 새삼 심각하게 다루어 친밀한 관계를 파괴하는 것
초대자	표면에 나타난 문제를 그대로 받아들이는 자, 간섭하고자 하는 자
수락자	행동이나 증상에서 자신의 욕구나 고민을 간접적으로 호소한 자
반응	문제를 둘러싸고 대화가 계속되는 동안
전환	상대편이 욕구 불만에 빠져서 비뚤어지거나 한을 갖거나 할 때. 구원자 → 박해자
혼란	격렬한 토론, 폭력
결말	친밀한 교류의 회피, 증상 행동의 증오

(5) 법정

목적	내심으로 자신이 나쁘다고 느끼면서 제3자를 개입시켜서 자신의 무죄를 쟁취하려고 시도한 자
초대자	열심인 치료자, 재판관의 역할을 연출한 자
수락자	자신을 포함한 양자의 트러블에 대해서 구원자(재판관)에게 상담을 제기한 자(원고)
반응	재판관이 피고 또는 원고의 호소를 중립적 입장에서 듣고 있는 동안
전환	서로 옳다고 재판적 결정을 강요할 때, 재판관이 어느 쪽인가에 결단을 할 때. 구원자 → 희생자
혼란	판결에 대한 불만, 반발, 큰 소동
결말	싸우고 헤어짐, 원한, 아이들 싸움에 부모가 가담한 것 후회

(6) 경관과 도둑

목적	붙잡아서 자기부정의 태도를 확인하는 것
초대자	경찰, 학교의 학생부, 교장 등 감시하는 입장에 있는 자
수락자	규칙 위반, 도둑질 등 증거를 남기는 자
반응	들키기 전 부모의 말대로 하고 있는 동안
전환	비행이 발각되었을 때, 범죄자의 분노의 폭발. 박해자 → 희생자
혼란	왜 일부러 붙잡히는 짓을 하는 것일까?
결말	자기처벌에 의한 죄악감의 일시적 해방

(7) 당신을 도우려고 노력할 뿐이야

목적	죄악감의 경감을 위해서 약자를 헌신적으로 도우려는 것
초대자	구원자, 약자가 있는 것은 자신의 책임이라고 느끼고 있는 자
수락자	희생자, 원조받는 것을 당연하다고 생각하는 욕구 불만이 강한 자
반응	상대편을 구제하려고 노력하고 있는 기간
전환	상대편이 원조가 부적절하다고 항의할 때. 구원자 → 희생자
혼란	상대의 감사 결여에 당혹함
결말	구원자의 발병, 패배감, 죄악감의 재확인

(8) 궁핍(암묵의 이해)

목적	상호 문제의 핵심을 건드리는 것을 피함으로써 표면적으로 안정된 현재의 관계를 유지하려고 하는 것
초대자	무사안일주의의 구제자
수락자	귀찮은 사람으로 간주된 자가 원조를 자청
반응	서로 문제에는 깊이 들어가지 않는다는 룰을 지키고 원하는 것을 얻는 동안
전환	원조자가 접촉의 잘못을 지적하고 진심으로 사태를 개선하려고 할 때. 구원자 → 희생자
혼란	주위 관계자의 동요
결말	개선의 사실 부인, 비난 받음

(9) 이것이 최후

목적	최후의 통고를 스스로 파괴함으로써 상대와의 관계를 유지하는 것
초대자	상대편에게 뒤가 켕기는 감정을 갖고 있는 사람
수락자	원조를 요청하는 것은 이번이 마지막입니다
반응	마지막이란 말이 수용되었을 때
전환	최후 통고를 한 사람이 상대편에게 원조하기 꺼리고 화 낼 때. 구원자 → 희생자
혼란	약속 위반에 대한 비난, 지원 계속의 재확인
결말	또 비용을 내게 되었구나, 자기변명

제3장

CKFR 심리검사 이해

1. CKFR 심리검사란

1) CKFR 심리검사 이해

한국교류분석상담협회에서는 최영일 박사가 개발한 표준화 심리검사지인 CKFR 심리검사지를 활용하고 있다. CKFR 심리검사는 최영일 박사에 의해 개발된 교류분석 이론 중 준거 틀에 의한 심리적 현상을 측정하기 위한 한국형 준거 틀 심리검사로 총 90개 문항으로 구성되어 있다.

본 심리검사는 2016년 2월부터 2017년 12월까지 1년 10개월간에 연구와 준비를 하여, 전국 단위 21,360명을 표집하고 부산대학교 통계연구소에 의뢰, 통계분석을 통해 개발된 교류분석 이론에 의한 심리검사다.

본 심리검사는 개인의 준거 틀 탐색을 통해 개인의 심리적인 현상을 측정하여 상담, 심리치료, 의사소통, 그리고 인간을 이해하는 데 효과적인 도구로 활용한다.

CKFR 심리검사 방법은 먼저 CKFR의 90문항 질문지를 통해 검사 결과를 응답지에 체크하고 각각 아홉 가지 핵심 인생각본 점수 합계를 낸다. 그리고 이 값을 CKFR 체크리스트에 꺾은선 그래프로 작성한다. 자신의 아홉 가지 핵심 인생각본 합계 점수 중 가장 높은 점수가 각각 1차, 2차 핵심 인생각본이며, 가장 낮은 점수가 7차 핵심 인생각본이다. 다음으로 한국 연령 성별 CKFR 규준 점수표를 참고로 자신의 전국 연령 성별에 따른 등급을 찾는다. 그 후에 다음 CKFR 심리검사 해설지에 의해 자신의 검사 결과를 중점적으로 해석한다.

2. CKFR 심리검사 해석방법

1) CKFR 심리검사 해석

다음은 CKFR 심리검사 해설지 내용이다. 자신의 준거 틀 패턴과 인생각본을 해석하는 데 도움이 되기를 바란다.

(1) 준거 틀의 건강한 정도

패턴	상	중	하
LS1	자신감, 관용, 리더, 정의	단호함, 책략적, 지배적, 자기주장	파괴적, 독재, 복수심, 반사회적
LS2	온정적, 창조적, 예술적, 영감	자기몰두, 자기관대, 몽상, 비현실적	자기억제, 우울, 자기혐오, 자기파괴
LS3	통찰, 독창적, 현명, 혁신적	인습타파, 도발적, 논쟁적, 분석적	고립, 괴짜, 집착, 공포심
LS4	이타적, 겸손, 진실, 온정적	우호적, 과장, 간섭, 보상	조종, 분개, 억압, 교만
LS5	자기확신, 근면, 정직, 적응력	목표 지향적, 자기도취, 효율적, 경쟁적	기회주의, 기만, 천박, 보복적
LS6	관용, 이성적, 양심적, 합리적	비평적, 원칙적, 완벽, 완고	분노, 위선적, 우울, 회피
LS7	용기, 충성심, 책임감, 호감	의존적, 우유부단, 방어적, 복종	의심, 공격적, 자기비하, 불안
LS8	평화, 수용적, 자율적, 조화	온순, 융통성, 수동적, 태평	나태, 억압, 무능, 회피
LS9	절제, 낙관적, 열정적, 자발적	호기심, 충동적, 과도한, 도취적	반항적, 탐닉, 퇴폐적, 광적

(2) 준거 틀의 성향에 따른 승자각본과 패자각본

패턴	성향	승자각본	패자각본
LS1	리더적	사사로운 욕심이나 불순한 생각이 없다.	수단방법을 가리지 않는다.
LS2	독창적	평안하고 어려움이 없다.	남을 부러워하고 바란다.
LS3	탐구적	얽매이지 않고 느긋하다.	지적인 면에서 오만하다.
LS4	이타적	남을 존중하고 자기를 낮춘다.	잘난 체하고 건방지다.
LS5	성취적	거짓 없이 바르고 참되다.	남을 그럴듯하게 속인다.
LS6	완벽적	느긋하게 현재를 즐긴다.	화를 잘 낸다.

LS7	안전적	굳세고 씩씩하다.	무서워하거나 두려워한다.
LS8	조화적	행동으로 실천한다.	태만하고 게으름을 피운다.
LS9	열정적	건전하게 즐기고 절제한다.	절제하지 못하고 탐닉한다.

(3) 준거 틀의 등급에 따른 기술

패턴	1~2등급 (지나치게 높다)	3~4 등급	5등급	6~7 등급	8~9등급 (지나치게 낮다)
LS1	지배적, 타인조종, 오만, 통제, 독단, 억지, 반항	⇔	지도성, 자신감, 자기주장, 정의, 열정, 권위, 성실	⇔	소심, 소극적, 방어적, 수동적, 회피, 자신감 부족
LS2	자의식, 옹고집, 변덕, 현실도피, 외곬, 죄책감	⇔	독창적, 감성적, 온정적, 심미적, 세련, 자기성찰, 개성	⇔	무심, 평범, 현실적, 순박, 무가치, 둔감, 무색무취
LS3	집착, 괴짜, 인색, 초연, 자만, 흠잡기, 무감정	⇔	통찰력, 독창적, 사색적, 현명, 끈기, 분석적, 정보력	⇔	산만, 낭비, 건성, 무계획, 감성적, 경솔함, 단순
LS4	과보호, 타인조종, 유혹, 아부, 소유욕, 비합리적	⇔	배려, 돌봄, 챙김, 이타적, 적응력, 친절, 동정심	⇔	무관심, 부적응, 이기적, 방임, 냉담, 불친절
LS5	실적 중시, 야망, 허영, 자기도취, 경쟁적, 천박	⇔	자기개발, 성취적, 유능감, 정직, 근면, 효율성 중시	⇔	관계 소홀, 무기력, 태만, 무망감, 무의욕, 불성실
LS6	비판적, 완벽주의, 완고, 강박적, 이상적, 독선	⇔	원칙, 책임감, 합리성, 규범적, 자제력, 정직	⇔	충동적, 무계획, 즉흥적, 허술함, 무질서, 무원칙
LS7	의심, 의존적, 피해망상, 경계심, 자기방어, 불신	⇔	신중성, 전통적, 현실 판단, 안전추구, 책임감, 충성심,	⇔	방심, 대범, 무책임, 허술함, 건성, 준비성 부족
LS8	비현실적, 억압, 소극적, 우유부단, 자책, 둔감	⇔	평화적, 붙임성, 이해심, 조화, 수용적, 배려, 인내심	⇔	참견, 예민, 판단적, 갈등, 부딪침, 편견, 옹고집
LS9	도취적, 방종, 충동적, 반항적, 이상적, 무책임	⇔	낙관적, 호기심, 개방적, 신속함, 열정적, 창의적	⇔	의존적, 폐쇄적, 위축, 둔함, 무미건조, 소극적

(4) 준거 틀에 따른 인간관계 스트로크 성향

패턴	긍정적일 때	부정적일 때
LS1	충실하고, 남을 잘 돌보아 주고, 긍정적이며, 잘 놀고, 진실하고, 직선적이고, 헌신적이며, 관대하고, 지지를 잘해 준다.	요구가 많고, 거만하고, 투쟁적이고, 소유하려 들고, 비타협적이고, 남의 흠을 잘 집어낸다. 유연하지 못하다.

LS2	공감을 잘해 주고, 사람들을 지지해 주며, 부드럽고, 잘 놀고, 열정적이며, 재치가 있다. 자신을 그대로 드러내고, 쉽게 유대를 맺는다.	너무 자신에게 빠져 있고, 질투심이 강하며, 정서가 메마르고, 시무룩하고, 독선적이고, 지나치게 비판적이다. 쉽게 상처받고 거부당했다고 느낀다.
LS3	친절하고, 재빠르게 감지도 잘하고, 신뢰감을 준다. 지식을 쌓아 가는 것을 좋아하여 항상 현명하게 판단하려고 노력한다. 유머감각으로 주위 분위기를 부드럽게 하는 기지도 발휘한다.	잘난 척하고, 의심이 많고, 휘말려 들까 봐 전전긍긍한다. 바깥 세계는 침략적이고 위험한 것이라고 생각하여 사람들 앞에서 진정한 자기 모습을 드러내지 않는다. 책임전가 하는 습관이 있다.
LS4	매력적이고, 안목이 있고, 관대하고, 따뜻하고, 잘 어울리고, 남을 돌보아 준다. 주위 사람들의 기분을 잘 이해하여 상대방으로 하여금 특별하게 인식되고 사랑받고 있다고 느끼게 해 준다.	통제를 하려 들고, 소유하려 들며, 요구가 많고 불성실하다. 직접적으로 요구하는 일을 잘 못하기 때문에, 원하는 것을 얻기 위하여 다른 사람을 조정하려는 경향이 있다.
LS5	상대방을 가치 있게 여기고 인정해 준다. 잘 놀고, 잘 베풀며, 책임감이 있고, 주변 사람들에게 호평을 받는다. 자신감 있는 인상으로 사람들에게 의욕을 불어넣는다.	일과 계획에 사로잡혀 있다. 자신에게 몰두해 있고, 방어적이며, 참을성이 없고, 정직하지 않고, 통제를 하려 든다. 경쟁심으로 수단방법을 가리지 않는 경향이 있다.
LS6	충실하고, 헌신적이며, 양심적이고 기꺼이 다른 사람을 도와준다. 균형이 잘 잡혀 있고, 상당한 유머감각을 지니고 있다. 책임감이 강하여 최선의 결과를 만들려고 노력한다.	남을 헐뜯고, 논쟁을 하려 들며, 꼬치꼬치 캐어들고, 잘 타협하려 하지 않는다. 다른 사람에 대한 기대도 높다. 긴장되어 있고, 걱정하거나, 사물을 지나치게 여길 정도로 심각하게 여긴다.
LS7	따뜻하고, 잘 놀고, 개방적이고, 충실하고, 지지를 잘해 주고, 정직하며, 공정하고, 믿을 만하다. 가족들과 친구들에게 헌신적이고 충실하다.	의심을 잘 하고, 통제하려 들고, 융통성이 없고, 빈정댄다. 위협을 받으면 움츠러들거나 거친 행동을 한다. 실패할까 봐 두려워 일을 미룬다.
LS8	친절하고, 부드럽고, 기운을 북돋아 주고, 지지를 해 주며, 충실하고, 판단하지 않는다. 중재를 잘하고 일을 순조롭게 진행시킨다.	고집을 부리고, 수동적 공격성을 갖으며, 주장하지 않고, 지나치게 편한 것을 추구하며, 방어적이다. 우유부단하고 자책을 잘 한다.
LS9	쾌활하고, 관대하고, 외향적이고, 남을 잘 돌보아 주고, 재미있다. 친구나 연인을 새로운 활동과 모험으로 이끈다. 일상 문제들을 낙관적으로 보려고 한다.	자기도취에 빠지고, 고집이 세고, 방어적이며, 산만하다. 종종 관계에 묶이는 것에 대해서 마음이 왔다 갔다 한다. 목적이 없는 저항을 한다.

(5) 준거 틀의 조기 결단과 집착 그리고 두려움

패턴	조기 결단	집착	두려움
LS1	영향력 있는 사람이 되어야 한다.	통제	피해
LS2	정체성을 찾아야 한다.	특별	존재 상실
LS3	쓸모 있는 사람이 되어야 한다.	유능	무능

LS4	사랑받아야 한다.	관심	무관심
LS5	가치 있는 것을 성취해야 한다.	성취	실패
LS6	정확하고 모범적이어야 한다.	완벽	실수
LS7	지지를 받아야 한다.	안전	방임
LS8	갈등 없이 평화롭게 살아야 한다.	평온	갈등
LS9	행복한 일을 찾아야 한다.	즐거움	고난

(6) 준거 틀에 따른 양육방식과 각본 신념 그리고 방어기제

패턴	양육방식	각본 신념	방어기제
LS1	강한 모습 보일 때 칭찬	강하고 영향력 있는 사람이어야 한다.	부인
LS2	특별한 행동에 인정	독특하고 세련되게 살아야 한다.	승화
LS3	지나친 간섭과 인색	모든 것을 알아야 한다.	고립
LS4	남을 돕고 베풀 때 인정	도움이 되는 사람이 되어야 한다.	억압
LS5	성취할 때 칭찬받은	성공에 걸림돌이 있어서는 안 된다.	동일시
LS6	엄격하고 비판적	완전하게 하는 것이 최선이다.	반동형성
LS7	냉정하고 변덕이 심한	안전을 위해 항상 준비해야 한다.	투사
LS8	요구당하고 혼자 지내는	조화롭게 사는 것이 최선이다.	도피
LS9	모험적이고 낙관적 밝은	인생은 즐겁게 살아야 한다.	합리화

(7) 준거 틀에 따른 드라이버, 라켓, 디스카운트

패턴	드라이버	라켓	디스카운트
LS1	정의를 구현하라.	우월감, 오만, 비난	타인의 감정
LS2	특별한 사람이 되라.	질투심, 부러움, 우울	꾸밈이 없는 삶
LS3	지식을 쌓으라.	탐욕, 인색, 공허	더불어 삶
LS4	구원자가 되라.	교만, 조종, 아부	순수함
LS5	성취자가 되라.	허영심, 기만, 과시	진솔함
LS6	완전무결하게 하라.	투쟁심, 분노, 비판	융통성
LS7	안전한지를 확인하라.	의심, 비겁, 불안	믿음
LS8	평화를 구현하라.	태평, 안일, 자기비하	자기주장
LS9	열정적으로 살라.	자기도취, 무절제, 방종	현실감

(8) 준거 틀에 따른 임패스와 병리적 인생각본

패턴	금지령	대항지령	임패스	병리적 각본
LS1	자기주장을 해서는 안 된다.	영향력 있는 사람이 되라.	통제	반사회성
LS2	특별해서는 안 된다.	자신이 되라.	특별	자기애성, 우울
LS3	실행해서는 안 된다.	모든 것을 알라.	유능	조현성
LS4	관심을 받아서는 안 된다.	사랑을 받으라.	필요	연기성
LS5	성공해서는 안 된다.	이루어 내라.	성취	자기애성, 일중독
LS6	생각해서는 안 된다.	완벽하게 하라.	완벽	강박성
LS7	신중해서는 안 된다.	안전을 확인하라.	안전	의존성, 편집성
LS8	함께해서는 안 된다.	조화롭게 하라.	평온	조현성, 수동-공격성
LS9	즐겨서는 안 된다.	열정적으로 살라.	자주	연기성

(9) 준거 틀에 따른 효과적 교류패턴

패턴	효과적 교류패턴
LS1	의리를 지키라, 솔직하라, 내 말을 공격으로 생각하지 말라, 내 공로를 인정하라.
LS2	내게 칭찬을 하라, 나의 통찰력을 존중하라, 과잉 반응을 보인다고 말하지 말라.
LS3	독립적이 되라, 솔직하고 간결하게 말하라, 환영받고 있다고 느끼게 하라.
LS4	서로의 문제에 늘 관심을 가지라, 감사하다고 말하라, 함께 재미있게 보내라.
LS5	내 업적에 대해 칭찬하라, 내 곁에 있는 것을 좋다고 말하라, 생산적인 얘기를 하라.
LS6	충고를 소중히 여기라, 공정하고 사려 깊게 하라, 당신의 몫을 책임지라.
LS7	내 말을 주위 깊게 들으라, 솔직하고 분명하라, 내가 걱정하도록 내버려두라.
LS8	기대나 압력은 싫어한다, 애정을 보이라, 대결은 좋아하지 않는다, 이용하지 말라.
LS9	동료감과 자유를 달라, 고무적인 대화를 하라, 내 방식을 바꾸거나 명령하지 말라.

(10) 준거 틀의 함정과 3P 활용

패턴	함정	허용	보호	잠재능력
LS1	정의	다름을 인정해도 좋다.	완고, 독선	자애로운 마음
LS2	독특	평범해도 좋다.	변덕, 현실도피	균형감각
LS3	지식	적극적으로 해도 좋다.	배타적, 방관	공감과 수용
LS4	헌신	먼저 자신을 챙겨도 좋다.	조종, 의존	진정한 자신
LS5	성취	지금 이대로도 좋다.	허영심, 일중독	균형 있는 삶

LS6	완벽	여유 있게 해도 좋다.	고지식, 비판적	낙천적 태도
LS7	안전	믿어도 좋다.	우유부단, 경계심	평온한 신뢰
LS8	평화	자신의 의견을 말해도 좋다.	무사안일, 자기비하	자기주장
LS9	낙천	절제해도 좋다.	방종, 합리화	현실감각

(11) 준거 틀과 진로

패턴	성향	적성	대표적 직업
LS1	지도력과 추진력이 있다. 집단구조를 파악하는 능력과 약자를 옹호하고 보호하는 포용력이 있다.	리더적	정치가, 경찰, 법조인, 사업가, 상담사, 영업직, 운동지도사
LS2	상상력이 풍부하여 감수성이 강하고 표현을 잘한다. 자유분방하고 세련되고 창의력이 있다.	창의적	예술가, 연예인, 디자이너, 음악가, 미술가, 시인, 소설가, 무용가
LS3	지적 호기심과 탐구심이 많고 논리적, 분석적, 합리적이다. 현실을 파악하는 관찰력이 뛰어나다.	탐구적	과학자, 기술자, 의사, 인류학자, 예술가, 상담사, 연구원
LS4	보호적이고 이타적인 성향으로 친절하고 이해심이 많다. 남을 도와주고 봉사적이어서 인간관계가 좋다.	봉사적	사회복지사, 상담사, 서비스직, 교사, 성직자, 간호사, 요리사, 공무원
LS5	실적을 중시하는 열성적인 사람으로 효율성을 중시하고 실용적이고 성공 지향적이다. 자기확신과 자신감이 있다.	성취적	사업가, 관리자, 금융인, 방송인, 법조인, 연기자, 지도자
LS6	이상적·원칙적·규범적으로 완벽을 기하고 이를 위해 노력한다. 공정함과 정직하고자 하고 깔끔하고 자제하는 인상을 준다.	규범적	교사, 성직자, 경영자, 공무원, 변호사, 세무사, 은행원, 감사원
LS7	책임감이 강하고 안전을 추구하며 공동체에 대한 헌신이 대단하다. 마음이 따뜻하고 충실해서 상대에게 호감을 준다.	보호적	법조인, 군인, 경호원, 비서직, 공무원, 소방관, 보건직
LS8	수용적이어서 편견이 없고 타인의 입장을 이해하고 받아 준다. 마음이 넓고 조화롭고 강한 인내심이 있다.	수용적	외교관, 중계인, 상담사, 변호사, 보모, 중매인, 성직자
LS9	매사 활동적이고 개방적이며 낙관적으로 밝고 명랑하다. 즐거움을 추구하고 호기심이 많고 아이디어와 상상력이 풍부하다.	활동적	기획자, 작가, 발명가 사회복지사, 상담사, 영업직, 연예인

(12) 자율성 회복과 발휘

패턴	자율성 회복과 발휘
LS1	다른 사람을 지배하는 것이 아니라 적극적 경청을 하고 함께 협력하도록 한다. 사람들의 감정을 수용하고 독립적인 인격체로 도와주어야 한다. 좀 더 여유를 가지고 사람들과 소통하는 태도를 가진다.
LS2	독특하지 않고 세련되지 않아도 남과 비교하지 말고 자신이 가지고 있는 능력에 감사한다. 자신의 마음속에 있는 것을 경험을 통해서 배우고 이성적으로 접근한다. 실용적이고 현실적 효율성을 인정하고 실천하도록 한다.
LS3	자신의 감정이나 다른 사람의 감정을 진정으로 수용하고 함께 감정을 나누도록 한다. 지나치게 이론적인 지식만 추구하지 말고 적극적으로 실행할 필요가 있다. 주저함 없이 좀 더 사회 참여를 하고 책임감을 갖도록 한다.
LS4	내 주장이 필요할 때는 회피하지 말고, 내 주장을 하고 자신에게 기쁨과 만족을 줄 수 있는 일을 하라. 남에게 도움을 줄 때 보상을 기대하는 태도를 떠나 독립적인 사람이 되도록 한다. 자기 자신과 다른 사람에게 정직하도록 한다.
LS5	지나치게 목표 달성에 집착하지 말고 자신의 능력을 과대포장하지 말라. 다른 사람에게 정정당당하고 자신에게는 떳떳하도록 한다. 자신의 감정에 더 많은 접촉을 하고 인간관계에서 친밀성을 좀 더 갖도록 한다.
LS6	무엇이든지 완벽하지 않아도 된다. 너그러운 마음으로 실수를 인정한다. 가능한 최선을 다하되 그것으로 만족하고 느긋하게 현재를 즐겨라. 다른 사람의 흠을 보는 것 보다 좀 더 배려하고 서로 다름을 인정한다.
LS7	지나치게 걱정을 하거나 실패를 두려워하지 말고 여유와 믿음을 갖도록 한다. 의존적인 태도를 버리고 독립심과 자립심을 길러 자력으로 바람직한 일을 실행하라. 좀 더 객관적이고 자발성과 혁신적인 생각으로 마음의 균형을 잡도록 한다.
LS8	수동적 태도를 벗어나 적극적으로 자신의 주장을 펼치고 중요한 일에 먼저 집중하라. 심각한 상황을 피하기보다는 직면하면 책임감 있고 정확한 사람이 될 것이다. 독립적이고 자립적인 사람이 되어 스스로 해결하는 실행자가 되라.
LS9	흥미와 재미만 추구하는 것보다 그 일이 바람직하고 가치가 있을 때 행하도록 한다. 행복은 새롭고 흥분되는 것에서만 오는 것이 아니라 단순하고 평범한 것에 관심을 가질 때 느껴진다. 하던 일을 완성하는 습관을 가진다.

제4장

개인상담 사례

CKFR 심리검사에 의한 개인상담 사례분석 1

균형 잡힌 삶을 살고 싶은 중년 여성

상담자: 노정자

1. 내담자의 기본 정보

가명: 소리 / 성별: 여 / 연령: 54세 / 학력: 대학원 졸 / 검사일: 2023년 1월 26일

1) 의뢰경위 및 주 호소문제

① 의뢰경위

내담자는 평화주의자이며 평소 맡은 일에 책임감을 갖고 이루어 내기 위해 늘 분주하고 일을 만들어 가는 편이다. 이런 자신을 이해하기 위해 준거 틀 검사를 통해 개인의 심리적 현상을 측정하여 성장의 도구로 삼고자 자발적으로 의뢰하였다.

② 주 호소문제: "이제는 나의 삶에 대해서 균형 잡힌 중년 여성으로 살아가고 싶다."

무슨 일이든 의미와 목적이 분명하면 열정을 다하지만, 형식적이거나 사교적인 모임은 의미를 찾지 못하는 편이다. 지금까지 성실하고 책임감 있게 주도적으로 살아왔으며, 호기심이 많아서 늘 일을 만들고 일하는 것을 좋아하나 지치고 버거울 때는 모든 것을 내려놓고 싶기도 하다. 늘 새로운 일을 만들고 분주한 자신에 대해 중년으로서 균형 잡힌 삶을 살고 싶어 하였다.

2) 행동관찰

- 선한 인상과 웃을 때 미소가 인상적이다.
- 부드러운 말투와 자신의 생각을 기분 나쁘지 않게 잘 이야기하는 편이다.
- 믿고 확신한 일은 빠르게 행동으로 실천하는 편이나 보편적으로는 느긋한 편이다.
- 가지고 있는 것을 이웃과 나누는 것을 좋아한다.
- 검소하고 의사결정이 합리적인 편이다.
- 사람을 좋아하고 활동적인 편이다.

3) 내담자의 자원

- 침착하고 인내심이 있으며 변함없는 한결같은 사람이다.
- 목적이 분명하면 목표를 갖고 일을 추진하는 사람이다.
- 사교적이며 보편적으로 인간관계를 잘한다.
- 이웃과 나눌 줄 알며 의미 있는 일이면 계산하지 않고 참여한다.
- 진실하여 주변에 믿어 주는 사람이 많다.
- 매사에 긍정적으로 생각하고 행동한다.
- 평범하게 참석한 모임에도 등 떠밀려 리더의 역할을 하게 된다.

4) 가족관계(3세대 가계도 및 내담자 문제와 관계된 가족 성향, 특이 사항)

- 내담자: 2남 5녀 중 4녀로 태어났으며 남아를 기다리던 중 남동생을 봤다고 이쁨을 받았다. 집안에서는 부모님께 착한 딸로 인정받았다. "네가 남자였으면 얼마나 좋았을까!"라는 말을 많이 듣고 자랐고, 어린 시절 그 말이 인정과 칭찬의 말로 들렸다. 동생들을 취업시키고 부모님께 늘 인정받는 속 깊은 딸이었으며, 지금도 가족들이 자랑스러워하고 믿어 준다. 결혼 후 2남 1녀를 두고 있다.
- 아버지: 1년 전 뇌출혈로 사망하셨으며 활동적이고 수완이 좋아 마을의 일을 도맡아 하셨다. 당뇨병이 있었으나 자기관리를 잘했고, 사업을 하며 늘 바쁘게 생활하셨다. 아들에 대한 집

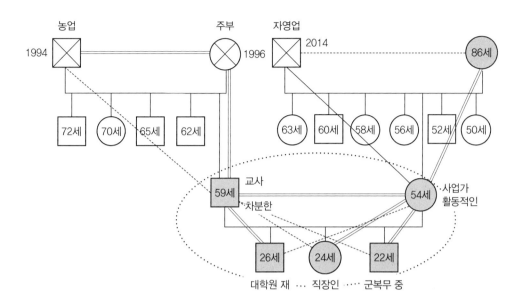

착으로 그 당시 시골에서 자식을 서울로 유학시켜 서울대를 보낼 정도로 적극적이었다.

- 어머니: 늘 너그럽고 마을에서 덕을 쌓아 신사임당이라는 별명이 따라다녔다. 자식에게 헌신적이며 지나가는 사람에게 냉수라도 대접하는 선한 분이었다. 남편에게 현모양처로 늘 따뜻한 밥상을 차려 드리고 일을 많이 하신 부지런한 분이었다. 딸들을 학대한 것은 아니지만 아들에게는 특별하게 대할 뿐 아니라 기대도 많았으나 딸은 시집 잘 가면 된다고 하는 등 성역할 고정관념이 강한 분이셨다.
- 형제: 7남매가 잘 지냈으나, 아들은 대학교, 딸은 고등학교까지로 제한하여 성 차이로 부모의 차별을 받은 것에 대해 딸들의 불만이 있었다. 자매들은 결속력이 좋은 편이다.

5) 생태도

내담자는 직장에서 주 5일 일하는 시간에 에너지를 많이 쓰고 있고 퇴근 후에는 운동을 주 3회 1시간씩 하는 편이다. 매주 토요일은 대학에서 겸임교수로 산업체반 강의를 하고 있으며, 업무 관련 단체장 등 활발하고 책임감 있게 일한다. 교회 생활과 사회단체 이사 및 운영위원으로 봉사활동도 정기적으로 하고 있다. 원가족들과 자주

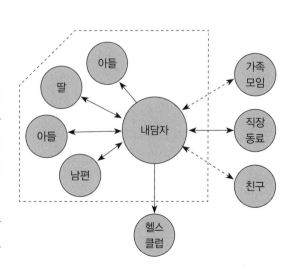

소통하고 친구들 모임도 정기적으로 참여하는 등 시간을 구조화하여 사용하고 있다.

2. 내담자의 검사 결과

FR \ 구분	LS1	LS2	LS3	LS4	LS5	LS6	LS7	LS8	LS9
점수	39	28	32	36	33	33	27	38	38
순위	1	8	7	4	5	6	9	3	2
등급	3~4	6~7	6~7	5	5	6~7	8~9	3~4	3~4

〈CKFR 심리검사 체크리스트〉

체크리스트	해석
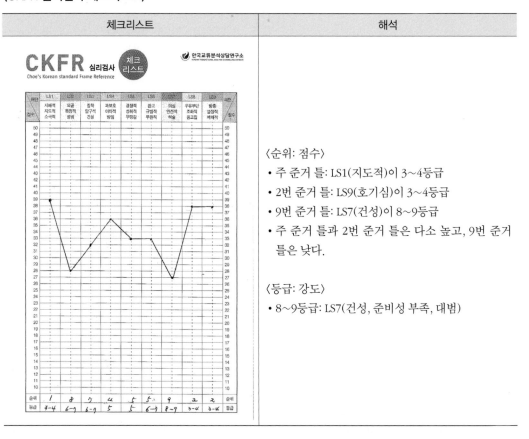	〈순위: 점수〉 • 주 준거 틀: LS1(지도적)이 3~4등급 • 2번 준거 틀: LS9(호기심)이 3~4등급 • 9번 준거 틀: LS7(건성)이 8~9등급 • 주 준거 틀과 2번 준거 틀은 다소 높고, 9번 준거 틀은 낮다. 〈등급: 강도〉 • 8~9등급: LS7(건성, 준비성 부족, 대범)

3. 준거 틀에 따른 특성과 해석

1) 준거 틀의 건강한 정도

특성 FR	상	중	하
주 준거 틀 (LS1) 지도적	자신감, 관용, 리더, 정의	단호함, 지배적, 자기주장	파괴적, 복수심, 반사회적
2번 준거 틀 (LS9) 호기심	낙관적, 열정적, 자발적	호기심, 충동적, 도취적	반항적, 탐닉, 퇴폐적
9번 준거 틀 (LS7) 절제적	용기, 충성심, 책임감, 호감	의존적, 우유부단, 방어적	의심, 공격적, 자기비하, 불안

내담자의 해석

① 건강할 때

- 주 준거 틀(LS1): 옳다고 판단되면 열정을 갖고 논리적으로 설득하며 리더의 역할을 하지만 자청해서 나서기보다는 관망하다가 상황이 될 때 나서는 편이다.
- 2번 준거 틀(LS9): 지속적으로 반복되는 일에 싫증을 느끼는 편이며, 호기심이 많아서 새로운 것을 추구하는 편이라 새로운 일에 도전한다. 도전하면 일을 잘 해내고 성과를 거두는 편이다.
- 9번 준거 틀(LS7): 대범하다는 말을 들으며 큰일도 쉽게 하는 편이다. 큰 틀을 알고 맡겨진 일을 체계적으로 잘 해내는 편이며 성과도 잘 낸다.

② 불건강할 때

- 주 준거 틀(LS1): 복잡하고 에너지 낭비하는 일이나 인간관계에 얽히는 것이 싫어서 소극적 자세를 취하거나 회피하는 경우가 있다.
- 2번 준거 틀(LS9): 호기심이 많아서 시작은 잘하나 마무리까지 잘하려는 데는 의지적으로 노력하지 않으면 어려움이 있다. 큰 틀은 잘 보이나 작고 꼼꼼한 것은 놓치는 경우가 많아 허술한 편이다.
- 9번 준거 틀(LS7): 의외로 소심하여 인간관계에 주저하는 편이며 상대방의 지적이나 비난에 대해 소화하고 해결하는 데 시간이 걸린다.

☞ 개선 방안: 호기심에 새로운 일을 시도하는 것은 좋으나 마무리까지 꼼꼼하게 잘하며, 일하는 사람은 욕을 먹는 자리라고 생각하고 확신한 일에 갈등이 있더라도 능동적으로 대처하는 자세가 필요하다.

2) 준거 틀의 성향에 따른 승자각본과 패자각본

특성 FR	성향	승자각본	패자각본
주 준거 틀 (LS1) 지도적	리더적	사사로운 욕심이나 불순한 생각이 없다.	수단 방법을 가리지 않는다.
2번 준거 틀 (LS9) 호기심	열정적	건전하게 즐기고 절제한다.	절제하지 못하고 탐닉한다.
9번 준거 틀 (LS7) 건성	안전적	굳세고 씩씩하다.	무서워하거나 두려워한다.

내담자의 해석

① 성향

• 주 준거 틀(LS1): 상황 판단이 빠르며 합리적 사고를 하여 스스로 나서지 않아도 어느 사이 리더의 자리에 있게 되는 편이다.

• 2번 준거 틀(LS9): 호기심이 많고 사람을 좋아하고 긍정적인 편이다. 봉사활동과 의미 있는 일에 물질과 재능으로 기부하고 있으며 열정적이다. 의미와 가치 있는 일이라고 확신하면 몰입하여 추진하며 지속적으로 무엇인가를 만들어 낸다.

• 9번 준거 틀(LS7): 타인을 있는 그대로 믿는 편이며 있는 그대로 보여 줘서 타인이 보기에 허술하게 보일 수 있다.

② 승자각본 쓸 때

• 주 준거 틀(LS1): 무슨 일을 하든 어떤 인간관계를 하든 사사로운 욕심이나 불순한 생각은 없으며 본질에 충실하려고 하며 과정과 절차를 중요시한다.

• 2번 준거 틀(LS9): 자신이 믿는 신념과 가치관에 따라 건전하게 즐기고 절제할 줄 안다. 현재의 일과 생활에 대체적으로 만족감을 갖고 있다.

• 9번 준거 틀(LS7): 시작하기 전까지는 주저하나 일단 결정하고 나면 믿고 확신한 일에 앞장서서 씩씩하게 행동한다.

③ 패자각본 쓸 때

- 주 준거 틀(LS1): 목적을 이루기 위해 머릿속에 상황이 연상되면 당장 실행에 옮기지 않고 가까운 사람에게 상의를 한다. 한번 걸러서 생각하고 실천하는 편이라 수단방법을 가리지 않고 목적을 이루는 사람을 보면 거리두기를 한다.
- 2번 준거 틀(LS9): 한 가지 일에 몰입하면 절제하지 못하고 건강을 잃어도 끝까지 간다. 과도한 일로 몸에 무리가 되어 질병이 찾아온다.
- 9번 준거 틀(LS7): 사람들에게 뒷말 듣는 것을 싫어한다. 없는 일에 오해를 받거나 왜곡되어 돌아온 일로 마음고생한 경험이 있어서 민감해진다.
- ☞ 개선 방안: 과도한 책임감은 독이 되니 균형감각을 유지하며, 오해를 받는 것도 시간이 지나면 해결되니 타인을 의식하지 않고 주도적으로 소신껏 즐기며 한다.

3) 준거 틀의 등급에 따른 기술

FR　　　　　　　　특성	등급에 따른 기술
주 준거 틀(LS1) 3~4등급	지도성, 자신감, 자기주장, 정의, 열정, 권위, 성실
2번 준거 틀(LS9) 3~4등급	호기심, 낙관적, 개방적, 신속함, 열정적, 창의적
9번 준거 틀(LS7) 8~9등급	대범, 방심, 무책임, 허술함, 건성, 준비성 부족

내담자의 해석

① 순기능

- 주 준거 틀(LS1): 확신한 일에 자신감이 있고 적절하게 자기주장을 할 줄 알며, 리더십이 있다. 일을 성취했을 때 에너지를 받고 희열을 느낀다.
- 2번 준거 틀(LS9): 호기심이 많아 새로운 일을 잘 만들어 내며 낙관적으로 생각하여 실천한다.
- 9번 준거 틀(LS7): 있는 모습 그대로 믿어 좋은 관계는 유쾌하고 잘 통하며 순수하게 보인다.

② 역기능

- 주 준거 틀(LS1): 맡겨진 일에 과잉 열정과 성실, 책임감에 몸에 질병이 찾아와 수술 후에는 자기관리를 하며 과도한 일은 하지 않으려는 경향성이 생겼다.
- 2번 준거 틀(LS9): 일을 만들어 내기 위해 지나친 에너지 소모로 가정일에 소홀했다. 하나

에 몰입하면 균형이 깨지고 다른 것에 소홀하게 된다.

• 9번 준거 틀(LS7): 의도성을 갖고 대하는 사람에게 사기를 당하거나 현혹될 수 있다.

☞ 개선 방안: 건강을 잃지 않고 일과 가정, 개인생활에 균형감을 갖고 생활하기 위해서는 지금 무엇을 위해 이 일

을 하고 있는지 자신에게 질문하고 급한 일과 급하지 않은 일을 조화롭게 조정하여 소신 있게 행동으로 옮긴다.

4) 준거 틀에 따른 인간관계 스트로크 성향

특성 FR	긍정적일 때	부정적일 때
주 준거 틀 (LS1) 지도적	충실하고 남을 잘 돌보아 주고, 긍정적이고, 잘 놀고, 진실하고, 헌신적이며, 관대하고 지지를 잘해 준다.	요구가 많고, 거만하고, 투쟁적이고, 소유하려 들고, 비타협적이고, 남의 흠을 잘 집어낸다. 유연하지 못하다.
2번 준거 틀 (LS9) 호기심	쾌활하고, 관대하고, 외향적이고, 남을 잘 돌보아 주고, 재미있다. 친구나 연인을 새로운 활동과 모험으로 이끈다. 일상 문제들을 낙관적으로 보려고 한다.	자기도취에 빠지고, 고집이 세고, 방어적이며, 산만하다. 종종 관계에 묶이는 것에 대해서 마음이 왔다 갔다 한다. 목적이 없는 저항을 한다.

내담자의 해석

① 긍정적일 때 스트로크 방식

• 주 준거 틀(LS1): 등을 쓰다듬어 주는 행동을 하거나, 타인의 짐을 함께 들어 주거나, 상대방이 실수해도 그럴 수도 있다고 하며 잘 수용하고 지지해 준다.

• 2번 준거 틀(LS9): 밝은 미소로 사람을 대하고 쉬는 날은 영화나 콘서트 가자고 가족에게 먼저 제안하며, 실패해도 어차피 돌이킬 수 없다면 잊어버리고 다시 시작하자고 한다.

② 부정적일 때 스트로크 방식

• 주 준거 틀(LS1): 눈을 마주치지 않으며 말하지 않는다. 함께 있고 싶지 않을 때는 말도 하지 않고 혼자 산책하고 들어온다.

• 2번 준거 틀(LS9): 아무것도 하지 않고 토라지거나 비난한다.

☞ 개선 방안: 상대방의 취향을 인정하여 남편이 영화 보러 안 간다고 자유롭게 말해도 "알겠어. 그럼 친구와 갈게."라든지 꼭 가고 싶은데 언제 시간 내줄 수 있는지 의견을 정중하게 묻고 합의점을 찾아보도록 한다.

5) 준거 틀의 조기 결단과 집착 그리고 두려움

특성 ＼ FR	조기 결단	집착	두려움
주 준거 틀(LS1)	영향력 있는 사람이 되어야 한다.	통제	피해
2번 준거 틀(LS9)	행복한 일을 찾아야 한다.	즐거움	고난

내담자의 해석

① 조기 결단의 의미

• 주 준거 틀(LS1): 아들을 간절히 바라시던 부모님은 다섯 살 터울의 남동생을 보시고 아들 때문에 행복해하셨다. 남동생을 봤다고 빨간 구두와 가방을 사주시며 남동생 때문에 아버지의 사랑을 받아 온 내담자는 남동생 돌잔치를 성대하게 벌이신 시점부터 기억이 난다. 부자 외삼촌은 그 당시 한의사로서 재벌이셨는데 우리 집 대문을 들어오시면서 늘 이장군이라고 남동생을 호칭하며 방문하셨고, 그럴 때마다 아들이 영향력 있는 사람이 되길 바라시던 부모님은 무척 기뻐하셨다.

• 2번 준거 틀(LS9): 농사일을 많이 하던 시절 일군들로 늘 집안은 분주했고 이웃들과 일가친척이 많이 왕래하였다. 즐거운 분위기와 먹거리가 풍성했던 어린 시절을 보내고 중학교 시절 경제적 여유가 생기자 아버지의 외도로 집안 분위기가 침울했다. 우울해하는 엄마를 기쁘게 해 주기 위해 집안일과 동생들을 잘 돌보며 청소년기를 보냈다.

② 집착의 성향

• 주 준거 틀(LS1): 평상시에는 부드럽고 수용적이지만 상대방의 목소리가 거칠어지고 강해지면 통제하는 분위기를 느껴 무의식적으로 경직된다.

• 2번 준거 틀(LS9): 행복한 일을 찾아야 한다. 일을 통해 성취의 즐거움을 느끼고 만족감을 느끼는 경험으로 새로운 일을 만들어 낸다.

③ 두려움의 성향

• 주 준거 틀(LS1): 영향력 있는 사람이 되어야 하는데 내 힘으로 남자가 될 수 없듯이 무언가를 끊임없이 노력해야만 남자처럼 인정받을 수 있기에 남자처럼 영향력 있는 사람이 되기 위해 지속적으로 일을 만들고 노력하였다.

• 2번 준거 틀(LS9): 행복하고 즐거운 일을 찾아야 하는데 남동생 이장군을 보며 행복하고 즐

거워했던 부모님과 내 힘으로 가족들을 흡족하게 해 줄 수 없는 한계 때문에 새로운 것을 지속적으로 시도하는 면이 있다.

☞ 개선 방안: 어린 시절 남아선호 사상이 사회문화적 분위기였음을 인정하고 남자처럼 가족을 흡족하게 할 수 있는 영향력 있는 사람이 되어야만 인정받을 수 있는 것이 아니라 지금 있는 모습 그대로 자신을 수용하고 현재의 기쁨과 행복을 마음껏 누려 보는 삶을 살도록 한다. 일을 만들기보다는 작은 것부터 주어진 일을 음미하고 현재를 즐긴다.

6) 준거 틀에 따른 양육방식과 신념 그리고 방어기제

특성 FR	양육방식	각본 신념	방어기제
주 준거 틀(LS1)	강한 모습 보일 때 칭찬	강하고 영향력 있는 사람이 되어야 한다.	부인
2번 준거 틀(LS9)	모험적이고 낙관적 밝은	인생은 즐겁게 살아야 한다.	합리화

내담자의 해석

① 양육환경

• 주 준거 틀(LS1): 영향력 있는 모습을 보일 때 칭찬과 사랑을 받았기 때문에 늘 씩씩했다. 그럴 때마다 부모님은 "네가 남자로 태어났으면 얼마나 좋았겠니!"라고 말했고 그것이 최고의 칭찬처럼 그 당시는 들렸다. 초등학교 시절 모내기 논에 수레가 들어가서 혼자 끌어내다가 발을 다쳐서 오랫동안 학교를 못 간 기억도 있었는데 부모님이 주인의식이 있다고 칭찬을 해 줬고, 부모님을 잘 도와준다고 소문이 나서 초등학교에서 효도상을 받은 경험이 더 강화된 것 같다.

• 2번 준거 틀(LS9): 어린 시절 시골에서 친구들과 산을 올라 다니며 술래잡기 놀이와 청소년기 소를 데리고 풀을 먹이기 위해 소와 초원에서 한참 대화하며 놀다 오기도 했다. 어린 시절 가정 분위기는 늘 밝고 손님이 끊이지 않았다. 시골 마을에서 산을 넘으면 다른 동네가 있는 것이 신기했고 호기심이 많아 보물섬을 찾아 떠나 보고 싶었다.

② 각본 신념의 성향

• 주 준거 틀(LS1): 어린 시절부터 남동생에 대한 가족들의 관심과 성공한 외삼촌을 통해 영향력 있는 사람이 되어야 한다는 신념을 갖고 살았다.

• 2번 준거 틀(LS9): 어린 시절부터 엄마는 웃어야 복이 오고 밝아야 사람들이 온다고 하셨

다. 웃으면서 즐겁게 살아야 한다는 신념을 갖고 있다.

③ 방어기제의 의미

- 주 준거 틀(LS1): 부인의 방어기제다. 힘든 것을 힘들다고 표현하면 약한 사람이 될 것 같아 힘들어도 부인하며 억압한다.
- 2번 준거 틀(LS9): 합리화의 방어기제다. 즐겁게 살아야 한다는 각본 신념으로 깊이 고민하기보다는 합리화를 한다. 어려움이 오면 좋은 일이 생기려고 하나 보다 합리화한다.
- ☞ 개선 방안: 강하고 영향력 있는 사람이 되는 것보다 내담자가 행복하고 지금 살고 있는 현실에서 가장 가까운 사람에게 영향력을 주는 것이 더 중요한 것임을 자각하고 실천한다. 또한 행복은 주고받는 균형을 유지하는 것에 있음을 알고 필요시 도움을 요청하도록 한다.

7) 준거 틀에 따른 드라이버, 라켓, 디스카운트

특성 FR	드라이버	라켓	디스카운트
주 준거 틀(LS1)	정의를 구현하라.	우월감, 오만, 비난	타인의 감정
2번 준거 틀(LS9)	열정적으로 살라.	자기도취, 무절제, 방종	현실감

내담자의 해석

① 드라이버의 의미

- 주 준거 틀(LS1): 자신이 옳다고 생각하는 일에는 포기하지 않고 밀고 나간다.
- 2번 준거 틀(LS9): 자신이 의미 있고 가치 있는 일이라고 생각하면 열정적으로 몰입한다.

② 라켓의 성향

- 주 준거 틀(LS1): 자신의 영역에 대해 더 좋게 만들어 가려고 하고 자신만의 영역을 타인이 침범하지 못하도록 하는 우월감이 있다.
- 2번 준거 틀(LS9): 자신의 역할에 대해 스스로 만족해하고 자신을 칭찬하기도 하는 등 자기만족이 되었을 때 행복하고 자기도취에 빠지기도 한다.

③ 디스카운트 성향

- 주 준거 틀(LS1): 목표에 집중할 때면 타인의 감정을 간과할 때가 있다.

- 2번 준거 틀(LS9): 의미 있는 일이라고 생각하면 결과를 따지지 않고 이상적인 것을 추구하며 현실감이 떨어지게 행동한다.

☞ 개선 방안: 타인의 감정을 존중하며 이상적인 것에 치우치지 말고 현실감각을 갖고 행동하도록 한다.

8) 준거 틀에 따른 임패스와 병리적 인생각본

FR ＼ 특성	금지령	대항지령	핵심 임패스	병리적 각본
주 준거 틀(LS1)	자기주장을 해서는 안 된다.	영향력 있는 사람이 되라.	통제	반사회성
2번 준거 틀(LS9)	즐겨서는 안 된다.	열정적으로 살라.	자주	연기성

내담자의 해석

① 금지령

- 주 준거 틀(LS1): 부모님은 남동생이 늘 우선이었기에 집안이 남동생의 상황에 따라 분위기가 달라졌다. 동생이 울면 애를 왜 울리냐고 엄마가 달려왔다. 이런 분위기에서 '자기주장을 해서는 안 된다.'라는 금지령을 받은 것 같다.
- 2번 준거 틀(LS9): 7남매를 키우기 위해 많은 농사일 속에 사는 엄마를 보며 성실하게 일해야 하며 '즐겨서는 안 된다.'는 금지령이 주어진 것 같다.

② 대항지령

- 주 준거 틀(LS1): "네가 아들이면 얼마나 든든하고 믿음직스럽겠니!"라며 영향력이 있는 사람이 되라고 했다.
- 2번 준거 틀(LS9): 주어진 일을 열심히 성실하게 해 온 엄마는 자식들에게 열심히 사는 모습을 늘 보여 주었고 노력하면 언젠가 좋은 일이 있다. 뜻이 있으면 길도 있다고 열심히 살 것을 말씀하였다.

③ 임패스 상태

- 주 준거 틀(LS1): 통제에 관해서 많은 갈등을 느끼는 각본이다. '자기주장을 해서는 안 된다.'는 금지령과 영향력 있는 사람이 되어야 한다는 갈등 상황에서 통제에 관한 갈등을 느끼게 된다.

- 2번 준거 틀(LS9): 자주성에 관해서 많은 갈등을 느끼는 각본이다. '즐겨서는 안 된다.'는 금지령과 '열정적으로 살라.'의 대항지령의 갈등 상황에서 자기 마음대로 하려고 하는 '자주'를 선택한다.

④ 불건강의 극단

- 주 준거 틀(LS1): 반사회성 각본이다. 자기주장에 대해 거절을 받거나 무시를 당하면 얼굴이 붉어지면서 열이 오르나 시간을 갖고 해결해야 될 때가 있다.
- 2번 준거 틀(LS9): 연기성 각본이다. 타인의 관심을 받기 위해 동작을 크게 행동하거나 크게 웃는 경우가 있다. 상대방이 무반응하면 동작이 작아지고 차분해진다.
- ☞ 개선 방안: 어린 시절 성장 과정에서 형성된 부모의 비언어적 금지령과 언어적 대항지령 사이에서 핵심 임패스를 선택한 것을 자각하고 각본에서 벗어나도록 한다.

9) 준거 틀에 따른 효과적 교류패턴

FR	효과적 교류패턴
주 준거 틀(LS1)	솔직하라, 내 말을 공격으로 생각하지 말라, 내 공로를 인정하라.
2번 준거 틀(LS9)	내 방식을 바꾸거나 명령하지 말라, 동료감과 자유를 달라.

내담자의 해석

① 순기능적 교류패턴

- 주 준거 틀(LS1): 진솔한 대화로 격 없이 부드럽게 교류하면 자신이 소중한 사람으로 느껴지면서 마음이 열리고 에너지가 올라온다.
- 2번 준거 틀(LS9): 내담자를 있는 그대로 인정하고 명령형이 아닌 청유형으로 말해야 한다.

② 역기능적 교류패턴

- 주 준거 틀(LS1): 공격적으로 소리를 지르거나 말투가 거칠면 마음을 닫게 되어 교류가 힘들다.
- 2번 준거 틀(LS9): 내담자를 자기 생각대로 바꾸고 통제하려고 하거나 명령조로 말할 때 반감이 생기며 답답해진다.
- ☞ 개선 방안: 다양한 사람들의 특성을 이해하면서 저 사람은 왜 그렇게 소리를 지르며 거친 말투로 표현할 수밖에 없을지 미리 판단하지 말고 열린 마음으로 듣고 차분히 말할 수 있는 자세를 갖는다.

10) 준거 틀의 함정과 3P 활용

특성 FR	함정	허용	보호	잠재능력
주 준거 틀(LS1)	정의	다름을 인정해도 좋다.	완고, 독선	자애로운 마음
2번 준거 틀(LS9)	낙천	절제해도 좋다.	방종, 합리화	현실감각

내담자의 해석

① 함정의 의미

- 주 준거 틀(LS1): 정의라는 긍정적 가치를 따를 때 함정에 빠진다. 정의롭지 못한 일을 보면 가만히 있기보다는 간접적으로라도 참여자나 후원자가 되려고 한다. 그러나 정의롭지 못할 때 화가 나고 내 자신과 단체를 탓한다.
- 2번 준거 틀(LS9): 낙천이라는 긍정적 가치를 따르려고 할 때 함정에 빠진다.

② 허용의 상황

- 주 준거 틀(LS1): 다름을 인정해도 좋다고 자신에게 허용한다. 서로의 의견이나 감정의 다름을 인정하고 말과 행동으로 실천해 본다.
- 2번 준거 틀(LS9): 절제해도 좋다고 자신에게 허용한다. 자신이 하고 싶은 것만을 하는 것이 아니라 상대방의 입장도 생각하여 역지사지로 적절하게 절제를 실천한다.

③ 보호의 상황

- 주 준거 틀(LS1): '완고'라는 함정에 빠졌을 때 자신을 보호하기 위해 독선적으로 행동한다.
- 2번 준거 틀(LS9): '방종'이라는 함정에 빠졌을 때 자신을 보호하기 위해 합리화한다.

④ 잠재능력 발휘

- 주 준거 틀(LS1): 자애로운 마음을 발휘하기 위해 완고한 생각에서 벗어나 다양성을 인정한다.
- 2번 준거 틀(LS9): 현실감각을 발휘하기 위해 방종과 합리화에서 벗어나 현실과 낙천 사이에서 적절하게 균형을 유지한다.
- ☞ 개선 방안: 잠재능력을 발휘하여 지혜로운 삶을 살기 위해서는 타인의 의견에 경청할 줄도 알고 자신의 의견도 주장할 줄 알며, 현실과 이상 사이에서 균형감각을 갖고 살도록 한다. 지나치게 낙천적으로 생각하는 것도

합리화일 수 있다는 자각으로 미리 점검하고 확인하는 습관이 필요하다.

11) 준거 틀과 진로

특성 FR	성향	적성	대표적 직업
주 준거 틀 (LS1)	지도력과 추진력이 있다. 집단구조를 파악하는 능력과 약자를 옹호하고 보호하는 포용력이 있다.	리더적	종차가, 경찰, 법조인, 사업가, 상담사, 영업직, 운동지도사
2번 준거 틀 (LS9)	매사 활동적이고 개방적이며 낙관적으로 밝고 명랑하다. 즐거움을 추구하고 호기심이 많고 아이디어와 상상력이 풍부하다.	활동적	기획자, 작가, 발명가, 사회복지사, 상담사, 영업직, 연예인

내담자의 해석

① 성향 통찰
- 주 준거 틀(LS1): 지도력과 추진력이 있다. 집단 구조를 파악하는 능력과 약자를 보호하고 전체를 아우르는 포용력이 있다.
- 2번 준거 틀(LS9): 매사에 활동적이고 개방적이며 낙관적으로 생각하고 행동한다. 명랑하고 호기심이 많아 새로운 일에 시작을 잘하고 일을 지속적으로 만들어 간다.

② 적성 찾기
- 주 준거 틀(LS1): 조직의 목적에 맞게 동기부여를 잘하여 목표를 달성하는 성과를 잘 거둔다.
- 2번 준거 틀(LS9): 활동적이고 낙관적인 성격으로 밝고 명랑하다. 특히, 호기심이 많아 궁금하면 적극적으로 먼저 다가가며 아이디어가 풍부하다.

③ 원하는 직업
- 주 준거 틀(LS1): 상담사, 사업가, 정치가, 경찰, 법조인 등
- 2번 준거 틀(LS9): 기획자, 사회복지사, 상담사, 영업직 등

12) 자율성 회복과 발휘

특성 FR	자율성 회복과 발휘
주 준거 틀 (LS1)	다른 사람을 지배하는 것이 아니라, 적극적 경청을 하고 함께 협력하도록 한다. 사람들의 감정을 수용하고 독립적인 인격체로 도와주어야 한다. 좀 더 여유를 가지고 사람들과 소통하는 태도를 가진다.
2번 준거 틀 (LS9)	흥미와 재미만 추구하는 것보다 그 일이 바람직하고 가치가 있을 때 행하도록 한다. 행복은 새롭고 흥분되는 것에서만 오는 것이 아니라 단순하고 평범한 것에 관심을 가질 때 느껴진다. 하던 일을 완성하는 습관을 가진다.

내담자의 해석

① 자율성 회복의 의미

일에 몰입하여 균형을 잃지 않도록 무엇을 위해 내가 이 일을 해야 하는지를 순간마다 자각하고 중요한 일에 먼저 집중하고 선택하는 태도를 갖는다. 호기심으로 새로운 일을 만드는 것도 필요하지만 평범한 것에 관심을 갖고 누릴 줄 알아야 한다. 일 때문에 소중한 사람과의 관계를 잃어버리지 않도록 좀 더 여유를 갖고 사람들과 소통하는 태도를 가진다.

② 어떻게 자율성을 발휘

- 주 준거 틀(LS1): 주어진 역할을 감당하기 위해 늘 분주한 생활을 조절하여 균형을 유지하며 마음의 여유를 갖고 소중한 사람들과 행복한 시간을 누린다.
- 2번 준거 틀(LS9): 새롭고 흥분되는 일에 호기심을 갖기보다는 단순하고 평범한 것에 관심을 가지고 하던 일을 마무리하는 습관을 가진다.

13) 내담자의 전체적인 준거 틀의 개선 방안

상태 패턴	현재	개선점
LS1	리더로서 과도한 책임을 갖고 많은 일을 하여 늘 분주하다.	중요한 일을 먼저 하고 줄여야 할 일은 과감하게 내려놓자.
LS2	상상력이 풍부하고 창의력이 있다.	세련된 방식으로 표현하고 창의력을 발휘하자.

LS3	논리적, 합리적, 현실파악 능력이 있다.	작은 것도 꼼꼼하게 주의 깊게 관찰하도록 한다.
LS4	남을 도와주고 봉사적이며 이타적인 성향이다.	자신이 원하는 것이 무엇인지 충분히 먼저 생각하고 실천한다.
LS5	자기확신과 자신감이 있다.	결과의 끝을 생각하며 과정을 중요시하며 실천한다.
LS6	정직하며 규범적으로 절제하는 인상을 준다.	상황에 따라 융통성과 유연성을 갖고 실천한다.
LS7	책임감이 강하고 공동체에 대해 헌신적이며 마음이 따뜻하다.	자신과 가정을 먼저 돌보고 그 후에 공동체를 돌보도록 한다.
LS8	수용적이고 편견이 없고 타인의 입장을 이해하고 받아 준다.	수용적이다 보니 설득을 당할 확률이 많다. 필요시 잘 거절한다.
LS9	활동적이고, 낙관적이며 호기심이 많아 늘 분주하다.	평범한 것에 집중하고 그것을 누릴 줄 알며 마무리를 잘 짓는다.

4. 내담자의 CKFR 심리검사 결과와 개선 방안

1) 상담자가 본 내담자의 문제

• 과도한 책임감과 성취로 일을 지속적으로 만들어 내어 마음의 여유가 없다.
• 큰 틀은 잘 보지만 작고 꼼꼼한 것을 놓치는 경향성이 있어 작은 것에 집중해야 한다.
• 능동적으로 자신의 생각을 먼저 주장해야 되는데 관망하다가 나중에 표현한다.

2) 내담자 심리치료 및 개선 방안

① 상담목표: 늘 분주한 자신의 준거 틀을 자각하고 자율적인 사람이 되도록 한다.
② 상담계획: CKFR 심리검사를 통해 자신의 준거 틀을 깨닫고, 패턴의 함정에서 빠져 나오도록 대처 방안을 찾는다.
③ 상담전략
• 심리검사를 통하여 분석된 결과를 확인하고 내담자가 성장해야 될 부분을 자각한다.
• 어린 시절의 성장 과정과 양육태도가 현재 준거 틀에 어떤 영향을 주었는지 깨닫는다.
• 자신의 준거 틀을 통해 앞으로 자율성 회복과 발휘를 위해 개선점을 실천하도록 한다.

5. 상담 과정과 상담 결과

1) 상담 과정(초기, 중기, 종료 등으로 구분하여 요약)

• 초기: 라포 형성을 통해 내담자와 신뢰감을 높이고 심리검사를 통해 자신의 정체성을 알아
가도록 한다.
• 중기: 내담자의 주 호소문제가 준거 틀과 어떤 관련성이 있는지 준거 틀 개선 방안을 함께
찾아본다.
• 종료: 상담을 통해 자신이 어떤 준거 틀을 갖고 있는지 이해하고 성장하도록 구체적 실천
계획을 세우고 소감을 나눈 후 종결한다.

2) 상담 결과

내담자의 주 호소문제는 "이제는 나의 삶에 대해서 균형 잡힌 중년 여성으로 살아가고 싶다"
고 했다. 내담자는 지금까지 성실하고 책임감 있게 일을 해 왔고, 호기심이 많아서 늘 새로운 일
을 만들며 주도적으로 살아왔으나 중년 여성으로서 몸이 지치고 힘들어지면 모든 것을 내려놓
고 싶어 했다. 내담자는 중년이 되어 몸에 질병이 찾아와 수술을 하게 되었고, 지나친 에너지 소
모로 일과 건강에 균형이 깨지며 힘들어했다.

균형 잡힌 삶을 살기 위해 CKFR 심리검사를 실시하여 내담자의 준거 틀을 살펴보기로 상담
목표를 정했다. 내담자의 CKFR 심리검사 결과는 LS1(주 준거 틀) 3~4등급으로 다소 높고, LS9
(2번 준거 틀)도 3~4등급으로 다소 높았다. 내담자를 분석한 결과 내담자는 LS1(주 준거 틀) 특성
상 자신감이 있고, 정의로우며, 리더의 역할을 주로 해 왔고, LS9(2번 준거 틀) 특성상 호기심이
많아 반복되는 일에 싫증을 느끼며 새로운 일을 지속적으로 만들어 내며 성과를 거두다 보니
주변에서 인정을 받으며 일을 만들어 살아왔다는 것을 자각하였다.

어린 시절 아들을 고대하시던 부모님이 아들처럼 집안에서 일을 만들고 영향력 있는 모습을
보일 때(LS1 특성) 최고의 칭찬과 사랑을 받았기 때문에 조기 결단을 하도록 영향을 받았으며,
부모님을 기쁘게 하기 위해 행복한 일을 찾아 실천할 때(LS9 특성) "네가 아들로 태어났으면 얼
마나 좋았겠니"라며 칭찬을 받음으로써 준거 틀의 조기 결단이 현재에 강력하게 영향을 미친다
는 사실을 알게 되었다. LS1의 방어기제로 힘든 것을 힘들다고 표현하면 약한 사람이 될 것 같
아 부인의 방어기제를 사용했고, LS9의 즐겁게 살아야 한다는 각본 신념으로 어려운 일이 생겨

도 "좋은 일이 생기려나" 하고 합리화의 방어기제를 사용했음을 알고 행복은 주고받는 균형을 유지하는 것임을 자각하고 필요할 때 주변인에게 솔직하게 도움을 요청하겠다고 했다.

상담 결과 내담자는 균형 잡힌 중년 여성으로 살기 위해서 앞으로는 (LS1 상태) 과도한 책임감을 갖고 많은 일을 할 때, 중요한 일을 먼저 하고 줄여야 할 일은 과감히 내려놓기로 했다. (LS9 상태) 호기심이 많아서 새로운 일을 만들고 분주한 내담자는 앞으로 평범하고 작은 일에 집중하고 평범함을 누릴 줄 알며 시작뿐만 아니라 마무리까지 잘하겠다고 했다. 내담자는 CKFR 준거 틀 검사를 통해 '이제는 균형 잡힌 중년 여성으로 살아가기' 위해 자율성 회복의 첫걸음을 시작하게 되었다며 기뻐하였다.

6. 상담자 총평

내담자를 상담하면서 준거 틀의 조기 결단이 얼마나 중요한지 자각하는 계기가 되었다. 부모의 양육 방식을 통해 어린 내담자가 인정받기 위해서는 남자처럼 성취하고 영향력 있는 강한 사람이 되어야 한다는 축소각본의 함정에 빠질 수밖에 없음을 알게 되었다. 여자로 태어난 것이 내담자의 잘못이 아닌데도 불구하고 여자를 부인하는 사회문화적 분위기에서 남자처럼 살아야 인정을 받을 수 있었던 한국의 여성을 위해 여자로 태어난 것이 내담자의 잘못이 아니라고 말하고 싶었다. CKFR 심리검사를 통해 자각하지 않는 한평생 일을 만들고 누리지 못하는 고단한 생활을 선택할 수 있었을 내담자를 만날 수 있었다. 내담자는 대범하지만 허술하고 큰 틀을 잘 보고 시작을 잘하지만, 작고 꼼꼼한 것은 놓치는 경향성이 있어서 작은 것에 집중하고 마무리까지 잘 짓는 것이 성장할 부분임을 알아차리며 앞으로 실천해 보겠다고 결심했다.

이 세상에 완벽한 사람을 없다. 중년기에 준거 틀 검사를 통해 자기 성장을 시도하는 내담자가 참 멋지다. "이제는 균형 잡힌 중년 여성으로 살고 싶다"는 내담자가 CKFR 심리검사를 통해 고단함을 멈추고 여유를 찾고 누릴 수 있는 균형 잡힌 중년을 보낼 수 있기를 바란다.

CKFR 심리검사에 의한 개인상담 사례분석 2

갈등을 원만하게 해결하여 자유롭고 싶은 직장인

상담자: 박봉근

1. 내담자의 기본 정보

가명: ○○○ / 성별: 남 / 연령: 50세 / 학력: 대학원 졸/ 검사일: 2020년 8월 20일

1) 의뢰경위 및 주 호소문제

① 의뢰경위

자신의 준거 틀 분석을 통해 자신의 성격특성을 좀 더 깊이 이해하고, 직장생활에서 일어나는 크고 작은 갈등을 잘 조율하고 해결하고 싶다.

② 주 호소문제

역할과 기능에 맞지 않은 업무를 부여 받거나 업무 분장이 합리적이지 않다고 주장했는데 받아들여지지 않을 때 화가 나고 직장을 떠나고 싶다.

- 자신의 권리를 침해당하지 않기 위해 자기주장을 더 잘하고 싶다.
- 문제가 발생했을 때 상황에 따라가기보다는 적극적으로 대처하고 싶다.

2) 행동관찰

- 170cm 정도의 키와 날렵한 체구를 유지하고 몸을 움직이는 것을 좋아한다.
- 같은 일을 변함없이 반복할 수 있는 꾸준한 인내력이 있다.
- 변함없는 표정과 차분하게 말하고 불만이 있을 때 톤이 올라간다.

3) 내담자의 자원

• 자기발전을 위해 늘 준비하고 노력한다. 불확실한 상황에서 인내하고 기다릴 수 있다.

4) 가족관계(3세대 가계도 및 내담자 문제와 관계된 가족 성향, 특이 사항)

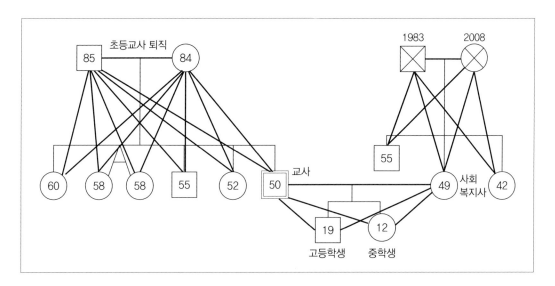

• 부: 초등학교 교사로 재직하고 은퇴하여 시골에서 소일거리로 농사일을 거들고 있으며, 과일 나무를 심고 가꾸며 생활하고 있다. 고지식하고 융통성이 없으며 책에 나와 있는 것들이 진리이고 그대로 세상이 돌아가고 있다고 생각한다. 자신의 생각이 강하고 모든 것을 자신의 생각대로 하려고 한다.

• 모: 농사일을 계속 해 오면서 사람들과 관계를 잘 유지하고 있다. 바쁜 일손을 빌리기 위해 평소에 사람들을 잘 관리한다. 인심이 후하고 통이 커서 일가 친척들과 잘 나누고 관계를 잘 만들어 간다. 자녀들에게 너그러운 마음으로 알아서 할 수 있도록 믿고 맡긴다.

• 내담자: 아버지의 성격과 비슷하게 융통성이 부족하고 자기 고집대로 살아가려고 한다. 자신이 하고 싶어 하는 일은 자신의 생각대로 꼭 이루려고 한다. 직장생활에서도 자신의 생각과 맞지 않은 일을 할 때는 불만이 많고 스트레스를 많이 받는다. 매우 원칙적이고 책임감이 강하다.

• 아내: 매우 민첩하고 상황 파악을 잘하며 모든 일에 적극적으로 개입하여 해결하려고 한다. 회피 경향이 있는 내담자 남편과 성향이 달라 많이 부딪치는 편이다. 자녀들이 필요한 것을 민감하게 알아차리고 세심하게 지원해 준다. 또한 자녀 양육에 있어서 지나치게 간섭

도 많이 한다.

- 아들: 아버지의 영향을 많이 받아 융통성이 부족하고 사회기술이 부족하여 문제 해결 능력이 부족하다. 자신의 세계에 빠져 있고 친구관계가 거의 없다.
- 딸: 명랑하고 친구들이 많으며 즐겁게 생활하고 있다. 엄마와 소통을 잘하고 자신의 일을 척척 알아서 잘한다. 그림 그리기, 악기 다루기 등 창의적인 활동을 잘한다.

5) 생태도

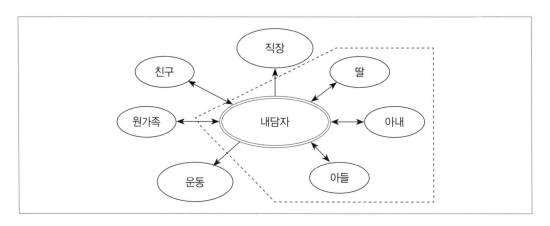

2. 내담자의 검사 결과

FR 　　　구분	LS1	LS2	LS3	LS4	LS5	LS6	LS7	LS8	LS9
점수	30	28	37	26	34	44	37	37	32
순위	7	8	4	9	5	1	2	3	6
등급	8~9	8~9	3~4	6~7	5	1~2	1~2	3~4	6~7

〈CKFR 심리검사 체크리스트〉

체크리스트	해석
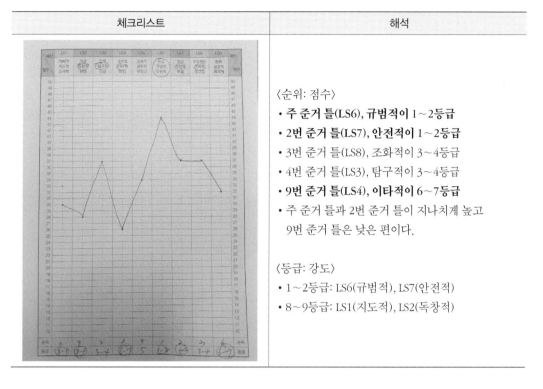	〈순위: 점수〉 • **주 준거 틀(LS6), 규범적이 1~2등급** • **2번 준거 틀(LS7), 안전적이 1~2등급** • 3번 준거 틀(LS8), 조화적이 3~4등급 • 4번 준거 틀(LS3), 탐구적이 3~4등급 • **9번 준거 틀(LS4), 이타적이 6~7등급** • 주 준거 틀과 2번 준거 틀이 지나치게 높고 9번 준거 틀은 낮은 편이다. 〈등급: 강도〉 • 1~2등급: LS6(규범적), LS7(안전적) • 8~9등급: LS1(지도적), LS2(독창적)

3. 준거 틀에 따른 특성과 해석

1) 준거 틀의 건강한 정도

특성 FR	상	중	하
주 준거 틀 (LS6) 규범적	관용, 이성적, 양심적, 합리적	비평적, 원칙적, 완벽, 완고	분노, 위선적, 우울, 회피
2번 준거 틀 (LS7) 안전적	용기, 충성심, 책임감, 호감	의존적, 우유부단, 방어적, 복종	의심, 공격적, 자기비하, 불만
9번 준거 틀 (LS4) 이타적	이타적, 겸손, 진실, 온정적	우호적, 과장, 간섭, 보상	조종, 분개, 억압, 교만

내담자의 해석

① 건강할 때

- 주 준거 틀(LS6): 이해심이 많고 상대방 입장에서 생각하고 상대방의 행동에 대해 어떤 사정이나 이유가 있을 것이라고 생각한다. 다른 사람의 행동만 보고 섣불리 비난하는 것을 보면 괜히 마음이 불쾌해질 때가 있다.
- 2번 준거 틀(LS7): 중요한 사람으로부터 인정을 받을 때 충성을 다하고, 자신이 한 일에 대해서 기꺼이 책임지려고 한다.
- 9번 준거 틀(LS4): 과업을 수행하는 과정에서 자신의 일을 먼저 생각하고 자기 일이 완성되었을 때 주변을 살핀다.

② 불건강할 때

- 주 준거 틀(LS6): 불합리하다고 생각될 때 수용하기가 어렵고 화가 올라온다. 부당함에 대항할 수 없을 때 스스로 회피하고 속으로 힘들어한다.
- 2번 준거 틀(LS7): 상대방의 말과 행동을 보지 않고 의도가 무엇인지 파악하려고 하고, 불신으로 인해 수동 공격적인 반응을 보인다. 의사결정의 답변을 늦게 해 주기, 한 번 더 물어볼 때까지 대답 안 하고 기다리기 등
- 9번 준거 틀(LS4): 나와 직접적인 관련이 없는 일은 개입하지 않는다. 자기주장을 못하고 참아야 할 때 견디기 힘들어한다. 다른 사람의 가치를 대수롭지 않게 평가한다.
- ☞ 개선 방안: 상대방의 말과 행동을 있는 그대로 받아들이고, 불안과 의심에서 벗어나기 위해 자신의 감정과 생각에 진솔하고 솔직하게 표현한다. 의심 등 부정적 사고에 빠질 때 빨리 생각을 멈추고 자신을 돌아본다.

2) 준거 틀의 성향에 따른 승자각본과 패자각본

FR \ 특성	성향	승자각본	패자각본
주 준거 틀(LS6) 규범적	완벽적	느긋하게 현재를 즐긴다.	화를 잘 낸다.
2번 준거 틀(LS7) 안전적	안전한	굳세고 씩씩하다.	무서워하거나 두려워한다.
9번 준거 틀(LS4) 이타적	이타적	남을 존중하고 자기를 낮춘다.	잘난 체하고 건방지다.

내담자의 해석

① 성향

- 주 준거 틀(LS6): 실수하거나 허점을 보이지 않기 위해 노력하며, 완벽하지 못하다고 생각 될 때 지적 받을까 봐 두렵다.
- 2번 준거 틀(LS7): 완벽해야 안전하다고 생각하고, 다른 사람과 갈등이 없이 조화롭고 원만 하게 모든 일이 해결되기를 바란다. '돌다리도 두드려 보고 건넌다', '조금 손해를 보고 살 아도 된다'라는 생각으로 세상을 살아간다.
- 9번 준거 틀(LS4) : 타인에 대한 관심이 부족하고 방임적이며, 마음이 있어도 표현과 실행 이 안 되어 더 무관심해 보인다.

② 승자각본 쓸 때

- 주 준거 틀(LS6): 역할이나 책임을 완벽하게 하고 난 후에 마음에 여유가 생기고 느긋하게 시간을 보낼 수 있다.
- 2번 준거 틀(LS7): 인정을 받을 때 자신감이 생기고 당당해지며, 인정해 주는 사람에게 충 성을 다한다.
- 9번 준거 틀(LS4): 다른 사람에게 강요하지 않고 편안하게 해 주며, 자신도 나서지도 않으 며 겸손하다.

③ 패자각본 쓸 때

- 주 준거 틀(LS6): 약점이 노출될 때나 지적 받을 때, 의견 충돌이 있을 때는 무의식적으로 화를 내고 방어적으로 나온다(완벽하지 않으면 Not OK 축소 각본으로 들어간다).
- 2번 준거 틀(LS7): 잘해야 된다는 생각 때문에 무슨 일을 시작하기를 꺼리고, 결과를 비관 적으로 생각하여 두려워 일을 시도하지 못한다.
- 9번 준거 틀(LS4): 다른 사람의 성과를 대수롭지 않게 생각하고 은근히 무시하는 경향이 있 다(예: 같이 공부하던 사람이 사회복지사 2급을 취득했다고 자랑스럽게 얘기하고, 취득하는 방법을 알려 주겠다고 하자, 그 정도는 별 쓸모도 없는 것이고 누구나 인터넷 강의만 들으면 다 딴다는 식 으로 가치를 무시해 버림).
- ☞ 개선 방안: 내가 가지고 있는 능력 범위에서 최선을 다하고 결과에 상관없이 그 과정을 평가한다. 완벽하지 않 아도, 안전하지 않아도 시도하는 것, 참여하는 것 자체를 중요하게 생각한다. 부족함과 실수를 기꺼이 받아들 이고, 자신을 있는 그대로 수용하는 연습을 한다.

3) 준거 틀의 등급에 따른 기술

특성 FR	등급에 따른 기술
주 준거 틀(LS6) 1~2등급	비판적, 완벽주의, 완고, 강박적, 이상적, 독선
2번 준거 틀(LS7) 1~2등급	의존, 의존적, 피해망상, 경계심, 자기방어, 불신
9번 준거 틀(LS4) 6~7등급	무관심, 부적응, 이기적, 방임, 냉담, 불친절

내담자의 해석

① 순기능
- 주 준거 틀(LS6): 기준에서 벗어나는 일은 하지 못하며 정확하고 올바른 일이라고 생각되는 것만 한다. 몇 번이고 반복해서 확인하고 좀 더 나은 방향으로 개선하려고 노력한다. 다른 사람의 의견을 물어보지 않고 자신의 생각대로 결정해 버린다.
- 2번 준거 틀(LS7): 사람을 쉽게 믿지 않고 늘 조심하고 여러 번 확인하기 때문에 위험을 회피할 수 있다(예: 전철에서 하차 시 카드가 없어졌다는 것을 알아차렸을 때, 바로 카드회사에 연락하여 신고하고 승차 시점부터 신고 시간까지의 사이에 카드 사용 내역을 분명하게 확인하고 상담원 이름을 물어본다.).

② 역기능
- 주 준거 틀(LS6): 자기 기준이 분명하여 독선적이고 완고한 면이 있으며, 자기 생각을 관철시키기 위해 타인의 제안을 잘 받아들이지 않는다.
- 2번 준거 틀(LS7): 권위를 가진 사람에게 의존하려는 경향이 있고 도와주기를 기대한다. 명확한 지침이나 근거가 분명하지 않은 일을 할 때는 짜증이 나고 불신을 많이 한다. 다른 사람을 잘 믿지 않고 늘 조심하는 경향이 있다. 자신의 마음을 쉽게 열지 않고 친해지는 데 시간이 오래 걸린다.
- ☞ 개선 방안: 자신이 가지고 있는 틀이 경고하여 다른 사람이 접근하기 어렵다는 사실을 인식하고 허용적이고 느긋한 모습을 보이며, 일을 추진할 때도 관련자들과 소통을 많이 하면서 일을 추진한다. 일 자체보다는 일을 통해 소통과 관계의 즐거움을 만들어 간다.

4) 준거 틀에 따른 인간관계 스트로크 성향

특성 FR	긍정적일 때	부정적일 때
주 준거 틀(LS6)	충실하고 헌신적이며, 양심적이고 기꺼이 다른 사람을 도와준다. 균형이 잘 잡혀 있고 상당한 유머감각을 지니고 있다. 책임감이 강하여 최선의 결과를 만들려고 노력한다.	남을 헐뜯고 논쟁을 하려 들며, 꼬치꼬치 따지고, 잘 타협하려 하지 않는다. 다른 사람에 대한 기대도 높다. 긴장되어 있고, 걱정되거나, 사물을 지나치게 여길 정도로 심각하게 여긴다.
2번 준거 틀(LS7)	따뜻하고 잘 놀고 개방적이고 충실하고 지지를 잘해 주고 정직하며 공정하고 믿을 만하다. 가족들과 친구들에게 헌신적이고 충실하다.	의심을 잘하고 통제하려 들고, 융통성이 없고 빈정댄다. 위협을 받으면 움츠러들거나 거친 행동을 한다. 실패할까 봐 두려워 일을 미룬다.

내담자의 해석

① 긍정적일 때 스트로크 방식

• 주 준거 틀(LS6): 정확하게 예의를 갖추고 솔직하고 진솔하게 마음을 열고 대화하고 최대한 친절하게 알려 주려고 노력한다.

• 2번 준거 틀(LS7): 믿는 사람이나 가까운 사람에게는 자기개방을 잘하고 모든 사람에게 공정하게 하려고 노력한다.

② 부정적일 때 스트로크 방식

• 주 준거 틀(LS6): 상대방의 비합리적인 점을 날카롭게 지적하고 공격적으로 직면하여 잘못을 분명하게 짚어 주고 싶은 마음이다.

• 2번 준거 틀(LS7): 잘 이해가 안 되는 것이 있어도 물어보지 못하는 경우가 많고, 답변이 충분하지 않아도 그냥 넘어가 버리는 경우가 있다. 상대방을 잘 못 믿고 교류를 차단하거나 회피한다(예: 카드사나 보험회사 번호가 뜰 때 안 받거나 끊어 버리고, 가끔 받았을 때도 불신하는 마음을 가지고 듣다가 중간에 무뚝뚝하게 끊는다.).

☞ 개선 방안: 모르는 것이 있을 때 그냥 넘어가지 말고 용기를 내어 반드시 물어보는 습관을 기르고 생각이 다르고 관심이 없는 것도 끝까지 경청하고 넉넉한 마음으로 상대방의 입장에서 생각해 본다.

5) 준거 틀의 조기 결단과 집착 그리고 두려움

특성 FR	조기 결단	집착	두려움
주 준거 틀(LS6)	정확하고 모범적이어야 한다.	완벽	실수
2번 준거 틀(LS7)	지지를 받아야 한다.	안전	방임(관심을 못 받는 것)

내담자의 해석

① 조기 결단의 의미

• 주 준거 틀(LS6): 모범적이고 융통성이 없는 아버지의 영향으로 '정확하고 모범적이어야 한다.'는 결단이 형성된 것 같다.

• 2번 준거 틀(LS7): 지지를 받아야 일을 추진할 수 있고 확신감을 가지고 일을 진행할 수 있다.

※ 조기 결단이란 인생 초기 각본 메시지에 대한 반응으로 자신과 타인에 대한 어떤 결론이고 조기 결단을 자각하고 변화시키면 각본에서 벗어날 수 있다.

② 집착의 성향

• 주 준거 틀(LS6): 정확하고 모범적이고 실수하지 않아야 된다는 강박적 생각으로 완벽해질 때까지 반복해서 본다.

• 2번 준거 틀(LS7): 원만하고 조화롭게 일 처리를 해야 안전이 보장된다고 생각하고 갈등을 일으키지 않으려고 애를 쓴다.

③ 두려움의 성향

• 주 준거 틀(LS6): 실수할까 봐 두려워서 주춤거리고 자주 망설인다.

• 2번 준거 틀(LS7): '인정을 못 받을까 봐', '무시당할까 봐', '주위에서 안 좋은 평가를 받을까 봐' 신경을 많이 쓰고, 고립되고 방임(관심을 못 받는 것)될까 봐 두렵다(예: 결재나 보고를 해야 할 상황에서 몇 번이고 생각해 보고 주춤거리다가 긴장된 마음으로 문을 열고 들어간다.).

☞ 개선 방안: 공적인 일이 아닌 상황에서는 좀 더 느긋하게 생각하고, 반드시 정확하지 않더라도 괜찮고, 지지받지 않더라도 해야 할 일이라고 생각되면 소신을 갖고 스스로 찾아서 한다.

6) 준거 틀에 따른 양육방식과 신념 그리고 방어기제

FR＼특성	양육방식	각본 신념	방어기제
주 준거 틀(LS6)	엄격하고 비판적	완전하게 하는 것이 최선이다.	반동형성
2번 준거 틀(LS7)	냉정하고 변덕이 심한	안전을 위해 항상 준비해야 한다.	투사

내담자의 해석

① 양육환경

• 주 준거 틀(LS6): 체면을 중시하고 타인의 시선을 중시하는 모범적인 아버지와 사람들과의 관계를 잘하는 어머니 밑에서 양육을 받아 왔으며, 아버지를 더 신뢰하면서 규범대로 모범적으로 살아야 한다고 생각하면서 성장하였던 것 같다.

• 2번 준거 틀(LS7): 정서적으로 무심한 아버지와 가족과 친척들을 잘 챙기는 어머니의 영향으로 형성된 것 같다. 아니라고 생각될 때는 매정하게 딱 자른다.

② 각본 신념의 성향

• 주 준거 틀(LS6): 자신은 대충한다고 생각하는데 꼼꼼하게 하고 있고, 반복해서 수정하고 완성도를 높인다.

• 2번 준거 틀(LS7): 현재에 만족하지 못하고 늘 다음을 생각하고 미래를 대비한다. 이리저리 생각은 많은데 실행력이 떨어진다.

③ 방어기제의 의미

• 주 준거 틀(LS6): 비난 받지 않기 위해서 미운 사람도 친한 사람과 똑같이 공정하고 친절하게 응대한다.

• 2번 준거 틀(LS7): 결재 문서를 작성 시 자신이 규정을 모르고 잘못 작성한 결과를 가지고 상급자가 별것도 아닌 것 가지고 까다롭게 트집 잡는다고 책임을 전가한다.

☞ 개선 방안: 모범적이 아니어도 괜찮고, 완벽하지 않아도 괜찮다는 생각을 가지고 강박적인 대처 방식에서 벗어나 진솔하고 정직하게 행동한다. '지금 이 순간을 제일 잘 살자'는 마음으로 생활한다.

7) 준거 틀에 따른 드라이버, 라켓, 디스카운트

특성 FR	드라이버	라켓	디스카운트
주 준거 틀(LS6)	완결무결하게 하라.	투쟁심, 분노, 비판	융통성
2번 준거 틀(LS7)	안전한지를 확인하라.	의심, 비겁, 불안	믿음

내담자의 해석

① 드라이버의 의미
• 주 준거 틀(LS6): 잘 인식하지 못하는 상황에서 완전무결하게 하려고 애쓰고 완전하지 못할 때 축소각본으로 이어진다.
• 2번 준거 틀(LS7): 의심이 많아 무엇이든지 확인하려 들고 결정을 쉽게 못한다. '안전하게 하는 것'이 모든 행동에 영향을 미친다.

② 라켓의 성향
• 주 준거 틀(LS6): 실수하거나 완벽하지 못한 약점이 지적당하는 상황에서 비판적으로 변하고 화가 올라오는 부적절한 감정이나 행동이 연출된다.
• 2번 준거 틀(LS7): 원만하게 해결되지 않을 때 불안한 감정이 올라오고, 잘해야 된다는 생각으로 반복해서 확인하는 의심이 작동한다.

③ 디스카운트 성향
• 주 준거 틀(LS6): 자기 기준이 완고하고 정확하게 해야 된다는 생각에 사로 잡혀 융통성을 경시하는 경향이 있다. 완벽하게 해야만 된다는 강박관념과 규정에 얽매여 융통성이 부족하고 경직되어 있다(예: 주민센터의 탁구 프로그램 등록하는 과정에서 방문접수라고 되어 있는데, 시간 내에 갈 수 없어서 혼자 고민한다. 다른 사람들은 전화 한 통으로 접수를 하였음).
• 2번 준거 틀(LS7): 자신의 능력을 과소평가하고 너무 안전을 생각하여 믿어도 되는데 자신의 능력과 타인을 불신한다.
☞ 개선 방안: 자신을 먼저 신뢰하고 실수하고 완벽하지 않아도 있는 그 자체로 괜찮은 사람이라고 생각한다. 타인 또한 나와 같은 소중하고 신뢰로운 존재임을 인식하고, 위축과 움츠림에서 벗어나 자신감을 가지고 생활한다. 규정과 편리함의 조화를 시도해 본다.

8) 준거 틀에 따른 임패스와 병리적 인생각본

특성 FR	금지령	대항지령	핵심 임패스	병리적 각본
주 준거 틀(LS6)	생각해서는 안 된다.	완벽하게 하라.	완전	강박성
2번 준거 틀(LS7)	신중해서는 안 된다.	안전을 확인하라.	안전	의존성, 편집성

내담자의 해석

① 금지령

• 주 준거 틀(LS6): 완고하고 융통성이 없는 아버지가 "어른들이 얘기하는데 끼어들지 말고 말대꾸하면 안 된다.", "너희들은 몰라도 된다.", "어른들이 시키는 대로 해라."라는 비언어적 메시지를 통해 생각해서는 안 된다는 유아기적 금지령이 주어진 것 같다.

• 2번 준거 틀(LS7): 치밀한 계산 없이 무엇이든지 시도해 보고 뒷수습이 안 되는 아버지가 유아에게 주는 메시지로 형성된 것 같다. 아버지는 젊었을 때 이것저것 뭐든지 해 봤다는 얘기로 추정해 본 결과 신중해서는 안 된다는 금지령을 받은 것으로 생각된다(예: 사슴 키우기, 밭 700평에 모과나무 심기, 박 재배하기, 치자나무 심기 등을 해 보았으나 판로까지 생각해 보지 않고 시작했다가 끝까지 못하고 노력과 돈만 소비했다.).

② 대항지령

• 주 준거 틀(LS6): 많은 일을 시도했으나 제대로 완성을 하지 못한 아버지의 말 속에 완벽하게 해야 제대로 일을 할 수 있다는 메시지가 들어 있어서 완벽하게 하는 것이 형성되는 것 같다.

• 2번 준거 틀(LS7): 치밀하고 신중하지 못해 제대로 성과를 거두지 못했던 아버지의 반대급부가 안전을 확인하라는 메시지로 주어진 것 같다. 늘 조심하라는 언어적 메시지를 많이 들으면서 살아왔다.

③ 임패스 상태

• 주 준거 틀(LS6): 금지령과 대항지령의 갈등 상황에서 '완전' 하기를 선택했다. 완전하지 못한 상황에서 불안하고 위축되고, 실수하지 않으려고 애쓰는 것 같다.

• 2번 준거 틀(LS7): '안전'을 위해서 지나치게 살피고 망설이기 때문에 실행이 안 되고 추진력이 부족하다. 그러다가 시간이 지나서 기회를 놓치고, 적극적으로 개입보다는 시간이 지나서 상황이 그냥 해결되기를 기대하고 기다린다.

④ 불건강의 극단

- 주 준거 틀(LS6): 완전하기 위해서 강박적으로 노력하고, 완전하지 않을 때 축소각본으로 빠진다. 자존감이 떨어지고 위축되고 부족한 부분에 대해 지적받을까 봐 자신감 없는 모습으로 변한다.
- 2번 준거 틀(LS7): 안전하지 않는 상황에서 두 번 세 번 확인하는 의심이 일어나고 권위 있는 사람의 힘을 빌리고 싶은 의존 욕구가 일어난다.
- ☞ 개선 방안: 일의 결과보다 과정에 의미를 두고 과정 그 자체로 만족하는 연습을 한다. 항상 완벽하거나 안전할 수만은 없다는 것을 인식한다.

9) 준거 틀에 따른 효과적 교류패턴

FR	효과적 교류패턴
주 준거 틀(LS6)	충고를 소중히 여기라, 공정하고 사려 깊게 하라, 당신의 몫을 책임지라.
2번 준거 틀(LS7)	내 말을 주의 깊게 들으라, 솔직하고 분명하라, 내가 걱정하도록 내버려두라.

내담자의 해석

① 순기능적 교류패턴

- 주 준거 틀(LS6): 충고를 받기보다는 하는 것을 더 많이 하고 살아온 것 같다. 직장에서 고민하고 힘든 마음 상태에서 갈등하고 있을 때 한 마디 던져 주는 직장 동료가 있었는데 그 말이 마음에 와 닿아 받아들인 적이 있다. 그때 그 한마디가 큰 위안이 되었다(예: 보고 기일을 넘긴 문서를 결재하는 과정에서 안절부절못하는 모습을 보고 선배가 "사람 죽인 것도 아니고, 큰 잘못을 하는 것도 아닌데 그냥 죄송하다고 해라"라고 조언해 줌).
- 2번 준거 틀(LS7): 잘 듣는 것도 필요하고 내 생각을 상대방에게 분명하게 말하는 것도 필요함을 느낀다.

② 역기능적 교류패턴

- 주 준거 틀(LS6): 상대방의 충고를 대수롭지 않게 생각하고 내 생각대로 판단을 내려 더 어려움에 처한 적이 있다. 내 맘에 들지 않는 충고는 건성으로 듣는다. 다른 사람이 지나치게 의지하거나 기대려고 하면 부담스럽고 피하게 된다. 상대방의 말을 이해하지 못했을 때 여러 번 물어보기 어려워서 그냥 넘어가는 경우가 많다.

- 2번 준거 틀(LS7): 자신의 감정에 정직하게 살아오지 못한 경우가 많고 상대방의 말을 흘려 듣고 나서 나중에 시행착오를 반복한 경우가 많다. 다른 사람으로부터 간섭이나 통제받기 가 싫어서 교류를 차단하고 회피하는 경향이 많았다.
- ☞ 개선 방안: 마음에 들지 않는 충고가 들어올 때도 '듣는 연습', '상대방 입장에서 생각하는 연습'이 필요하다. 이해가 안 되거나 모르는 것은 '많이 물어보는 연습'이 필요하고 혼자 고민하고 혼자 판단하지 말고 소통과 공 유를 활성화시킬 필요가 있다.

10) 준거 틀의 함정과 3P 활용

특성　　FR	함정	허용	보호	잠재능력
주 준거 틀(LS6)	완벽	여유 있게 해도 좋다.	고지식, 비판적	낙관적 태도
2번 준거 틀(LS7)	안전	믿어도 좋다.	우유부단, 경계심	평온한 신뢰

내담자의 해석

① 함정의 의미
- 주 준거 틀(LS6): '완벽'이란 가치를 강박적으로 따르려고 할 때 함정에 빠진다. 허점이 보일 까 봐 고민하고 꾸물대다가 기회를 놓친다.
- 2번 준거 틀(LS7): '안전'이란 가치를 강박적으로 따르려고 할 때 함정에 빠진다. 실행에 옮 기지 못하고 망설이다가 결국 시간이 지나고 동력이 떨어져 스스로 포기한다.

② 허용의 상황
- 주 준거 틀(LS6): 마음의 여유를 가지고 완벽하지 않게 해도 된다. '선택과 집중'으로 중요도 에 따라 노력의 정도를 달리한다.
- 2번 준거 틀(LS7): 남들도 나와 똑같은 입장이므로 자신과 다른 사람을 믿고 표현하고 실행 해도 된다.

③ 보호의 상황
- 주 준거 틀(LS6): 융통성이 없고 고지식하여 변함없이 완고한 특성을 유지하려고 한다.
- 2번 준거 틀(LS7): 믿음이 부족하고 불신감으로 인해 결정을 쉽게 못하고 심사숙고하는 것 과 의심하고 확인하고 혼자 오해를 하는 경우가 많다.

④ 잠재능력 발휘

- 주 준거 틀(LS6): 여유 있게 낙관적인 태도를 가진 사람들과 자주 어울리고 친목 모임, 동사무소나 복지센터의 오락 프로그램에 정기적으로 참여한다. 일을 시작하기 전에 긍정적인 결과를 먼저 생각하고 시작한다.
- 2번 준거 틀(LS7): 가족관계, 직장에서 동료들과 관계를 강화하고 종교활동을 통해 의지의 대상을 만든다. 욕심 부리지 않고 현재에 만족하고 항상 감사거리를 찾아본다.
- ☞ 개선 방안: 항상 생각대로 일이 진행되지는 않는다는 것을 받아들이는 융통성을 기른다. 무슨 일이 든지 모두 장단점이 있고 그 나름대로의 성과가 있다고 생각하고 합리적인 평가도 좋지만 긍정인 평가를 더 많이 한다. 상대방도 나와 똑같은 사람임을 인정하고 먼저 믿음을 가진다.

11) 준거 틀과 진로

특성 FR	성향	적성	대표적 직업
주 준거 틀(LS6)	이상적, 원칙적, 규범적으로 완벽을 기하고 이를 위해 노력한다. 공정하고 정직하며, 깔끔하고 자제하는 인상을 준다.	규범적	교사, 성직자, 경영자, 공무원, 변호사, 세무사, 은행원, 감사원
2번 준거 틀(LS7)	책임감이 강하고 안전을 추구하며 공동체에 대한 헌신이 대단하다.	보호적	법조인, 군인, 경호원, 비서직, 공무원, 소방관, 보건직

내담자의 해석

① 성향 통찰

- 주 준거 틀(LS6): 모든 사람에게 공정하려고 노력한다. 자신의 기준이 합리적이라는 가정에서 겉으로 드러나지 않아도 내부에서 자기 기준이 분명하다.
- 2번 준거 틀(LS7): 조직이 혼란이 없이 원만하게 유지되도록 노력한다.

② 적성 찾기

- 주 준거 틀(LS6): 안전하고 질서정연하게 통제하기 위해 규정을 꼼꼼하게 만들고 빈틈을 메꿔 나간다.
- 2번 준거 틀(LS7): 안정된 상황에서 변함없이 꾸준히 하는 일을 선호하고 폭넓은 분야보다 깊이 있는 분야를 선호한다.

③ 원하는 직업

- 주 준거 틀(LS6): 제일 하고 싶은 직업이 교사여서 직업군인을 하다가 교사로 전환했다.
- 2번 준거 틀(LS7): 공무원이 되고자 준비하다가, 군대 갈 시기가 되어 친구 따라 장교 후보생으로 입대하여 어찌하다 보니 13년간 근무하게 되었다. 직업군인은 성향과는 잘 맞지 않았으나 우직함(인내와 규칙적)으로 견뎌낸 것 같다.

12) 자율성 회복과 발휘

특성 FR	자율성 회복과 발휘
주 준거 틀(LS6)	무엇이든지 완벽하지 않아도 된다. 너그러운 마음으로 실수를 인정한다. 가능한 최선을 다하되 그것으로 만족하고 느긋하게 현재를 즐겨라. 다른 사람의 흠을 보는 것보다 좀 더 배려하고 서로 다름을 인정한다.
2번 준거 틀(LS7)	지나치게 걱정을 하거나 실패를 두려워하지 말고 여유와 믿음을 갖도록 한다. 의존적인 태도를 버리고 독립심과 자립심을 길러 자력으로 바람직한 일을 실행하라. 좀 더 객관적이고 자발성과 혁신적인 생각으로 마음의 균형을 잡도록 한다.

내담자의 해석

① 자율성의 회복의 의미

나에게 부족한 점, 잘하지 못하는 것을 수용하고 못하는 대로 보여 줄 수 있는 사람이 된다. '있는 그대로의 모습으로', '지금 이 순간을 가장 행복하게 살자'

② 어떻게 자율성을 발휘

- 주 준거 틀(LS6): 결과보다 과정 자체에 의미를 둔다. 함께하고 참여하는 것 자체를 중요하게 생각한다.
- 2번 준거 틀(LS7): 도전하는 것 자체에 의미를 부여한다. 맞다고 생각되는 것은 눈치 보지 말고 소신껏 실행한다.

13) 내담자의 전체적인 준거 틀의 개선 방안

패턴＼상태	현재	개선점
LS1	주도성이 부족하고 소심하고 움츠린다.	회의나 모임에 참석하면 반드시 한 마디씩 하고 오기
LS2	나서는 것을 싫어하고 평범한 것만 추구한다.	헤어스타일부터 바꿔 보기, 자신의 가치를 존중하기
LS3	의심과 집착이 강하다.	'보이는 대로 들리는 대로만' 받아들인다.
LS4	자신의 일을 먼저하고 주변을 둘러본다.	하루 한 가지씩 작은 것이라도 봉사하는 습관을 들이고, 부탁 들어주기를 연습을 한다.
LS5	적당한 성취 욕구를 가지고 늘 도전한다.	좀 더 열정을 가지고 집중적으로 도전한다.
LS6	약점과 지적이 두려워서 모범적이고 완벽하려고 애쓴다.	가능한 범위에서 할 수 있는 것만큼만 하고 거기에 만족한다. 내 능력으로 안 되는 분야는 과감하게 걱정하지 않고 운에 맡긴다. '오늘 열심히 살고 내일이 오면 내일 또 열심히 살겠다'는 마음가짐으로 살아간다. '오늘은 내 것이고 내일은 내 것이 아닐 수도 있다'는 마음으로 오늘 최선을 다한다.
LS7	의심이 많고 조심성이 많다. 함부로 행동하지 않는다. 망설이고 주춤거린다.	일정 범위 내에서 실수하고, 과감하게 행동하는 연습을 한다.
LS8	갈등이 두려워 분위기에 맞추고 결정을 못할 때가 있다.	'갈등도 삶의 일부로서 살아가는 과정이다'라고 생각하고 회피하지 않는다.
LS9	결정을 못할 때 가장 안전한 방법인 폐쇄를 선택하여 안전을 추구한다.	상급자를 신뢰하고 진술한 마음으로 소통한다.

4. 내담자의 CKFR 심리검사 결과와 개선 방안

1) 상담자가 본 내담자의 문제

• 갈등 상황에서 문제를 회피하고 관계를 단절하고 자기만의 세계로 물러난다.
• 사람들을 신뢰하지 못하고, 자신의 솔직한 마음을 표현하지 못하여 혼자 힘들어하고 다른 사람을 오해한다.

2) 내담자 심리치료 및 개선 방안

① 상담목표: 자신의 마음을 솔직하게 개방하고, 갈등을 피하지 말고 합리적으로 타협한다.
② 상담계획: CKFR 심리검사를 통해 자신의 준거 틀을 깨닫고, 갈등을 두려워하는 원인을 분석하고, 합리적으로 타협하고 해결하는 방법을 찾는다.
③ 상담전략
- 자기주장을 하기 전에 차분한 마음을 유지하고 정중하게 표현하는 연습을 한다.
- 사소한 것부터 자신의 감정과 생각을 표현하고 연습을 한다.
- 갈등 상황에서 자신의 방식대로 대처하지 말고 마음을 열고 진솔한 소통을 한다.

5. 상담 과정과 상담 결과

1) 상담 과정(초기, 중기, 종료 등으로 구분하여 요약)

- 초기: 심리검사를 통해 자신의 정체성(성격특성)의 장단점을 이해한다.
- 중기: 다양한 방법으로 자기표현하는 방법을 모색하고 연습한다.
  나의 주장이 항상 받아들여지지 않는다는 것을 인식하고 그래도 표현한다.
- 종료: 나 자신을 있는 그대로 수용하고, 지금 현재로도 만족하는 마음을 가진다.

2) 상담 결과

내담자는 CKFR 준거 틀 분석을 통해 자신이 직장생활에서 자기주장을 못하고 위축된 생활을 하게 된 이유는 자신의 주 준거 틀인 LS6번의 완고하고 융통성이 부족한 특징과 2번 준거 틀인 LS7번이 역기능적으로 기능하여 의심 수준으로 높아질 때, 생각이 왜곡되고 불안하여 자기주장을 못하고 상급자들과의 관계에서 어려움을 느낀다는 것을 알게 되었다.

가장 낮은 준거 틀인 LS4번으로 인해 사회적 관심이 부족하고 방임적인 면이 있는데 이를 보완하기 위해 혼자 고민하지 말고 많이 물어보고 소통해야 하며 부족함을 생각하지 말고 더 배울 수 있는 기회라고 생각해야 할 것이다. 일의 결과보다는 과정 그 자체에 의미를 두고 내가 가진 능력의 범위에서 할 수 있는 만큼만 하고 부족함을 받아들이는 자세가 필요하다. 옳다고 생각되는 일은 눈치 보지 말고 소신을 가지고 실행해야 함을 다시 한번 자각하였다.

또한 자신이 어렸을 때 부모로부터 "늘 조심해라"는 말을 듣고 자라 왔는데 부모의 영향으로 LS7번의 준거 틀이 형성되어 다른 사람 앞에 나서지 못하고 늘 조심하고 신중하게 행동해 왔음을 알게 되었다. 두려워하지 말고 완벽하지 않아도 괜찮다는 마음가짐과 의심에서 벗어나 다른 사람을 신뢰하는 마음자세가 필요함을 알게 되었다.

관계에서 좀 더 허용적이고 느긋한 태도가 필요하며 일의 장단점을 따지기 전에 긍정적인 면을 먼저 보는 자세가 필요하고 한번에 변화할 수 없지만 순간순간 할 수 있는 만큼씩 실천하겠다고 결단하는 계기가 되었다.

6. 상담자 총평

CKEO 그램과 CKDP 분석을 통해 자신에 대한 이해를 증진시켜 왔으며 자신의 성향을 어느 정도 알아차렸다. 이번 CKFR 심리검사를 통해 더 깊이 자신에 대해 고민하고 알아차리는 소중한 계기가 되었다. 변화를 위해서는 실행에 옮겨야 하는 용기가 필요하며 이는 또 한 번의 각고의 노력이 필요하다. 하지만 한번에 하지 못하더라도 우리가 현재에 할 수 있는 만큼씩이라도 차근차근 실행에 옮겨야 한다. 인생은 혼자 살아가는 것이 아니라 관계 속에서 살아감을 인식해야 한다. 먼저 나와 가장 가까운 가정에서 가족들과 소통하는 연습을 통해 사회적 장면으로 확장시켜 나갈 것이다. 행복은 미래에 있는 것이 아니라 지금 여기에 있는 것이다. "지금 이 순간을 가장 행복하게 살자", "지금 여기에서 자유롭고 행복한 사람이 되자"라는 마음의 결단을 하였다. 교류분석의 상담자로서 끊임없는 자기성찰과 변화를 위해 노력하는 자세가 필요하다. 지금 이 순간 새로운 결단을 통하여 행복한 삶을 살아가기를 원한다.

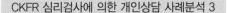

CKFR 심리검사에 의한 개인상담 사례분석 3
감정 조절이 힘든 싱글맘

상담자: 손희란

1. 내담자의 기본 정보

가명: 경조 / 성별: 여 / 연령: 44세 / 학력: 고졸 / 검사일: 2022년 1월 23일

1) 의뢰경위 및 주 호소문제

① 의뢰경위: 모자관계 회복을 위한 개인상담 요청

② 주 호소문제: "화가 나면 감정 조절이 되지 않는 자신을 바꾸고 싶어요."

경조(가명)는 한부모 가정의 싱글맘으로, 이혼 후 홀로 자녀를 키우며 사는 삶이 너무 힘들다. 친정어머니와 갈등으로 불만과 갈등이 많은 내담자는 30세에 결혼한 후 아들이 초등학교에 들어갈 무렵 이혼을 하게 되었다. 초등학생 아들과의 성격 차이로 인한 갈등, 현재도 친정어머니에게 경제적·정서적으로 의존하며 사는 자신을 비관하고 있다.

친정아버지가 교통사고로 돌아가신 후 믿을 사람이 아무도 없다는 생각으로 외로울 때마다 술을 마신다. 가까운 지인들과 잘 지내다가도 알코올 의존으로 인한 감정 조절의 어려움으로 음주 후 잦은 다툼이 있고 분노가 경조증 수준으로 나타나 헐크처럼 변할 때가 있다. 이혼 후, 자신도 모르게 이성을 잃으면 아들에게 화를 퍼붓고 집기를 부수기도 한다. 이성을 잃어 하나밖에 없는 아들을 실수로 죽일 수도 있겠다는 생각에 상담을 의뢰하게 되었다. "아들을 사랑하기는 하나 키우기가 고통스러워요."라고 울부짖는 내담자는 아들 양육에 대한 양가감정으로 고민하는 것으로 관찰된다.

2) 행동관찰

- 160cm의 키에 통통하고 귀여운 이미지, 표정이 밝고 경쾌한 목소리로 친밀감이 높다.
- 힘든 이야기를 할 때도 긴장하지 않고 스스럼없이 표현하며 눈물을 자주 흘린다.

• 자신의 지나간 사연을 표현할 때 감정에 솔직하고 시원시원하다.

3) 내담자의 자원

• 첫인상이 좋으며 친화력이 좋다.
• 말을 조리 있게 잘하고 자신의 감정에 솔직하다.
• 시간을 잘 지키고, 자신이 한 말에 대한 책임을 지려고 한다.
• 한번 결심한 것을 바로 말로 표현하고 행동으로 실천한다.
• 자격증이 있어 직장을 쉽게 구할 수 있다.
• 얼굴이 귀엽고 웃는 모습이 매력 있다.
• 열정이 있으며 시작도 잘하고 포기도 잘한다.

4) 가족관계(3세대 가계도 및 내담자 문제와 관계된 가족 성향, 특이 사항)

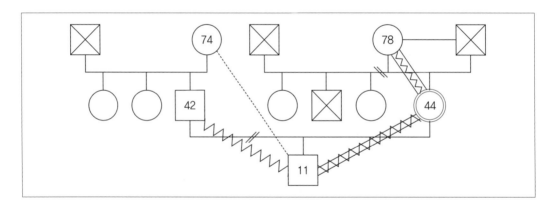

• 친정어머니: 경조(가명)의 아들(손자)을 초등학교 입학 후 잠시 돌보아 주고 있으며, 욕을 습관적으로 한다. 친정어머니는 재혼 후 경조(가명)를 낳았으며 막내딸을 애틋하게 생각한다. 감정 기복이 심해서 좋을 때와 기분 나쁠 때의 차이가 극명하게 나타난다.
• 전남편: 이혼 후에도 재결합을 원하고 있으며, 갈등은 그대로 있지만 가끔 아들을 만난다. 아내에게 경제권을 주지 않고 신뢰하지는 않는다.
• 아들: 초등학교 1학년 입학 후 학교 부적응과 친구들과의 마찰로 인한 잦은 조퇴로 담임 선생님께 전학을 권유받았고, 친정어머니와 가까운 시골 학교에 1학년 학기 말 전학을 하여 4학년에 재학 중이다.

5) 생태도

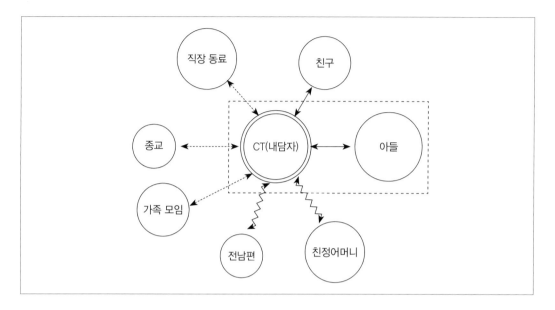

2. 내담자의 검사 결과

FR＼구분	LS1	LS2	LS3	LS4	LS5	LS6	LS7	LS8	LS9
점수	21	48	22	39	23	25	26	23	48
순위	9	1	8	3	6	5	4	7	2
등급	8~9	1~2	8~9	1~2	8~9	8~9	8~9	8~9	1~2

〈CKFR 심리검사 체크리스트〉

체크리스트	해석
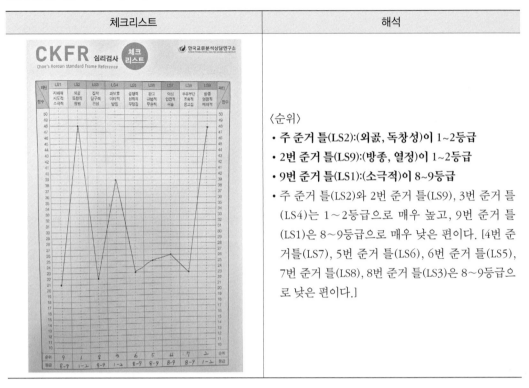	〈순위〉 • 주 준거 틀(LS2):(외곬, 독창성)이 1~2등급 • 2번 준거 틀(LS9):(방종, 열정)이 1~2등급 • 9번 준거 틀(LS1):(소극적)이 8~9등급 • 주 준거 틀(LS2)와 2번 준거 틀(LS9), 3번 준거 틀(LS4)는 1~2등급으로 매우 높고, 9번 준거 틀(LS1)은 8~9등급으로 매우 낮은 편이다. [4번 준거틀(LS7), 5번 준거 틀(LS6), 6번 준거 틀(LS5), 7번 준거 틀(LS8), 8번 준거 틀(LS3)은 8~9등급으로 낮은 편이다.]

3. 준거 틀에 따른 특성과 해석

1) 준거 틀의 건강한 정도

특성 FR	상	중	하
주 준거 틀(LS2)	온정적, 창조적, 예술적, 영감	자기관대, 비현실적, 몽상	자기억제, 우울, 자기혐오
2번 준거 틀(LS9)	낙관적, 자발적, 열정적, 절제	충동적, 과도한, 호기심	반항적, 퇴폐적, 광적
9번 준거 틀(LS1)	자신감, 정의, 관용	지배적, 자기주장, 단호함	파괴적, 복수심, 반사회적

내담자의 해석

① 건강할 때

• 주 준거 틀(LS2): 개성이 강하고 외곬적으로 자기성찰을 잘하고 타인과 어울리기 좋아하며 웃음이 많다. 화가를 꿈꾸는 아들의 예술성을 지지하고 비싼 화방용품을 쇼핑하며 만나는 사람들에게 친절하다.

• 2번 준거 틀(LS9): 자발적으로 한 번도 가보지 않은 곳을 여행하기를 즐기며, 아들과 함께 계획하지 않은 어려운 일도 열정적으로 해낸다. 낙관적이고 호기심이 많아 다양한 관계와 경험을 즐긴다.

• 9번 준거 틀(LS1): 친정어머니에게 억울한 설움을 당한 것을 잊지 않고 복수를 꿈꾸고 있다. 상처를 잊기 위해 술을 먹으면 한 번씩 사고를 치지만 자신과 아들을 위해 직장을 다니며 책임을 다한다.

② 불건강할 때

• 주 준거 틀(LS2): 이혼 후, 친정어머니 집에서 쉬고 있을 때, 예고 없이 손님이 찾아오면 인사를 하지 못하고 농 안에 숨어 있거나 뒷문으로 나가는, 소극적이고 융통성 없는 행동을 한다. 위기 상황에서 회피하는 자신을 자책하거나, 후회하는 일이 많다. "내가 왜 이렇게 당당하지 않게 행동할까?"라고 자기연민에 빠지게 되면 술을 과도하게 먹게 되고 물건을 던지며 자기비하로 인해 삶의 의미를 상실한 채 현실의 삶을 자책하고 원망한다.

• 2번 준거 틀(LS9): 자신이 하고 싶어 하는 일은 다해야 직성에 풀린다. 타인과 잘 지내다가도 잘못을 지적받으면 그것을 납득하지 못하고 자신을 무시하는 것 같아 속상하다. 충동적으로 술을 과하게 먹게 되고, 속마음을 적절하게 표현하지 않아 격렬하게 다툼을 하게 된다.

• 9번 준거 틀(LS1): 책임져야 하는 상황에서 지나치게 감정적으로 대처한다. 초등학교 1학년 아들이 아프다고 조퇴를 자주 한다는 담임 선생님의 전화를 받은 후 비난받았다는 생각이 들자, 친정집과 가까운 학교에 전학을 시키고 자신도 직장을 그만둔다. 또한, 아들이 다니던 학원에 결석을 하면 바로 학원을 끊어 버리고 아들이 무책임해서 학원을 끊은 것이라고 즉시 통보한다.

☞ 개선 방안: 갈등이 생기면 우울로 인해 내 탓이라고 생각하고 술을 자주 먹는다. 힘들 때 힘들다는 말을 하지 못하여 문제를 키우게 된다. 자신의 감정을 조화롭게 조절하여 합리적인 책임감 있게 대처해야 한다. 지나친 불안과 두려움에서 벗어나 자기조절 능력을 키우고 반사회적인 생각에서 벗어나 아들과 평화롭게 사는 것을 모색하는 노력이 필요하다.

2) 준거 틀의 성향에 따른 승자각본과 패자각본

특성 FR	성향	승자각본	패자각본
주 준거 틀(LS2)	독창적	평안하고 어려움이 없다.	남을 부러워하고 바란다.
2번 준거 틀(LS9)	열정적	건전하게 즐기고 절제한다.	절제하지 못하고 탐닉한다.
9번 준거 틀(LS1)	리더적	사사로운 욕심이나 불순한 생각이 없다.	수단방법을 가리지 않는다.

내담자의 해석

① 성향

- 주 준거 틀(LS2): 혼자서도 잘 지내고 혼술을 즐기며 독창적이고 감정적이고 여유로워 보인다.
- 2번 준거 틀(LS9): 다양한 분야에 호기심이 많고 부지런하여 직장에서도 능력 있고 성실하다고 인정받는다. 그러나 지속적으로 직장생활은 하지 못하는 것이 단점이다. 술을 과다 복용하며 자신과 가족에게는 냉담하고 소홀한 편이다.
- 9번 준거 틀(LS1): 자신감 있어 보이는 외적인 모습과는 달리 기분 나쁜 감정이 생길 때 말로 표현하지 않고 가만히 있으며, 대범한 것 같이 보이지만 작은 말에 상처받으며 상대방이 스스로 자신의 필요를 채워 주길 바라곤 한다. 내담자(경조)는 심리검사를 통해 자신이 수동적이고 소극적인 성격이 부지불식간에 제멋대로 행동하는 패턴으로 나타나는 것을 알아차렸다고 한다.

② 승자각본 쓸 때

- 주 준거 틀(LS2): 일상생활에서 온정적이며 아들과 친구같이 편안하게 지낸다.
- 2번 준거 틀(LS9): 직장생활에서도 낙관적이며 관계가 좋고 친구들이 많으며 자신의 이상적인 행동으로 유쾌하고 건전하게 즐기는 편이다. 기분 좋게 술을 마시면 술을 많이 먹어도 실수하지 않는다.
- 9번 준거 틀(LS1): 작은 원룸에 살다가 행복주택에 당첨되었다고 크게 기뻐하는 모습이 순수하다. 큰 욕심 없이 마음 편하게 살고 싶어 한다.

③ 패자각본 쓸 때

- 주 준거 틀(LS2): 자신을 자책하고 후회하고 좌절한다. 파괴적인 행동을 반복하는 자신을

보고 한심해하고 '내가 왜 그럴까?' 하며 자기혐오하며, 자신에게 실망하고 스스로 에누리하고 다른 사람을 부러워하고 이상적인 기대를 하며 자신을 깎아내린다.

- 2번 준거 틀(LS9): 상대방의 작은 실수를 용납하지 않고 사소한 것에 집착한다. 무책임하게 행동하여 사랑하는 사람과 헤어짐을 자주 반복적으로 경험한다.
- 9번 준거 틀(LS1): 아들이 내담자(경조)에게 "나도 이혼한 아빠하고 한번 살아 보고 싶어." 라는 말을 듣고 서운하고 분노하여, 아이에게 폭언하고 아빠를 비난하면서 아빠에게 바로 보내기로 결심한다. 내담자(경조)의 가출과 같은 경솔한 행동으로 아이가 건강이 악화되고 학교에도 무단결석을 하게 되자, 죄책감으로 우울감에 빠지고 자책하며 자살 충동을 느낀다.

☞ 개선 방안: 매사에 동기부여가 필요하며 일의 우선순위와 마무리가 필요하다. 구체적이고 합리적인 계획을 세워 말로 표현하여 실수를 최소화한다. 자존감을 찾기 위해서는 자기성찰을 통해 주인의식을 함양하고 자기연민에서 벗어나야 한다. 상대방을 비난하거나 자신의 과거를 디스카운트하는 습관에서 벗어나 지속적인 배려와 돌봄으로 신뢰를 회복한다.

3) 준거 틀의 등급에 따른 기술

특성 FR	등급에 따른 기술
주 준거 틀(LS2) 1~2등급	자의식, 변덕, 현실도피, 외곬, 죄책감
2번 준거 틀(LS9) 1~2등급	비현실적, 억압, 소극적, 자책, 둔감
9번 준거 틀(LS1) 8~9등급	소심, 소극적, 방어적, 수동적, 회피, 자신감 부족

내담자의 해석

① 순기능

- 주 준거 틀(LS2): 잘 다니던 직장을 그만둘 정도로 변덕이 심하다. 퇴사 후 고용보험을 받으며 집에서 있을 때 온정적이 된다. 아들을 인정적으로 잘 돌봐 주기 위해 집과 가까운 직장을 구하고 죄책감을 해소하기 위해 아들에게 무조건적인 사랑을 실천한다.
- 2번 준거 틀(LS9): 자신의 감정 표현에 개방적이며, 지나간 일에 대한 세부적인 경험을 잘 기억하고 있으며 일이 일어난 후에도 그때 그날의 상황을 정확하게 표현하며 낙관적으로 생각한다.

② 역기능

- 주 준거 틀(LS2): 집과 가까운 직장과, 아들 학교를 고려하여 집을 구했으나, 아들이 친구들 과의 관계 부적응으로 학교를 전학하게 되는 상황이 되자 자신감이 없어지고 소심하고 방 어적이 된다. 요리를 못하면서도, 몸에 좋은 음식을 사먹지 않고 돈을 아끼며 자기억제를 한다.

- 2번 준거 틀(LS9): 마음과 태도가 일관적이지 않아 "나는 왜 이렇게 되는 일이 없을까"라고 자책한다[예: 아들이 학교 상담 장면에서 가족화(KFD)를 그렸는데, 아들과 전남편은 팔짱을 끼 고 서 있고, 엄마인 자신은 쪼그리고 앉아서 울고 있는 장면을 그렸다. 이 그림을 본 내담자는 전 남편은 서 있고, 자신은 쪼그리고 앉아 있는 모습을 보자마자, 내담자(경조)를 무시하고 있다는 생각이 들어, 불같이 화가 나 아들에게 야단을 치고 즉시 이혼한 전남편에게 보내고 후회한다.].

☞ 개선 방안: 소소한 행복을 찾는 과정이 필요하다. 기분에 따라 감정적으로 일처리하기보다는 계획을 세워 추 진하는 노력이 필요하다. 내담자는 자유롭게 살면서도 자신의 의견보다는 상대의 의견대로 맞춰 주며 온정적 으로 보이지만 말을 하지 않아도 알아주기를 바라게 되고 한번 화가 나면 분노 조절이 힘들며 자책을 반복한 다. 내담자 자신이 바라고 원하는 계획을 구체적으로 세우고 솔직한 대화를 통해 지속적이고 일관적인 관계를 유지하는 노력이 필요하다.

4) 준거 틀에 따른 인간관계 스트로크 성향

특성 FR	긍정적일 때	부정적일 때
주 준거 틀(LS2) 외곬, 독창성	공감을 잘해 주고, 사람들을 지지해 주며 부드럽고, 잘 놀고, 열정적이며, 재치가 있다. 자신을 그대로 드러내고 쉽게 유대 를 맺는다.	너무 자신에게 빠져 있고 질투심이 강하 며, 정서가 메마르고, 시무룩하고, 독선적 이고, 지나치게 비판적이다. 쉽게 상처받 고 거부당했다고 느낀다.
2번 준거 틀(LS9) 방종, 열정	쾌활하고, 관대하고, 외향적이고, 남을 잘 돌보아 주며 재미있다. 친구나 연인을 새 로운 활동과 모험으로 이끈다. 일상 문제 들을 낙관적으로 보려고 한다.	자기도취에 빠지고 고집이 세고 방어적이 며 산만하다. 종종 관계에 묶이는 것에 대 해서 마음이 왔다 갔다 한다. 목적이 없는 저항을 한다.

내담자의 해석

① 긍정적일 때 스트로크 방식

- 주 준거 틀(LS2): 공감을 잘하고 인상이 좋아 쉽게 사람들과 즐거운 관계를 유지한다. 감정

표현이 솔직하여 작은 일에 감동을 잘하고 칭찬을 잘하며 웃는 모습이 밝고 이쁘다.

- 2번 준거 틀(LS9): 감정과 욕구를 솔직하게 표현하여 주위에 따르는 남자친구들이 많다. 사전에 계획 없이 한 번도 가보지 않은 외국을 여행하며, 낯선 나라에서도 서핑을 하거나 기차 여행을 즐긴다. 모르는 사람들과도 쉽게 친해지며 관대하고 활력이 넘친다. 대담하고 호기심이 많고 유쾌하다.

② **부정적일 때 스트로크 방식**

- 주 준거 틀(LS2): 자신을 특별하게 대해 주지 않으면 오래 지속적인 인간관계를 형성하지 못하는 단점이 있다. 내담자(경조)는 과거에 부끄럽고 수치스러운 행동이 생각나면 과도하게 자책한다. 내담자(경조)의 어머니가, 이웃 언니와 비교하며 다정하게 대해 주는 것을 보면 질투가 나지만 아무렇지도 않은 척 무미건조하게 대하고 자신에게 잘 대해 주는 사람과 친해진다. 외골수적인 성격으로 감정 기복이 심하다.
- 2번 준거 틀(LS9): 가끔 남편이 있는 행복한 가정을 꿈꾸지만 혼자 사는 것이 더 편하다고 스스로 위로한다. 그러다가, 사소한 감정에 직면하면 고집이 세지고, 오랜 시간 만난 남자친구와도 오해를 풀기보다는 대화를 단절하고 고립을 선택한다[예: 내담자(경조)가 어린 시절 친정어머니와 아버지는 잘 지내다가도 돈 문제로 싸움을 반복했다. 치열한 부부 싸움 이후 아버지가 가출하자, 말은 하지 않았지만 어머니에 대한 분노를 갖고 결혼생활에 대해 비관적인 마음을 갖고 있다.].
- ☞ 개선 방안: 진정한 행복을 찾고 싶지만 자기도취에 빠지거나 옹고집을 부려 관계가 어그러지므로 산만한 인간관계를 극복하는 노력과 인내심이 필요하다. 자기주장보다는 상대방의 입장을 존중해 주며 자신의 감정을 솔직하게 질문하고 이야기 나누며 공감하는 시간이 필요하다.

5) 준거 틀의 조기 결단과 집착 그리고 두려움

특성 FR	조기 결단	집착	두려움
주 준거 틀(LS2)	정체성을 찾아야 한다.	특별	존재 상실
2번 준거 틀(LS9)	행복한 일을 찾아야 한다.	즐거움	고난

내담자의 해석

① 조기 결단의 의미(인생 초기 외상 후 무의식적 결단-각본의 기원)

- 주 준거 틀(LS2): 주위의 관심에서 멀어지는 상태가 되는 것이 두렵다. 자신만이 특별하고 독특하게 인정을 받고 관심을 받는 것에 집착한다[예: 어린 시절, 술만 먹으면 가족에게 폭력을 행사하는 아버지는 내담자(경조)에게만 따뜻하게 대해 주고 때리지 않았다고 한다. 어머니와 다투고 가출하려는 아버지를 따라가려고 조기 결단을 내려 학교 선생님께 아버지가 위독하다고 거짓말로 말씀드리고 일주일 동안 결석하였다. 남의 시선을 의식하지 않고 '아버지와 같이 있으면 다 괜찮아'라고 생각하며 기쁘게 서두른다.].
- 2번 준거 틀(LS9): 아버지가 없는 환경을 두려움으로 인식하고 내담자를 사랑한다고 말해 주는 아버지와 함께라면 가난해도 행복하고 낙관적으로 살 수 있을 것이라고 조기 결단하고 즐거운 일에 집착한다.

② 집착의 성향

- 주 준거 틀(LS2): 외롭고 소외되는 것에 대한 남다른 두려움이 있다. 어린 시절 이웃 사람들의 따가운 시선에도 불구하고 특별하게 자신을 대해 주는 이웃집 아저씨들과 친하게 지냈다. 특별하게 잘 대해 주던 아저씨들이 이사가 버린 후에야 버림받았다고 느끼게 되면서 혼자라는 두려움으로 이별에 집착한다.
- 2번 준거 틀(LS9): 새롭고 행복한 일을 찾기 위해 계속해서 새로운 일에 열중하며 자격증을 따는 데 집중한다. 자신이 하고 싶은 일은 열정적으로 집중하지만, 가족의 생일을 챙긴다거나 평범한 대소사를 방관하고 무관심하다.

③ 두려움의 성향

- 주 준거 틀(LS2): 자신을 믿지 못해서 경제권을 주지 못한다고 하는 전남편의 말에 두려움을 느껴 남편이 헤어지는 것을 원하지 않는데도 불구하고 이혼을 했다. 사랑하는 사람에게 이별 통보를 받기 전에 고통스럽더라도 먼저 자신이 헤어지자고 말한다. 과잉 반응이라도 칭찬이나 인정을 끊임없이 받아야 존중받는다는 느낌이 든다.
- 2번 준거 틀(LS9): 행복하고 즐겁지 않으면 불안하다. 즐거움에 집착하고 과도하게 술을 마신다. 자신의 삶을 비난하거나 바꾸기를 바라는 사람과는 단절하게 된다. 부드럽고 편안한 대화를 하기 위해 술을 마신다.
- ☞ 개선 방안: 행복은 특별한 사람이 얻는 전유물이 아니므로 작은 일에 의미를 찾고 안정을 찾기 위해 노력한다.

결과적으로 대화를 하지 않으면서 사람을 믿지 못하는 두려움이 반복되므로 틀을 벗어나기 위해서는 지금 현재의 감정을 안다고 생각하고 독단적으로 결정하기보다는 궁금한 것은 청유형 질문을 통해 물어보고 받아들이려는 노력이 필요하다. 갈등이 있을 때 회피하기보다, 있는 그대로의 문제에 직면하여 문제를 해결하려는 적극성이 요구된다.

6) 준거 틀에 따른 양육방식과 신념 그리고 방어기제

FR＼특성	양육방식	각본 신념	방어기제
주 준거 틀(LS2)	특별한 행동에 인정	독특하고 세련되게 살아야 한다.	승화
2번 준거 틀(LS9)	모험적이고 낙관적 밝은	인생은 즐겁게 살아야 한다.	합리화

내담자의 해석

① 양육환경

- 주 준거 틀(LS2): 생계를 위해 바쁘게 일하시는 친정어머니는 전남편의 아이들 3명과 살다가 내담자(경조)의 아버지와 재혼하여 막내딸인 내담자를 낳고 특별한 가족관계에서 살아왔다.
  갈등이나 가난도 온정적으로 이겨내는 힘이 있으며, 고독하고 외로운 것을 참기 위해 자신을 있는 그대로 드러내며 잘 놀고 쉽게 유대를 맺으며 특별하게 어린 시절을 보냈다.
- 2번 준거 틀(LS9): 바쁜 엄마의 무관심 속에 정서적인 스트로크(인정자극)를 받지 못한 내담자는 아버지의 죽음에 대한 비밀을 알면서도 자신의 불안한 속마음을 숨긴 채 밝은 척하고 지내왔다. 사람들과 즐겁고 화기애애하게 지내며 낙관적으로 괜찮은 척 연기를 하며 살아온 것이다. 문제가 생기면 어려운 일은 금방 지나간다고 생각하고 그 상황을 회피하거나 애써 즐거운 척하며 ~까지만 견디면 즐겁게 잘 살 수 있을 것이라는 이상적인 생각을 한다.

② 각본 신념의 성향

- 주 준거 틀(LS2): 돌봄이 부족했던 내담자(경조)는 혼자 집에 있는 것보다는 의붓언니들의 비난을 받더라도 어른 놀이를 하며 특별하게 지낸다. 내담자(경조)는 결혼 후에도 남들처럼 남편과 아들을 위해 요리나 가사를 하지 않고 자유로운 활동을 선호하며 개성 있게 살아간다.
- 2번 준거 틀(LS9): 혼자 살더라도 인생을 즐기며 행복하게 살고 싶어 한다.

아들과의 갈등이 생기면 불행한 것으로 간주하고 아들과 즐겁고 행복하게 사는 것에 대해 에너지에 집중하여 여행을 과도하게 자주 한다. 어린 시절에는 아버지를 의존했다면 지금은 아들에게 의존하고 있다. 아들과의 여행으로 관계가 회복된다는 각본 신념이 있으며, 아들이 내담자 말을 듣지 않으면 죽고 싶을 만큼 외로워지기 때문에 돈이 없어도 아들과 여행하는 일에 과도하게 집중한다.

③ 방어기제의 의미

- 주 준거 틀(LS2): 정신적·육체적으로 힘든 일이 있더라도 고독을 즐긴다. 내담자는 아들이 학교에 적응을 하지 못해 무단으로 조퇴를 하더라도 크게 걱정하지 않고 온정적으로 대한다. 한부모 가정으로서 양육문제로 불안이 상승하면 불편한 관계인 "친정엄마 집에서 시골학교에 다니면 되지"라고 대안을 생각하고 아들이 없는 동안에 돈을 벌어서 더 넓은 집으로 이사 갈 창의적인 새로운 플랜을 세운다. 정서적인 감정의 상충을 해결하고 심리적인 균형을 찾기 위해 무의식적 심리적 수단으로 작용하는 '반동 형성'의 방어기제가 나타난다.
- 2번 준거 틀(LS9): 인생이 즐겁지 않고 두려운 일이 생기면 차라리 헤어지거나 현실을 도피하는 행동을 하여 마음의 평정심을 유지하려고 한다. 또한 "그렇게 선택하기를 잘했어"라고 스스로 합리화 기제를 사용한다.
- ☞ 개선 방안: 인생을 특별하고 즐겁게 살아야 한다는 생각으로 자유분방하게 살면서도 고통스러워하고 있다. 자신의 감정을 솔직하게 표현하지 못하고 합리화하거나 현실 도피적 방어기제에서 벗어나. 자신의 욕구를 솔직하게 오픈하고 대안을 찾는다.

7) 준거 틀에 따른 드라이버, 라켓, 디스카운트

FR \ 특성	드라이버(동인)	라켓	디스카운트
주 준거 틀(LS2)	특별한 사람이 되라.	질투심, 두려움, 우울	꾸밈이 없는 삶
2번 준거 틀(LS9)	열정적으로 살라.	자기도취, 무절제, 방종	현실감

내담자의 해석

① 드라이버의 의미

- 주 준거 틀(LS2): 어떤 상황에서라도 홀로 아들을 키우며 열심히 생활하는 자신이 특별하게

대접 받아야 한다.

• 2번 준거 틀(LS9): 어떤 상황에서라도 적극적인 호기심을 발휘하여 여러 번 도전하며 성취하는 것이 즐겁고 행복하다.

② 라켓의 성향

• 주 준거 틀(LS2): 아들이 퇴근하고 돌아온 엄마에게 무관심하거나 문을 걸어 잠그고 컴퓨터 게임을 하고 있으면 아들을 뺏길지 모르는 두려움으로 불같이 화가 난다.

• 2번 준거 틀(LS9): 늦은 시간까지 기분 내키는 대로 사람들과 어울리며 과도하게 술을 마시는 무절제 행동을 한다.

③ 디스카운트 성향

• 주 준거 틀(LS2): 전남편의 가족이나 남편 친척의 눈치를 보지 않고 가만히 있지 않고 튀는 옷을 입거나 행동을 하며 평범하게 사는 삶을 디스카운트한다.

• 2번 준거 틀(LS9): 현실은 외면하고 과도하게 긍정적이고 즐겁게 살고자 한다.

☞ 개선 방안: 관계에서 애쓰고 튀려 하며 특별하게 보이고자 하는 것에서 벗어나 평범하게 살아도 된다. 합리적인 현실감을 갖도록 한다.

8) 준거 틀에 따른 임패스와 병리적 인생각본

특성 FR	금지령	대항지령	핵심 임패스	병리적 각본
주 준거 틀(LS2)	특별해서는 안 된다.	자신이 되라.	특별	자기애성, 우울
2번 준거 틀(LS9)	즐겨서는 안 된다.	열정적으로 살라.	자주	연기성

내담자의 해석

① 금지령

• 주 준거 틀 LS2(변덕)인 경우 내담자는 초기 어린 시절에 말을 많이 한다고 핀잔을 들었고, 바른 말을 하더라도 엄마에게 인정받지 못했다. 무시하는 말과 잔소리와 욕설을 자주 들었다고 한다. 이러한 패턴이 내담자가 특별하게 튀는 행동을 하면서도 특별하게 튀어서는 안 된다는 각본으로 이중 메시지가 형성된 것으로 보인다.

• 2번 준거 틀 LS9(충동적)인 경우 어린 시절 순수한 아이처럼 유쾌하게 말하면 여러 명이 한

방에서 지내는 환경에서 조용히 해야만 하는 가정의 분위기가 형성되었고 제재를 받고 보니 자연스럽게 '즐겨서는 안 된다.'는 금지령이 형성되었고, 참고 있다가 충동적 성격이 나타난다.

② 대항(길항)지령(counter-injunction)

• 주 준거 틀 LS2인 경우 '너는 말을 잘하니까 특별한 사람이 되라.', '자신이 하고 싶은 것을 하라.', '열심히 공부해서 가르치는 사람이 되라.' 등 양육자가 바라는 반대 명령, 즉 부정적인 메시지로 받아들여서 특별한 역할을 하지 않으면 삶의 의미가 없어지고 '존재해서는 안 된다'고 무의식적 결론을 내린다.

• 2번 준거 틀(LS9)인 경우 부모로부터 자주 듣게 된 말은 "독립적으로 자유롭게 열심히 살라". 엄마는 남의 집에서 허드렛일을 하면서 힘들게 살아왔지만 내담자에게는 열심히 공부해서 재미있게 살아야 한다는 말을 통해 자신의 욕구대로 즐겁게 살아도 된다는 메시지를 자주 들었다.

③ 임패스 상태

• 주 준거 틀 LS2(독창성)인 경우 상대방이 특별하게 대해 주는 것을 알면 모든 것을 주어도 아깝지 않다. 어린 시절의 금지령은 '특별해서는 안 된다.'와 '톡톡 튀게 나답게 살라.'의 대항지령이 부딪치며 갈등한다(예: 내담자는 특별하게 대해 주는 아버지와 함께 학업을 중단하고 서울로 떠나고 싶은 마음과 학업을 계속하여 가르치는 사람으로 성공해서 특별한 사람이 되고 싶은 양가감정으로 갈등한다.

• 2번 준거 틀 LS9(방종)인 경우 자주의 임패스다. 금지령과 대항지령의 갈등 상황에서 자기 마음대로 하려고 하는 '자주'를 선택한다. 마음의 평화를 위해 자신을 신뢰하지 않고 감정이나 욕구대로 행동한다(예: 직장을 그만두어야 할지 아들을 키우기 위해 집에 있어야 할지 갈등하는 문제 상황이 오면 자기 뜻대로 쉽게 일을 저질러 버리고 나서 후회한다.).

④ 불건강의 극단

• 주 준거 틀 LS2(외곬)인 경우 자기애성, 우울의 각본이다. 특별한 것에 대한 욕구를 절제하지 못하면 자기도취적이고 자기중심적인 특권의식을 갖게 된다(예: 특별한 관계를 유지하던 남자친구와 헤어지기로 결심하는 상황이 오면 상대방이 헤어질 준비가 되어 있지 않음에도 불구하고 자기중심적으로 이별을 통보하고 짐을 싸서 제멋대로 나오는 행동을 한다.).

• 2번 준거 틀 LS9(열정)인 경우 연기성이다. 타인의 애정과 관심을 끌기 위해 과도하게 정서

표현을 하면서 타인을 조정하는 경향이 있다(예: 상대방에게 비위를 맞추면서 잘 보이려다가 자신의 조정대로 되지 않으면 과도하게 화를 내거나 단절한다.).

☞ 개선 방안: 자기중심적인 특권의식을 갖고 있는 것에서 벗어나 타인을 배려하는 마음을 수용한다. 자기 뜻대로 되지 않으면 타인을 조종하고자 하는 패턴에서 벗어나야 한다.

9) 준거 틀에 따른 효과적 교류패턴

FR	효과적 교류패턴
주 준거 틀(LS2)	내게 칭찬을 하라, 나의 통찰력을 존중하라, 과잉 반응을 보인다고 말하지 말라.
2번 준거 틀(LS9)	동료감과 자유를 달라, 고무적인 대화를 하라, 내 방식을 바꾸거나 명령하지 말라.

내담자의 해석

① 순기능적 교류패턴
- 주 준거 틀(LS2): 내담자의 있는 그대로의 이야기를 들어주고 수용해 준 상담사에게 진정성 있는 감사의 표현을 하고 사랑스러운 미소로 용기를 주고 과하게 지지해 준다. 아들과 화해하고 두 손을 잡고 태어나 줘서 고맙다고 이야기하며 관계를 회복한다.
- 2번 준거 틀(LS9): 아들에게 위로하고, 지지해 주는 말로 격려하며 서로의 생활방식을 존중한다.

② 역기능적 교류패턴
- 주 준거 틀(LS2): 최선을 다해서 살고 있는데, 단점을 지적하는 것에 대한 분노 조절이 힘들다. 사생활이 복잡하다고 지적하면 감정이 폭발하거나 당분간 말을 하지 않는다.
- 2번 준거 틀(LS9): 관대하다가도 자신의 이야기를 무시하면 감정이 과도하게 커진다. 이성을 상실할 만큼 욕을 심하게 할 때가 있다.
☞ 개선 방안: 조언이나 충고를 수용하고 허용하는 노력이 필요하다. 이해가 안 되거나 납득이 되지 않을 때 화를 참거나 말을 하지 않고 있는 모습에서 벗어나 어려운 일들을 말로 표현하도록 한다.

10) 준거 틀의 함정과 3P 활용

FR ＼ 특성	함정	허용	보호	잠재능력
주 준거 틀(LS2)	독특	평범해도 좋다.	변덕, 현실도피	균형감각
2번 준거 틀(LS9)	낙천	절제해도 좋다.	방종, 합리화	현실감각

내담자의 해석

① 함정의 의미

• 주 준거 틀(LS2): '독특'이란 개성을 고집하며 균형감각을 찾고 현실을 도피하는 것을 강박적으로 따르려고 할 때 축소각본에 빠진다(예: 상담자에게 '나 이런 사람이야'라고 특별한 사람으로 인정해 주길 바라면서 자신의 무용담을 과장되게 이야기하고 관심을 끌다가 반응이 없으면 말을 하지 않고 외면한다.).

• 2번 준거 틀(LS9): '낙천'이란 긍정적인 가치를 강박적으로 따르려고 할 때 함정에 빠진다(예: 즐겁고 행복하게 살고 있다는 것을 보여 주고 싶어 하며 잘못을 지적당하면 감정이 격해져서 강박적으로 사람과의 관계를 단절한다.).

② 허용의 상황

• 주 준거 틀(LS2): "특별하지 않고 평범해도 좋다."고 자신에게 허용하고 스스로 현실적 판단을 한다.

• 2번 준거 틀(LS9): "방종하지 않고 절제해도 좋다."고 자신에게 허용한다. 서로의 의견이나 감정의 다름을 인정하고 말로 표현하고 행동으로 실천한다.

③ 보호의 상황

• 주 준거 틀(LS2): '변덕'이라는 함정에 빠졌을 때 현실도피에 빠져 자신의 불안을 제거하려고 충동적으로 명품을 사거나 이상주의에 빠져 외골수적인 선택을 한다.

• 2번 준거 틀(LS9): '방종'이라는 함정에 빠졌을 때 혼술을 과하게 먹거나 사회적으로 용인할 수 없는 무책임한 행동을 합리화한다.

④ 잠재능력 발휘

• 주 준거 틀(LS2): 잘 사용하지 않았던 균형감각을 찾기 위해 변덕에서 벗어나 일관성 있는

대안을 모색한다.

- 2번 준거 틀(LS9): 잘 사용하지 않았던 현실감각을 찾고 방종과 합리화를 개선한다.

☞ 개선 방안: 현실을 도피하고 방종하는 무책임한 행동을 벗어나기 위해서는 자신이 특별해서 사랑받는 것이 아니라 존재만으로 사랑받는다는 사실을 알게 한다.

균형 감각이 없고 변덕스러운 자신의 삶의 방식에서 벗어나기 위해 현실감각을 찾아 구체적인 계획을 세우고 말하고 행동하도록 한다.

11) 준거 틀과 진로

특성 FR	성향	적성	대표적 직업
주 준거 틀 (LS2)	상상력이 풍부하여 감수성이 강하고 표현을 잘한다. 자유분방하고 세련되며 창의력이 있다.	창의적	예술가, 연예인, 디자이너, 음악가, 미술가, 시인, 소설가, 무용가 등
2번 준거 틀 (LS9)	매사 활동적이고 개방적이며 낙관적인 성격으로 밝고 명랑하다. 즐거움을 추구하고 호기심과 아이디어가 많고 상상력이 풍부하다.	활동적	기획자, 작가, 발명가, 사회복지사, 상담사, 영업직, 연예인

내담자의 해석

① 성향 통찰

- 주 준거 틀(LS2): 상상력이 풍부하고 매력적이며 직관력이 좋다. 감수성이 강해서 표현을 잘하지만 자율성을 억제하거나 자유를 억압하면 폭력적이 되거나 숨어 버리거나 단절한다.
- 2번 준거 틀(LS9): 활동적이고 낙관적인 성격으로 밝고 명랑하다. 즐거움을 추구하고 융통성이 많아 호기심과 아이디어가 많다.

② 적성 찾기

- 주 준거 틀(LS2): 창의적이며 매력적이고 평범한 옷을 입어도 세련되어 보인다.
- 2번 준거 틀(LS9): 활동적이며 밝고 긍정적이며 추진력이 좋다.

③ 원하는 직업

- 주 준거 틀(LS2): 예술가, 연예인, 음악가, 미술가 등
- 2번 준거 틀(LS9): 사회복지사, 상담사 등

12) 자율성 회복과 발휘

특성 FR	자율성 회복과 발휘
주 준거 틀(LS2)	독특하지 않고 세련되지 않아도 괜찮다고 여기며, 남과 비교하지 말고 자신이 가지고 있는 능력에 감사한다. 자신의 마음속에 있는 것을 경험을 통해서 배우고 이성적으로 접근한다. 실용적이고 현실적 효율성을 인정하고 실천하도록 한다.
2번 준거 틀(LS9)	흥미와 재미만 추구하는 것보다 그 일이 바람직하고 가치가 있을 때 행하도록 한다. 행복은 새롭고 흥분되는 것에서만 오는 것이 아니라 단순하고 평범한 것에 관심을 가질 때 느껴진다. 하던 일을 완성하는 습관을 가진다.

내담자의 해석

① 자율성의 회복의 의미

어린 시절 부모의 양육과정에서 부모와 형제들에게 받았던 대항각본, 금지령으로 형성된 자신의 준거 틀에서 벗어나 부적절하게 생각하고, 행동했던 나를 이해한다. 이미 형성되어 고착된 자신의 준거 틀에서 벗어나 창조적인 자율성을 회복한다.

② 어떻게 자율성을 발휘

- 주 준거 틀(LS2): 새로운 시도를 즐기며 특별하고 자유로운 것에 에너지를 집중하고 더 좋은 집이나 일에 독특하게 집착하기보다 이성적으로 계획하고 계획한 일은 끈기를 가지고 마무리한다.
- 2번 준거 틀(LS9): 재미있고 행복한 일들에 탐닉하기보다 단순하고 평범한 일상에 집중하는 습관을 기른다. 아들 양육에 남 탓하지 않고 책임감을 높이며, 스스로 아들 학원을 어떻게 할지 현실적인 이야기를 경청하고 자율성을 발휘한다.

13) 내담자의 전체적인 준거 틀의 개선 방안

상태 패턴	현재	개선점
LS1	상대방과 매사에 회피하거나 반사회적이고 방어하는 대화를 한다.	**자존감 높이는 청유형 대화하기** 상대방이 내 마음을 알아주기만 바라기보다 주고받는 대화를 한다.

LS2	사랑을 받으면 불편하다. 자신의 감정에 빠져 있다가 항상 나보다 부족한 사람을 만나서 연민을 느끼다가 돌아선다.	**감정일기 쓰기** 자존감을 갖고 내가 먼저 사랑받는 사람이 되어도 좋다.
LS3	민감해서 쉽게 상처받거나 거부당했다고 느낀다. 특정 공포에 집착하고 무계획적이고 단순하다.	**솔직하게 말하고 위로하기** 끈기를 가지고 나와 타인을 이해하고 보듬어 준다.
LS4	보호적이면서도 소유욕이 강하고 무의식중에 타인을 조종하려고 한다.	**기다려 주고 버텨 주기** 타인에게 지나치게 간섭하거나 고집을 부리지 않고 기다려 준다.
LS5	가까운 아들은 외면하고 멀리 있는 친구와 잘 지내고 있으며, 현실감각이 결여되었다. 아들과 마주 보고 앉아 있으면 불안해진다.	**입장 바꿔 생각하기** 아들과 1시간 동안은 옆에 앉아 이야기하고 함께 음악을 듣는다. 안정감 있게 곁에 있어 준다.
LS6	원칙 없이 즉흥적이고 감정적이어서 실수를 자주 한다. 자녀가 원하는 요구를 듣지 않고 충동적이고 일관성이 없다.	**일관성 있게 경청하기** 아들이 하고 싶어 하는 화가의 꿈을 들어준다. 지나친 미래 걱정을 하지 않고 화실에 보내 주거나 화방용품을 사준다.
LS7	힘들고 어려울 때는 아들과 연락을 끊고 친정 어머니에게 지나치게 의존하며 아들을 방치한다.	**계획적으로 생활하기** 계획을 세워서 주말에는 아들과 여행을 하거나 함께 집에서 시간을 보낸다.
LS8	아들이 문을 걸어 잠그고 게임하고 있으면 갈등이 두려워 이러지도 저러지도 못하고 혼란스럽다.	**나와 타인을 수용하고 공감하기** 문제 상황에서 감정에 치우치지 않고 객관적이고 구체적인 해결 방안을 찾는다.
LS9	작은 일에 광적으로 자기도취에 빠지거나 화가 난다. 잘 지내다가도 '이럴 줄 알았어'라고 생각이 들면 상대방의 단점만 보이고 잘 대해 줘도 소극적이 되고 고집이 세어진다.	**인내심을 갖고 관대해지기** 현실감각을 찾아 안정감과 일관성을 가지고 계획한 일을 끝까지 완성한다.

4. 내담자의 CKFR 심리검사 결과와 개선 방안

1) 상담자가 본 내담자의 문제

- 상대방에게 잘 대해 주다가 '이 정도면 됐어'라고 생각되면 그때부터 고집스럽게 반항하고 분노 조절이 되지 않아 상대방이 먼저 돌아서게 만든다.
- 특별하게 사랑받고 인정받고 싶어 하면서도 결정적인 상황에서 타인의 말을 경청하거나

수용하지 않고, 자기 고집대로 한다.

2) 내담자 심리치료 및 개선 방안

① 상담목표
- 일과 가정에 대한 역할의 두려움을 줄이고 자율성을 회복한다.
- 친정어머니와 해 묵은 감정을 정리하고, 아들과 적절한 상호작용을 실천한다.
- 책임감과 계획성을 높여 시작보다 마무리를 잘할 수 있도록 하고 자아존중감을 높인다.

② 상담계획
CKFR 심리검사를 통해 자신의 준거 틀을 분석하여 이해하고, 관계에서 불안하고 두려운 원인을 이해하고, 대처 방안을 찾는다.

③ 상담전략
- 심리검사를 통하여 자아정체성을 이해하고 준거 틀 개선 방안을 모색한다.
- 자신의 욕구와 감정을 이해하고 표현하며 격한 감정을 순화하고 허용한다.
- 이면 교류 의사소통에서 벗어나 상보적 의사소통으로 적절한 대화를 훈련한다.

5. 상담 과정과 상담 결과

1) 상담 과정

- 초기: 라포 형성을 통해 신뢰감을 형성하고 CKFR 심리검사를 통해 자신의 정체성을 회복하고 나와 타인의 성격을 교류하여 상담을 구조화하였다.
- 중기: 어른아이를 이해하고 공감하였으며, 어린 시절 고통스럽고 힘들었던 자신의 내면을 탐색하고, 무의식적으로 형성된 미해결 과제에 접촉하여 정화를 경험하였다. 인생각본, 준거 틀 등 외상 후 스트레스를 형성하고 있는 고질적인 문제를 이해하고 수용하는 경험을 하였다. 또한, 적절한 상호작용을 통해 문제 해결의 실마리를 찾게 되었다.
- 종결: 상담을 통해 대처 방안을 모색하고 개선 방안을 찾아 편안한 안정감을 찾았으며 자율적인 소통 능력을 함양, 긍정적인 소감을 나누고 종결한다.

종결 후 추수 상담 예정.

2) 상담 결과

내담자 경조(가명)는 겉모습은 밝고 활기차고 긍정적으로 보이지만, 무의식적인 내면에는 외로움과 분노 그리고 불안이 잠재되어 있어 생존을 위해 버림을 받지 않으려고 특별한 사람으로 살아온 것으로 보인다. CKFR 심리검사 프로파일을 보면 주 준거 틀 LS2(외곬, 독창성)은 1~2등급으로 가장 높고, LS9(방종, 열정)은 1~2등급으로 높은 편이다. 반면, LS1(소극적)은 8~9등급으로 가장 낮고, 그 밖에 LS3(낭비, 경솔함)은 8~9등급, LS5(무망감)은 8~9등급, LS6(충동적, 즉흥적)은 8~9등급, LS7(대범, 무책임)은 8~9등급, LS8(갈등, 편견)도 8~9등급으로 낮은 편이다. 양극의 성격패턴을 보이고 있어 감정 기복으로 인한 어려움을 보이는 준거 틀 패턴을 이해하게 되었다. 싱글맘으로 살면서 자신의 즉흥적이고 무계획적이고 충동적인 행동의 반복으로 잦은 이별과 소외를 경험하고도 아무 문제도 없는 사람처럼 살아가다가 누군가에게 무시당하게 되면 심적 충격을 받고 술에 의존하는 불건강한 상태를 자각하였다. CKFR 심리검사 준거 틀 분석을 통해 자신이 주 양육자로부터 받은 금지령과 대항지령을 깨닫고 아들과 진솔한 속마음을 주고받는 경험을 통해 서로에게 위로가 되었고, 자신이 지금 아들에게 강요하고 있는 인생각본을 깊이 있게 이해하는 시간이 되었다.

이제는 지나치게 의존하거나 강요하는 대신 자율적인 사람으로 살고자 결심한 것이 인상적이며, 지속적인 안정감을 찾기 위해서는 상대를 있는 그대로 믿고 수용하려는 노력이 필요함을 깨달았다고 한다.

6. 상담자 총평

내담자(경조)는 어린 시절의 가정문제로 인한 불행한 과거의 영향력에서 벗어나지 못하고 있었다. CKFR 준거 틀 검사를 통해 '이것 아니면 저것'이라는 '흑백논리의 인지 왜곡 상태'가 어린 시절 양육자로 인해 받은 내면의 상처로 인한 '무계획적이고 충동적인 인생각본'으로 형성됨을 알게 되었다. 온정적·외향적·열정적으로 관계를 유지하다가도 일관성 있는 승자각본으로 살지 못하고 도피하거나, 단절하는 패자각본을 사용하고 있는 자신을 자각한 것이다. 인정받기 위해 특별하게 보이고자 하는 것이 일상생활에서 감정 기복의 인생각본으로 나타나는 것을 CKFR 준거 틀 심리검사를 통해 깨닫게 된 것이다. 자신의 준거 틀을 이해하게 되면서 술을 먹어야 대화가 통한다는 생각에서 벗어나 알코올 의존성을 줄이게 된 것이 인상 깊다. 있는 그대로 자신의 존재를 신뢰하고 자율성을 회복하는 노력을 통해 삶을 재결단을 하게 되었고, 자신의 감정과 욕구를 적절하게 표현하게 되면서 가족이나 가까운 사람과의 관계가 개선되는 것을 자각하게 되었다.

66 실수해도 괜찮아 99

CKFR 심리검사에 의한 개인상담 사례분석 4

평화의 함정에 빠져 졸혼 위기에 놓인 아내

상담자: 조윤정

1. 내담자의 기본 정보

가명: 엘리스 / 성별: 여 / 연령: 50세 / 학력: 대학원 졸 / 검사일: 2018년 8월 25일

1) 의뢰경위 및 주 호소문제

① 의뢰경위

상반된 기질의 남편과 갈등 없이 잘 지내려고 평화를 갈망하다가 남편도 저도 서로에 대한 기대를 버리고, 부부가 아닌 옆집 남자, 옆집 여자처럼 친밀감이 없이 살고 있어요. 일적으로는 동료애를 발휘하지만 정서적인 교감이 안 되다 보니 외롭고 공허해요. 결국 '심적 졸혼'이라고 마음을 비우고, 남편을 남자친구라고 합리화하며 내 자신을 위로하고 있어요. 이러다가 정말로 졸혼으로 이어질까 봐 두려워요. 그래서 지금이라도 자신의 준거 틀을 객관적으로 분석하여 성숙된 방법으로 상호 성장을 돕고, 친밀감을 회복하고 싶어서 의뢰하게 되었어요.

※남편의 CKDP 검사 결과: 주 준거 틀 BC(1~2등급), 2번 준거 틀 BP(1~2등급), 3번 준거 틀 PO(1~2등급), 7번 준거 틀 TI(6~7등급)

② 주 호소문제: 친밀감 없는 우리 부부! 졸혼으로 이어질까 봐 두려워요

저는 일적 성공과 노약자라고 생각한 시어머니와 아들, 시조카를 돌보느라 남편을 제대로 챙기지 못했고, 남편은 저와 어머님 사이에서 중재하고 보살피느라 정작 자신의 일에 올인하지 못했어요. 결국 저는 남편과의 사랑을 잃었고, 남편은 여러 번의 직장이직으로 경제적 무능력이라는 쓴맛을 맛보게 되었지요. 분가를 하고 셋이 살게 되면서 비로소 남편이 보이기 시작했어요. 당당했던 남편이 반복된 좌절로 초췌해지고 웃음을 잃은 모습을 보니 안쓰럽고 눈물이 나요. 우리 부부는 어디서부터 잘못된 것일까요? 많이 사랑했던 남자여서 가출까지 하면서 결혼했는데 손조차 잡는 것이 망설여지는 어색한 사이가 되었어요. 언제부터인가 스킨십이 사라지고 동료애로 사는 것 같아 이 상태가 지속되면 심적 졸혼이 될 것 같아 두려워요. 이제라도 자

율성을 회복하여 친밀감 있고 상호 성장을 돕는 부부로 재탄생하고 싶어요.

2) 행동관찰

- 160cm 정도의 키, 단발머리, 잘 웃는다.
- 자신의 생각과 느낌을 생동감 있게 전달한다.

3) 내담자의 자원

- 갈등 상황 시 깊은 통찰시간을 갖은 후 상황에 맞게 문제를 해결한다.
- 목표가 정해지만 고도의 집중력을 발휘하여 성과를 낸다.
- 재능을 발현할 수 있는 자신 명의의 사업장이 있다.
- 자신의 꿈을 점진적으로 현실화시켜 나가고 있다.

4) 가족관계(3세대 가계도 및 내담자 문제와 관계된 가족 성향, 특이 사항)

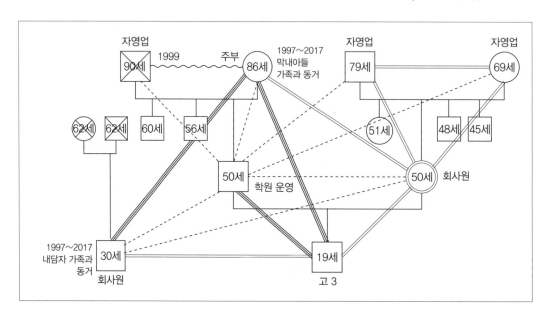

- 내담자: 자수성가한 부모님 밑에서 '불가능이란 없다'라는 가훈과 '전쟁 상황에서도 살아남는 법을 배워야 한다'라는 아버지의 군인정신에 의해 어린 시절부터 활쏘기, 발차기, 수영, 야산에 오르기 등의 혹독한 훈련과 훈육 환경 속에서 성장하였다고 한다. 그러나 대학

입학 후 장학금을 받으면서 가정 경제에 기여를 하는 순간 막내딸에 대한 아버지의 사랑이 각별해지면서 혹독한 훈련은 사라지고 '공주님'이라는 호칭을 사용하며 총애를 했다고 한다. 이런 부모님의 양육 덕분에 누구랑 경쟁해도 뒤지지 않는 근면한 자세를 갖게 되었다고 한다.

5) 생태도

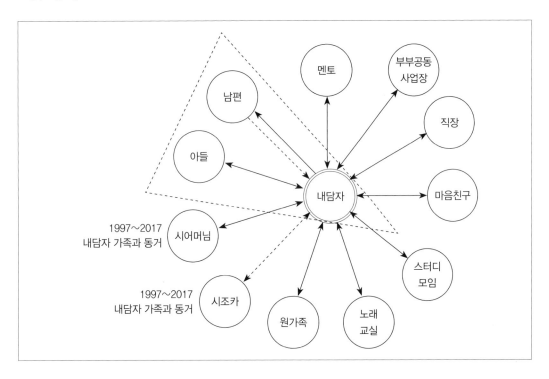

2. 내담자의 검사 결과

FR \ 구분	LS1	LS2	LS3	LS4	LS5	LS6	LS7	LS8	LS9
점수	40	26	34	38	34	36	27	41	35
순위	2	9	7	3	7	4	8	1	5
등급	3~4	6~7	5	3~4	5	5	8~9	1~2	5

〈CKFR 심리검사 체크리스트〉

체크리스트	해석
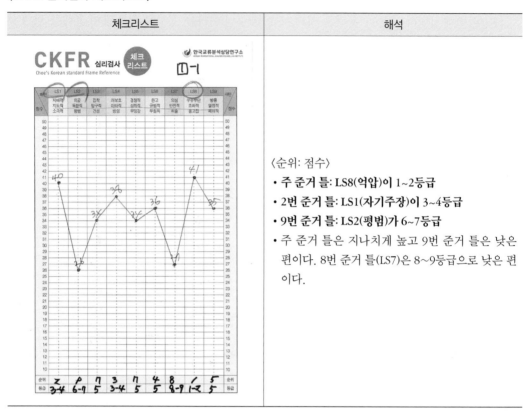	〈순위: 점수〉 • **주 준거 틀: LS8(억압)이 1~2등급** • **2번 준거 틀: LS1(자기주장)이 3~4등급** • **9번 준거 틀: LS2(평범)가 6~7등급** • 주 준거 틀은 지나치게 높고 9번 준거 틀은 낮은 편이다. 8번 준거 틀(LS7)은 8~9등급으로 낮은 편이다.

3. 준거 틀에 따른 특성과 해석

1) 준거 틀의 건강한 정도

특성 FR	상	중	하
주 준거 틀(LS8) 억압	평화, 수용적, 자율적, 조화	온순, 융통성, 수동적, 태평	둔감, 억압, 자책, 회피
2번 준거 틀(LS1) 자기주장	자신감, 관용, 리더, 정의	단호함, 책략적, 지배적, 자기주장	단절, 독재, 복수심, 반사회적
9번 준거 틀(LS2) 평범	온정적, 창조적, 예술적, 영감	자기몰두, 자기관대, 몽상, 비현실적	자기억제, 우울, 자기혐오, 자기파괴

내담자의 해석

① 건강할 때

- 주 준거 틀(LS8): 중재를 잘하고 일을 순조롭게 진행시킨다. 남편의 강점을 부각시키면서 기운을 북돋아 주고 지지를 잘해 준다.
- 2번 준거 틀(LS1): 남편을 알뜰살뜰 잘 보살펴 주고, 동료들과 잘 놀고, 헌신적이며 관대하다.
- 9번 준거 틀(LS2): 공감을 잘해 주고, 사람들을 지지해 주며 열정적이며 자신만의 개성을 살려 돋보이게 한다.

② 불건강할 때

- 주 준거 틀(LS8): 남편과 사적인 대화를 시도했다가 "소모성 대화는 이제 그만!"이라고 하면 대화를 중지하고, 헤드폰 끼고 음악 감상을 하며 일에 몰입한다.
- 2번 준거 틀(LS1): 안전에 위협을 받거나 남편에게 건강을 해치는 언행을 하는 사람이 있으면 전투적인 자세로 강력하게 보호하려고 한다.
- 9번 준거 틀(LS2): 삶이 힘겹게 느껴지거나 스트레스를 많이 받는 경우 외적 교류를 중단하고, 외모 가꾸기에 소홀하며 같은 스타일을 고수한다.
- ☞ 개선 방안: 남편이 "소모성 대화는 이제 그만!"이라고 하면, 남편이 시간적 여유가 있어 보일 때 "자기는 어떤 대화를 하고 싶어요?"라고 물어보고, 남편이 신나서 이야기 하면 그때 은근슬쩍 내가 하고 싶은 이야기도 한다. 그리고 안전에 위협을 받거나 남편의 건강을 해치는 사람에 대해 좀 더 유연하게 대처하며, 평소 스트레스 관리를 잘하여 건강한 외적 교류를 하고 과감하게 외적 변화를 추구해 본다(예: 립스틱 색깔 바꾸기, 옷 스타일 바꾸기 등).

2) 준거 틀의 성향에 따른 승자각본과 패자각본

특성 / FR	성향	승자각본	패자각본
주 준거 틀(LS8) 억압	조화적	행동으로 실천한다.	태만하고 게으름을 피운다.
2번 준거 틀(LS1) 자기주장	리더적	사사로운 욕심이나 불순한 생각이 없다.	수단방법을 가리지 않는다.
9번 준거 틀(LS2) 평범	독창적	평안하고 어려움이 없다.	남을 부러워하고 바란다.

내담자의 해석

① 성향

- 주 준거 틀(LS8): 갈등 없이 평화롭게 살기 원하기 때문에 식사 준비 시 남편이 좋아하는 음식 중심으로 준비한다. 예를 들면, 반찬 7가지를 준비한다면 5(남편이 좋아하는 음식): 2(내가 좋아하는 음식) 비율로 준비한다.
- 2번 준거 틀(LS1): 일단 가치로운 일이라는 판단이 서면 자기주장을 잘하고, 그 일에 올인하여 성과를 내고, 삶속에서 배운 것을 실천하고 남편에게 수시로 이야기한다. 그리고 자신의 영역 안에 있는 사람들이나 남편에게 충실하고, 위기 상황에서 보호하고 지켜 주려고 한다.
- 9번 준거 틀(LS2): 평범하고 존재감 없이 조용히 있는 것을 선호하기 때문에 가능한 그 집단의 속성을 파악한 후 그 분위기에 맞추려고 한다(예: 4050 노래교실이 40대 50대가 참석하는 노래교실이라고 신청했는데 막상 참석해 보니 대부분 60대 전후의 전업주부들이었다. 그래서 노래교실 갈 때는 주부들이 즐겨 입는 옷을 입고 가능한 뒤쪽에 앉아 분위기에 맞춰 노래 부르다가 수업 후 곧장 사무실로 돌아온다.).

② 승자각본 쓸 때

- 주 준거 틀(LS8): 부부가 서로 좋아하는 음식이 달라도 서로에게 공정하게 식단을 짜고 준비하여 둘 다 만족스럽게 식사를 할 수 있도록 한다.
- 2번 준거 틀(LS1): 사사로운 욕심이나 불순한 생각이 없이 일을 시작하고, 한번 믿음이 생긴 사람에 대해선 끝까지 신의를 지키고, 지속적으로 유익함을 주려고 한다.
- 9번 준거 틀(LS2): 깊은 자기성찰을 통해 나만의 독창성을 발현하고, 나만의 개성을 살려 본다.

③ 패자각본 쓸 때

- 주 준거 틀(LS8): 일이 바쁘거나 피곤할 때는 남편을 성적으로 자극하지 않으려고 조심하고, 가능한 떨어져서 잔다.
- 2번 준거 틀(LS1): 남편을 내조하겠다는 결단을 한 후 남편의 사업 번영을 위하여 투자가를 모집하여 경제문제를 해결해 주려고 하였다. 그러나 투자가들이 간섭을 하려고 해서 투자받는 것을 거절하였다.
- 9번 준거 틀(LS2): 남편이 스마트하지만 공감능력이 떨어지고 정서적 교감이 어렵다는 것

을 알고 있음에도 불구하고 대화를 시도했다가 남편의 사차원 소리를 들으면 "다시 조용한 남자로 돌아가 주세요."라고 요청한 적이 있다. 그리고 "가슴이 따뜻한 남자와의 로망은 현생에서는 불가능하겠구나!" 탄식하며 다정다감한 커플을 부러워하면서도 현실을 받아들인다.

☞ 개선 방안: 바쁘다는 이유로 남편의 스킨십 시도를 차단하면 부부 금슬에 부정적 영향을 받을 수 있으므로 피곤하더라도 남편과의 스킨십을 유지할 수 있는 방법을 모색해 본다. 남편을 과잉보호하고 대신 문제를 해결해 주려는 마음을 비우고, 남편 스스로 리더십을 발휘하고 자립적으로 문제를 해결할 수 있도록 믿고 지켜봐 준다. 그리고 남편의 성향이 고착되지 않도록 남편과의 정서적 교감을 이끌어 낼 수 있는 다양한 방법을 시도해 본다.

3) 준거 틀의 등급에 따른 기술

FR \ 특성	등급에 따른 기술
주 준거 틀(LS8) 1~2등급	평화적, 둔감, 조화, 수용적, 억압, 자책
2번 준거 틀(LS1) 3~4등급	자신감, 자기주장, 열정, 성실, 통제, 완고

내담자의 해석

① 순기능
- 주 준거 틀(LS8): 편견이 없고, 평화와 조화를 갈망하며, 다소 둔감하고 참을성이 있어 화내는 일이 거의 없다(예: 남편과 함께 식당을 갔을 때 식당 주인이 다소 불친절하게 대하거나 음식에서 머리카락 등이 나오면 남편은 굳은 표정으로 나가자고 하고, 나는 순순히 남편 말을 따라 준다. 그러나 나는 남편과 같은 상황에 있었음에도 식당 주인이 불친절했다고 생각조차 못했고, 머리카락은 그냥 버리고 먹을 수 있다고 생각했다.).
- 2번 준거 틀(LS1): 자신의 영역에 있는 사람들과의 신의를 지키고, 어떤 상황에서든지 보호하고 지켜 주려고 한다. 남편의 건강에 도움이 된다면 적극적으로 주장하여 남편의 건강을 지켜 준다(예: 남편 발뒤꿈치에 각질이 심하면 무조건 누우라고 하고 발마사지와 각질 제거를 해주고, 발이 생명이니 발 관리 잘해야 한다고 강조한다. 그 뒤로 자기 전 정성껏 발 관리도 하고 잘 때는 아내가 사 준 수면양말을 신고 잔다.).

② 역기능
- 주 준거 틀(LS8): 자신이 관심을 갖지 않는 것에 대해 무심하고, 갈등을 피하고 조화와 평화

를 위해 자신을 희생하고 헌신하다가 궁지에 몰리게 되면 자책하며 거리를 둔다.
- 2번 준거 틀(LS1): 남편의 경제 사정을 고려하지 않고 이상적인 남편 상에 대해 농담 식으로 흑백식의 표현을 했는데 남편이 대출까지 받은 적이 있다(예: '내게 밥 사 주는 남자는 좋은 남자, 밥 안 사 주는 남자는 나쁜 남자'라고 우연히 말했는데 그 뒤로 남편이 시간 날 때마다 맛집을 데리고 다니면서 맛있는 음식을 사 주었다. 나중에 남편이 '널 기쁘게 해 주려고 대출받아서 사 준 것'이라고 이제는 그럴 형편이 안 되니 일주일에 1번 정도만 맛난 것 사 주겠다고 얘기했다.).
- ☞ 개선 방안: 남편의 건강을 돌본다는 이름하에 무조건 뭔가를 시도하지 말고, 남편에게 먼저 의견을 물어보고 건강을 돌봐 준다. 무언가를 남편에게 표현하거나 주장할 때는 남편이 PO(1~2등급, 타인을 기쁘게 하라)가 높아서 무리해서라도 아내의 요구나 바람을 들어주려고 할 수 있으므로 좀 더 신중하게 이야기를 한다.

4) 준거 틀에 따른 인간관계 스트로크 성향

특성 FR	긍정적일 때	부정적일 때
주 준거 틀(LS8) 억압	친절하고, 부드럽고, 창의적 발상으로 기운을 북돋아 주고, 지지를 해 주며, 충실하고 판단하지 않는다. 중재를 잘하고 일을 순조롭게 진행시킨다.	고집을 부리고, 수동적 공격성을 갖으며, 주장하지 않고, 지나치게 편한 것을 추구하며, 방어적이다. 우유부단하고 자책을 잘 한다.
2번 준거 틀(LS1) 자기주장	충실하고, 남을 잘 돌보아 주고, 긍정적이고, 잘 놀고, 진실하고, 직선적이고, 헌신적이며, 관대하고, 지지를 잘해 준다.	요구가 많고, 거만하고, 투쟁적이고, 소유하려 들고, 비타협적이고, 남의 흠을 잘 집어낸다. 유연하지 못하다.

내담자의 해석

① 긍정적일 때 스트로크 방식
- 주 준거 틀(LS8): 남편을 대할 때 판단하지 않고 있는 그대로 보려는 경향이 크고 긍정적으로 대하고, 친절하게 대하여 친근감을 유발한다. 남편의 성향을 잘 맞춰 주기 때문에 상반된 기질임에도 친구처럼 잘 지낸다.
- 2번 준거 틀(LS1): 남편을 알뜰살뜰 잘 보살펴 주고 헌신적이며 남편의 강점을 부각시켜 리더십을 발휘할 수 있도록 용기를 준다. 남편이 궁지에 몰리면 강력하게 보호해 준다.

② 부정적일 때 스트로크 방식
- 주 준거 틀(LS8): 남편에게 좋은 정형외과가 근처에 개업했다고 이야기하면서 병원에 함께

가자고 여러 번 제안을 해도 고집을 피우고 가지 않으면 더 이상 주장하지 않고 때를 기다려서 다른 방식으로 시도한다.

- 2번 준거 틀(LS1): 남편이 허리 통증으로 고통스러워하면서도 병원 가기를 거부하면 남편이 병원에 가고 싶도록 호심탐탐 이야기를 해서 결국 병원에 가게 한다(예: 남편을 병원에 가게 하기 위해서 '근처에 병원이 3곳이 있는데 A병원은 명의이고 병원비도 중간, B병원은 명의이지만 병원비 비싸고 C병원은 명의는 아닌 것 같지만 병원비는 싸. 자기라면 어느 병원 갈래? 요즘 A병원 계속 이용하고 있는데 진짜 명의를 만난 것 같아'라는 식으로 수시로 이야기를 한다.).

☞ 개선 방안: 남편의 건강 상태가 악화되지 않도록 남편이 자발적으로 병원 가겠다고 할 때까지 기다리지 말고, 남편과의 소통법을 터득하여 조기에 병원에 가도록 한다. 남편에게 동기부여 시 남편이 BC(1~2등급, 주의하라)가 높음을 자각하고, 병원에 대해 신뢰할 수 있는 보다 더 객관적인 정보를 제공해 준다.

5) 준거 틀의 조기 결단과 집착 그리고 두려움

특성 FR	조기 결단	집착	두려움
주 준거 틀(LS8)	갈등 없이 평화롭게 살아야 한다.	평온	갈등
2번 준거 틀(LS1)	영향력 있는 사람이 되어야 한다.	통제	피해

내담자의 해석

① 조기 결단의 의미(인생초기 외상 후 무의식적 결단-각본의 기원)

- 주 준거 틀(LS8): 엄마에게는 무한 약하시고 자식에게는 엄격하셨던 아버지는 집안일을 우리에게 업무분장해서 하라고 시키셨고, 퇴근 후 점검하셨다. 청소 등이 미흡하면 아버지는 우리를 호되게 야단치시고, 엄마는 어린아이들인데 그만하시라고 하면서 말리시다가 우시곤 하셨다. 그러나 우리가 집안일을 깔끔하게 해놓으면 부모님이 좋아라 하시면서 우리에게 내 준 숙제를 점검한 후 앵무새처럼 노래 부르시면서 서울 구경 시켜 주신다고 장난도 치시고, 옛날이야기도 해 주시면서 잘해 주셨다.
- 2번 준거 틀(LS1): 군인출신인 아버지는 어린 시절부터 자녀를 군사훈련을 시키듯 활쏘기, 산타기 등으로 훈육하시고, 호랑이는 죽어서 가죽을 남기고 사람은 죽어서 이름을 남겨야 한다고 강조하셨다. 그리고 출근 하실 때마다 책 읽고 감상문 쓰기, 영어, 일기 쓰기 등 숙제를 많이 내주시고, 퇴근 후 4남매 모두 아버지 앞에서 큰 목소리로 숙제를 발표하게 하셨다.

② 집착의 성향

- 주 준거 틀(LS8): 갈등을 피하고 조화롭고 평화롭게 살기를 갈망한다. 가정의 평화를 위하여 웬만하면 양보하고 배려하고 걱정근심이 많은 시어머님 마음을 풀어 주는 데 에너지를 쏟느라 정작 소중한 남편과 아들에게 소원한 적이 있었다.
- 2번 준거 틀(LS1): 평소에는 관대하고 허용적이지만 안전에 위협을 받거나 남편의 건강에 영향을 미치는 상황의 경우 통제하려는 경우가 있다(예: 삼시 세끼 꼭 식사하기, 영양제 먹기 등).

③ 두려움의 성향

- 주 준거 틀(LS8): 남편과의 평화로운 관계를 유지하기 위해 남편이 원하는 것은 가능한 들어주려고 한다. 다만 남편이 무리한 요구를 하면 그건 단호하게 거절하고, 어느 정도 타협 가능한 것은 절충하려고 한다.
- 2번 준거 틀(LS1): 내가 꼭 지키고 싶은 것을 방해받거나 빼앗으려고 하면 상대방과 단절하고 내 것을 지킬 수 있는 환경을 만들어 그곳에서 생활한다. 남편의 경우라면 남편만의 전용 공간을 만들어 주고, 각자 독립된 공간에서 원하는 대로 환경을 조성하고 서로 간섭하지 않는다.
- ☞ 개선 방안: 가족관계 안에서 남편이 있어야 시댁이 존재하고, 남편에게 잘해야 자녀가 훌륭하게 성장함을 자각하고, 시댁 행사 시 남편의 의견을 존중해 준다. 문제 발생 시 갈등을 피하고자 문제를 축소하지 말고, 있는 그대로 현실을 직시하고 깊이 통찰하여 문제를 해결한다. 추진하는 일에 방해를 받거나 의견이 다를 때는 나의 의견을 강요하지 말고 상대방의 이야기를 듣고 절충안을 찾아본다.

6) 준거 틀에 따른 양육방식과 신념 그리고 방어기제

특성 FR	양육방식	각본 신념	방어기제
주 준거 틀(LS8)	요구당하고 혼자 지내는	조화롭게 사는 것이 최선이다.	도피
2번 준거 틀(LS1)	강한 모습 보일 때 칭찬	강하고 영향력 있는 사람이어야 한다.	부인

내담자의 해석

① 양육환경

- 주 준거 틀(LS8): 부모님께서 출근하시면서 집안일, 숙제 등을 내 주셨고, 부모님이 퇴근하실 때까지 형제자매랑 숙제와 집안일을 하면서 기다리곤 했다. 부부싸움을 해도 엄마가 울

거나 아버지 품에 안기면 싸움은 끝나고 평화가 찾아오곤 했다. 부모님이 의견 차이로 싸우시더라도 엄마의 눈물과 포옹에 약해지신 아버지가 대부분 엄마의 의견을 따라 주는 것으로 결론이 난다.

- 2번 준거 틀(LS1): 강한 모습을 보일 때 칭찬받거나 사랑을 받았기 때문에 힘들어도 힘들지 않은 척하기도 했다. 논에서 새 쫓는 일을 하다가 빈혈로 쓰러진 적도 있고, 청소년 시기에 형제자매랑 야산 오르기 시합에서 꼴등하지 않으려고 붕대로 가슴을 동여매고 정상에 오른 적도 있다.

② 각본 신념의 성향

- 주 준거 틀(LS8): 평화를 위해 대부분 남편에게 양보하고 상냥하게 대하지만 꼭 관철시켜야 한다고 생각하는 것이 있으면 남편을 이웃 남자 대하듯 거리를 둔다. 그리고 깊이 통찰하여 남편이 수용할 수 있는 근거를 찾아 간단명료하게 편지를 써서 보낸다. 이런 경우 대부분 남편이 수용하는 편이고, 나도 엄마처럼 스킨십이나 스포츠 마사지로 남편을 기분 좋게 해 준다.
- 2번 준거 틀(LS1): 업무상 속상하고 힘든 일이 있으면 음악을 듣는 다든지 무작정 걷는다든지 나만의 방식으로 스트레스를 해소하고, 남편에게는 강하고 따뜻한 모습만 보이려고 한다. 뭔가 끝내야 할 중요한 업무가 있는 경우 남편에게 양해를 구하고, 일에 몰입할 수 있는 환경을 신속하게 조성하고 체력관리를 하며 일을 매듭짓는다.

③ 방어기제의 의미

- 주 준거 틀(LS8): 통제 불능의 상황에서는 일단 그 자리를 피하거나 거리를 둔다. 때가 되어 진심이 통하면 상호 절충안을 찾아 잘 지내기도 하고, 진심을 다해 노력해도 통하지 않으면 관계를 정리하거나 사직한다(예: 결혼, 분가, 이직).
- 2번 준거 틀(LS1): 힘들어도 강한 척, 센 척하기도 하고, 남편에게 좋은 옷을 입히고 싶어서 비싼 옷을 사주고 나서도 "어, 이 옷 비싸 보이는데 얼마 주고 샀니?", "아니야 비싼 옷 아니야. 엄청 싸게 구입했어."라고 강하게 부인한다. 이유는 "너 왜 이렇게 사치를 부리니?"라고 비난하면서 갈등을 겪게 될까 봐 일단 부인하고 본다.
- ☞ 개선 방안: 때로는 힘들다고 솔직하게 말하기도 하고, 문제가 발생하면 지인의 도움을 받아 현실을 직시하고 좀 더 성숙되게 문제를 해결한다. 그리고 남편에게 비싼 옷을 사주었을 때 "자기에게 좋은 옷을 입히고 싶어서 조금 무리했어."라고 솔직하게 표현함으로써 남편이 아내의 마음을 알 수 있도록 한다.

7) 준거 틀에 따른 드라이버, 라켓, 디스카운트

특성 FR	드라이버(동인)	라켓	디스카운트
주 준거 틀(LS8)	평화를 구현하라.	태평, 안일, 자기비하	자기주장
2번 준거 틀(LS1)	정의를 구현하라.	우월감, 오만, 비난	타인의 감정

내담자의 해석

① 드라이버의 의미
- 주 준거 틀(LS8): 좋은 관계를 유지하기 위해서 갈등이 없어야 하니 무조건 수용하는 게 편하다.
- 2번 준거 틀(LS1): 자신이 옳다고 생각하는 것에 대해서 전력을 다해 싸우고 직설적이다. 남편이 안쓰럽게 보일 때는 헌신적으로 보호하고 지켜 주려고 한다.

② 라켓의 성향
- 주 준거 틀(LS8): 중요한 업무라고 해도 내 스케줄과 컨디션에 맞게 일을 진행한다(예: 공동 사업장 개업일 전날 주변에서는 얼마나 바쁘냐고 걱정을 해 주었지만 정작 나는 평소의 업무를 모두 마친 후 천천히 우선순위를 정해 개업 준비를 하고, 학원에서 퇴근한 남편에게 기념품 시트지 자문을 구하는 식으로 자연스럽게 내 컨디션에 맞게 일을 진행하였다.).
- 2번 준거 틀(LS1): 내 영역이나 내 분야에 대해서는 약간 우월감이 있는 듯하다. 만일 전혀 다른 전공의 소유자가 내 분야에 대해 비판을 하면 마음이 불편해지고, 내 영역은 신성하니까 건드리지 말라고 단호하게 말하기도 한다.

③ 디스카운트 성향
- 주 준거 틀(LS8): 사소하다고 생각하는 것은 대부분 상대방을 맞춰 주는 편이다. 예를 들어, 중국집에서 짬뽕을 먹고 싶지만 상대방이 2인분 이상 가능한 쟁반 짜장면이 먹고 싶다고 한다든지 위가 안 좋아서 죽을 먹고 싶다고 한다든지 하면 대부분 상대방 의견을 따라 주는 편이다.
- 2번 준거 틀(LS1): 간혹 남편의 감정을 고려하지 않고 직선적으로 표현하여 남편에게 상처를 준 적이 있다. 예를 들면, "키스를 못하면 남자임을 포기해야 해요." 남편이 운동을 중단한 후 푸우 아저씨처럼 살이 쪘을 때 "푸근해서 좋긴 하지만 나는 차돌처럼 딴딴한 남자가

좋아요."

☞ 개선 방안: 공동 업무 진행 시 상대방을 고려하여 신속하게 일을 진행하고, 필요한 경우 자기주장을 부드럽게
해 본다. 그리고 내가 갖고 있는 남자상을 남편에게 요구하지 않고 있는 그대로의 모습을 존중해 주도록 한다.

8) 준거 틀에 따른 임패스와 병리적 인생각본

특성 FR	금지령	대항지령	핵심 임패스	병리적 각본
주 준거 틀 (LS8)	함께해서는 안 된다.	조화롭게 하라.	평온	조현성, 수동-공격성
2번 준거 틀 (LS1)	자기주장을 해서는 안 된다.	영향력 있는 사람이 되라.	통제	반사회성

내담자의 해석

① 금지령

• 주 준거 틀(LS8): 아버지는 2명의 조카를 엄마는 어린 남동생을 데리고 신혼생활을 시작하
여 4남매 외에 조카와 동생까지 결혼해서 분가할 때까지 보살펴 주셨다. 그러나 복합가족
으로 함께 살면서 힘들어하시는 모습을 보면서 복합가족으로 '다 함께 살면 안 된다.'는 금
지령이 주어진 것 같다.

• 2번 준거 틀(LS1): 어린 시절 4남매 중 한 사람만 잘못해도 4남매 모두 기압을 받았고, 아버
지의 훈육방법에 대해 이의를 제기해도 4남매 모두 기압을 받았다. 이런 경험이 '자기주장
을 해서는 안 된다.'라는 금지령이 주어진 것 같다.

② 대항지령

• 주 준거 틀(LS8): '조화롭게 살아야 해' 라고 생각하고 한 사무실에서 공동 사업을 진행하려
고 시도했다가 서로 불편함을 느끼고, 옆 사무실을 임대하게 되었다.

• 2번 준거 틀(LS1): '영향력 있는 사람이 되라.'라는 양육관에 의해서 그렇게 하려고 노력은
하지만 부부관계에서는 자기주장을 잘 못하고 남편의 의견을 따라 주는 편이다.

③ 임패스 상태

• 주 준거 틀(LS8): 금지령과 대항지령의 갈등 상황에서 '평온'이 핵심 임패스가 된다. 예를 들

면, 합가와 분가 사이에서 고민하다가 절충형 분가를 선택하고, 한 달에 2~3번 시어머님과 조카가 사는 본가에 방문하는 형태를 취하고 있다.

- 2번 준거 틀(LS1): 금지령과 대항지령의 갈등 상황에서 '통제'가 핵심 임패스가 된다(예: 밤 12시에 남편 친구가 남편에게 전화해서 나오라고 해서 남편에게 "그 친구 이름과 핸드폰 번호 알려 줘. 또다시 내 남편 늦은 시간에 불러내면 그땐 전화해서 한마디 해 줄 거야." 그 뒤 남편이 밤 스터디를 모두 오전 스터디로 바꾸고 퇴근 후 곧장 집에 왔으며, 밤 12시에 전화가 오지는 않았다.).

④ 불건강의 극단

- 주 준거 틀(LS8): 관계의 어려움이 통제 불능 상태일 때 무조건 그곳을 떠나거나 거리를 두고 내적 평화를 먼저 찾는다. 멘털이 어느 정도 정돈이 되고 강해졌다고 생각했을 때 다시 관계 개선을 위해 노력하고, 진심이 통하면 사이좋게 잘 지내고 아무리 노력해도 진심이 통하지 않으면 관계를 정리한다(예: 분가할 때).
- 2번 준거 틀(LS1): 20세 이후 폭력성을 보인 적은 거의 없지만 내 가족을 비난할 때 반사회적인 모습을 보인 적이 있다. 예를 들면, 초등 시절 친구가 우리 부모님을 비난해서 댐으로 불러서 패 준 적이 있다.
- ☞ 개선 방안: 관계의 어려움이 발생했을 때 단절하기보다는 좀 더 성숙되게 관계 개선을 시도하고, 상대방의 부당한 언행에 대해 과격하게 대처하지 말고 좀 더 부드럽게 대처한다.

9) 준거 틀에 따른 효과적 교류패턴

FR	효과적 교류패턴
주 준거 틀(LS8)	기대나 압력은 싫어한다, 애정을 보이라, 대결은 좋아하지 않는다, 이용하지 말라.
2번 준거 틀(LS1)	의리를 지키라, 솔직하라, 내 말을 공격으로 생각하지 말라, 내 공로를 인정하라.

내담자의 해석

① 순기능적 교류패턴

- 주 준거 틀(LS8): 일적으로는 분명한 성취 목표를 세우고 믿고 지켜봐 주면 신의를 지키고, 최고의 성과를 내는 편이다. 한결같은 사랑과 따뜻한 스킨십, 칭찬, 즐거운 분위기에서 행복감을 느끼고 상대방과 진솔한 교류를 한다(예: 공통의 주제로 서로 마음이 통할 때 함께 식사하고 웃고 떠들고, 손잡고 도란도란 이야기를 나누면서 산책을 한다.).

- 2번 준거 틀(LS1): 의리를 지키고, 문제 상황에 대해 흑백이 뚜렷한 말로 솔직하게 표현해 주면 잘 이해하고 적극적으로 협조하려고 한다. 그리고 공로, 독립심, 정의감을 높이 평가해 주는 사람과 함께하려고 하고, 상호 유익한 관계로 발전시키려고 한다(예: 신혼 초 시어머님이 무심코 우리 아버지를 비하하는 언어를 사용하여 속상한 마음에 방에 들어와서 울었더니 남편이 시어머님에게 달려가 "또다시 엘리스 울리면 분가할 거야."라고 내 편을 들어줘서 나도 누군가 남편을 비난하면 무조건 남편 편을 들어주고 보호하려고 한다.).

② 역기능적 교류패턴

- 주 준거 틀(LS8): 싸우는 것이나 갈등 상황은 좋아하지 않기 때문에 스킨십에 대한 기대치가 서로 달라 갈등 상황이 되었을 때 스킨십을 중단하였다.
- 2번 준거 틀(LS1): 헌신과 공로를 인정하지 않고 오히려 비난만 퍼붓는다면 거리를 두고 침묵한다.
- ☞ 개선 방안: 스킨십에 대한 기대치가 다르다고 해서 무조건 스킨십을 차단하거나 서로 피부가 닿지 않도록 조심스럽게 행동하는 것이 아니라 스킨십에 대한 기대치와 절충안을 솔직하게 털어놓고 진솔하게 이야기를 나누어 본다. 남편이 불건강한 언어를 사용할지라도 좀 더 성숙되게 반응해 본다.

10) 준거 틀의 함정과 3P 활용

FR ＼ 특성	함정	허용	보호	잠재능력
주 준거 틀(LS8)	평화	자신의 의견을 말해도 좋다.	무사안일, 자기비하	자기주장
2번 준거 틀(LS1)	정의	다름을 인정해도 좋다.	완고, 독선	자애로운 마음

내담자의 해석

① 함정의 의미

- 주 준거 틀(LS8): '평화'란 가치를 강박적으로 따르려고 할 때 함정에 빠진다(예: 남편이 좋아하는 반찬 위주로 식단 준비 → 식욕이 없고 건강상 어쩔 수 없이 먹는다.).
- 2번 준거 틀(LS1): '정의'란 가치를 강박적으로 따르려고 할 때 함정에 빠진다(예: 명절은 당연히 참가하고, 양가 어른에게 인사드리러 가야 한다고 주장).
  ⇒ 남편 반응: 처갓댁 가는 것을 거절.
  　　　　　가더라도 귀가 후 "이런 일 강제로 시키지 마"라고 짜증을 부린다.

② 허용의 상황

- 주 준거 틀(LS8): "자신의 의견을 말해도 좋다."고 자신에게 허용한다. 서로의 생각이나 감정이 다름을 인정하고 수용되지 않아도 괜찮다는 것을 받아들인다(예: 일주일에 1번 정도는 내 위주로 반찬을 준비해도 좋다.).
- 2번 준거 틀(LS1): "다름을 인정해도 좋다."고 자신에게 허용한다. 살아온 환경이나 교육 경험, 나이, 성별에 따라 다름을 인정하고 받아들인다(예: 내 입장에서는 명절에 가야 하나 남편이 명절 연휴 기간 동안 "개업 준비 및 개업으로 가지 않겠다."라고 하면 남편에게는 '개업 준비가 명절보다 더 중요할 수 있겠다'라고 생각한다.).

③ 보호의 상황

- 주 준거 틀(LS8): '평화'라는 함정에 빠졌을 때 '무사안일'과 '자기비하'에 빠질 수 있다. 심적 갈등을 내면으로 잠식시키고 안전하기를 기대한다. 남편과의 관계 개선을 위해 더 이상 시도하지 않고, 부부간의 문제가 있음에도 '졸혼 했다는 심정으로 살자'라고 합리화를 하는 편이다(예: '내가 이혼한다면 어떤 남자가 매일 만나러 와 주고, 매달 생활비 주고, 맛난 것 사주려고 노력하고, 내 아들을 이토록 사랑할 수 있을까? 아무리 생각해도 없네. 친밀감 없어도 이 정도라도 감사해하며 살자'라고 자신을 위로한다.).
- 2번 준거 틀(LS1): '정의'라는 함정에 빠졌을 때 '완고'와 '독선'에 빠질 수 있다. '진리에 맞는 올바른 도리'라는 생각에 내 생각을 남편에게 강요하면서 남편을 내쫓은 적이 있다.

④ 잠재능력 발휘

- 주 준거 틀(LS8): 잘 사용하지 않았던 '자기주장'이라는 잠재능력을 발휘하여 부부간의 친밀감을 높이고 상호 성장을 돕는다(예: 틈만 주면 호심탐탐 잠자리를 시도하려는 남편을 무조건 차단하지 말고, 좀 더 유연하게 상호 만족할 수 있는 횟수와 스킨십 단계를 정한다.).
- 2번 준거 틀(LS1): '자애로운 마음'이라는 잠재능력을 발휘하여 도저히 용납하기 어려운 상황일지라도 이해하려고 한다.
- ☞ 개선 방안: 평화 갈망과 일에 지장이 있다고 남편의 스킨십을 무조건 차단하지 말고, 좀 더 유연하게 상호 만족할 수 있는 절충안을 찾아 친밀감을 유지한다. 내 상식으로 봤을 때 남편이 남편 역할을 제대로 못한다고 생각해도 비난하지 말고, 그 사람만의 가치관이 있고 그럴 만한 사유가 있을 것이라고 생각하고 자애로운 마음을 갖는다.

11) 준거 틀과 진로

특성 FR	성향	적성	대표적 직업
주 준거 틀 (LS8)	수용적이어서 편견이 없고 타인의 입장을 이해하고 받아 준다. 마음이 넓고 조화롭고 강한 인내심이 있다.	수용적	외교관, 중계인, 상담사, 변호사, 보모, 중매인, 성직자
2번 준거 틀 (LS1)	지도력과 추진력이 있다. 집단구조를 파악하는 능력과 약자를 옹호하고 보호하는 포용력이 있다.	리더적	정치가, 경찰, 법조인, 사업가, 상담사, 영업직, 운동지도사

내담자의 해석

① 성향 통찰
- 주 준거 틀(LS8): 연륜과 무관한 자유 어울림이 있고, 끝없는 타인에 대한 긍정성으로 상호 유익한 인간관계를 형성한다.
- 2번 준거 틀(LS1): 칭찬과 격려로 상대방의 능력을 극대화시키고, 집단구조를 신속하게 파악하여 위계질서를 바로 잡는 성향이 있다. 조직 내에서 우월감은 존중해 주면서 약자는 옹호하고 보호하는 편이다.

② 적성 찾기
- 주 준거 틀(LS8): 편견 없이 수용적이라 타인의 입장을 잘 이해한다.
- 2번 준거 틀(LS1): 동기부여를 잘하고, 위계질서를 바로 세워 조직목표에 부합되게 행동한다.

③ 원하는 직업
- 주 준거 틀(LS8): 가르치고 상담하는 '가족상담사'
- 2번 준거 틀(LS1): 인재 양성 및 조직 운영. 독립적인 사업장을 운영하면서 누군가를 가르치고 이끄는 직업(예: 교육사업 운영, 사이버 교수 등)

12) 자율성 회복과 발휘

특성 FR	자율성 회복과 발휘
주 준거 틀(LS8)	수용적 태도를 벗어나 적극적으로 자신의 주장을 펼치고 중요한 일에 먼저 집중하라. 심각한 상황을 마냥 회피하기보다 어렵고 힘들지만 직면하여 책임감을 높이고 문제 해결하는 능력을 향상한다. 독립적이고 자립적인 사람이 되어 스스로 해결하는 실행자가 되라.
2번 준거 틀(LS1)	다른 사람을 지배하는 것이 아니라, 적극적 경청을 하고 함께 협력하도록 한다. 사람들의 감정을 수용하고 독립적인 인격체로 도와주어야 한다. 좀 더 여유를 가지고 사람들과 소통하는 태도를 가진다.

내담자의 해석

① 자율성 회복의 의미

일에 지장을 받거나 나이, 체력 저하라는 핑계를 대면서 남편의 성적 친밀감 표현을 거부해 왔다. 일의 양을 조절하여 부부간의 친밀도를 높일 수 있는 시간을 확보한다. 라인댄스 등 유연성과 체력 강화를 할 수 있는 운동을 정기적으로 하여 남편의 성적 요구를 무조건 차단하지 말고 어느 정도는 수용해 준다. 또한 남편의 안전과 건강을 챙긴다는 목적으로 나의 의견을 무조건 따라주기를 기대하지 말고, 남편과 충분히 소통하여 상호 만족도를 높인다.

② 어떻게 자율성을 발휘

- 주 준거 틀(LS8): 무조건 문제를 회피하고 편안함을 추구하기보다는 '50대는 충분히 젊다'라고 자신감을 갖고, 적극적으로 체력을 강화하여 남편과 친밀감을 높이고 상호 만족도를 높인다.
- 2번 준거 틀(LS1): 의무와 역할, 기대하는 바를 남편에게 강요하지 말고 좀 더 여유를 가지고 소통하는 태도를 가진다.

13) 내담자의 전체적인 준거 틀의 개선 방안

상태 패턴	현재	개선점
LS1	남편에 대한 기대 수준이 높고, 의무와 역할을 강조하여 잘 돌봐 주면서도 남편을 통제하기도 한다.	부부간의 차이를 인정하고, 남편을 있는 그대로 수용하며 좀 더 유연하게 대처한다.

LS2	평범하고 익숙한 것을 선호한다.	새로운 것을 시도해 본다(예: 립스틱 색상).
LS3	배운 것을 노래나 드라마에 적용하여 분석하는 경향이 있다.	분석하지 말고 감정에 충실해 본다.
LS4	지나치게 과잉보호하려는 경향이 있다.	자기 삶은 자기가 책임지도록 믿고 지켜봐 준다. 남편이든 아들이든
LS5	주일, 월, 연 단위로 목표를 설정하고 목표에 도달하기 위해 전력투구하며, 사적 교류를 거의 하지 않는다.	스케줄 짤 때 시간적 여유와 남편과의 친밀감을 유지할 수 있는 시간을 확보해 놓는다.
LS6	원칙을 준수하고 모범적인 삶을 살려고 매 순간 노력한다(예: 법륜스님 즉문즉설 듣고 실천하기, 동기부여 책 읽기)	일주일에 1번은 자신에게 자유 시간을 준다.
LS7	매주 남편에게 스포츠 마사지를 해 주겠다고 약속했는데 일 핑계로 약속을 이행하지 못하기도 한다.	약속은 신중하게 하고, 한번 약속한 것은 꼭 지키도록 한다.
LS8	해결해야 할 업무, 체력 저하 등을 이유로 남편의 성적 친밀감을 거부하면서 편리함을 추구하여 부부가 아닌 동료애로 살아왔다.	업무 양을 줄이고, 적극적으로 체력을 강화하여 부부의 성적 친밀감을 높이고 상호 성장을 돕는다.
LS9	내 분야의 일이나 사람들과의 교류에서는 즐거움을 잘 찾아내지만 정작 곁에 있는 남편과는 친밀감 없이 역할에만 충실해 왔다.	연애세포를 자극하여 남편과 데이트 목록을 짜보고, 직접 체험해 본다.

4. 내담자의 CKFR 심리검사 결과와 개선 방안

1) 상담자가 본 내담자의 문제

• 갈등을 피하고 편안함을 추구하다가 부부 친밀도가 낮아졌다.
• 건강한 부부관계를 재정립할 필요가 있다.
• 자율적인 삶을 유지하면서 상호 성장을 돕는 방법을 찾을 필요가 있다.

2) 내담자 심리치료 및 개선 방안

① 상담목표
• 문제를 직면하여 적극적으로 문제를 해결한다.

- 부부간의 친밀감을 높일 수 있는 방법을 찾아본다.
- 즐겁게 상호 성장을 도울 수 있도록 한다.

② 상담계획

CKFR 심리검사를 통해 자신의 준거 틀을 이해하고, 패턴의 함정을 자각하고 건강한 대처방법을 찾는다.

③ 상담전략

- 심리검사를 통하여 자신의 정체성(준거 틀)을 이해하고 개선 방안 모색하기
- 친밀감을 회복하여 상호 성장 도모하기

5. 상담 과정과 상담 결과

1) 상담 과정

- 초기: 라포 형성을 통해 상담에 동기를 고취하고 심리검사를 통해 자신의 성격특성을 이해하고 교류분석 이론을 중심으로 상담을 구조화하였다.
- 중기: 인생각본, 준거 틀이 현재의 삶과 부부관계에 어떻게 영향을 미치고 있는지 탐색하고, 적절한 태도 및 행동을 위한 대처 방안을 탐색하였다.
- 종결: 상담의 성과를 분석하고 미래 설계를 위한 구체적 행동 목록을 작성하고 소감을 나누고 종결하였다.

2) 상담 결과

내담자의 CKFR 심리검사 프로파일을 보면 LS8(조화적)은 1~2등급이고, LS1(리더적)과 LS4(이타적)은 3~4등급으로 높은 편이다. 반면 LS2(독창적)과 LS7(안전적)은 각각 6~7등급과 8~9등급으로 낮은 편이다. 그리고 건강한 준거 틀의 패턴을 보이는 5등급은 LS3(탐구적)과 LS5(성취적) 그리고 LS6(완벽적)과 LS9(열정적)이다.

따라서 내담자는 일적 성취를 하면서 가정의 평화를 유지하기 위해 오랜 기간 자신의 욕구를 억압한 채 남편의 요구에 무조건 맞추면서 살아왔을 가능성이 크다. 그러나 50대가 되어 갱년

기를 맞이한 내담자가 남편에게 무조건 맞추는 것에 한계를 느끼면서 남편의 요구를 거절하거나 자기주장을 했을 것이다. 이에 무조건 자신에게 맞추어 주던 아내에게 익숙해 있던 남편은 내담자인 아내의 변화에 상처를 입고 아내와 거리를 두면서 친밀감을 거부했으리라 사료된다.

또한 내담자도 LS8이 1~2등급으로 매우 높고, LS2가 6~7등급으로 조금 낮다 보니 남편이 차갑게 대했을 때 상처를 받기도 하고, 문제를 직면하여 해결하기보다는 회피하는 식의 패턴을 보이면서 부부 친밀도가 낮아졌다고 사료된다. 또한 우여곡절 속에 분가한 후 융합관계를 유지했던 어머니와 소원해진 남편이 시댁 관련된 이야기에 예민하게 반응하는 일이 반복되면서 내담자가 남편과의 갈등을 피하고자 소극적으로 대처했다고도 볼 수 있다. 내담자가 남편의 깊은 상처를 자각하지 못한 상황에서 일과 체력 저하 등의 이유를 들면서 남편의 성적 친밀감을 차단하는 식의 패턴까지 장기화되면서 부부 친밀도가 더욱 낮아졌다고 볼 수 있다.

그러나 상담 과정을 통해 내담자는 인생각본, 준거 틀이 현재의 삶과 부부관계에 어떻게 영향을 미치고 있는지 자각하면서 자연스럽게 적절한 태도 및 행동을 위한 대처 방안을 찾기 시작하였다. 또한 자각성, 자발성, 친밀성을 포함한 자율성을 서서히 회복하면서 부부간 상호 성장을 도우면서도 자신의 삶을 살아가기 시작하였다.

6. 상담자 총평

자신의 준거 틀을 모른 채 살다 보면 불행을 자초하거나 어린 시절 경험한 금지령과 대항각본에 지배받는 삶을 살 수 있다. CKFR 심리검사를 통해 내담자는 자신이 살아온 삶을 제대로 이해하게 되었으며, 자신의 어리석은 패턴이 남편과의 친밀감을 떨어뜨리고 졸혼 위기까지 왔음을 알게 되었다고 한다. 또한 상담을 통해 융합관계였던 어머니와 소원해진 상황이 남편에게는 큰 고통과 상실이었다는 것을 뒤늦게 깨닫게 되었다고 한다. 내담자는 그동안 자각하지 못했던 남편의 숨겨진 상처를 진심으로 이해하게 되면서 부부간의 전환점을 맞이하게 되었고, 더 이상 졸혼하게 될까 봐 두려워하지 않게 되었다. 또한 상담을 통해 내담자는 자신이 진짜 원하는 일이 무엇인지, 어느 때 가장 행복한지, 어떤 삶을 살고 싶어 하는지 등 자신의 삶을 스스로 관리하기 시작하였다.

상담을 마치면서 내담자는 부부간의 스킨십의 강도에 대한 차이를 분명히 이해하고 무조건 차단하기보다는 적극적으로 일의 양을 조절하고 체력을 강화하여 즐거운 부부생활을 하겠다고 결의에 찬 목소리로 다짐했다. 그동안 무릎이 아파서 중지했던 라인댄스를 다시 시작하겠다고 결단하고, 일의 양도 재조정하여 데이트 목록을 작성한 후 남편과 친밀감을 높일 수 있는 시간을 갖기로 하였다.

　파랑새는 먼 곳에 있는 것이 아니라 바로 가까이에 있다. "잠자고 있는 남편의 모습을 사랑의 눈길로 바라보니 나름 눈썹도 짙고 피부도 곱고, 멋진 중년 아저씨라는 생각이 들어요."라고 환하게 웃는 내담자를 통해 다정한 잉꼬부부의 모습이 청사진처럼 그려졌다.

평정심과 나

상담자: 조찬희

1. 내담자 기본 정보

가명: 사랑이 / 성별: 여 / 연령: 31 / 학력: 대졸 / 검사일: 2021년 9월 30일

1) 의뢰경위 및 주 호소문제

① 의뢰경위
자기 자신에 대해 알고 싶어 하여 상담을 의뢰하였다.

② 주 호소문제: "감정을 잘 다스리고 싶어요."
그런데 쉽지 않다. 감정에 잘 치우치는 편이다. 삶 속에서 일어나는 생각지 못한 일, 전혀 예상하지 못한 일이 닥치거나 경험해 보지 못한 일에 대해 불안감을 느끼고 달갑지 않게 생각하며 염려하고 불쾌해한다. 타인이 자신에게 했던 행동이나 말에 대해 타인의 입장에서 생각되기보다는 자신에게 느껴졌던 대로 또는 당시에 자동적으로 판단된 생각만을 가지고 타인을 판단하고 불쾌해할 때가 있다. 그리고 해결되기 전까지는 자꾸 머릿속에 문제라고 여기는 것들이 생각난다. 자신의 이런 감정이나 생각들은 은연중에 드러나 버린다. 생각을 긍정적으로 전환하기까지 어느 정도 시간이 소요된다.

2) 행동관찰

길고 밝은 갈색의 헤어스타일에 키는 166cm 정도로 적당한 체중, 건강해 보이는 외모다. 목소리는 밝고 경쾌하며 타인을 어려워하지 않고 말을 건넨다. 미소 띤 얼굴이 명랑하고 힘이 있다. 잘 웃고 얼굴 표정이 다양하고 감정이 그대로 드러난다. 서두르는 성향이 있어서 걸음이 빠르다. 여유로워 천천히 걸을 때는 자세가 흐트러지고 제멋대로 걷는 때가 있다. 가끔 원피스를 갖추어 입으며 대부분의 차림새는 청바지에 티로 캐주얼하고 편안한 차림을 즐겨 한다.

3) 내담자의 자원

- 자신의 생각과 의견, 감정과 느낌들을 솔직하게 표현한다.
- 타인을 의심하지 않고 잘 믿는다.
- 맡겨진 일에 열심을 다하고 짧은 시간 안에 신속하고 민첩하게 처리할 수 있다.
- 책임감, 지구력(일정한 작업을 장시간 계속할 수 있는 능력)이 있고 인내력(참고 견뎌내는 힘)이 있다.
- 다른 사람들이 생각하지 못한 기발한 말이나 생각들이 떠오른다.
- 해 보지 못한 새로운 배움에 대해 호기심이 넘치고 경험해 보고 싶어 하며 배우는 것을 즐거워한다.
- 웃음이 많고 재미있는 말로 즐거운 분위기를 만든다.
- 매주 2~3회 꾸준히 운동을 한다. 무엇이든 한번 하기로 하면 꾸준히 해낸다. 꾸준한 직장생활, 꾸준한 운동, 신앙생활, 상담공부 등 선택했다면 지속적으로 한다.

4) 가족관계(3세대 가계도 및 내담자 문제와 관계된 가족 성향, 특이 사항)

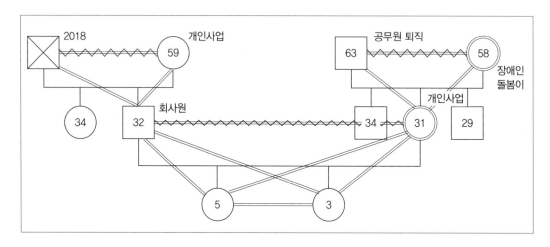

5) 생태도

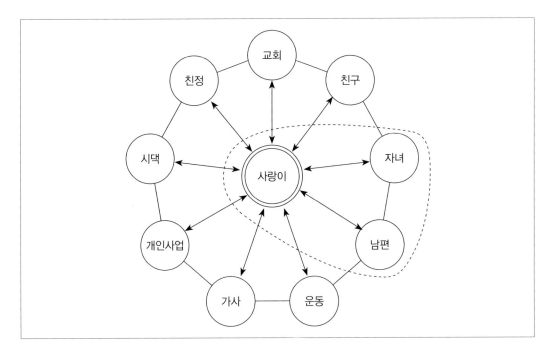

2. 내담자의 검사 결과

구분 FR	LS1	LS2	LS3	LS4	LS5	LS6	LS7	LS8	LS9
점수	35	33	32	30	33	30	24	29	37
순위	2	4	5	6	3	7	9	8	1
등급	3~4	3~4	6~7	8~9	3~4	8~9	8~9	8~9	1~2

〈CKFR 심리검사 체크리스트〉

체크리스트

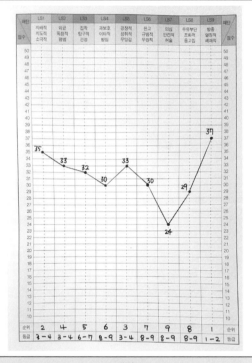

해석

　준거 틀 패턴을 순서대로 분석하면 위와 같다. 가장 점수가 높은 패턴은 LS9번 1~2등급으로 37점이다. 활동적이고 호기심이 많고 충동적이며 저항적인 각본패턴으로 LS9번이 가장 강하게 그리고 자주, 지각하고 반응하는 데 사용된다. 2~4번 준거 틀까지는 3~4등급으로 LS1, LS5, LS2이다. 지배적, 지도적, 경쟁적, 성취적, 외곬과 독창적인 특성을 보인다. 단도직입적이며 어떤 것을 해 보고 달성하는 것에서 힘을 느끼고 즐거워한다. 효율을 중시하고 직관적이며 감수성이 풍부하다. 5순위는 LS3번으로 탐구적과 건성이다. 관심이 있는 것에는 집중력을 발휘하며 그렇지 않으면 건성으로 지나쳐 버린다. 6~9번 준거 틀은 8~9등급으로 LS4, LS6, LS8, LS7이다. 방임, 무원칙, 옹고집, 허술이 대표적인 특성을 나타내는 단어로 드러나는 성격특성은 상대방의 일에 깊이 관여하지 않으려 하며, 즉흥적이며 자신의 감정을 중요시한다. 고집이 세고 예민한 편이다. 허술하여 무언가 하나씩 실수를 한다.
　전체적으로 간략하게 해석해 본다면, 명랑하며 활동적이고, 성취적이고, 독창적이며 감성이 풍부하고 관심 있는 것에 집중한다. 그러나 관심이 없는 일에는 무심하고, 자신의 감정에 깊이 빠져드는 특성이 있고, 실수가 있으며 여기에 더해 고집이 세어 갈등이나 부딪침이 일어나기도 한다.

3. 준거 틀에 따른 특성과 해석

1) 준거 틀의 건강한 정도

특성\FR	상	중	하
주 준거 틀 (LS9)	절제, 낙관적, 열정적, 자발적	호기심, 충동적, 과도한, 도취적	반항적, 탐닉, 퇴폐적, 광적
2번 준거 틀 (LS1)	자신감, 관용, 리더, 정의	단호함, 책략적, 지배적, 자기주장	파괴적, 독재, 복수심, 반사회적
9번 준거 틀 (LS7)	용기, 충성심, 책임감, 호감	의존적, 우유부단, 방어적, 복종	의심, 공격적, 자기비하, 불안

내담자의 해석

① 건강할 때

• 주 준거 틀(LS9): 주어진 환경에 낙관적이다. 일, 공부, 운동 등 즐거운 마음으로 임하며 열정적이다. 하고 싶은 것을 스스로 선택하며 두려워하지 않고 시작한다.

작은 집에 살지만, '넓은 새 아파트도 좋지만 지금도 충분해~ 비싸고 넓은 새집은 아니지만 혼자 있을 수 있는 내 방도 있고 깨끗하고 편안해. 나중에 새집으로 이사 가고 싶어지면 알아보지'라고 생각하며 좋은 점들을 생각하고 만족해한다. 평소 밝은 미소를 잃지 않으며, 만나고 싶은 사람을 연락해서 만나고, 하고 싶은 것들 책 읽기, 운동하기, 잠깐 짬 내서 걷기 등을 하고, 형편 안에서 사고 싶은 것을 사며 행복을 만끽한다.

• 2번 준거 틀(LS1): 자신감이 있고 거짓이 없이 솔직하며 자기주장이 분명하다. 자신이 한 말을 지키려고 한다.

"천천히 가도 돼~"라고 느긋하게 말하는 남편을 보며 "기다리게 하지 말고 서둘러~ 우리가 먼저 가서 기다리자." 하고 말하며 누구와 한 약속이든 업무처리든 정해진 시간과 기한을 지킨다.

• 9번 준거 틀(LS7): 상대방을 믿어 주고 일을 할 때 융통성이 있고 대범하다.

"이렇게 할까요?"라고 물어보는 직원에게 개괄적으로 설명하고 스스로 하고 싶은 방법으로 마음껏 해 보라고 하며 잘할 수 있다고 격려하고 "고생하셨어요. 이 부분은 참 잘하셨는데요." 말하고 미흡한 결과물일지라도 고생하셨다고 칭찬한 후 간단하게 수정할 부분만을 알려 준다.

② 불건강할 때

• 주 준거 틀(LS9): 자기도취적이고 자발성을 침해받는다고 생각되는 때에 반항적이며 과도한 반응을 한다.

스스로를 자신이 참 괜찮은 사람이라고 생각하며, 타인을 보지 못하고 자신의 생각과 느낌에 빠져 있다. 자신의 일을 스스로 할 텐데 미리부터 지시하거나 참견하고 '이렇게 해라! 내가 말해 주지 않았다면 넌 안 했을 거다'라는 뉘앙스의 말을 들으면 '기다리면 내가 알아서 할 텐데' 하고 자발성을 침해받았다 생각하며 상대의 말을 '넌 내가 말해 주니까 잘하는 거야! 넌 나 없으면 못해!'라는 말로 이해한다. 그래서 자신이 알아서 잘할 수 있는 기회를 앗아간, 꼭 남이 말해서 한 것처럼 되는 상황에 저항감을 갖는다. 또는 '그냥 내가 하라는 대로 해라'라는 말은 '나를 믿지 못하는군. 내 의견과 생각을 존중하지 않는군'이라고 해석한다. 선택과 실천은 스스로 해낸 건데 상대방이 자신이 말해 주어서 해냈다거나 자기가 밀어붙여서 그 덕분에 이루어졌다고 우쭐거리는 사람과 있을 때 특히 불건강한 상태에 곧잘 이른다. 믿어 주며 걱정해 주거나 염려해 주는 사람의 말은 잘 수용하지만 권위적이고 지시적이고 비판적이고 부정적인 사람에게는 저항감이 올라온다.

• 2번 준거 틀(LS1): 필요 이상으로 자기주장이 강하여 갈등이 생기기도 한다. 매우 주관적인 부분(자신이 좋아하는 것)을 판단 · 결정할 때, 자신이 하겠다고 정해버린 것에 대해서 상대방이 반대하거나 정한 것과 다른 방향으로 생각하기를 요구하며 강하게 주장하면, 갈등 상황이 발생한다.

• 9번 준거 틀(LS7): 허술하여 건성으로 넘겨 보아 실수한다. 한 번 더 살펴보았어야 했는데, 꼼꼼하게 읽지 않았거나 건성으로 들어서 기억이 나지 않거나 작업을 다시 수정해야 할 경우가 더러 있다.

☞ 개선 방안: 신중함이 필요하다.

전체적인 분위기를 살피고 타인의 감정도 나와 같이 상처받을 수 있음을 늘 상기하고 최대한 따뜻한 마음으로 부드러운 언어와 타인을 배려하는 말과 행동을 실천한다. 결과를 생각하여 언행을 하고 업무 처리에 있어서는 무엇이든 실수하지 않도록 꼭 반복해서 확인한다.

2) 준거 틀의 성향에 따른 승자각본과 패자각본

특성 FR	성향	승자각본	패자각본
주 준거 틀(LS9)	열정적	건전하게 즐기고 절제한다.	절제하지 못하고 탐닉한다.
2번 준거 틀(LS1)	리더적	사사로운 욕심이나 불순한 생각이 없다.	수단방법을 가리지 않는다.
9번 준거 틀(LS7)	허술, 건성	두려워하지 않고 대담하다.	부주의하여 실수한다.

내담자의 해석

① 성향

- 주 준거 틀(LS9): 할까 말까 생각하다 마음속에서 정해지면 그 후엔 무조건 열심히 한다.
- 2번 준거 틀(LS1): 좀 손해를 보더라도 내게 역할이 맡겨지면 책임을 다해 잘하려고 노력한다.
- 9번 준거 틀(LS7): 의심하지 않고 상대를 믿어 꼬치꼬치 캐묻지 않고 일을 맡기고 결과에 감사한다.

② 승자각본 쓸 때

- 주 준거 틀(LS9): 바람직하고 건전하게 즐기며 행복한 삶을 추구하며 열정적으로 생활한다.
- 2번 준거 틀(LS1): 사사로운 욕심과 악의가 없다.
- 9번 준거 틀(LS7): 하고자 하는 바를 대담하게 실천에 옮긴다.

③ 패자각본 쓸 때

- 주 준거 틀(LS9): 선호하는 일에 에너지를 소비하고 해야 할 일은 제쳐두었다 마감 기한이 닥치면 한다. 친구 만나기, 가족 모임 가기, 신나게 운동하기, 주말에 오전 내내 잠자기 등 하기 쉽고 재미있는 것을 먼저 하고 업무, 과제, 공부는 머릿속에서 먼저 몇 번 반복해서 하는 과정을 그리다가 마감 기한이 다가오면 강한 압력을 느껴 짧은 순간 스피치를 올려 해내고 훌훌 털어 버린다. 하고 나면 얼굴이 핼쑥해진다. 닥쳐서 하기 때문에 여유가 없고 심신건강에 해롭다.
- 2번 준거 틀(LS1): 완고하고 독선적 비판적인 상대방에게 맞서며 자신의 말을 합리화한다. 내 주장이 맞다고 갖은 이유를 대며 자신은 합리적인 답을 말한다고 하지만 이때 상대방은 이김질로 본다.

- 9번 준거 틀(LS7): 재검토하지 않아 미흡한 부분이 꼭 있다. 재미있다고 생각하고 하고 싶어서 한 것은 몇 번이고 반복해서 보고, 읽고, 잠도 안 자고 즐기지만 서류나 문서적인 부분, 어쩔 수 없이 해야 하는 일은 대충 핵심 어구만 찾아 읽고 처리해 놓고 재검토하는 것을 매우 귀찮아한다. 시켜서 하는 일, 관심 없는 과목을 공부할 때 수면 시간을 줄이는 일은 없다.
☞ 개선 방안: 계획표를 짜서 우선순위대로 실행한다.

　해야 할 일이 있다면 먼저 계획을 세워서 완수한 후, 마음 편하게 휴식과 놀이, 여행을 즐긴다(우선순위 정하기). 전체적인 조화를 생각하며 순간순간 적절하게, 서두르지 말고, 성숙하게 말하고 행동한다. 업무 처리 후 꼭 재검토한다.

3) 준거 틀의 등급에 따른 기술

FR ＼ 특성	등급에 따른 기술
주 준거 틀(LS9) 1~2등급	도취적, 방종, 충동적, 반항적, 낙관적, 호기심, 개방적, 신속함, 열정적, 창의적
2번 준거 틀(LS1) 3~4등급	독단, 억지, 반항, 자신감, 자기주장, 정의, 열정, 권위, 성실
9번 준거 틀(LS7) 8~9등급	융통성, 방심, 대범, 즉흥적, 허술함, 건성, 준비성 부족

내담자의 해석

① 순기능
- 주 준거 틀(LS9): 자신에 대해 자신감이 있고 자신이 매우 매력 있고 괜찮은 사람이라고 생각한다. 자신의 느낌과 감정을 소중하게 생각한다. 타인에게 개방적이며 신속하고 실행력이 있으며 열정적이고 창의적이다. 현재 주어진 상황이 원활히 진행되도록 돕는다.
　"그건 제가 할게요." 자신이 잘할 수 있는 부분은 전체가 잘 운영되도록 스스로 돕는다. 맡겨진 어떤 것이든 이렇게 저렇게 바꾸어서 변형해 보며 처음과 다른 결과물을 전달하기도 한다. 상대방의 긍정적 인사말, 칭찬, 인정 등을 순수하게 받아들이며 감사를 표하고 기분이 좋아진다. 좋아하는 상대에게 자신이 먼저 적극적으로 다가간다.
- 2번 준거 틀(LS1): 자기주장이 분명하고 정의롭다. 자신의 맡은 역할과 업무에 성실하며 자신감이 있다.
　"이건 이렇게 하면 어떨까요? 이게 더 효율적일 것 같습니다." 하고 자신의 생각을 말한다. 맡겨지면 결석하는 일 없이 충실하다. 학교, 직장, 교회, 모임 등 출석률이 100%다.
- 9번 준거 틀(LS7): 느낌이 왔을 때, 대범하게 행동으로 옮기는 편이다. 복잡한 것도 단순하

게 생각하며 사정과 형편에 따라 대처하는 융통성이 있다.

같은 말을 반복해서 하거나 중언부언하는 사람의 말을 간략하게 "그러니까 이 말이지요?" 하고 단순명료하게 요약해서 이해하고 복잡하게 생각하지 않고 바로 실행에 옮긴다.

② 역기능

- 주 준거 틀(LS9): 좋은 사람들을 만나면 신나고 즐겁고 유쾌한 분위기에 흠뻑 빠져 피곤을 이기고 늦도록 논다. 기분이 상하면 반항적이고 경직된다.

  가족들이 모이면 앉아서 먹고 놀거나 게임을 자주 하는데 상대방이 지쳐서 그만하자고 할 때까지 절대 자신이 먼저 그만하자고 하지 않고 끝까지 논다. 끝을 본다. 혹여 자신을 잘 알지 못하는 이가 밝고 명랑한 모습만 보고 가볍게 여겨 비아냥거리는 농담을 하거나 공격하거나 에누리하는 말을 들으면 기분 나빠져서 눈을 마주치지 않거나 상대하기 싫어한다.

- 2번 준거 틀(LS1): 자기주장이 상식을 넘어섰을 때, 자신의 느낌이나 감정, 사고에 충실한 나머지 주변 분위기를 살피지 못한 경우가 있다. 상대방이 보았을 때 독단, 억지, 반항으로 느낄 수 있다.

  2년씩 번갈아 가며 임원을 맡아야 하는데 맡기 싫어하는 상대방이 "일을 잘하시니까 2년 더 하세요~"라고 웃으며 일감을 떠넘기고 비슷한 농담을 계속 반복하며 아무것도 맡지 않으려는 상대에게 부당함과 불쾌감을 느끼고 감정이 혹 올라와 큰 소리로 "그건 아닌 것 같다. 돌아가며 했으면 좋겠다. 난 재임되어도 수행을 안 하겠다." 하고 정색하며 강하게 말해서 평소 잘 웃고 명랑한 이미지와 다른 모습에 선임 임원들과 회원들이 당혹스러워하였다.

- 9번 준거 틀(LS7): 주위를 기울이지 못하는 데서 오는 방심함, 허술함, 건성 등으로 인하여 부주의하거나 가벼워 보인다.

  서류를 꼼꼼하게 읽지 않아서 5학기 교육과정을 단축하여 4학기로 마칠 수 있었는데 신청 과정에서 확인과 체크를 잘못해서 5학기를 다녀야 했다. 일반적인 업무나 과제에서는 "잘하셨는데 하나가 빠졌네요."라는 말을 듣는다.

☞ 개선 방안: 감정에 이끌려 떠오른 말을 바로 뱉어내지 않는다.

감정보다 사고를 사용하며 생각하고 행동한다. 말을 아낀다. 느낌과 떠오르는 말들을 다 표현하지 말고 주변을 의식하고 상대가 들었을 때 내 말이 어떤 의미로 받아들여질지 머릿속으로 떠올려 본 후 정리해서 말한다.

4) 준거 틀에 따른 인간관계 스트로크 성향

FR ＼ 특성	긍정적일 때	부정적일 때
주 준거 틀(LS9)	쾌활하고, 관대하고, 외향적이고, 남을 잘 돌보아 주고, 재미있다. 친구나 연인을 새로운 활동과 모험으로 이끈다. 일상 문제들을 낙관적으로 보려고 한다.	자기도취에 빠지고, 고집이 세고, 방어적이며, 산만하다. 종종 관계에 묶이는 것에 대해서 마음이 왔다 갔다 한다. 목적이 없는 저항을 한다.
2번 준거 틀(LS1)	충실하고, 남을 잘 돌보아 주고, 긍정적이며, 잘 놀고, 진실하고, 직선적이고, 헌신적이며, 관대하고, 지지를 잘 해 준다.	요구가 많고, 거만하고, 투쟁적이고, 소유하려 들고, 비타협적이고, 남의 흠을 잘 집어낸다. 유연하지 못하다.

내담자의 해석

① 긍정적일 때 스트로크 방식

- 주 준거 틀(LS9): 타인과 대화를 나눔에 있어 풍부한 감정과 자신의 느낌을 진실하게 표현한다. 밝고 활동적이며 재미있고 낙관적이다.

  "만나서 반가워^^~ 잘 지냈어? 보고 싶었어. 오늘 이런 일이 있었는데 그래서 내가 깔깔 웃었어. 네가 들어도 웃음이 나지? 그러고 나서 이렇게 말했어. 너는 어땠어?" 하고 말하며 자신의 솔직한 느낌을 이야기하고 상대방과 즐겁게 담소 나누는 것을 즐긴다.

- 2번 준거 틀(LS1): 자신에게 맡겨진 일에 최선을 다하고 생각을 말할 때는 솔직하고 직선적이다. 자신이 도움을 주고자 하는 대상, 약하다고 여겨지는 상대에게 헌신적이며 관대하고 지지를 잘 해 준다. 가까운 지인에게 어려운 일이 생기면 챙겨 주고 싶어지고 전화 연락을 하거나 만나서 위로와 격려를 하거나 지원을 한다.

  "그래? 그래서 힘들겠다. 이건 이렇게 하면 좀 더 나아지지 않을까?" 하며 도와주고 상대방이 자신의 일이여서 생각하지 못한 부분이 있으면 "주관적일 수 있지만 이렇게 해 보는 방법은 어떨 것 같아?"라고 사실적이고 솔직하게 말해서 도움을 주고자 한다.

② 부정적일 때 스트로크 방식

- 주 준거 틀(LS9): 자신의 느낌, 감정, 생각을 무엇보다 중요하게 여기며, 자신과 다른 생각이나 감정을 강요받을 때, 이해가 되지 않는 상황에서는 지나치게 방어적이다. 상대방이 이미 발생한 내 감정과 생각을 인정하지 않는다고 생각한다. 그리고 자신을 통제하려 한다고 느껴지면서 어떤 것도 거부한다. 상대방이 보았을 때는 목적이 없는 저항으로 보인다.

아직 내 안에서 느끼고 이해하지 못했는데 상대방이 강요할 때 특히 심하다. 사실 상대방은 잘되기를 바라서 결론적으로 잘되도록 도움을 주려고 말한 것이지만 내가 공감하고 수용하지 못한, 이해가 되지 않은 상황에서는 과간섭이나 지배, 통제, 조정으로 받아들인다. 그리고 저항한다.

- 2번 준거 틀(LS1): 자신의 생각과 다른 일에는 불평불만이 있고 타인의 흠을 잘 찾아내며 서두르고 여유가 없다. 의욕 없고 느리고 서툴고 중언부언하고 둔감한 사람을 보면 겉으로는 내색하지 않으려고 노력하지만 매우 답답함을 느낀다. 속으로는 매우 힘들어한다.

☞ 개선 방안: 바로 반박하지 않고 가만히 있어 본다. 느끼고 생각하는 자신의 내면을 들여다보기.

저항감이 들 때, 자동으로 반박하려는 반응을 지연하고 축소각본에 빠진 것은 아닌지 생각해 본다. 침착함과 여유가 있는 유연함이 필요하다.

5) 준거 틀의 조기 결단과 집착 그리고 두려움

특성 FR	조기 결단	집착	두려움
주 준거 틀(LS9)	행복한 일을 찾아야 한다.	즐거움	고난
2번 준거 틀(LS1)	영향력 있는 사람이 되어야 한다.	통제	피해

내담자의 해석

① 조기 결단의 의미

- 주 준거 틀(LS9): 가난한 집안 형편, 상대적인 빈곤 속에서 긍정적인 부분을 생각하고 마음을 편안히 가지려고 결단했다.

어린 시절 1~3년 터울의 아이들, 경제적으로 넉넉하지 않은 살림에 아버지의 월급으로는 빠듯한 생활이었다고 한다. 변변찮은 놀잇감도 책도 없었고 두어 벌의 옷을 깨끗이 빨아서 번갈아 입고 다녔던 기억이 생생하다고 한다. 그런데도 늘 걱정 없이 행복했다. 부모님은 딸을 예뻐하셨고 차림새는 조금 초라해도 가정에서도 학교에서도 늘 걱정할 일 없이 중상위권의 학업성적과 교우관계를 유지했다. 신학기 가정방문 때면 "우리 사랑이는 제가 말 안 해도 스스로 잘해서 한 번도 걱정해 본 적이 없어요." 하는 어머니의 믿어 주는 말씀이 힘이 되었고 생활기록부에는 항상 명랑하고 밝은 아이로 기록되어 있었다.

- 2번 준거 틀(LS1): 위로는 오빠, 아래로는 남동생의 사이에서 아버지가 남자형제들에게 "어떠한 그룹에서든 꼬리가 되지 말고 머리가 되라."고 말씀하시는 것을 늘 곁에서 들으며 영

향력 있는 사람이 되어 인정받고자 하는 결단을 했다. 오빠와 남동생은 학교에서도 교회에서도 다니는 내내 줄반장과 회장을 했다.

② 집착의 성향

- 주 준거 틀(LS9): 가족이 많은 집에서 태어나 함께 모여 형제들과 놀이하며 친밀감을 갖는 시간을 좋아하고 힘든 일이라도 함께라면 두려워하지 않는다. 함께하는 즐거움에 집착한다.
- 2번 준거 틀(LS1): 통제(일정한 방침이나 목적에 따라 행위를 제한하거나 제약함)에 대한 집착(어떤 것에 늘 마음이 쏠려 잊지 못하고 매달림)은 내가 하는 일이나 대인관계에서도 내가 주도적인 위치에 있기를 바란다.

③ 두려움의 성향

- 주 준거 틀(LS9): 경제적인 어려움, 상대적인 박탈감 등으로 인해 애시당초 무엇이든 스스로 먼저 양보하고 어떤 것을 기대하지 않는 것으로 심리적인 스트레스를 피한다. 마음의 고난(괴로움과 어려움)을 두려워한다.

  '음, 나도 예쁘고 좋은 걸 갖고 싶어. 제일 좋은 건 저거구나. 그렇지만 먼저 고르도록 두었다가 남은 걸 가져가야겠다. 그래야 마음이 편하니까. 다른 사람도 저걸 갖고 싶을 텐데 내가 좋은 걸 먼저 가져가서 시기질투하는 상황이 발생하면 내 마음이 편하지 않아.'
- 2번 준거 틀(LS1): 피해에 대한 두려움은 사업장의 직원이 갑자기 일을 그만두게 되거나, 부적절한 언행으로 인해 어려워지는 상황이 발생되거나 그에 따른 피해를 두려워한다.

  "저…… 갑자기 개인사정으로 일할 수 없어요."

  "고객이 좀 경우에 없는 말을 해서 제가 딱 잘라서 안 된다고 말했어요." 라고 말하는 직원으로 인해 발생하는 피해를 두려워하며 통제되지 않을 때 일어날 확률이 낮은 상황(직원을 구하지 못하여 안절부절못하는 상황, 고객과 직원의 갈등 상황으로 운영에 타격) 끝까지 망상하여서 심리적인 고통에 시달린다.

  ☞ 개선 방안: 문제는 기회다.

  문제는 언제든지 발생할 수 있다. 문제는 새롭게 해결해 보는 경험을 쌓는 기회다. 문제는 나쁜 것이 아니다. 발생한 문제를 지나치게 두려워하지(당황하고 화내고 짜증 내고 긴장하고) 않고 다시 문제를 풀어 볼 수 있는 기회이므로 지난 번 문제가 발생했을 때보다 더 능숙하게 문제를 풀어 해결할 수 있다. 인간의 삶 속에서 누구에게나 발생하는 고난과 피해에 대해 사고, 인식을 전환하고 스트레스를 덜 받으며 해결할 수 있다. 문제를 풀고 나면 레벨 업 되어 있을 자신의 모습을 상상하고 감사한다.

6) 준거 틀에 따른 양육방식과 신념 그리고 방어기제

특성 FR	양육방식	각본 신념	방어기제
주 준거 틀(LS9)	모험적이고 낙관적 밝은	인생은 즐겁게 살아야 한다.	합리화
2번 준거 틀(LS1)	강한 모습 보일 때 칭찬	강하고 영향력 있는 사람이어야 한다.	부인

내담자의 해석

① 양육환경

- 주 준거 틀(LS9): "해 보라~ 해 보지도 않고"라는 아버지의 말씀이 늘 귀에 맴돈다. 해 보지 않고 겁내지 말라고 아버지는 늘 먼저 실행에 옮겨 보도록 하셨다. 사실 아버지 말씀처럼 막상 해 버리면 그에 대한 두려워하는 시간이 단축되기도 하고 생각보다 어렵지 않기도 했다. 아버지는 언제나 새로운 일에 도전하셨다. 아버지는 밝고 긍정적인 마인드와 인자한 미소를 잃지 않으셨다.

- 2번 준거 틀(LS1): 부모님은 자녀들이 힘든 일도 잘 이겨낼 때 칭찬하셨다. 부모님은 솔선수범하시며 어떤 일이든 포기하지 않고 이겨 나가는 모습을 보이셨다. 어려운 형편에도 어두운 그늘 없이 아끼고 아껴 살림을 꾸리시는 합리적이고 다재다능한 어머니의 양육을 받았다.

② 각본 신념의 성향

- 주 준거 틀(LS9): "응 먼저 골라, 고르고 남은 건 내가 할게." 욕심내어 더 가지려고 하지 않고 주어진 것 안에서 만족하는 것이 마음이 편함을 느꼈다. "그래서 지금 내가 부족한 것은 무엇이지? 지금 무언가를 갖지 못해 불행해? 아니 지금도 이만큼으로도 행복해~"라고 스스로에게 말하였다. 긍정적인 방향으로 생각하고 언제나 형제들과 새로운 놀이를 하며 즐거운 시간을 보냈다.

- 2번 준거 틀(LS1): 바로 위로는 오빠, 아래로는 남동생의 사이에서 부모님께 인정받고 사랑받고 싶은 욕구가 강했다. 또 힘들게 일하시는 부모님을 도와드리고 싶은 마음도 컸다. 부모님은 눈물, 어리광, 슬픔과 같은 감정들을 잘 공감하지 않으셨고 스스로 자신의 일들을 잘하는 것, 아파도, 힘들어도 잘 참고 이겨내는 모습에 칭찬을 많이 하셨다. 어디에서든 바르고 본이 되어 자랑스러운 자녀이기를 바라셨다.

③ 방어기제의 의미

- 주 준거 틀(LS9): 나의 각본 신념을 지적하거나 잘못되었다고 말하는 상대방에게 상황을 합리화하고 부인한다. "인생을 즐겁게 사는 것만이 다는 아니다. 더 중요한 것이 있다." 라고 말하는 누군가가 있다면 내가 즐거움에서 행복을 느끼는데 그것을 중요도의 문제로 나누는 누군가에게 저항감을 느끼며 합리화하는 말을 쏟아낸다.

- 2번 준거 틀(LS1): 내가 나름대로 열심히 해낸 일들에 대한 부정적 평가나 판단을 부인한다. 열심히 하는 내 노력에 칭찬과 인정받기를 바란다. 그러나 현실에서는 노력하는 것도 중요하지만 잘하는 것을 높게 평가한다. 잘못을 지적받거나 평가받을 때 잘못을 부인할 때도 있고 생각과 말로는 인정하지만 불쾌해지면서 감정이 상하고 부인하고 싶은 저항감이 올라온다. 경직된다.

☞ 개선 방안: 상대의 말을 경청한다.

상대방이 나를 바라보고 느낀 점, 생각들을 부정이나 부인하지 말고 동의할 수 없더라도 들어 본다. 상대방과 다른 내 생각을 꼭 말하지 않고 "그렇군요." 하고 그대로 들어 보기, 들어 보고 혼자 생각해 볼 수 있다. 동의하라는 것이 아니다. 상대의 입장에서 진정으로 공감해 본다.

7) 준거 틀에 따른 드라이버, 라켓, 디스카운트

FR 　　　특성	드라이버	라켓	디스카운트
주 준거 틀(LS9)	열정적으로 살라.	자기도취, 무절제, 방종	현실감
2번 준거 틀(LS1)	정의를 구현하라.	우월감, 오만, 비난	타인의 감정

내담자의 해석

① 드라이버의 의미

- 주 준거 틀(LS9): 자신에게 주어진 환경에서 즐거운 마음으로 열심히 하도록 양육 받았으며, 부모님 역시 어두운 그늘이 없이 밝은 표정과 긍정적인 마인드로 가정을 가꾸셨다. 밝고 명랑한 사랑이는 그런 부모님을 좋아하고 존경하고 닮았다.

- 2번 준거 틀(LS1): 사랑이의 부모님은 늘 최선을 다하고, 바르게 한다면 자기 자신이 떳떳하고 누구에게도 거스름이 없다고 하셨다. 그리고 늘 부지런하시고 근면 성실하셨으며 게으름이라는 것이 없으셨다. 거짓이 없이 진실하고 바른 모습으로 본을 보이셨다. 그런 부모님 말씀을 잘 듣고 무엇이든 솔직하게 말하며 부모님이 무엇을 원하시는지 알아차리고

알아서 공부하고 미리미리 집안일을 해두는 등 곧잘 돕는 바르고 착한 딸로서 많은 칭찬을 받으며 성장했다.

② 라켓의 성향

- 주 준거 틀(LS9): 누구의 지시나 강요가 아닌 스스로 선택하여 즐거운 마음으로 최선을 다 했으므로 자신은 매우 괜찮은 사람이라는 하늘을 찌르는 자존감이 있다.
- 2번 준거 틀(LS1): 한 점 부끄럼이 없다는 정의로움에 대해 타인과 비교하여 오는 우월감, 오만함(나는 다른 형제들이 놀 때 부모님을 돕기 위해 대청소를 했어, 힘든 일이지만 내가 돕지 않으면 부모님의 몫이 되니까 좋은 마음으로 내가 할 수 있는 만큼 최대한 해 놓아야지, 난 참 괜찮은 딸이야)이 있다.

인간의 모든 특성에는 양면성이 있어서 조화롭지 못하게 언행 했을 부분도 있으니 단점이 없을 수 없는데 그러한 부분을 간과하고 부적절한 감정을 느낀다. 사랑이의 자기도취와 우월감이라는 라켓 감정이 모두 나쁜 것은 아니다. 다만 사랑이의 욕구(나도 또래와 늦은 시간까지 놀고 싶어, 형제들이 집안일을 좀 도와주면 좋겠어, 힘들어, 혼자하기 싫어) 또는 진실한 감정과는 다르게 행동하고 그에 대한 이차적인 감정으로 과거 부모의 지지(사랑이는 혼자서도 잘해! 사랑이는 말을 하지 않아도 스스로 하는 착한 아이야! 사랑이 이제 시집보내도 되겠다! 사랑이가 아들로 태어났어도 좋았을 거야! 여보~ 우리 사랑이 없었으면 어쩔 뻔했어요. 사랑아 고맙다. 고생했다)를 받기 위해 만들어진 길들여진 감정이라는 것이다. 혼자서 너무 도와서 다른 형제들이 되려 부모님의 마음에 차지 않아 핀잔을 듣게 하기도 하였다.

③ 디스카운트 성향

- 주 준거 틀(LS9): 현실에서는 특히 사회에서는 최선을 다한 것보다는 일을 잘했는가가 중요하다. 내가 즐거운 마음으로 최선을 다했다고 인정받기는 어렵다. 떨어지는 현실감을 볼 수 있다.
- 2번 준거 틀(LS1): 정의로움을 앞세워 상대방을 통제할 때 상대방이 느낄 감정을 생각하지 못한다. 나는 잘했다고 내가 맞다고, 내 말이 맞다며 이겨 보았자 이미 기분이 상해 버린 상대방과의 인간관계는 더욱 어려워진다. 타인의 감정을 디스카운트하는 성향이 있다.

☞ 개선 방안: 자신의 단점을 인정한다.

열심히 임했지만 부족했던 부분을 인정한다. 미흡했던 점을 인정하고 주어진 역할을 점진적으로 보완하는 모습이 더 성숙하고 아름답다. 자신이 옳다고 잘했다고 주장을 내세우며 맞는 말일지라도 상대방에게 상처 주었음을 인정하고 주관적일 수 있는 자신의 생각을 과도하게 내세우지 않는다.

8) 준거 틀에 따른 임패스와 병리적 인생각본

특성 FR	금지령	대항지령	핵심 임패스	병리적 각본
주 준거 틀(LS9)	즐겨서는 안 된다.	열정적으로 살라.	자주	연기성
2번 준거 틀(LS1)	자기주장을 해서는 안 된다.	영향력 있는 사람이 되라.	통제	반사회성

내담자의 해석

① 금지령

• 주 준거 틀(LS9): '즐겨서는 안 된다.'는 금지령으로 부모님은 열심히 일하고, 열심히 공부하는 등 놀고 싶고 힘들 때 쉬고 싶은 욕구를 참으며 밝은 모습으로 열심히 하는 모습에 칭찬을 하셨지만 또래와 놀이, 여유롭게 쉬는 것은 놀기만 좋아하고 게으름을 피우는 모습으로 여기시며 싫어하셨다.

• 2번 준거 틀(LS1): '자기주장을 해서는 안 된다.'는 금지령으로 부모님은 부모님이 하시는 말씀에 대답을 하는 것을 무척 싫어하셨다. 아이가 왜 그랬는지 설명할 여지를 주지 않으셨다. 말대답, 변명이라고 무조건적으로 판단하였고 어른의 말이 맞고 부모는 자녀에게 나쁜 것을 요구하지 않기 때문에 아이가 이해가 되지 않은 상태에서도 무조건 강압적으로 따르도록 했다. 아이가 느꼈을 기분이나 감정 그리고 아이이기에 미숙했을 생각이나 의견이 궁금하지 않았고 수용·공감되지 않았다. 틀린 아이의 주장이나 변명을 부모가 충분히 들어주고 설명해 주고 이해시켜 주지 않았다. 현재도 이러한 금지령에 대한 저항감이 커서 주장을 못하게 무지르는 상대를 만나면 러버밴드에 빠져서 변명(합리적인 이유)을 하기 싫어질 때가 있다. 그래서 시끄럽다면서 그냥 자신이 옳다고 무조건 따르라는 상대에게는 전혀 말하고 싶지 않아 한다.

② 대항지령

• 주 준거 틀(LS9): 부모는 "자신이 선택했다면 즐거운 마음으로 열심히 해라"라는 말씀을 늘 하였다.

• 2번 준거 틀(LS1): 아버지는 "자신이 속한 곳에서 머리가 되라", "친구의 말을 무조건 따라가지 말고 친구가 자신을 따를 수 있는 사람이 되라"라고 말하였다.

③ 임패스 상태

- 주 준거 틀(LS9): 자주(남의 보호나 간섭을 받지 아니하고 자기 일을 스스로 처리함)의 임패스 상태: 친구들과 재미있게 놀고 싶은 나(C자아)와 쉬지 않고 근면 성실히 일해야 하는 나(P자아-놀지 말라고 열심히 공부(일)하라는 대항지령), 두 개의 자아가 부딪히며 마음속 갈등 상황이 생긴다. 그래서 놀 때는 해야 할 공부(일)가 생각나고, 공부할 때는 놀고 싶은 욕구가 일어 내적 갈등이 발생한다. 현재 옆에 없는 부모님의 대항지령의 간섭을 받아 놀 때도 마음이 편치 않고, 공부할 때도 놀고 싶은 내 욕구를 채우지 못하는 내적 갈등이 있는 대항지령에 대한 반항으로 제1유형 임패스 상황이다.
- 2번 준거 틀(LS1): 통제의 임패스 상태: '자기의 주장을 해서는 안 된다.'는 부모의 금지령에 대한 반항으로 아이의 C자아 안의 P1과 C1 사이의 갈등이 보인다. '자신의 주장을 하여서는 안 된다.(C1)'와 '나의 생각도 중요하고 말하고 싶다.(P1)'의 갈등이다. 제2유형의 임패스로 금지령에 대한 반항으로 끝까지 자신의 생각을 고집하고 주장하는 모습을 보인다.

④ 불건강의 극단

- 주 준거 틀(LS9): 대항지령 '열정적으로 살라.'에 대한 반항으로 P자아와 C자아의 임패스 상황일 때, 자주성이 흔들리며 내적으로 갈등하고 있으면서 표면적으로는 장소에 맞는 행동을 연기하고 있는 모습, 불건강의 극단은 연기성이다.
- 2번 준거 틀(LS1): 금지령 '자기의 주장을 해서는 안 된다.'에 대한 반항으로, 금지령이 자신의 욕구를 통제하려는 데서 오는 갈등 상황이다. 불건강의 극단은 반사회성(사회의 규범이나 질서 또는 이익에 반대되거나 어긋나는 성질)으로 수직관계, 권위적인 사람, 고지식한 어른들과의 갈등을 빚어낸다.

☞ 개선 방안
- LS9: 자신이 하기로 결정한 것, 자신이 있는 장소에서 현존하라.
- LS1: 상대와 상황을 보아 가며 조화롭게 의견을 말하라.

9) 준거 틀에 따른 효과적 교류패턴

특성 FR	효과적 교류패턴
주 준거 틀(LS9)	동료감과 자유를 달라, 고무적인 대화를 하라, 내 방식을 바꾸거나 명령하지 말라.
2번 준거 틀(LS1)	의리를 지켜라, 솔직하라, 내 말을 공격으로 생각하지 말라, 내 공로를 인정하라.

내담자의 해석

① 순기능적 교류패턴

- 주 준거 틀(LS9): 힘을 내도록 격려하고 용기를 북돋는 말 등 따뜻하고 부드러운 양육적인 교류를 하는 것이 효과적이다.
- 2번 준거 틀(LS1): 자신의 노력을 인정하고 진솔한 교류를 하는 것이 효과적이다(구체적인 칭찬, 인정).

② 역기능적 교류패턴

- 주 준거 틀(LS9): 지시적이며 자신을 판단하고 명령하는 교류, 자신의 방식을 바꾸고(그렇게 하는 것보다 이렇게 하는 게 더 낫지 않아?) 자발성을 침해하는 교류(사랑이가 스스로 할 텐데, 하기 전에 시켜서 하는 일)는 저항한다.
- 2번 준거 틀(LS1): 안과 밖이 다른 이면 교류, 입에 발린 말, 마음에도 없는 가식적인 말이나 행동의 교류를 경멸한다.

☞ 개선 방안

- 주 준거 틀(LS9): 부정적이라고 생각되는 말도 어디 한번 끝까지 들어본다. 말의 속뜻을 알아차려라!
- 2번 준거 틀(LS1): 이면 교류를 하는 상대의 입장, 그렇게 밖에 말할 수 없었을 배경, 성장 과정을 생각해 본다.

10) 준거 틀의 함정과 3P 활용

특성 FR	함정	허용	보호	잠재능력
주 준거 틀(LS9)	낙천	절제해도 좋다.	방종, 합리화	현실감각
2번 준거 틀(LS1)	정의	다름을 인정해도 좋다.	완고, 독선	자애로운 마음

내담자의 해석

① 함정의 의미

- 주 준거 틀(LS9): '낙천'을 중요한 가치로 생각하고 강박적으로 따르려고 하므로 함정에 빠지기 쉽다. 체력은 이미 방전되었으나 피곤을 이기고 모임에서 즐거운 게임이나 놀이, 대화를 끝까지 하고 있다.
- 2번 준거 틀(LS1): '정의'를 중요한 가치로 생각하고 강박적으로 따르려고 하므로 함정에 빠

지기 쉽다. "어떻게 그럴 수가 있지? 그거 너무한 거 아니야? 이렇게 해야 하는 거 아니야?"
하고 자신의 기준과 가치로 판단한다.

② 허용의 상황

• 주 준거 틀(LS9): "절제해도 좋다."고 자신에게 허용한다. "이제 즐거운 시간을 마감하고 건
강을 위해 자도록 하자!" 하고 먼저 말할 수 있으며 다음을 기약한다.
• 2번 준거 틀(LS1): "다름을 인정해도 좋다."고 자신에게 허용한다. 타인이 나와 다른 의견,
타인이 나의 생각이나 감정을 수용 · 공감하지 못할 수 있다. 나와 다른 환경에서 30~40여
년 이상 성장했으니 다름이 당연하다고 이해하고 인정할 수 있도록 한다.

③ 보호의 상황

• 주 준거 틀(LS9): '낙천'이라는 함정에 빠졌을 때 '방종(제멋대로 행동하여 거리낌이 없음)과 합
리화'하는 모습을 보인다. 이때에 보호가 필요하다.
• 2번 준거 틀(LS1): '정의'라는 함정에 빠졌을 때 '완고와 독선'에 모습을 보인다. 이때에 보호
가 필요하다.

④ 잠재능력 발휘

• 주 준거 틀(LS9): '현실감각'이라는 잠재능력이 있지만 잘 사용하지 못하므로 현실감각을
발휘하고 촉진하도록 한다. 체력에는 한계가 있다는 현실감각을 갖는다.
• 2번 준거 틀(LS1): '자애로운 마음'이라는 잠재능력이 있지만 잘 사용하지 못하므로 이를 촉
진하도록 한다. 다른 생각을 가지고 있는 남편, 부모님, 친구, 형제 등 모든 사람과의 교류
에 있어, 나에게는 자애로운 마음이 있으므로 따뜻하고 넉넉한 마음으로 이해하고 포용해
본다.

☞ 개선 방안

• 주 준거 틀(LS9): 즐거움을 위해서 욕구대로 하고 싶더라도 현실에 부합한지 먼저 생각한다.
• 2번 준거 틀(LS1): 옳다고 여겨지는 것을 주장할지라도 타인의 감정을 상하게 한다면, 자애로운 마음으로
주장하고 싶은 말들을 아낀다.

11) 준거 틀과 진로

특성 FR	성향	적성	대표적 직업
주 준거 틀(LS9)	매사 활동적이고 개방적이며 낙관적으로 밝고 명랑하다. 즐거움을 추구하고 호기심이 많고 아이디어와 상상력이 풍부하다.	활동적	기획자, 작가, 발명가, 사회복지사, 상담사, 영업직, 연예인
2번 준거 틀(LS1)	지도력과 추진력이 있다. 집단구조를 파악하는 능력과 약자를 옹호하고 보호하는 포용력이 있다.	리더적	정치가, 경찰, 법조인, 사업가, 상담사, 영업직, 운동지도사

내담자의 해석

① 성향 통찰

• 주 준거 틀(LS9): 활동적이고 개방적이며 명랑하다. 즐거움을 추구하고 호기심이 많으며 창의적인 아이디어와 상상력이 풍부하다. 선택한 활동에 있어서는 적극적이고 열정을 다한다. 구성원들과 다른 생각이 떠오르면 이야기하기도 하고, 혼자 하는 작업(글쓰기, 요리, 만들기 등)이라면 이렇게도 해 보고 자유롭게 생각해 보고 재미있어 하며 거침없이 해 나간다.

• 2번 준거 틀(LS1): 추진력이 있으며 약자를 옹호하고 보호하는 포용력이 있다. 직장이나 모임에서 구성원들에게 각각의 의견을 모두 물어보고 상황에 맞추어 모두가 함께 할 수 있는 방향, 서로 협조하는 방향으로 업무를 추진한다.

② 적성 찾기

• 주 준거 틀(LS9): 활동적이다.
• 2번 준거 틀(LS1): 리더적이다.

③ 원하는 직업

• 주 준거 틀(LS9): 기획자, 작가, 상담사, 연예인
• 2번 준거 틀(LS1): 경찰, 운동지도사, 상담사

12) 자율성 회복과 발휘

특성 FR	자율성 회복과 발휘
주 준거 틀(LS9)	흥미와 재미만 추구하는 것보다 그 일이 바람직하고 가치가 있을 때 행하도록 한다. 행복은 새롭고 흥분되는 것에서만 오는 것이 아니라 단순하고 평범한 것에 관심을 가질 때 느껴진다. 하던 일을 완성하는 습관을 가진다.
2번 준거 틀(LS1)	다른 사람을 지배하는 것이 아니라, 적극적 경청을 하고 함께 협력하도록 한다. 사람들의 감정을 수용하고 독립적인 인격체로 도와주어야 한다. 좀 더 여유를 가지고 사람들과 소통하는 태도를 가진다.

내담자의 해석

① 자율성의 회복의 의미

부모님의 양육으로 성장하는 과정 중에 형성된 대항각본, 금지령 등으로 인해 부적절하게 느끼고 생각하고 행동했던 나를 알고, 이제는 나를 알았으니(자각) 내 스스로(자발) 내 안에 잠재되어 있는 능력을 회복하여 조화롭고 적절하게 느끼고 생각하고 행동하는(친밀) 내가 된다.

② 어떻게 자율성을 발휘

• 주 준거 틀(LS9): 새롭고 흥분되고 즐거운 인생도 좋지만 단순하고 평범한 일상 속에서도 내 안의 마음을 지긋이 바라보며 작은 것을 소중히 여기고 실천하며 행복을 느껴 본다. 아무 일이 없는 일상도 무료해하지 않고 감사, 따뜻한 차 한 잔, 쉴 수 있는 여유, 무한한 자연에 감사, 또한 함께 하는 모든 이와의 어떠한 교류도 소중하게 여기며 성장할 수 있음에 감사하며 일할 수 있고 배울 수 있는 지금 이 시간을 현명하게 구조화하여 자율성을 발휘한다.

• 2번 준거 틀(LS1): 타인과 나는 독립된 주체로 다름을 인정한다. 여유를 가지고 사람들과 소통하며 나와는 다른 타인의 감정과 생각을 존중하며 경청하며 서로 도움을 주고받는 협력·타협하며 공존하는 관계를 형성한다. "아, 그렇게 말할 수도 있겠구나. 상대방은 왜 그렇게 생각했을까?" 하고 넉넉하게 여유 있게 상대를 대한다.

13) 전체적인 준거 틀의 개선 방안

상태 패턴	현재	개선점
LS1	나와 다른 상대방에게 투쟁적이고, 흠을 잘 집어낸다. 독단, 억지, 반항	**투쟁과 비난 자제하기** 부정적인 방법보다는, 진솔한 대화와 상대의 의견, 기분과 입장을 이해하며 말할 수 있다. 성숙한 관계를 맺을 수 있다.
LS2	타인의 이야기를 경청하기보다 내 기분과 의견이 중요하다. 옹고집	**경청하기** 내 생각, 기분에 휘둘려 강퍅해지지 않도록 하며 유연함을 갖는다. 상대방이 말하는 방법을 보지 말고 그 말의 의미를 생각하라.
LS3	깊이 생각하지 못하고 경솔하여 실수한다. 건성, 경솔함.	**신중히 생각하기** 머리에 떠오르는 말을 상대방이 들었을 때 어떻게 받아들일까 몇 번 생각해 보고, 그리고 말해도 늦지 않다. 천천히 생각하라. 서두르지 말라. 시간은 충분하다.
LS4	상대에 따라 따뜻한 말을 건네는 것이 다소 어색하다. 방임	**내키지 않은 상대방에게도 따뜻하게 안부와 인사 나누기** 따뜻한 말과 배려하는 행동이 어색하더라도, 어색함을 이기고 일관성 있게 친절한 말과 행동을 한다. 어색함은 변화 과정의 필연적인 현상이다. 어색한 느낌 후, 따뜻한 나를 찾을 수 있다.
LS5	서툰 타인이 이루어 내는 과정을 기다려 주는 것이 힘들다. 실적 중시	**기다려 주기** 모든 이에게는 새로운 것에 익숙해질 때까지 시간이 필요하다. 마음을 넓혀 상대를 이해하며 기다릴 수 있다. 기다려 주며 추진해도 계획한 결과를 이룰 수 있다.
LS6	즉흥적으로 대답하여 후회할 때가 있다. 즉흥적, 충동적, 허술함	**다양한 대응방법 생각하기** 어떻게 말하는 것이 가장 적절할지 생각해서 말해 본다. 생각하고 대답해도 된다. 여러 가지 답을 생각하는 시간을 가져도 된다. 상대는 기다릴 수 있다. 합리적으로 생각하고 말한다.
LS7	신중하지 못해 뭔가 꼭 하나씩 빠뜨린 것이 있다. 건성, 준비성 부족	**미리 준비하기, 체크리스트** 신중하게 하나하나 무엇이든 꼼꼼히 살피고, 빠진 것이 없도록 계획, 진행하여 실수하지 않도록 한다. 능력이 더욱 향상된다.
LS8	상대를 편하게 생각하고 그냥한 말 때문에 갈등이 생긴다. 참견, 판단적	**다름을 인정하기, 수용하기, 공감하기** 서로 다른 삶을 살아온 상대방은 다른 생각, 다른 감정, 다른 느낌일 수 있다. 다름을 이해한다. 마음의 평화를 갖게 된다.
LS9	내 의견을 변경하지 않고 고집하며 끝까지 지키려 한다. 반항적	**지는 것이 이기는 것이다.** 고집 부리기를 잠시 멈춘다. 편안한 자세로 상대의 입장과 의견을 듣고 공감한다. 꼭 동의하지 않아도 되니 우선 공감만 해 본다. 공감은 동의가 아니다. '그랬구나' 하고 상대의 감정을 읽는다. 좋은 관계를 유지할 수 있다.

4. 내담자의 CKFR 심리검사 결과에 따른 상담 및 심리치료 계획

1) 상담자가 본 내담자의 문제

　CKFR 검사를 통한 분석에서 내담자는 가장 점수가 높은 LS9(1~2등급)으로 활동적이고 호기심이 많지만 충동적이며 저항적이다. 3~4등급의 LS1으로 인하여 타인의 감정을 배려하지 못하고 투쟁적이고 직설적인 면을 보인다. 5순위는 LS3은 탐구적이나 건성일 때가 많다. 관심이 있는 것에는 집중력을 발휘하며 그렇지 않으면 건성으로 지나쳐 버린다. 6~9번 준거 틀은 8~9등급으로 LS4, LS6, LS8, LS7으로 인해 상대방의 일에 깊이 관여하지 않으려 하며, 즉흥적이며 자신의 감정을 중요시한다. 자기주장이 강하고 민감하며 대범하지만 허술하여 무언가 하나씩 실수를 한다.

　전체적으로 간략하게 문제점을 정리하면 관심이 없는 일에는 무심하고, 자신의 감정에 깊이 빠져드는 특성이 있고, 실수가 있으며 여기에 더해 고집이 세어 갈등이나 부딪침이 일어난다. 특히, 열심히 최선을 다해 자신이 맡은 바를 이행하지만 목적하는 것에 치중하여 타인의 입장과 타인의 감정은 어떠할지를 세심하게 살피지 못할 때가 있고 자신의 사고, 생각, 판단에 치우치는 경향이 있다.

2) 내담자 상담 및 심리치료

① 상담목표

- 자신의 언행으로 인해 타인이 어떻게 느낄지 머릿속에서 먼저 사고하도록 한다(사고력 높이기).
- 의도적으로 부드럽고 따뜻하게 말하는 교류를 생활화한다(바람직한 의사소통법 익히기),
- 자신이 한 일을 재검토를 통하여 실수나 미흡한 점을 보완하도록 한다(계획성과 정확성 향상하기).

② 상담계획

- 초기: 내담자와 신뢰관계를 형성하고, 주 호소문제를 알고 심리검사를 통한 내담자 분석과 상담의 구조화한다.
- 중기: 상담목표와 상담 초기 구조화에 따라 상담을 진행한다.

- 종결: 내담자가 자신을 알아차리고 변화하기 위한 재결단을 하도록 지지하며, 구체적인 개선 방안을 실행하도록 약속한다. 전체적인 상담 과정 평가 및 추수 상담에 관하여 이야기 나눈다.

③ 상담전략
- 심리검사를 통하여 자신의 정체성(준거 틀)에 따른 역기능과 문제점을 알아차린다(역기능과 집착, 두려움, 방어기제, 라켓, 디스카운트, 임패스 등).
- 역할극을 통하여 자신으로 인해 타인이 느꼈을 감정을 느껴 본다.
- 세 갈래 갈퀴법과 같은 의사소통법을 연습하여 실제 생활 속에서 적용하여 조화로운 교류를 경험한다.

5. 상담 과정과 상담 결과

1) 상담 과정(초기, 중기, 종료 등으로 구분하여 요약)

- 초기: 주 호소문제를 파악하고 CKFR 심리검사 후 추가로 CKEO 심리검사, CKDP 심리검사를 통하여 상담을 구조화하였다.
- 중기: CKFR 검사를 통하여 1번 패턴은 LS9, 2번은 패턴은 LS1인 지금 자신의 정체성을 알고, 정체성 패턴으로 인한 자신의 문제점을 알아차림으로써 내담자 스스로 어떻게 삶을 살아갈 것인지, 타인과 교류할 것인지 생각해 볼 수 있는 상담을 하였다.
- 종료: 균형 잡힌 삶을 영위하기 위해 자율성을 회복하고 발휘할 수 있는 구체적 개선 방안을 상담자와 약속하고 실천에 옮겨 보았다(전체적인 조화로움을 생각해 보기, 타인의 감정을 배려하는 말하기, 허점을 보완하는 정확성 높기기).

2) 상담 결과

내담자의 낮은 LS4는 타인의 감정에 무심하고, 1순위 LS9는 자신의 감정은 소중히 여기며, 자신의 감정에 쉽게 휘둘리고 그런 자신을 바라보며 힘들어한다. 높은 LS9로 열정적으로 열심히 했지만 9순위인 LS7로 허술하여 실수가 있고, 전체를 사고하지 못했음을 CKFR 심리검사를 통하여 자신의 정체성과 그에 따른 문제점을 명확히 알아차리게 되었다.

자신이 결단하고 선택한 각본 신념에 따라오는 즐거움과 통제에 대한 집착, 고난과 피해에 대한 두려움, 합리화와 부인하는 방어기제, 타인의 감정과 현실감을 디스카운트, 자주와 통제에 대한 갈등 상황을 구체적으로 알고 역기능적 특성인 자기도취적, 고집이 센, 반항적, 허술한 모습을 다시 떠올려 보고, 자신을 깊이 이해하게 되었다.

상담을 통하여 자신의 문제점을 개선하는 구체적인 실천 방안을 이행토록 시도하였고, 내담자는 그 실행 과정에서 쉽지 않음을 많이 느끼고 자신의 문제점들이 좀처럼 개선되지 않음을 호소하였다. 마음과는 다르게 언제나 제자리로 돌아와 있는 자신에게 실망하기도 하였다. 타인의 감정을 읽어 주는, 한 번 더 생각하고 행동해 보는, 정확하게 맡은 업무와 관련된 일들을 해보는 세 가지를 실천하려고 노력하는 모습에서 더디지만 변화하는 내담자를 볼 수 있었다. 내담자의 자각, 자발이 얼마나 대단한 일인지 격려하고 결단한 것을 굳게 지켜 나갈 것을 한 번 더 약속하며 상담을 마쳤다.

6. 상담자 총평

내담자는 "왜 그동안 그렇게도 간과했을까요?"
상대방도 나처럼 여린 감정이 있다는 걸…….
천천히 여유를 가지고 생각해 봐도 된다는 걸…….
한 번 더 보면, 목표를 더 정확하게 이룰 수 있다는 걸…….

내담자는 CKFR 심리검사를 기초로 한 상담을 통해 문제점을 명확히 자각했다. 그리고 자발적으로 자신의 사고, 감정, 행동을 표현하는 것을 실행에 옮기며, 진실하고 타인을 배려하는 교류를 통하여 친밀감을 형성하고자 노력하였다. 내담자가 교류분석의 목표인 자율적 인간에 한 발 다가가는 자율성 회복과 발휘의 순간이다. 보다 성숙해져 있을, 행복에 한 걸음 가까워져 있을 내담자와의 추후 상담을 기대해 본다.

상담을 통해 알아차리고 성숙할 수 있었다. 미숙하다고 여기는 지금이 우리에게는 성장할 수 있는 경험이다. 그리고 또다시 기회가 온다. 다시 실천해 볼 수 있는 기회! 참 감사하지 않을 수 없다.

일상의 작은 교류, 내 안의 교류, 상대방과의 교류, 환경과의 교류의 소중함을 알아차리고 다시 한번 깨닫고 삶 속의 작은 것에서 오는 행복을 느껴 본다. 내가 소중하듯, 타인도 소중하다. 나도 오케이~ 당신도 오케이~! 타협과 협력으로 함께 공존하는 행복을 누린다. 누구 때문이 아니라~ 나와 당신 덕분에! 나와 당신의 교류가! 나와 당신의 존재가! 감사하고 행복하다. 자각, 자발, 친밀의 자율적 인간을 몇 번이고 떠올린다. 내 몸과 마음은? 내 것이다. 나의 사고, 감정, 행동의 변화가 습관으로, 그러한 습관이 내가 되는 그날까지.

언제나 행복은 먼 곳에 있지 않고 내 곁에 있다. 지금 여기.

멋진 남자가 되고 싶어요

상담자: 허찬희

1. 내담자의 기본 정보

가명: 멋진 남자 / 성별: 남자 / 연령: 30세 / 학력: 대졸 / 검사일: 2020년 7월 15일

1) 의뢰경위 및 주 호소문제

① 의뢰경위
자신의 정체성에 대해 좀 더 깊이 이해하고 싶어서 준거 틀 검사와 분석을 의뢰하게 되었다.

② 주 호소문제
나의 다양한 인생각본이 준거 틀에 의해 형성된다는 말을 듣고, 나의 준거 틀은 어떤 것이 있고, 어떤 방식으로 생활에 영향을 주었는지 확인하고 싶습니다.

2) 행동관찰

- 큰 키에 덩치가 좋고, 호감 가는 인상이다.
- 말을 조리 있게 하고 표현력이 있다.
- 예민한 감수성이 있어 주변의 흐름이나 변화에 대해 빠르게 알아차린다.
- 자신이 목표가 정확하게 짜여져 있다.
- 현재 하고 있는 일에 대해 자부심을 가지고 있다.
- 자신의 준거 틀에 대해 호기심을 가지고 궁금해한다.

3) 내담자의 자원

- 상담에 적극적으로 참여한다.
- 목표가 확실하고 적극적인 삶을 살고 있다.
- 자신의 환경에 대해 극복하고자 하는 마음이 강하다.
- 예민한 감수성을 가지고 있다.
- 빠른 판단력과 실행력이 있다.

4) 가족관계(3세대 가계도 및 내담자 문제와 관계된 가족 성향, 특이 사항)

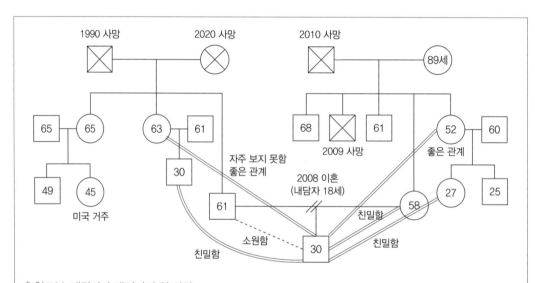

* 친조부: 내담자가 태어나기 전 사망.
* 친조모: 2018년도 사망.
* 외조부: 2011년도 사망.
* 외조모: 현재 90세.
* 부: 3남매의 3째. 고모 2명 있음. 왕래 없다(고모들과의 관계는 좋음).
* 모: 3남 2녀의 넷째. 외삼촌 3명, 이모 1명.
   둘째 외삼촌은 2009년에 사망하였다.
* 부모는 이혼하였고, 현재 모와 동거 중이다.
* 친가는 작은고모의 아들(동갑)과 자주 만나고 친구처럼 지내고 있다. 큰고모의 아들(형)과는 만남이 잦지 않다.

* 외가는 사촌형(큰외삼촌의 아들)과 관계가 아주 좋아 친형처럼 따르고 지낸다. 돌아가신 둘째 외삼촌의 큰아들과는 동갑으로 가끔 만나 술도 마시고 대화가 잘되는 사이다. 이모네와는 가족처럼 지내고 있으며, 이모부 내외가 잘 챙겨 준다. 이모의 딸(사촌동생)은 여동생처럼 생각하고 있으며 남자친구 문제 등도 의논하는 사이다.

* 부와는 만나게 되면 모를 탓하는 말을 자주 하고, 아직도 화를 내거나 내담자에게 책임을 떠맡기는 듯한 태도를 보이고, 문자나 톡, 전화 등을 통해 내담자를 끊임없이 괴롭히기 때문에 현재는 번호를 차단한 상태다. 마지막 만남은 내담자의 가게로 찾아와 술을 마시려고 하여 '가지 않으면 경찰을 부르겠다'고 한 이후에는 오지 않는다고 한다.

* 모와는 동거 중이기도 하지만, 사춘기, 대학생활 때에도 관계가 아주 좋았기 때문에 여자친구의 문제나 자신이 괴롭고 힘든 일이 생길 때마다 마음의 위안을 주고받기도 한다. 최근에는 '엄마 빨리 죽으면 안 된다'는 말을 하기도 하면서, 자신이 빨리 돈을 벌어 안정된 생활을 해야 한다는 강박적 사고로 다소간의 스트레스를 받고 있는 상태다.

* 겉으로 내색을 하지 않지만 자신의 현 처지에 대해 어떻게 뚫고 나가야 할지 난감해하고 있으며 자력으로 될 수 있는 일이 아님을 알고는 있지만 그렇기 때문에 더욱 맘고생을 하고 있다.

5) 생태도

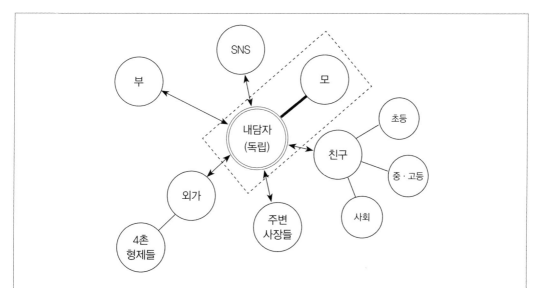

* 음식점 운영.
* 음악 듣는 것을 즐기며 노래도 잘한다. 고등학교 때는 노래 동아리 리더를 맡기도 했다.
* 어린 시절부터 함께 지내던 3명의 친구가 있고, 중고등학교 시절의 친구들도 5명 정도가 좋은 관계로 지내고 있다.

* 현재는 가게 주변의 사장과 친하게 지내고 있으며 나이가 비슷한 사장들과의 교류를 통해 주변의 상권을 변화시키고자 하는 계획을 가지고 있다.
* 코로나로 인한 악재가 계속되고 있지만 자신이 추구하는 가게의 목적을 위해 정진하고 있다.

2. 내담자의 검사 결과

FR＼구분	LS1	LS2	LS3	LS4	LS5	LS6	LS7	LS8	LS9
점수	32	45	28	25	33	30	36	30	39
순위	5	1	8	9	4	6	3	7	2
등급	5	1~2	8~9	8~9	3~4	6~7	3~4	8~9	1~2

〈CKFR 심리검사 체크리스트〉

체크리스트	해석
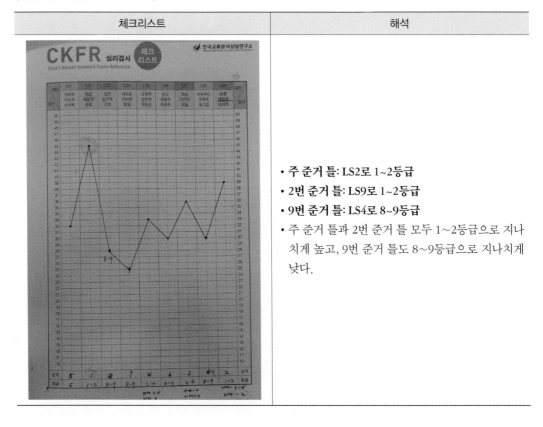	• 주 준거 틀: LS2로 1~2등급 • 2번 준거 틀: LS9로 1~2등급 • 9번 준거 틀: LS4로 8~9등급 • 주 준거 틀과 2번 준거 틀 모두 1~2등급으로 지나치게 높고, 9번 준거 틀도 8~9등급으로 지나치게 낮다.

3. 준거 틀에 따른 특성과 해석

1) 준거 틀의 건강한 정도

특성 FR	상	중	하
주 준거 틀(LS2)	온정적, 창조적, 예술적	자기몰두, 자기관대, 몽상	우울, 자기혐오, 자기억제, 자기파괴
2번 준거 틀(LS9)	절제, 열정적, 자발적	호기심, 충동적, 도취적	반항적, 탐닉,
9번 준거 틀(LS4)	이타적 겸손, 진실, 온정적	우호적, 과장, 간섭, 보상	조종, 분개, 억압, 교만

내담자의 해석

① 건강할 때

• 주 준거 틀(LS2): 생활하면서 번뜩이는 아이디어가 많다. 그림을 그리거나 만들기 등의 예술적인 면에서 소질을 보이기도 한다.

• 2번 준거 틀(LS9): 자신이 하고자 하는 일에 대해서 열정적이고 자발적이다. 현재 하고 있는 음식점을 시작할 때, 그동안 보여 왔던 모습과 달리 스스로 영업의 방향을 정하고 운영해 나가야 할 사업의 계획을 열정적으로 소화해 낸다. 경제적인 부분에서도 시설 설비 등에 대해 절제할 수 있는 만큼 경제적인 부분을 줄이며 자신의 노동력을 투입하기도 하였다.

• 9번 준거 틀(LS4): 집에서 키우는 고양이를 대할 때면 이타적이고 온정적인 모습이 나타난다.

② 불건강할 때

• 주 준거 틀(LS2): 자신이 하고자하는 일에 좌절이 오면 자기파괴적인 행동을 한다. 코로나로 인해 계획했던 모든 일들이 어그러지고 가게 운영에 많은 어려움이 발생하자 술을 많이 마시게 되고 거리에서 시비가 붙어 경찰서에 가기도 하고, 합의하라고 하는 경찰의 권고에 응하지 않고 벌금을 내는 행위를 하기도 한다.

• 2번 준거 틀(LS9): 부와의 교류 시에 가장 많이 나타나는 불건강의 유형은 반항이다. 가끔 가게로 찾아오는 부에게 절대 온정을 베풀지 않는다. 지금 가지 않으면 경찰을 부르겠다는 협박을 할 만큼 반항적인 모습으로 돌변하기도 한다.

- 9번 준거 틀(LS4): 사업장을 선택하고 주인과의 교류를 하던 중, 자신과 의견이 맞지 않은 부분에서 자신이 하고자 하는 바를 얻지 못하게 되자, 그를 조종하려 하였으나 제대로 되지 않자 몹시 분개하고 화를 내면서 며칠을 고민하는 시간을 보내기도 한다.

☞ 개선 방안: 자신이 계획한 대로 일이 진행되지 않더라도, 기다리는 유연함을 가져 보자. 나의 게으름이나 내 탓이라기보다는 예상치도 못한 코로나로 인해 발생된 현상이기 때문에 조금 여유를 가지고 시간을 기다리는 마음의 여유를 갖도록 하자. 술을 마시기보다는 시간이 있는 만큼 요리와 사업에 관련된 서적을 통해 지식을 습득하는 것도 좋을 것이다.

2) 준거 틀의 성향에 따른 승자각본과 패자각본

FR ＼ 특성	성향	승자각본	패자각본
주 준거 틀(LS2)	독창적	평안하고 어려움이 없다.	남을 부러워하고 바란다.
2번 준거 틀(LS9)	열정적	건전하게 즐기고 절제한다.	절제하지 못하고 탐닉한다.
9번 준거 틀(LS4)	이타적	남을 존중하고 자기를 낮춘다.	잘난 체하고 건방지다.

내담자의 해석

① 성향

- 주 준거 틀(LS2): 어려서부터 또래 아이들과는 다르게 독창적인 모습들이 있었다. 자라면서도 다른 아이들은 잘 생각하지 않는 쪽에서의 독특한 생각들을 하곤 하였다. 직업으로 선택한 요리라는 분야도 자신의 주변인들과는 거리가 먼, 내담자가 이런 직업을 선택할 것이라고는 전혀 생각하지 않은 요리사라는 직업을 선택한 것도 이러한 성향의 영향으로 보인다.
- 2번 준거 틀(LS9): 매사에 즐거움이 많다. 항상 흥얼거리고, 디즈니와 마블을 좋아하며 그들과의 영적인 교류를 즐기는 듯하다. 아직도 디즈니의 만화를 즐겨 보면서 자신이 현재 하고 있는 가게의 운영에도 그러한 영감적인 부분에서 열정적인 자세를 임하고 있다.
- 9번 준거 틀(LS4): 평소 이타적 성향을 잘 드러나지 않는다. 그러나 유독 집에서 키우는 고양이에게는 한없이 온정적이다. 아마 여자친구에게도 이러한 성향이 발현될 것으로 보인다.

② 승자각본 쓸 때

- 주 준거 틀(LS2): 나는 '평안한 사람이다'라는 모습이 드러나는 삶을 살고 있다. 아침에 일어나 커피를 마시고, 하루를 어떻게 지내야 할지에 대해 자신만의 독창성을 발현하여 계획을

세운다. 이러한 시간에는 어려움이 없다. 이 순간은 평안하고 행복하다.

- 2번 준거 틀(LS9): 사회생활을 하면서 친구들과의 관계에서 건전함을 유지하기 위해 스스로 절제할 줄도 안다. 친구들과의 약속에서 술을 마시는 경우, 시간과 주량을 조절하면서 그 시간을 즐긴다. 여자친구와의 관계도 이러한 건전함을 유지하고 있는 것으로 보인다.
- 9번 준거 틀(LS4): 자신의 가게에 찾아오는 손님들을 대할 때, 늘 감사함을 잊지 않으려고 노력한다. 손님 중 음식에 대해 비평을 할 때, 기분이 나쁘다기보다는 자신이 성장할 수 있는 순간이라 생각하고, 그들의 의견을 존중하고 자신을 낮추는 겸손함을 유지한다.

③ 패자각본 쓸 때

- 주 준거 틀(LS2): 요즘 같은 코로나 시기에 다른 가게들이 잘되는 것에 대해 몹시 부러움을 갖는다. 내가 하고 있는 운영방식이 잘못된 것인지, 나의 음식에 문제가 있는 것인지에 대해 끊임없이 생각하면서 그들을 부러워한다.
- 2번 준거 틀(LS9): 이렇게 어려운 상황이 지속되면 가끔은 절제하지 못하고 술을 마시게 된다. 자신의 주량을 넘어 주체하지 못할 만큼의 술을 마시기도 하는데, 이럴 경우 다음 날 자신에게 몹시 화가 난다.
- 9번 준거 틀(LS4): 세상은 나의 능력을 잘 모른다는 생각을 한다. 내가 얼마나 요리를 잘하고, 내 요리는 누구도 따라올 수 없다고 생각한다. 요즘은 집에서 요리를 하면서 엄마에게 자신의 요리 솜씨가 더 낫다고 잘난 체하기도 한다.
- ☞ 개선 방안: 술은 좋은 음식이나 패자각본의 상황에서는 나를 해칠 수 있는 음식이다. 스스로 절제되지 않는 상황에서는 나를 부정적인 생각으로 이끌고 가는 대체물을 주의해야 한다. 누구나 겪고 있는 현재 상황을 나 혼자만 이런 경우를 당하고 있다는 억울함을 갖기보다는 모두가 어려운 상황이고 다 같이 이겨 내야 하는 시간임을 스스로 인식하고 자신을 다스리는 시간을 갖도록 하자.

3) 준거 틀의 등급에 따른 기술

특성 FR	등급에 따른 기술
주 준거 틀(LS2) 1~2등급	자의식, 현실도피, 외곬, 죄책감
2번 준거 틀(LS9) 1~2등급	도취적, 방종, 충동적, 이상적
9번 준거 틀(LS4) 8~9등급	무관심, 부적응, 이기적, 방임, 냉담, 불친절

내담자의 해석

① 순기능

- 주 준거 틀(LS2): 자의식이 강하고, 독창적이고 세련된 사람으로, 자신이 하고 있는 요리와 관련된 일에 있어서는 누구에게도 뒤떨어지는 사람이 아니라고 스스로 인식시킨다. 요리에 있어서도 다른 가게에서는 맛볼 수 없는 독창적인 음식을 만들어 낸다.

- 2번 준거 틀(LS9): 자신의 하고 있는 일에 열정을 다하기 때문에 스스로 도취되는 경향이 있다. 누구도 나를 이길 수 없다는 생각에 스스로에게 도취되어 자신의 일에 열정을 다한다. 이러한 현상은 자신을 이상적인 사람으로 보이기 위해 충동적인 행동을 하기도 한다. 예를 들어, 요리를 할 때 다른 곳에서는 맛볼 수 없는 독창적인 맛을 선보이지만 그러한 충동적인 행동이 손님들의 호불호에 영향을 주기도 한다.

- 9번 준거 틀(LS4): 냉담하고 무관심한 성향은 손님과의 경계를 잘 유지하는 기능으로 발휘된다. 대학생들이 많은 장소이기 때문에 나이가 어린 손님들이 많고, 어떤 경우에는 여대생들의 관심을 끌기도 하지만 가게와 관련되지 않은 것에 특별하게 관심을 보이지고 않고, 손님과의 관계를 결코 벗어나지 않는 냉담함이 손님들과의 관계를 무난하게 유지하게 한다.

② 역기능

- 주 준거 틀(LS2): 가게가 잘 운영되지 않는 것에 대해 자신에게 무슨 문제가 있는 것은 아닌가 하는 자책감으로 보내는 시간이 많다.

- 2번 준거 틀(LS9): 스트레스를 받아 힘든 상황이 되지 비싼 게임기를 구입하여 하루 종일 게임에 몰두하는 등의 충동적인 행동을 한다.

- 9번 준거 틀(LS4): 손님이 SNS를 통해 가게에 대한 부정적인 글들을 올리면 몹시 속상해하며 분노가 끓어오른다. 이로 인해 주변인들에게 냉담함을 유지하며 무관심해진다. 말도 잘하지 않고 툴툴거리는 불친절한 말투로 대한다. 그러나 주변인들은 그러한 상황을 모르기 때문에 까닭 없이 긴장하는 상태가 된다.

- ☞ 개선 방안: 누군가 나에 대해 부정적인 말을 한다고 해서 화를 낼 일은 아니다. 왜냐하면 음식에 대한 이야기를 해 준다는 것은 나를 발전시키는 계기가 되기 때문이다. '왜 그들의 입맛에 맞지 않았을까'라는 건설적인 뜻으로 받아들인다면, 좀 더 나은 나의 실력이 될 수 있을 것이다.

4) 준거 틀에 따른 인간관계 스트로크 성향

특성 FR	긍정적일 때	부정적일 때
주 준거 틀 (LS2)	공감을 잘해 주고, 부드럽고, 잘 놀고, 열정적이며, 재치가 있다.	정서가 메마르고, 시무룩하고, 독선적이고, 비판적이며, 쉽게 상처받고 거부당했다고 느낀다.
2번 준거 틀 (LS9)	쾌활하고, 관대하고, 외향적이고 재미있다. 친구나 연인을 새로운 활동과 모험으로 이끈다.	고집이 세고, 방어적이며, 산만하다. 종종 관계에 묶이는 것에 대해서 마음이 왔다 갔다 한다.

내담자의 해석

① 긍정적일 때 스트로크 방식

- 주 준거 틀(LS2): 상대방의 이야기에 귀 기울여 열심히 듣는다. 모와 대화를 나눌 때면 세상에 더 없이 부드러운 아들이다. 모에게 세심히 신경을 써 주고, 함께 TV를 시청하면서 대화를 나누고, 변화하는 생활에서 불편하지 않도록 지도해 준다.
- 2번 준거 틀(LS9): 쾌활하게 생활한다. 모와 에버랜드에 가자고 하여 즐거운 시간을 갖기도 하고, 새로운 음식점을 찾아 맛있는 음식들을 모에게 소개하고 주변인들과 즐길 수 있는 정보를 준다.

② 부정적일 때 스트로크 방식

- 주 준거 틀(LS2): 말을 하지 않는다. 물어보는 말에 억지로 대답하여 상대방이 불편한 마음을 갖도록 분위기를 조성한다. 상대방이 말한 것을 오해하며 싸늘하게 감정을 표현한다.
- 2번 준거 틀(LS9): 어떤 일을 결정할 때 고집을 세운다. 함께 점심을 먹기 위해 밖에 나가기로 했다가 까닭 모를 반대를 한다. 주변 사람들과 함께 모여서 먹기로 했던 것인데 가지 않겠다고 하여 함께 가기로 했던 상대방이 몹시 당황스러운 상황을 만들기도 한다.
- ☞ 개선 방안: 내가 지금 판단하고 있는 상황이 맞는지에 대해 순간순간 확인해 볼 필요가 있다. 상황이 나에게 맞지 않는다고 해도, 내가 하는 판단으로 인해 주변인들이 불편할 수 있는 상황이 된다면, 좀 더 심사숙고하여 내 마음을 달래 보자. 그리고 내 기분이 왜 이렇게 왔다 갔다 하는지를 조심히 살펴보자.

5) 준거 틀의 조기 결단과 집착 그리고 두려움

FR ＼ 특성	조기 결단	집착	두려움
주 준거 틀(LS2)	정체성을 찾아야 한다.	특별	존재 상실
2번 준거 틀(LS9)	행복한 일을 찾아야 한다.	즐거움	고난

내담자의 해석

① 조기 결단의 의미

• 주 준거 틀(LS2): 어려서부터 부에게 호되게 꾸중을 듣고, 공부나 학교생활 등에 핀잔을 많
 이 듣다 보니 스스로 '나는 누구인가'에 대해 고민하게 된다. 조기 결단인 정체성을 찾기 위
 해 많은 노력을 한다. 부가 원하는 공부를 하기 위해 열심히 해서 반에서 1등을 하면, 전교
 에서 1등을 하지 못했다는 이유를 혼이 나곤 했다. 이러한 일이 지속적으로 발생하다 보니
 스스로 자신의 정체성에 대해 혼란스러웠겠다.

• 2번 준거 틀(LS9): 이러한 조기 결단은 자신이 행복하기 위해 노력을 기울인다. 부가 없는
 상황에서는 모와 즐거운 시간들을 갖게 된다. 동거 중인 할머니에게 재롱을 부리기도 하
 고, '개토'라는 진돗개와 즐거운 시간을 갖기도 한다. 그러나 부가 퇴근하는 시간이 다가오
 면 긴장감을 멈출 수 없어, 고등학교에 재학 중에는 부에 대한 경계심이 고조에 달했다.

② 집착의 성향

• 주 준거 틀(LS2): 매사에 특별한 사람이 되어야 한다고 생각한다. 평범한 삶은 인정할 수 없
 다고 생각한다. 현재 하고 있는 요리사의 길도 다른 사람들과는 다른 특별한 직업을 갖기
 위해 선택했다고 말한다.

• 2번 준거 틀(LS9): 즐거움은 내 인생의 목표 중 하나다. 매사 즐겁지 않은 것은 적절치 않다
 고 생각한다. 그래서 노래를 좋아하고, 자신이 슬프거나 우울해도 그걸 감추기 위해 더 신
 나게 보이도록 행동한다. 대학생활 중에는 자신이 가정에서 느꼈던 슬픔들을 감추기 위해
 조증에 가까운 행동들을 했었다고 말하기도 한다.

③ 두려움의 성향

• 주 준거 틀(LS2): 어느 집단에 들어가더라도 자신의 존재감이 없어 보인다는 것은 상상할
 수 없다. 그래서 그 집단에서 존재감을 드러내기 위해 온갖 노력을 한다. 노래방에 가서는

주변 상황을 압도하는 노래실력을 발휘하여 환호를 받고, 술을 마셔도 누구에게 뒤지지 않을 만큼의 정신력과 체력도 갖고 있다. 그다음 날, 모두 이렇게 이야기한다. "너는 누구도 이길 수 없어. 네가 있어야 분위기가 살아, 네가 제일 세". 이런 피드백은 몹시도 피곤했던 전날의 기억이 스르르 사라져 버리는 기억들이 있다.

- 2번 준거 틀(LS9): 어려운 상황을 싫다. 내담자가 가장 힘들어 하는 부분은 힘든 상황을 견디는 것이다. 부에게서 겪었던 고통스러웠던 시간들의 트라우마는 자신이 또다시 고난의 길로 들어서는 것이 가장 두렵다. 조금이라도 고통스러운 시간이 시작되려고 하면 지레 겁을 먹고 화가 나기 시작하거나 하던 일들이 꼬이기도 한다.

☞ **개선 방안:** 나는 강한 사람이라는 자기 최면이 필요하다. 지금도 충분히 특별하고 존재감이 있음을 스스로 인정하자. 설사 내가 그 집단에서 존재감을 보일 수 없더라도 특별하지 않은 사람은 아닐 것이다. 지금도 충분히 멋지고, 없어서는 안 될 중요한 존재라는 것을 인정하고 스스로 즐겨 보자.

6) 준거 틀에 따른 양육방식과 신념 그리고 방어기제

FR＼특성	양육방식	각본 신념	방어기제
주 준거 틀(LS2)	특별한 행동에 인정	톡톡하고 세련되게 살아야 한다.	승화
2번 준거 틀(LS9)	모험적이고 낙관적 밝은	인생은 즐겁게 살아야 한다.	합리화

내담자의 해석

① 양육환경

- 주 준거 틀(LS2): 부는 자신의 아들이 남들보다 특별하다는 것에 존재감을 느끼는 사람이다. 내담자에게도 다른 사람들의 아들보다 내 아들이 무언가 특별한 행동을 해서 칭찬을 받으면 그날은 집에 와서 맛있는 것도 사 주고, 하고 싶은 것을 맘대로 할 수 있도록 해 주었다. 그래서 항상 특별하게 할 수 있는 것들이 무엇일까에 대해 탐색하고 찾아보곤 했다.
- 2번 준거 틀(LS9): 부는 여행 다니는 것을 좋아했다. 그래서 낯선 곳에 가는 일이 많았고, 호기심이 많은 내담자는 그런 환경에서 자신의 낙관적이고 밝은 성격이 발현되곤 했다. 6세경, 에버랜드에 갔다가 부모님이 잠시 기다리라고 하고 매표소에 갔을 때, 말도 하지 않고 사파리로 들어가 1시간이 넘도록 없어진 적이 있었다. 돌아왔을 때 부모님 모두는 너무 화가 나 있었고 그 길로 집으로 돌아왔다. 그러나 내담자는 자신이 사파리에서 즐겼던 시간들을 지금도 기억하고 흐뭇해하고 있다. 지금도 낯선 것에 대해서 호기심을 갖고 행동하는 것

을 즐긴다.

② 각본 신념의 성향

- 주 준거 틀(LS2): 평소 생활태도 자체가 세련되었다. 밖에 나갈 때에도 옷차림에 세심하게 신경을 쓰고 향에 관심도 많다. 요리를 하기 때문에 강한 향을 쓸 수는 없지만, 요리를 하기 전에는 자신의 향을 즐기기도 했다.
- 2번 준거 틀(LS9): 평소 행동이 빠르지 않고, 결코 뛰어다니는 일이 없다. 그러나 자신이 즐겨야 하는 일이 있으면 누구보다 빠르게 계획하고 철저히 수행해 나간다. 이러한 이유는 인생을 즐겁게 살기 위해서다. 차를 사고 나서 '차박'을 하기 위해 힘든 하루를 마쳤음에도 친구들과 만나 을왕리 등으로 차를 타고 떠난다. 즐거운 인생을 위해서는 지금 조금 힘든 것은 아무것도 아니다. 이러한 행동은 남들보다 특별하게 사는 것이고, 세련된 삶인 것이다.

③ 방어기제의 의미

- 주 준거 틀(LS2): 내가 지금 처한 상황이 어렵고 힘들지만 이겨낼 수 있다. 부에게 당했던 어린 시절의 역경은 '지금의 나를 이렇게 만들 수 있었다'라는 생각을 한다. 나를 어렵게 한 환경이 나를 좀 더 크게 키웠다라는 승화의 기쁨을 알고 있다.
- 2번 준거 틀(LS9): 가게에 손님이 오지 않을 경우 '동네가 수준이 낮아서 이런 현상이 나타난다'고 자신을 합리화한다. 이러한 합리화는 결국 손님을 원망하는 상황으로 돌려진다.
- ☞ 개선 방안: 가게에 손님이 오지 않는 것을 손님의 탓으로 돌리려 하지 말고, 내 가게에 손님들이 싫어할 만한 것이 있어서는 아닐까라는 생각을 해 보아야 할 것이다. 지역적인 수준이 마음에 들지 않는다면 자리를 옮겨야 하는 것이고, 아니면 그 손님들에게 맞는 업종으로 바꿔어야 하지, 손님을 탓하며 자신은 잘하고 있다고 합리화하는 상황을 인식하자.

7) 준거 틀에 따른 드라이버, 라켓, 디스카운트

FR　　　　　　특성	드라이버	라켓	디스카운트
주 준거 틀(LS2)	특별한 사람이 되라.	질투심, 부러움, 우울	꾸밈이 없는 삶
2번 준거 틀(LS9)	열정적으로 살라.	자기도취, 방종	현실감

내담자의 해석

① 드라이버의 의미

• 주 준거 틀(LS2): 난 평범한 사람이 싫다. 그래서 요리사가 되기 위해 이 길로 들어섰다.

• 2번 준거 틀(LS9): 나는 남들보다 열정적인 사람이다. 그래서 남들이 하는 평범한 일들은 하지 않는다.

② 라켓의 성향

• 주 준거 틀(LS2): TV에 나오는 연예인들을 보면서 질투를 느낀다. 저 정도의 상황이면 나도 저렇게 될 수 있어. 그리고 그런 부러움은 가끔 우울로 연결되기도 한다. 이럴 때는 방에서 나오지 않고 유튜브 등을 보면서 맘을 달래려 하지만 계속 우울함이 지속된다.

• 2번 준거 틀(LS9): 자신의 가게가 주변에 알려지기 시작하고, 손님들의 SNS에 멋진 가게, 맛난 음식으로 소문이 나기 시작했다. 이로 인해 가게 주변의 모든 음식은 나를 따라올 수 없다는 자만심이 있다. 이러한 자기도취는 다른 가게의 음식들을 맛보며 "내 음식이 최고야"를 연신 되뇌고 흡족해한다.

③ 디스카운트 성향

• 주 준거 틀(LS2): 가게 운영이 잘 되지 않아 어렵다. 그럴수록 '가게를 더 잘 꾸며야 한다. 내 가게는 다른 가게보다 특별해야 해'라는 생각으로 어렵지만 특별한 장소이기 위해 돈을 들이고 내 품을 판다.

• 2번 준거 틀(LS9): 내 가게가 어렵게 운영되고 있으나 여전히 내 운영방식을 고수한다. 처음 가게를 오픈할 때는 저녁 6시부터 밤 12시를 넘은 시간까지(손님이 있으면 2시나 3시까지) 운영했다. 그러나 코로나−19로 인해 상황이 많이 바뀌었다. 그렇다면 오픈 시간을 당겨 운영해도 되련만 절대 그러려고 하지 않는다. 지금 현실에 맞는 대안을 찾는 것이 맞으련만!!

☞ 개선 방안: 가게를 운영함에 있어 객관적으로 바라보자. 나의 운영방식이 어떠한 문제가 있는가? 내가 개선해야 할 사항들은 무엇일까? 가게가 특별함만으로 될 것인가? 등 내가 추구하는 특별함이 삶에 주는 영향을 생각해 보고, 조금은 안정적이고 평범하게 살아가는 것도 좋지 않을까?

8) 준거 틀에 따른 임패스와 병리적 인생각본

FR ＼ 특성	금지령	대항지령	핵심 임패스	병리적 각본
주 준거 틀(LS2)	특별해서는 안 된다.	자신이 되라.	특별	자기애성, 우울
2번 준거 틀(LS9)	즐겨서는 안 된다.	열정적으로 살라.	자주	연기성

내담자의 해석

① 금지령

• 주 준거 틀(LS2): 부가 보여 준 양육태도가 내담자를 힘들게 한 반면, 모는 내담자가 부에게 혼날 것들을 대비하여 부의 신경을 거스르는 일들을 미연에 방지하기 위해 이런저런 제한들을 해 왔다. 그러다 보니 뭔가 '특별한 일들이 발생하면 안 된다.'는 금지령이 생겼다. 특별한 행동을 하게 되면 눈에 띄어 부가 바로 학습과 연결시키면서 "그 시간에 공부를 하라"고 핀잔을 주거나 면박을 주었다.

• 2번 준거 틀(LS9): 부는 외식을 자주 하고, 가족을 위해 헌신하는 듯한 행동의 표현들을 자주했다. 그러나 함께 한 가족이 자신보다 더 즐거운 시간을 보내거나, 기분에 어긋나는 일이 생기면 집에서 큰일이 발생하곤 하였다. 그래서 모와 내담자는 언제나 부의 눈치를 봐야 했고, 그러다 보니 어떤 상황에서 즐기는 시간이 오더라도 표현을 하지 않는 쪽으로 성장하였다.

② 대항지령

• 주 준거 틀(LS2): 학창 시절, 중창단의 리더로서 단원들과 함께 한 시간에 음악선생님이 중창단을 없애고 합주부를 만들려고 한 적이 있었다. 이 상황은 내담자를 몹시 힘들게 했다. 그러나 선생님의 파워를 이길 수는 없는 것. 고 3까지는 간신히 팀을 연명하며 중창단 발표회를 하는 등 자신의 입지를 알리기 위해 노력하였다.

• 2번 준거 틀(LS9): 현재 처한 코로나-19는 전 세계를 뒤흔들고 있다. 그러나 나의 가게를 운영함에 있어 나는 누구보다 열정적인 노력을 기울이고 있다. 아마도 부와 함께 살고 있다면 코로나와 관계없이 내담자에 대한 폭언들이 잇달았을 것이다. '능력이 없어서 그렇다, 네가 할 수 있는 게 뭐가 있냐' 등. 그러나 현재 내담자는 자신이 하고픈 일을 열정적으로 하고 있으며 부와 분리된 삶에 만족하고 앞으로 향해 전진하고 있다.

③ 임패스 상태

- 주 준거 틀(LS2): 운영이 어려워 돈이 투자되는 것은 어려운 상황이 되자, 더 투자해야 하나 접어야 하나에 대해 이러지도 저러지도 못하는 임패스에 빠졌다. 그러나 나는 다른 사람보다는 좀 더 '특별'해야 한다는 쪽으로 기울어 결국 특별한 무언가를 하기 위해 노력한다.

- 2번 준거 틀(LS9): 부와는 거의 만나지 않고 지내고 있다. 그러나 가끔은 부가 연락을 하거나 가게로 찾아오기도 한다. 부에게 조금 도움을 구한다면 이 어려움이 해결될 수 있겠다는 생각으로 만나야 하나 말아야 하나에 대해 혼동되고 혼란스러우나, 그러고 싶지 않다. 나는 '자주적인 삶을 살 것이다'라고 생각을 정리하면서 힘든 쪽을 선택한다.

④ 불건강의 극단

- 주 준거 틀(LS2): 어려움이 찾아올수록 나만의 세계에 빠져든다. 가게에서 소주를 팔지 않으니 손님들이 제한적이다. 그래도 "나는 내 가게가 최고다"라는 자기애에 빠져든다. 조금만 운영방식을 바꾸어 손님들의 취향을 맞추는 것도 요즘 상황에서는 적절할 수 있으나, "나의 초심을 잃지 않을 것이다, 나는 최고다"라는 자기애로 인해 현실적으로는 우울한 상황에 빠져 들기도 한다. 쉽게 갈 수 있는 가게들이 잘되는 것을 보고, 한탄을 하거나 집에 돌아와 우울한 기분에 술을 마시는 등의 불건강이 지속된다.

- 2번 준거 틀(LS9): 어려워질수록 주변에는 그렇지 않게 보이기 위해 '더 활발하게, 더 근사하게' 보이려고 애쓴다. "나는 잘 살고 있어, 멋지게 살아가고 있는 사람이야, 나는 특별해" 등의 연기를 통해 주변인에게 자신을 어필하지만, 그로 인해 집에 돌아오면 허전하고 힘들다.

☞ 개선 방안: 현실이 어렵고 힘들다면, 지금 있는 그대로의 모습을 보여 주자. 내가 게을러서 가게 운영이 안 되는 것도 아니고, 상황적으로 어려움이 닥쳐 온 것인데…… . 내 마음이 편해지고, 삶이 균형을 찾을 수 있도록 임패스에 빠지지 않도록 매사에 꾸며지지 않은 나의 삶을 살아 보자. 현실적인 대안을 찾고 나 자신이 편안함을 가질 수 있도록 주변 사람들에게 연기하지 말자.

9) 준거 틀에 따른 효과적 교류패턴

특성 FR	효과적 교류패턴
주 준거 틀(LS2)	내게 칭찬을 하라, 나의 통찰력을 존중하라, 과잉 반응을 보인다고 말하지 말라.
2번 준거 틀(LS9)	동료감과 자유를 달라, 내 방식을 바꾸거나 명령하지 말라.

> **내담자의 해석**

① 순기능적 교류패턴

- 주 준거 틀(LS2): 주변에서 칭찬하지 않으면 화가 난다. "내가 가게를 운영하고 운영방식이 시대를 앞서가는 통찰력이 있다는 것을 알아라, 내가 살아가는 모든 면에서 누구보다 앞서간다. 트랜드를 읽어 가고, 남들은 생각하지 못하는 방법들을 찾아내고, 그것을 현실화시키는 것은 나만의 통찰력임을 그대들은 칭찬하라"고 자신에게 되뇐다.
- 2번 준거 틀(LS9): 주변의 상인회에서 함께 하지고 제안이 들어왔다. 그러나 그 사람들은 자신의 이익을 위해서만 돌아설 사람들이다. 그리고 나의 가게 운영방식에 대해 이렇다 저렇다 참견하지 말았으면 좋겠다. 이들과 함께 섞이면, 그들과 동료감은 있을 수 있으나 나만의 자유로움을 만끽하기 어려울 것 같다.

② 역기능적 교류패턴

- 주 준거 틀(LS2): 상대방에게 어깃장을 논다. 대화를 이어 가고 싶지 않기 때문에 상대방이 반격하기 못할 상황을 만들어 버린다. 친구들은 내담자를 이겨 본 적이 거의 없다.
- 2번 준거 틀(LS9): 나는 내 방식을 바꿀 생각이 없다. 그래서 나는 그들과 섞이고 싶지가 않다. 경계를 세우고 내 영역으로 들어오지 못하도록 경계막을 설정한다.
- ☞ 개선 방안: 세상을 살아간다는 것은 더불어 함께 가야 하는 시간들이 많다. 특히 사회생활을 하면, 내가 싫은 주변인들과도 잘 지내야 하는 상황들이 발생하고, 그러기 위해서 나의 주장이나 특별함을 내려놔야 하는 순간들이 있다. 그들이 나보다 못하다고 느끼기보다는 나와 다른 생각을 갖고 있으며, 어느 정도를 수렴할 것인지에 대해 내가 결정하면 된다.

10) 준거 틀의 함정과 3P 활용

FR＼특성	함정	허용	보호	잠재능력
주 준거 틀(LS2)	독특	평범해도 좋다.	변덕, 현실도피	균형감각
2번 준거 틀(LS9)	낙천	절제해도 좋다.	방종, 합리화	현실감각

내담자의 해석

① 함정의 의미

• 주 준거 틀(LS2): 독특함을 강박적으로 따르려고 할 때 함정에 빠진다. 가게를 운영함에 있어 유연함을 가지고, 자신이 세운 계획에 맞지 않는다면 2, 3의 계획을 적용해 보아야 하나, 코로나 상황으로 인해 운영이 어려워지자, 가게가 독특함을 잃었기 때문이라고 생각하며 함정에 빠지고 있다.

• 2번 준거 틀(LS9): 스트레스가 쌓이면 낙천이라는 함정에 빠진다. 가게 운영이 어렵다면, 아침에 일찍 일어나 운동을 한다든가, 요리와 관련한 책을 읽는 등의 시간 활용을 하는 것이 현 상황을 이겨내는 데 도움을 줄 수 있으나, 그러기보다는 어렸을 때 좋아했던 마블과 관련한 피겨를 사들이면서 낭만적인 시간을 즐기곤 한다.

② 허용의 상황

• 주 준거 틀(LS2): 독특한 것만이 최고는 아니라고 생각하고 지금보다 조금만 평범해지는 것도 좋다. 손님들의 취향이 소주를 마시는 것이라면 다른 가게들이 평범하게 하고 있는 일들을 나도 해 볼 수 있겠다.

• 2번 준거 틀(LS9): 나만의 독특함을 유지하기 위한 정서적인 무절제는 현실적인 공상에 빠질 수 있다. 이러한 정서를 조금만 절제해 보면 나의 현실을 바로 볼 수 있을 것이다.

③ 보호의 상황

• 주 준거 틀(LS2): 스트레스 상황이 지속되면 변덕스러움이 발동한다. 이는 C자아의 기능으로 FC가 발현되어 현실을 도피하고픈 상황을 만들어 버린다.

• 2번 준거 틀(LS9): 무절제한 실행으로 인해 일상생활이 방종으로 흐른다. 너무 늦은 시간에 일어나고 계획 없는 하루는 시작하는 등의 행동에 대해서도 '지금 가게에 가도 할 일이 없어서'라는 합리화를 해 버린다.

④ 잠재능력 발휘

• 주 준거 틀(LS2): 나의 내면에 존재하는 PAC의 균형을 찾아보자. 현재 상황이 어려워 스트레스가 쌓여 있지만 내 안의 균형감각을 유지하려는 노력이 필요하다.

• 2번 준거 틀(LS9): 현실적인 나의 상태를 깊이 생각해 보자. 현실감각은 현재의 여러 가지 어려운 상황을 이겨 나갈 수 있는 또 하나의 활로다.

☞ 개선 방안: 현재의 상황으로 인해 스트레스가 쌓여 C자아가 활성된 상태. 내가 계획한 삶을 영위하기 위해서는 PAC의 균형감각이 중요하다. FC의 제어를 위한 P자아상태의 발현, 현실적인 판단을 위한 A자아의 판단 등을 통해 균형감각을 유지할 수 있도록 자신을 성찰해 보자. 그리고 내 안의 균형감각을 일깨워 보자. 현재 나의 상태는 어떤 것일까? 내가 지금 해야 하는 가장 시급한 일은 무엇일까? 조금은 평범하게 살아 보도록 자아상태를 점검하고 감정적인 절제를 통해 현실적인 감각을 유지하면서 앞으로 다가올 나의 능동적 삶에 대해 계획해 보자.

11) 준거 틀과 진로

특성 FR	성향	적성	대표적 직업
주 준거 틀 (LS2)	상상력이 풍부하여 감수성이 강하고 표현을 잘 한다. 자유분방하고 세련되고 창의력이 있다.	창의적	예술가, 연예인, 음악가, 디자이너, 미술가, 시인, 소설가, 무용가
2번 준거 틀 (LS9)	매사 활동적이고 개방적이며 낙관적으로 밝고 명랑하다. 즐거움을 추구하고 호기심이 많고 아이디어와 상상력이 풍부하다.	활동적	기획자, 작가, 발명가, 사회복지사, 상담사, 영업직, 연예인

내담자의 해석

① 성향 통찰
- 주 준거 틀(LS2): 매사에 상상력이 풍부하고, 감수성이 강하다. 그래서 상대방과 대화를 할 때 상대의 감정을 잘 읽어 주고, 대화가 잘 통한다는 생각을 갖게 한다. 또한 자유분방한 성격과 태도는 세련된 느낌을 주며 창의력 또한 뛰어나다.
- 2번 준거 틀(LS9): 가게를 오픈할 때 주변의 부러움을 많이 샀다. 내담자를 알고 있는 주변인들은 이 사람의 풍부한 아이디어와 개방적이고 활동적인 모습에 매료된다. 주변인에게 밝고 명랑한 기운을 선사한다.

② 적성 찾기
- 주 준거 틀(LS2): 창의적인 사람.
- 2번 준거 틀(LS9): 활동적인 사람.

③ 원하는 직업

• 주 준거 틀(LS2): 대학생활을 할 때까지도 가수의 꿈을 갖고 있었다. 이는 예술적인 소질에 대한 무의식적인 생각이었으나, 현재 요리를 하고 있는 것도 예술적 감각과 창의력이 합쳐져 만족하고 있다.

• 2번 준거 틀(LS9): 독특한 아이디어가 많고, 풍부한 상상력으로 자신만의 요리를 만들어 낸다. 같은 요리를 하더라도 발명가적인 성향이 있다. 그래서 이 사람만의 독특한 요리가 만들어진다.

12) 자율성 회복과 발휘

특성 FR	자율성 회복과 발휘
주 준거 틀 (LS2)	독특하지 않고 세련되지 않아도 괜찮다고 여기며, 남과 비교하지 말고 자신이 가지고 있는 능력에 감사한다. 자신의 마음속에 있는 것을 경험을 통해서 배우고 이성적으로 접근한다. 실용적이고 현실적 효율성을 인정하고 실천하도록 한다.
2번 준거 틀 (LS9)	흥미와 재미만 추구하는 것보다 그 일에 바람직하고 가치가 있을 때 행하도록 한다. 행복은 새롭고 흥분되는 것에서만 오는 것이 아니라 단순하고 평범한 것에 관심을 가질 때 느껴진다. 하던 일을 완성하는 습관을 가진다.

내담자의 해석

① 자율성의 회복의 의미

• 주 준거 틀(LS2): 독특하지 않고 세련되지 않아도 괜찮다고 자신을 위로하라. 내가 가진 능력에 감사하는 마음을 갖도록 하자. 현재 하고 있는 나의 요리 사업이 지금을 어렵고 힘들지만 이러한 경험을 통해서 좀 더 나은 내가 될 수 있다.

• 2번 준거 틀(LS9): 이제는 어른이 되었다. 흥미와 재미만을 추구하기에는 나이가 많다. 그리고 아직은 해야 할 일들이 있기 때문에 이 순간을 즐기기에는 조금 이르다. 내가 하는 일이 바람직하고 가치가 있다는 것을 발현해 보자.

② 어떻게 자율성을 발휘

• 주 준거 틀(LS2): 독특하고 세련된 것만이 다는 아니다. 나는 나이고 남은 남이다. 내가 가진 능력에 감사하며 지금 현실에서 경험하는 것들을 이성적으로 받아들여 실용적이고 현실적인 효율성을 실천해 본다.

- 2번 준거 틀(LS9): 흥미와 재미는 충분하다. 내가 하는 일이 바람직하고 가치가 있다는 것을 충분히 느끼자. 새롭고 흥분된 것만이 행복은 아니다. 단순하고 평범한 것에서 오는 여유로움을 느껴 보자. 그리고 한 가지라도 충분히 완성하는 습관을 들인다.

13) 내담자의 전체적인 준거 틀의 개선 방안

상태 패턴	현재	개선점
LS1	자기주장이 강하고 지배적이다.	다른 사람들의 말에 귀를 기울이자.
LS2	감수성이 풍부하고 직관적이다.	내 감정에 너무 빠져 다른 사람을 판단함에 너무 직관적이지 않기.
LS3	매사 무심하고 분석하려 하지 않는다.	내가 관심이 없는 분야여도 조금은 관심을 보이고 분석해 보려고 하자.
LS4	타인에게 관심이 없다.	내 주변을 돌아보고 돌볼 사람이 있는지 관심을 가져 보자.
LS5	과시하는 것을 좋아한다.	남에게 보여지는 것도 중요하지만, 내실을 다지고 특별함만 소중하지 않다.
LS6	자신이 세운 원칙에 완고하게 집착한다.	유연성을 길러 보자. 내가 세운 원칙이 모두 올바르지 않을 수 있으니 상황을 직시하고 유연하게 대처하자.
LS7	내가 하고자 하는 일에 책임감이 강하다.	책임감에 얽매여 내 자신을 돌아보는 것에 소홀하지 말자.
LS8	갈등에 스트레스가 많고 가끔은 태만하다.	갈등의 원인을 찾아보고, 그로인해 벌어지는 상황들에 적절하게 대처하는 여유 있는 마음을 갖자.
LS9	호기심이 많아 활동적으로 움직인다.	너무 많은 호기심은 하나에 집중할 수 없음을 알고, 시작한 일은 끝맺는 습관을 들이자.

4. 내담자의 CKFR 심리검사 결과에 따른 상담 및 심리치료 계획

1) 상담자가 본 내담자의 문제

- 충동적이고 무절제한 생활을 하고 있다.
- I'm not OK, You're not OK의 인생태도로 인해 스트레스 상황이 오면 불만이 극에 달한다.

- 자신의 방종함을 합리화한다.
- 현실적인 어려움으로 인해 스트레스가 상당한 수준으로 올라와 있다.

2) 내담자 상담 및 심리치료

① 상담목표
- 현실적의 불행이 나의 탓이 아님을 인식한다.
- I'm OK, You're OK의 삶의 방식으로 재결단한다.
- 풍부한 상상력, 감수성, 자유분방하고 세련됨, 창의력과 낙관적인 성향을 유지시킨다.
- 균형 잡힌 삶의 틀을 세우고 유지할 수 있는 정서적 힘을 기른다.

② 상담계획
- CKFR 검사를 통해 자신의 준거 틀을 이해하고 패턴의 함정에 빠지지 않도록 지각한다.
- 스트레스 상황에 왔을 때 함정에 빠지지 않도록 건강한 대처방법을 찾는다.

③ 상담전략
- 심리검사를 통하여 자신의 정체성(준거 틀)을 이해하고 개선 방안을 모색한다.
- 자신의 현재 상황을 지각하고, 자발적인 참여를 통해 친밀감을 회복하여 균형 잡힌 인생을 설계하고 실천할 수 있도록 성장을 도모한다.

5. 상담 및 심리치료 과정과 결과

1) 상담 및 심리치료 과정

- 초기: 상담에 대한 이해와 동기를 고취하고, 심리검사를 통해 자신의 준거 틀을 이해하고 교류분석 이론을 중심으로 상담을 구조화한다.
- 중기: 인생각본, 준거 틀이 현재의 삶에 어떻게 연결되어 나의 삶에 영향을 주고 있는지, 앞으로는 어떤 영향을 줄 것 같은지 등에 대해 탐색하고 적절한 행동의 대처 방안을 모색한다.
- 종결: 상담에서 받은 느낌과 현재의 감정, 미래의 계획 등을 구체적으로 작성하고 소감을 나눈다.

2) 상담 및 심리치료 결과

내담자는 어린 시절 부모에게서 받았던 부정적인 피드백들이 주 준거 틀인 LS2의 부정적인 특성인 우울, 자기혐오, 자기억제로 나타나서 내담자를 I'm not OK, You're not OK로 만들었다는 것을 CKFR을 통해 알게 되었다. 그러다 보니 2번 준거 틀(LS9)의 부정적 측면에서 세상에 대해 부정적인 시선이 강하고(반항), 사람들에 대한 믿음도 적었다는 것도 알게 되었다. 내담자는 주 준거 틀, 2번 준거 틀 모두 1~2등급으로 높았는데, 이에 대한 긍정적인 측면은 창조적이고 예술적이며 어떤 경우 열정적이고 자발적인 자세를 취하는 것으로, 지금 하고 있는 음식점 운영에 있어 독창적이고 주변 상권에서는 볼 수 없었던 창조적인 가게를 운영할 수 있었으나, 자신이 하고자 하는 일들이 잘되지 않을 경우 부정적인 측면이 발현되어 술을 마신다든가, 가게가 잘되지 않는 것은 이 지역의 손님 수준이 낮아 자신의 운영관과 맞지 않아서 그렇다고 주변인에 대한 탓을 하면서 자기파괴적인 행동을 하게 되었었던 기억을 회상하면서 그러한 행동들이 준거 틀의 영향에 의한 것임을 깨닫게 되었다.

또한 내담자는 조기 결단의 특별해야 한다는 집착으로 인해 자신의 존재가 상실되는 것에 대한 두려움이 자신의 각본 신념이었음을 이해하였다. 특히, 상상력이 풍부하고, 감수성이 강하며, 활동적이고 호기심 많은 자신의 성향에 대해 아주 맞다면서 긍정적으로 받아들였고 이는 자신의 준거 틀이 진로에 영향을 준 것임을 이해하고, 이 성향을 앞으로도 유지하고 긍정적인 방향으로 발전시켜 나가기로 했다.

자율성의 회복과 발휘를 위해서는 자신의 재결단이 필요함에 대해 적극적으로 임하였다. 핵심 임패스인 독특해야 한다는 특별의 함정에서 벗어나, 평범해도 좋다는 허용을 가질 수 있도록 조금은 평범하게 살아 보도록 현실적인 감각을 유지하면서 앞으로 다가올 나의 능동적 삶에 대해 깊이 생각해 보았다. 특별함이 특별하게 발현되기 위해서는 자신의 재결단이 꼭 필요함을 알고, 내 감정에 빠져 다른 사람을 판단함에 너무 직관적이지 않도록 하고(LS2), 너무 많은 호기심은 하나에 집중할 수 없음을 알고 시작한 일은 끝맺는 습관을 들이는 것에 대해 실천하는 시간을 가지며 상담을 마쳤다.

6. 상담자 총평

처음 자신의 준거 틀과 마주하면 몹시 어색하다. 받아들이기 어려운 부분도 있고, 이해가 가는 부분들도 있다. 또한 내가 모르고 살았던 준거 틀로 인해 불행한 삶을 살아갈 수도 있다. 어린 시절의 금지령과 대항각본은 미래의 삶에 많은 영향을 준다. 그런 의미에서 준거 틀의 탐색은 여러 가지 긍정적인 힘을 갖는다. 이 내담자의 경우에도, 어떤 경우 우울하고 분노하는 자신의 감정들로 인해 어려움을 겪기도 하고 '내가 왜 이러지' 하는 자책을 갖기도 하면서 살아왔는데, 이번 CKFR 검사를 통해 새롭게 자신을 이해하게 되었다고 한다. 그동안 가졌던 부정적인 감정들, 특히 타인에 대한 부정적인 감정들이 나의 금지령과 대항각본에 의한 것이었다는 사실이 놀랍고 새롭게 느껴지면서 재결단의 시간을 갖게 되었다. 아직 젊고 재결단 기회의 시간이 많기 때문에 지금 여기에서 시작하는 것에 대해 충분히 만족하고 있었고, 균형 있는 삶이 어떤 삶일까에 대해 생각하게 되었다고 했다.

　상담자로서 내담자의 변화는 무한한 감사의 마음을 갖게 한다. 내담자의 성장이 나의 성장에 도움이 된다. 이러한 성장은 또 다른 내담자에게 좀 더 긍정적인 변화가 일어날 수 있도록 도움을 주는 긍정의 에너지로 나타나기도 한다. 상담자인 나 또한 현실을 지각하고, 자발적인 삶의 형태와, 사람들과의 친밀감이 유지되도록 '균형 있는 삶'에 늘 깨어 있기를 기대한다.

**   세상은 살아갈 만한 곳이다   **

제**5**장

커플상담 사례

CKFR 심리검사에 의한 커플상담 사례분석 1

가치관의 차이에서 오는 부자간의 갈등

상담자: 박봉근

---

1. 내담자의 기본 정보

- 내담자 1: 아버지 / 성별:남 / 연령: 50 / 학력: 대학원 졸 / 검사일: 2019년 11월 7일
- 내담자 2: 아들 / 성별: 남 / 연령: 20 / 학력: 대학 2년 재학 / 검사일: 2019년 11월 3일

1) 의뢰경위 및 주 호소문제

① 의뢰경위

자녀양육 문제로 부부간의 생각이 다르고, 특히 자녀의 학업과 진로 걱정, 군복무를 앞두고 답답하여 상담을 의뢰하였고 도움을 받고자 검사를 하였다. 부자간의 성격특성을 파악하여 서로를 좀 더 깊이 이해하고 싶고, 가정생활에서 소통을 활성화시켜 서로의 욕구를 더 잘 알고 싶다.

② 주 호소문제
- 내담자 1: 아들의 폐쇄적인 생활이 답답하고 염려된다.

  당장 군복무도 앞두고 있고 졸업 후 직장생활도 해야 하는데 무슨 일이 생기면 적극적으로 해결하지 않고 회피와 소통의 단절, 고립을 선택한 아들 때문에 답답하고 걱정되며 사회생활을 잘 적응할 수 있을지 염려된다.

  한편으로 아들도 자신의 특성이 있는데 그 특성을 인정하지 않고 부모의 생각대로 훈육하고 끌고 가려고 강요하는 것이 아닌가하는 생각도 해 보지만 어떤 것이 맞는지 모르겠다.

  나 자신과 아들의 마음을 더 잘 알고 싶고, 더 잘 지원해서 아들이 좀 더 적극적이고 책임감 있는 사회인으로 성장할 수 있도록 도움이 되고 싶다.
- 내담자 2: 아버지의 의도대로 끌고 가려고 하는 것이 힘들다.

  잘 알지도 모르면서 부모의 추측으로 단정 짓고 조급하게 생각하고 부담감을 주는 것이 싫다(병역문제, 경쟁사회의 현실, 취업의 어려움, 사회적 약자의 차별 등).

  사회생활을 하기 위해 대인관계를 잘해야 한다는 것은 알고 있는데, 먼저 다가가고 계속 유지하기가 어렵다.

2) 행동관찰

〈내담자 1〉
- 170cm 정도의 키와 날렵한 체구를 유지하고 몸을 움직이는 것을 좋아한다.
- 같은 일을 변함없이 반복할 수 있는 꾸준한 인내력이 있다.
- 변함없는 표정과 차분하게 말하고 불만이 있을 때 톤이 올라간다.

〈내담자 2〉
- 약간 불안하면서도 느긋하고 안일하게 생활하고 있다. 무엇이나 시작하기 전에 꼼지락거리고 시간이 많이 걸린다.
- 자신이 내키지 않는 요구나 부모가 훈육을 하면 자기 방으로 들어가 안 나온다.

3) 내담자의 자원

〈내담자 1〉
- 자기발전을 위해 늘 준비하고 노력한다.

• 불확실한 상황에서 인내하고 기다릴 수 있다.

〈내담자 2〉

• 인지적으로 뛰어나고 매우 논리적이다.

• 독서를 많이 하여 합리적 · 논리적으로 자기주장을 한다.

4) 가족관계(3세대 가계도 및 내담자 문제와 관계된 가족 성향, 특이 사항)

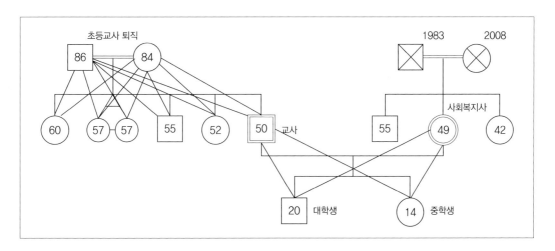

5) 생태도

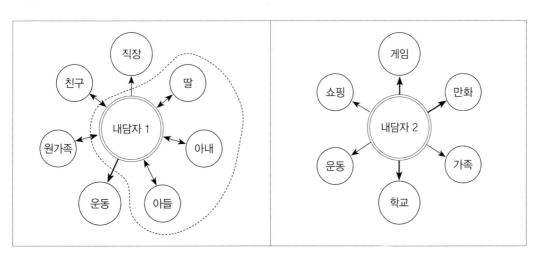

2. 내담자의 검사 결과

〈내담자 1〉

FR \ 구분		LS1	LS2	LS3	LS4	LS5	LS6	LS7	LS8	LS9
2019년	점수	30	24	38	25	37	44	38	36	30
	순위	6	9	3	8	4	1	2	5	6
	등급	8~9	8~9	3~4	8~9	3~4	1~2	1~2	5	6~7
2018년	점수	30	28	37	26	34	44	37	37	32
	순위	7	8	2	9	5	1	2	2	6
	등급	8~9	8~9	3~4	8~9	5	1~2	1~2	3~4	6~7

※ 2018년과 2019년 비교: 주 준거 틀, 2번 준거 틀은 점수, 순위, 등급이 거의 변동 없음. 의미 있는 변동은 LS5(성취적)가 5등급에서 3~4등급, 점수는 34점에서 37점으로 증가하였고 LS2(독창적)의 점수가 28점에서 24점으로 감소함.

〈내담자 2〉

FR \ 구분		LS1	LS2	LS3	LS4	LS5	LS6	LS7	LS8	LS9
2019년	점수	25	27	28	28	27	27	34	31	26
	순위	9	5	3	4	5	5	1	2	8
	등급	8~9	8~9	8~9	8~9	8~9	8~9	3~4	6~7	8~9
2018년	점수	26	31	33	24	30	28	37	33	30
	순위	8	4	2	9	5	7	1	2	5
	등급	8~9	6~7	5	8~9	8~9	8~9	1~2	5	8~9

※ 2018년과 2019년 비교: 주 준거 틀, 2번 준거 틀의 순위 변동은 없으나 점수가 감소함. 의미 있는 변동은 전반적으로 점수가 감소하고 8~9등급이 5개에서 7개로 증가함.

〈CKFR 심리검사 체크리스트〉

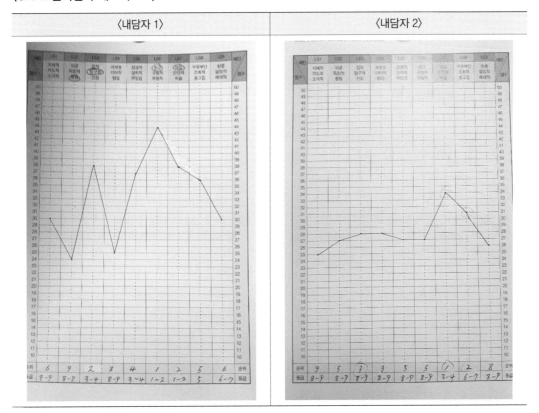

〈내담자 1〉	〈내담자 2〉

내담자 1의 해석

- 주 준거 틀: LS6(규범적)이 1~2등급
- 2번 준거 틀: LS7(안전적)이 1~2등급, LS3(탐구적)이 3~4등급
- 9번 준거 틀: LS2(독창적)가 8~9등급
- 1~2등급으로는 LS6(규범적)과 LS7(안전적)이 지나치게 높고, 8~9등급으로는 LS1(지도적), LS2(독창적), LS4(이타적)가 8~9등급으로 지나치게 낮다.

내담자 2의 해석

- 주 준거 틀: LS7(안전적) 3~4등급
- 2번 준거 틀: LS8(조화적) 6~7등급
- 9번 준거 틀: LS1(지도적) 8~9등급

- 1~2등급은 없으며, 8~9등급은 7개[LS1(지도적), LS2(독창적), LS3(탐구적), LS4(이타적), LS5(성취적), LS6(8~9), LS9(열정적)]이다.

3. 준거 틀에 따른 특성과 해석

1) 준거 틀의 건강한 정도

⟨내담자 1⟩

FR＼특성	상	중	하
주 준거 틀(LS6) 규범적	관용, 이성적, 양심적, 합리적	비평적, 원칙적, 완벽, 완고	분노, 위선적, 우울, 회피
2번 준거 틀(LS7) 안전적	용기, 충성심, 책임감, 호감	의존적, 우유부단, 방어적, 복종	의심, 공격적, 자기비하, 불만
9번 준거 틀(LS2) 독창적	온정적, 창조적, 예술적, 영감	자기몰두, 자기관대, 몽상, 비현실적	자기억제, 우울, 자기혐오, 자기파괴

내담자의 해석

① **건강할 때(각자의 등급에서 건강할 때)**
- 주 준거 틀(LS6): 상대방의 말이 합리적이고 타당하다고 생각되면 수긍이 가고 거절하기 힘들어한다. 상대방의 입장에서 생각하고 상대방의 행동에 대해서도 어떤 사정이나 이유가 있을 것이라고 생각한다(예: 비논리적이거나 이치에 맞지 않은 말을 하면 은근이 짜증이 나고 이치에 맞지 않으면서 설득하려 들면 화가 난다.).
- 2번 준거 틀(LS7): 일단 약속을 하거나 자신의 맡은 일에 대해서는 혼자 책임지려는 경향이 있으므로 함부로 약속이나 직책을 맡지 않으려고 하고, 대답하기 전에 오래 생각하고 결정이 느리다. 자신이 할 일에 대해서 기꺼이 책임지려고 한다.
- 9번 준거 틀(LS2): 지극히 현실적이고 평범하여 부각되거나 시선이 집중되는 것을 부담스럽게 생각한다.

② **불건강할 때(각자의 등급에 불건강할 때)**
- 주 준거 틀(LS6): 한번 정해진 약속이나 규칙에서 벗어나지 못하고, 변경하는 것을 어렵게

생각한다. 융통성이 부족하고 경직된 사고로 인해 효율성이나 합리성이 떨어질 때가 있다(예: 자격시험 감독을 신청하여 한번 편성되면 다른 사정이 생겨도 못하겠다는 말을 하지 못하고, 다른 사람이 사정이 생겨서 바꿔 주기를 기다린다.).

- 2번 준거 틀(LS7): 상대방의 행동을 왜곡하여 해석하고 확대하는 비합리적 사고에 빠진다. 따지고 하나하나 짚고 넘어간다. 이치에 안 맞는 것은 동의하지 않고 따르지 않는다.
- 9번 준거 틀(LS2): 열심히 노력하고도 나서거나 주장을 못하여 노력을 인정받지 못하고 묻힐 때가 많고, 할 얘기가 있어도 순서가 그냥 지나가 버리면 안 하고 만다.

〈내담자 2〉

특성 FR	상	중	하
주 준거 틀(LS7) 안전적	용기, 충성심, 책임감, 호감	의존적, 우유부단, 방어적, 복종적	의심, 공격적 자기비하, 불안
2번 준거 틀(LS8) 조화적	평화, 수용적, 자율적, 조화	온순, 융통성, 수동적, 태평	나태, 억압, 무능, 회피
9번 준거 틀(LS1) 지도적	자신감, 관용, 리더, 정의	단호함, 책략적, 지배적, 자기주장	파괴적, 독재, 복수심, 반사회적

① 건강할 때

- 주 준거 틀(LS7): 강요하지 않고 스스로 자발성에 의해 약속한 것은 책임감을 가지고 잘 지킨다(예: 부탁하여 약속이 될 때는 집안일을 잘 도와준다. 방 청소, 설거지, 화장실 청소 등).
- 2번 준거 틀(LS8): 갈등하거나 부딪치는 일, 맞서는 일을 회피하고 자신의 선택에 의해서 결정한 일을 수용한다.
- 9번 준거 틀(LS1): 다른 사람과 다툼이 있을 때 우기지 않고 이해심과 양보심이 있다.

② 불건강할 때

- 주 준거 틀(LS7): 무슨 일을 할 때 급하게 하다가 끝까지 완수하지 못하고 포기한다. 책임을 다하지 못했다는 생각에 자신감을 상실해서 위축되고 회피한다.
- 2번 준거 틀(LS8): 갈등이나 대립을 싫어하고 지극히 안정적이고 갈등 없는 조화만 추구하기 때문에 불안한 상황이나 복잡하고 어려운 상황에 놓이면 회피나 고립을 선택한다(예: 부모에게 지적당하거나 잔소리를 듣고 자기 방에 들어가서 한동안 안 나오거나 자기 방으로 밥을 가지고 들어가서 PC를 하면서 먹을 때가 많다.).

• 9번 준거 틀(LS1): 안 될 것 같으면 미리 포기하고 도전할 생각을 하지 않는다(예: 수업 시간
에 늦으면 아예 들어가지 않거나, 완전하게 모르는 문제는 그냥 백지로 제출하는 등 불성실하게 임
하여 1학년 때 학사 경고를 받은 적이 있다.).

내담자 커플관계 해석

아버지는 지나치게 합리성을 추구하고 이상적인 면이 있고 융통성이 부족하여 효율성이 떨
어지고 문제가 발생했을 때 어렵게 생각하고, 아들은 지나치게 안전과 조화를 추구하다 보니
지나치게 소심해지고 위축되는 상황이다.

☞ 개선 방안: 아버지는 자녀들 앞에서 실수하고 부족한 모습을 가감 없이 보여 주고 실수를 받아들이고 문제를
해결해 가는 모습을 보여 준다. 아버지가 좀 더 적극적으로 아들에게 다가가고 자녀의 감정과 생각을 물어봐 주는 노
력이 필요하다.

2) 준거 틀의 성향에 따른 승자각본과 패자각본

〈내담자 1〉

FR　　　　　　　특성	성향	승자각본	패자각본
주 준거 틀(LS6) 규범적	완벽적	느긋하게 현재를 즐긴다.	화를 잘 낸다.
2번 준거 틀(LS7) 안전적	안전한	굳세고 씩씩하다.	무서워하거나 두려워한다.
9번 준거 틀(LS2) 독창적	독창적	평안하고 어려움이 없다.	남을 부러워하고 바란다.

내담자의 해석

① 성향
• 주 준거 틀(LS6): 과제를 다 마쳤으면서도 제출하지 못하고 상황을 살피고 꼼지락거린다.
그리고 시간이 지나고 나서 다시 살펴보고 보완한다.
• 2번 준거 틀(LS7): 안전을 위해 부족함이나 실수가 없이 완벽해지려고 애쓴다. 쉽게 결정을
내리지 않고 믿을 만한 사람의 경험을 통해 결정하기를 선호한다. 조급한 면이 있으면서도
행동으로 빨리 움직이지 않기 때문에 느긋하고 여유 있게 보인다(예: 돌다리도 두드려 보고
건넌다. 먼저 나서지 않는다.).

• 9번 준거 틀(LS2): 먼저 나서거나 튀는 언행을 하지 않기 때문에 모나지 않아서 위험부담이 적다.

② 승자각본 쓸 때

• 주 준거 틀(LS6): 변함없이 자신의 일을 꾸준히 추진하고 같은 일을 늘 반복해도 지루하거나 지치지 않는다. 안정된 생활 속에서 편안하고 느긋하게 현실에 만족하는 경향이 있다.

• 2번 준거 틀(LS7): 스스로 자신의 언행을 검열하고 행동하며 완벽하다고 자부할 때 당당하게 목소리를 낼 수 있다.

• 9번 준거 틀(LS2): 편안하고 어려움이 없는 것을 선호하기 때문에 일을 시작하기 전에 많이 고민하고 인정해 주는 범위 내에서 추진한다.

③ 패자각본 쓸 때

• 주 준거 틀(LS6): 자신의 약점이 노출되거나 잘못을 지적받았을 때 움츠리거나 무의식적으로 화를 내고 방어적으로 나온다.

• 2번 준거 틀(LS7): 위계서열이 강한 조직이나 권위적인 문화에 편안해하지 못하고 윗사람에게 자기주장을 하는 것이 부담스럽다.

• 9번 준거 틀(LS2): 자기 자신의 주장을 충분히 드러내지 않는다. 부족하면 부족한 대로 하고 욕심내거나 더 잘하려고 애쓰지 않는다.

〈내담자 2〉

특성 FR	성향	승자각본	패자각본
주 준거 틀(LS7) 안전적	안전적	굳세고 씩씩하다.	무서워하거나 두려워한다.
2번 준거 틀(LS8) 조화적	조화적	행동으로 실천한다.	태만하고 게으름을 피운다.
9번 준거 틀(LS1) 지도적	리더적	사사로운 욕심이나 불순한 생각이 없다.	수단방법을 가리지 않는다.

① 성향

• 주 준거 틀(LS7): 자신의 속마음을 좀처럼 드러내지 않으며 주지화, 회피, 억압의 방어기제로 자신을 숨긴다.

• 2번 준거 틀(LS8): 문제가 있을 때 적극적으로 대처하기보다는 회피하고 부딪치지 않으려고 한다. 우선 편안한 것을 추구하고 다른 사람의 일에는 관심을 두지 않는다(예: 정치적 무

관심, 가족 일에 무관심, 자신의 방만 깔끔하게 잘 정리하며 자신의 필요한 것은 인터넷 쇼핑을 통해 바로 바로 구입한다.).

- 9번 준거 틀(LS1): 적극적으로 자신의 권리를 주장하지 못하고 물러나 버리는 경향이 있다. 자신의 욕구를 적극적으로 요구하지 못한다(예: 용돈 주는 날짜에 돈이 통장에 안 들어와도 바로 얘기하지 않고 돈이 다 떨어질 때까지 기다렸다 요구한다.).

② 승자각본 쓸 때

- 주 준거 틀(LS7): 몸을 만들고 강해지기 위해 아령을 구입해서 과할 정도로 꾸준히 운동을 한다(예: 복근 단련을 위해 근력 운동, 아령 운동과 단백질 음식을 구입하여 섭취한다.).
- 2번 준거 틀(LS8): 자기에게 필요하다고 스스로 생각하는 것을 부모에게 요구하지 않고 자신을 용돈으로 바로 바로 구입하는 스타일이다.
- 9번 준거 틀(LS1): 혼자 활동하는 것을 잘하고 자신의 능력을 발휘한다.

③ 패자각본 쓸 때

- 주 준거 틀(LS7): 사람들과 어울리고 교류하는 것을 어렵고 부담을 가지고 있다. 학교 가는 것과 가끔 도서관 가는 것, 자신이 꼭 필요한 것을 구입하는 경우가 아니면 외출을 잘 하지 않는다(예: 외식을 하자고 해도 자신이 먹고 싶은 원하는 음식이 아니면 함께 가지 않는다. 저녁 식사도 자신의 취향에 맞지 않으면 늦게 혼자 요리해서 먹는다.).
- 2번 준거 틀(LS8): 할 일이 있어도 빨리 시작하지 않고 꼼지락거리며, 나태한 모습을 보인다.
- 9번 준거 틀(LS1): 자신의 방에서 문을 잠그고 게임이나 만화에 몰두하고 혼자 즐거워한다.

내담자 커플관계 해석

아버지는 지나치게 모범적이고 바른 일만 하려고 하고 안전을 지키기 위해 완벽을 추구하는 성향이며, 자기주장을 편안하게 하지 못한다. 아들은 적극적인 대처나 해결보다는 회피나 주지화의 방어기제로 자신을 보호한다. 부자 모두 겉으로는 느긋하고 초연하고 강하게 보이나 내면적으로 불안한 마음을 숨기기 위해 더욱 차분하게 행동한다.

☞ 개선 방안: 두렵고 약한 마음을 있는 그대로 표현하려고 노력하고, 아버지가 먼저 아들 앞에서 약한 마음을 표현한다. 부족함, 실수를 기꺼이 받아들이고 자신을 있는 그대로 수용하는 모습을 보여 주고 극복하려는 모습을 보여 준다. 부모가 모델이 되어 준다.

3) 준거 틀의 등급에 따른 기술

〈내담자 1〉

FR ＼ 특성	등급에 따른 기술
주 준거 틀(LS6) 1~2등급	비판적, 완벽주의, 완고, 강박적, 이상적, 독선
2번 준거 틀(LS7) 1~2등급	의존, 의존적, 피해망상, 경계심, 자기방어, 불신
9번 준거 틀(LS2) 8~9등급	무심, 평범, 현실적, 순박, 무가치, 둔감, 무의식적

내담자의 해석

① 순기능

• 주 준거 틀(LS6): 자신이 하고자 하는 일이 있으면 좀처럼 흔들리지 않고 우직하고, 여러 번 실패하더라도 다시 도전하는 완고한 면이 있고 스스로 동기를 부여하기 위해 비전을 만들어 갈 수 있다(예: 교사가 되기 위해 초등임용, 일반사회, 공통사회, 전문상담 과목 시험에 수차례 떨어졌지만 스스로 동기를 만들어 버티고 포기하지 않았다.).

• 2번 준거 틀(LS7): 새로운 일을 시작하거나 다른 사람을 잘 믿지 않고 늘 조심하기 때문에 안정적이고 위험을 피할 수 있다.

• 9번 준거 틀(LS2): 주변에 대한 의식을 많이 하므로 주변 상황을 잘 살피고 현실적인 것을 잘 고려하므로 주위와 조화를 이룬다.

② 역기능

• 주 준거 틀(LS6): 지나치게 이상적인 수준을 생각하기 때문에 실제 현장의 상황과 타인의 입장을 이해 못하고 자신의 생각을 관철시키기 위해 타인의 제안을 잘 받아들이지 않을 수 있다. 쉽게 마음을 열지 않고 받아들이지 않으며, 친해지는 데 시간이 오래 걸린다.

• 2번 준거 틀(LS7): 확신을 심어 주지 않으면 의구심이 생기고 추진력이 떨어지고 무엇이든지 의심의 마음으로 생각한다(예: 보험회사, 카드회사, 부동산 홍보, 이벤트 행사 전화를 받고 설명을 들으면 불쾌해지고 속지 않기 위해 중간에 무뚝뚝하게 전화를 끊는다.).

• 9번 준거 틀(LS2): 삶의 변화가 없어서 단조롭고 지루하고 재미가 없으며, 큰일을 하기가 어렵다.

〈내담자 2〉

FR ＼ 특성	등급에 따른 기술
주 준거 틀(LS7) 3~4등급	의심, 의존적, 피해망상, 경계심, 자기방어, 불신
2번 준거 틀(LS8) 6~7등급	평화적, 이해심, 조화, 인내심, 예민, 편견, 옹고집
9번 준거 틀(LS1) 8~9등급	소심, 소극적, 방어적, 수동적, 회피, 자신감 부족

① 순기능
- 주 준거 틀(LS7): 다른 사람을 잘 믿지 않기 때문에 늘 조심하고 함부로 행동하지 않기 때문에 실수하거나 곤경에 처하지 않는다.
- 2번 준거 틀(LS8): 도전과 갈등이 없으므로 자신의 마음은 안정되고 편안해할 수 있다.
- 9번 준거 틀(LS1): 모험적이지 않으며 평범함을 추구하기 때문에 삶에서 큰 시련과 위험에 부딪칠 우려는 없다.

② 역기능
- 주 준거 틀(LS7): 상대방의 감정에 무관심하고 냉담하다. 자기 위주로 생각하고 자기 우선이다. 사회적 관계망 형성이 어렵고 자기 성장과 발전이 어렵고 사회생활에서 고립을 당할 수가 있다.
- 2번 준거 틀(LS8): 갈등을 피하고 물러서 버리기 때문에 삶에서 주도하지 못하고 이끌려 다니며 자기 권리를 침해당할 수 있다.
- 9번 준거 틀(LS1): 자신감이 부족하고 소극적인 인생을 살아가며 삶의 주체가 아닌 객체로 전락하는 수동적 인생이 되기 싫다.

내담자 커플관계 해석

부자가 모두 자기중심적이고 독립적인 생활을 원한다. 서로의 기질과 영역을 인정해 버리면 갈등은 없으나 움츠리고 고립된 생활을 개선할 수가 없다.

☞ 개선 방안: 갈등을 무서워하지 말고 삶은 갈등의 연속임을 인식하고 인생 무대의 주인공은 나 자신이며 내가 내 인생의 각본을 쓰는 대로 삶이 이루어진다는 것을 각인한다. 자녀의 완벽함보다는 참여하고 시도하는 것 자체의 가치를 인정하고 격려한다. 아들의 소극적이고 수동적인 태도를 방관하지 말고 아버지가 좀 더 적극적으로 다가가는 연습을 한다.

4) 준거 틀에 따른 인간관계 스트로크 성향

〈내담자 1〉

특성 FR	긍정적일 때	부정적일 때
주 준거 틀 (LS6) 규범적	충실하고 헌신적이며, 양심적이고 기꺼이 다른 사람을 도와준다. 균형이 잘 잡혀 있고 상당한 유머감각을 지니고 있다. 책임감이 강하여 최선의 결과를 만들려고 노력한다.	남을 헐뜯고 논쟁을 하려 들며, 꼬치꼬치 캐려 들고, 잘 타협하려 하지 않는다. 다른 사람에 대한 기대도 높다. 긴장되어 있고, 걱정하거나, 사물을 지나치게 여길 정도로 심각하게 여긴다.
2번 준거 틀 (LS7) 안전적	따뜻하고 잘 놀고 개방적이고 충실하고 지지를 잘해 주고 정직하며 공정하고 믿을 만하다. 가족들과 친구들에게 헌신적이고 충실하다.	의심을 잘 하고 통제하려 들고, 융통성이 없고 빈정댄다. 위협을 받으면 움츠러들거나 거친 행동을 한다. 실패할까 봐 두려워 일을 미룬다.

내담자의 해석

① 긍정적일 때 스트로크 방식

- 주 준거 틀(LS6): 예의가 바르고 솔직하고 진술하게 마음을 열고 대화하고 친절하게 알려 주려고 노력한다. 나이가 어린 사람에게도 깍듯하고 친절하게 대해 준다.
- 2번 준거 틀(LS7): 믿는 사람이나 가까운 사람에게는 자기 개방을 잘하고 모든 사람에게 공정하게 대하려고 노력한다.

② 부정적일 때 스트로크 방식

- 주 준거 틀(LS6): 상대방의 비합리적인 점을 무섭고 날카롭게 지적하고 공격적으로 직면하여 잘못을 분명하게 짚어 주고 싶은 마음이다(예: 상대방의 잘못을 논리적으로 조목조목 지적하여 상대방이 두 손 들게 만드는 상상을 종종 한다. 관리자가 상담자의 성별과 성격특성으로 상담자를 평가하려고 할 때 의사의 진료 행위와 상담자의 상담 행위가 다르지 않음을 차분하게 조목조목 설명했다.).
- 2번 준거 틀(LS7): 잘 이해가 안 되는 것이 있어도 물어 보지 못하는 경우가 많고, 답변의 양이 안 차도 그냥 넘어가 버리는 경우가 있다. 상대방을 잘 못 믿고 교류를 차단하거나 회피한다.

〈내담자 2〉

특성 FR	긍정적일 때	부정적일 때
주 준거 틀 (LS7) 안전적	따뜻하고 잘 놀고, 개방적이고, 충실하고, 지지를 잘해 주고, 정직하며, 공정하고, 믿을 만하다. 가족들과 친구들에게 헌신적이고 충실하다.	의심을 잘 하고, 통제하려 들고, 융통성이 없고, 빈정댄다. 위협을 받으면 움츠러들거나 거친 행동을 한다. 실패할까 봐 두려워 일을 미룬다.
2번 준거 틀 (LS8) 조화적	친절하고, 부드럽고, 기운을 북돋아 주고 지지를 해 주며, 충실하고, 판단하지 않는다. 중재를 잘하고 일을 순조롭게 진행시킨다.	고집을 부리고 수동적 공격성을 갖으며, 주장하지 않고, 지나치게 편한 것을 추구하며, 방어적이다. 우유부단하고 자책을 잘 한다.

① 긍정적일 때 스트로크 방식

- 주 준거 틀(LS7): 부드럽고 차분하게 부탁할 때 마음이 통하면 스스로 집안일을 알아서 도와주고 자신의 것을 양보할 수 있다(예: 부모가 바쁘고 집에 늦게 들어와서 힘들어할 때 방청소, 설거지, 빨래 널기, 자신의 음료수 나누어 주기 등).
- 2번 준거 틀(LS8): 사실적이고 객관적인 입장에서 판단하고 중립적인 입장을 유지한다(예: 부모 중 어느 누구의 편도 들지 않고 항상 중립적인 자세를 유지한다.).

② 부정적일 때 스트로크 방식

- 주 준거 틀(LS7): 약점을 지적당하면 화를 내거나 폐쇄적으로 철수한다.
- 2번 준거 틀(LS8): 부딪치는 것이 두려워 논쟁하거나 따지는 것을 두 번 이상하지 않고 물러서 버린다(예: 자신의 주장이 맞다고 한 번은 얘기하거나 반박하나 두 번 이상 주장하지 않고 물러서 버린다.).

내담자 커플관계 해석

아버지는 지나치게 옳고 그름을 따지려는 교류패턴을 가지고 있고, 부자가 공통적으로 안전하고 지지받는 환경이 아닐 경우 자신들의 생각이나 주장을 끝까지 펼치지 못하고 물러나고 방어적으로 대응한다.

☞ 개선 방안: 세상은 반드시 합리적으로 움직이지 않는다는 것을 자각하고, 실수나 약점은 누구나 가지고 있는 보편적인 현상임을 알고 할 수 있는 만큼씩 자신의 생각을 전달하는 연습을 한다. 사소한 것부터 꼭 물어보는 습관을 기르고 집에서 아들의 말을 잘 경청해 주고 자신의 생각을 편하게 얘기할 수 있는 분위기를 만들어 스트로크 연습의 장으로 만들어 간다.

5) 준거 틀의 조기 결단과 집착 그리고 두려움

〈내담자 1〉

특성 FR	조기 결단	집착	두려움
주 준거 틀(LS6) 규범적	정확하고 모범적이어야 한다.	완벽	실수
2번 준거 틀(LS7) 안전적	지지를 받아야 한다.	안전	방임

내담자의 해석

① 조기 결단의 의미

- 주 준거 틀(LS6): 모범적이고 융통성이 없는 아버지의 영향으로 '정확하고 모범적이어야 한다.'는 결단이 형성된 것 같다.
- 2번 준거 틀(LS7): 안전을 위해 주변에서 일어나는 상황을 알아야 하고 지지를 받아야 일을 진행할 수 있고 확신을 가지고 일을 진행할 수 있다. 뒷심이 부족한 것도 이와 관련된 것 같다.
- * 조기 결단이란 인생 초기 각본 메시지에 대한 반응으로 자신과 타인에 대한 어떤 결론이고 조기 결단을 자각하고 변화시키면 각본에서 벗어날 수 있다.

② 집착의 성향

- 주 준거 틀(LS6): 정확하고 모범적이고 실수하지 않아야 된다는 강박적인 생각으로 완벽해질 때까지 반복해서 본다(예: 미리 미리 서둘러서 우선 완성하고 나서 다시 수정한다.).
- 2번 준거 틀(LS7): 원만하고 조화롭게 일 처리를 해야 안전이 보장된다고 생각하고 갈등을 일으키지 않으려고 노력한다. 안전하다고 생각될 때까지 일을 추진하지 못한다.

③ 두려움의 성향

- 주 준거 틀(LS6): 주춤거리고 자주 망설인다. 실행에 옮기는 것이 늦다(예: 전화를 걸기 위해 휴대전화에서 이름을 찾고 걸까 말까 몇 번을 생각하다가 어렵게 전화를 하거나 부정적 생각이 들면 포기한다.).
- 2번 준거 틀(LS7): '인정을 못 받을까 봐', '무시당할까 봐', '주위에서 안 좋은 평가를 받을까 봐' 신경을 많이 쓰고, 고립되고 방임될까 봐 두렵다.

〈내담자 2〉

FR＼특성	조기 결단	집착	두려움
주 준거 틀(LS7) 안전적	지지를 받아야 한다.	안전	방임
2번 준거 틀(LS8) 조화적	갈등 없이 평화롭게 살아야 한다.	평온	갈등

① 조기 결단의 의미

• 주 준거 틀(LS7): 인정과 격려를 받을 때 마음에 여유가 생기고 소통이 시작되며 집중력과 성취동기가 높아진다.

• 2번 준거 틀(LS8): 누구와도 부딪치거나 대립하는 것을 피하고 갈등 상황에서는 회피하고 고립을 선택한다.

② 집착의 성향

• 주 준거 틀(LS7): '자신을 보호하기 위해 안전한 환경을 최우선적으로 여기고 자신의 방이 안전을 위한 도피처다(예: 방에 들어가 방문을 잠그고 한동안 안 나오기, 평상시 방문 잠그고 있기 등).

• 2번 준거 틀(LS8): 평화로운 환경과 분위기를 위해 자신의 권리를 포기하고 물러난다.

③ 두려움의 성향

• 주 준거 틀(LS7): 중요한 사람으로부터 관심을 못 받을 때 더욱 위축되고 움츠러든다.

• 2번 준거 틀(LS8): 갈등하고 논쟁하고 대립하는 것을 피하기 위해 애쓰며 살아간다.

내담자 커플관계 해석

지지 받고 인정받아야 안정감을 찾을 수 있고 안전을 위해 완벽을 추구한다. 아들은 갈등 없는 평화롭고 조화로운 환경을 위해 자신의 권리를 포기하고 회피 전략을 사용한다. 그런 모습을 인정하지 못하고 지적할 때 자녀는 더욱 회피하여 어떻게 대처할 수가 없는 상황이다.

☞ 개선 방안: 100% 완벽하지 않아도 괜찮다는 생각, 적당한 수준으로 하는 연습을 한다. 나의 존재 가치의 판단기준이 타인이 아니라 나 자신이라는 것을 자각한다. 지지 받지 않더라도 해야 할 일 이라고 생각되면 소신을 가지고 스스로 찾아서 하고, 아들이 안전과 조화를 위해 회피하는 상황에서 화를 내지 말고 자녀의 준거 틀을 인정해 주면서 부드럽게 조언하고 기다려 준다. 실수를 통해 배우고 도약하는 발판임을 강조해 준다.

6) 준거 틀에 따른 양육방식과 신념 그리고 방어기제

〈내담자 1〉

FR＼특성	양육방식	각본 신념	방어기제
주 준거 틀(LS6) 규범적	엄격하고 비판적	완전하게 하는 것이 최선이다.	반동형성
2번 준거 틀(LS7) 안전적	냉정하고 변덕이 심한	안전을 위해 항상 준비해야 한다.	투사

내담자의 해석

① 양육환경
- 주 준거 틀(LS6): 체면을 중시하고 타인의 시선을 중시하는 모범적인 아버지와 사람들과의 관계를 잘하는 어머니 밑에서 양육을 받아 왔으며, 어렸을 때는 아버지를 더 신뢰하면서 모범적으로 살아야 한다고 생각하면서 성장하였다.
- 2번 준거 틀(LS7): 정서적으로 무심한 아버지와 가족과 친척들을 잘 챙기는 어머니의 영향으로 형성된 것 같다. 마음은 아프더라도 아니라고 생각될 때 매정하게 딱 자른다.

② 각본 신념의 성향
- 주 준거 틀(LS6): 자신은 대충한다고 생각하는데 꼼꼼하게 하고 있고, 반복해서 수정하고 완성도를 높인다.
- 2번 준거 틀(LS7): 현재보다는 늘 다음과 미래를 생각하고 대비한다. 이리저리 생각이 많고 실행력이 떨어진다.

③ 방어기제의 의미
- 주 준거 틀(LS6): 비난 받지 않고 자신을 보호하기 위해 미운 사람도 친한 사람과 똑같이 공정하고 친절하게 응대 한다.
- 2번 준거 틀(LS7): 자신이 규정을 잘 모르고 문서를 잘못 작성하여 지적을 받았을 때 중요한 것도 아니고 본질이 아닌 것 가지고 까다롭게 트집 잡는다고 책임을 전가한다.

〈내담자 2〉

FR ＼ 특성	양육방식	각본 신념	방어기제
주 준거 틀(LS7) 안전적	냉정하고 변덕이 심하다.	안전을 위해 항상 준비해야 한다.	반동형성
2번 준거 틀(LS8) 조화적	요구당하고 혼자 지낸다.	조화롭게 사는 것이 최선이다.	도피

① 양육환경
- 주 준거 틀(LS7): 완고하고 비표현적인 무뚝뚝한 아버지의 모습과 자기주장을 잘하고 민감하고 예민한 어머니의 모습이 자녀에게 서로 상충되고 갈등하는 모습으로 비춰진 것 같다.
- 2번 준거 틀(LS8): 어머니의 적극적인 모습(적극적으로 이끌고 주도함, 높은 요망 수준, 많은 요구 사항과 기대 등)과 의견 불일치 상황에서 화내고 물러나 버리는 아버지의 모습을 보고 안전을 위해 수동적이고 고립을 선택하는 데 영향을 미친 것 같다.

② 각본 신념의 성향
- 주 준거 틀(LS7): 안전과 완벽함을 위해 늘 요구와 조심하는 부모의 영향으로 움츠리고 조심하는 성향이 된 것 같다.
- 2번 준거 틀(LS8): 모르는 것이 있을 때 다음 내용으로 넘어가지 못한다. 융통성이 부족하게 보인다. 주변이나 가정에서 일어나는 일에 적극적으로 개입하지 않고 자신이 편안한 것만 좋아한다.

③ 방어기제의 의미
- 주 준거 틀(LS7): 자기 생각이 있는 데도 감정을 억압하고 대수롭지 않다는 식으로 대처한다.
- 2번 준거 틀(LS8): 어려운 문제가 생기면 직면하기보다는 포기해 버리고 관심을 다른 데로 돌려 무관심으로 대처한다. 자기보호를 위해 교류 차단을 선택하고 물러나 버린다.

내담자 커플관계 해석

부자가 공통적으로 안전을 위해 늘 대비하고 자기보호를 위해 물러나는 방법으로 대처해 오다 보니 서로의 영역을 존중한다는 이유로 부자간에 진솔하고 깊이 있는 소통이 부족했다.

☞ 개선 방안: 부자간의 서로의 경계를 좀 더 느긋하게 허용하고 안전하고 완벽을 추구하는 강박적인 대처 방식에서 벗어나 진솔하고 정직하게 행동한다(예: 예전처럼 다시 함께 수영장 다니기 등).

7) 준거 틀에 따른 드라이버, 라켓, 디스카운트

〈내담자 1〉

FR ＼ 특성	드라이버	라켓	디스카운트
주 준거 틀(LS6) 규범적	완결무결하게 하라.	투쟁심, 분노, 비판	융통성
2번 준거 틀(LS7) 안전적	안전한지를 확인하라.	의심, 비겁, 불안	믿음

내담자의 해석

① 드라이버의 의미

- 주 준거 틀(LS6): 잘 인식하지 못하는 상황에서 자신도 모르게 습관처럼 완전무결하게 하려고 노력하고, 완전하지 못하다는 생각이 들 때 위축되고 물러나려는 경향이 있다.
- 2번 준거 틀(LS7): 의심이 많아 무엇이든지 확인하려 들고, 잘못되었거나 실수할까 봐 쉽게 결정을 못한다. 안전하게 하는 것이 모든 행동에 영향을 미친다.

② 라켓의 성향

- 주 준거 틀(LS6): 실수하거나 완벽하지 못한 상황, 약점이 드러나는 상황에서 지적받으면 비판적으로 변하고 화가 올라오는 부적절한 감정이나 행동이 연출된다.
- 2번 준거 틀(LS7): 원만하게 해결되지 않을 때 불안한 감정이 올라오고, 잘해야 된다는 생각으로 반복해서 확인하려는 의심하는 마음이 작동한다.

③ 디스카운트 성향

- 주 준거 틀(LS6): 완벽하게 해야만 된다는 강박관념에 사로잡혀 경직되고 융통성이 부족하다. 완고하고 정확하게 해야 된다는 자기 기준에 사로잡혀 융통성을 경시하는 경향이 있다 (예: 일정이나 계획을 수시로 변경하는 사람을 보면 일관성이 없어 보이고 신뢰가 떨어진다.).
- 2번 준거 틀(LS7): 너무 안전을 생각하다 보니 자신의 능력을 과소평가하고 타인을 불신한다.

〈내담자 2〉

특성 FR	드라이버	라켓	디스카운트
주 준거 틀(LS7) 안전적	안전한지를 확인하라.	의심, 비겁, 불안	믿음
2번 준거 틀(LS8) 조화적	평화를 구현하라.	태평, 안일, 자기비하	자기주장

① 드라이버의 의미

- 주 준거 틀(LS7): 타인 의식을 많이 하고 외부 세계에 신경을 많이 쓰다 보니 자기 통찰이 부족하고 자기 인식을 못하는 가운데 안전을 확보하려고 한다.
- 2번 준거 틀(LS8): 외부 세계와 함께하기보다는 자기만의 안전한 상상의 세계로 숨어서 평화로움을 추구한다(예: 판타지 만화에 몰두하거나 게임에 몰두하여 혼자 웃고 즐긴다.).

② 라켓의 성향

- 주 준거 틀(LS7): 안전을 위해 확인하고 조심하고 물러나고 의심하는 패턴이며 안전이 보장되지 못할 때 불안해한다.
- 2번 준거 틀(LS8): 경쟁과 성취에 대한 부담감, 불안감을 회피하는 수단으로 태평함과 나태함을 선택하고 스스로의 능력을 무시한다.

③ 디스카운트 성향

- 주 준거 틀(LS7): 자신이 없고 불안하기 때문에 타인과 자신을 믿지 못하고 스스로를 방임한다.
- 2번 준거 틀(LS8): 대립과 직면이 두려워 자기주장을 못하고 스스로 물러나 자기주장의 가치를 경시한다.

내담자 커플관계 해석

안전을 위해 진정한 자신들의 감정을 드러내지 못하고 있다. 주지화로 자신을 보호하고 함께하는 것보다는 독단적인 생활로 안전을 보장 받고 싶어 한다.

☞ 개선 방안: 자신을 먼저 신뢰하고 실수하고 완벽하지 않아도 있는 그대로도 괜찮은 사람이라고 생각한다. 타인 또한 나와 같은 소중하고 신뢰로운 존재임을 인식하고 혼자 할 수 있는 것도 함께하는 습관을 기른다(예: 스터디 그룹을 만들어 시험 대비하기, 아는 것도 한 번 더 물어보기 등).

8) 준거 틀에 따른 임패스와 병리적 인생각본

〈내담자 1〉

FR ＼ 특성	금지령	대항지령	핵심 임패스	병리적 각본
주 준거 틀(LS6) 규범적	생각해서는 안 된다.	완벽하게 하라.	완전	강박성
2번 준거 틀(LS7) 안전적	신중해서는 안 된다.	안전을 확인하라.	안전	의존성, 편집성

> **내담자의 해석**

① 금지령

- 주 준거 틀(LS6): 완고하고 융통성 없는 아버지가 "어른들이 얘기하는 데 끼어들지 말고, 말대꾸하면 안 된다.", "너희들은 몰라도 된다.", "어른들이 시킨 대로 해라."라는 비언어적 메시지를 통해 '생각해서는 안 된다.'는 유아기적 금지령이 주어진 것 같다.
- 2번 준거 틀(LS7): 치밀한 계산 없이 무엇이든지 일단 해 보는 아버지가 유아에게 주는 메시지로 형성된 것 같다. 아버지는 젊었을 때 이것저것 뭐든지 해 봤다는 얘기로 추정해 본 결과 '신중해서는 안 된다.'라는 금지령을 받은 것으로 생각된다.
- ※ 금지령은 가장 먼저 주어지는 비언어적 메시지로 유아가 말을 배우기 전 형성되는 것으로 유아의 언어적 감각으로 해석한다.

② 대항지령

- 주 준거 틀(LS6): 많은 일을 시도했으나 제대로 완성하지 못한 아버지의 말 속에 완벽하게 해야 제대로 일을 할 수 있다는 메시지가 들어 있어서 완벽하게 하는 것이 형성된 것 같다.
- 2번 준거 틀(LS7): 인생을 이끌어 주는 멘토가 없어 혼자 고군분투하다가 원하는 만큼의 뜻을 이루지 못하고 항상 아쉬움과 후회하며 살아온 아버지의 반대급부가 늘 안전을 확인하라는 메시지로 주어진 것 같다. 늘 조심하라는 언어적 메시지를 많이 들으면서 살아왔다.

③ 임패스 상태

- 주 준거 틀(LS6): 금지령과 대항지령의 갈등 상황에서 '완전'하기를 선택했다. 완전하지 못한 상황에서 불안하고 위축된다.
- 2번 준거 틀(LS7): '안전'을 위해서 지나치게 살피고 망설이기 때문에 실행이 안 되고 추진력이 부족하다. 그러다가 시간이 지나서 기회를 놓치고, 적극적으로 개입하기보다는 시간

이 지나서 상황이 그냥 해결되기를 기대하고 기다린다.

④ 불건강의 극단

- 주 준거 틀(LS6): 내 생각과 다를 때 상대방의 말을 믿지 못하고 두 번 세 번 확인하려 들고 수긍을 안 한다. 완전하기 위해서 강박적으로 노력하고, 완전하지 않을 때 축소각본으로 빠진다. 자존감이 떨어지고 위축되고 부족한 부분에 대해 지적받을까 봐 자신감 없는 모습으로 변한다.
- 2번 준거 틀(LS7): 안전하지 않는 상황에서 두 번 세 번 확인하는 의심이 일어나고 궁지에 몰리면 권위 있는 사람의 힘을 빌리고 싶은 의존 욕구가 일어난다. 소심하고 겁이 많아 기준 틀을 벗어나지 못한다.

〈내담자 2〉

특성 FR	금지령	대항지령	핵심 임패스	병리적 각본
주 준거 틀 (LS7) 안전적	신중해서는 안 된다.	안전을 확인하라.	안전	의존성, 편집성
2번 준거 틀 (LS8) 조화적	함께해서는 안 된다.	조화롭게 하라.	평온	조현성, 수동-공격성

① 금지령

- 주 준거 틀(LS7): 과감하고 거칠게 놀아 주는 아버지, 부부가 서로 참지 않고 감정대로 발산하는 모습을 통해 유아기 때 '신중해서는 안 된다.'라는 메시지를 형성한 것 같다.
- 2번 준거 틀(LS8): 어렸을 때 애타게 도움을 요청했으나 거부해 버린 아버지의 영향으로 좌절감과 거리감이 형성된 것 같다.

② 대항지령

- 주 준거 틀(LS7): 맡은 일을 책임감 있게 해내야 한다는 생각으로 단체나 조직에 들어가기 전에 그 조직에서 내가 그 일을 수행해 낼 수 있을지, 조직의 요구하는 사항을 해 낼 수 있을지를 먼저 확인하고 감당하는 데 문제가 없다고 생각할 때 소속한다.
- 2번 준거 틀(LS8): 모든 것을 다 알고 있어야 잘 대답하고 지적받지 않는다는 메시지를 부여받았다.

③ 임패스 상태

- 주 준거 틀(LS7): 부모의 감정 발산으로 불협화음의 상황과 '신중해서는 안 된다.'와 평화롭기를 바라는 '안전'의 갈등 상황에서 안전하기를 선택했다(예: 부모 갈등 상황에서 전혀 개입하지 않고 조용히 물러나 있다.).
- 2번 준거 틀(LS8): '같이 못 살겠다.'와 '조화롭게 살고 싶다.'는 메시지 중 평온을 선택했다 (예: 민감하고 섬세하며 표현을 잘 하지 않지만 마음은 여리다.).

④ 불건강의 극단

- 주 준거 틀(LS7): 의구심을 가지고 머뭇거리고, 누구도 신뢰하지 않고 혼자 처리한다.
- 2번 준거 틀(LS8): 자기 생각과 다르거나 맘에 안 들면 적극적으로 주장하기보다는 무응답이나 회피로 대처한다.

내담자 커플관계 해석

자녀에게 좀 더 적극적으로 개입하고 싶지만 자녀가 기분 나빠 할까 봐 더 이상 영역을 침범하지 않고 안전함을 선택하고 자녀는 자신의 안전과 평온을 위해 수동적인 모습을 보인다. 서로 간의 거리를 두고 자기 영역에서만 생활하고 있다.

☞ 개선 방안: 자녀의 요구에 민감하고 관심을 가지고 반응해 주고 자녀에게 친절하고 좀 더 부드럽게 접근한다(예: 자녀에게 외식하기 전에 먼저 먹고 싶은 것을 물어보고 메뉴 정하기 등). 자신의 권리를 주장 '하는 만큼 이익이다'라는 자세를 가지고 살아간다.

9) 준거 틀에 따른 효과적 교류패턴

〈내담자 1〉

FR	효과적 교류패턴
주 준거 틀(LS6) 규범적	충고를 소중히 여기라, 공정하고 사려 깊게 하라, 당신의 몫을 책임지라.
2번 준거 틀(LS7) 안전적	내 말을 주의 깊게 들으라, 솔직하고 분명하라, 내가 걱정하도록 내버려두라.

내담자의 해석

① 순기능적 교류패턴

- 주 준거 틀(LS6): 신뢰관계가 형성된 사람의 충고를 기꺼이 받아들일 수 있고 모든 일에서 공정하게 대우를 받고 싶어 한다. 자신도 타인에게 개인적인 친분을 떠나 공정하게 하려고 노력한다(예: 탁구 클럽에서 몇몇 사람과 친하게 어울리다 보니 다른 회원들과 어울리는 기회가 줄어들어 늘 미안한 마음이다. 의도적으로 누구나 먼저 온 사람과 같이 연습을 시도한다.).
- 2번 준거 틀(LS7): 직장에서도 내 말을 들어 줄 때 솔직한 마음을 공개하고 내 생각을 상대에게 분명하게 전달할 수 있다.

② 역기능적 교류패턴

- 주 준거 틀(LS6): 내 기준에 맞지 않으면 상대방의 충고를 대수롭지 않게 생각하고 내 생각대로 판단을 내려 더 어려움에 처한 적이 있다.
- 2번 준거 틀(LS7): 자신의 감정에 정직하지 못하게 살아온 경우가 많고 상대방의 말을 흘려 듣고 나서 나중에 시행착오를 반복한 경우가 많다. 다른 사람으로부터 내 욕구가 간섭이나 통제받기가 싫어서 교류를 차단하고 회피하는 경향이 많았다(예: 가볍게 얘기를 듣고 나중에 또 물어보거나 곤경에 처하는 경우가 종종 있다.).

〈내담자 2〉

특성 FR	효과적 교류패턴
주 준거 틀(LS7) 안전적	내 말을 주의 깊게 들으라, 솔직하고 분명하라, 내가 걱정하도록 내버려두라.
2번 준거 틀(LS8) 조화적	기대나 압력은 싫어한다, 애정을 보여라, 대결은 좋아하지 않는다, 이용하지 말라.

① 순기능적 교류패턴

- 주 준거 틀(LS7): 자신이 중요하다고 생각되는 것은 경청하고 대화가 끝나고 나서 물어본다. 인정해 줄 때 마음의 문을 열고 자신의 생각을 솔직하게 표현한다.
- 2번 준거 틀(LS8): 어떤 목적을 가지지 않고 순수한 마음으로 챙겨 주고 부탁할 때 협조적으로 나온다. 자신이 좋아하는 요리를 해 줄 때 같이 식사를 하고 자신의 방문을 잠깐 열어 놓고 생활한다.

② 역기능적 교류패턴

- 주 준거 틀(LS7): 부모가 늘 걱정하고 신경이 쓰이도록 한다. 중요한 일의 진행 상황을 알려 주지 않고 혼자 처리한다(예: 병역 신체검사, 병역 시기 결정 등).
- 2번 준거 틀(LS8): 부모의 기대나 요구 사항을 말하면 부담을 가지고 회피한다.

내담자 커플관계 해석

아버지는 자신의 기준을 정해 놓고 거기에 부응하는 교류패턴을 요구하고 있으며, 자녀는 부모의 기대나 요구에 회피하고, 중요한 일 처리를 얘기하지 않고 혼자 처리하므로 부모가 늘 걱정하게 만든다.

☞ 개선 방안: 부모는 자녀를 믿고 맡겨보는 태도가 필요하고, 자녀는 좀 더 솔직하고 성실하게 관계에 임하는 자세가 필요하다. 마음에 들지 않는 충고를 할 때 '듣는 연습', '상대방 입장에서 생각하는 연습'을 한다. 용기를 내서 자기의 생각이나 감정을 표현해 본다.

10) 준거 틀의 함정과 3P 활용

〈내담자 1〉

FR　　　　　　　　특성	함정	허용	보호	잠재능력
주 준거 틀(LS6) 규범적	완벽	여유 있게 해도 좋다.	고지식, 비판적	낙관적 태도
2번 준거 틀(LS7) 안전적	안전	믿어도 좋다.	우유부단, 경계심	평온한 신뢰

내담자의 해석

① 함정의 의미

- 주 준거 틀(LS6): '완벽'이란 가치를 강박적으로 따르려고 할 때 함정에 빠진다. 허점이 보일까 봐 고민하고 꾸물대다가 시간이 지나 버리고 기회를 놓친다.
- 2번 준거 틀(LS7): '안전'이란 가치를 강박적으로 따르려고 할 때 함정에 빠진다. 이리저리 생각하고 살피다가 실행에 옮기지 못하고 망설이다가 망한다.

② 허용의 상황

- 주 준거 틀(LS6): 시간에 쫓기지 않고 조급하지 않게 해도 된다. 일단하고 나서 부족한 것은 보완한다는 생각으로 실행을 빨리한다. 자신과 다른 사람을 믿고 기다려도 된다.
- 2번 준거 틀(LS7): 다른 사람도 나와 똑같은 입장이므로 자신과 다른 사람을 믿고 표현하고 실행해도 된다.

③ 보호의 상황

- 주 준거 틀(LS6): 융통성이 없고 고지식하여 변함없이 완고한 특성을 유지하려고 한다. 항상 원칙대로만 일이 진행되지는 않는 다는 것을 받아들인다. 상대방도 나와 같은 사람임을 인정하고 먼저 믿는다.
- 2번 준거 틀(LS7): 믿음이 부족하고 불신감으로 인해 결정을 쉽게 못하고 늘 경계하며, 심사숙고하는 것과 의심하고 확인하고 혼자 오해를 하게 된다.

④ 잠재능력 발휘

- 주 준거 틀(LS6): 여유 있게 낙관적인 태도를 가진 사람들과 자주 어울리고 친목 모임, 주민센터나 복지센터의 활동 프로그램에 정기적으로 참여한다. 일을 시작하기 전에 긍정적인 결과를 먼저 생각하고 시작한다.
- 2번 준거 틀(LS7): 가족관계, 직장에서 동료들과 관계를 강화하고, 종교활동을 통해 의지의 대상을 만든다. 욕심 부리지 않고 현재에 만족하고 항상 감사 거리를 찾아본다.

〈내담자 2〉

특성 FR	함정	허용	보호	잠재능력
주 준거 틀(LS7) 안전적	안전	믿어도 좋다.	우유부단, 경계심	평온한 신뢰
2번 준거 틀(LS8) 조화적	평화	자신의 의견을 말해도 좋다.	무사안일, 자기비하	자기주장

① 함정의 의미

- 주 준거 틀(LS7): '안전 지상주의'가 자기발전을 가로막고 관계의 장애물이다.
- 2번 준거 틀(LS8): 세상을 살아가면서 항상 평화로울 수만은 없으며, 갈등이 일어나는 것을 당연한 결과임을 인식하고 받아들인다.

② 허용의 상황

- 주 준거 틀(LS7): 인간은 다 같이 소중한 존재임을 인식하고 자신과 상대방을 믿어도 좋다.
- 2번 준거 틀(LS8): 서로의 다름을 인정하고 잘못되더라도 적극적으로 표현해도 좋다. 내 의견이 안 받아들여져도 큰 일이 일어나지 않는다는 마음자세를 가진다.

③ 보호의 상황

- 주 준거 틀(LS7): 지나치게 사람들을 경계하고 조심한다.
- 2번 준거 틀(LS8): 자신과 관계없는 일에 방관적이며, 평화를 유지하기 위해 '무사안일'에 빠져 있다.

④ 잠재능력 발휘

- 주 준거 틀(LS7): 위협적이지 않고 안전한 신뢰관계에서 능력을 발휘할 수 있다(예: 믿고 의지할 만한 친구 1명 만들기가 필요하다.).
- 2번 준거 틀(LS8): 잠재된 자기주장을 활성화시키기 위해 공감과 수용적인 분위기를 만들어서 자신의 능력을 발휘하게 한다.

내담자 커플관계 해석

안전을 추구하는 준거 틀이 서로 일치하여 부자 모두 위협 요소가 없는 안전한 환경에서 능력을 발휘하는 성향이며 특히 자녀는 공감, 수용적인 환경에서 능력이 발휘된다.

☞ 개선 방안: 항상 생각대로 일이 진행되지는 않는다는 것을 받아들이는 융통성을 기른다. 아버지는 아들을 대할 때 무슨 일이든지 모두 장단점이 있고, 그 나름대로의 성과가 있다고 생각하고 합리적 평가보다는 긍정적인 평가를 한다. 자녀의 입장에서 생각하고 수용적이고 지지적인 환경을 만든다. 삶의 과정이 항상 평화롭고 조화로울 수만은 없다는 것을 받아들이고 타협하고 대처하는 능력이 필요하다. 아들이 자기주장을 했을 때 적극적으로 경청하고 지지해 준다.

11) 준거 틀과 진로

〈내담자 1〉

FR ＼ 특성	성향	적성	대표적 직업
주 준거 틀 (LS6) 규범적	이상적·원칙적·규범적으로 완벽을 기하고 이를 위해 노력한다. 공정하고 정직하며, 깔끔하고 자제하는 인상을 준다.	규범적	교사, 성직자, 경영자, 공무원, 변호사, 세무사, 은행원, 감사원
2번 준거 틀 (LS7) 안전적	책임감이 강하고 안전을 추구하며 공동체에 대한 헌신이 대단하다.	보호적	법조인, 군인, 경호원, 비서직, 공무원, 소방관, 보건직

내담자의 해석

① **성향 통찰**

- 주 준거 틀(LS6): 모든 사람에게 공정하려고 노력한다. 자신의 기준이 합리적이라는 가정에서 겉으로 드러나지 않아도 내부에서 자기 기준이 분명하다.
- 2번 준거 틀(LS7): 가정이나 조직이 혼란 없이 원만하게 유지되도록 노력한다.

② **적성 찾기**

- 주 준거 틀(LS6): 안전하고 질서정연하게 통제하기 위해 규정을 꼼꼼하게 만들고 빈틈을 메꿔 나간다(예: 민원이 제기되었을 때 타당하고 객관적인 근거를 대기 위해 노력한다.).
- 2번 준거 틀(LS7): 안정된 상황에서 변함없이 꾸준히 하는 일을 선호하고 폭넓은 분야보다는 깊이 있는 분야를 선호한다.

③ **원하는 직업:**

- 주 준거 틀(LS6): 공무원이 되고자 준비하다가 군대 갈 시기가 되어 어찌하다 보니 13년간 근무하게 되었다. 직업군인은 나의 성향과는 잘 맞지 않았으나 우직함(원칙과 인내)으로 견뎌 낸 것 같다.
- 2번 준거 틀(LS7): 군 복무 중 안정성과 성격특성 등 여러 가지를 고려하다가 교사가 되기로 생각하고 35세에 공부를 시작하여 40세에 정식 교사가 되었다.

〈내담자 2〉

FR＼특성	성향	적성	대표적 직업
주 준거 틀 (LS7) 안전적	책임감이 강하고 안전을 추구하며 공동체에 대한 헌신이 대단하다. 마음이 따뜻하고 충실해서 상대에게 호감을 준다.	보호적	법조인, 군인, 경호원, 비서직, 공무원, 소방관, 보건직
2번 준거 틀 (LS8) 조화적	수용적이어서 편견이 없고 타인의 입장을 이해하고 받아 준다. 마음이 넓고 조화롭고 강한 인내심이 있다.	수용적	외교관, 중계인, 상담사, 변호사, 보모, 중매인, 성직자

① 성향 통찰

- 주 준거 틀(LS7): 안전한 환경을 선호하고 안전이 보장될 때 마음의 문을 열고 충실해진다.
- 2번 준거 틀(LS8): 조화로운 상황에서 이해심이 생기고, 타인의 입장을 수용해 준다.

② 적성 찾기

- 주 준거 틀(LS7): 안전한 환경에서 자신과 주변 사람들을 생각하고 위하는 태도가 나온다.
- 2번 준거 틀(LS8): 조화롭고 갈등이 없는 상황에서 수용적이고 봉사하는 마음이 생긴다.

③ 원하는 직업

- 주 준거 틀(LS7): 사람들과 관계의 기술이 덜 필요한 연구 분야, 자신이 독립적으로 할 수 있는 일, 전문성으로 해결하는 분야에 적합하다(예: 융통성을 발휘하지 않아도 되는 원칙적인 일, 연구원 , 심리학자, 임상심리사 등).
- 2번 준거 틀(LS8): 꼼꼼하고 예민한 성격과 세무사, 감사원, 음식, 향수 제조 관련 분야가 어울린다.

12) 자율성 회복과 발휘

〈내담자 1〉

FR＼특성	자율성 회복과 발휘
주 준거 틀 (LS6) 규범적	무엇이든지 완벽하지 않아도 된다. 너그러운 마음으로 실수를 인정한다. 가능한 최선을 다하되 그것으로 만족하고 느긋하게 현재를 즐겨라, 다른 사람의 흠을 보는 것보다 좀 더 배려하고 서로 다름을 인정한다.

2번 준거 틀 (LS7) 안전적	지나치게 걱정을 하거나 실패를 두려워하지 말고 여유와 믿음을 갖도록 한다. 의존적인 태도를 버리고 독립심과 자립심을 길러 자력으로 바람직한 일을 실행하라. 좀 더 객관적이고 자발성과 혁신적인 생각으로 마음의 균형을 잡도록 한다.

내담자의 해석

① 자율성의 회복의 의미

• 나에게 부족한 점, 잘하지 못하는 것을 수용하고 못하는 대로 보여 줄 수 있는 사람이 된다. 두려워하지 말고 일단 한번 해 보자는 마음으로 시작한다. "지금 이 순간이 가장 의미가 있고 소중한 시간임을 알고 현재에 만족하고 행복하게 산다."

② 어떻게 자율성을 발휘

• 주 준거 틀(LS6): 결과보다 과정에 의미를 둔다. 함께하고 참여하는 것 자체를 중요하게 생각한다.
• 2번 준거 틀(LS7): 도전하는 것 자체에 의미를 부여하고 맞다고 생각되는 것은 눈치 보지 말고 소신껏 실행한다.

〈내담자 2〉

특성 FR	자율성 회복과 발휘
주 준거 틀 (LS7) 안전적	지나치게 걱정을 하거나 실패를 두려워하지 말고 여유와 믿음을 갖도록 한다. 의존적인 태도를 버리고 독립심과 자립심을 길러 자력으로 바람직한 일을 실행하라. 좀 더 객관적이고 자발성과 혁신적인 생각으로 마음의 균형을 잡도록 한다.
2번 준거 틀 (LS8) 조화적	수동적 태도를 벗어나 적극적으로 자신의 주장을 펼치고 중요한 일에 먼저 집중하라. 심각한 상황을 피하기보다는 직면하면 책임감이 정확한 사람이 될 것이다. 독립적이고 자립적인 사람이 되어 스스로 해결하는 실행자가 되라.

① 자율성의 회복의 의미

• 누구나 실패할 수 있다는 것을 인정하고 지나친 걱정을 버리고, 자기감정과 주장을 표현하는 연습을 한다. 내 인생의 주인공은 나 자신임을 생각한다.

② 어떻게 자율성을 발휘

• 주 준거 틀(LS7): 부족한 것 자체를 인정한다. 실패해도 좋으니까 일단 시도하는 것 자체를

격려한다.

- 2번 준거 틀(LS8): 하기 쉬운 것부터 참여하고 나누는 연습을 한다.

13) 내담자의 전체적인 준거 틀의 개선 방안

〈내담자 1〉

상태 패턴	현재	개선점
LS1 지도적	주도성이 부족하고 소심하고 움츠린다.	모임에 참석하면 반드시 한 마디씩 하고 오기, 질문 한 가지 하고 오기
LS2 독창적	나서는 것을 싫어하고 평범한 것만 추구한다.	마음이 시키는 대로 해 보기
LS3 탐구적	호기심과 집착이 강하다.	보이는 대로, 들리는 대로 받아들인다.
LS4 이타적	자신의 일을 먼저 하고 주변을 둘러본다.	하루 한 가지씩 작은 것이라도 봉사와 부탁 들어주기 연습을 한다.
LS5 성취적	적당한 성취 욕구를 가지고 늘 도전한다.	좀 더 열정을 가지고 집중적으로 도전한다.
LS6 규범적	약점과 지적이 두려워서 모범적이고 완벽하려고 애쓴다.	가능한 범위에서 할 수 있는 것만큼만 하고 거기에 만족한다. 안 되면 다시 또 도전한다. 거시적인 관점으로 크고 멀리 보는 연습을 한다. 내 능력으로 안 되는 분야는 과감하게 걱정하지 않고 운에 맡긴다. '오늘은 내 것이고 내일은 내 것이 아닐 수도 있다', '오늘 열심히 살고 내일이 오면 내일 또 열심히 살겠다'는 마음가짐으로 살아간다.
LS7 안전적	의심이 많고 조심성이 많다. 함부로 행동하지 않는다. 망설이고 주춤거린다.	일정 범위 내에서 실수하고, 과감하게 행동하는 연습을 한다.
LS8 독창적	갈등이 두려워 분위기에 맞추고 결정을 못할 때가 있다.	'갈등도 삶의 일부로서 살아가는 과정이다'라고 생각하고 회피하지 않는다.
LS9 열정적	결정을 못할 때가 있다. 가장 안전한 방법인 폐쇄를 선택하여 안전을 추구한다.	직장생활에서 관리자를 신뢰하고 진솔한 마음으로 소통한다.

〈내담자 2〉

패턴 \ 상태	현재	개선점
LS1 지도적	지나치게 소심하고 활동성이 부족하다.	도전적 · 경쟁적이고 에너지 넘쳤던 어린 시절의 자율성을 회복하기 위해 무한한 지지와 관심을 가져 준다.
LS2 독창적	자신감 부족으로 나서지 못하고 지나치게 안전만 추구하여 노력을 인정받지 못한다.	자신감 갖기, 하는 만큼 부각시키기
LS3 탐구적	의지의 상실로 무관심으로 대응한다.	자신의 마음과 생각대로 솔직하게 행동하기
LS4 이타적	스스로를 방임 상태에 놓이게 하여 환경에 무관심하다.	자신 스스로 소중하고 다른 사람도 소중한 존재임을 생각한다.
LS5 성취적	무망감에 빠져 목표가 상실되었다.	자신을 먼저 사랑할 수 있도록 사랑과 지지가 필요하다.
LS6 규범적	목표 없이 그냥 되는 대로 살고 있다.	실천 가능한 것, 하고 싶은 것을 찾아서 도전하기
LS7 안전적	타인을 신뢰하지 않고 교류를 하지 않는다. 자기의 벽을 만들고 혼자 고립되어 있다.	사람에 대한 믿음을 가지는 마음자세가 필요하다. 인간관계 개선 훈련이 필요하다. 나도 OK, 당신도 OK의 태도를 가질 수 있도록 연습한다.
LS8 조화적	지나치게 무사안일하고 갈등을 피하기 위해 철수와 폐쇄를 선택한다.	삶에 평화와 갈등이 함께 공존한다는 사실을 인식. 낮과 밤이 공존하여 하루가 된다는 사실을 자각하기
LS9 열정적	관계를 피하기 위해 철수와 폐쇄를 선택하고 무의미하게 시간을 보낸다.	사람을 믿고 신뢰하는 자세 필요. 먼저 신뢰받는 경험 쌓기

5. 내담자 커플의 CKDP심리검사 결과와 개선 방안

1) 상담자가 본 내담자 커플의 문제

- 아버지: 갈등 상황에서 문제를 회피하고 관계를 단절하고 자기만의 세계로 물러난다. 다른 사람에 대한 이타심이 부족하고 적극성이 부족하여 자녀 관계에서 적극적으로 개입하지 않는다.
- 아들: 인간관계에서 조금만 위험해도 물러나 버리고 자신의 감정과 생각을 억압하여 표현하지 않은 경향이 있다.

2) 내담자 커플의 심리치료 및 개선 방안

① 상담목표
- 부자간의 원만한 소통과 함께 활동할 수 있는 방법을 찾고 기회를 만든다.
- 아버지의 적극적인 개입을 늘리고, 자녀의 대인관계를 촉진할 수 있도록 돕는다.

② 상담계획
- 자신들의 준거 틀 분석을 통해 성격특성을 깨닫고, 서로 상대방의 입장에서 생각하는 연습을 한다.
- 갈등도 우리 삶의 일부라는 마음자세로 생각하고 결과에 도달하기 위한 과정이라고 생각한다.

③ 상담전략
- 상대방의 입장에서 먼저 생각해 보고 나서 자신의 생각을 말한다.
- 갈등 상황에서 자신의 방식대로 대처하지 말고 마음을 열고 소통한다.
- 자신과 타인에게 관대한 기준을 적용한다. 특히, 타인의 부족한 점을 언급하지 말고 좋은 점만 언급하는 연습을 한다.
- 자신의 감정과 생각을 억압하지 않고 차분하게 표현하는 연습을 한다.
- 자녀에 대한 현실적인 기대 수준을 갖는다.

6. 상담 과정과 상담 결과

1) 상담 과정(초기, 중기, 종료 등으로 구분하여 요약)

- 초기: CKFR 심리검사를 통해 자신의 준거 틀을 이해한다.
- 중기: 서로의 입장에서 생각해 보는 연습을 지속적으로 한다.
  타인과 비교하지 않고 있는 그대로의 모습을 서로 인정한다.
  주 1회 자녀와 함께 활동할 수 있는 기회를 만든다(편의점 같이 가기, 수영, 외식 등).
- 종료: 허용적이고 있는 그대로의 삶을 살아가도록 노력한다.

2) 상담 결과

상담과 준거 틀 분석을 통해 아버지와 아들이 서로의 성향을 깊이 알아차렸고, 서로의 노력이 필요함을 깨닫게 되었다. 내담자 1(아버지)은 자신의 주 준거 틀인 LS6의 영향으로 지나치게 규범적이고 완고하며 2순위 준거 틀인 LS7번으로 인하여 안전하기 위해 늘 조심하고 완벽하게 하려고 노력해 왔고, 내담자 2(아들)는 주 준거 틀인 LS7번과 2순위 준거 틀이 역기능적으로 작용했을 때 안전을 위해 주의하고 조심하는 것이 지나치고 조화를 위해 갈등을 피하기 때문에 회피와 스스로 고립을 선택하는 방법으로 자신을 보호하고 대처해 왔음을 깨닫게 되었다.

아버지와 아들이 공통적으로 LS7번이 높아 서로 역동이 일어났을 때 두 사람 모두 갈등이 일어나는 것을 두려워하기 때문에 문제에 봉착하더라도 적극적으로 해결하지 않고 수동적이고 회피하며 물러나 버리는 방법을 선택함으로써 어떤 변화가 없고 적당한 선에서 평행선을 유지해 왔음을 통찰하였다. 이들 부자는 갈등을 두려워하지 말고 삶의 과정에서 필연적으로 일어나는 일상임을 자각하고 대인관계에서 직면의 필요성을 알게 되었다.

내담자 1(아버지)은 9순위 LS2의 영향으로 지나치게 평범하고 순탄한 것만 추구해 왔음을 알게 되었고, 좀 더 적극적으로 자신의 삶을 개척해 보는 것이 새로운 삶의 에너지가 될 것이라는 것을 깨달았고, 내담자 2(아들)는 9순위 LS1의 영향으로 지나치게 소극적인 모습으로 살아왔음을 깨닫게 되었다. 이들 부자는 새로운 것을 도전해 보는 자세와 대인관계에서 적극적으로 주도해 보는 경험이 필요함을 깨닫고 실천할 수 있는 기회가 필요하다는 것을 알게 되었다.

이들 부자는 서로의 기질은 수용하되 삶은 갈등의 연속임을 인식하고 인생 무대의 주인공은 자기 자신이며, 내가 내 인생의 각본을 쓰는 대로 삶이 이루어진다는 것을 깨달았고, 완벽함보다는 참여하고 시도하는 과정 그 자체에 의미를 두고 살아가기로 재결단하였다. 가족관계에서부터 서로 인정하고 지지해 주는 분위기를 조성하고, 할 수 있는 만큼씩 자신들의 생각과 감정을 표현하는 연습을 하기 위해 가정을 '스트로크의 연습의 장'으로 만들어 가기로 하였다.

아버지는 아들을 믿고 맡겨 보는 태도가 필요하고, 아들은 좀 더 솔직하고 성실하게 관계에 임하는 자세가 필요함을 알게 되었고, 부자가 서로 인정하고 한 걸음씩, 한 걸음씩 매일 할 수 있는 만큼씩 실행하기로 약속하였다.

7. 상담자 총평

> 나에게 부족한 점.
>
> 잘하지 못하는 것을 수용하고 못하는 대로 보여 줄 수 있는 사람이 된다는 것.
>
> 두려워하지 말고 일단 한번 해 보자는 마음으로 시작한다는 것.
>
> 누구나 실패할 수 있다는 것을 인정한다는 것.
>
> 지나친 걱정을 버리고 자기감정과 주장을 표현한다는 것.

이 얼마나 어려운 일인가를 알게 되었다. 머리로는 이해하고 알았지만 현실생활에서 이를 실천한다는 것은 또 하나의 어려운 과제임을 인정한다. 그럼에도 불구하고 많은 시간과 노력을 투자하여 자신들의 준거 틀을 알아차리고 작업을 진행하는 것은 완벽한 인간이 되기 위함이 아닌, 순간순간 더 나은 삶을 위해 노력하는 과정 자체가 우리의 인생임을 알기 때문이다.

자신도 모르게 형성되어 사용해 온 무의식적 각본들이 이들 부자와 그 가족들, 관계하는 주변 사람들에게 얼마나 고통, 불편함, 심리적 에너지 소비를 하게 만들었을까를 숙고해 보게 한다. 이제 조부모, 부모, 자녀로 이어지는 집안 대물림의 무의식적 패턴을 깨닫고 개선하여 적극적이고 좀 더 활동적이고 생동감 넘치는 삶을 살아가기를 바란다.

진정한 자율성을 회복하여 "지금 이 순간이 가장 의미가 있고, 가장 소중한 시간임을 알고 현재에 만족하고 행복하게 살자", "내 인생의 주인공은 나 자신임을 알자"라는 태도를 가지고 한 걸음 한 걸음 성장해 가는 모습을 기대해 보고 성장을 위해 노력하는 그 자체가 행복한 삶이 될 것이라고 확신한다.

이번 상담과 분석을 통해서 인생은 결과가 아닌 과정이며, 오늘이 없는 내일은 존재하지 않는다는 사실을 자각하였고 늘 자신을 알아차리는 깨어 있는 사람이 되어 자율성을 회복해 가는 행복한 사람이 되고자 다시 한번 성찰하는 시간이 되었다.

> ❝ 인생의 종착역을 향하여 함께하는 길동무가 있어 외롭지 않고 행복합니다. ❞

CKFR 심리검사에 의한 커플상담 사례분석 2
일과 마음의 차이를 줄이고 싶어요

상담자: 서미경

---

1. 내담자의 기본 정보

- 내담자 1: 남편 / 성별: 남 / 연령: 38세 / 학력: 박사 휴학 / 검사일: 2021년 7월 20일
- 내담자 2: 아내 / 성별: 여 / 연령: 34세 / 학력: 박사 수료 / 검사일: 2021년 7월 20일

1) 의뢰경위 및 주 호소문제

① 의뢰경위

남편은 박사과정 중 결혼을 하게 되면서 가정을 꾸리기 위해 스타트업 기업을 창업하였다. 학업과 사업을 병행하는 것이 어려워 휴학 중이며, 아내도 박사 수료 후 논문 작성 중으로 남편의 사업을 도우면서 파트타임으로 자신의 일을 하고 있다. 남편은 아내가 전적으로 자신의 일을 도와주면 자신의 일이 덜어질 것으로 생각했지만 남편 회사 일에 익숙하지 않은 아내는 실수를 하는 경우가 종종 있어 스트레스를 받고 있다. 아내는 전공과 관련 없는 남편 회사 일을 하면서 스트레스를 받고 있으며, 실수를 하게 되는 경우 남편은 자기 일처럼 하지 않아서 그런 실수를 한다는 말을 하고 있어 열심히 잘하고 싶은 자신의 마음을 알아주지 않는 남편이 야속하다. 부부는 지속적인 스트레스로 갈등 상황이 빈번해지고 남편이 그만하자는 말을 하면서 이혼을 생각하게 되었다. 이혼 전 서로에 대해 알고 싶어 의뢰하게 되었다.

② 주 호소문제

- 남편: 내가 하라는 일만 했으면 좋겠다.

  제대로 된 서포트를 받고 싶다. 결혼생활을 위해 졸업도 미뤄 두고 사업에 매진하고 있어 신경 쓸 곳이 너무 많은 상황에서 아내에게 맡긴 일은 아내가 정말 내가 하는 것처럼 해 주었으면 좋겠는데 다른 곳에 신경 쓰고 자꾸 딴짓을 하며 실수를 하는 바람에 일을 수습해야 하는 상황이 반복되고 있어 힘들다.

- 아내: 나의 마음을 알아주고, 노력하는 점을 인정해 주면 좋겠다.

  남편이 얼마나 힘들고 노력하는지 알고 있고, 그래서 전공과는 상관없는 일을 도와주고 있는데 익숙지 않아 실수할까 봐 묻고 또 물어가면서 하는데 남편은 내가 일이 익숙한 남편처럼 업무 처리를 해 주기를 바라고 내가 한 노력을 알아주지 않아 속상하다.

2) 행동관찰

〈남편〉
- 175cm 정도의 키에 마른 체격이다.
- 단정하게 자른 헤어스타일 등 위생 상태 양호하다.
- 쑥스러워하는 표정이었으나 아내를 볼 때 미소를 지으면서 이야기한다.

〈아내〉
- 160cm 정도의 키에 보통 체격으로 긴 머리다.
- 깔끔한 외모로 위생 상태 양호하다.
- 테이블 위를 물티슈를 꺼내 닦는다.
- 남편 음료를 남편 앞에 놓아 주고 어떻게 먹으라고 설명을 해 준다.

3) 내담자의 자원

〈남편〉
- 전공 분야에 특허를 가지고 있고 능력을 인정받고 있다.
- 가족을 책임져야 한다는 책임감이 강하다.

〈아내〉
- 전공 분야의 전문가로 일하고 있다.
- 지지적이고 경제력 있는 친정이 있다.

4) 가족관계(3세대 가계도 및 내담자 문제와 관계된 가족 성향, 특이 사항)

① 가계도

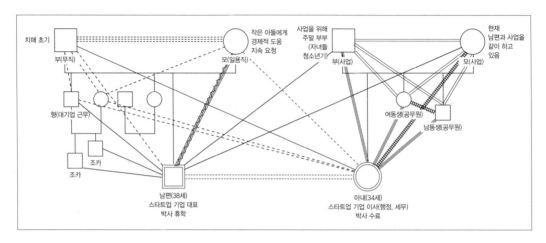

- 남편: 어린 시절 경제력이 없는 아버지와 가정의 경제를 책임졌던 어머니 사이에서 자라났다. 결핍이 많은 양육환경이었다. 그럼에도 어려운 환경에서 어머니가 도망가지 않고, 자신을 떠나지 않은 것에 대해 고마워한다. 부모의 지원 없이 서울로 대학 진학 후 대학원을 다닐 때까지 아르바이트로 돈을 벌어 자신의 생활을 유지하면서 부모가 필요한 돈을 보내 주었다. 대기업에 다니고 있는 형에게도 부모처럼 잘해야 된다는 생각으로 형이 하자고 하는 일은 형의 뜻에 따라 하고, 조카들에게도 경제적 지원을 하고 있다. 아내가 초기 암 진단을 받았을 때 재학 중인 학교 병원의 인맥을 활용하여 아내의 투병과 수술을 도와주었다.
- 아내: 사업을 하는 부모의 맏딸로 유복하게 자랐다. 지지적인 양육환경에서 자라났으나 부모 모두 사업으로 바빠 동생 2명을 돌보았다. 성인이 된 동생들을 매번 걱정하고 돌보려고 한다. 신혼 초 건강검진 시 초기 위암을 진단받고 부모가 걱정할까 봐 알리지 않고 수술을 하고, 회복하였다. 암 투병 시 남편이 잘 챙겨 준 것을 매우 고마워하고 있다. 현재 친정아버지의 건강이 좋지 않고, 암 투병을 했던 아내는 건강에 대한 염려가 있다.

② 생태도

- 남편: 신기술 개발 특허로 사업을 하고 있으나 지속적인 신기술 개발에 대한 부담감이 있다. 대학교수가 되겠다는 목표가 있으나 학교를 휴학하면서 지도교수와 동료들 사이에서 자신의 목표를 향해 나아가지 못하고 있는 것에 대한 속상함이 있다. 결혼을 해서 가정의 경제를 책임져야 한다는 생각으로 사업을 하고 있으나 결혼 후 자신의 일을 제대로 하지 못하고 있다는 생각이 있다.

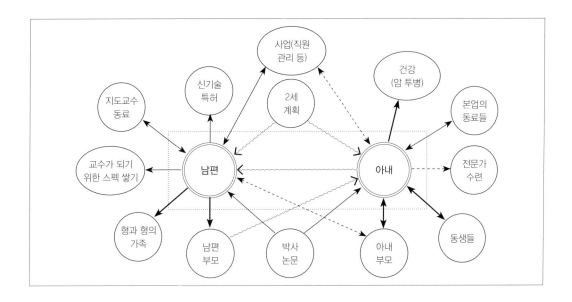

- 아내: 남편의 일을 도우면서 하고 있던 일을 시간제로 하고 있으며 전문가 수련을 멈추고 있어 이후 자신의 전공으로 다시 일할 수 없을 것 같다는 불안을 느끼고 있다. 남편이 결혼 후 자신이 희생한 부분에 대해 이야기할 때 아내는 자신도 희생한 부분이 있는데 그것을 인정해 주지 않는 남편에게 화가 난다.
- 공통: 양가 부모의 노후, 아내의 암 투병, 박사 논문 쓰고 졸업, 2세 계획 등은 부부가 함께 고민하고 있는 부분이다. 남편의 형과 조카들에 대한 생각, 아내의 동생들에 대한 생각은 서로 다른 관점으로 바라보고 있으며, 남편 회사 일을 함께하면서 일하는 방식이 달라 서로에게 불만이 있으나 의사소통을 원활하게 하지 못하고 있어 갈등이 심화되고 있다.

2. 내담자의 검사 결과

〈내담자 1〉

FR \ 구분	LS1	LS2	LS3	LS4	LS5	LS6	LS7	LS8	LS9
점수	37	29	38	32	40	41	37	36	36
순위	4	9	3	7	2	1	8	6	5
등급	1~2	3~4	3~4	6~7	1~2	1~2	6~7	5	3~4

〈내담자 2〉

FR \ 구분	LS1	LS2	LS3	LS4	LS5	LS6	LS7	LS8	LS9
점수	29	25	33	41	32	33	35	34	25
순위	7	8	5	1	6	4	2	3	9
등급	8~9	8~9	5	1~2	5	6~7	3~4	5	8~9

〈CKFR 심리검사 체크리스트〉

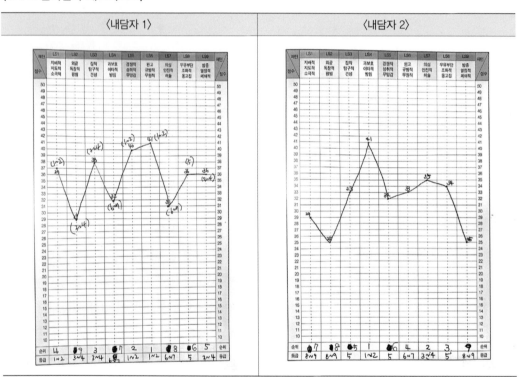

〈내담자 1〉	〈내담자 2〉

남편의 해석

• 주 준거 틀(LS6)(1~2등급), 2번 준거 틀 LS5(1~2등급), 9번 준거 틀(LS2)(3~4등급): 주 준거
틀, 2번 준거 틀은 역기능적으로 잦은 빈도와 높은 강도로 사용될 것으로 보이며, 9번 준거
틀의 경우 빈도는 낮지만 사용될 때의 강도는 낮지 않다.

아내의 해석

• 주 준거 틀 LS4(1~2등급), 2번 준거 틀(LS7)(3~4등급), 9번 준거 틀 LS9(8~9등급): 9번 준거 틀은 지나치게 높고 9번 준거 틀은 낮은 편이다.

3. 준거 틀에 따른 특성과 해석

1) 준거 틀의 건강한 정도

〈남편〉

FR ＼ 특성	상	중	하
주 준거 틀 (LS6)	관용, 이성적, 양심적, 합리적	비평적, 원칙적, 완벽, 완고	분노, 위선적, 우울, 회피
2번 준거 틀 (LS5)	자기확신, 근면, 정직, 적응력	목표 지향적, 자기도취, 효율적, 경쟁적	기회주의, 기만, 천박, 보복적
9번 준거 틀 (LS2)	온정적, 창조적, 예술적, 영감	자기몰두, 자기관대, 몽상, 비현실적	자기억제, 우울, 자기혐오, 자기파괴

① 건강할 때

• 주 준거 틀(LS6): 학업, 사업, 가정에서 맡은 역할에 대해 매우 충실하다. 학창 시절 아르바이트를 해서 번 돈을 자신에게 쓰지 않지만 자신에게 고마운 부모에게 사용한다. 아내의 암 투병 시 자신의 일이 바빴지만 최선을 다해 투병을 도왔다. 결혼 후 가장으로서 경제적인 부분을 책임지기 위해 휴학을 하고 사업을 시작해서 경제적 안정을 가져왔다.

• 2번 준거 틀(LS5): 대학원생으로서 SCI급 학술지에 다수의 논문을 게재하여 지도교수와 동료에게 능력을 인정받았다. 부지런하고 꾸준하게 타인보다 열심히 노력하여 자신의 전공분야 신기술 관련 특허를 가지고 있다.

• 9번 준거 틀(LS2): 사업 시작 후 직원들과의 관계를 개선하기 위해 직원 전체 심리검사를 실시하고, 자기이해와 서로의 다른 점을 확인함으로써 서로를 깊이 있게 이해하기 위한 노력을 한다.

② 불건강할 때

- 주 준거 틀(LS6): 직원들과 아내에게 자신의 기준에 맞추기를 원한다. 그러다 보니 직원들이 하는 일이 눈에 차지 않아 스스로 하게 되면서 자신의 일이 가중되어 힘들다. 아내가 회사 일을 자기 일처럼 하지 않아 실수를 해서 일을 꼬이게 만들어서 자신을 더 힘들게 만드는 것 같아 아내에게 화가 난다.
- 2번 준거 틀(LS5): 후배가 먼저 논문을 쓰고, 교수직으로 나가는 것을 보면서 결혼을 하지 않았으면 그 자리에 자신이 갈 수 있었을 것으로 생각되어 결혼을 서둘렀던 아내 탓을 하며 화를 내고, 아내에게 아내의 논문보다 자신의 사업에 관한 일을 돕기를 요구한다.
- 9번 준거 틀(LS2): 가정은 부부가 같이 꾸려 가는 것인데 아내는 자신이 하고 싶은 일을 하고, 남편의 일은 뒷전으로 하면서 자꾸 실수를 해서 자신을 더 힘들게 하고 있는 것 같아 자신만 희생하는 것이 억울하고 화가 난다.

〈아내〉

FR＼특성	상	중	하
주 준거 틀 (LS4)	이타적, 겸손, 진실, 온정적	우호적, 과장, 간섭, 보상	조종, 분개, 억압, 교만
2번 준거 틀 (LS7)	용기, 충성심, 책임감, 호감	의존적, 우유부단, 방어적, 복종	의심, 공격적, 자기비하, 불안
9번 준거 틀 (LS9)	절제, 낙관적, 열정적, 자발적	호기심, 충동적, 과도한, 도취적	반항적, 탐닉, 퇴폐적, 광적

① 건강할 때

- 주 준거 틀(LS4): 남편이 사업과 강의 등으로 너무 힘들다는 것을 알고 있어 주말에는 남편이 최대한 쉴 수 있고, 영양을 보충할 수 있도록 식사 준비를 해둔다.
- 2번 준거 틀(LS7): 남편이 도와 달라고 한 업무는 행정 업무로 전공과 관련이 없고 해 본 적도 없는 업무를 해야 하는 상황에서도 남편을 돕는 일이라고 생각해서 잘하려고 노력하고 있다.
- 9번 준거 틀(LS9): 남편의 일과 자신의 논문 준비로 바쁘지만 듣고 싶은 워크숍을 시간을 쪼개 참여하고 있다.

② 불건강할 때

- 주 준거 틀(LS4): 남편의 사업을 도우면서 자신의 논문을 볼 시간이 없어 지도교수의 눈치를 보고 있다. 자신의 일을 하지 못하고 타인의 일에 더 집중한다.
- 2번 준거 틀(LS7): 남편 회사 일을 하면서 자신의 실수로 인해 남편의 연구과제나 사업이 잘못될 것 같은 불안이 올라와 확인하고 또 확인하다 보니 일 처리가 늦어지는 것을 남편에게 일부러 일을 천천히 하는 것으로 오해를 받고 있어서 불안이 올라와 실수가 더 많아지는 악순환을 겪고 있다.
- 9번 준거 틀(LS9): 사업과 관련된 일은 쉴 새 없이 지속적으로 제출해야 할 서류들이 많은데 전공과 관련된 전문가 수련에 참여하고 시간제 일을 하고 있어 회사 일에 더 많은 비중을 두기 바라는 남편과 갈등 상황이 벌어지는 경우가 있다.

내담자 커플관계 해석

목표 지향적이며 완벽한 일 처리를 원하는 남편의 높은 기준에 아내의 일처리가 마음에 들지 않아 남편은 아내를 비난하고 담금질을 하고 있다. 아내는 그런 남편을 돕고 있지만 고맙다는 말보다 비난의 대상이 되는 것에 스트레스를 받고 있다. 아내는 남편의 기준에 맞추려니 더 조심스럽고, 실수 없이 하려고 하다 보니 일이 늦어지고 있어 남편은 아내가 일에 불성실하다고 생각하고 있어 갈등이 생기고 있다.

☞ 개선 방안: 남편과 아내는 서로의 상황과 입장에 대해 적극적으로 표현한 필요가 있어 보인다. 남편은 아내가 말하지 않아도 알아서 해 주기를 바라고, 아내는 자신이 하고 있는 일을 남편이 인정해 주기를 바라고 있다. 남편은 아내에게 바라는 것을 정확하게 표현하고, 아내가 노력하고 있는 부분을 아내의 입장에서 인정할 필요가 있다. 아내는 남편의 회사 일에서 할 수 있는 일과 할 수 없는 일에 대해 명확하게 표현하고, 하겠다고 한 일은 책임을 가지고 수행할 필요가 있다. 남편과 아내 모두 일이 중심이 아닌 부부가 행복하게 살기 위한 의사소통을 할 필요가 있다.

2) 준거 틀의 성향에 따른 승자각본과 패자각본

〈내담자 1〉

FR＼특성	성향	승자각본	패자각본
주 준거 틀(LS6)	완벽적	느긋하게 현재를 즐긴다.	화를 잘 낸다.
2번 준거 틀(LS5)	성취적	거짓 없이 바르고 참되다.	남을 그럴 듯하게 속인다.
9번 준거 틀(LS2)	독창적	평안하고 어려움이 없다.	남을 부러워하고 바란다.

① 성향

• 주 준거 틀(LS6): 어린 시절부터 부모의 도움을 받을 수 없는 남편은 자신의 일을 스스로 해야 했다. 시골에서 학원 등을 다니지 못했음에도 서울에 있는 대학에 진학해서 스스로의 힘으로 박사 과정을 밟고 능력을 인정받고 있다. 매사에 꼼꼼하고 완벽을 추구하며 성실하고 모범적이다.

• 2번 준거 틀(LS5): 목표 지향적으로 자신의 목표를 위해 성실히 노력하였다. 대학교수가 되겠다는 목표를 가지고, 동기선후배보다 더 많은 노력을 하고 지도교수에게 인정받기 위해 지도교수의 일을 많이 돕는다.

• 9번 준거 틀(LS2): 다른 사람들과 다른 시각과 노력으로 신기술을 개발하고 특허를 가지고 사업을 하고 있다.

② 승자각본 쓸 때

• 주 준거 틀(LS6): 결혼 전 학업에 매진할 때는 논문을 지속적으로 발표하고, 타 학교 강의 등을 하면서 자신의 목표를 향해 지속적으로 나아가고 있었다.

• 2번 준거 틀(LS5): 사업을 시작해서 어느 정도의 수익이 나자 아내에게 생활비를 충분히 주고, 직원들의 사기 진작을 위해 다양한 복지를 실시한다.

• 9번 준거 틀(LS2): 사업을 시작하면서 자신에 대한 역량에 대한 충분한 자신감이 있다.

③ 패자각본 쓸 때

• 주 준거 틀(LS6): 후배가 교수로 임용되었을 때 자신이 교수가 되지 못한 것이 결혼으로 가장으로 역할을 하기 위해 사업에 집중하면서 휴학으로 학업을 마치지 못한 것으로 생각되어 결혼을 서두른 아내를 탓하고, 아내에게 상처 주는 말을 한다.

• 2번 준거 틀(LS5): 가장으로 가정의 경제를 책임지기 위해 사업을 시작한 것이 휴학을 한 이유이기는 하지만 졸업을 위한 토익 점수가 잘 나오지 않은 이유도 있는데 모든 것이 결혼을 하자고 한 아내의 탓을 하고 있어 자신의 목표를 이루지 못한 부분에 대해 스스로를 속이고 있으며, 진실을 회피하고 있다.

• 9번 준거 틀(LS2): 후배의 교수 임용으로 박사 학위를 받지 못해 교수직에 가지 못한 것이 속상하고, 후배를 부러워한다.

〈아내〉

FR＼특성	성향	승자각본	패자각본
주 준거 틀(LS4)	이타적	남을 존중하고 자기를 낮춘다.	잘난 체하고 건방지다.
2번 준거 틀(LS7)	안전적	굳세고 씩씩하다.	무서워하거나 두려워한다.
9번 준거 틀(LS9)	열정적	건전하게 즐기고 절제한다.	절제하지 못하고 탐닉한다.

① 성향

- 주 준거 틀(LS4): 남편은 다른 사람들에게는 화를 내지 않지만 가장 편안한 대상인 아내에게만 화를 내는 것이 남편의 감정 쓰레기통처럼 느껴지지만 자신이 도와줄 수 있는 일이라고 생각해서 견뎌 내고 있지만 힘들다.
- 2번 준거 틀(LS7): 남편 사업과 관련된 일을 할 때는 확실할 때까지 남편에게 묻고 또 물어보고 일처리를 한다.
- 9번 준거 틀(LS9): 남편이 일에만 매달리고 있을 때 남편을 편하게 쉬게 해 주기 위해 자신을 뒤로하고 남편에게 맞춰 일을 한다.

② 승자각본 쓸 때

- 주 준거 틀(LS4): 남편의 일을 도우면서도 프로포절하고 박사 논문을 쓰고 있다.
- 2번 준거 틀(LS7): 남편과 결혼 시 경제적인 어려움은 예측이 되어 친정 부모님의 도움을 받기로 결정해서 대학원 학비는 친정 부모님의 도움을 받았다.
- 9번 준거 틀(LS9): 남편의 일과 자신의 일로 스트레스를 받을 때 맛있는 것을 찾아 먹거나 전문가 수련을 위한 워크숍에 참여하며 스트레스를 해소한다.

③ 패자각본 쓸 때

- 주 준거 틀(LS4): 남편 회사 일을 돕는 것은 자신이 남편에게 희생하고 있다고 생각하고 있어 남편이 고마워하지 않는 것에 화가 난다.
- 2번 준거 틀(LS7): 남편과의 갈등이 반복되자 남편이 "그만하자"는 말을 해서 남편이 이혼을 생각하고 있는 것 같아 이혼에 대한 고민으로 매우 불안하다.
- 9번 준거 틀(LS9): 스트레스 해소를 위해 소소하게 즐겼던 맛있는 음식이 절제가 되지 않아 체중이 증가하고 건강이 나빠졌다.

내담자 커플관계 해석

남편은 결혼 전 자신의 일에만 집중했을 때와 결혼 후 변화된 역할과 상황에 대해 힘들어 아내에게 도움을 요청했지만 자신의 기준에 미치지 못한 아내에게 실망하고, 서운해하면서 아내를 비난한다. 아내는 자신의 일의 일부를 포기하고 남편을 돕기 위해 노력하고 있으나 남편의 높은 기준에 따를 수 없어 불안하다.

☞ 개선 방안: 부부 모두 현재 상황을 객관적으로 볼 수 있도록 한 발짝 떨어져서 볼 필요가 있으며, 휴식을 통해 자신을 돌볼 필요가 있는 것으로 보인다. 자신을 돌보고 난 후 상대의 입장에서 상대의 행동을 이해하고, 서로의 속마음을 허심탄회하게 표현할 필요가 있다.

3) 준거 틀의 등급에 따른 기술

〈내담자 1〉

FR ＼ 특성	등급에 따른 기술
주 준거 틀(LS6) 1~2등급	비판적, 완벽주의, 완고, 강박적, 이상적, 독선
2번 준거 틀(LS5) 1~2등급	실적 중시, 야망, 허영, 자기도취, 경쟁적, 천박
9번 준거 틀(LS2) 3~4등급	자의식, 옹고집, 현실도피, 외곬, 죄책감, 독창적, 감성적, 온정적, 심리적, 세련, 자기 성찰, 개성

① 순기능
- 주 준거 틀(LS6): 사업을 시작하면서 직원들이 안정적으로 일하게 해 주기 위해 많은 연구과제를 받아 오기 위해 부단한 노력을 한다. 회사는 짧은 시간에 스타트업에서 벗어나 안정적으로 유지가 되고 있다.
- 2번 준거 틀(LS5): 사업에서 연구과제를 따내는 것에 매진해 성과를 내서 회사를 안정적으로 이끌 수 있었다.
- 9번 준거 틀(LS2): 어려운 가정형편 속에서 현재의 자신의 위치(박사 수료, CEO 등)에까지 올라올 수 있었던 자신의 노력에 대해 자부심을 가지고 자신의 위치를 확고하게 만들기 위해 노력한다.

② 역기능
- 주 준거 틀(LS6): 자신의 역량을 따라오지 못하는 직원들이 자신의 기준에 못 미치고, 직원

들의 일까지 떠맡아서 업무가 가중되고 있다. 아내에게 회사 일을 맡기면서 가장 편한 대상인 아내에게 화를 내고 있어 부부 갈등이 심화되고 있다.

- 2번 준거 틀(LS5): 자신의 목표와 야망을 위해 과다한 경쟁심을 보이며 스트레스를 받고 있어 건강의 위협과 관계에서 어려움을 겪고 있다. 현재 사업의 규모에 비해 과다한 연구과제를 가져오면서 남편은 쉴 틈이 없이 일을 해야 하며, 직원과 아내가 일을 제대로 하지 못해 자신만 힘들게 일하고 있다고 생각한다.

- 9번 준거 틀(LS2): 자수성가를 했지만 주변의 지지와 자원이 많은 사람들에 대한 부러움과 자기 연민이 있다. 특히, 아내와 아내의 동생들에 대한 장인, 장모의 지원과 지지가 부럽다. 반면 부모의 지원과 지지에도 낮은 성취를 보이는 아내와 아내 동생들이 못마땅하여 잔소리를 해서 갈등이 있다.

〈내담자 2〉

특성 FR	등급에 따른 기술
주 준거 틀(LS4) 1~2등급	과보호, 타인조종, 유혹, 아부, 소유욕, 비합리적
2번 준거 틀(LS7) 3~4등급	의심, 의존적, 피해망상, 경계심, 자기방어, 불신, 신중성, 전통적, 현실 판단, 안전추구, 책임감, 충성심
9번 준거 틀(LS9) 8~9등급	의존적, 폐쇄적, 위축, 둔함, 무미건조, 소극적

① 순기능
- 주 준거 틀(LS4): 남편이 사업을 돕기 청할 때 고민은 했으나 남편을 위한 일이 자신을 위한 일이라고 생각하고 자신의 일의 일부분을 접고 남편의 일을 도우면서 남편의 힘듦을 나누려고 했다.
- 2번 준거 틀(LS7): 처음 해 보는 회계와 세무 관련 일을 걱정하면서도 최대한 찾아가면서 충실히 하고 있으며, 자신을 위한 전문가 수련도 조금씩이지만 하고 있다.
- 9번 준거 틀(LS9): 전공과 관련 없는 일을 하면서 자신을 돌볼 수 있는 전공 관련 워크숍에 참여하거나 자신을 지지해 주는 가족이나 지인들과의 시간을 보낸다.

② 역기능
- 주 준거 틀(LS4): 남편이 원하는 일을 확인하지 않고 자신이 생각한 것을 해 주고 있다. 실제 남편에게 도움이 안 되거나 방해되는 일도 있었다. 남편이 가장으로 경제적인 부분을 담당하는 것이 힘들어 보여 남편을 돕기 위해 시간제 일과 남편의 일을 병행하던 중 실수

를 해서 남편이 과징금을 징수 받는 상황이 생겼다.

- 2번 준거 틀(LS7): 남편을 챙기는 만큼 시부모와 형제도 챙겨 주기를 바라는 남편에게 자신의 마음을 표현할 수 없으며 남편의 요구대로 하지 못하는 자신을 자책한다.

- 9번 준거 틀(LS9): 남편이 쉬는 시간이 없이 일에 몰두하고 있어 자신도 쉬지 않고 무엇인가를 해야 한다는 생각에 자신의 일을 하는 것에 대해 스스로 이기적이라고 생각하고 있어 하고 싶은 일을 하지 못하고 있다.

내담자 커플관계 해석

올곧고 확실한 성향의 남편은 현재 주 준거 틀(LS6), 2번 준거 틀(LS5)이 1~2등급으로 역기능적으로 완벽하고 목표를 향해서 나가면서 아내의 도움에 대해 기준 이하로 생각하며 폄하하고 있다. 온정적이고 충실한 아내는 주 준거 틀(LS4)이 1~2등급으로 역기능적으로 높게 사용하며 9번 준거 틀(LS9)을 8~9등급으로 사용하면서 자기보다 타인을 먼저 생각하고 있어, 자신을 돌보지 못하고 무미건조하게 살아가고 있을 수 있다.

☞ 개선 방안: 남편은 잠시 멈추고 현재의 자신의 모습을 확인하고 주위 사람들의 소리에 귀를 기울여야 한다. 특히, 아내의 말을 경청할 필요가 있으며, 아내는 자기에 대한 정체성을 찾아 남편에게 의존하지 않고 바로 설 수 있도록 해야 한다.

4) 준거 틀에 따른 인간관계 스트로크 성향

〈남편〉

FR ＼ 특성	긍정적일 때	부정적일 때
주 준거 틀 (LS6)	충실하고, 헌신적이며, 양심적이고, 기꺼이 다른 사람을 도와준다. 균형이 잘 잡혀 있고, 상당한 유머감각을 지니고 있다. 책임감이 강하여 최선의 결과를 만들려고 노력한다.	남을 헐뜯고, 논쟁을 하려 들며, 꼬치꼬치 캐어 들고, 잘 타협하려 하지 않는다. 다른 사람에 대한 기대도 높다. 긴장되어 있고, 걱정하거나, 사물을 지나치게 여길 정도로 심각하게 여긴다.
2번 준거 틀 (LS5)	상대방을 가치 있게 여기고 인정해 준다. 잘 놀고, 잘 베풀며, 책임감이 있고, 주변 사람들에게 호평을 받는다. 자신감 있는 인상으로 사람들에게 의욕을 불어넣는다.	일과 계획에 사로잡혀 있다. 자신에게 몰두해 있고, 방어적이며, 참을성이 없고, 정직하지 않고, 통제를 하려 든다. 경쟁심으로 수단방법을 가리지 않는 경향이 있다.

① 긍정적일 때 스트로크 방식

• 주 준거 틀(LS6): 아내와 경계를 유지하며, 자신의 의사 표현을 하고 아내의 의사 표현을 듣고 사이좋게 지낸다. 아내가 초기 암을 선고 받았을 때 자신이 알고 있는 모든 인맥을 동원해서 가장 좋은 환경에서 수술을 받게 하고 회복을 위해 도와주었다.

• 2번 준거 틀(LS5): 아내가 필요하다는 것을 귀담아 듣고 필요한 것을 해 준다. 아내가 상담 시 태블릿이 필요하다는 말을 듣고 최신형 태블릿을 선물하였다.

② 부정적일 때 스트로크 방식

• 주 준거 틀(LS6): 자신의 기대치를 아내에게 강요하며 비난한다. 남편이 일하는 만큼은 아니더라도 아내가 자신의 일처럼 생각하고, 남편의 일을 덜어 줄 수 있도록 일하기를 바라지만 남편의 기준 이하의 성취를 하는 아내를 비난하고, 공격한다.

• 2번 준거 틀(LS5): 일과 계획에 맞추느라 아내에게 관심을 주지 않는다. 남편은 사업이나 학업과 관련되어 아내를 경쟁적인 위치에 두고 자신과 비교하면서 자신보다 낮은 성취를 보이는 아내를 공격하고 비난한다.

〈아내〉

특성 \\ FR	긍정적일 때	부정적일 때
주 준거 틀 (LS4)	매력적이고, 안목이 있고, 관대하고, 따뜻하고, 잘 어울리고, 남을 돌보아 준다. 주위 사람들의 기분을 잘 이해하여 상대방으로 하여금 특별하게 인식되고 사랑받고 있다고 느끼게 해 준다.	통제를 하려 들고, 소유하려 들며, 요구가 많고 불성실하다. 직접적으로 요구하는 일을 잘 못하기 때문에 원하는 것을 얻기 위하여 다른 사람을 조정하려는 경향이 있다.
2번 준거 틀 (LS7)	따뜻하게 잘 놀고, 개방적이고, 충실하고, 지지를 잘해 주고, 정직하며, 공정하고, 믿을 만하다. 가족들과 친구들에게 헌신적이고 충실하다.	의심을 잘하고, 통제하려 들고, 융통성이 없고, 빈정댄다. 위협을 받으면 움츠러들거나 거친 행동을 한다. 실패할까 봐 두려워 일을 미룬다.

① 긍정적일 때 스트로크 방식

• 주 준거 틀(LS4): 남편이 일과 공부에 힘들지 않도록 살뜰하게 살펴 준다. 주말에 자신의 일이 있지만 남편이 자고 깨는 시간에 맞춰 식사 준비와 활동을 하면서 남편의 건강을 챙긴다. 아내에게만 감정적인 스트레스를 표현하는 남편을 이해해 주고 수용해 준다.

• 2번 준거 틀(LS7): 남편이 하는 일을 지지해 주고 남편과 시댁에 충실하기 위해서 노력한

다. 바쁜 남편을 대신해서 시댁의 대소사(시부모 생신, 어버이날 등)를 자신의 방법으로 열심히 챙기고 있다.

② 부정적일 때 스트로크 방식

- 주 준거 틀(LS4): 남편에게 자신의 마음을 잘 표현하지 못하고, 가끔 자신의 뜻대로 하기 위해 남편을 조정하기도 한다. 남편이 아내의 실수에 화를 내면서 비난할 때, 반박을 하지 못하고 신체화로 몸이 아파 며칠간 출근을 못하는 경우가 있다.
- 2번 준거 틀(LS7): 남편으로부터 비난을 받으면 움츠러들어 실패할까 두려워 일을 미룬다. 실수 이후 다시 실수를 하게 될까 봐 맡은 일을 하지 못하겠다고 남편에게 이야기하고 회피한다.

내담자 커플관계 해석

남편은 스트레스 상황에서 아내의 탓으로 돌리며 아내를 비난하거나 화를 내고, 아내는 남편의 비난을 듣고 상처 받고 있으나 자신의 감정을 적절하게 표현하지 못하고 신체화가 오면서 남편의 일을 돕지 못하는 상황이 지속적으로 반복되고 있다.

☞ 개선 방안: 의사소통 방식에서 차이를 보이고 있어 남편은 아내에게 화를 내거나 비난하기에 앞서 아내의 정서적인 부분을 살펴볼 필요가 있으며, 아내가 고의적으로 한 일이 아니라 노력했으나 역부족이었음을 이해할 필요가 있다. 남편의 이해와 수용을 받을 경우 아내는 불안해하지 않고 자신의 능력을 충분히 발휘할 수 있을 것으로 보인다. 아내는 자신의 방식대로 남편을 돕고 있어, 남편은 도움을 받았다고 느끼지 못할 수 있다. 남편이 화를 내는 경우 화가 가라앉은 후 자신의 감정과 상황에 대해 표현을 해서 아내의 의도를 알 수 있도록 할 필요가 있으며, 적절한 감정 표현과 스트레스 대처방법을 통해 신체화로 인한 악순환을 예방할 필요가 있다.

5) 준거 틀의 조기 결단과 집착 그리고 두려움

〈남편〉

FR ＼ 특성	조기 결단	집착	두려움
주 준거 틀(LS6)	정확하고 모범적이어야 한다.	완벽	실수
2번 준거 틀(LS5)	가치 있는 것을 성취해야 한다.	성취	실패

① 조기 결단의 의미

- 주 준거 틀(LS6): 어린 시절 부모로부터 관심을 얻기 위해 스스로 잘하는 아이였으며 그래서 공부도, 부모에게 잘하는 것도 완벽하게 해내야 했다. 그렇게 했을 때만 부모의 관심을 받으며 강화가 되었다. 남편은 '가장은 가정을 책임져야 한다', '사장은 직원들을 책임져야 한다' 등 '~해야 한다'는 당위적 사고가 있어 그렇게 하지 못하는 경우 자신을 비판하고 있어 완벽하기 위해 매우 노력한다.
- 2번 준거 틀(LS5): 가난으로 어려움을 겪으면서 경제적인 여유와 명예와 같은 가치를 성취하고자 한다. 어린 시절 공부를 잘해서 상을 받았을 때 칭찬을 받으면서 성취를 하는 것에 대해 강화되었다. 좋은 대학에 입학해서 좋은 성적으로 대학원에서 우수학생이 되었을 때 스스로 가치 있는 사람으로 생각하였다.

② 집착의 성향

- 주 준거 틀(LS6): 남편은 모든 면에서 자신이 하는 일이 옳아야 한다. 학창 시절에는 모범생으로, 대학과 대학원에서는 우수한 학생으로 자신의 일을 완벽하게 해내기 위해 부단한 노력을 했다.
- 2번 준거 틀(LS5): 무엇이든 잘해야 하고, 현재보다 더 나은 경제력과 지위를 갖기 위해 성취에 집착한다. 가난하고 부족한 것이 많았던 어린 시절을 통해 자신이 이루어 내는 성취만이 자신에게 없는 것들을 채워 줄 수 있다고 생각해서 성취를 위해 노력하고 있다.

③ 두려움의 성향

- 주 준거 틀(LS6): 모든 일을 완벽하게 하려고 노력한다. 실수하면 인정받지 못하고 잘 못하는 아이가 되어 관심받지 못하는 아이가 될까 두려웠을 수 있다. 결혼 후 경제적 무능력으로 가장의 책임을 다하지 못하면 자신의 가정이 완벽해지지 않을까 봐 휴학까지 하면서 가장으로서 경제적인 부분을 책임지려고 하였다.
- 2번 준거 틀(LS5): 실패하면 어린 시절 어렵고 힘든 상황으로의 회귀가 될 것 같아 실패를 두려워한다. 일을 제대로 하지 못하고, 연구과제를 따내지 못하면 어린 시절과 같은 궁핍함을 다시 겪어야 한다는 생각에서 성취에 대해 충분히 누리거나 기뻐하지 못하고, 일에 매달리면서 쉬지 못해 번아웃 상태가 유지되고 있다.

〈아내〉

특성 FR	조기 결단	집착	두려움
주 준거 틀(LS4)	사랑받아야 한다.	관심	무관심
2번 준거 틀(LS7)	지지를 받아야 한다.	안전	방임

① 조기 결단의 의미

- 주 준거 틀(LS4): 일을 하는 엄마, 보살핌이 필요한 동생이 2명으로 애어른처럼 부모와 동생을 돌보았다. 동생들을 돌보면서 부모에게 인정받고 사랑을 받는 경험을 통해 자신을 돌보는 것보다 타인을 돌봄으로 사랑을 받으려는 조기 결단을 한다.
- 2번 준거 틀(LS7): 사업을 하는 부모가 가진 돌보지 못하는 어린 자녀에 대한 걱정과 불안이 아내에게 내사되어 아내는 세상의 모든 것은 위험해서 조심해야 한다는 조기 결단을 한다.

② 집착의 성향

- 주 준거 틀(LS4): 결혼 전 부모와 동생들의 해결사로 아내는 부모로부터 인정과 사랑을 받았다. 현재 남편과의 관계에서도 남편이 신경 쓰지 않는 시부모의 생신이나 어버이날 선물을 고르고 식당을 예약하는 일을 떠맡으며 남편의 인정과 사랑을 얻고자 한다.
- 2번 준거 틀(LS7): 세상과 타인은 위험하다고 생각되어 안전하지 않다고 생각되면 행동하기 어렵다. 그래서 신중하고 예민하다. 남편과 일을 하면서 실수할까 봐 확인 또 확인을 하면서 진행하고 있어 남편은 그런 아내에게 불만이 생긴다.

③ 두려움의 성향

- 주 준거 틀(LS4): 남편이 자신의 말과 행동에 무관심하면 자신을 사랑하지 않는다고 생각하면서 헤어지자고 할까 봐 두려워한다. "이제 그만하고 싶다"는 남편의 말로 아내는 매우 불안해졌고, 남편에게 자신의 속마음을 표현하기 어렵다.
- 2번 준거 틀(LS7): 안전하지 않은 상황에서 견디는 것이 어렵다. 남편으로부터 "떨어져서 생각하자" 등의 말을 들었을 때 이혼하자고 하는 것으로 느낀다. 남편이 자신의 실수에 대해 화를 내거나 비난을 하는 경우 자신과 이혼하고 싶은 것이 아닌가 하는 의심이 들면 아내는 더욱 경직되어 제대로 일처리를 할 수 없는 상황이 된다.

내담자 커플관계 해석

　남편의 성취 지향적인 조기 결단과 아내의 감정적으로 사랑받아야 한다는 조기 결단이 달라서로의 말과 행동에서 오해가 생기고 있는 것으로 보인다. 아내의 관심 받기 위한 행동을 남편은 불필요한 일을 하는 것으로 생각하고, 일로 바쁜 남편을 아내는 무관심하다고 생각하면서관계가 멀어지고 있다고 느끼고 있다.

　☞ 개선 방안: 남편은 아내의 불안과 남편을 도우려는 마음을 아내는 자신이 생각하는 남편의 필요와 욕구가 아닌 남편의 필요와 욕구에 대해 서로 물어보고 이해할 필요가 있다. 일에서 벗어나 부부로서 아내와 남편의 진솔한 대화가 필요한 것으로 보인다.

6) 준거 틀에 따른 양육방식과 신념 그리고 방어기제

〈남편〉

특성 FR	양육방식	각본 신념	방어기제
주 준거 틀(LS6)	엄격하고 비판적	완전하게 하는 것이 최선이다.	반동형성
2번 준거 틀(LS5)	성취할 때 칭찬받은	성공에 걸림돌이 있어서는 안 된다.	동일시

① 양육환경
- 주 준거 틀(LS6): 어린 시절 형에게는 허용되는 것이 남편에게는 허용되지 않았다. 형은 잘하지 않아도 인정과 관심을 받았지만 남편은 크게 잘했을 때 겨우 관심을 받았다.
- 2번 준거 틀(LS5): 남편은 어린 시절 부모의 돌봄을 받지 못했으나 학교에서 상을 받거나부모의 일을 도울 때 칭찬을 받았다. 남편은 자신이 노력을 통해 자신을 인정받을 수 있는사람으로 생각한다.

② 각본 신념의 성향
- 주 준거 틀(LS6): 남편은 자신을 합리적이고 객관적인 사람으로 생각하고, 감정을 억제하면서 성취와 완벽을 최우선으로 생각하고 있으며, 자신의 존재 가치는 성취에 있다고 생각하고 있다. 그래서 부단히 노력해서 현재의 자신의 위치를 만들어 내는 실패와 실수 없는 인생을 꾸리기 위해 노력하고 있다.
- 2번 준거 틀(LS5): 자신의 목표인 대학교수가 되기 위해 박사 논문을 쓰고 졸업해야 하지만

휴학을 해서 후순위로 미루어 둔 상태다. 그런 상황을 완벽하게 하지 못한 상태라고 생각하지만 겉으로 드러내지 않고 억누르면서 편한 상대인 아내에게만 불편감을 표현하면서 탓을 하고 있다.

③ 방어기제의 의미

- 주 준거 틀(LS6): 현재도 부모는 좋은 것은 형에게, 경제적인 부담과 어려운 일은 남편에게 요구한다. 그럼에도 형보다 부모에게 더 잘해야 하고, 형에게 부모한테 하는 것처럼 잘해야 한다는 생각을 아내에게 강요하고 있어 아내와 갈등이 생긴다.
- 2번 준거 틀(LS5): 일에 대한 성공과 연구 실적이 곧 자신이라고 생각하고 동일시한다. 그래서 사업 성공과 직원들과의 관계도 완벽해야 해서 능력이 없는 직원도 내보내지 못하고 끌어안고 가고 있으며, 무리한 요구를 하는 지도교수의 요구도 다 들어주고 있다.

〈아내〉

FR ＼ 특성	양육방식	각본 신념	방어기제
주 준거 틀(LS4)	남을 돕고 베풀 때 인정	도움이 되는 사람이 되어야 한다.	억압
2번 준거 틀(LS7)	냉정하고 변덕이 심한	안전을 위해 항상 준비해야 한다.	투사

① 양육환경

- 주 준거 틀(LS4): 어린 시절부터 자신보다 동생들을 먼저 챙길 때 인정을 받았고, 부모에게도 보호자처럼 행동한다. 성인인 동생들의 진로와 연애에도 관여하고, 집안의 세금, 사업과 관련된 일 등에 모두 관여하고 있다.
- 2번 준거 틀(LS7): 아내의 어머니는 현재까지 사업을 하고 있어, 어린 시절부터 동생들을 돌봐야 했다. 그렇지 않은 경우 어머니는 아내에게 불편함을 토로하기도 한다. 아내는 부모와 자녀와의 관계가 아닌 부모도 자신이 돌보는 대상으로 생각하고 있다.

② 각본 신념의 성향

- 주 준거 틀(LS4): 도움이 되는 사람이면 인정을 받을 수 있고 사랑을 받을 수 있다고 생각한다. 부모나 동생에게 도움이 되었을 때 인정받았던 경험으로 결혼 후 남편에게 인정받기 위해 남편을 위해 도움이 되는 일을 열심히 하였으나 남편의 기대를 채울 수 없어 인정받지 못하고 있다는 생각을 하면서 위축되어 자신을 표현하지 못하고 있다.

- 2번 준거 틀(LS7): 어른이 없는 집에서 동생들을 돌보며 어떤 일이 생길지 몰라 불안해하며 그 불안을 낮추기 위해 모든 것에 대해 준비를 했다. 결혼 후 남편이 경제적인 책임을 지고 자 휴학을 하려고 할 때 아내는 친정 부모에게 결혼 후 경제적 도움에 대한 허락을 구한 상 태로 미리 준비를 했으나 자신과 다른 각본을 가진 남편으로 인해 자신이 안정적으로 준비 한 것이 수용되지 않아 불안이 높아졌다.

③ 방어기제의 의미

- 주 준거 틀(LS4): 자신의 욕구와 감정을 억압한다. 남편이 아내의 마음을 이해하지 못해 오 해하는 부분에 대해 제대로 표현하지 못하고, 스스로를 자책하고 있다.
- 2번 준거 틀(LS7): 자신이 받고 싶은 것을 타인에게 해 주며 투사한다. 아내는 남편이 자신 에게 해 주기를 바라는 편안하고 쾌적한 환경을 위해 집안일을 하고, 자신의 즐거움을 뒤 로한 채 남편을 위한 내조를 하려고 한다.

내담자 커플관계 해석

양육환경, 경제적, 부모와의 관계, 가정문화의 등의 차이로 남편은 아내가 친정 가족을 지나 치게 챙긴다고 생각하면서도 시댁도 친정과 같이 챙기기를 바라고 있다. 아내는 남편에게 자신 이 바라는 쾌적한 생활환경 등을 제공하고 있으나 남편은 아내가 자신의 일을 확실하게 도와주 기를 바라고 있다. 아내는 친정의 경제적 도움을 받아 남편과 자신의 학업을 마친 이후 부모에 게 갚아 주려고 했으나 남편은 가장으로 책임감을 완벽히 수행하고자 하면서 어려움이 생겼다.

☞ 개선 방안: 다른 문화적 배경에서 성장한 것에 대한 이해가 필요하다. 스스로에게 가장 좋은 일이 무엇인지를 확인하고 그 일을 했을 때 자신의 욕구가 1차로 채워진 후 각각 상대인 남편과 아내를 도울 수 있다.

7) 준거 틀에 따른 드라이버, 라켓, 디스카운트

〈남편〉

FR \ 특성	드라이버	라켓	디스카운트
주 준거 틀(LS6)	완전무결하게 하라.	투쟁심, 분노, 비판	융통성
2번 준거 틀(LS5)	성취자가 되라.	허영심, 기만, 과시	진솔함

① 드라이버의 의미

- 주 준거 틀(LS6): 교수가 목표인 남편은 경력에 오점을 남기지 않기 위해 모든 것을 완벽하게 하려고 하며, 경제적인 도움을 주는 사업도 잘 이끌어 나가고 싶다. 그래서 모든 일을 자신이 하려고 하면서 소진되고 있다.
- 2번 준거 틀(LS5): 부모의 도움 없이 자신이 원하는 직업과 지위를 얻기 위해 대학부터 박사과정까지 일과 공부를 병행해 오고 있다. 그래서 정서적으로 힘들어하는 아내를 보지 못하고 부부관계가 아닌 일의 성과로 아내를 평가하고, 비난하고 있다.

② 라켓의 성향

- 주 준거 틀(LS6): 결혼으로 인해 휴학을 하고 박사 논문을 완료하지 못해 교수로 임용될 기회를 놓치면서 아내에게 분노를 표현하고, 결혼을 서두른 아내를 비난하고, 사업을 더 키워 내기 위해 일을 계속 늘리고 있다.
- 2번 준거 틀(LS5): 성취를 하기 위해 너무 많은 일을 하면서 어렵고 힘든 부분은 보지 않고 잘하고 있다는 과시와 함께 스스로 괜찮다고 자신을 기만하고 있다. 휴학을 하게 된 다양한 이유를 뒤로 감추고 결혼을 서두른 아내의 탓으로 자신을 기만하고 있다.

③ 디스카운트 성향

- 주 준거 틀(LS6): 목표 달성을 완전무결하게 하기 위해서는 자신의 방식을 고수하여야 한다. 그래서 다른 사람은 믿을 수 없어 일을 나누어 줄 수 없으나 아내에게만 자신의 일을 조금 덜어 주었으나 남편의 기준에 미치지 못해 스트레스를 받고 있다. 회사에서 직원들이 자신과 같은 방식으로 일을 완벽하게 하지 못하는 경우 가르치거나 다른 방법을 강구하지 않고, 스스로 자신의 방식을 고수하면서 일이 버겁고 힘든 상황이 되었다.
- 2번 준거 틀(LS5): 버겁고 힘든 상황에서 목표를 향해 나가면서 자신의 힘듦을 인정하지 못한다. 직원들이나 아내와의 관계에서 많은 일을 하고 있는 자신을 알아차리고 일을 분담할 필요가 있으나 능력과 성취를 보여 주기 위해 자신의 힘듦을 표현하지 못한다.

〈아내〉

FR \ 특성	드라이버	라켓	디스카운트
주 준거 틀(LS4)	구원자가 되라.	교만, 조종, 아부	순수함
2번 준거 틀(LS7)	안전한지 확인하라.	의심, 비겁, 불안	믿음

① 드라이버의 의미

- 주 준거 틀(LS4): 남편의 일을 돕고 싶지 않았지만 남편이 힘들어 보이고 도움을 요청하자 자신이 하기 벅차지만 남편의 구원자가 되기 위해 돕기로 한다. 남편을 돕기 위한 것이라고 생각하고 일을 시작했지만 남편에게 도움보다는 실수로 인해 더 어렵게 하고 있다고 생각하고 있다. 그래서 자신이 기여한 부분에 대해 스스로도 수용하지 못하고, 남편에게 인정도 받지 못하고 있다.

- 2번 준거 틀(LS7): 회계 업무에 익숙하지 않고, 숫자를 잘못 기입하는 경우 남편이 피해를 입게 되는 상황이 발생할까 봐 확인하고 또 확인하다 보니 시간이 많이 걸리고 남편에게는 일을 태만하게 한다는 오해를 받는다. 자신이 남편이 원하는 것을 잘해 주지 못할 경우 남편이 자신과 이혼을 하고 싶어 할 것이고, 이혼하게 되면 그 이후 자신의 삶이 불안정해질 것 같은 생각이 들어 매우 불안하다.

② 라켓의 성향

- 주 준거 틀(LS4): 남편과 사이가 멀어지는 것을 피하기 위해 남편을 돕기로 하였고 자신이 노력하면 남편도 자신에게 더 잘할 것으로 생각했었다. 남편의 인정을 받기 위해 시부모 생일에 불편하지만 시댁에 가서 시부모와 식사 등을 준비했으나 남편은 의례적인 부분이 아닌 진심으로 시부모를 대해 달라는 말에 매우 난감했다.

- 2번 준거 틀(LS7): 시부모와 잘 지내기 위해 노력을 했으나 남편은 친정 부모를 대하는 것처럼 하지 않는다고 비난을 해서 어떻게 해야 할지 몰라 매우 불안을 느꼈고, 시댁에서 남편과 언쟁 끝에 "그러려면 집으로 가라"는 말을 듣고 남편이 자신을 사랑해서가 아닌 자신 부모에게 잘할 수 있는 사람을 선택한 것이 아닌지 의심이 들었다.

③ 디스카운트 성향

- 주 준거 틀(LS4): 누군가를 돕는 일에 대가를 바라지 않는다고 생각하지만 실제로 자신의 생각과 다르게 행동할 때 서운함을 느끼고 수동 공격적인 모습을 보일 수 있다. 남편이 친정 부모의 생신에 사위로서의 책임을 다하는 것을 보면서 남편이 시부모에게도 잘하기를 바라면서 친정 부모에게 잘한다고 생각한다.

- 2번 준거 틀(LS7): 남편과의 관계에서 지속적으로 자신이 안전한지를 의심한다. 남편이 화를 내거나 비난의 말로 "네가 우리 부모에게도 잘할 줄 알았다", "생활비를 왜 이렇게 많이 쓰냐"라는 말을 들으면서 남편이 자신을 신뢰하지 않는다고 생각한다.

내담자 커플관계 해석

남편은 자신이 가진 역할 모두에서 완벽한 모습을 보이고자 하고 그것을 아내에게까지 요구하고 있다. 부부관계에서 정서적인 부분이 없이 의무만 강요하고 있다. 아내는 남편이 원하는 것을 해 주려고 하지만 남편이 원하는 것을 정확히 알지 못해 자신이 생각하는 일을 하면서 서로가 엇갈리고 있다. 자신의 욕구가 채워지지 않음으로 지속적으로 불안하고 안정적이지 못한 상태다.

☞ 개선 방안: 남편은 목표를 성취하기 위해서는 일의 중요성만큼 관계의 중요성에 대해 인식할 필요가 있다. 아내는 사심 없이 남편의 일을 돕고, 불안한 마음에 대해 표현을 해야 한다.

8) 준거 틀에 따른 임패스와 병리적 인생각본

〈남편〉

FR〱특성	금지령	대항지령	핵심 임패스	병리적 각본
주 준거 틀(LS6)	생각해서는 안 된다.	완벽하게 하라.	완전	강박성
2번 준거 틀(LS5)	성공해서는 안 된다.	이루어 내라.	성취	자기애성, 일중독

① 금지령
- 주 준거 틀(LS6): 어린 시절 부모에게 관심을 받고 싶지만 부모의 무관심으로 자신이 원하는 것을 생각하면 정서적으로 더 힘들어지기 때문에 생각을 하지 않고 무조건 부모를 따르려고 했다.
- 2번 준거 틀(LS5): 남편의 부모는 장남보다 공부도 더 잘하고 부모에게도 잘하는 작은 아들이 더 낫다고 드러날까 봐 열심히 하라고 하지만 비언어적으로는 '성공해서는 안 된다.'는 금지령을 보냈다.

② 대항지령
- 주 준거 틀(LS6): 어린 시절 부모에게 관심을 받기 위해 자신이 할 수 있는 공부를 열심히 해서 시골에서 서울의 명문대에 진학했다.
- 2번 준거 틀(LS5): 자신의 존재감을 드러낼 수 있는 방법은 성취를 통한 인정뿐이라고 생각해서 성취에만 매달렸다. 현재 사업과 학업, 결혼 등을 성공적으로 이끌고 있으나 지속적으로 더 나은 성취를 위해 현재를 희생하고 있다.

③ 임패스 상태

- 주 준거 틀(LS6): 완벽하게 하기 위해 부담스러워 시작도 하지 못하는 상태다. 학업과 사업, 결혼생활 등을 모두 완벽하게 하고 싶어 어떤 것도 포기할 수 없다.
- 2번 준거 틀(LS5): 성취를 하지 못하고 실패할까 하는 불안으로 이도저도 못하는 상태다. 사업이 어느 정도 안정을 찾았으나 남편이 학업에 집중하는 경우 다시 초기의 어려운 상황으로 갈 것 같아 쉬어야 하지만 쉬지 못하고 있다.

④ 불건강의 극단

- 주 준거 틀(LS6): 완벽하게 하기 위해 강박적인 사고와 행동을 가져올 수 있다. 직원과 아내가 모두 자신과 같은 수준으로 일을 해 주기를 바라고, 자신이 관여하지 않은 일은 불안해서 손에서 일을 놓을 수 없어 쉬지 못하고 있다.
- 2번 준거 틀(LS5): 성취를 위해 오직 일에만 매달리면서 일중독이 되거나 자기를 최고로 생각하며 타인을 무시하는 자기애성 성격장애가 될 수 있다. 아내와의 관계에서 자신은 옳고, 아내의 행동이 틀린 것으로 생각하고 있어 아내의 성취를 낮게 보고 무시하고 있으며, 모든 일은 자신의 손을 거쳐야 한다는 생각으로 쉬지 못하고 일하고 있다.

〈아내〉

FR＼특성	금지령	대항지령	핵심 임패스	병리적 각본
주 준거 틀(LS4)	관심을 받아서는 안 된다.	사랑을 받으라.	필요	연기성
2번 준거 틀(LS7)	신중해서는 안 된다.	안전을 확인하라.	안전	의존성, 편집성

① 금지령

- 주 준거 틀(LS4): 일로 바쁜 부모는 비언어적으로 자신의 일은 스스로 해서 부모가 '관심을 가지게 하면 안 된다.'는 금지령을 주었다. 결혼 전 가족을 자신보다 우선순위에 두고, 일 처리를 했으나 현재는 남편에게 그렇게 하고 있다.
- 2번 준거 틀(LS7): 아내의 부모는 세상의 모든 불안전함을 통제해 줄 테니 '너는 신중하지 않아도 된다.'라는 금지령을 주었다. 성인이 된 후에도 경제적인 부분에서 부모가 도움을 주었고, 어려운 일이 생길 경우 부모가 대부분 해결해 주었다.

② 대항지령

- 주 준거 틀(LS4): 모든 사람에게 사랑을 받기 위해 타인을 기쁘게 하는 것은 자신으로 존재

하기 어렵게 한다. 남편을 위해 열심히 노력을 하지만 자신만의 방식으로 남편을 돕고 있어 남편은 아내의 도움을 받았다고 느끼지 못하고 있어 갈등을 겪고 있다.

- 2번 준거 틀(LS7): 안전을 확인하고, 행동하는 것은 바람직하나 세상과 타인의 모든 면을 확인하기는 너무 어렵다. 남편과의 관계에서 갈등이 생기면서 학업적·일적인 모든 면에서도 어려움이 생긴다. 아내는 안전하다고 느껴질 때 자신의 능력을 발휘할 수 있다.

③ 임패스 상태

- 주 준거 틀(LS4): 아내는 자신의 일과 박사 논문을 끝내야 하지만 남편의 도움 요청에 갈등을 겪다가 남편의 도움을 수락하게 되면서 갈등이 심화되었다.
- 2번 준거 틀(LS7): 안전을 확보하는 일은 중요한 일이지만 안전 확보 후 해야 할 일이 미루어지게 되었다. 남편의 일을 돕기로 했으나 자신의 일이 후순위로 밀리면서 자신의 존재감을 의심하고 있다.

④ 불건강의 극단

- 주 준거 틀(LS4): 자신의 욕구와 감정 표현이 억압되어 있다 폭발적인 감정을 표현하면서 연기성 성격장애의 모습을 보일 수 있다. 남편이 자신에게 하는 행동과 말 한마디에 감정이 오르락내리락 하고 있다.
- 2번 준거 틀(LS7): 안전에 대해 불안감을 느끼면서 믿을 수 있는 무언가에 의존하거나 지속적인 확인 등 의심이 지나쳐 망상적인 편집까지 갈 수도 있다. 남편과의 관계가 끝났을 때를 생각하면서(이혼을 하게 되는 경우) 일어나지 않은 상황에 대해 매우 불안해한다. 자신의 일을 하는 것으로도 경제적 자립이 가능함에도 불구하고 남편에게 경제적으로 의지하고 있다.

내담자 커플관계 해석

자신의 일에서 성취를 얻고자 하는 남편은 정서적인 면을 간과하고 있다. 일과 성취보다는 사랑을 받고 싶고, 안전감을 주는 대상이 필요한 아내는 감정을 돌보아 주는 것이 중요하다.

☞ 개선 방안: 세상을 보는 준거 틀이 다른 부부는 서로가 간과하고 넘어가는 부분을 서로에게 배워 나가야 할 것으로 보인다. 아내는 남편의 일과 성취를 이루어 가는 것을 남편은 아내로부터 정서적인 관계 맺기에 대해 배울 수 있으면 도움이 될 것으로 보인다.

9) 준거 틀에 따른 효과적 교류패턴

〈남편〉

FR＼특성	효과적 교류패턴
주 준거 틀(LS6)	충고를 소중히 여기라, 공정하고 사려 깊게 하라, 당신의 몫을 책임지라.
2번 준거 틀(LS5)	내 업적에 대해 칭찬하라, 내 곁에 있는 것을 좋다고 말하라, 생산적인 얘기를 하라.

① 순기능적 교류패턴

• 주 준거 틀(LS6): 상담심리 전공인 아내의 조언으로 직원들을 이해하기 위해 사내 복지 차원으로 전문가의 심리검사와 해석을 통해 인사관리에 도움을 받았다. 아내의 이야기에 귀를 기울였다.

• 2번 준거 틀(LS5): 남편을 위해 서울로 올라와 편안하고 쾌적한 환경을 만들어 주고, 편히 쉴 수 있도록 도와주는 아내에게 편안하고 좋다는 표현을 해서 아내를 기쁘게 했다.

② 역기능적 교류패턴

• 주 준거 틀(LS6): 휴학을 한 이유는 가정 경제를 책임지는 것 이외에 다른 이유도 있었으나 아내를 비난할 때 다른 이유는 생각하지 않고 결혼으로 인한 경제적 문제만을 이야기한다.

• 2번 준거 틀(LS5): 정서적인 대화보다는 일과 관련된 대화를 하고 있어 정서적 교감이 필요한 아내는 남편을 무관심하다고 오해를 할 수 있다. 부부관계에서 정서적인 대화보다는 회사일이 대화의 중심이 되고 있어, 아내의 성취와 역량에 대해 비난을 하고 있다. 자신이 이루어 낸 성과에 대한 칭찬보다는 해야 할 일에 대해 더 많은 시간을 할애하고 있다.

〈아내〉

FR＼특성	효과적 교류패턴
주 준거 틀(LS4)	서로의 문제에 늘 관심을 가지라, 감사하다고 말하라, 함께 재미있게 보내라.
2번 준거 틀(LS7)	내 말을 주의 깊게 들으라, 솔직하고 분명하라, 내가 걱정하도록 내버려두라.

① 순기능적 교류패턴

• 주 준거 틀(LS4): 암 투병 시 남편이 극진히 돌보아 준 남편에게 감사함을 표현했고 남편에게 더 잘해 주겠다고 결심했다. 또, 남편이 아내 논문의 통계 부분을 도와주고 조언을 해

줄 때 감사함을 표현했고, 같이 연구 이야기를 하면서 즐거웠다.

- 2번 준거 틀(LS7): 남편이 회사 조직 관리에 대해 어려워하고 있는 부분을 알아차리고, 자신의 전공을 살려 남편에게 조언을 했고 남편이 받아들여 주었다.

② 역기능적 교류패턴

- 주 준거 틀(LS4): 남편이 "너는 논문 쓰려면 오래 걸릴 것 같으니 내가 먼저 쓰겠다"고 이야기해서 아내는 자신의 논문 작성 상황에 대해 묻지도 않고, 자신의 역량을 폄하하는 남편에게 무시당했다는 생각이 들었지만 표현을 하지 않았다.
- 2번 준거 틀(LS7): 남편이 "이제 그만하고 싶다"고 한 말을 이혼을 하고 싶다는 말로 생각되어 매우 불안했었지만 남편과 다시 이야기를 해 봤을 때 한숨 고르자는 이야기였다. 자의적 해석으로 불안했다.

내담자 커플관계 해석

남편은 아내와의 의사소통도 일로 만난 사람들처럼 하고자 하여 충고나 자신의 업적에 대해 인정받기를 원한다. 아내는 일을 같이 하면서도 자신의 말을 주의 깊게 듣고 감사하다고 말하기를 원하는 정서적 교류를 원하고 있다.

☞ 개선 방안: 일을 할 때와 가정 내에서 의사소통 패턴은 달라야 한다. 가정 내에서는 정서적인, 일을 할 때는 일 중심의 의사소통을 할 수 있어야 할 것으로 보인다.

10) 준거 틀의 함정과 3P 활용

〈남편〉

FR ＼ 특성	함정	허용	보호	잠재능력
주 준거 틀(LS6)	완벽	여유 있게 해도 좋다.	고지식, 비판적	낙관적 태도
2번 준거 틀(LS5)	성취	지금 이대로도 좋다.	허영심, 일중독	균형 있는 삶

① 함정의 의미

- 주 준거 틀(LS6): 모든 일을 완벽하게 하기 위해 너무 많은 에너지를 사용하여 자신에게 사용할 에너지가 고갈될 수 있다. 학업, 사업, 결혼생활에서 모두 완벽한 역할을 해내기 위해 쉬지 못하고 있다. 모든 것을 완벽하게 하는 일은 불가능하며 소진이 올 수 있다.

- 2번 준거 틀(LS5): 일과 관련된 성취와 관계에서의 성취는 다름을 인식하지 못해 어려움을 겪을 수 있다. 아내와 일로 만난 사이가 아닌 정서적인 관계임을 잊고 있다.

② 허용의 상황

- 주 준거 틀(LS6): 아내와 같이 출장을 갔을 때 맛집을 찾아 아내와 맛있는 것을 먹으며 조금은 여유를 찾아도 좋다.
- 2번 준거 틀(LS5): 특허를 가지고 사업을 하고 있으며, 대기업에서도 스카우트 요청이 들어오고 있다. 계속 발전해 나가기 위해 노력은 하지만 지금 이대로도 좋음을 수용할 필요가 있다.

③ 보호의 상황

- 주 준거 틀(LS6): 성실하게 묵묵히 자신의 일을 요령 피우지 않고 하는 고지식함과 자신의 기준에 맞춰 타인도 완벽하게 되기를 바라며 담금질을 하여 같이 성장하려 한다. 지속적으로 꾸준히 쉬지 않고 일을 하고 있으나 자신과 다르게 행동하는 아내나 직원들이 마음에 들지 않는다.
- 2번 준거 틀(LS5): 성취를 위해 열심히 일하고 있는 일중독 상태다. 현재 자신을 돌보지 못해 건강검진에서 위험 신호가 있음에도 불구하고 자신의 건강을 돌보지 못하고 일을 계속하고 있다.

④ 잠재능력 발휘

- 주 준거 틀(LS6): 세상에 완벽은 없고, 최선을 다할 뿐 조급해하지 않을 때 최고의 능력이 발휘될 수 있다. 사업, 학업, 결혼 모두를 완벽하게 하려고 하면서 자신의 능력을 제대로 발휘할 수 없으며 소진이 되어 버린다. 학업에만 집중했을 때 학업적으로 가장 높은, 사업에 집중했을 때 사업에서 가장 높은 성취를 보인다. 쉼을 통해 재충전 이후 역량을 발휘할 수 있다.
- 2번 준거 틀(LS5): 일 중심의 생활로 현재 번아웃 상태이며, 워라밸을 고려한 삶을 살 때 균형 잡힌 성취가 가능할 수 있다. 일에 대한 성취 외에도 관계와 자신의 건강 등 일 이외의 중요한 부분에서 균형을 맞추기 위해 휴식이 필요하다.

〈아내〉

특성 FR	함정	허용	보호	잠재능력
주 준거 틀(LS4)	헌신	먼저 자신을 챙겨도 좋다.	조종, 의존	진정한 자신
2번 준거 틀(LS7)	안전	믿어도 좋다.	우유부단, 경계심	평온한 신뢰

① 함정의 의미

- 주 준거 틀(LS4): 남편을 돕는 것으로 자신이 인정을 받을 수 있다고 생각하고 있다. 자신의 일보다 남편의 일을 돕지만 실제 자신이 원하는 인정을 받는 것은 어렵다.
- 2번 준거 틀(LS7): 남편과의 관계에서 경제적·정서적인 부분 등이 안전해야만 행복해질 수 있는 것은 아님을 인식해야 한다.

② 허용의 상황

- 주 준거 틀(LS4): 남편을 위해 헌신하면서 남편도 아내를 위해 헌신해야 한다는 보상을 바랄 수 있다. 자신의 일을 하면서 논문을 작성하고자 하는 욕구를 먼저 채운 후 남편 일을 도와도 된다.
- 2번 준거 틀(LS7): 타인과 세상이 안전하지 않음에 대한 불안을 자각하고, 특히 스스로를 믿는 것이 필요하다. 안전을 위해 신중하고 예민하게 반응하지만 안전하지 않다고 느끼는 경우 아무것도 할 수 없는 상황이 되기도 한다. 남편과의 갈등 상황에서 자신의 욕구와 감정에 대해 죄책감과 의심을 가지고 있으나 자신이 느끼는 감정과 욕구에 대해 진솔하게 표현해도 괜찮다는 믿음을 가질 필요가 있다.

③ 보호의 상황

- 주 준거 틀(LS4): 타인을 조정하고 의존하려는 마음이 있다. 남편의 일을 도움으로써 사랑받고 인정받으려고 한다. 남편의 일을 돕지 않아도 스스로 사랑받고 인정받을 수 있는 존재임을 인식할 필요가 있다.
- 2번 준거 틀(LS7): 안전하지 않을까 봐 경계하고 결정을 내리는 것이 어렵다. 실수로 남편의 일을 더 어렵게 할 것 같아 자신의 역량으로 할 수 있는 일도 제대로 하지 못하는 생활이 반복되고 있다.

④ 잠재능력 발휘

- 주 준거 틀(LS4): 나를 먼저 기쁘게 했을 때 진정한 자신의 욕구와 감정을 만날 수 있다. 자

신의 일과 논문에 집중할 때 안정적인 정서 상태가 유지되면서 자신의 역량을 최대한 발휘할 수 있다.

- 2번 준거 틀(LS7): 스스로를 먼저 믿으면 세상도 흔들리지 않고 안정적으로 보일 수 있다. 남편이 아내를 비난하는 말에 흔들리지 말고 자신이 어떤 사람인지를 객관적으로 보고 자신을 믿을 때 자신의 역량을 발휘 가능하다.

내담자 커플관계 해석

남편은 자신이 이루어 놓은 것에 대해 수용하지 못하고 부족하다고 생각하면서 계속 자신에게 채찍질을 가하고 있다. 아내는 옆에서 같이 채찍질을 당하며 자신을 드러내지 못하고 불안함으로 위축되어 있어 앞으로 나아가지 못하고 있는 것으로 보인다.

☞ 개선 방안: 남편과 아내는 낙관적인 삶, 균형 있는 삶, 진정한 자신, 평온한 신뢰라는 잠재능력을 발휘할 수 있도록 자신의 각본에 따른 행동과 생각을 멈추고, 변화를 위한 재결단이 필요하다.

11) 준거 틀과 진로

〈남편〉

특성 FR	성향	적성	대표적 직업
주 준거 틀 (LS6)	이상적 · 원칙적 · 규범적으로 완벽을 기하고 이를 위해 노력한다. 공정하고 정직하며, 깔끔하고 자제하는 인상을 준다.	규범적	교사, 성직자, 경영자, 공무원, 변호사, 세무사, 은행원, 감사원
2번 준거 틀 (LS5)	실적을 중시하는 열성적인 사람으로 효율성을 중시하고 실용적이고 성공 지향적이다. 자기확신과 자신감이 있다.	성취적	사업가, 관리자, 금융인, 방송인, 법조인, 연기자, 지도자

① 성향 통찰

- 주 준거 틀(LS6): 원칙적이고 규범적이며, 완벽하게 일을 하기 위해 노력하고 있어 능력을 인정받고 있다. 가장으로서 경제적 책임을 지기 위해 사업을 시작하고, 스타트업에서 상장을 권유받는 회사로 키우고 있다.
- 2번 준거 틀(LS5): 효율성을 중시하며 현재 자신의 성취에 대한 확신과 자신감이 있다. 자신의 노력으로 사업을 잘 이끌어 가고 있으며, 이후 자신의 목표인 대학교수를 하기 위한

학문적인 성공을 위해 꾸준히 연구하고 있다.

② 적성 찾기

- 주 준거 틀(LS6): 규범적으로 기준이 분명하며 원칙적이다. 결혼생활에서 가장이 경제적인 부분을 책임져야 한다는 생각으로 아내의 친정의 도움을 거부하고 자신이 경제적 책임을 지고 있다. 사업에서도 능력을 발휘하고 있다.
- 2번 준거 틀(LS5): 성취적이며 자신감이 있고 자기확신이 있다. 남편은 가지고 있는 특허가 대기업에서도 인정하고 있어 스카우트를 제의했지만 거절하고 자신의 사업을 이끌어 나가는 자신감이 있다.

③ 원하는 직업

- 주 준거 틀(LS6): 국립대학의 교수가 되고 싶다.
- 2번 준거 틀(LS5): 스타트업 기업을 중견기업으로 성장시키고 싶다.

〈아내〉

FR＼특성	성향	적성	대표적 직업
주 준거 틀 (LS4)	보호적이고 이타적인 성향으로 친정하고 이해심이 많다. 남을 도와주고 봉사적이어서 인간관계가 좋다.	봉사적	사회복지사, 상담사, 서비스직, 교사, 성직자, 간호사, 요리사, 공무원
2번 준거 틀 (LS7)	책임감이 강하고 안전을 추구하며 공동체에 대한 헌신이 대단하다. 마음이 따뜻하고 충실해서 상대에게 호감을 준다.	보호적	법조인, 군인, 경호원, 비서직, 공무원, 소방관, 보건직

① 성향 통찰

- 주 준거 틀(LS4): 보호적이며 타인을 돕는 것에 관심이 있다. 부모와 동생들을 돌보고, 남편을 돌보는 것처럼 타인에 대한 이타적인 마음으로 상담을 전공하고, 심리정서적 어려움을 겪는 내담자를 돕고 있다.
- 2번 준거 틀(LS7): 마음이 따뜻하고 충실해서 상대에게 호감을 준다. 결혼 전 전일제 상담사로 근무 시 자신의 일에 대한 책임감이 강했으며, 조직에서 역량을 인정 받았다.

② 적성 찾기

- 주 준거 틀(LS4): 타인을 돕는 것에 대한 흥미가 있다. 상담심리 전공으로 상담을 하고 있다.

- 2번 준거 틀(LS7): 안전을 추구하며 보호적이다. 위기 내담자를 안전하게 보호하고, 남편의 조직을 관리하기 위한 노력을 하고 있다.

③ 원하는 직업

- 주 준거 틀 LS4(1~2등급): 정서적으로 어려움을 겪는 내담자를 돕는 상담자가 되고 싶다.
- 2번 준거 틀 LS7(3~4등급): 남편 회사의 조직을 잘 관리하고 싶다.

[내담자 커플관계 해석]

남편은 자신의 전공에서 박사학위를 취득하고 대학에서 자신의 연구 분야 후배들을 가르치고 싶어 하며, 아내는 자신의 전공에서 박사학위를 취득하고 상담 전문가가 되어 상담을 하고 싶어 한다. 서로의 진로에 대해 지지하지만 현재 박사 논문을 같이 준비 중으로 서로에게 도움을 주고받기를 원하고 있다.

12) 자율성 회복과 발휘

〈남편〉

특성 FR	자율성 회복과 발휘
주 준거 틀 (LS6)	무엇이든지 완벽하지 않아도 된다. 너그러운 마음으로 실수를 인정한다. 가능한 최선을 다하되 그것으로 만족하고 느긋하게 현재를 즐겨라. 다른 사람의 흠을 보는 것보다 좀 더 배려하고 서로 다름을 인정한다.
2번 준거 틀 (LS5)	지나치게 목표 달성에 집착하지 말고 자신의 능력을 과대포장하지 말라. 다른 사람에게 정정당당하고 자신에게는 떳떳하도록 한다. 자신의 감정에 더 많은 접촉을 하고 인간관계에서 친밀성을 좀 더 갖도록 한다.

① 자율성의 회복의 의미

- 주 준거 틀(LS6): 최선을 다한 것에 만족하고 현재를 여유 있게 즐기고 아내에 대해 좀 더 배려하고 다름을 인정하는 것이다.
- 2번 준거 틀(LS5): 스스로에게 떳떳하며 진정한 자신과의 접촉을 통해 진정한 나를 찾는 것이다.

② 어떻게 자율성을 발휘

- 주 준거 틀(LS6): 아내 또는 직원들을 비판적인 시선보다는 자신과 다름을 인정하고, 긍정적인 면을 우선적으로 인정해 주고, 현재의 자신도 수용하고, 모든 사람은 실수할 수 있음을 인정할 때 자율성이 발휘될 수 있다.
- 2번 준거 틀(LS5): 실수를 두려워하지 않으며, 타인과의 관계에 보다 중심을 두고, 스스로에게 떳떳하고 당당해지기 위해 자신의 욕구와 감정에 대해 자각하고, 타인의 욕구와 감정을 수용하는 관계가 중요함을 인식할 필요가 있으며, 일로써의 성취가 없어도 충분히 괜찮은 사람이라는 것을 수용할 때 자율성이 발휘될 수 있다.

〈아내〉

특성 FR	자율성 회복과 발휘
주 준거 틀 (LS4)	내 주장이 필요할 때는 회피하지 말고, 내 주장을 하고 자신에게 기쁨과 만족을 줄 수 있는 일을 하라. 남에게 도움을 줄 때 보상을 기대하는 태도를 떠나 독립적인 사람이 되도록 한다. 자기 자신과 다른 사람에게 정직하도록 한다.
2번 준거 틀 (LS7)	지나치게 걱정을 하거나 실패를 두려워하지 말고 여유와 믿음을 갖도록 한다. 의존적인 태도를 버리고 독립심과 자립심을 길러 자력으로 바람직한 일을 실행하라. 좀 더 객관적이고 자발성과 혁신적인 생각으로 마음의 균형을 잡도록 한다.

① 자율성의 회복의 의미

- 주 준거 틀(LS4): 남편에게 도움을 줄 때 보상을 바라지 않고, 남편을 조정하려 들지 않고 자신과 남편에게 자신의 욕구를 편하게 표현하는 것이다.
- 2번 준거 틀(LS7): 자신과 남편에 대해 지나치게 걱정하거나 실패를 두려워하지 않고 믿음과 여유를 가지고 생각과 행동에서 균형을 맞추는 것이다.

② 어떻게 자율성을 발휘

- 주 준거 틀(LS4): 남편과의 관계에 의존하지 않고, 독립적이고 자율적으로 살기, 남편의 일도 중요하지만 현재 자신의 욕구와 정서를 먼저 충족시켜도 되고, 다른 사람을 만족시키지 않아도 된다는 허용을 통해 자율성을 발휘할 수 있다.
- 2번 준거 틀(LS7): 지금까지 두렵고, 불안했지만 자신이 이룬 성취를 생각해 보고, 머릿속으로 걱정하는 일보다 행동으로 옮겼을 때 더 많은 자율성을 발휘할 수 있다.

내담자 커플관계 해석

　　남편과 아내 모두 자신을 수용하는 것보다 남편은 완벽과 성취, 아내는 타인과 안전에 대한 준거 틀로 인해 갈등을 겪고 있다.

　☞ 개선 방안: 서로의 준거 틀을 확인하고, 준거 틀에서 벗어나 새로운 시각으로 아내와 남편을 바라보고 서로의 자율성을 발휘할 수 있도록 지지하고 격려해야 한다. 남편은 좀 더 일과 성취를 뺀 다른 부분에 대한 자신에 대한 인식과 수용이 필요하고, 아내는 타인을 도우면서 얻는 인정과 안전에 대한 부분보다 자신의 욕구와 감정을 수용하고 표현해 나갈 필요가 있으며 부부로서 서로를 이해할 수 있는 시간이 필요하다.

13) 내담자의 전체적인 준거 틀의 개선 방안

〈남편〉

상태 패턴	현재	개선점
LS1	아내가 내 뜻을 따라 주기를 원한다.	아내에게 부탁하고 고맙다는 말하기
LS2	사업과 공부를 병행하는 것이 어려워 사업을 접고 싶다.	현재에 만족하고 조금 여유를 가지기
LS3	너무 일이 많아질 때는 초연해지고 스스로를 고립시킨다.	굴속으로 들어가지 않고 아내와 대화하기
LS4	아내에게 이기적으로 굴고 불친절하게 대한다.	아내를 비난하는 것을 멈추기
LS5	너무 많은 일을 벌여 힘들다.	나의 한계를 정하기
LS6	혼자 모든 책임을 지고 가려고 해서 힘들다.	나누어 줄 일은 나누어서 하기
LS7	안정적인 가정을 꾸리는 것에 대한 부담이 있다.	아내와 부담감에 대한 대화하기
LS8	나는 괜찮다고 말하지만 실제로는 괜찮지 않다.	괜찮지 않다고 말하기
LS9	다른 사람들의 반응을 예민하게 느끼며 눈치를 본다.	내가 하고 싶은 것을 해도 된다고 나에게 말해 주기

〈아내〉

상태 패턴	현재	개선점
LS1	능력에 대한 회의가 들고 자신감이 없어진다.	현재의 능력으로도 별 문제는 없다. 행동만 하면 된다.
LS2	실수로 남편에게 피해 준 일에 대해 죄책감이 든다.	실수는 실수일 뿐 죄가 아니다.

LS3	너무 감성적으로 생각하고 단순하다.	너무 복잡한 것보다 단순함이 더 낫다.
LS4	남편에 대해 미루어 짐작한 도움 주기	남편에게 필요한 것이 무엇인지 묻기
LS5	무기력해서 아무것도 하고 싶지 않다.	쉬는 시간을 마련하여 재충전하기
LS6	남편에게 완벽하게 보이려고 노력하고 있다.	지금 그대로의 내 모습도 괜찮다고 말하기
LS7	현재 갈등 상황으로 불안하다.	상담으로 갈등은 해결된다.
LS8	남편과의 갈등이 불편하다.	갈등은 관심의 표현이다.
LS9	즐거운 것이 하나도 없다.	즐거운 것 하루에 1개 하기

내담자 커플관계 해석

각 준거 틀의 현재 상황을 작성하여 개인적인 문제와 부부의 문제를 확인하여 개선 방향을 위해 노력해야 한다.

☞ 개선 방안: 자신의 현재와 개선점을 작성하고 노력해야 한다.

4. 내담자(커플)의 CKFR 심리검사 결과에 따른 상담 및 심리치료 계획

1) 상담자가 본 내담자(커플)의 문제

양육과정과 가족 문화 차이로 준거 틀이 다르다. 남편은 주 준거 틀 LS6, 2번 준거 틀 LS5, 아내는 주 준거 틀 LS4와 2번 준거 틀 LS7로 세상을 바라보고 있다. 일과 성취 지향적인 남편과 사랑을 받고 싶고 안전함을 추구하는 아내의 준거 틀이 달라 갈등을 유발한다. 남편은 자신의 높은 기준을 아내에게도 적용하고 있어 아내가 애쓰고 노력을 하지만 비난을 하고 있다. 아내는 비난을 받으면서 위축되고 자신의 능력을 의심하며 실수하지 않으려고 확인을 번복하면서 남편에게 일하기 싫어서 계속 확인만 한다는 오해를 받고 있다. 아내는 남편 일을 돕는 것이 자신의 성취에 도움이 되지 않는다고 생각되어 관심 밖으로 내어 놓는 행동을 할 때도 있다. 남편에게 사랑을 받고, 정서적 교류를 하고 싶은 아내는 일 중심으로 비난을 하는 남편과 더 이상 결혼생활에 희망이 없다는 생각이 든다. 남편은 아내에게 빠른 기간 내에 경제력과 안정감을 주기 위해 과부하가 걸릴 정도로 일을 하게 되면서 스트레스를 받고 있다. 아내는 남편을 돕고 싶지만 자신의 뜻대로 되지 않고 오해를 받는 것에 대해 스트레스를 받는다. 두 사람 모두 서로를 위한 마음을 가지고 있지만 준거 틀이 달라서 반복적인 갈등을 겪으며 이혼의 위기를 겪고 있다.

2) 내담자(커플) 상담 및 심리치료

① 상담목표: 같이 행복하게 살고 싶어요

② 상담계획
- 1단계: 계약하기(라포 형성, 자기탐색 및 이해 및 변화 시도하기)
- 2단계: 자각하기(자기분석 및 타인 조망 확장하기)
- 3단계: 문제 해결
- 4단계: 재결단
- 5단계: 종결

③ 상담전략
- 준거 틀 검사를 통해 자기가 세상 및 배우자가 바라보고 있는 틀 이해하기
- 준거 틀에서 벗어나 현재의 문제 다시 보기
- 재결단을 통해 새로운 변화 계약하기

5. 상담 및 심리치료 과정과 결과

1) 상담 및 심리치료 과정(초기, 중기, 종료 등으로 구분하여 요약)

- 초기: 상담 계약 및 주 호소문제 파악, 상담 과정에 대한 오리엔테이션
- 중기: CKFR 검사를 통해 교류분석 이론을 공부하고, 어린 시절 양육환경 등을 탐색하여 현재 자신과 배우자가 겪고 있는 갈등에 대한 이해를 돕고, 새로운 변화를 위한 재결단하기
- 종결: 상담을 통해 합의된 내용에 대해 계약하고 계약을 지킬 수 있도록 서약하기

2) 상담 및 심리치료 결과

부부는 남편의 일을 돕기로 한 아내에게 자신처럼 완벽한 일처리를 바라는 남편과 남편의 일을 열심히 도와주려는 노력을 인정해 주지 않는 남편이 서운한 아내의 욕구와 의사소통의 어려움으로 이혼 위기에 놓여 있다. 남편의 주 준거 틀 LS6, 아내의 주 준거 틀은 LS4로 자신의 일을

완벽하게 성취해야 하는 남편과 이타적이고 과보호적인 아내의 주 준거 틀의 차이로 서로의 행동을 이해하기 어려운 상태로 갈등이 심화되고 있다. 상담에서는 CKFR 검사를 통해 남편과 아내의 준거 틀을 확인하고, 서로에 대한 이해도를 높이고, 감정과 욕구에 대한 이면 교류보다는 상보 교류를 통해 갈등 상황을 해결해 나갈 수 있도록 도왔다. 그 결과 남편과 아내는 서로의 말과 행동이 상대의 준거 틀에 의해 자신의 의도와 다르게 전달되었음을 확인하고, 오해를 풀고 서로에게 진심을 전달하였다. 남편은 아내가 자신을 돕기 위해 얼마나 노력하고 있는지를 이해하고 고마움을 표시하였고, 아내는 남편이 경제적 안정을 먼저 이루어 내면 아내와 행복하게 살 수 있을 것이라는 생각으로 앞만 보고 일에 매달렸던 것을 알게 되어 남편이 자신을 향한 사랑이 식은 것이 아니라는 것을 확인하고 정서적 안정을 찾았다. 부부가 함께 일을 하면서 일과 관련된 스트레스에 대해 우선적으로 반응하고, 의사소통을 했던 것을 인식하고, 부부 관계와 일에 대한 분리와 좀 더 적절한 스트레스 해소 방법을 찾기 위해 함께 노력하기로 하였다. 현재 부부 모두 번아웃 상태로 주 중에는 일을 하면서 같이 지내고 주말에는 각자 자신만의 시간을 갖기로 하였다.

6. 상담자 총평

CKFR 검사는 부부의 준거 틀이 다름으로 인해 일어난 갈등을 양육방식, 조기 결단 등의 탐색을 통해 표현하는 방식과 언어, 태도가 다름을 이해하는 데 좋은 도구라고 생각이 된다. CKFR 검사 결과 확인을 통해 부부의 세상을 바라보고 있는 준거 틀을 객관적으로 확인하게 되어 자신의 현재 모습과 오해했던 부분에 대한 수용이 빨랐으며 각 준거 틀에 의한 현재의 모습을 확인하고 개선점을 작성하면서 새로운 변화에 대한 재결단을 하게 되었다. 이혼의 위기에서 벗어나 좀 더 성숙된 부부로 나가는 계기가 되었다.

CKFR 심리검사에 의한 커플상담 사례분석 3
과잉 배려 엄마와 돌봄에 익숙한 아들

상담자: 조윤정

1. 내담자의 기본 정보

- 내담자 1(엄마): 샐리 / 성별: 여 / 연령: 51세 / 학력: 대학원 졸 / 검사일: 2019년 10월 5일
- 내담자 2(아들): 쥬센 / 성별: 남 / 연령: 20세 / 학력: 대학교 재학 중 / 검사일: 2019년 10월 5일

1) 의뢰경위 및 주 호소문제

① 의뢰경위

대가족으로 살다가 분가를 하게 되면서 부부랑 아들과 따로 살게 되었다. 20년 가까이 함께 살면서 알뜰살뜰 아들을 보살피며 살았던 엄마와 돌봄에 익숙한 아들은 따로 살면서 서로의 빈자리를 크게 느끼며 상실감으로 힘들어하였다. 아들의 자립을 지지하며 후원자의 마음으로 한 걸음 뒤에서 지원하겠다고 매번 결심을 해도 안쓰러운 마음으로 아들에 대한 돌봄을 쉽게 멈추지 못하는 엄마 샐리! 아들 쥬센은 독립해서 씩씩하게 살겠다고 결심했지만 독립 후 돌봄에 익숙해져 있어서 적극적으로 자기 삶을 살지 못하고 어쩌다 시도해도 좌절감을 맛보는 상황이다. 그런 상황에서 엄마 샐리는 청년이 된 아들이 자기 힘으로 스스로 살아갈 수 있도록 지원하고, 아들 쥬센은 엄마와 정서적 유대관계는 잘 유지하면서 건강한 독립을 하기 위해서 상담을 의뢰하게 되었다.

② 주 호소문제

- 내담자 1(엄마): 아들이 정신적으로 독립하여 스스로의 힘으로 자기 삶을 살았으면 좋겠어요. 아들이 대학생이 된 후 아들은 학교 근처 할머니랑 지내고, 저는 남편과 단둘이 지내게 되었어요. 아들과 한 달에 2~3번 정도 만나요. 제가 서울 집을 가거나 아니면 아들이 만나러 오곤 해요. 결혼 후 20년 가까이 대가족 형태로 살면서 저는 주로 어머님과 아들이랑 대화를 했던 것 같아요. 평소에도 무뚝뚝한 남편이었지만 단둘이 살게 되면서 거의 부부간 대

화가 없고, 친밀감도 적어졌어요. 하지만 일적으로 잘 맞고 룸메이트 같은 남편이라서 별 불편함이 없어요. 거기다 남편과 단둘이 지내는 것이 대가족으로 살 때보다 훨씬 편안하고 좋은데 아들은 힘들어하는 것 같아요.

아들이 부모님 걱정하지 말고 엄마가 방문하지 않아도 더 이상 서운해하지 말고, 자기 삶을 살았으면 좋겠어요. 저는 엄마니까 나름 잘 살고 있거든요.

• 내담자 2(아들): 엄마의 과잉 돌봄에 익숙해져 있어서 엄마의 무심한 언행에 상처를 받기도 해요.

대가족이 함께 살 때는 화목하고 웃음소리가 많았는데 엄마, 아빠는 분가하시고, 할머니랑 단둘이 살다 보니 적적하고 외로워요. 엄마는 저에 대한 관심이 줄어든 것 같기도 하고, 아빠와 공유하는 시간도 없어지고, 할머니도 바쁘시다 보니 혼자 있는 시간이 많아 졌어요. 그리고 함께 살았던 사촌형이 형수님과 가끔 주말에 방문하여 알콩달콩 다정하게 지내는 것을 보면 예전에 부모님과 함께 살았던 시절이 그립고, 그 시절로 다시 되돌아가고 싶어져요. 그런데 엄마는 이젠 너는 청년이 되었으니 스스로의 힘으로 살아야 한다고 하면서 방문을 뜸하게 하시고 연락도 자주 안 하세요. 엄마의 그런 언행이 저를 더욱 외롭게 만들어요.

2) 행동관찰

〈내담자 1(엄마)〉
• 160cm 정도의 키, 파마 머리, 평온한 표정이다.
• 자신의 생각과 느낌을 조리 있게 전달한다.

〈내담자 2(아들)〉
• 170cm 정도의 키, 스포츠형 머리, 키에 비해 마른 편이다.
• 자신의 생각과 느낌을 간단명료하게 전달한다. 말수가 적다.

3) 내담자의 자원

〈내담자 1〉
• 현실 상황을 고려하여 솔직하게 표현한다.
• 갈등 상황 시 중재를 잘한다.
• 아들의 성향에 맞추어 주려고 한다.

〈내담자 2〉

- 스스로 문제를 해결하려고 한다.
- 아버지에게 인정받기 위해 계획을 세워 노력한다.
- 엄마가 원하는 것을 들어주려고 한다.

4) 가족관계(3세대 가계도 및 내담자 문제와 관계된 가족 성향, 특이 사항)

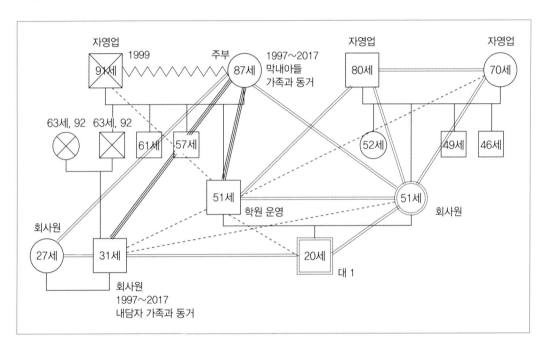

〈내담자 1(엄마 샐리)〉

엄마인 샐리는 부모님, 외삼촌, 사남매 포함 7인 가족 안에서 성장하였다. 샐리 부모님은 과일 장사로 시작해서 자수성가하신 성실하고 책임감이 강하신 분이었다. 성취 지향적이고 운동을 좋아하셨던 샐리 외삼촌은 늦게 퇴근하시는 부모님을 대신해 4남매를 돌봐 주시고 학습, 운동 등을 가르쳐 주셨다고 한다.

〈내담자 2(아들 쥬센)〉

부모님, 할머니, 사촌형, 그리고 쥬센 등 5인 가족 안에서 가장 어렸던 쥬센은 어린 시절부터 많은 사랑과 돌봄을 독차지하면서 성장하였다. 맞벌이셨던 엄부자모인 부모님은 가능한 많은 시간을 쥬센과 보내려고 수영 동호회, 체험활동, 가족나들이, 가족봉사단 등을 함께 해 주셨고, 할머니는 헌신적이고 사랑이 많은 분이셨다. 그러나 고등학교 시절 갑자기 가정의 위기가 오게 되어서 화목하게 보냈던 다섯 식구는 각각 분가를 하게 되고, 쥬센은 대학 입학과 동시에 부모님과 떨어져서 할머니랑 지내게 되었다.

5) 생태도

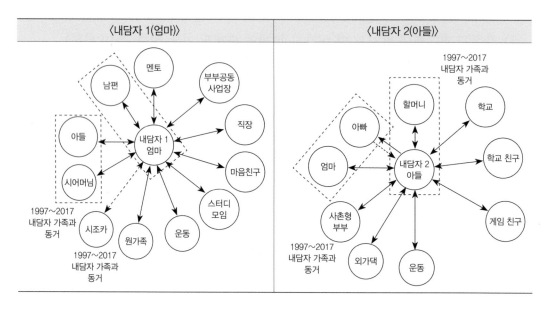

〈내담자 1(엄마 샐리)〉

엄마 샐리는 스마트 근무제 직장과 개인적으로 사업장을 운영하고 있다. 스마트 근무제라 대부분 사업장에서 일을 하고, 일주일에 2~3번 출장을 간다. 부부 단둘이 살게 되면서 여가 시간을 이용해서 운동과 자기 계발에도 관심을 갖고 꾸준히 하고 있다.

〈내담자 2(아들 쥬센)〉

아들 쥬센은 일주일에 4번은 대학에 가서 공부를 하고, 나머지 시간에는 편입 준비와 아르바이트, 게임을 한다. 80대 할머니랑 살고 있기 때문에 가끔 병원에 모셔다 드린다든지 함께 조깅을 한다든지 하면서 할머니와 시간을 보내려고 한다. 평일 수업이 없는 날에는 엄마가 가끔 방문해 주셔서 집안 살림, 건강 상태 등을 돌봐 주시고, 주말에는 함께 살았던 사촌형 부부, 그리고 친인척이 방문하여 함께 식사를 하거나 집 근처 산책을 한다.

2. 내담자의 검사 결과

⟨내담자 1(엄마)⟩

FR \ 구분	LS1	LS2	LS3	LS4	LS5	LS6	LS7	LS8	LS9
점수	40	26	34	38	34	36	27	41	35
순위	2	9	7	3	6	4	8	1	5
등급	3~4	6~7	5	3~4	5	5	8~9	1~2	5

⟨내담자 2(아들)⟩

FR \ 구분	LS1	LS2	LS3	LS4	LS5	LS6	LS7	LS8	LS9
점수	27	39	36	30	31	36	35	40	32
순위	9	2	3	8	7	3	5	1	6
등급	8~9	1~2	3~4	8~9	6~7	3~4	3~4	1~2	6~7

⟨CKFR 심리검사 체크리스트⟩

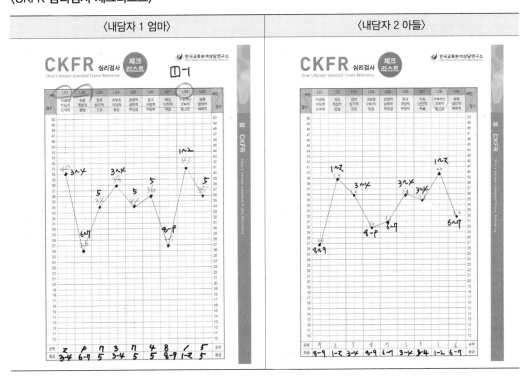

내담자 1의 해석: 〈순위: 점수〉

- 주 준거 틀: LS8(태평)이 1~2등급
- 2번 준거 틀: LS1(자기주장)이 3~4등급
- 9번 준거 틀: LS2(현실적)가 6~7등급
- 주 준거 틀은 지나치게 높고 9번 준거 틀은 낮은 편이다.

내담자 2의 해석: 〈순위: 점수〉

- 주 준거 틀: LS8(태평)이 1~2등급
- 2번 준거 틀: LS2(현실도피)이 1~2등급
- 9번 준거 틀: LS1(소심)이 8~9등급
- 주 준거 틀은 지나치게 높고 9번 준거 틀은 매우 낮다.

3. 준거 틀에 따른 특성과 해석

1) 준거 틀의 건강한 정도

〈내담자 1(엄마)〉

특성 FR	상	중	하
주 준거 틀(LS8) 태평	평화, 수용적, 자율적, 조화	온순, 융통성, 수동적, 태평	둔감, 억압, 자책, 회피
2번 준거 틀(LS1) 자기주장	자신감, 관용, 리더, 정의	단호함, 책략적, 지배적, 자기주장	단절, 독재, 복수심, 반사회적
9번 준거 틀(LS2) 현실적	온정적, 창조적, 예술적, 영감	자기몰두, 자기관대, 몽상, 비현실적	자기억제, 우울, 자기혐오, 자기파괴

내담자 1(엄마)의 해석

① 건강할 때

- 주 준거 틀(LS8): 중재를 잘하고 일을 순조롭게 진행시킨다. 아들의 강점을 부각시키면서 기운을 북돋아 주고 지지를 잘해 준다.
- 2번 준거 틀(LS1): 아들을 알뜰살뜰 잘 보살펴 주고, 아들과 잘 놀고, 헌신적이며 관대하다.
- 9번 준거 틀(LS2): 공감을 잘해 주고, 아들을 지지해 주며 자신을 그대로 드러내고, 쉽게 유대를 맺는다.

② 불건강할 때

- 주 준거 틀(LS8): 일적으로 바쁘거나 몸이 아프다는 핑계로 아들을 만나러 가지 않는다.
- 2번 준거 틀(LS1): 엄마 샐리가 기대한 것이 아닌 다른 방법을 제시했을 때는 샐리 방식대로 고수하면서 거절한다.
- 9번 준거 틀(LS2): 삶이 힘겹게 느껴지거나 스트레스를 많이 받는 경우 아들과의 교류도 외부와의 교류도 하지 않은 채 혼자만의 공간 안에서 수행자처럼 조용히 보낸다.

〈내담자 2(아들)〉

특성 FR	상	중	하
주 준거 틀(LS8) 태평	평화, 수용적, 자율적, 조화	온순, 융통성, 수동적, 태평	둔감, 억압, 자책, 회피
2번 준거 틀(LS2) 현실도피	온정적, 창조적, 예술적, 영감	자기몰두, 자기관대, 몽상	자기억제, 우울
9번 준거 틀(LS1) 소심	자신감, 관용, 리더, 정의	단호함, 자기주장	파괴적, 독재

① 건강할 때

- 주 준거 틀(LS8): 엄마와 아빠가 갈등이 발생했을 때 그냥 자기 공부하면서 지켜보다가 엄마가 기분이 좋은 것 같으면 아빠의 좋은 점을 이야기하면서 엄마가 아빠랑 잘 지냈으면 좋겠다고 자기 의견을 이야기한다. 평소 친절하고 다정다감하다.
- 2번 준거 틀(LS2): 엄마 이야기를 끝까지 들어주며, 공감과 지지를 잘해 주고, 샌님 같으면서도 은근히 상대방을 즐겁게 해 주고 쉽게 유대를 맺는 경향이 있다.

- 9번 준거 틀(LS1): 엄마의 의견을 존중해 주면서 배려한다.

② 불건강할 때

- 주 준거 틀(LS8): 엄마가 일적 스트레스를 받고 계신 것 같으면 솔직하게 자신의 감정을 표현하지 않고, 엄마 의견을 무조건 따라 준다.
- 2번 준거 틀(LS2): 너무 자신에게 빠져 있어서 엄마가 이야기를 해 주지 않으면 가족행사 등을 기억하지 못할 때가 많다고 한다.
- 9번 준거 틀(LS1): 아빠에게 도움을 요청해야 되는 상황인데도 직접 말하지 못하고, 엄마를 통해 도움을 요청하기도 한다.

내담자 커플관계 해석

　엄마는 일 중심적이고 가능한 아들의 상황을 맞추어 주려고 하며, 엄마 자신이 중요하다고 생각하는 것은 아들이 무조건 수용해 주기를 바란다. 아들은 엄마의 눈치를 다소 보는 경향이 있고, 가정 분위기에 따라 솔직하게 자신의 의견을 애기할 때도 있고, 그냥 억압한 채 엄마의 의견을 따라 주는 경우도 있다.

　☞ 개선 방안: 엄마는 일과 아들과의 관계의 균형을 잘 유지하여 감수성이 예민한 아들이 덜 상처를 받도록 한다. 그리고 아들이 아빠에게 직접 전달할 수 있도록 지지하고 용기를 준다. 아들은 자신의 감정과 생각을 솔직하게 전달하도록 한다.

2) 준거 틀의 성향에 따른 승자각본과 패자각본

〈내담자 1(엄마)〉

특성 FR	성향	승자각본	패자각본
주 준거 틀(LS8) 태평	조화적	행동으로 실천한다.	태만하고 게으름을 피운다.
2번 준거 틀(LS1) 자기주장	리더적	사사로운 욕심이나 불순한 생각이 없다.	수단방법을 가리지 않는다.
9번 준거 틀(LS2) 현실적	독창적	평안하고 어려움이 없다.	남을 부러워하고 바란다.

내담자 1(엄마)의 해석

① 성향

- 주 준거 틀(LS8): 엄마 자신도 아들도 각자 자기 삶을 살기를 원하기 때문에 따로 살면서 정기적인 용돈만 보내주고 그 외 상황에 대해서는 거의 간섭을 하지 않는다. 아들이 예방접종이나 학교생활 등에 대해 도움을 요청하면 그때는 시간을 내서 도움을 주려고 한다.
- 2번 준거 틀(LS1): 아들이 80대 할머니랑 단둘이 살기 때문에 여러 가지 어려움이 있으리라 예상되어 정기적으로 서울 집을 방문하여 어머님과 아들의 건강 상태를 점검하고, 영양제와 밑반찬을 갖다 주거나 대청소 등을 해 주며 보살펴 준다.
- 9번 준거 틀(LS2): 간섭받지 않고 자유롭게 사는 것을 선호하기 때문에 따로 살면서 정기적으로 돌봐 드리는 현 상황에 대해 만족해하며 즐겁게 살려고 한다.

② 승자각본 쓸 때

- 주 준거 틀(LS8): 가족의 개개인의 욕구를 인정하고, 따로 사는 현 상황을 수용하고, 현 상황 속에서 서로 간섭하지 않고, 내 인생을 살면서 필요할 때 돌봄을 제공해 준다.
- 2번 준거 틀(LS1): 자기 삶을 살면서 간섭받지 않고, 자발적으로 즐겁게 남편과 아들 그리고 어머님을 돌봐 드린다.
- 9번 준거 틀(LS2): 다른 가족과 비교하지 않고, 우리 가족 형편에 맞게 행복한 삶을 영위한다.

③ 패자각본 쓸 때

- 주 준거 틀(LS8): 일이 바쁘거나 피곤하다는 핑계로 아들을 만나러 가지 않고, 보고 싶으니까 엄마 보러 내려오라고 부탁한다.
- 2번 준거 틀(LS1): 상의하지 않고 자기주장대로 밀고 나가려고 한다.
- 9번 준거 틀(LS2): 아들과 함께 있을 때 과잉 배려로 자신의 욕구를 억제하기도 한다.

〈내담자 2(아들)〉

특성 FR	성향	승자각본	패자각본
주 준거 틀(LS8) 태평	조화적	행동으로 실천한다.	태만하고 게으름을 피운다.

2번 준거 틀(LS2) 현실도피	독창적	평안하고 어려움이 없다.	남을 부러워하고 바란다.
9번 준거 틀(LS1) 소심	리더적	사사로운 욕심이나 불순한 생각이 없다.	수단방법을 가리지 않는다.

내담자 2(아들)의 해석

① 성향

- 주 준거 틀(LS8): 따로 살면서 기존에 엄마에게 의존했던 일들을 자신이 직접 하기 시작하였다(예: 병원 가기, 교재, 책상 등 필요한 물품 스스로 구매, 장보기, 청소 등).
- 2번 준거 틀(LS2): 자기 방을 스스로 개성 있게 꾸미고, 옷도 자신이 골라서 입는다.
- 9번 준거 틀(LS1): 대부분 상대방을 맞춰 주려고 하고, 자기주장을 하지 않는 성향이 있다.

② 승자각본 쓸 때

- 주 준거 틀(LS8): 스스로 자립하는 방법을 터득하고, 등록금을 스스로 해결하려고 장학금을 받기 위해 공부에 올인하거나 엄마에게 아르바이트 관련 정보를 요청한다.
  2학기 등록금도 스스로 해결하고, 자신의 상황에 맞는 아르바이트 자리도 구했다.
- 2번 준거 틀(LS2): 남과 비교하지 않고, 처해진 상황에서 행복하게 살려고 한다.
- 9번 준거 틀(LS1): 대화 시 엄마의 감정을 수용하고, 필요한 경우 협력하려고 한다(예: "아빠가 널 보고 싶어 하는데 바빠서 서울까지 가기는 어려우셔. 아빠가 잠깐 시간을 낼 수 있는 날은 이번 주 *요일과 다음 주 *요일인데 여기까지 내려올 수 있니?"라고 하면 자신의 일정을 확인하고 언제 내려갈 수 있다고 말한다.).

③ 패자각본 쓸 때

- 주 준거 틀(LS8): 이발할 때가 되었는데도 방학 기간이나 바쁠 때는 긴 머리 상태를 유지한다.
- 2번 준거 틀(LS2): 엄마와 아빠가 신혼부부처럼 다정하게 대화하고 원활하게 의사소통하기를 기대한다.
- 9번 준거 틀(LS1): 의존하지 않고 스스로 해결하겠다고 결단한 후 자기 방 원목 책상을 구입할 때 자문을 구하지 않고 온라인으로 잘못 구입하여 번거로움을 자처하였다.

내담자 커플관계 해석

엄마는 아들이 서서히 자립할 수 있도록 도와주면서도 많은 부분 돌봄을 제공하는 편이고, 엄마가 옳다는 것을 아들이 따라 주기를 기대한다. 아들은 부모로부터 정신적으로 독립하려고 여러 가지 시도는 하지만 아직 서툴러서 시행착오를 할 때가 있다.

☞ 개선 방안: 엄마는 아들이 20세인 성인임을 다시 한번 자각하고 아들 스스로 할 수 있는 기회를 많이 제공하여 아들이 서서히 자립할 수 있도록 한다. 아들은 필요할 때는 유연하게 도움도 요청하고 자기가 할 수 있는 것은 스스로 하면서 서서히 부모님으로부터 독립하도록 한다.

3) 준거 틀의 등급에 따른 기술

〈내담자 1(엄마)〉

특성 FR	등급에 따른 기술
주 준거 틀(LS8) 1~2등급	평화적, 둔감, 조화, 수용적, 억압, 자책
2번 준거 틀(LS1) 3~4등급	자신감, 자기주장, 열정, 성실, 통제, 완고
9번 준거 틀(LS2) 6~7등급	둔감, 무심

내담자 1(엄마)의 해석

① 순기능

- 주 준거 틀(LS8): 편견이 없고, 평화와 조화를 갈망하며, 태평하게 자기 할 일을 하는 경향이 있어 기대했던 것보다 답장이 늦어도 재촉하지 않고 기다려 준다(예: "쥬센! 엄마가 용돈 이외에 별도로 더 보냈는데 그 돈으로 예방접종, 치과치료 받으면 될 것 같아." 그러면 아들이 자기 상황에 맞추어 예방접종 등을 하고, 그 결과를 톡으로 보내준다.).
- 2번 준거 틀(LS1): 자신의 영역에 있는 사람들과의 신의를 지키고, 어떤 상황에서든지 보호하고 지켜 주려고 한다. 남편을 포함해서 아들도 어머님도 보호하고 지켜 주어야 한다고 생각하기 때문에 무리하지 않는 범위 안에서 돌봐 준다(예: 별도의 수입이 생겼을 때 남편의 건강을 돌보는 데 사용하거나, 따로 살고 있는 어머님과 아들을 정기적으로 방문하여 돌봐 준다.).

② 역기능

- 주 준거 틀(LS8): 자신이 관심을 갖지 않는 것에 대해 무심하고, 갈등을 피하고 조화와 평화

를 위해 자신을 희생하고 헌신하다가 힘들어지면 "네가 스스로 해 보렴. 엄마의 지원은 여기까지야. 아빠는 네가 스스로의 힘으로 자립해서 살기를 바라서. 아빠 도움 없이 널 지원하는 것은 한계가 있단다."라고 말한다.

- 2번 준거 틀(LS1): 아들의 과잉 배려 성향을 고려하지 않고 아들이 고등학교 졸업 후 할머니랑 살겠다고 했을 때 아들에게 "할머니랑 살려면 네가 어느 정도 맞추면서 살아야 해. 나이 드신 분은 잘 바뀌지 않아. 쉽지 않을 거야. 맞추면서 살든지 그게 싫으면 따로 살면 돼."라고 이야기한 적이 있다(예: 아들은 할머니가 식사 준비하는 것을 힘들어한다고 생각하고, 방학 때 하루에 1끼만 식사를 해서 저체중 상태가 된 적이 있었다.).

〈내담자 2(아들)〉

FR \ 특성	등급에 따른 기술
주 준거 틀(LS8) 1~2등급	억압, 소극적, 우유부단, 둔감
2번 준거 틀(LS2) 1~2등급	현실도피, 죄책감
9번 준거 틀(LS1) 8~9등급	소심, 소극적, 자신감 부족

내담자 2(아들)의 해석

① 순기능

- 주 준거 틀(LS8): 편견이 없고, 평화와 조화를 갈망하며, 인내심이 강하고 중재를 잘한다(예: 엄마가 할머니랑 갈등 상황이었을 때 중간에서 누구의 편도 들지 않고 엄마랑도 할머니랑도 잘 지냈으며, 엄마랑 살 때는 평일에는 부모님과 지내고, 주말에는 할머니랑 지내면서 서로 관계가 개선되는 데 큰 기여를 하였다.).
- 2번 준거 틀(LS2): 감정에 잘 공감해 주고, 상황에 맞추어 따뜻하게 배려한다(예: 할머니와 엄마랑 함께 식사할 때 엄마가 고기를 자르고 할머니를 챙기느라 제대로 식사를 못한다고 생각하면 고기 반찬을 엄마 그릇 위에 놓아 주면서 "엄마도 식사하세요."라고 말하곤 한다.).

② 역기능

- 주 준거 틀(LS8): 우유부단하고 잘 결정을 내리지 못한다(예: 아들 생일 선물로 뭔가 사 주고 싶어서 "쥬센! 엄마가 네가 원하는 것 사 줄게. 갖고 싶은 것 있으면 말해 봐."라고 말하면 잘 결정을 내리지 못하고 망설이다가 "할머니에게 물어볼까?"라고 말한다.).
- 2번 준거 틀(LS2): 어떤 상황에 대해 과민하게 생각하고 걱정하기도 한다(예: 함께 식사할 때

대화가 없거나 아빠가 까칠하게 행동하면 엄마와 아빠가 싸웠다고 생각하고 걱정을 한다. 그리고 어쩌다 만난 아빠가 말랐다고 생각하면 "엄마! 지난주 아빠 뵈었을 때 많이 마르신 것 같아요. 식사는 하시고 다니시나요?"라고 말하면서 엄마가 아빠랑 사이좋게 지내고, 아빠를 잘 챙겨 주었으면 좋겠다고 말한다.).

내담자 커플관계 해석

　통찰력이 뛰어나고, 앞으로 가족 상황이 어떻게 전개될지 예측하거나 여러 가족 구성원들이 원만하게 잘 지내기를 원하는 아들이 가장 최선이라는 행동을 먼저 실천하겠다고 의견을 표현한다. 그러면 엄마는 아들이 결정한 상황에 대해 처음에는 서운해하기도 하지만 아들이 그 환경 속에서 잘 지낼 수 있는 방법을 지원해 주고, 추후 아들의 결정에 대해 만족해하는 편이다. 예를 들면, 아빠가 기대했던 학교에 떨어졌을 때 재수하지 않고 대학에 진학한 점이나 부모님과 살기보다는 대학에서 가까운 서울 집에서 할머니랑 사는 것을 선택한 점 등. 그러나 아들이 선물을 고르는 것이나 장 볼 때 과일을 고르는 것 등 소소한 부분에서는 결정을 잘 내리지 못해서 엄마가 2~3가지를 제시하고 선택하게 하곤 한다.

☞ 개선 방안: 아들을 지원할 때 현실을 고려하여 지원하고, 무언가 조언을 해 줄 때는 아들의 성향을 고려하여 신중하게 이야기한다. 그리고 아들이 뭔가 결정을 내렸을 때 무조건 서운해하지 말고, 그런 결정을 내린 이유에 대해 부드럽게 물어봄으로써 아들의 결정에 힘을 실어주는 엄마가 되도록 한다.

4) 준거 틀에 따른 인간관계 스트로크 성향

〈내담자 1(엄마)〉

특성 FR	긍정적일 때	부정적일 때
주 준거 틀(LS8) 태평	친절하고, 부드럽고, 창의적 발상으로 기운을 북돋아 주고, 지지를 해 주며, 충실하고 판단하지 않는다. 중재를 잘하고 일을 순조롭게 진행시킨다.	고집을 부리고, 수동적 공격성을 갖으며, 주장하지 않고, 지나치게 편한 것을 추구하며, 방어적이다. 우유부단하고 자책을 잘한다.
2번 준거 틀(LS1) 자기주장	충실하고, 남을 잘 돌보아 주고, 긍정적이고, 잘 놀고, 진실하고, 직선적이고, 헌신적이며, 관대하고, 지지를 잘해 준다.	요구가 많고, 거만하고, 투쟁적이고, 소유하려 들고, 비타협적이고, 남의 흠을 잘 집어낸다. 유연하지 못하다.

내담자 1(엄마)의 해석

① 긍정적일 때 스트로크 방식

• 주 준거 틀(LS8): 아들을 대할 때 판단하지 않고 있는 그대로 보려는 경향이 크고 긍정적으로 대하고, 친절하게 대하여 친근감을 유발한다. 아들의 성향을 잘 맞춰 주기 때문에 아들과 친구처럼 잘 지낸다.

• 2번 준거 틀(LS1): 아들을 알뜰살뜰 잘 보살펴 주고 헌신적이며 아들의 강점을 부각시켜 학교생활에 잘 적응하고, 아들의 드림빌딩을 점증적으로 현실화시켜 나갈 수 있도록 용기를 준다. 아들이 궁지에 몰리면 적극적으로 나서서 보호하고 문제를 해결해 준다(예: 아들이 아빠가 기대했던 학교에 모두 떨어져서 낙담하고, 아빠랑도 소원해졌을 때 아들의 솔직한 심정을 들어보고 시어머님과 상의하여 남편의 기대에는 못 미치지만 아들의 실력에 적합한 학교에 진학할 수 있도록 도와주었다. 그 당시 아들에 대한 기대가 컸던 남편이 아들의 불합격 소식에 실망감이 커서 모든 지원을 끊고, 아들과 잠시 단절했었다. 지금은 둘 간의 관계를 잘 중재를 해서 아들이 아빠랑 다시 잘 지내고 있다.).

② 부정적일 때 스트로크 방식

• 주 준거 틀(LS8): 일이 많고 스케줄이 빠듯한데 아들은 보고 싶고 그럴 때는 아주 편한 방식을 선택한다. 예를 들면, 출장 전후로 잠깐 시간을 내서 점심 혹은 저녁 외식을 하거나 서울집 근처 전철역에서 만나 밑반찬 등만 전해 주고 5~10분 이야기하다가 헤어진다.

• 2번 준거 틀(LS1): 아들에게 뭔가 지원할 때 2~3가지 안을 제시하고, 아들에게 선택하게 한다. 그러면 아들이 그중에서 한 가지를 선택하여 자기 방식대로 재조정해서 실천한다. 그러면 엄마 입장에서는 다소 당황스럽고 약속한 것을 이행하지 않는다고 생각할 때도 있다(예: 아들과 떨어져 살게 되면서 아들에게 용돈을 보내는 대신 한 달에 1번 정도 학교생활이나 친구관계 등 소소한 내용을 문자나 멜로 보내달라고 요청했었다. 그리고 아들도 그리하겠다고 하였다. 그러나 아들은 편지나 문자보다는 수시로 전화하는 방식을 선택하였다. 문자나 메일이 오지 않았기 때문에 아들이 약속을 이행하지 않았다고 생각했다. 그러나 아들은 엄마와의 약속을 지켰다고 자기는 전화로 소소한 이야기를 한 것이라고 설명해 주었다.) .

〈내담자 2(아들)〉

FR ＼ 특성	긍정적일 때	부정적일 때
주 준거 틀(LS8) 태평	친절하고, 부드럽고, 기운을 북돋아 주고, 지지를 해 주며, 충실하고, 판단하지 않는다. 중재를 잘하고 일을 순조롭게 진행시킨다.	주장하지 않고, 지나치게 편한 것을 추구한다. 우유부단하고 자책을 하기도 한다.
2번 준거 틀(LS2) 현실도피	마음이 따뜻하고 이해심이 많고 사람들을 뒷받침하고 잘 도와준다. 잘 놀고, 열정적이며, 재치가 있다. 자신을 그대로 드러내고, 쉽게 유대를 맺는다.	너무 자신에게 빠져 있고, 감정을 잘 표현하지 않고, 예민하고 말수가 적다. 자기 자신이 처한 상황을 빠르게 파악하여 모두 원만하게 지낼 수 있는 방법으로 행동하다가 상처를 받기도 한다.

내담자 2(아들)의 해석

① 긍정적일 때 스트로크 방식

- 주 준거 틀(LS8): 무언가 엄마가 상의하기를 시도하면 잘 경청하고 엄마의 바람을 들어주려고 한다(예: "아빠 생신을 어떻게 준비할까?"라고 아들에게 이야기했을 때 바쁜 아빠를 고려해서 자신이 수업이 없는 전 주에 방문하여 아빠랑 엄마랑 식사를 하고, 아빠에게 생일 노래를 녹음해서 전송해 드리는 것으로 하겠다고 의견을 제시하여 상호 만족스러운 결과를 도출하였다.).
- 2번 준거 틀(LS2): 마음이 따뜻하고 상상력이 풍부하며 조용하지만 은근 유머감각이 있어서 상대를 즐겁고 편안하게 해 준다(예: 엄마 샐리는 아들과 함께 산책을 하거나 식사를 할 때 많이 웃게 되고 즐거운 기분이 든다고 한다. 아들 쥬센은 주로 게임, 꿈, 학교생활, 친구 등에 대해서 이야기를 하고, 엄마 샐리는 주로 들어주거나 리액션을 크게 해 주는 편이다.).

② 부정적일 때 스트로크 방식

- 주 준거 틀(LS8): 자기주장을 잘 하지 않고 다소 우유부단한 성향이 있어서 뭔가 선택 사항에서 엄마가 아들에게 2~3가지를 제시하고 그중에서 선택하게 하곤 한다.
- 2번 준거 틀(LS2): 아들 쥬센이 전화할 때 전화를 못 받는 상황이 많았었는데 이 때문에 아들이 자주 전화를 하다가 뜸하게 전화를 하거나 톡을 하게 되었다고 한다.

내담자 커플관계 해석

　서로 상대를 배려한다는 것이 오히려 서운한 마음이 들게 할 수도 있다. 예를 들면, 아들의 경우 전화할 때마다 엄마가 전화를 안 받을 경우 "엄마 언제 통화가 가능하신가요? 오늘 중으로 통화하고 싶어요."라고 문자를 남긴다면 엄마가 전화를 했을 것이다. 그리고 아들이 우유부단한 성향을 보일 때 엄마가 2~3가지 제안을 하는 경향이 있다. 아들은 그 제안 안에서만 선택해야 한다고 생각하고 일단 선택하고 나서 자기 식대로 재조정해서 하는 경향이 있다.

　☞ 개선 방안: 아들의 경우 엄마랑 통화하고 싶을 때 1번 전화해서 전화를 안 받으면 문자를 남기면 된다고 생각한다. 그리고 엄마의 경우도 아들이 우유부단한 면이 있다고 무조건 몇 가지 제안을 제시하는 것이 아니라 아들이 편안하게 자신의 의견을 이야기할 수 있는 상황을 조성해 주어야 한다.

5) 준거 틀의 조기 결단과 집착 그리고 두려움

〈내담자 1(엄마)〉

특성 FR	조기 결단	집착	두려움
주 준거 틀(LS8)	갈등 없이 평화롭게 살아야 한다.	평온	갈등
2번 준거 틀(LS1)	영향력 있는 사람이 되어야 한다.	통제	피해

내담자 1(엄마)의 해석

① 조기 결단의 의미(인생 초기 외상 후 무의식적 결단-각본의 기원)

- 주 준거 틀(LS8): 엄마에게는 무한 약하시고 자식에게는 엄격하셨던 샐리 아버지는 집안일을 샐리 남매에게 업무분장해서 하라고 시키셨고, 퇴근 후 점검하셨다고 한다. 청소 등이 미흡하면 샐리 아버지는 샐리 남매를 호되게 야단치시고, 엄마는 어린아이들인데 그만하시라고 하면서 말리시다가 우시곤 하셨다. 그러나 샐리 남매가 집안일을 깔끔하게 해놓으면 부모님이 좋아라 하시면서 샐리 남매에게 내준 숙제를 점검한 후 앵무새처럼 노래 부르시면서 서울 구경시켜 주신다고 장난도 치시고, 옛날이야기도 해 주시면서 잘해 주셨다.
- 2번 준거 틀(LS1): 샐리 아버지는 어린 시절부터 자녀를 군사훈련을 시키듯 활쏘기, 산 타기 등으로 훈육하시고, 호랑이는 죽어서 가죽을 남기고 사람은 죽어서 이름을 남겨야 한다고 강조하셨다. 그리고 출근하실 때마다 책 읽고 감상문 쓰기, 영어, 일기 쓰기 등 숙제를 많이 내주시고, 퇴근 후 4남매 모두 아버지 앞에서 큰 목소리로 숙제를 발표하게 하셨다.

② 집착의 성향

• 주 준거 틀(LS8): 엄마 샐리는 갈등을 피하고 조화롭고 평화롭게 살기를 갈망한다. 대가족으로 살 때 가정의 평화를 위하여 웬만하면 양보하고 배려하고 걱정 근심이 많은 어머님 마음을 풀어 주는 데 에너지를 쏟느라 정작 소중한 남편과 아들에게 소원한 적이 있었다고 한다.

• 2번 준거 틀(LS1): 평소에는 관대하고 허용적이지만 안전에 위협을 받거나 아들의 건강에 영향을 미치는 상황의 경우 통제하려는 경향이 있다(예: 두 끼라도 알차게 먹기, 영양제 먹기 등).

③ 두려움의 성향

• 주 준거 틀(LS8): 아들과의 평화로운 관계를 유지하기 위해 아들이 원하는 것은 가능한 들어주려고 한다. 다만 아들이 과도하게 자신을 희생하려고 하거나 자기주장을 해야 되는 상황에서 말을 하지 않고 있으면 관여를 할 때도 있다.

• 2번 준거 틀(LS1): 중요하다고 생각하는 부분을 잃을 수 있다고 판단되면 그런 상황을 만들지 않으려고 강하게 자기주장을 하고 의견을 관철시킨다(예: 지방에서 남편 혼자 생활하게 하고, 셋이서 서울 집에서 살자고 시어머님이 제안했을 때 아들은 20세가 되었기 때문에 걱정이 없지만 남편은 혼자 두면 부부간의 위기가 올 수 있다고 정중하게 거절하였다. 그리고 아들에게는 "널 키울 때는 엄마라서 행복했어. 지금은 네가 컸기 때문에 여자로 살고 싶어. 아빠에겐 엄마가 필요해. 엄마의 선택을 네가 언젠가는 이해하게 될 거야."라고 얘기해 주었다.).

〈내담자 2(아들)〉

FR＼특성	조기 결단	집착	두려움
주 준거 틀(LS8)	갈등 없이 평화롭게 살아야 한다.	평온	갈등
2번 준거 틀(LS2)	정체성을 찾아야 한다.	특별	존재 상실

① 조기 결단의 의미: 인생 초기 외상 후 무의식적 결단-각본의 기원

• 주 준거 틀(LS8): 어린 시절 어버이날 어린이집에서 카네이션 두 송이를 만들어 엄마가 퇴근했을 때 엄마에게 달아 드렸는데 지나가다가 할머니가 "키우기는 내가 다 키웠는데 엄마에게만 카네이션을 달아 드리다니."라고 눈물을 흘리셨다. 그 후 카네이션을 엄마 방에 숨겨 두었다가 드렸는데 엄마가 "카네이션이 두 송이라면 할머니 먼저 달아드리고, 나머지 한 송이는 엄마, 아빠에게 주면 된단다. 엄마, 아빠는 부부니까 한 송이만 줘도 되는 걸"이라고 하셨다. 그 후 엄마와 할머니 사이에서 어떻게 해야 갈등 없이 평화롭게 잘 지내는지

알게 되었다.

- 2번 준거 틀(LS2): 왕성하게 사회활동을 하는 부모님과 최고만을 추구하는 할머니, 다재다능한 사촌형 사이에서 자신의 존재감을 강하게 표현하려고 하였다. 중등 시절까지 부모님의 기대에 부응하면서 왕자님처럼 사랑을 듬뿍 받다가 고등학교 시절 아끼고 사랑했던 고슴도치가 세상을 떠나면서 상실감으로 마음의 문을 닫기 시작하였다. 그리고 아빠가 제공한 좋은 기회를 외면한 채 게임 안에서 '전쟁의 신'으로 살면서 시간을 헛되이 보내게 되었다.

② 집착의 성향

- 주 준거 틀(LS8): 갈등을 피하고 조화롭고 평화롭게 살기를 갈망한다. 부모님이 맞벌이셨기 때문에 함께 살아도 대부분 할머니와 시간을 보냈다. 자신의 의견을 이야기했다가 엄마나 할머니께서 갈등을 겪게 되는 상황을 보게 되면서 가능한 침묵을 유지하고, 상황에 맞추어서 행동하려고 하였다.
- 2번 준거 틀(LS2): 특별해야만 사랑을 받고 버림받지 않는다. 어디에 있든 조용하지만 뭔가 존재감을 나타내려고 한다. 특히, 이런 특별함에 대한 집착은 게임 시 적극적으로 발현된다(예: 게임 안에서의 별명: '전쟁의 신', 대학 입학 후 게임 이야기로 절친을 사귀게 되었다.).

③ 두려움의 성향

- 주 준거 틀(LS8): 엄마와의 평화로운 관계를 유지하기 위해 엄마가 원하는 것은 가능한 들어주려고 한다. 가끔 엄마에게 뭔가 도움을 요청하고 싶은데 엄마가 과도하게 해 주실까 봐 가능한 혼자서 해결하려고 한다(예: 25층에서 15층으로 이사한 후 예전처럼 창문을 활짝 열어 놓았는데 모기에 물려서 그 부분에 대해서 도움을 요청하려고 했는데 엄마가 무리하게 일정을 조정하고 오셔서 해결해 주실까 봐 도움을 요청하지 않았다.).
- 2번 준거 틀(LS2): 부모님이 기대하는 것에 부응하지 못하면 버림받을 수도 있다는 두려움으로 대학에 진입은 했지만 아빠의 기대에 부합되는 대학에 편입하려고 학업에 몰입하고 있다(예: 학점이 잘 나왔을 때, 자격증 땄을 때 등 좋은 성과를 냈을 때 아빠에게도 보여 드리라고 엄마 톡으로 결과물을 보낸다.).

내담자 커플관계 해석

서로 과잉 배려로 실제 원하는 바를 솔직하게 표현하지 못할 때가 있다. 그리고 엄마도 아들도 어떤 상황에도 잘 적응하고 불만도 없고, 있는 그대로의 상태를 유지하거나 흘러가는 대로

그냥 받아들이는 경향이 있다. 그래서 서로 연락을 하지 않아도 특별히 신경 쓰지 않고, 자기 삶을 살다가 필요하면 연락을 한다.

☞ 개선 방안: 과잉 배려를 멈추고, 솔직하게 자신의 감정과 서로에게 기대하는 바를 구체적으로 표현해 준다. 서로 의견이 다를 때는 엄마 자신의 의견을 강요하지 말고 서로의 이야기를 듣고 절충안을 찾아본다.

6) 준거 틀에 따른 양육방식과 신념 그리고 방어기제

〈내담자 1(엄마)〉

FR＼특성	양육방식	각본 신념	방어기제
주 준거 틀(LS8)	요구당하고 혼자 지내는	조화롭게 사는 것이 최선이다.	도피
2번 준거 틀(LS1)	강한 모습 보일 때 칭찬	강하고 영향력 있는 사람이어야 한다.	부인

내담자 1(엄마)의 해석

① 양육환경
- 주 준거 틀(LS8): 부모님께서 출근하시면서 집안일, 숙제 등을 내주셨고, 부모님이 퇴근하실 때까지 형제자매랑 숙제와 집안일을 하면서 기다리곤 했다. 부부 싸움을 해도 엄마가 울거나 아버지 품에 안기면 싸움은 끝나고 평화가 찾아오곤 했다. 부모님이 의견 차이로 싸우시더라도 엄마의 눈물과 포옹에 약해지신 아버지가 대부분 엄마의 의견을 따라 주는 것으로 결론이 난다.
- 2번 준거 틀(LS1): 강한 모습을 보일 때 칭찬받거나 사랑을 받았기 때문에 힘들어도 힘들지 않은 척하기도 했다. 논에서 새 쫓는 일을 하다가 빈혈로 쓰러진 적도 있고, 청소년 시기에 형제자매랑 야산 오르기 시합에서 꼴등하지 않으려고 붕대로 가슴을 동여매고 정상에 오른 적도 있다.

② 각본 신념의 성향
- 주 준거 틀(LS8): 평화를 위해 대부분 아들의 요구 사항을 들어주고 상냥하게 대하지만 꼭 관철시켜야 한다고 생각하는 것이 있으면 아들을 설득하려고 한다.
- 2번 준거 틀(LS1): 업무상 속상하고 힘든 일이 있으면 음악을 듣는다든지 무작정 걷는다든지 나만의 방식으로 스트레스를 해소하고, 아들에게는 강하고 따뜻한 모습만 보이려고 한다.

③ 방어기제의 의미

- 주 준거 틀(LS8): 아들이 성인이 되었기 때문에 거의 간섭을 하지 않는다. 도움을 요청할 때 만 도움을 준다(예: 먼저 나서서 아들에게 도움을 주지는 않는다. 아들이 스스로 아르바이트 자리 를 찾아보고 알아보다가 구하지 못하고 도움을 요청했을 때 아들에게 부합되는 몇 가지 아르바이트 자리에 대한 정보를 주는 식으로 한다.).
- 2번 준거 틀(LS1): 힘들어도 강한 척, 센 척하기도 하고, "그 정도는 엄마가 지원해 줄 수 있 어."라고 큰소리쳤다가 지원이 중단되어 결국 아들 스스로 해결한 적도 있다.

〈내담자 2(아들)〉

FR＼특성	양육방식	각본 신념	방어기제
주 준거 틀(LS8)	요구당하고 혼자 지내는	조화롭게 사는 것이 최선이다.	도피
2번 준거 틀(LS1)	특별한 행동에 인정	독특하고 세련되게 살아야 한다.	승화

내담자 2(아들)의 해석

① 양육환경

- 주 준거 틀(LS8): 어린 시절 부모님의 교육관에 따라 생활을 했었다. 주로 어린이집, 태권도 장, 피아노학원 등 교육기관에서 시간을 보내고, 집에 오면 주 2회 한솔교육 선생님한테 학 습지도를 받고 토요일에는 아빠랑 수영 동호회에서 수영을 하고, 일요일에는 엄마랑 과학 관에 가서 과학 체험을 하였다. 엄마가 늦게 퇴근하면 할머니는 안방에서 텔레비전을 보시 고, 아빠는 방에서 연구하시고, 나는 거실에서 어린이집에서 만들었던 요구르트 집이나 시 장놀이를 재현하면서 엄마가 오기를 기다렸다.
- 2번 준거 틀(LS2): 공부를 잘하거나 태권도 단을 땄을 때 피아노 연주를 잘했을 때 등 뭔가 성과를 냈을 때 부모님과 할머니가 많이 좋아라 하셔서 사랑받기 위해 뭐든 최선을 다했다.

② 각본 신념의 성향

- 주 준거 틀(LS8): 엄마와 할머니가 사이좋게 지내야 마음이 편하기 때문에 엄마에게도 할머 니에게도 친절하게 잘 해드린다. 그리고 엄마에게 아빠랑 잘 지냈으면 좋겠다고 바람을 이 야기하기도 한다.
- 2번 준거 틀(LS2): 비싸지 않은 옷도 세련되게 입는 경향이 있고, 조용하고 말수가 적은데 학교나 도장에서 다른 사람 눈에 잘 띄는 편이다.

③ 방어기제의 의미

- 주 준거 틀(LS8): 통제 불능 문제 상황이 발생하면 누군가 나서서 이끌어 주기를 바라며 소극적인 자세를 취한다.
- 2번 준거 틀(LS2): 시험이 끝났거나 주말에 게임을 통해 자기만의 가상세계 안에서 편안함을 추구한다. 휴대전화는 언제나 무음상태이고, 배터리 방전 상태로 며칠간 방치하는 경우도 있다.

내담자 커플관계 해석

엄마도 아들도 요구당하고 혼자 지내는 양육방식에서 성장하였고 엄마는 아들에게 따뜻하고 강한 모습만 보이려고 한다. 아들은 힘들면 솔직하게 표현하기보다는 자기만의 동굴 속, 즉 게임 등으로 마음의 평안을 찾는 편이다.

☞ 개선 방안: 아들의 심리적 독립과 자율성을 존중해 주면서 문제 상황에 대해 함께 해결해 나가도록 한다. 그리고 아들을 있는 그대로 수용하면서 잘했을 때나 못했을 때나 엄마가 아들을 진심으로 아끼고 사랑함을 알게 해 준다. 아들은 힘들 때 게임 속에서 편안함과 안정감을 찾는 것이 아니라 적극적으로 문제를 해결해 나가도록 한다.

7) 준거 틀에 따른 드라이버, 라켓, 디스카운트

〈내담자 1(엄마)〉

FR＼특성	드라이버(동인)	라켓	디스카운트
주 준거 틀(LS8)	평화를 구현하라.	태평, 안일, 자기비하	자기주장
2번 준거 틀(LS1)	정의를 구현하라.	우월감, 오만, 비난	타인의 감정

내담자 1(엄마)의 해석

① 드라이버의 의미

- 주 준거 틀(LS8): 좋은 관계를 유지하기 위해서 갈등이 없어야 하니 무조건 수용하는 게 편하다.
- 2번 준거 틀(LS1): 자신이 옳다고 생각하는 것에 대해서는 설득을 해서라도 관철시키려고 한다. 아들이 안쓰럽게 보일 때는 헌신적으로 보호하고 지켜 주려고 한다.

② 라켓의 성향

- 주 준거 틀(LS8): 아들 생일이나 가족 생일도 상황에 맞게 융통성 있게 조정해서 생일을 축하한다(예: 생일 당일 만나기 어려우면 미리 만나서 축하해 주고, 생일선물은 월급 받은 후 연락해서 아들이 원하는 것을 사주거나 나중에 갖고 싶은 것이 떠오르면 그때 사주겠다고 한다.).
- 2번 준거 틀(LS1): 내 영역이나 내 분야에 대해서는 약간 우월감이 있고 자부심이 높은 편이다(예: 아들이 엄마와 다른 전공 분야를 공부하고 있어도 호시탐탐 사회복지 분야와 상담 분야의 비전을 이야기하곤 한다. 지금은 상담 관련 자격증이나 사회복지 자격증은 운전면허증처럼 필수라고 강조하면서).

③ 디스카운트 성향

- 주 준거 틀(LS8): 사소하다고 생각하는 것은 대부분 상대방을 맞춰 주는 편이다. 예를 들어, 아들과 식사를 할 때 아들이 짜장면이 먹고 싶다고 하면 중국집에 가고, 치킨이 먹고 싶다고 하면 치킨 집에 가고, 샤브샤브 식당에 가고 싶다고 하면 샤브샤브 식당에 간다.
- 2번 준거 틀(LS1): 아들이 운동을 즐겨 하는데 발톱이 갈라지거나 다치기도 해서 점검 차원에서 발 관리를 해 주곤 했었다(예: 검도 후 발 상태가 안 좋아 보이면 발 관리를 해 주곤 했는데 아들 스스로 하겠다고 해서 그다음부터는 스스로 하게 그냥 지켜봐 주었다.).

〈내담자 2(아들)〉

특성 FR	드라이버(동인)	라켓	디스카운트
주 준거 틀(LS8)	평화를 구현하라.	태평, 안일, 자기비하	자기주장
2번 준거 틀(LS2)	특별한 사람이 되라.	질투심, 부러움, 우울	꾸밈이 없는 삶

내담자 2(아들)의 해석

① 드라이버의 의미

- 주 준거 틀(LS8): 좋은 관계를 유지하기 위해서 갈등이 없어야 하니 무조건 수용하는 게 편하다.
- 2번 준거 틀(LS2): 뭔가 감정을 표현할 때 비유를 잘 들고, 선물을 할 때 뭔가 특별한 것을 해 주려고 한다(예: 생일날 아들이 아파트 7층 공원으로 가자고 해서 엄마가 좋아하는 노래를 불러주었다.).

② 라켓의 성향

• 주 준거 틀(LS8): 만날 약속을 하면 약간 늦게 나오는 편이다.

③ 디스카운트 성향

• 주 준거 틀(LS8): 사소하다고 생각하는 것은 대부분 상대방을 맞춰 주는 편이다(예: 엄마가 뭔가 제안을 하면 대부분 수락을 하고, 어려우면 다른 방법을 제시하여 엄마의 기대를 충족시켜 주려고 한다.).

• 2번 준거 틀(LS2): 엄마를 만나러 올 때 대충 입고 와도 되는데 세련되고 깔끔하게 입고 온다.

내담자 커플관계 해석

대부분 서로 잘 맞추어 주고, 상대방을 기쁘게 하는 방법을 알아서 깜짝 이벤트도 하고, 과잉 친절이 부담스러워도 엄마의 성의를 봐서 수용하다가 서서히 스스로 하겠다고 정중하게 이야기를 하여 엄마와의 좋은 관계를 유지한다.

☞ 개선 방안: 뭔가 아들에게 친절을 베풀고 싶을 때 아들의 솔직한 심정을 들어보고 베풀지 여부를 결정하도록 한다. 그리고 아들은 엄마랑 약속했을 때 가능한 시간을 지키려고 노력한다.

8) 준거 틀에 따른 임패스와 병리적 인생각본

〈내담자 1(엄마)〉

FR＼특성	금지령	대항지령	핵심 임패스	병리적 각본
주 준거 틀(LS8)	함께해서는 안 된다.	조화롭게 하라.	평온	조현성, 수동-공격성
2번 준거 틀(LS1)	자기주장을 해서는 안 된다.	영향력 있는 사람이 되라.	통제	반사회성

내담자 1(엄마)의 해석

① 금지령

• 주 준거 틀(LS8): 부모님께서 복합가족으로 살면서 힘들어하시는 모습을 보고 '복합가족으로 살아서는 안 된다.'라는 금지령이 작동된 것 같다.

• 2번 준거 틀(LS1): 어린 시절 4남매 중 한 사람만 잘못해도 4남매 모두 기압을 받았고, 아버지의 훈육방법에 대해 이의를 제기해도 4남매 모두 기압을 받았다. 이런 경험이 '자기주장을 해서는 안 된다.'라는 금지령이 주어진 것 같다.

② 대항지령

• 주 준거 틀(LS8): '조화롭게 살아야 해'라고 생각하고 가정의 변화가 왔을 때 따로 살게 되었다(예: 남편과 단둘이 살고, 아들은 할머니랑 단둘이 사는 삶이 최선이라고 생각하고 두 집 살림을 하고 있다.).

• 2번 준거 틀(LS1): '영향력 있는 사람이 되라.'라는 양육관에 의해서 그렇게 하려고 노력은 하지만 아들과의 관계에서는 가능한 아들의 의견을 존중해 주는 편이다.

③ 임패스 상태

• 주 준거 틀(LS8): 금지령과 대항지령의 갈등 상황에서 '평온'이 핵심 임패스가 된다. 예를 들면, 합가와 분가 사이에서 고민하다가 절충형 분가를 선택하고, 남편과 단둘이 살면서 한 달에 2~3번 어머님과 아들이 사는 서울 집을 방문하는 형태를 취하고 있다.

• 2번 준거 틀(LS1): 금지령과 대항지령의 갈등 상황에서 '통제'가 핵심 임패스가 된다.

④ 불건강의 극단

• 주 준거 틀(LS8): 지나치게 편한 것을 추구하여 아들과 단둘이 식사하게 될 때 주로 단골 맛집에서 식사하고, 반찬가게에서 반찬을 사다먹곤 했다.

• 2번 준거 틀(LS1): 남편의 양육관을 신뢰하여 아들이 아빠의 양육관 안에서 성장할 수 있도록 하고, 아빠의 교육방식을 따라 주기를 요구하였다(예: 아들이 고등학교 시절 학습량이 많아서 검도장을 매일 가는 것이 힘들다고 호소했는데 이를 무시하고 학교생활과 검도를 병행하도록 하였다.).

〈내담자 2(아들)〉

FR＼특성	금지령	대항지령	핵심 임패스	병리적 각본
주 준거 틀(LS8)	함께해서는 안 된다.	조화롭게 하라.	평온	조현성, 수동-공격성
2번 준거 틀(LS2)	특별해서는 안 된다.	자신이 되라.	특별	자기애성, 우울

내담자 2(아들)의 해석

① 금지령

- 주 준거 틀(LS8): 대가족으로 다 함께 잘 지내다가 갑작스런 가정 위기로 1가구가 3가구로 분열되는 상황이 되었다. 예기치 못한 단절의 아픔을 경험하면서 복합가족으로 '다 함께 살면 안 된다.'는 금지령이 주어진 것 같다.
- 2번 준거 틀(LS2): 아기 시절에는 우렁찬 웃음소리로 어린이집 다닐 때는 독특한 헤어스타일로 눈에 띄는 상황이 많아서 '특별해서는 안 된다.'라는 금지령이 주어진 것 같다.

② 대항지령

- 주 준거 틀(LS8): '조화롭게 살아야 해' 라고 생각하고 가정의 변화가 왔을 때 할머니와 사는 삶을 선택하였다(예: 나는 할머니랑 살고, 엄마는 아빠랑 살고, 사촌형은 결혼하면서 분가해서 형수님이랑 산다.).
- 2번 준거 틀(LS2): '자신이 되라'라는 양육관에 의해서 그렇게 하려고 시도는 하지만 실제 현실 상황에서는 부모님과 할머니에게 의존함으로써 '특별해서는 안 된다.'라는 금지령의 지배를 받는다(예: 아르바이트 자리를 구할 때 우유부단하게 행동하다가 신청 시기를 놓쳐서 엄마에게 도움을 요청하였다.).

③ 임패스 상태

- 주 준거 틀(LS8): 금지령과 대항지령의 갈등 상황에서 '평온'이 핵심 임패스가 된다(예: 친구들과 부산으로 2박 3일 여행을 갈까 말까 고민을 하며 끝없이 연기하다가 결국 폭우로 인해 부산에 가지 못하고, 친구들과 당일 코스로 서울 근교에서 놀았다.).
- 2번 준거 틀(LS2): 금지령과 대항지령의 갈등 상황에서 '특별'이 핵심 임패스가 된다(예: 어떤 옷을 입고 가면 면접관 눈에 띄고 좋은 점수를 받을 까 고민하다가 결국 엄마가 추천해 주는 평범한 정장을 입고 갔다.).

④ 불건강의 극단

- 주 준거 틀(LS8): 어린 시절 엄마에게 무리하게 떼를 쓰다가 혼난 적이 있다(예: 교회 단상 위로 뛰어올라가 춤을 추려고 한다든지 마트에서 장난감을 사달라고 떼를 쓴다든지 하다가 엄마에게 혼난 적이 있다.).
- 2번 준거 틀(LS2): 엄마가 다른 아이들에게 잘해 주었을 때 일이 끝날 때까지 엄마 품에 코

알라처럼 붙어 있었다(예: 어린 시절 엄마 직장에 따라갔다가 엄마가 나보다는 다른 아이들에게 관심을 가져 주고 잘해 주어서 엄마 주변에서 엄마 일을 방해하다가 딱 붙어서 떨어지지 않았다. 결국 엄마가 나를 안고 프로그램을 진행하셨다.).

내담자 커플관계 해석

엄마는 아들이 부모의 기대에 잘 부응해 주기를 직접적·간접적으로 표현하는 경향이 있고, 아들은 스스로 자립하겠다고 조금씩 노력은 하지만 힘든 상황에서는 의존하는 경향이 있다.

☞ 개선 방안: 어려움이 발생하였을 때 자신의 솔직한 감정이나 생각을 표현하여 건강하게 대처하고, 엄마는 아들의 감정을 가볍게 보지 말고 좀 더 사랑을 표현해 주면서 점증적으로 독립할 수 있도록 도와주고, 아들은 엄마가 무리한 요구를 하면 엄마의 권위는 존중해 주되 자신의 주장도 당당히 밝히도록 한다.

9) 준거 틀에 따른 효과적 교류패턴

〈내담자 1(엄마)〉

FR	효과적 교류패턴
주 준거 틀(LS8)	기대나 압력은 싫어한다, 애정을 보이라, 대결은 좋아하지 않는다, 이용하지 말라.
2번 준거 틀(LS1)	의리를 지키라, 솔직하라, 내 말을 공격으로 생각하지 말라, 내 공로를 인정하라.

내담자 1(엄마)의 해석

① 순기능적 교류패턴

- 주 준거 틀(LS8): 한결같은 사랑과 따뜻한 스킨십, 칭찬, 즐거운 분위기에서 행복감을 느끼고 아들과 진솔한 교류를 한다(예: 공통의 주제로 서로 마음이 통할 때 함께 식사하고 웃고 떠들고, 도란도란 이야기를 나누면서 산책을 한다.).
- 2번 준거 틀(LS1): 의리를 지키고, 문제 상황에 대해 흑백이 뚜렷한 말로 솔직하게 표현해 주면 잘 이해하고 적극적으로 협조하려고 한다. 그리고 아들이 엄마의 일을 높이 평가해 주고 엄마로서도 최고라고 칭찬을 해 주면 좋아한다(예: 아들이 고3 시절 아들에게 "쥬센! 엄마에게 바라거나 기대하는 것이 있으면 이야기해 주렴. 네가 수험생이라 엄마로서 좀 더 공을 들이고 싶거든." 그랬더니 아들이 "지금도 충분히 잘하고 계신걸요. 이대로도 충분해요."라고 얘기해 주었다.).

② 역기능적 교류패턴

• 주 준거 틀(LS8): 아들의 연락이 뜸해졌을 때 용돈 보내는 것을 깜빡 잊어버리고 뒤늦게 보낸 적이 있다.

• 2번 준거 틀(LS1): 무언가 중요한 이야기를 할 때는 직접 통화를 하거나 대면해서 상의하기를 바라는데 아들이 계속 미루거나 약속 사실을 잊어버리면 화를 내기도 한다.

〈내담자 2(아들)〉

FR	효과적 교류패턴
주 준거 틀(LS8)	기대나 압력은 싫어한다, 애정을 보이라, 대결은 좋아하지 않는다, 이용하지 말라.
2번 준거 틀(LS2)	내게 칭찬을 하라, 나의 통찰력을 존중하라, 과잉 반응을 보인다고 말하지 말라.

내담자 2(아들)의 해석

① 순기능적 교류패턴

• 주 준거 틀(LS8): 한결같은 사랑과 따뜻한 스킨십, 칭찬, 즐거운 분위기에서 행복감을 느끼고 상대방과 진솔한 교류를 한다(예: 가족 외식을 하거나 가족나들이 갔을 때 서로 웃고 장난치고 하는 분위기 속에서 행복해하고 좋아한다.).

• 2번 준거 틀(LS2): 칭찬을 하거나 통찰력이 뛰어나다고 존중해 주고 공감해 주는 상황에서 자신의 생각이나 감정을 잘 표현한다.

② 역기능적 교류패턴

• 주 준거 틀(LS8): 애정표현이 없으면 상처를 받고 걱정을 하게 된다.

• 2번 준거 틀(LS2): 칭찬받을 행동을 했는데 엄마가 칭찬을 해 주지 않으면 서운해한다(예: 어렵다고 하는 국가 자격증을 취득했는데도 엄마가 아무런 액션을 취하지 않자 할머니에게 "엄마가 떨어져 산다고 내게 관심이 없어진 것 같아요."라고 서운하다고 표현했다고 한다.).

내담자 커플관계 해석

엄마도 아들도 편안한 분위기에서 잘 소통하는 편이지만 엄마는 일 중심적인 경향이 있다 보니 아들과의 관계에서 소원해질 때가 있다. 돌봄에 익숙해져 있는 아들은 엄마가 기존처럼 해 주지 않는 상황에 대해 서운함을 갖기도 한다.

☞ 개선 방안: 엄마는 아들에게 떨어져 살아도 한결같이 아끼고 사랑한다는 것을 표현해 주고, 아들은 엄마와의 약속을 지키도록 하고, 자기중심적 생각에서 벗어나 엄마에게 기대하는 바를 솔직하게 표현한다.

10) 준거 틀의 함정과 3P 활용

〈내담자 1(엄마)〉

FR ＼ 특성	함정	허용	보호	잠재능력
주 준거 틀(LS8)	평화	자신의 의견을 말해도 좋다.	무사안일, 자기비하	자기주장
2번 준거 틀(LS1)	정의	다름을 인정해도 좋다.	완고, 독선	자애로운 마음

내담자 1(엄마)의 해석

① 함정의 의미

• 주 준거 틀(LS8): '평화'란 가치를 강박적으로 따르려고 할 때 함정에 빠진다(예: 아들이 좋아한다고 생각하는 반찬을 반복적으로 갖다 준다 → 처음에는 맛있게 먹지만 나중에는 먹지 않고 이 반찬은 한동안 가져오지 않아도 된다고 한다.).

• 2번 준거 틀(LS1): '정의'란 가치를 강박적으로 따르려고 할 때 함정에 빠진다(예: 명절은 당연히 참가하고, 양가 어른에게 인사드리러 가야 한다고 주장한다.).

② 허용의 상황

• 주 준거 틀(LS8): "자신의 의견을 말해도 좋다."고 자신에게 허용한다. 서로의 생각이나 감정이 다름을 인정하고 수용되지 않아도 괜찮다는 것을 받아들인다.

• 2번 준거 틀(LS1): "다름을 인정해도 좋다."고 자신에게 허용한다. 살아온 환경이나 교육경험, 나이, 성별에 따라 다름을 인정하고 받아들인다(예: 내 입장에서는 명절에 가야 하나 아들 입장에서는 다를 수 있음을 인정한다.).

③ 보호의 상황

• 주 준거 틀(LS8): '평화'라는 함정에 빠졌을 때 '무사안일'과 '자기비하'에 빠질 수 있다. 심적 갈등을 내면으로 잠식시키고 안전하기를 기대한다.

• 2번 준거 틀(LS1): '정의'라는 함정에 빠졌을 때 '완고'와 '독선'에 빠질 수 있다. '진리에 맞는 올바른 도리'라는 생각에 엄마의 생각을 아들에게 강요한 적이 있다.

④ 잠재능력 발휘

- 주 준거 틀(LS8): 잘 사용하지 않았던 '자기주장'이라는 잠재능력을 발휘하여 상호 성장을 돕는다.
- 2번 준거 틀(LS1): '자애로운 마음'이라는 잠재능력을 발휘하여 아들이 선택한 삶을 존중해 주고 적극적으로 지지해 준다.

〈내담자 2(아들)〉

FR＼특성	함정	허용	보호	잠재능력
주 준거 틀(LS8)	평화	자신의 의견을 말해도 좋다.	무사안일, 자기비하	자기주장
2번 준거 틀(LS2)	독특	평범해도 좋다.	변덕, 현실도피	균형감각

내담자 2(아들)의 해석

① 함정의 의미

- 주 준거 틀(LS8): '평화'란 가치를 강박적으로 따르려고 할 때 함정에 빠진다.
- 2번 준거 틀(LS2): '독특'이란 가치를 강박적으로 따르려고 할 때 함정에 빠진다.

② 허용의 상황

- 주 준거 틀(LS8): "자신의 의견을 말해도 좋다."고 자신에게 허용한다. 서로의 생각이나 감정이 다름을 인정하고 수용되지 않아도 괜찮다는 것을 받아들인다.
- 2번 준거 틀(LS2): "평범해도 좋다."고 자신에게 허용한다.

③ 보호의 상황

- 주 준거 틀(LS8): '평화'라는 함정에 빠졌을 때 '무사안일'과 '자기비하'에 빠질 수 있다.
- 2번 준거 틀(LS2): '독특'라는 함정에 빠졌을 때 '변덕'과 '현실도피'에 빠질 수 있다.

④ 잠재능력 발휘

- 주 준거 틀(LS8): 잘 사용하지 않았던 '자기주장'이라는 잠재능력을 발휘하여 자신의 솔직한 마음을 전달한다.
- 2번 준거 틀(LS2): '균형감각'이라는 잠재능력을 발휘하여 자신이 처해진 상황에서 최선을 다한다(예: 부모님의 기대에 못 미치는 대학에 들어갔지만 부모님에게 인정도 받고, 자신의 재능도

활짝 펴고 싶어 학업에 몰입하고, 점증적으로 편입을 준비한다.).

내담자 커플관계 해석

엄마 샐리는 자신의 가치관과 기대하는 바를 아들이 따라주기를 기대하고, 아들이 잘 따라오면 헌신적으로 과잉 돌봄을 자처하기도 한다. 아들은 엄마의 기대가 자신의 능력에 부합되고 자신이 있을 때는 소신 있게 주장을 하지만 엄마의 기대와 자신의 능력이 불일치한다고 생각하면 감정을 잘 표현하지 않고 현실을 도피한 채 게임에 빠지기도 한다.

☞ 개선 방안: 아들이 부모의 기대에 못 미치는 대학에 들어가긴 했지만 자신의 상황에서 최선을 다하는 모습에 아낌없이 칭찬, 경청, 공감해 주고 아들의 입장에서 자애로운 마음을 갖는다. 아들은 "내 인생의 주인은 바로 나다"라는 것을 명심하고, 엄마의 기대와 다르다고 해도 솔직하게 자신의 생각을 표현해 본다.

11) 준거 틀과 진로

〈내담자 1(엄마)〉

특성 FR	성향	적성	대표적 직업
주 준거 틀 (LS8)	수용적이어서 편견이 없고 타인의 입장을 이해하고 받아 준다. 마음이 넓고 조화롭고 강한 인내심이 있다.	수용적	외교관, 중계인, 상담사, 변호사, 보모, 중매인, 성직자
2번 준거 틀 (LS1)	지도력과 추진력이 있다. 집단구조를 파악하는 능력과 약자를 옹호하고 보호하는 포용력이 있다.	리더적	정치가, 경찰, 법조인, 사업가, 상담사, 영업직, 운동지도사

내담자 1(엄마)의 해석

① 성향 통찰

• 주 준거 틀(LS8): 연륜과 무관한 자유 어울림이 있고, 아들에 대한 무한 신뢰와 끝없는 긍정성으로 상호 유익한 엄마와 자녀 관계를 형성한다.

• 2번 준거 틀(LS1): 칭찬과 격려로 아들의 능력을 극대화시키고, 가족구조를 신속하게 파악하여 위계질서를 바로잡는 성향이 있다. 삶을 영위하다가 가족 간의 갈등이 발생해도 가족 모두가 행복할 수 있는 지점을 찾아 보호하고 지켜 준다.

② 적성 찾기

- 주 준거 틀(LS8): 편견 없이 수용적이라 타인의 입장을 잘 이해한다.
- 2번 준거 틀(LS1): 동기부여를 잘하고, 위계질서를 바로 세워 조직 목표에 부합되게 행동한다.

③ 원하는 직업

- 주 준거 틀(LS8): 가르치고 상담하는 '학생, 가족상담사'
- 2번 준거 틀(LS1): 인재 양성 및 조직 운영. 독립적인 사업장을 운영하면서 누군가를 가르치고 이끄는 직업(예: 교육사업 운영, 사이버 교수 등)

〈내담자 2(아들)〉

특성 FR	성향	적성	대표적 직업
주 준거 틀 (LS8)	수용적이어서 편견이 없고 타인의 입장을 이해하고 받아 준다. 마음이 넓고 조화롭고 강한 인내심이 있다.	수용적	외교관, 중계인, 상담사, 변호사, 보모, 중매인, 성직자
2번 준거 틀 (LS2)	상상력이 풍부하여 감수성이 강하고 표현을 잘 한다. 자유분방하고 세련되고 창의력이 있다.	창의적	예술가, 연예인, 디자이너, 음악가, 미술가, 시인, 소설가, 무용가

내담자 2(아들)의 해석

① 성향 통찰

- 주 준거 틀(LS8): 연륜과 무관한 자유 어울림이 있고, 엄마에 대한 무한긍정으로 상호 유익한 모자 관계를 형성한다.
- 2번 준거 틀(LS2): 상상력이 풍부하여 어떤 이야기도 흥미롭게 표현하고, 감정과 생각을 창의적으로 표현한다(예: 엄마가 게임 이야기를 물어봤을 때 재미나게 이야기를 해드렸더니 산책할 때마다 게임 이야기를 듣고 싶어 하서서 1탄, 2탄 이런 식으로 이야기해드렸다.).

② 적성 찾기

- 주 준거 틀(LS8): 마음이 넓고 조화롭고 강한 인내심이 있다. 의리가 있고 편견이 없다.
- 2번 준거 틀(LS2): 감수성이 뛰어나고, 자유분방하고 세련되고 창의력이 있다.

③ 원하는 직업

- 주 준거 틀(LS8): 꼼꼼하고 완벽하게 마무리하는 능력. 감사원, 국세청 등 분야에서의 공무원
- 2번 준거 틀(LS2): 감수성이 뛰어나고 창의적. 방송국 예능 분야에서의 방송인(예: 방송인, 유튜버 활동 등)

내담자 커플관계 해석

엄마랑 아들과 비슷한 점은 수용적이고 배려심과 인내심이 있고, 조화롭게 흘러가는 것을 선호한다. 다른 점은 엄마는 공감력, 돌봄, 현실직시 능력, 부드럽게 아우르는 힘이 있고 실천능력이 뛰어나지만 가끔 자신의 주장을 강요한다. 선호하는 직업은 가르치거나 상담하는 분야다. 반면 아들은 통찰력, 최근의 상황이 어떻게 될지 예측하는 능력, 꼼꼼하게 분석하는 능력이 우수하고 신중하지만 자기만의 세상에 빠질 때가 있다. 선호하는 직업은 국세청 등 공무원 분야나 예능 분야의 방송인이다.

☞ 개선 방안: 평화롭게 흘러가는 것도 좋지만 필요할 때는 자기주장을 하고, 상대방이 내 주장과 다른 생각을 갖고 있어도 수용해 준다. 아들은 엄마의 직업에 대해 존중해 주고, 엄마는 아들이 자신의 성향과 진로에 부합되는 직업을 스스로 찾아갈 수 있도록 지켜봐 준다.

12) 자율성 회복과 발휘

〈내담자 1(엄마)〉

특성 FR	자율성 회복과 발휘
주 준거 틀 (LS8)	수용적 태도를 벗어나 적극적으로 자신의 주장을 펼치고 중요한 일에 먼저 집중하라. 심각한 상황을 마냥 회피하기보다 어렵고 힘들지만 직면하여 책임감을 높이고 문제 해결하는 능력을 향상한다. 독립적이고 자립적인 사람이 되어 스스로 해결하는 실행자가 되라.
2번 준거 틀 (LS1)	다른 사람을 지배하는 것이 아니라, 적극적 경청을 하고 함께 협력하도록 한다. 사람들의 감정을 수용하고 독립적인 인격체로 도와주어야 한다. 좀 더 여유를 가지고 사람들과 소통하는 태도를 가진다.

내담자 1(엄마)의 해석

① 자율성 회복의 의미

일을 중시 여기는 경향이 있으므로 가족과의 시간도 업무의 일환으로 넣어 아들과의 정기적

인 교류를 하고, 좀 더 여유를 가지고 아들과 소통하는 태도를 가진다. 그리고 아들을 통제하는 것이 아니라 적극적 경청을 하고 함께 협력한다.

② 어떻게 자율성을 발휘

- 주 준거 틀(LS8): 엄마 자신이 먼저 독립적이고 자립적인 사람이 되어 스스로 해결하는 실행자의 모습을 보임으로써 아들이 자연스럽게 엄마와의 관계 속에서 독립적인 성인이 되도록 한다.
- 2번 준거 틀(LS1): 의무와 역할, 기대하는 바를 아들에게 강요하지 말고 좀 더 여유를 가지고 소통하는 태도를 가진다.

〈내담자 2(아들)〉

특성 FR	자율성 회복과 발휘
주 준거 틀 (LS8)	수용적 태도를 벗어나 적극적으로 자신의 주장을 펼치고 중요한 일에 먼저 집중하라. 심각한 상황을 마냥 회피하기보다 어렵고 힘들지만 직면하여 책임감을 높이고 문제 해결하는 능력을 향상한다. 독립적이고 자립적인 사람이 되어 스스로 해결하는 실행자가 되라.
2번 준거 틀 (LS1)	독특하지 않고 세련되지 않아도 괜찮다고 여기며, 남과 비교하지 말고 자신이 가지고 있는 능력에 감사한다. 자신의 마음속에 있는 것을 경험을 통해서 배우고 이성적으로 접근한다. 실용적이고 현실적 효율성을 인정하고 실천하도록 한다.

내담자 2(아들)의 해석

① 자율성 회복의 의미

수용적 태도를 벗어나 생각과 감정을 솔직하게 표현하고, 심각한 상황을 피하기보다는 직면하며 책임감 있고 정확한 사람이 된다. 남과 비교하지 말고 자신이 가지고 있는 능력에 감사한다.

② 어떻게 자율성을 발휘

- 주 준거 틀(LS8): 무조건 문제를 회피하고 편안함을 추구하기보다는 적극적으로 문제를 해결하고, 자기주장을 하여 엄마와 상호 만족스러운 관계를 유지한다.
- 2번 준거 틀(LS2): 남과 비교하지 말고 자신이 가지고 있는 능력에 감사한다.

내담자 커플관계 해석

엄마 샐리는 일 중심적이고 현실적인 사람이다 보니 과잉 돌봄을 제공하다가 중단하여 아들을 서운하게 만들기도 한다. 아들은 심각한 상황이 발생하면 엄마가 해결해 주실 것이라고 기대하고, 어쩌다 엄마가 해결해 주지 않으면 서운해한다.

☞ 개선 방안: 엄마는 아들의 자립을 위해 평소 아들이 스스로 할 수 있도록 하여 아들이 자립해 나갈 수 있도록 한다. 아들은 무조건 엄마가 해 줄 것이라는 기대를 버리고, 자신의 힘으로 해결하려고 하거나 해결이 어려울 것 같으면 엄마랑 함께 상의하여 문제를 해결한다.

13) 내담자의 전체적인 준거 틀의 개선 방안

〈내담자 1(엄마)〉

상태 패턴	현재	개선점
LS1	아들에 대한 기대 수준이 높고, 의무와 역할을 강조하여 잘 돌봐 주면서도 아들을 통제하기도 한다.	母子간 차이를 인정하고, 아들을 있는 그대로 수용하며 좀 더 유연하게 대처한다.
LS2	아들 옷을 사 줄 때 평범하고 익숙한 것을 선호한다.	아들이 직접 고르고 계산만 해 준다.
LS3	배운 것을 노래나 드라마에 적용하여 분석하는 경향이 있다.	분석하지 말고 감정에 충실해 본다.
LS4	지나치게 과잉보호하려는 경향이 있다.	자기 삶은 자기가 책임지도록 믿고 지켜봐 준다. 남편이든 아들이든.
LS5	주일, 월, 연 단위로 목표를 설정하고 목표에 도달하기 위해 전력투구하며, 사적 교류를 거의 하지 않는다.	스케줄 짤 때 시간적 여유와 아들과의 친밀감을 유지할 수 있는 시간을 확보해 놓는다.
LS6	원칙을 준수하고 모범적인 삶을 살려고 매 순간 노력한다(예: 동기부여 유튜브 보고 실천하기).	일주일에 1번은 자신에게 자유 시간을 준다.
LS7	아들에게 자주 보러 가겠다고 약속했는데 일 핑계로 약속을 이행하지 못하기도 한다.	약속은 신중하게 하고, 한번 약속한 것은 꼭 지키도록 한다.
LS8	평소 휴대전화를 무음으로 하고, 출장이나 이동 시, 식사 시간이나 휴식 시간에만 휴대전화를 보는 경향이 있다.	근무 시간에도 필요한 경우 진동으로 하여 휴대전화를 확인하도록 한다.

LS9	행복은 평범한 일상 속에 있음에도 아들과 예전처럼 체험활동, 영화 보기, 장보기, 가족 나들이 등을 하지 못하는 점에 대해 안타까워한다.	아들과 함께하는 일상 속에서 행복과 즐거움을 찾도록 한다(예: 식사, 산책하기, 쇼핑하기 등).

〈내담자 2(아들)〉

상태 패턴	현재	개선점
LS1	뭔가 상대방에게 전달해 달라고 요청받았을 때 정확하게 전달하는 데 어려움이 있다.	상황에 맞게 자신의 의견을 분명하게 전달한다.
LS2	걷는 도중, 수업 도중, 씻는 도중 등등 혼자서 공상이나 사색에 빠지는 일이 많다.	현실과 충분히 타협하여 자신이 취하는 공상 때문에 일상생활에 지장을 받지 않도록 한다.
LS3	통찰력이 뛰어나고, 분석과 정보력이 있다.	통찰하고 깨달은 것을 설득력 있게 전달해 본다.
LS4	돌봄 받는 것에 익숙해져 있어서 먼저 나서서 집안일을 하거나 식사 준비를 하지는 않는다.	처해진 상황을 고려하여 스스로 집안일도 하고 식사 준비도 해 본다.
LS5	해야 된다고 결심한 것은 끝까지 해서 좋은 성과를 내지만 그렇지 않은 부분에 대해서는 소홀히 한다.	효율적으로 시간관리를 하고, 중요한 부분에 대해서는 꾸준히 연구하고 성과를 내본다.
LS6	학업, 자격증 준비 등에 대해서는 완벽하고 꼼꼼하게 한다. 다만 실수를 하게 되면 긴장을 하기도 한다.	실수할 때도 있지만 괜찮다고 생각하고, 견딜 수 없을 때는 간단하게 한다.
LS7	신중하고 책임감이 있지만 힘들 때는 의존하는 경향이 있다.	'자기 삶은 자기가 주인이다'라는 마음으로 가능한 스스로의 힘으로 해낸다.
LS8	엄마가 아들 쥬센에게 선택권을 줄 때 고민하느라 바로 대답해 주지 못한다. 토론 같은 것을 할 때 뭔가 말하고 싶은 내용이 있어도 입 밖으로 내뱉지 못하고 주변 상황에 동조한다.	한번 지나간 일을 머릿속에서 곱씹으며 후천적 학습을 통해 나중에 비슷한 상황이 발생하면 그 체계를 토대로 빠르게 행동한다.
LS9	좋아하거나 게임 등을 할 때는 매우 열정적이고 적극적이지만 평소 엄마와의 관계에서는 소극적인 경향이 있다.	엄마와의 관계에서 적극적으로 제안을 하거나 요구를 해 본다.

내담자 커플관계 해석

　엄마 샐리는 평소 모범적으로 살려고 노력하고, 자신의 재능을 편안하게 발휘하면서 지내는 것을 좋아한다. 그리고 아들이 중년 이후에 안정된 삶을 살려고 하면 지금 진로에 잘 진입할 수 있도록 자신의 재능과 능력을 갈고 닦아 놓아야 한다고 생각한다. 이런 기대에 아들이 잘 부응하면 헌신적으로 돌봐 주고 여러 가지 자원을 연결해 주지만 아들이 게임만 한다든지 소원하게 행동하면 모르쇠로 일관할 때도 있다.

아들은 평화롭게 자기만의 영역 안에서 뭔가를 하는 것을 좋아하고 다른 사람에게 관심이 별로 없고 다소 자기중심적인 경향이 있다. 또한 20년 가까이 돌봄을 듬뿍 받아 왔기 때문에 환경이 변화되었다고 해도 기존에 안 했던 일을 적극적으로 하려고는 하지 않는다. 그러다 보니 선택을 해야 되는 상황에서 자기주장을 하는 데 어려움이 있고, 돌봄을 지원받지 못했을 때 힘들어한다.

☞ 개선 방안: 엄마 샐리는 평소 아들이 서서히 자립할 수 있도록 과잉 돌봄을 최소화하고, 갑자기 할머니랑 산다고 해서 밥하고 설거지하고 집안 살림 한다는 것은 어렵다는 것을 인정하고 하나씩 할머니랑 단둘이 사는 법을 배워 갈 수 있도록 도와준다. 아들은 옛 시절을 그리워하며 불가능한 상상을 하면서 시간을 헛되이 보내지 말고, 현실을 직시하고 자기 삶 속에 좋은 것에 감사하면서 지금 여기 삶에 충실히 한다. 그리고 엄마도 할머니도 아닌 자기 또래 여자친구를 사귐으로써 또래와의 관계 속에서 성장하고 즐거움을 찾도록 한다.

4. 내담자의 CKFR 심리검사 결과와 개선 방안

1) 상담자가 본 내담자의 문제

• 갈등을 피하고 편안함을 추구하다가 모자 관계가 소원해지기도 한다.
• 건강한 母子 관계를 재정립할 필요가 있다.
• 자율적인 삶을 유지하면서 상호 성장을 돕는 방법을 찾을 필요가 있다.

2) 내담자 심리치료 및 개선 방안

① 상담목표
• 문제를 직면하여 적극적으로 문제를 해결한다.
• 건강한 母子 관계를 재정립한다.
• 즐겁게 상호 성장을 도울 수 있도록 한다.

② 상담계획
CKFR 심리검사를 통해 자신의 준거 틀을 이해하고, 패턴의 함정을 자각하고 건강한 대처방법을 찾는다.

③ 상담전략
- 심리검사를 통하여 자신의 정체성(준거 틀)을 이해하고 개선 방안 모색하기
- 친밀감을 회복하여 상호 성장 도모하기

5. 상담 과정과 상담 결과

1) 상담 과정

- 초기: 라포 형성을 통해 상담에 동기를 고취하고 심리검사를 통해 자신의 성격특성을 이해하고 교류분석 이론을 중심으로 상담을 구조화하였다.
- 중기: 인생각본, 준거 틀이 현재의 삶과 母子 관계에 어떻게 영향을 미치고 있는지 탐색하고, 적절한 태도 및 행동을 위한 대처 방안을 탐색하였다.
- 종결: 상담의 성과를 분석하고 미래 설계를 위한 구체적 행동 목록을 작성하고 소감을 나누고 종결하였다.

2) 상담 결과

엄마 샐리의 CKFR 심리검사 프로파일을 보면 LS8(조화적)은 1~2등급이고, LS1(리더적)과 LS4(이타적)는 3~4등급으로 높은 편이다. 반면 LS2(독창적)와 LS7(안전적)은 각각 6~7등급과 8~9등급으로 낮은 편이다. 그리고 건강한 준거 틀의 패턴을 보이는 5등급은 LS3(탐구적)과 LS5(성취적) 그리고 LS6(완벽적)과 LS9(열정적)이다. 그리고 아들 쥬센의 경우는 LS8(조화적)과 LS2(독창적)가 1~2등급이고, LS3(탐구적), LS6(완벽적), LS7(안전적)은 3~4등급으로 높은 편이다. 반면 LS1(리더적)과 LS4(이타적)는 8~9등급으로 매우 낮은 편이고, LS5(성취적)와 LS9(열정적)도 6~7등급으로 낮은 편에 속한다. 즉, 엄마 샐리와 아들 쥬센 모두 LS8(조화적)은 1~2등급으로 매우 높고, LS2(독창적)와 LS4(이타적)는 서로 상반된 패턴을 보이고 있다. 따라서 내담자인 과잉 배려 엄마와 돌봄에 익숙한 아들이 함께 살다가 따로 살게 되면서 적응하는 데 어려움이 있었을 것이라고 사료된다. 그러나 상담 과정을 통해 서로의 준거 틀 패턴을 이해하게 되면서 건강한 母子 관계를 재정립하고, 적극적으로 문제를 해결해 나가기 시작하였다.

20년 가까이 아들을 보살피고 함께 시간을 보내는 것에 큰 기쁨을 가졌던 엄마 샐리는 아들이 20세가 되어 독립했을 때 그 상실감이 커서 '빈 둥지 증후군'에 시달렸다고 한다. 그리고 돌

봄에 익숙해져 있던 아들은 할머니랑 단둘이 살게 되면서 엄마의 빈자리를 크게 느끼고 '고독감'을 게임이나 학업 몰입으로 극복하려고 노력했다고 한다.

상실감에 힘들어했던 엄마와 아들이 상담을 통해 엄마 샐리는 과잉 돌봄이 아닌 건강한 돌봄으로 아들 쥬센은 20세에 부합되게 스스로 자립하는 방법을 깨달았다고 한다.

6. 상담자 총평

자신의 준거 틀을 모른 채 살다보면 불행을 자초하거나 어린 시절 경험한 금지령과 대항각본에 지배받는 삶을 살거나 그런 카르마가 자녀에게 부정적인 영향을 미칠 수도 있다. CKFR 심리검사를 통해 엄마 샐리는 자신이 살아온 삶을 제대로 이해하게 되었으며, 아들이 부모 품을 떠나 자유롭게 창공을 향해 날 수 있도록 지켜봐 줄 수 있다는 자신감이 생겼다고 한다. 아들 쥬센은 현실을 직시하기 시작하고, 자신의 주어진 삶 속에서 행복한 삶을 구현해 내겠다고 결의에 찬 목소리로 말하였다. 엄마 샐리의 마음편지에서 엄마도 아들도 각자의 영역에서 행복한 삶을 구현하리라 믿으며 기쁜 마음으로 상담을 마친다.

엄마 샐리의 마음편지

"쥬센!! 이젠 너는 아가도 아동도 청소년도 아닌 청년이 되었단다. 이젠 엄마 품에서 벗어나 너 또래의 여자친구랑 어울리면서 행복하게 지내렴. 엄마도 한 여자로서 행복한 삶을 살게!! 그동안 너와 함께 밝고 화려한 공간에서 알콩달콩 살았지만 이젠 편안하고 조용한 공간에서 엄마 삶을 살고 싶어. 그리고 엄마 재능을 편안하게 사용하고 싶거든. 멋지게 잘 자란 울 아들^^ 엄마 아들로 태어나 줘서 고마워. 네가 내 아들이어서 자랑스럽고, 엄마로서 널 보살피고 무한 사랑을 베풀 수 있어서 행복했단다. 이젠 너 인생의 주인이 되어 자유롭게 창공을 향해 훨훨 날아가렴. 엄마는 한걸음 뒤에서 후원자의 맘으로 너의 행복을 응원하며 지켜봐 줄게! 사랑한다. 내 아들 쥬센!!

네가 애지중지했던 곰돌이 핸드 워머 쿠션은 엄마가 사용할게! 널 추억하면서……."

CKFR 심리검사에 의한 커플상담 사례분석 4
엄마의 사랑방식과 딸의 사랑방식

상담자: 조찬희

1. 내담자의 기본 정보

• 내담자 1(딸): 사랑이 / 성별: 여 / 연령: 31 / 학력: 대졸 / 검사일: 2021년 12월 9일
• 내담자 2(엄마): 살뜰이 / 성별: 여 / 연령: 58 / 학력: 중졸 / 검사일: 2021년 9월 30일

1) 의뢰경위 및 주 호소문제

① 의뢰경위
엄마와 딸이 서로에 대해 알고 싶어 하여 상담하게 되었다.

② 주 호소문제
• 사랑이: 엄마가 '좀 더 나를 믿고' 공감해 주었으면 좋겠어요.
  엄마랑 대화를 하다가 제가 엄마와 다른 생각이나 가치관을 이야기하면 엄마는 제 생각에
  대해 판단하면서 "그건 아니다. 이렇게 해야 한다."라고 하세요. 그냥 있는 그대로 제 말을
  들어주고 "네 입장에서는 그랬을 수도 있겠다."라고 공감해 주면 좋겠는데 엄마는 자꾸 제
  가 틀렸다고 그래서 대화 도중에 기분이 상해요.
• 살뜰이: 딸이 엄마의 말을 귀담아 들어주었으면 해요.
  "나는 엄마로서 딸이 잘되라고 생각해서 말해 주는 건데 엄마의 말을 상세히 들어보지도
  않고 고개를 휘저으며 딸은 본인 생각을 더욱 강하게 주장해요."

2) 행동관찰

〈사랑이〉
• 길고 밝은 갈색의 헤어스타일에 키는 166cm 정도로 적당한 체중, 건강해 보이는 외모다.
• 목소리는 밝고 경쾌하며 타인을 어려워하지 않고 말을 건넨다.

- 미소 띤 얼굴이 명랑하고 힘이 있다.
- 잘 웃고 얼굴 표정이 다양하고 감정이 그대로 드러난다.
- 서두르는 성향이 있어서 걸음이 빠르다.
- 여유로워 천천히 걸을 때는 자세가 흐트러지고 제멋대로 걷는 때가 있다.
- 가끔 원피스를 갖추어 입으며 대부분의 차림새는 청바지에 티로 캐주얼하고 편안한 차림을 즐겨 한다.

〈살뜰이〉

- 160cm 키에 레이스나 꽃무늬 등이 조금씩 프린트 되거나 블랙에 체리분홍, 블랙에 레드 등 여성스러운 차림새를 즐겨 한다.
- 작은 가방 안에 여러 가지 소지품들, 소형차 안에 여러 가지 상비 물건들을 가지고 다닌다.
- 알뜰살뜰 집안 살림과 작은 채마밭을 가꾸면서 직장생활을 병행한다.
- 상대방에게 상세히 물어보고 자신의 이야기도 매우 구체적으로 한다.
- 남편에게 자기 생각을 거침없이 주장하는 편이다.

3) 내담자의 자원

〈사랑이〉

- 자신의 생각과 의견, 감정과 느낌들을 솔직하게 표현한다.
- 타인을 의심하지 않고 잘 믿는다.
- 맡겨진 일에 열심을 다하고 짧은 시간 안에 신속하고 민첩하게 처리할 수 있다.
- 책임감, 지구력(일정한 작업을 장시간 계속할 수 있는 능력)이 있고 인내력(참고 견뎌내는 힘)이 있다.
- 다른 사람들이 생각하지 못한 기발한 말이나 생각들이 떠오른다.
- 해 보지 못한 새로운 배움에 대해 호기심이 넘치고 경험해 보고 싶어 하며 배우는 것을 즐거워한다.
- 웃음이 많고 재미있는 말로 즐거운 분위기를 만든다.
- 매주 2~3회 꾸준히 운동을 한다. 무엇이든 한번 하기로 하면 꾸준히 해낸다. 꾸준한 직장생활, 꾸준한 운동, 신앙생활, 상담 공부 등 선택했다면 지속적으로 한다.

〈살뜰이〉

• 틈틈이 시간을 쪼개어 자신이 하고 싶은 일을 구체적으로 구상하고 해낸다.

• 궁금한 것을 상세히 물어보고 도움이 되도록 자신의 생각을 전달한다.

• 일이 많지만 언제나 취미활동에 시간을 투자한다(색소폰, 홈패션, 종이공예, 요리 프로 시청과 기록, 실내외 식물 가꾸기 등).

• 준비성이 있고 주변을 살피며 꼼꼼하다.

4) 가족관계(3세대 가계도 및 내담자 문제와 관계된 가족 성향, 특이 사항)

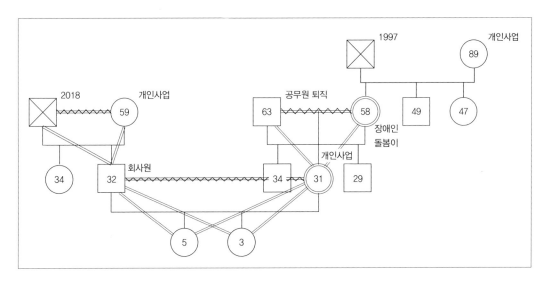

5) 생태도

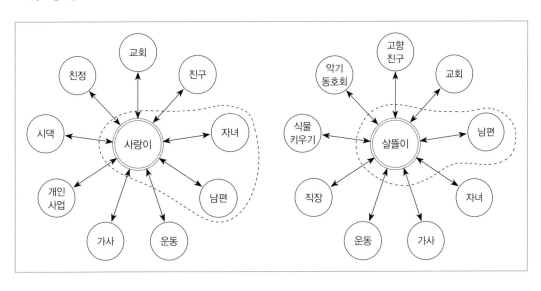

2. 내담자의 검사 결과

〈사랑이〉

구분 / FR	LS1	LS2	LS3	LS4	LS5	LS6	LS7	LS8	LS9
점수	34	33	33	31	32	31	25	30	37
순위	2	3	4	6	5	7	9	8	1
등급	5	3~4	5	6~7	5	6~7	8~9	8~9	3~4

〈살뜰이〉

구분 / FR	LS1	LS2	LS3	LS4	LS5	LS6	LS7	LS8	LS9
점수	28	26	34	35	31	36	32	33	32
순위	8	9	3	2	7	1	5	4	6
등급	8~9	6~7	3~4	5	6~7	5	3~4	5	6~7

〈CKFR 심리검사 체크리스트〉

체크리스트	
〈사랑이〉	〈살뜰이〉

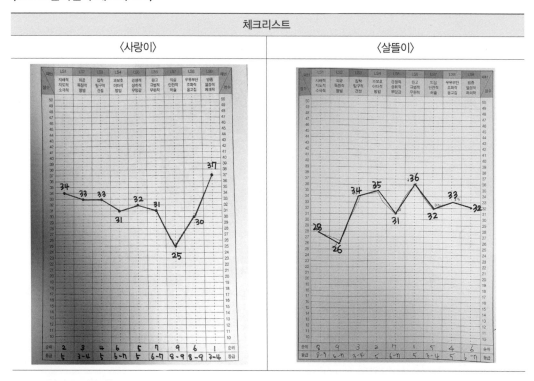

해석	
〈사랑이〉	〈살뜰이〉
• 주 준거 틀: LS9(열정적 · 호기심) 3~4등급 • 2번 준거 틀: LS1(지도적) 5등급 • 9번 준거 틀: LS7(대범함 · 허용적) 8~9등급 • 주 준거 틀은 3~4등급이고 9번 준거 틀은 8~9등급이다.	• 주 준거 틀: LS6(규범적) 5등급 • 2번 준거 틀: LS4(헌신적) 5등급 • 9번 준거 틀: LS2(현실적) 6~7등급 • 주 준거 틀은 5등급이고 9번 준거 틀은 6~7등급이다.

3. 준거 틀에 따른 특성과 해석

1) 준거 틀의 건강한 정도

〈사랑이〉

구분 FR	상	중	하
주 준거 틀 (LS9)	절제, 낙관적, 열정적, 자발적	호기심, 충동적, 과도한, 도취적	반항적, 탐닉, 퇴폐적, 광적
2번 준거 틀 (LS1)	자신감, 관용, 리더, 정의	단호함, 책략적, 지배적, 자기주장	파괴적, 독재, 복수심, 반사회적
9번 준거 틀 (LS7)	용기, 충성심, 책임감, 호감	의존적, 우유부단, 방어적, 복종	의심, 공격적, 자기비하, 불안

내담자의 해석

① **건강할 때**

• 주 준거 틀(LS9): 주어진 환경에 낙관적이다. 일, 공부, 운동 등 즐거운 마음으로 임하며 열정적이다. 하고 싶은 것을 스스로 선택하며 두려워하지 않고 시작한다.

작은 집에 살고 있으면서, '넓은 새 아파트도 좋지만 지금도 충분해~ 비싸고 넓은 새집은 아니지만 혼자 있을 수 있는 내 방도 있고 깨끗하고 편안해. 나중에 새집으로 이사 가고 싶어지면 알아보지'라고 생각하며 좋은 점들을 생각하고 만족해한다. 평소 밝은 미소를 잃지 않으며, 내가 만나고 싶은 사람을 연락해서 만나고, 내가 하고 싶은 것들 책 읽기 운동하기 잠깐 짬 내서 걷기 등을 하고, 내 형편 안에서 사고 싶은 것을 사며 행복을 만끽한다.

• 2번 준거 틀(LS1): 자신감이 있고 거짓이 없이 솔직하며 자기주장이 분명하다. 자신이 한

말을 지키려고 한다.

"천천히 가도 돼~"라고 느긋하게 말하는 남편을 보며 "기다리게 하지 말고 서둘러~ 우리가 먼저 가서 기다리자." 하고 말하며 누구와 한 약속이든 업무처리든 정해진 시간과 기한을 지킨다.

• 9번 준거 틀(LS7): 상대방을 믿어 주고 일을 할 때 융통성이 있고 대범하다. "이렇게 할까요?"라고 물어보는 직원에게 개괄적으로 설명하고 스스로 하고 싶은 방법으로 마음껏 해 보라고 할 수 있다고 격려하고, "고생하셨어요. 이 부분은 참 잘하셨는데요." 말하고 미흡한 결과물일지라도 고생하셨다고 칭찬한 후 간단하게 수정할 부분만을 알려 준다.

② 불건강할 때

• 주 준거 틀(LS9): 자기도취적이고 자발성을 침해받는다고 생각되는 때에 반항적이며 과도한 반응을 한다. 스스로를 자신이 참 괜찮은 사람이라고 생각하며, 타인을 보지 못하고 자신의 생각과 느낌에 빠져 있다. 자신의 일을 스스로 할 텐데 미리부터 지시하거나 참견하고 '이렇게 해라! 내가 말해 주지 않았다면 넌 안 했을 거다'라는 뉘앙스의 말을 들으면 '기다리면 내가 알아서 할 텐데'라고 생각하고 자발성을 침해받았다 생각한다. 그리고 상대의 말을 '넌 내가 말해 주니까 잘하는 거야! 넌 나 없으면 못해!'라는 말로 이해한다. 그래서 내가 알아서 잘할 수 있는 기회를 앗아간, 꼭 남이 말해서 한 것처럼 되는 상황에 저항감을 갖는다. 또는 '그냥 내가 하라는 대로 해라'라는 말은 '나를 믿지 못하는군. 내 의견과 생각을 존중하지 않는군'이라고 해석한다. 선택과 실천은 내가 하는 건데 상대방이 말만 하고서 하도록 밀어붙이거나 마치 상대가 내 실천이 자기 덕분에 이루어졌다고 하는 상황을 만드는 사람과 있을 때, 특히 불건강한 상태에 곧잘 이른다. 믿어 주며 걱정해 주거나 염려해 주는 사람의 말은 잘 수용하지만 지시적이고 비판적이고 부정적인 사람에게는 놀라운 저항감이 올라온다.

• 2번 준거 틀(LS1): 필요 이상으로 자기주장이 강하여 갈등이 생기기도 한다. 매우 주관적인 부분(내가 좋아하는 것)을 판단 · 결정할 때, 내가 하겠다고 정해 버린 것에 대해서 상대방이 반대하거나 정한 것과 다른 방향으로 생각하기를 요구하며 강하게 주장하면, 갈등 상황이 발생한다.

• 9번 준거 틀(LS7): 허술하여 건성으로 넘겨보아 실수한다. 한번 더 살펴보았어야 했는데, 꼼꼼하게 읽지 않았거나 건성으로 들어 기억이 나지 않거나 같은 작업을 다시 수정해야 할 경우가 있다.

〈살뜰이〉

구분 FR	상	중	하
주 준거 틀 (LS6)	자기확신, 근면, 정직, 적응력	비평적, 원칙적, 완벽, 완고	분노, 위선적, 우울, 회피
2번 준거 틀 (LS4)	이타적, 겸손, 진실, 온정적	우호적, 과장, 간섭, 보상	조종, 분개, 억압, 교만
9번 준거 틀 (LS2)	온정적, 창조적, 예술적, 영감	자기몰두, 자기관대, 몽상, 비현실적	자기억제, 우울, 자기혐오, 자기파괴

내담자의 해석

① 건강할 때

- 주 준거 틀(LS6): 솔직하게 자신의 생각과 기분을 말하고 자신에게 주어진 역할, 아내, 엄마, 할머니, 권사, 요양보호사 등을 성실히 해내며 양심적이다.
- 2번 준거 틀(LS4): 전체를 살피며 관심을 갖고 자신이 소속된 곳, 가정, 교회, 직장이 조화롭게 운영되도록 티 내지 않고 도우며 활동한다.
- 9번 준거 틀(LS2): 살림을 하며 이것저것 만들어 보는 것을 좋아하고 홈패션이나 종이공예 등을 할 때 자기만의 귀여운 모양의 수를 놓거나 다른 사람보다 빼어나게 아름답게 꾸며 작품성이 높다.

② 불건강할 때

- 주 준거 틀(LS6): 자신의 생각과 판단으로 정해진 기준이 지켜지지 않았을 때 화내고 판단한다. 상대방이 자신의 기준에 도달하지 못하거나 갈등이 발생하면 겉으로는 잘 지내지만 속으로는 '너의 생각이 틀렸어'라고 생각하며 판단한다. 그리고 서로 다른 가치관에 대하여 더 이상 이야기하지 않고 회피한다. 그러나 가까운 사람, 남편에게는 계속 자신의 가치관을 강요한다.
- 2번 준거 틀(LS4): 직접 말하지 못하고 속으로 바라는 것이 있다. '내가 이렇게 잘 해 주면(김치 주기, 농산물 나누어 먹기, 연락해서 근황 물어보기 등) 어떤 그에 대한 응당 좋은 피드백이 나에게 돌아오겠지?'라는 전제를 가지고 상대방을 챙겨 준다. 그러나 돌아온 것이 기대에 못 미칠 때, 돌아오는 것이 없을 때는 자녀들에게 어려운 일이 있나 하고 먼저 염려하고 마음속으로 자녀가 도리를 다하지 않는 부분에 대해 섭섭해한다(자녀들의 안부 연락이 뜸할 때, 명절이나 어버이날 봉투가 들어오지 않았을 때 등).

- 9번 준거 틀(LS2): '내가 더 잘할 거야'라고 속으로 가장 잘 만들고 잘 가꾸고 싶어서 상대방의 만들기 작품이나 농산물이 잘 수확되면 "그 집은 어떻게 했는지 훨씬 잘했더라~" 하고 감탄과 함께 비교할 때가 있다.

내담자 커플관계 해석

　　엄마는 매우 사려 깊고 헌신적이면서도 자녀가 자신이 원하는 방향으로 행동하도록 유도하고 모든 일을 자신의 기준으로 완벽하게 소화해 내려고 애쓴다. 딸은 자유분방하며 평소 엄마를 지혜롭다고 생각하며 엄마가 원하는 기준에 가능한 맞추려고 한다. 그런데 딸의 기준으로 봤을 때 엄마가 좀 과하게 생각되는 것을 간접적으로 요구하거나 꼬치꼬치 따지며 판단적일 때 급격히 피곤함과 불쾌감을 느낀다.

　☞ 개선 방안: 엄마는 자신의 가치관대로 말하기보다는 먼저 딸의 입장을 생각한 다음 자신의 생각을 말하는 습관을 갖도록 한다.

　딸은 엄마의 말을 경청하고 바로 반응하기보다는 조금 머무른 후에 자신의 의견을 침착하게 말한다.

2) 준거 틀의 성향에 따른 승자각본과 패자각본

〈사랑이〉

FR ＼ 구분	성향	승자각본	패자각본
주 준거 틀(LS9)	열정적	건전하게 즐기고 절제한다.	절제하지 못하고 탐닉한다.
2번 준거 틀(LS1)	리더적	사사로운 욕심이나 불순한 생각이 없다.	수단방법을 가리지 않는다.
9번 준거 틀(LS7)	대범, 건성	두려워하지 않고 대담하다.	부주의하여 실수한다.

내담자의 해석

① 성향
- 주 준거 틀(LS9): 딸은 엄마의 요구 사항을 들으면 귀찮아지면서 할까 말까 아주 잠깐 생각하다가 마음속에서 정해지면 그 후엔 무조건 열심히 한다. 하기 싫은 일들도 가능하면 해 드리는 긍정적 방향으로 결정한다.
- 2번 준거 틀(LS1): 딸은 엄마가 요구하는 것이 있으면 시간이나 돈이 좀 들더라도 좋은 딸이 되고자 시간을 내고 돈을 들여 딸로서의 역할을 다하고자 한다. 자발적으로 집에 자주

찾아뵙고, 필요한 물건을 사드리거나 선물을 하고 용돈을 드린다.

- 9번 준거 틀(LS7): 엄마의 말이라면 믿어 의심치 않으며 이것저것 물어보지 않고 긍정적인 답을 하려고 한다. 엄마에게 무엇이든 솔직하게 말하고 거침없이 딸의 방식대로 엄마의 요구 사항을 들어준다. 딸은 무조건적으로 부모님이 계신 것에 행복하고 감사한다.

② 승자각본 쓸 때

- 주 준거 틀(LS9): 바람직하고 건전하게 즐기며 행복한 삶을 추구하며 열정적으로 생활한다. 딸은 과한 일이나 역할을 요구받았을 때 결정이 '그 역할을 해야지'라고 생각하고 선택하면 더 이상 고민과 저항감을 내려놓고 시간과 에너지를 쏟는다. 어린 시절 엄마는 딸에게 심부름, 청소, 빨래, 텃밭 가꾸기, 요리하기 등 기타 아주 많은 것을 요구했고 하기 싫다는 생각이 들다가도 즐거운 일들은 아니지만 부모님을 돕고 나 역시 좋은 딸이 되고 싶어 많은 일들을 해냈다. 교회에서 사역을 맡았을 때도 주일학교 선생님, 찬양단, 워십, 청년 임원, 셀모임 리더, 어린이찬양단 리더, 수요예배, 주일예배, 기도회, 성경공부 등 성실하고 즐거운 마음으로 많은 역할들을 해냈다. 해 보면 또 나름대로 기쁨이 있다고 여겨졌다고 한다. 딸은 지금은 상담 공부에 빠져 상담 강의와 교육듣기, 실습 등을 역시 재미있어 하며 즐겁게 임하고 있다.
- 2번 준거 틀(LS1): 사사로운 욕심과 악의가 없다.
  어머니나 가족들에게 특별히 바라고 기대하는 것이 없으며 요구하지 않는다. 욕심 부리지 않는다. 친정에 갔을 때 일거리가 있으면 "내가 할까?" 하고 누가 시키지 않아도 스스로 찾아서 일하고 다른 형제가 하려 하지 않아도 상대방이 스스로 하려고 할 때까지 둔다. 가족 모임이 있을 때 "내가 뭐 사갈까? 필요한 게 뭐야?"라고 물어보고 가족 모임이 원활하게 운영되도록 협력한다.
- 9번 준거 틀(LS7): 하고자 하는 바를 대담하게 실천에 옮긴다.
  혼자서 방의 책상, 옷장, 침대, 책꽂이 등의 자리를 몇 번이고 바꾼다. 가족들을 집으로 초대하고 혼자서 배추김치를 담그고 여러 음식을 해서 대접한다.

③ 패자각본 쓸 때

- 주 준거 틀(LS9): 선호하는 일에 에너지를 소비하고 해야 할 일은 제쳐두었다 마감일이 닥치면 한다.
  엄마가 청소나 집안일을 시키고 외출하시면 종일 놀다가 엄마가 집에 오시기 직전에 열심히 정리정돈한다.

- 2번 준거 틀(LS1): 완고하고 독선적 비판적인 상대방에게 맞서며 자신의 말을 합리화한다. 자신의 말이 옳다고 갖은 이유를 대며 자신은 합리적인 답을 말한다고 하지만 이때 엄마는 이김질로 본다. 엄마랑 의견이 다를 때 갖은 이유(엄마가 보았을 때는 말대꾸, 딸 입장에서는 합리적인 근거)를 대면서 주장을 피력한다.
- 9번 준거 틀(LS7): 재검토하지 않아 미흡한 부분이 꼭 있다. 설거지, 빨래, 청소, 요리~ 주어진 일을 다 했지만 엄마가 원하는 기준에 못 미쳐서 칭찬 후 지적을 꼭 한 가지씩 받는다.

〈살뜰이〉

구분 　　FR	성향	승자각본	패자각본
주 준거 틀(LS6)	완벽적	느긋하게 현재를 즐긴다.	화를 잘 낸다.
2번 준거 틀(LS4)	이타적	남을 존중하고 자기를 낮춘다.	잘난 체하고 건방지다.
9번 준거 틀(LS1)	리더적	사사로운 욕심이나 불순한 생각이 없다.	수단방법을 가리지 않는다.

내담자의 해석

① 성향
- 주 준거 틀(LS6): 시작한 일을 완벽하게 마무리 지을 때까지 끈기 있게 해낸다.
- 2번 준거 틀(LS4): 부지런히 살림하며 가족을 돌보는 일에 최선을 다한다.
- 9번 준거 틀(LS2): 자신만의 스타일을 고수한다.

② 승자각본 쓸 때
- 주 준거 틀(LS6): 느긋하게 현재를 즐긴다.
  "내가 ~해버렸지~^^"라고 말하며 자신이 마무리 지은 일, 완성도 있게 해낸 일들에 대해 자랑스러워하며 웃으며 말한다.
- 2번 준거 틀(LS4): 남을 존중하고 자기를 낮춘다.
  "사랑이가 도와주어서 엄마가 할 수 있었어. 고마워~"라고 말하며 딸을 인정하며 존중하고 고마움을 표현한다.
- 9번 준거 틀(LS2): 평안하고 어려움이 없다.
  자신만의 스타일대로 예쁘게 앞머리 말기, 귀여운 흰색 경차 타고 운전하기, 앞마당 베란다에 길게 꽃 화분으로 장식하기 등 어여쁘게 꾸미고 작고 소박한 것들에 만족해한다.

③ 패자각본 쓸 때

- 주 준거 틀(LS6): 화를 잘 낸다.

"그건 아니지~. ~하면 안 되지. 부모는 자녀들에게 나쁜 일을 시키지 않는다. 너희들 잘 되라고 그런 것이다"라고 말하며 자신의 기준을 벗어난 상대방을 판단한다. 조목조목 따지며 지적하고 자신은 맞는 말을 한다고 하지만 듣는 상대방은 짜증 나고 반복되면 잔소리가 되고 맞는 말인 것 같지만 지친다.

- 2번 준거 틀(LS4): 잘난 체하고 건방지다.

"내가 이렇게 아끼고 했으니깐 이만큼 산 거지~!!!" 자신의 노고를 자랑하고 형편을 어렵게 만들었던 사람이나 상황들을 열거하며 잘난 체한다. "너희에게 엄마가 못해 준 게 뭐냐~!!!"라고 말하여 자잘하게 엄마의 단점을 말할 수 없는 자녀들은 말문이 턱하고 막힌다.

- 9번 준거 틀(LS2): 남을 부러워하고 바란다.

"그 사람은 어떻게 그렇게 했을까? 내가 꼭 어떻게 하나 다음번엔 봐 봐야지."라고 하면서 같은 재료로 더 요리를 잘한 사람, 같은 재료로 더 좋은 결과를 이룬 사람을 유심히 살피고 관심을 보이며 다음엔 자신이 더 잘하려고 한다.

내담자 커플관계 해석

건강할 때 모녀관계는 서로를 존중하며 솔직하게 생각과 의견을 나누고 서로의 존재를 고맙게 생각한다. 그러나 불건강할 때는 엄마는 자신의 기준으로 자녀를 통제하고 바라는 것은 간접적으로 표현해서 이루려고 하며 딸은 엄마의 통제나 책략적으로 다가오는 것들을 느낄 때도 있고 알아채지 못하여 깊이 생각하지 못하고 원하는 방향으로 무조건 따른 후 실망감을 느끼기도 한다.

☞ 개선 방안: 엄마는 원하는 것을 직접적으로 이야기하고 자신과 다른 생각을 가진 자녀의 말을 있는 그대로 받아들인다.

딸은 엄마를 도울 때 시간적으로 여유 있게 하며 한 번 더 생각해 보고 행동으로 옮긴다.

3) 준거 틀의 등급에 따른 기술

〈사랑이〉

구분 FR	등급에 따른 기술
주 준거 틀(LS9) 3~4등급	도취적, 방종, 충동적, 반항적, 낙관적, 호기심, 개방적, 신속함, 열정적, 창의적
2번 준거 틀(LS1) 5등급	지도적, 자신감, 자기주장, 정의, 열정, 권위, 성실
9번 준거 틀(LS7) 8~9등급	융통성, 방심, 대범, 즉흥적, 허술함, 건성, 준비성 부족

내담자의 해석

① 순기능

• 주 준거 틀(LS9): 자신에 대해 자신감이 있고 자신이 매우 매력 있고 괜찮은 사람이라고 생각한다.

자신의 느낌과 감정을 소중하게 생각한다. 타인에게 개방적이며 신속하고 실행력이 있으며 열정적이고 창의적이다. 현재 주어진 상황이 원활하게 진행되도록 돕는다. "우리 사랑이는 엄마가 말하지 않아도 혼자서 스스로 잘해요.", "우리 사랑이 학교에 갔는데 선생님이 보자마자 '사랑이 어머님이시죠' 하며 알아보았어요^^"라고 말하며 엄마는 늘 자신을 닮은 딸을 더욱 예뻐하고 칭찬하며 자랑스러워하였다. 거기에 힘을 얻어서 스스로를 참 괜찮은 사람이라고 생각하게 되었고, 사랑이는 자신을 어여뻐 하는 엄마를 실망시키지 않고 변함없는 인정을 받고자 엄마가 원하는 것을 신속하게 해드리고 기대한 것 이상을 해내는 모습을 보이고자 신이 나서 요구받은 것보다 더 많은 것을 즐거운 마음으로 해놓기도 하였다. 그래서 거의 야단을 맞아 본 적이 없다.

• 2번 준거 틀(LS1): 맡겨진 일에 대해 해낼 자신감이 있고 성실하며 열정적이다.

결혼 전 서른 살까지 부모님과 살았는데 허리디스크로 통증을 달고 사시는 어머니가 가족을 위해 열심히 일하는 모습을 보며 엄마와 함께 새벽에 일어나서 돕고, 하교나 퇴근 후에 일을 거들었다. 그래서 웬만한 일은 두렵지 않고 해낼 자신이 있다. 자다 일어나는 것이 싫을 때도 있지만 부모님께 투정을 부리지 않고 일할 때는 충실해서 부모님께 신뢰를 받았다.

• 9번 준거 틀(LS7): 사소한 것에 얽매이지 않으며 대범하고 융통성이 있다.

어떤 것을 할 때 염려가 적고 맡겨지면 잘해내고 싶은 맘에 부정적인 면은 생각에서 제쳐두고(못할 이유를 깊이 생각하지 않고) 그냥 일이 진행되도록 실행에 옮긴다. 엄마가 큰 사고로 병원에 1년 이상 입원했을 때 주중에는 간병하며 병원에서 대학교로 등하교하고 집안 살림을 도맡아하고 엄마 몸에 좋다는 약을 달여 드렸다. 주말에는 엄마보다는 많은 수확을 거두진 못했지만 집 안팎의 텃밭에 고추, 배추, 가지, 땅콩 등 작물을 심고 수확하였다.

② 역기능

• 주 준거 틀(LS9): 반항적이다.

인정받기 위해 즐거운 마음으로 충분히 많은 양을 해냈지만 더 많은 것을 바라거나 더 완벽하게 해내기를 바라는 엄마의 기준에 도달하지 못해 지적을 받았을 때 필요 이상으로 반항적이다. '엄마가 병원에 입원해 있을 때 학교 다니며 집안일을 내가 이렇게 열심히 했는데 그것 조금 부족한 걸 지적하다니······ 힘이 빠진다. 엄마를 생각해서 열심히 한 딸의 노력과 마음을 크게 보지 못하고 결과물에서 꼭 잘 안 된 부분을 지적하는 엄마 때문에 상처를 받았다. 딸에게 지나치게 바라는 것이 많은 엄마에게 화가 난다'라고 생각하며 저항하는 마음이 일어난다.

• 2번 준거 틀(LS1): 자기주장이 강하고 흠을 집어내며 유연하지 못하다.

딸과 엄마의 의견이 다를 때, 엄마가 딸의 의견을 비난하듯이 틀렸다고 말하거나 꼬치꼬치 따지듯이 말하면 '각자의 의견은 다를 수 있는 건데 왜 엄마 의견만 옳다고 엄마한테 동조하라고 나를 야단치는 거지?'라고 생각하며 기분이 상해서 더욱 경직되고 눈을 마주치지 않는다. '엄마의 말을 무조건 옳다고 해라! 엄마 말이 옳다. 너는 틀렸다. 나와 다른 의견을 주장하며 강하게 말하고 있는 너는 버릇없는 것이다'로 상황을 만드는 엄마를 이기적이며 권위적이고 비합리적이라고 생각한다. 그래서 타인의 생각과 의견을 존중하지 않는 엄마의 강요하는 태도에 오기(능력은 부족하면서도 남에게 지기 싫어하는 마음, 잘난 체하며 방자한 기운)가 나서 끝까지 내 주장을 밀어붙인다.

• 9번 준거 틀(LS7): 대범하다. 건성이다.

뒷마무리나 정리정돈이 되어 있지 않을 때가 있다. 일을 하고는 서둘러 마치고 쉬고 싶다거나 놀러가고 싶다. 마음이 다음에 해야 할 일이나 하고 싶은 곳으로 벌써 가 있다.

〈살뜰이〉

구분 FR	등급에 따른 기술
주 준거 틀(LS6) 5등급	원칙, 책임감, 합리성, 규범적, 자제력, 정직
2번 준거 틀(LS4) 5등급	배려, 돌봄, 챙김, 이타적, 적응력, 친절, 동정심
9번 준거 틀(LS2) 6~7등급	온정적, 독창적, 평범, 현실적

내담자의 해석

① 순기능

- 주 준거 틀(LS6): 책임감이 강하고 합리적이며 자제력이 뛰어나다.

  엄마라는 역할을 해내기 위해 지금껏 부지런히 일했으며 어려운 형편에 아끼고 아껴 네 명의 아이들을 모두 대학에 보내고 건강하게 키웠다. 남편의 공무원 월급으로는 살림이 어려워 텃밭을 가꾸어 채마를 수확하고 닭을 키워 달걀과 고기를 섭취하고 집에서 밀가루를 사다 도넛, 빵, 피자, 고구마튀김 등 아이들 간식을 만들어 주었다. 형편이 어려웠지만 아이들이 빈곤을 느끼지 않도록 최대한 애를 쓰고 깔끔하게 입혔다. 좋은 옷, 좋은 먹거리를 사고 싶었지만 형편에 맞추어 그 안에서 최대한 풍요로움을 누리려고 애를 썼다.

- 2번 준거 틀(LS4): 가족들을 챙기고 돌본다.

  막둥이가 초등학교 졸업할 즈음까지 네 명의 아이들을 키우고 살림만 하다가 남편의 월급만으로는 부족함을 느껴 아이들을 양육비를 벌기 위하여 맞벌이를 하며 헌신하였다.

- 9번 준거 틀(LS2): 독창적이고 온정적인 면이 있다.

  자녀들이 만들기를 할 때면 관심을 보이고 함께 아이디어를 구상한다. "수수깡보다 지푸라기를 사용하면 어떨까? 다른 아이들은 이런 재료를 사용하지 않으니까 더 눈에 띄어서 점수를 높게 받지 않을까?"라고 말하며 자녀들의 과제활동을 거들어 준다.

② 역기능

- 주 준거 틀(LS6): 타인에게 자신의 원칙을 강요한다.

  "그렇게 살면 뭐해~!"라고 말하면서 자신과 다른 사람의 기준과 삶을 이해하지 못하고 판단하고 참견한다.

- 2번 준거 틀(LS4): 관심을 유발하여 자신에게 이익이 되게 한다.

  "사랑아 이거 어때?" 하고 보여 주며 물건을 사게 한다든지, "무엇이 없어서 힘들다. 아프다. 어렵다."라고 말해서 직접 무엇을 해달라고는 하지 않지만 간접적으로 요구하는 경향이 강하다.

- 9번 준거 틀(LS2): 현실적이며 평범하다.

  자녀들에게 "그렇게 하면 다른 사람이 뭐라고 하겠니? 다른 사람들이 보면 어떻게 생각하겠어?"라고 말하며 튀는 행동이나 말을 나무라며 타인을 의식한다. 딸이 너무 남자답게 입었을 때, 아들이 너무 까불며 친구들과 어울려 다닐 때 등 주변 사람들을 의식하며 자녀들이 귀가하면 개성적인 패션이나 지나치게 가벼운 모습 등을 자제하도록 당부하였다.

내담자 커플관계 해석

건강할 때 모녀관계는 서로를 챙겨 주고 돌보아 준다. 그러나 불건강할 때는 딸은 조금만 부정적이라고 여겨지는 피드백에는 반항적인 모습을 보이고 어머니는 자기 기준에 못 미치는 모습에 잔소리가 심하다.

☞ 개선 방안: 딸은 미흡한 부분에 대해 지적하듯 말해 주는 어머니에게 반항적으로 응하며 경직되지 않고 그 뒤에 있는 숨은 뜻인 '엄마는 항상 네 편이야. 네가 잘되기를 언제나 응원하고 바라지. 사랑이가 참 잘했어. 여기 이 부분을 이렇게 다르게 해 보면 내 딸 사랑이가 더 잘할 수 있을 거야. 우리 딸 고마워'로 유연하게 자체적으로 긍정적으로 이해하고 수용한다.

엄마는 딸에게 긍정적인 어휘를 사용하여 자신의 의견 또는 이견을 전달하고 자신과 다른 딸의 의견도 존중하며 자신과 같은 생각을 갖으라고 강요하거나 판단하지 않는다.

4) 준거 틀에 따른 인간관계 스트로크 성향

〈사랑이〉

구분 FR	긍정적일 때	부정적일 때
주 준거 틀 (LS9)	쾌활하고, 관대하고, 외향적이고, 남을 잘 돌보아 주고, 재미있다. 친구나 연인을 새로운 활동과 모험으로 이끈다. 일상 문제들을 낙관적으로 보려고 한다.	자기도취에 빠지고, 고집이 세고, 방어적이며, 산만하다. 종종 관계에 묶이는 것에 대해서 마음이 왔다 갔다 한다. 목적이 없는 저항을 한다.
2번 준거 틀 (LS1)	충실하고, 남을 잘 돌보아 주고, 긍정적이며, 잘 놀고, 진실하고, 직선적이고, 헌신적이며, 관대하고, 지지를 잘해 준다.	요구가 많고, 거만하고, 투쟁적이고, 소유하려 들고, 비타협적이고, 남의 흠을 잘 집어낸다. 유연하지 못하다.

내담자의 해석

① 긍정적일 때 스트로크 방식

• 주 준거 틀(LS9): 엄마와 대화를 나눔에 있어 풍부한 감정과 자신의 느낌을 진실하게 표현한다. 밝고 활동적이며 재미있고 낙관적이다.

"엄마 나 오늘 이런 일이 있었어~ 그래서 내가 이렇게 말했더니 남편이 나한테 이렇게 말했어? 푸하하^^ 그래서 내가 뭐라고 했는지 알아? 엄마는 오늘 어떻게 보냈어?"라고 스스럼없이 친구처럼 이야기하며 부모님의 마음이 편안하고 즐거울 수 있도록 일상에서 일어난 소소한 일들을 묻고 답하며 이야기 나누는 시간을 보낸다.

- 2번 준거 틀(LS1): 자신의 역할에 최선을 다하고 생각을 말할 때는 솔직하고 직선적이다. 자신이 도움을 주고자 하는 대상, 약하다고 여겨지는 상대에게 헌신적이며 관대하고 지지를 잘해 준다. 가까운 지인에게 어려운 일이 생기면 챙겨 주고 싶어지고 전화 연락을 하거나 만나서 위로와 격려를 하거나 지원을 한다. "엄마, 집에 뭐 없어? 필요한 거 말해 갈 때 사갈게~"라고 말하며 상대방에게 늘 직선적으로 물어보며 헌신한다. 결혼 전에는 엄마의 일을 잘 돕고 저녁식사 후에 엄마와 들녘을 걸으며 산책과 운동을 하며 많은 이야기를 나누고 친구처럼 지냈다.

② 부정적일 때 스트로크 방식

- 주 준거 틀(LS9): 통제하려 할 때 방어적이고 거부한다.

  자신의 느낌, 감정, 생각을 무엇보다 중요하게 여기며, 자신과 다른 생각이나 감정을 강요받을 때, 이해가 되지 않는 상황에서는 지나치게 방어적이다. 딸이 엄마와 다른 의견과 감정을 가질 수 있는데 다른 것을 틀렸다고 말해 버리면 자신을 통제하려 한다고 느껴지면서 인간으로서의 감정과 생각을 존중받지 못했다고 생각한다. 상대방에 대해 거부감이 느껴진다. 옳은 말을 하고 있다고 생각하는 상대방이 보았을 때는 목적이 없는 저항으로 보인다. 설령 엄마 말이 맞아도 딸이 아직 엄마의 말에 공감이 안 되고 내 안에서 느끼고 이해하지 못했는데 상대방이 강요할 때 특히 심하다. 사실 상대방은 잘되기를 바라서 결론적으로 잘되도록 도움을 주려고 말한 것이겠지만 딸이 공감하고 수용하지 못한, 이해가 되지 않은 상황에서는 과간섭이나 지배, 통제, 조정으로 받아들인다. 부정적 피드백에 과도하게 저항한다. "사랑이 왜 이렇게 해놨어!", "사랑이 이리 와서 이것 좀 봐봐! 빨리 이리 와 봐!" "우리 사랑이가 이거 제일 잘하지~(일을 시키기 위한 칭찬)." 부정적인 피드백을 거부한다.

- 2번 준거 틀(LS1): 유연하지 못하다.

  엄마가 "이렇게 해 줄까?" 딸이 "아니" 엄마가 또 "그럼 이렇게 해 줄까?" 딸이 또 그것도 "아니"라고 하면서 엄마의 챙김이나 보살핌에 갑갑함을 느끼고 기분이 상했을 때 토라져서 비타협적인 모습을 보이고 흠을 잡으며 유연하지 못할 때가 있다.

〈살뜰이〉

구분 FR	긍정적일 때	부정적일 때
주 준거 틀 (LS6)	충실하고, 헌신적이며, 양심적이고 기꺼이 다른 사람을 도와준다. 균형이 잘 잡혀 있고, 상당한 유머감각을 지니고 있다. 책임감이 강하여 최선의 결과를 만들려고 노력한다.	남을 헐뜯고, 논쟁을 하려 들며, 꼬치꼬치 캐어들고, 잘 타협하려 하지 않는다. 다른 사람에 대한 기대도 높다. 긴장되어 있고, 걱정하거나, 사물을 지나치게 여길 정도로 심각하게 여긴다.
2번 준거 틀 (LS4)	매력적이고, 안목이 있고, 관대하고, 따뜻하고, 잘 어울리고, 남을 돌보아 준다. 주위 사람들의 기분을 잘 이해하여 상대방으로 하여금 특별하게 인식되고 사랑받고 있다고 느끼게 해 준다.	통제를 하려 들고, 소유하려 들며, 요구가 많고 불성실하다. 직접적으로 요구하는 일을 잘 못하기 때문에, 원하는 것을 얻기 위하여 다른 사람을 조정하려는 경향이 있다.

내담자의 해석

① 긍정적일 때 스트로크 방식

• 주 준거 틀(LS6): 헌신적인 행동으로 딸을 챙겨 주었다. 상당한 유머감각을 지니고 있다.

딸이 시집갈 때는 귀하고 예쁜 그릇들을 미리부터 챙겨 두었다가 주기도 하고 딸이 어려서는 손수 머리띠를 만들어 주고 매일 아침이면 머리를 곱게 빗겨 주고 추운 날은 목도리를 꽁꽁 둘러메어 바람이 얼굴에 닿지 않도록 싸매 주었다. 힘든 일을 할 때도 결코 기분이 처지거나 우울해하지 않고 함께 일하는 사람과 웃고 이야기 나누며 즐겁게 한다.

• 2번 준거 틀(LS4): 무엇이든 사랑하고 아껴 준다.

예쁜 색깔의 옷, 아기자기한 생활소품을 좋아한다. 집안에도 꽃이 피는 식물을 키우고 집 밖에도 베란다 가득 꽃나무를 키워 집을 가꾼다. 작은 것이라도 주변 지인들과 나누고 자녀들에게도 꼭 무엇이든 챙겨 준다. 손이 가는 무엇이든 사랑하고 아껴 준다(집에서 키우는 개, 식물, 작은 물건들도 어느 것 하나 소홀함 없이 살뜰하게 아낀다.).

② 부정적일 때 스트로크 방식

• 주 준거 틀(LS6): 꼬치꼬치 캐묻는다.

딸에게 "그래서 어떻게 됐어? 뭐라고 하든? 잘 들어보고 이야기해 줘야지~"라고 말하며 작은 것까지도 알고 싶어 하며 상대방이 약간 말하기 그런 부분까지 자세히 물어본다.

• 2번 준거 틀(LS4): 다른 사람을 조정하려 하는 경향이 있다.

"아이고 힘들다. 해야 하는데 힘들어서 못했어."라고 말해서 자녀들이 도와주게 만든다. 또

"아~ 그 옷 예쁘다. 어디서 샀대? 얼만데? 그런 거 하나 있음 좋겠다!"라고 말해서 자녀들이 옷을 사서 보내게 만든다. "내가 해도 못하겠어. 이런 거는 네가 잘하니까 해 볼래?", "나는 이거 해야 하니까 네가 이것 좀 하고 있을래?" 하고 말해서 2~3시간짜리 일을 맡긴다.

내담자 커플관계 해석

건강할 때 서로 상대를 챙겨 주고 궁금한 것들을 묻고 답하며 친구처럼 지내며 서로에게 힘이 되어 준다. 불건강할 때 어머니는 딸에게 지나치게 꼬치꼬치 물어 피곤하게 하고 딸은 그런 엄마에게 짜증을 낸다. 엄마가 딸을 조정하려는 것을 느낄 때 딸이 해 줄 수 있는 것은 티 내지 않고 그냥 해드리고 들어주기 어려운 말들은 그냥 경직되어 말을 들어주기 힘들어한다.

☞ 개선 방안: 딸은 엄마의 너무 구체적인 질문에 대해서 대답하기 어려우면 짜증 내지 않고 정중히 답하기를 거절해 볼 수 있다.

엄마는 자녀들에게 돌려서 말하지 말고 정확한 문장으로 사정을 이야기하고 도움을 요청한다.

5) 준거 틀의 조기 결단과 집착 그리고 두려움

〈사랑이〉

구분 FR	조기 결단	집착	두려움
주 준거 틀(LS9)	행복한 일을 찾아야 한다.	즐거움	고난
2번 준거 틀(LS1)	영향력 있는 사람이 되어야 한다.	통제	피해

내담자의 해석

① 조기 결단의 의미

• 주 준거 틀(LS9): 행복한 일을 찾아야 한다.

가난한 집안 형편, 상대적인 빈곤 속에서 긍정적인 부분을 생각하고 마음을 편안히 가지려고 결단했다. 어린 시절 한 살에서 세 살 터울의 아이들, 없는 살림에 아버지의 공무원 월급으로는 빠듯한 생활이었다고 한다. 변변찮은 장난감도 책도 없었고 두어 벌의 옷을 깨끗이 빨아서 번갈아 입고 다녔던 기억이 생생하다. 그런데도 늘 걱정 없이 행복했다. 부모님은 딸을 예뻐하셨고 차림새는 조금 초라해도 가정에서도 학교에서도 늘 걱정할 일 없이 중상위권의 학업성적과 교우관계를 유지했다. 신학기 가정방문 때면 "우리 사랑이는 제가 말하지 않아도 스스로 잘해서 한 번도 걱정해 본 적이 없어요." 하는 어머니의 믿어 주는 말씀이 힘이 되었고, 생활기록부에는 명랑하고 밝은 아이로 기록되어 있었다.

• 2번 준거 틀(LS1): 영향력 있는 사람이 되어야 한다.

위로는 오빠, 아래로는 남동생의 사이에서 아버지가 남자형제들에게 "어떠한 그룹에서든 꼬리가 되지 말고 머리가 되라"고 말씀하시는 것을 늘 곁에서 들으며 영향력 있는 사람이 되어 인정받고자 하는 결단을 했다. 오빠와 남동생은 학교에서도 교회에서도 다니는 내내 줄반장과 회장을 했다.

② 집착의 성향

• 주 준거 틀(LS9): 즐거움

가족이 많은 집에서 태어나 함께 모여 형제들과 놀이하며 친밀감을 갖는 시간을 좋아하고 힘든 일이라도 함께라면 두려워하지 않는다. 함께하는 즐거움에 집착한다. 혼자 있는 시간이 길어지면 교감할 사람을 찾아 만나거나 전화한다.

• 2번 준거 틀(LS1): 통제

통제(일정한 방침이나 목적에 따라 행위를 제한하거나 제약함)에 대한 집착(어떤 것에 늘 마음이 쏠려 잊지 못하고 매달림)은 내가 하는 일이나 대인관계에서도 내가 주도적인 위치에 있기를 바란다. 모임에서 필요하고 중요한 인물이 되고 싶다.

③ 두려움의 성향

• 주 준거 틀(LS9): 고난

경제적인 어려움, 상대적인 박탈감 등으로 인해 애시 당초 무엇이든 스스로 먼저 양보하고 어떤 것을 기대하지 않는 것으로 심리적인 스트레스를 피한다. 마음의 고난(괴로움과 어려움)을 두려워한다. '음, 나도 예쁘고 좋은 걸 같고 싶어. 제일 좋은 건 저거구나. 그렇지만 먼저 고르도록 두었다가 남은 걸 가져가야겠다. 그래야 마음이 편하니까. 다른 사람도 저 걸 같고 싶을 텐데 내가 좋은 걸 먼저 가져가서 시기 질투하는 상황이 발생하면 내 마음이 편하지 않아.'

• 2번 준거 틀(LS1): 피해

자신을 제외하고 형제모임이 이루어졌다면 서운한 마음이 들거나 표현하지는 않았지만 불쾌한 마음이 들기도 한다. 주말에 교육이나 일이 자주 있어 형제들이 생각할 때 사랑이를 부르면 불편해할까 봐 배려한 것인데 속으로는 '나에게 왜 연락 안 했지?' 망상에 휩싸여서 심리적인 고통에 시달릴 때도 있다.

〈살뜰이〉

구분 FR	조기 결단	집착	두려움
주 준거 틀(LS9)	정확하고 모범적이어야 한다.	완벽	실수
2번 준거 틀(LS1)	사랑받아야 한다.	관심	무관심

내담자의 해석

① 조기 결단의 의미

• 주 준거 틀(LS6): 정확하고 모범적이어야 한다.

　교회 장로님이자 교장선생님이셨던 할아버지의 손녀이자 교회 장로님의 딸로서 누구에게
나 자랑스럽고 양심적이고 모범적인 사람이 되기로 결단했다.

• 2번 준거 틀(LS4): 사랑받아야 한다.

　첫째 딸로 태어나서 뒤늦게 태어난 남동생과 여동생을 돌보아 주고 챙겨 주며 살림을 도울
때 부모님의 인정과 사랑을 받을 수 있어서 돌보고 챙기는 일들을 많이 했다.

② 집착의 성향

• 주 준거 틀(LS6): 완벽

　누가 보든지 안 보든지 자신이 지켜야 할 것들과 주어진 일들을 완벽하게 모범적으로 한다.

• 2번 준거 틀(LS4): 관심

　자신이 해놓은 일이나 결과물을 보여 주며 자랑하고 인정받고 관심 받는 것을 좋아한다.
예쁜 소품, 꾸며 놓은 집, 식물과 동물 등 무엇이든 사랑스럽게 다루고 관심을 주며 자신이
주는 것과 같이 상대방에게 관심과 사랑을 받고 싶어 한다.

③ 두려움의 성향

• 주 준거 틀(LS6): 실수를 두려워한다.

　자신이 완벽하게 해내려고 했는데 실수한 부분에 대해 매우 힘들어하며 스스로를 매우 자
책한다.

• 2번 준거 틀(LS4): 무관심을 두려워한다.

　자신이 베풀고 나누었지만 기대 이하나 무관심이 돌아왔을 때 괘씸하게 생각한다.

　건강할 때는 딸은 밝고 명랑하며 자신의 일을 스스로 하며 자랑스러운 딸이 되어 부모님을 기쁘게 한다. 엄마 역시 따뜻하고 충실하게 가족을 돌보고 진솔하게 대한다.

　그러나 불건강할 때는 딸은 걱정 없이 즐겁게 살고 싶은데 엄마의 완벽하려는 기준과 통제 때문에 피곤함과 짜증이 나고 엄마는 딸을 자신이 제시하는 기준에 맞추도록 끈질기게 유도하거나 강요하며 관심을 유발한다.

　☞ 개선 방안: 딸은 이성적으로 엄마의 기대와 기준에 대해 들어보고 감정적으로 말하지 않고 공감하며 자신의 생각을 전달한다.

　엄마는 딸에게 자신의 기준이 표준인 것처럼 말하지 않고 딸의 생각도 공감해 보고 판단하지 않는다.

6) 준거 틀에 따른 양육방식과 신념 그리고 방어기제

〈사랑이〉

구분 FR	양육방식	각본 신념	방어기제
주 준거 틀(LS9)	모험적이고 낙관적 밝은	인생은 즐겁게 살아야 한다.	합리화
2번 준거 틀(LS1)	강한 모습 보일 때 칭찬	강하고 영향력 있는 사람이 되어야 한다.	부인

① 양육환경

• 주 준거 틀(LS9): "해 보아라~ 해 보지도 않고"

　아버지의 말씀이 늘 귀에 맴돈다. 해 보지 않고 겁내지 말라고 아버지는 늘 먼저 실행에 옮겨 보도록 하셨다. 사실 아버지 말씀처럼 막상 해 버리면 그에 대한 두려워하는 시간이 단축되기도 하고 생각보다 어렵지 않기도 했다. 아버지는 언제나 새로운 일에 도전하셨다. 아버지는 밝고 긍정적인 마인드와 인자한 미소를 잃지 않으셨다. 사랑이는 이런 아버지를 닮고 싶어 했다.

• 2번 준거 틀(LS1): 부모님은 자녀들이 힘든 일도 잘 이겨 낼 때 칭찬하셨다. 부모님은 솔선수범하시며 어떠한 어려움이 있어도 포기하지 않고 이겨 나가는 모습을 보이셨다. 어려운 형편에도 어두운 그늘 없이 아끼고 아껴 살림을 꾸리시는 합리적이고 다재다능한 어머니의 양육을 받았다.

② 각본 신념의 성향

- 주 준거 틀(LS9): 인생은 즐겁게 살아야 한다.

  "지금 내가 부족한 것은 무엇이지? 지금 무언가를 갖지 못해 불행해? 아니 지금도 이만큼 으로도 행복해~"라고 스스로에게 말하였다. 긍정적인 방향으로 생각하고 언제나 형제들 과 새로운 놀이를 하며 즐거운 시간을 보냈다.

- 2번 준거 틀(LS1): 강하고 영향력 있는 사람이 되어야 한다.

  바로 위로는 오빠, 아래로는 남동생 사이에서 부모님께 인정받고 사랑받고 싶은 욕구가 강했다. 또 힘들게 일하시는 부모님을 도와드리고 싶은 마음도 컸다. 부모님은 눈물, 어리광, 슬픔과 같은 감정들을 잘 공감하지 않으셨고 스스로 자신의 일들을 잘하는 것, 아파도 힘들어도 잘 참고 이겨내는 모습에 칭찬을 많이 하셨다. 어디에서든 바르고 본이 되어 자랑스러운 자녀이기를 바라셨다.

③ 방어기제의 의미

- 주 준거 틀(LS9): 자기합리화

  지적하거나 잘못되었다고 말하는 상대방에게 상황을 합리화한다. 딸의 즐거운 기분을 깨트리는 상대방에게 저항감을 느끼며 자신이 지적 받은 부분에 대해 그에 대한 이유를 말한다.

- 2번 준거 틀(LS1): 부인

  나름대로 열심히 해낸 일들에 대한 부정적 평가나 판단을 부인한다. 열심히 하는 내 노력에 칭찬과 인정받기를 바란다. 그러나 현실에서는 노력하는 것도 중요하지만 잘하는 것을 높게 평가한다. 잘못을 지적받거나 평가받을 때 잘못을 부인할 때도 있고 생각과 말로는 인정하지만 사실은 인정하고 싶지 않고 불쾌해지면서 감정이 상하고 부인하고 싶은 저항 감이 올라온다. 경직된다.

〈살뜰이〉

구분 FR	양육방식	각본 신념	방어기제
주 준거 틀(LS6)	엄격하고 비판적인	완전하게 하는 것이 최선이다.	반동형성
2번 준거 틀(LS4)	남을 돕고 베풀 때 인정	도움이 되는 사람이 되어야 한다.	억압

내담자의 해석

① 양육환경

- 주 준거 틀(LS6): 엄격하고 비판적인

"맑은 물이 뚝뚝 떨어지게 해놓으라.", "반듯하게 다려 놓으라.", "누가 보든지 안 보든지 양심적으로 스스로 하라."라는 말을 늘 듣고 살았다고 한다. 또한 한 주도 거르지 않고 교회 예배를 보며 성경 말씀 안에서 사는 가정이었다. 살뜰이의 아버지(사랑이 외할아버지)는 매우 꼼꼼하고 잔소리가 심한 분이셨다.

- 2번 준거 틀(LS4): 남을 돕고 베풀 때 인정

부모님은 맏딸로 태어난 살뜰이가 동생들과 나이 차이가 많아서 동생을 엄마처럼 보살피고 집안일을 거들 때 칭찬하였다고 한다.

② 각본 신념의 성향

- 주 준거 틀(LS6): 완전하게 하는 것이 최선이다.

지나치게 예민하고 깐깐한 아버지에게 잔소리를 듣고 싶지 않아서 아버지가 원하는 것들을 완벽하게 해내려고 노력했다. 매끼마다 새 반찬을 해서 놓아야 식사하시는 아버지, 여름날 저녁에는 늘 바로바로 끓인 밀가루 죽을 해드려야 했다. 바지는 반듯하게 한 줄의 날이 서도록 다림질해 두어야 했으며, 예배 시간이나 공부할 때 등 웃으면 다 잊어버리니 웃는 것도 삼가도록 하였다. 이런 까탈스러운 아버지와 지내며 편안하게 사는 것은 아버지의 기준대로 해놓는 것이었다.

- 2번 준거 틀(LS4): 도움이 되는 사람이 되어야 한다.

"내가 잘살아서 도움을 주고 살면 얼마나 좋아~, 누구든지 여유가 있어야 줄 수 있제. 사랑아, 형제간에도 서로 잘살아야 우애도 있고 그래야~."라고 말하며 자신이 여유가 있고 줄 수 있는 사람이 되려고 노력하였다.

③ 방어기제의 의미

- 주 준거 틀(LS6): 반동형성

"그 사람이 그러든지 어쩌든지 나는 내 도리를 다 하고 그리고 더 얹어 줘 버렸어~." 하며 자신에게 얄미운 짓을 하는 이웃이나 친척에게도 항상 자신이 정해놓은 인간으로서의 도리를 다하고 자신은 괜찮은 사람이 된다.

• 2번 준거 틀(LS4): 억압

가족들을 위해서는 힘들어도 우울해하거나 무기력해지지 않고 언제나 활기차게 인생을 살아왔다. 네 명의 자녀를 키우며 많은 힘든 일, 사고, 가출 등 일들이 있었지만 좌절이나 포기 없이 야무지게 이겨 내고 가족들의 사고나 가출 등을 경험할 때도 힘든 감정들을 거의 드러내지 않는다.

내담자 커플관계 해석

갈등이 발생하면 딸은 자신을 지키기 위한 방어기제를 사용할 때 자기합리화(그것은 내가 ~했기 때문에 그렇게 했던 것이다.)를 하거나 부인("난 그러지 않았다. 그게 아니다.")을 하며 공감 받고 싶어 하는 엄마를 더욱 힘들게 한다. 엄마는 자기를 지키기 위한 방어기제로 반동형성으로 더 잘해 주거나 감정을 억압하기 때문에 더 이상의 갈등이 발생하지 않도록 하며 부정적인 진행을 최소화시킨다.

☞ 개선 방안: 딸은 엄마의 말을 들어보고 동의하지 못할지라도 자기합리화나 부인을 하지 않고 엄마 말씀에 공감해 본다. 엄마는 자신의 마음 저 깊은 곳의 슬픔이나 고단함을 느껴 본다. 그리고 그 슬픔과 고단함을 스스로 읽어 주고 타인과 나누며 위로해 본다.

7) 준거 틀에 따른 드라이버, 라켓, 디스카운트

〈사랑이〉

구분 FR	드라이버	라켓	디스카운트
주 준거 틀(LS9)	열정적으로 살라.	자기도취, 무절제, 방종	현실감
2번 준거 틀(LS1)	정의를 구현하라.	우월감, 오만, 비난	타인의 감정

내담자의 해석

① 드라이버의 의미

• 주 준거 틀(LS9): 열정적으로 살라.

자신에게 주어진 환경에서 즐거운 마음으로 열심히 하도록 양육 받았으며 부모님 역시 어두운 그늘이 없이 밝은 표정과 긍정적인 마인드로 가정을 가꾸셨다. 밝고 명랑한 사랑이는 그런 부모님을 좋아하고 존경하고 닮았다.

- 2번 준거 틀(LS1): 정의를 구현하라.

사랑이의 부모님은 늘 최선을 다하고, 바르게 한다면 자기 자신이 떳떳하고 누구에게도 거스름이 없다고 하셨다. 그리고 늘 부지런하시고 근면 성실하셨으며 게으름이라는 것이 없으셨다. 거짓이 없이 진실하고 바른 모습으로 본을 보이셨다. 그런 부모님 말씀을 잘 듣고 무엇이든 솔직하게 말하며 부모님이 무엇을 원하시는지 알아차리고 알아서 공부하고 미리미리 집안일을 해두는 등 곧잘 돕는 바르고 착한 딸로서 많은 칭찬을 받으며 성장했다.

② 라켓의 성향

- 주 준거 틀(LS9): 자기도취, 무절제, 방종

누구의 지시나 강요가 아닌 스스로 선택하여 즐거운 마음으로 최선을 다했으므로 자신은 매우 괜찮은 사람이라는 하늘 높은 자존감이 있다.

- 2번 준거 틀(LS1): 우월감, 오만, 비난

누구에게나 솔직하며 진심을 다한다는 내 스스로 떳떳하고 정의로움에 대해 타인과 비교하여 오는 우월감, 오만함(나는 거짓말을 하지 않아. 진심으로 말했어. 다른 형제들이 놀 때 부모님을 돕기 위해 대청소를 했어, 힘든 일이지만 내가 돕지 않으면 부모님의 몫이 되니까 좋은 마음으로 내가 할 수 있는 만큼 최대한 해 놓아야지, 난 참 괜찮은 딸이야.)이 있다. 인간의 모든 특성에는 양면성이 있어서 조화롭지 못하게 언행했을 부분도 있으니 단점이 없을 수 없는데 그러한 부분을 간과하고 부적절한 감정을 느낀다. 사랑이의 자기도취와 우월감이라는 라켓 감정이 모두 나쁜 것은 아니다. 다만 사랑이의 욕구(나도 또래와 늦은 시간까지 놀고 싶어, 형제들이 집안일을 좀 도와주면 좋겠어, 힘들어, 혼자하기 싫어.) 또는 진실한 감정과는 다르게 행동하고 그에 대한 이차적인 감정으로 과거 부모의 지지(사랑이는 혼자서도 잘해! 사랑이는 말을 하지 않아도 스스로 하는 착한 아이야! 사랑이 이제 시집보내도 되겠다! 사랑이가 아들로 태어났어도 좋았을 거야! 여보~ 우리 사랑이 없었으면 어쩔 뻔 했어요. 사랑아 고맙다. 고생했다.)를 받기 위해 만들어진 길들여진 감정이라는 것이다. 혼자서 너무 도와서 다른 형제들이 도리어 부모님의 마음에 차지 않아 핀잔을 듣게 하기도 하였다.

③ 디스카운트 성향

- 주 준거 틀(LS9): 현실감

현실에서는 특히 사회에서는 최선을 다한 것보다는 일을 잘했는가, 그리고 전체가 조화롭게 하였는가가 중요하다. 내가 즐거운 마음으로 최선을 다했다고 인정받기는 어렵다. 떨어지는 현실감을 볼 수 있다.

- 2번 준거 틀(LS1): 타인의 감정

    정의로움을 앞세워 상대방을 통제할 때 상대방이 느낄 감정을 생각하지 못한다. 나는 잘했다고 내가 맞다고, 내 말이 맞다며 상대의 말을 부인하고 이겨 보았자 이미 기분이 상해 버린 상대방과의 인간관계는 더욱 어려워진다. 타인의 감정을 디스카운트하는 성향이 있다.

〈살뜰이〉

구분 FR	드라이버	라켓	디스카운트
주 준거 틀(LS6)	완전무결하게 하라.	투쟁심, 분노, 비판	융통성
2번 준거 틀(LS4)	구원자가 되라.	교만, 조종, 아부	순수함

내담자의 해석

① 드라이버의 의미

- 주 준거 틀(LS6): 완벽하게 해놓고 지적을 받지 않겠다. 잘 못했다는 말은 듣고 싶지 않다.

    살뜰이의 아버지(사랑이 외할아버지)는 완벽하게 해놓지 않으면 굉장히 야단을 많이 치고 다시 정확하게 원하는 대로 되었을 때에만 만족하셨다고 한다. 머리카락 한 올 내려오지 않도록 포마드 기름을 발라 마치 영화에 나오는 남자처럼 하고 다니셨고 자신이 원하는 취향의 음식으로 만들어 두지 않으면 먹지 않으며 식사 때마다 새 반찬을 해놓도록 하여서 살림을 맡아 하던 살뜰이는 아버지의 완벽하고 까탈스러운 기준에 맞추기 위해 항상 최선을 다해 애썼다고 한다. 매우 피곤했지만 아버지의 기준에 맞았을 때 인정을 받고 자신도 자기 만족감을 느낄 수 있었다.

- 2번 준거 틀(LS4): 부모님과 주변 사람들에게 필요한 사람이 되고 싶다.

    살뜰이가 열다섯 살에 남동생이 태어났고, 열여덟 살에 여동생이 태어났다. 부모님이 바깥일을 보셔서 온갖 집안 살림을 하며 동생들을 스물다섯 살에 결혼하기 전까지 업어 키웠다고 한다. 부모님은 자신을 신뢰하였고 동생들은 부모님보다 자신의 말을 더 잘 들었다고 한다.

② 라켓의 성향

- 주 준거 틀(LS6): 투쟁심, 분노, 비판

    자신은 완벽하게 한다고 했는데 상대방이 미흡한 부분이나 다른 의견을 말하면 매우 예민하고 날카로워져서는 화가 나 따지듯이 공격적으로 말한다. "그래서 어쩌라는 거냐? 내가 이렇게까지 했는데. 나같이 이렇게 해 주는 사람 찾기도 어렵지~ 이제부터는 안 할 거야.

저는 뭐 얼마나 잘했다고. 너는 얼마나 잘하는 데야!"라고 말하며 자신의 허점이 드러나면 인정하기 어렵고 바로 투쟁심과 분노, 판단적인 모습을 보인다.

- 2번 준거 틀(LS4): 교만, 조종, 아부

잘 대해 주고 바란다. "내가 잘해 줬지~ 집에 온다고 하면 서둘러 음식을 장만해 먹이고 아무것도 시키지도 않고 맛있는 거 있으면 불러서 꼭 같이 먹고 생일도 꼭 챙겨 주고 문자 하고 카톡 하고~ 그렇게 하는데 나한테 안 좋단 말 안 하겠지~ 내가 저한테 어떻게 하는데~."라고 말하며 잘해 준 만큼 상대방도 자신에게 그렇게 해 주기를 속으로 바라며 해 주면서 자신에게 잘하도록 조정하려 한다.

③ 디스카운트 성향

- 주 준거 틀(LS6): 완벽하지 못한 사람에게 융통성 없이 대한다.

"왜 저렇게 해놨는지 모르겠다. 저렇게 해놓고 싶었을까? 그래서 내가 일이 잘되게 어떻게 하라고 말했지. 내가 뭐 틀린 말 했어?"라고 하면서 허술하고 미흡하게 해놓은 상대방에게 잔소리를 한다. 특히, 가까운 대상, 남편에게 완벽하게 하라는 끊임없는 잔소리(자신의 기준으로 맞는 말)를 한다. 그럴 때 분명 어쨌든 남편이 일을 허술하게 한 것은 사실이지만 옆에서 보는 자녀들이 더 힘들 정도로 폭풍 잔소리를 한다.

- 2번 준거 틀(LS4): 순수함을 디스카운트한다.

자녀나 주위 사람들에게 베푼 것이 돌아오기를 바라는 것이 있기 때문에 아무 바라는 것 없이 베풀 수 있는 잠재되어 있는 순수함을 디스카운트한다.

내담자 커플관계 해석

갈등이 없을 때는 엄마의 지혜롭고 따뜻한 챙김, 딸의 해맑음과 호탕함으로 친구처럼 잘 지내지만 엄마의 폭풍 잔소리와 융통성 없음, 조정과 딸의 저항과 부인, 타인의 감정을 읽지 못함이 만나면 서로 힘들어진다.

☞ 개선 방안: 엄마는 융통성을 갖고 상대방을 자신의 기준에 못 미친다고 비난하지 않는다. 상대의 입장에 서보고 먼저 공감해 본다. 그리고 도움이 되도록 친절하게 알려 주는 것까지만 하고 상대방의 변화를 기다린다. 비판과 분노는 딸에게 도움이 되지 않고 딸을 어머니가 바라는 방향으로 행동하게 하는 것에도 역시 도움이 되지 않는다.

딸은 어머니의 비난에 바로 저항하기보다는 어머니의 속뜻을 읽어 준다. "엄마, 그러니까 엄마 말처럼 잘해서 내가 잘 살기를 원해서 그렇게 말한 거지요. 고마워요^^" 그리고 엄마의 마음을 또 읽어 준다. "엄마 내가 잘못될까 봐 염려가 되었나 봐요. 엄마가 늘 나를 위해 기도해 주어서 제가 이렇게 잘 자랐어요." 라고 먼저 긍정 피드백하며 엄마를 이해하고 그다음에 자신의 의견을 말해 본다.

8) 준거 틀에 따른 임패스와 병리적 인생각본

〈사랑이〉

FR \ 구분	금지령	대항지령	핵심 임패스	병리적 각본
주 준거 틀 (LS9)	즐겨서는 안 된다.	열정적으로 살라.	자주	연기성
2번 준거 틀 (LS1)	자기주장을 해서는 안 된다.	영향력 있는 사람이 되라.	통제	반사회성

내담자의 해석

① 금지령

• 주 준거 틀(LS9): 즐겨서는 안 된다.

부모님은 열심히 일하고, 열심히 공부하는 등 놀고 싶고 힘들 때 쉬고 싶은 욕구를 참으며 밝은 모습으로 열심히 하는 모습에 칭찬을 하셨지만 또래와 놀이, 여유롭게 쉬는 것은 놀기만 좋아하고 게으름을 피우는 모습으로 여기시며 싫어하셨다.

• 2번 준거 틀(LS1): 자기주장을 해서는 안 된다.

부모님은 부모님이 하시는 말씀에 말대답을 하는 것을 무척 싫어하셨다. 아이가 왜 그랬는지에 대해 설명할 여지를 주지 않으셨다. 말대답, 변명이라고 무조건적으로 판단하였고 어른의 말이 맞고 부모는 자녀에게 나쁜 것을 요구하지 않기 때문에 아이가 이해가 되지 않은 상태에서도 무조건 강압적으로 따르도록 했다. 아이가 느꼈을 기분이나 감정 그리고 아이이기에 미숙했을 생각이나 의견이 궁금하지 않았고 수용·공감되지 않았다. 틀린 아이의 주장이나 변명을 부모가 충분히 들어주고 설명해 주고 이해시켜 주지 않았다. 현재도 이러한 금지령에 대한 저항감이 커서 주장을 못하게 하는 상대를 만나면 러버밴드에 빠져서 변명(합리적인 이유)을 하기 싫어질 때가 있다. 그래서 시끄럽다면서 그냥 자신이 옳다고 무조건 따르라는 상대에게는 전혀 말하고 싶지 않다고 한다.

② 대항지령

• 주 준거 틀(LS9): 열정적으로 살라.

부모는 "자신이 선택했다면 즐거운 마음으로 열심히 하라."는 말씀을 늘 하였다.

• 2번 준거 틀(LS1): 영향력 있는 사람이 되라.

아버지는 "자신이 속한 곳에서 머리가 되라.", "친구의 말을 무조건 따라가지 말고 친구가 자신을 따를 수 있는 사람이 되라."라고 말하였다.

③ 임패스 상태

- 주 준거 틀(LS9): 자주(남의 보호나 간섭을 받지 아니하고 자기 일을 스스로 처리함)의 임패스 상태
  친구들과 재미있게 놀고 싶은 나와 쉬지 않고 근면 성실히 일해야 하는 나[놀지 말라고 열심히 공부(일)하라 같은 대항지령], 두 개의 자아가 부딪히며 마음속 갈등 상황이 생긴다. 그래서 놀 때는 해야 할 공부(일)가 생각나고, 공부할 때는 놀고 싶은 욕구가 일어 내적 갈등이 발생한다. 현재 옆에 없는 부모님의 대항지령의 간섭을 받아 놀 때도 마음이 편치 않고, 공부할 때도 놀고 싶은 내 욕구를 채우지 못하는 내적 갈등이 있다.
- 2번 준거 틀(LS1): 통제의 임패스 상태
  '자기의 주장을 해서는 안 된다.'는 금지령은 부모님은 어려서 아이들이 부모님 말끝에 자신의 말을 하는 것을 변명이나 말대꾸로 보고 엄하게 대하셨다. 금지령에 대한 반항으로 '영향력 있는 사람이 되라.'는 대항지령이 갈등한다. 그래서 부모와 같은 권위 있는 사람을 만났을 때 자신이 하고 싶은 말을 하면 야단맞을까 봐 또는 버릇없어 보일까 봐 아무런 말을 하지 않고 있지만 속으로는 반대의견, 자기주장을 뱉어 버리고 싶은 강한 압력을 느낀다.

④ 불건강의 극단

- 주 준거 틀(LS9): 금지령 '즐겨서는 안 된다.'와 대항지령 '열정적으로 살라.'에 대한 반항으로 갈등 상황일 때, 자주성이 흔들리며 내적으로 갈등하고 있으면서 표면적으로는 장소에 맞는 행동을 연기하고 있는 모습, 불건강의 극단은 연기성이다.
- 2번 준거 틀(LS1): 금지령 '자기의 주장을 해서는 안 된다.'에 대한 반항으로, 금지령이 자신의 욕구를 통제하려는 데서 오는 갈등 상황이다. 불건강의 극단은 반사회성(사회의 규범이나 질서 또는 이익에 반대되거나 어긋나는 성질)으로 수직관계, 권위적인 사람, 고지식한 어른들과의 갈등을 빚어낸다.

〈살뜰이〉

구분 FR	금지령	대항지령	핵심 임패스	병리적 각본
주 준거 틀(LS6)	생각해서는 안 된다.	완벽하게 하라.	완전	강박성
2번 준거 틀(LS4)	관심을 받아서는 안 된다.	사랑을 받으라.	필요	연기성

내담자의 해석

① 금지령

- 주 준거 틀(LS6): 생각해서는 안 된다.

  아버지는 자신이 정해 놓은 데로 해놓지 않으면 짜증을 내거나 될 때까지 사람을 힘들게
  하며 아버지가 생각한 대로만 하도록 하고 살뜰이의 생각이나 욕구는 물어보거나 살펴 주
  지 않았다. 살뜰이는 늘 아버지의 생각과 아버지의 기준대로만 한다면 인정받았고 살뜰이
  의 생각은 누구도 중요하게 여기지 않는 집안 분위기였다.

- 2번 준거 틀(LS4): 관심을 받아서는 안 된다.

  눈에 띄는 행동이나 말을 제제하였다. 조신하게 행동하고 소리 나게 깔깔 웃지 못하게 했
  다. 친구들과 놀거나 어울리지 못하게 외출을 자제시켰다. 학교와 교회, 집을 제외하고는
  돌아다니지 못하게 하였다.

② 대항지령

- 주 준거 틀(LS6): 완전

  아버지 기준에 맞추어서 완벽하게 해 놓았을 때만 너는 인정받을 수 있다는 메시지를 아버
  지에게 받았다.

- 2번 준거 틀(LS4): 필요

  "사랑스러운 행동, 어여쁜 짓을 하면 예쁨 받는다." 남동생과 여동생을 엄마처럼 보살폈을
  때 맞벌이하는 엄마의 인정을 받았다.

③ 임패스 상태

- 주 준거 틀(LS6): 완전에 대한 임패스 상태

  '생각해서는 안 된다.'는 금지령과 '완벽하게 해야 한다.'는 대항지령이 서로 부딪혀 갈등
  상태에 빠진다.
  '그냥 하라는 대로 해'와 '내 생각으론 이렇게 해야 내가 원하는 완벽한 결과에 도달할거 같
  은데~'라는 생각이 부딪힌다. '아…… 나는 어떻게 해야 하지?' 하고 갈등 상황에 빠지지만
  완전해지는 것을 선택한다.

- 2번 준거 틀(LS4): 필요에 대한 임패스 상태

  '관심을 받아서는 안 된다.'는 금지령과 '사랑을 받으라.'는 대항지령이 서로 부딪혀 갈등
  상태에 빠진다.

'이렇게 잘하면 눈에 띌 텐데…… 그러면 또 내가 해야 할 텐데…… 하지 말까?'와 '열심히 보란 듯이 잘해서 예쁨 받아야지~'가 서로 부딪친다. 그러나 잘해서 필요한 사람이 되어 관심(사랑) 받기로, 인정받기로 선택한다.

④ 불건강의 극단

• 주 준거 틀(LS6): 강박성

지나치게 완벽하려고 할 때 불건강의 극단인 강박적인 모습을 보인다.

새벽 2시가 넘도록 김치를 담고 있다. 잠을 자지 않고서라도 자신이 정한 기준에 도달하려고 한다. 한정된 시간 속에서 동에 번쩍 서에 번쩍 지나치다 싶을 정도로 많은 일들을 한다.

• 2번 준거 틀(LS4): 연기성

지나치게 필요한 사람이 되려고 할 때 연기성을 보인다.

별로 하고 싶지는 않았지만 타인에게 인정받기 위해서 무리한 일정과 많은 일들을 소화해 내면서도 하는 일에 비해서는 힘든 내색이나 어려움을 표현하지 않고 괜찮다고 한다. 집에 오면 머리만 대면 잠든다. 가끔 앉아서 졸기도 한다.

내담자 커플관계 해석

엄마는 자신의 기준으로 완벽하게 자녀에게 헌신적이며 너무 많은 일들을 하고 있다. 딸은 엄마가 일을 조금 덜하고 편안히 지냈으면 하면서 무리하게 일하는 엄마가 힘들어 보여 답답하고 속상하다.

☞ 개선 방안: 엄마는 건강을 위해서라도 무리한 일들을 줄이고 편안히 앉아 담소 나누고 쉬는 등 여유를 느껴 본다(완벽하려는 강박에서 벗어난다.). 타인에게 물질적으로 주는 것도 좋지만 정서적으로 느긋하고 편안한 시간을 함께 한다.

딸은 엄마의 일하는 모습을 보며 짜증 내면서 염려하지 말고 긍정 피드백으로 감사와 염려를 표현한다(투덜거리듯 저항적인 반응보다는 수용·공감하며 따뜻한 정서 교감을 한다.).

9) 준거 틀에 따른 효과적 교류패턴

〈사랑이〉

구분 FR	효과적 교류패턴
주 준거 틀(LS9)	동료감과 자유를 달라, 고무적인 대화를 하라, 내 방식을 바꾸거나 명령하지 말라.
2번 준거 틀(LS1)	의리를 지켜라, 솔직하라, 내 말을 공격으로 생각하지 말라, 내 공로를 인정하라.

내담자의 해석

① 순기능적 교류패턴

- 주 준거 틀(LS9): 힘을 내도록 격려하고 용기를 북돋는 말 등 따뜻하고 부드러운 양육적인 교류를 하는 것이 효과적이다.
- 2번 준거 틀(LS1): 나의 노력을 인정하고 진솔한 교류를 하는 것이 효과적이다(구체적인 칭찬, 인정, 거짓 없는 진심 어린 말).

② 역기능적 교류패턴

- 주 준거 틀(LS9): 지시적이며 자신을 판단하고 명령하는 교류, 자신의 방식을 바꾸고(그렇게 말고 이렇게 해라) 자발성을 침해하는 교류(사랑이가 스스로 할 텐데, 하기 전에 시켜서 하는 일)는 저항한다.
- 2번 준거 틀(LS1): 안과 밖이 다른 이면 교류, 입에 발린 말, 마음에도 없는 가식적인 말이나 행동의 교류를 경멸한다(자기가 맡기 싫은 일을 시키기 위해 과하게 칭찬하는 사람, 평소에는 아랫사람 대하듯 하대하다가 자신이 부탁할 일이 생길 것 같으면 친한 척하는 사람, 앞에서는 웃고 뒤에서 흉보는 사람).

〈살뜰이〉

구분 FR	효과적 교류패턴
주 준거 틀(LS6)	충고를 소중히 여기라, 공정하고 사려 깊게 하라, 당신의 몫을 책임지라.
2번 준거 틀(LS4)	서로의 문제에 늘 관심을 가지라, 감사하다고 말하라, 함께 재미있게 보내라.

내담자의 해석

① 순기능적 교류패턴

- 주 준거 틀(LS6): 아끼는 사람에게 진짜 꼭 필요하고 도움이 될 거라고 생각하는 말들을 진심으로 해 주며 상대방이 충언을 해 주는 자신과 더 깊은 신뢰관계가 형성되기를 원한다. 자녀들에게 공정하게 하려 하고 엄마로서의 역할은 책임감 있게 최선을 다한다. 딸에게 도움이 될 거 같은 말을 딸이 기분 상해할지라도 해 준다. 딸이 처음에는 경직된 모습을 보이지만 엄마를 믿기에 어떤 뜻으로 하는지 알고 감정이 가라앉으면 순순히 인정한다.
- 2번 준거 틀(LS4): 엄마와 딸이 서로 안부를 물어봐 주는 챙겨 주는 사이길 원하고 주고받은 것에 대해서는 감사를 표현하고 격이 없이 서로의 속이야기를 한다. 가족들과 자주 모이고 싶어 하고 맛있는 음식을 해먹고 게임(고스톱, 윷놀이, 마작)을 즐기며 어울려 즐거운 시간 보내는 걸 좋아한다.

② 역기능적 교류패턴

- 주 준거 틀(LS6): 자신의 충고를 들어주지 않으면 화를 내고 판단한다. 공격하기도 한다.
- 2번 준거 틀(LS4): 자신에게 무관심하고 관심 어린 표현을 하지 않으면 몹시 서운해한다. 자녀들과 어울려 같이 즐거운 시간을 보내고 싶어 하지만 잘 어울리지 않는 자녀에게도 서운함을 보인다.

내담자 커플관계 해석

엄마는 딸이 충고를 받아 주지 않으면 화내고 비난한다.

딸은 원하지 않는 피드백을 어머니에게 받으면 무조건 반사적으로 거부한다.

☞ 개선 방안: 엄마는 상대가 수용할 수 있는 정도의 충고를 한다. 충고가 받아지지 않아도 판단하지 않고 지켜보며 딸의 성장을 기다려 준다.

딸은 엄마의 충고의 깊은 속뜻을 보고 감사한다. 직접 말하기 힘들어 이면 교류로 표현한 부분을 수용해 본다. 이면교류가 모두 나쁜 것은 아니다. 조화로움과 융통성을 높이는 이면 교류일 수 있으니 그 긍정을 본다.

10) 준거 틀의 함정과 3P 활용

〈사랑이〉

FR \ 구분	함정	허용	보호	잠재능력
주 준거 틀(LS9)	낙천	절제해도 좋다.	방종, 합리화	현실감각
2번 준거 틀(LS1)	정의	다름을 인정해도 좋다.	완고, 독선	자애로운 마음

내담자의 해석

① 함정의 의미

• 주 준거 틀(LS9): 낙천

'낙천'을 중요한 가치로 생각하고 강박적으로 따르려고 하므로 함정에 빠지기 쉽다. 체력은 이미 방전되었으나 피곤을 이기고 모임에서 즐거운 게임이나 놀이, 대화를 끝까지 하고 있다.

• 2번 준거 틀(LS1): 정의

'정의'를 중요한 가치로 생각하고 강박적으로 따르려고 하므로 함정에 빠지기 쉽다. "어떻게 그럴 수가 있지? 그거 너무한 거 아니야? 이렇게 해야 하는 거 아니야?" 하고 자신의 기준과 가치로 판단한다.

② 허용의 상황

• 주 준거 틀(LS9): "절제해도 좋다."고 자신에게 허용한다.

"이제 즐거운 시간을 마감하고 건강을 위해 자도록 하자!" 하고 먼저 말할 수 있으며 다음을 기약한다.

• 2번 준거 틀(LS1): "다름을 인정해도 좋다."고 자신에게 허용한다.

타인이 나와 다른 의견, 타인의 나의 생각이나 감정을 수용 · 공감하지 못할 수 있다. 나와 다른 환경에서 30~40여 년 이상 성장했으니 다름이 당연하다고 이해하고 인정할 수 있도록 한다.

③ 보호의 상황

• 주 준거 틀(LS9): '낙천'이라는 함정에 빠졌을 때 '방종(제멋대로 행동하여 거리낌이 없음)과 합리화'하는 모습을 보인다. 이러한 태도를 보일 때 자각(알아차림)이 필요하다.

별 걱정 없이(생각 없이) 즐겁게 잘 지내고 있는데 염려해 준다며 충고하고 지적하고 비판하고 판단하는 말을 들으면 부정적인 말로 받아들이고 평온하고 좋은 기분을 해친 상대에게 수동 공격적인 눈 안 마주침, 물어보는 말에 어긋어긋 어깃장 놓기, 자신의 이런 방종을 충고하는 당신 때문이라고 합리화를 한다.

- 2번 준거 틀(LS1): '정의'라는 함정에 빠졌을 때 '완고와 독선'에 모습을 보인다. 이러한 태도를 보일 때 자각(알아차림)이 필요하다.

'거짓말하지 않고 솔직하게 한다'라는 정의감으로 때와 장소에 따라서는 선의의 거짓말이나 목표를 이루기 위한 적절한 대처법(융통성), 긍정적이면 교류가 필요한데 솔직하게 말해서 일을 그르치고는 융통성 없이 올곧은 고집을 부린다. 또한 타인도 솔직하기를 기대하고 솔직하지 않은 상대방의 속과 겉이 다른 이면 교류를 매우 힘들어한다. 거짓말이라고 생각한다.

④ 잠재능력 발휘

- 주 준거 틀(LS9): '현실감각'이라는 잠재능력이 있지만 잘 사용하지 못하므로 현실감각을 발휘하고 촉진하도록 한다. 체력에는 한계가 있다는 현실감각을 갖는다.
- 2번 준거 틀(LS1): '자애로운 마음'이라는 잠재능력이 있지만 잘 사용하지 못하므로 이를 촉진하도록 한다. 다른 생각을 가지고 있는 남편, 부모님, 친구, 형제 등 모든 사람과의 교류에 있어, 나에게는 자애로운 마음이 있으므로 따뜻하고 넉넉한 마음으로 이해하고 포용해 본다.

〈살뜰이〉

구분 FR	함정	허용	보호	잠재능력
주 준거 틀(LS6)	완벽	여유 있게 해도 좋다.	고지식, 비판적	낙관적 태도
2번 준거 틀(LS4)	헌신	먼저 자신을 챙겨도 좋다.	조종, 의존	진정한 자신

내담자의 해석

① 함정의 의미

- 주 준거 틀(LS6): '완벽'을 중요한 가치로 생각하고 강박적으로 따르려고 하므로 함정에 빠지기 쉽다.

살뜰이 기준의 완벽을 타인에게도 요구할 때, 특히 가깝다고 생각하는 남편과 자녀에게 요구해서 지치게 만든다.

- 2번 준거 틀(LS4): '헌신'을 중요한 가치로 생각하고 함정에 빠지기 쉽다.

  살뜰이 기준의 헌신을 하면서 자신이 지쳐 가고 타인이 보기에도 힘들게 무리한 일을 하면서 자신이 헌신한 만큼 돌아오기를 바라고 있다.

② 허용의 상황

- 주 준거 틀(LS6): "여유 있게 해도 좋다."고 자신에게 허용한다.

  '조금 부족한 듯하지만 지금도 괜찮은 것 같아'라고 생각하고 자신에게 여유를 준다. 또한 상대방에게도 기대에 미치지 못하였지만 상대가 애썼을 모습을 그려 보고 미흡한 부분을 지적하기보다는 잘한 부분을 칭찬해 준다.

- 2번 준거 틀(LS4): "먼저 자신을 챙겨도 좋다."고 자신에게 허용한다.

  '내가 왜 이렇게 힘들까?' 하고 자신의 몸과 마음을 살펴 준다. 무리해서 일하고 힘들어도 꾹 참고 살아서 자신이 얼마나 많은 짐을 지고 있는지 모르는 것 같다. 자녀들은 엄마가 조금 일을 줄이고 여유롭게 노후를 즐기며 자신의 감정도 편안하게 이야기할 수 있으면 좋겠다. 엄마가 쉴 줄도 알았으면 좋겠다.

③ 보호의 상황

- 주 준거 틀(LS6): '완벽'이라는 함정에 빠졌을 때 '고지식하고 판단적인' 모습을 보인다. 이러한 태도를 보일 때 자각(알아차림)이 필요하다.

  옳고 그름을 판단하고 지적하며 가까운 사람을 자신의 기준에 맞추라고 끊임없이 비판한다. 어려서는 자녀들이 대상이었지만 노후에는 가장 가까운 남편이 그 대상이 되어 자신과 매우 다른 성격인 남편에게 융통성 없이 지적하는 말을 많이 한다.

- 2번 준거 틀(LS4): '헌신'이라는 함정에 빠졌을 때 '조종과 의존'의 모습을 보인다. 이러한 태도를 보일 때 자각이 필요하다.

  '내가 못해 준 것이 무어냐? 내 말을 들어라~ 내 말을 들어줘야 한다'라고 생각하며 타인을 대한다.

④ 잠재능력 발휘

- 주 준거 틀(LS6): '낙관적 태도'라는 잠재능력이 있지만 잘 사용하지 못하므로 이를 발휘하고 촉진하도록 한다.

  "우리 남편은, 우리 사랑이는 참 좋은 점이 많아요~~"라고 칭찬을 많이 해 주며 긍정적인 말과 태도로 상대방과 교류한다. 공감하고 공존한다.

- 2번 준거 틀(LS4): '진정한 자신'을 보는 것이 어려움으로 자신의 내면을 들여다본다.
  '진정으로 내가 원하는 것은 무엇일까? 지금 나는 어떤 생각을 하고 있지? 내가 바라는 것
  이 있는가? 순수한 내 마음은 어떻게 하라고 하지?'라고 가만히 느껴 본다.

내담자 커플관계 해석

엄마는 자신이 원하는 방향과 기준으로 가족들을 움직이게 하고자 할 때 칭찬하고 그렇지 않
으면 판단한다. 딸은 엄마를 잘 따르지만 너무 과한 요구와 기준에 힘들어한다.

☞ 개선 방안: 엄마는 자신과 타인 모두에게 칭찬을 먼저 해 보도록 하고 낙관적인 태도를 갖는다.

딸은 자신만의 정의에서 벗어나와 원치 않는 말이지만 들어 본다. 그리고 엄마는 왜 그렇게 생각했는지 저항하지
말고 들어 본다. 너그러운 마음으로 이해해 본다.

11) 준거 틀과 진로

〈사랑이〉

구분 FR	성향	적성	대표적 직업
주 준거 틀 (LS9)	매사 활동적이고 개방적이며 낙관적으로 밝고 명랑하다. 즐거움을 추구하고 호기심이 많고 아이디어와 상상력이 풍부하다.	활동적	기획자, 작가, 발명가, 사회복지사, 상담사, 영업직, 연예인
2번 준거 틀 (LS1)	지도력과 추진력이 있다. 집단구조를 파악하는 능력과 약자를 옹호하고 보호하는 포용력이 있다.	리더적	정치가, 경찰, 법조인, 사업가, 상담사, 영업직, 운동지도사

내담자의 해석

① 성향 통찰

- 주 준거 틀(LS9): 활동적이고 개방적이며 명랑하다. 즐거움을 추구하고 호기심이 많으며 창
  의적인 아이디어와 상상력이 풍부하다. 선택한 활동에 있어서는 적극적이고 열정을 다한
  다. 구성원들과 다른 생각이 떠오르면 이야기하기도 하고, 혼자 하는 작업(글쓰기, 요리, 만
  들기 등)이라면 이렇게도 해 보고 자유롭게 생각해 보고 재미있어 하며 거침없이 해 나간다.
- 2번 준거 틀(LS1): 추진력이 있으며 약자를 옹호하고 보호하는 포용력이 있다. 직장이나 모

임에서 구성원들에게 각각의 의견을 모두 물어보고 상황에 맞추어 모두가 함께할 수 있는 방향, 서로 협조하는 방향으로 업무를 추진한다.

② 적성 찾기
- 주 준거 틀(LS9): 활동적이다.
- 2번 준거 틀(LS1): 리더적이다.

③ 원하는 직업
- 주 준거 틀(LS9): 기획자, 작가, 상담사, 연예인
- 2번 준거 틀(LS1): 경찰, 운동지도사, 상담사

〈살뜰이〉

구분 FR	성향	적성	대표적 직업
주 준거 틀 (LS6)	이상적·원칙적·규범적으로 완벽을 기하고 이를 위해 노력한다. 공정하고 정직하며, 깔끔하고 자제하는 인상을 준다.	규범적	교사, 성직자, 경영자, 공무원, 변호사, 세무사, 은행원, 감사원
2번 준거 틀 (LS4)	보호적이고 이타적인 성향으로 친절하고 이해심이 많다. 남을 도와주고 봉사적이어서 인간관계가 좋다.	봉사적	사회복지사, 상담사, 서비스직, 교사, 성직자, 간호사, 요리사, 공무원

내담자의 해석

① 성향 통찰
- 주 준거 틀(LS6): 원칙을 정하면 잘 지키고 매우 정확하게 기억하고 말하며 틀리지 않으려고 한다. 사람들에게 자신의 마음에 거리낌이 없도록 공정하게 대한다. 주변을 청결히 하고 정리하며 복장을 단정히 한다.
- 2번 준거 틀(LS4): 자신의 곁에 사람들이 머물 수 있도록 늘 베풀어 주고 근황을 물어 주며 챙겨 준다.

② 적성 찾기
- 주 준거 틀(LS6): 규범적이다.
- 2번 준거 틀(LS4): 봉사적이다.

③ 원하는 직업
- 주 준거 틀(LS6): 교사, 경영자, 은행원, 감사원
- 2번 준거 틀(LS4): 사회복지사, 간호사, 요리사

12) 자율성 회복과 발휘

〈사랑이〉

구분 FR	자율성 회복과 발휘
주 준거 틀 (LS9)	흥미와 재미만 추구하는 것보다 그 일이 바람직하고 가치가 있을 때 행하도록 한다. 행복은 새롭고 흥분되는 것에서만 오는 것이 아니라 단순하고 평범한 것에 관심을 가질 때 느껴진다. 하던 일을 완성하는 습관을 가진다.
2번 준거 틀 (LS1)	다른 사람을 지배하는 것이 아니라, 적극적 경청을 하고 함께 협력하도록 하다. 사람들의 감정을 수용하고 독립적인 인격체로 도와주어야 한다. 좀 더 여유를 가지고 사람과 소통하는 태도를 가진다.

내담자의 해석

① 자율성의 회복의 의미

부모님의 양육으로 성장하는 과정 중에 형성된 대항각본, 금지령 등으로 인해 부적절하게 느끼고 생각하고 행동했던 나를 알고, 이제는 나를 알았으니, 내 스스로 내 안에 잠재되어 있는 능력을 회복하여 조화롭고 적절하게 느끼고 생각하고 행동하는 내가 된다.

② 어떻게 자율성을 발휘

- 주 준거 틀(LS9): 새롭고 흥분되고 즐거운 인생도 좋지만 단순하고 평범한 일상 속에서도 내 안의 마음을 지긋이 바라보며 작은 것을 소중히 여기고 실천하며 행복을 느껴 본다. 아무 일이 없는 일상도 무료해하지 않고 감사한다. 엄마가 계심에 감사, 엄마와 이렇게 친구처럼 이야기 나눌 수 있는 것도 감사, 지금까지 힘들게 나를 키워 주신 엄마에게 또 감사, 함께 하는 모든 이와의 어떠한 교류도 소중하게 여기며 성장할 수 있음에 감사하며 일할 수 있고 배울 수 있는 지금 이 시간을 현명하게 구조화하여 자율성을 발휘한다.
- 2번 준거 틀(LS1): 엄마와 나는 독립된 주체로 다름을 인정한다. 여유를 가지고 사람들과 소통하며 나와는 다른 엄마의 감정과 생각을 존중하고 경청하며 서로 도움을 주고받는 협력 · 타협하며 공존하는 관계를 형성한다. "아 그렇게 말할 수도 있겠구나. 엄마는 왜 그렇

게 생각했을까?" 하고 넉넉하게 여유 있게 대한다.

〈살뜰이〉

구분 FR	자율성 회복과 발휘
주 준거 틀 (LS6)	무엇이든 완벽하지 않아도 된다. 너그러운 마음으로 실수를 인정하다. 가능한 최선을 다하되 그것으로 만족하고 느긋하게 현재를 즐겨라. 다른 사람의 흠을 보는 것보다 좀 더 배려하고 서로 다름을 인정한다.
2번 준거 틀 (LS4)	내 주장이 필요할 때는 회피하지 말고, 내 주장을 하고 자신에게 기쁨과 만족을 줄 수 있는 일을 하라. 남에게 도움을 줄 때 보상을 기대하는 태도를 떠나 독립적인 사람이 되도록 한다. 자기 자신과 다른 사람에게 정직하도록 한다.

내담자의 해석

① 자율성의 회복의 의미

자신의 욕구보다는 타인의 기대에 부응하기 위해 사랑받기 위해 애썼고 완벽한 기준에 맞추려고 애썼던 자신이 자녀였을 때에 힘들었음을 돌아보고 이제는 지금 여기에 적절하고 건강하게 하는 것인지 어떤 것인지 알아차리고 자율성을 발휘하여 자신을 돌아본다. 완벽하게 하지 않아도 그 존재와 애씀만으로도 모두 소중하고 사랑받을 수 있음을 알고 완벽하지 않은 자녀와 남편의 긍정적인 모습을 마음껏 사랑한다.

② 어떻게 자율성을 발휘

- 주 준거 틀(LS6): 자신의 기준으로 판단하지 않고 완벽을 요구하기보다는 가족의 장점을 보고 칭찬하며 부족한 부분은 부드럽게 말해 주고 변화를 기다려 주며 변화 과정 그대로를 소중히 여겨 준다.
- 2번 준거 틀(LS4): 무리한 헌신으로 상대의 마음을 무겁게 하지 않고 먼저 나를 아끼면서 상대가 원하는 따뜻하고 공감해 주는 정서적 배려, 상대와 나를 모두 존중하는 배려와 공감을 해 본다.

13) 전체적인 준거 틀의 개선 방안

〈사랑이〉

상태 패턴	현재	개선점
LS1	엄마가 좋지만, 엄마의 가치관을 강요하거나 딸의 의견을 판단할 때 딸이 자기주장을 강하게 한다.	**경청하고 머무르기** 엄마와 다른 의견일 때 투쟁적으로 말하기보다는 생각을 끝까지 들어본다.
LS2	딸이 자기 마음에 드는 엄마 옷을 사드린다. 엄마가 입지 않으실 때 서운하다.	**취향을 존중하기** 시간을 내어 엄마와 쇼핑하고 엄마만의 스타일을 존중한다.
LS3	엄마 말을 듣고 바로 반응하며 감정적인 상태가 된다.	**신중히 생각하기** 엄마 말의 목적, 속뜻을 알아차려 본다. 사고하라. 서두르지 말라. 시간은 충분하다.
LS4	엄마에게 선물이나 일손 돕기 등 행동으로 엄마를 챙겨 드리고 있으나 정서적인 상호작용이 부족하다.	**마음 읽어 주기** 따뜻한 말·행동으로 엄마의 억압되어 있는 감정들을 살펴 준다.
LS5	일이 있어 가족 모임에 가고 싶지만 참여하지 못할 때가 있다.	**시간 구조화하기** 매달, 매년 일정을 미리 보고 가능한 일정이 겹치지 않도록 전체적인 계획표를 짠다.
LS6	엄마에게 사 드리고 싶어 쇼핑을 가면 처음 계획보다 약간 더 비싼 물건을 구매하고 만다.	**형편 안에서 소비한다** 누구나 더 좋은 물건을 사고 싶다. 그러나 자신의 형편에 맞게 구입하고 챙기려는 마음이 중함을 안다.
LS7	엄마가 챙겨 주신 음식이나 소지품을 잊고 두고 나오거나 정리가 미흡하다.	**한 번 더 점검하기** 집을 나서기 전, 일을 마감하고 마지막에 한 번 더 둘러본다. 그리고 미흡한 부분을 마무리하도록 한다.
LS8	친구 같은 엄마에게 순간적으로 아이처럼 고집부릴 때가 있다.	**엄마에게 예의 바르게 말하기** 엄마와 속 깊은 이야기 나누며 친구처럼 지내는 것은 좋지만 그래도 자녀로서 부모에 대한 예의를 지킨다.
LS9	엄마는 어른이고 딸을 위해 하는 말이니 따르라고 할 때, 권위를 내세워 순종을 요구한다고 여기며 더욱 굽히지 않고 싶다.	**딸은 자신의 저항감 알아차리기** '권위'는 부정적인 말이 아니다. 엄마는 자녀들이 존경할 만한 위엄이 있고, 믿고 기대할 수 있는 분이다. 엄마의 권위는 딸인 내가 지켜 드린다. 권위를 인정한다.

〈살뜰이〉

상태 패턴	현재	개선점
LS1	가까운 딸과 남편에게는 자기주장을 하고 완고한 자녀와는 부딪힐까 봐 어려워한다.	**자신감을 갖기** 완고한 자녀에게 말하기를 두려워하여 회피하지 말고 반복해서 자신의 생각을 전달해 본다.
LS2	온정적이지만 현실적이어서 자신이 판단컨대 꼭 필요로 하는 것에만 돈을 쓴다.	**형편과 여유가 없는 사람을 돕기** 베푼 만큼 돌아오지 않을 사람들, 경제적으로 형편이 어렵고 정서적으로 마음에 여유가 없는 사람에게 먼저 베풀어 본다.
LS3	사고력이 뛰어나 어떤 일이든지 깊이 생각해 보고 어떻게 할 것인지 미리 살핀다. 타인의 단점이 잘 보인다.	**장점을 보며 칭찬하기** 딸의 장점을 보며 이야기를 먼저 하고 나서 단점이나 고쳐야 할 습관을 말한다(사랑이는 이런 점이 좋아~ 지금도 잘하지만 이런 점은 이렇게 하면 어떨까? 어떻게 하면 좋을까?).
LS4	연령에 비해 지나치게 많은 활동을 하고 있어서 건강이 염려된다.	**자신을 돌보며 타인을 챙기기** 자신의 신체와 마음의 건강을 먼저 돌본다. 일을 줄이고 자신의 마음을 들여다본다(차 마시기, 혼자만의 시간 갖기).
LS5	자신이 맡은 역할에 최선을 다한다.	**여유 있게 하기** 많은 역할이 주어졌지만 할 수 있는 만큼의 기준을 조금 낮추고 여유를 갖는다(근무 시간 조정하기, 살림 줄이기).
LS6	양심적이고 모범적이지만 다른 사람의 생각을 판단하고 가까운 딸이나 남편에게 자신의 생각을 피력한다.	**상대방의 자신과 다른 생각을 공감한다. 다름 인정하기** 누구는 서로 다른 양육환경에서 성장하였고 같은 사실을 보고 다른 생각을 한다. 다를 수 있음을 수용해 본다(아~ 그랬군요. 그랬겠어요. 그럴 수 있겠네요).
LS7	가족과 지인들을 잘 챙겨 주고 충실하다. 상대방의 말에 의문을 품어 풀릴 때까지 끝까지 궁금해하며 질문한다.	**말한 대로 믿어 주기** 믿지 못함이 아닌 신중함으로 말하고 가까운 딸이라도 싫어하는 부분은 너무 꼬치꼬치 물어보지 않는다.
LS8	친절하며 중심을 잘 잡고 전체적으로 일이 순조롭게 진행되도록 한다.	**지금처럼 전체를 보며 조화롭게 하기**
LS9	앞에 나서는 것을 부끄러워하며 친한 사람들과 소수일 때는 말을 잘하지만 앞에 서는 것을 어려워한다.	**다양한 역할 해 보기** 앞에 서서 사람들을 끌어 보기도 하고, 모임에서 다양한 역할을 통해 잠재능력을 발휘하고 다른 사람을 이해하는 폭을 넓힌다(모임의 리더나 총무 역할 등을 통해 해 본다.).

4. 내담자의 CKFR 심리검사 결과와 개선 방안

1) 상담자가 본 내담자의 문제

• 딸과 엄마가 서로를 위하지만 각자가 원하는 의사소통 방법이 있음을 이해하지 못할 때가 있다.

• 딸은 엄마의 양육방식에 따른 각본을 엄마는 엄마의 부모로 인해 갖게 된 각본의 양면성을 이해한다.

• 딸과 엄마는 분석과 상담을 통하여 서로를 깊게 이해하는 시간을 갖고 현재, 지금 여기에서 적절한 상호 교류를 할 수 있음을 알고 자율성을 발휘한다.

2) 내담자 심리치료 및 개선 방안

① 상담목표

• 자극과 반응을 서로 어떻게 느끼고 생각하는지 알아차리고 있는 그대로 수용한다(상대방 이해와 공감하기).

• 불건강할 때 자신을 인정한다(자기이해).

• 서로가 원하는 소통 방식을 알고 실천을 통하여 생활화한다(바람직한 의사소통법 익히기).

② 상담계획

• 초기: 내담자와 신뢰관계를 형성하고, 주 호소문제를 알고 심리검사를 통한 내담자 분석과 상담을 구조화한다.

• 중기: 상담목표와 상담 초기 구조화에 따라 상담을 진행한다.

• 종결: 내담자가 자신을 알아차리고 변화하기 위한 재결단을 하도록 지지하며, 구체적인 개선 방안을 실행하도록 약속한다. 전체적인 상담 과정 평가 및 추수 상담에 관하여 이야기 나눈다.

③ 상담전략

• 심리검사를 통하여 자신의 정체성(준거 틀)에 따른 역기능과 문제점을 알아차린다(역기능과 집착, 두려움, 방어기제, 라켓, 디스카운트, 임패스 등).

- 역할극을 통하여 자신으로 인해 타인이 느꼈을 감정을 느껴 본다.
- 세 갈래 갈퀴법과 같은 의사소통법을 연습하여 실제 생활 속에서 적용하여 조화로운 교류를 경험한다.

5. 상담 과정과 상담 결과

1) 상담 과정(초기, 중기, 종료 등으로 구분하여 요약)

- 초기: 주 호소문제를 파악하고 CKFR 심리검사 후 추가로 CKEO 심리검사, CKDP 심리검사를 통하여 상담을 구조화하였다.
- 중기: CKFR 검사를 통하여 정체성을 알고, 정체성 패턴으로 인한 자신의 문제점을 알아차림으로써 내담자 스스로 어떻게 삶을 살아갈 것인지, 타인과 교류할 것인지 생각해 볼 수 있는 상담을 하였다.
- 종료: 균형 잡힌 삶을 영위하기 위해 자율성을 회복하고 발휘할 수 있는 구체적 개선 방안을 상담자와 약속하고 실천에 옮겨 보며 상담을 종결하였다.

2) 상담 결과

모녀의 CKFR 심리검사 분석은 서로의 성장 과정을 알고 다를 수밖에 없었던 서로를 이해하고 인정할 수 있는 소중한 시간이었다고 한다. 모녀는 혈연으로 맺어져 누구보다 가깝게 30년을 함께 살았지만 서로 달라서 힘들었던 부분, 1순위 LS6과 2순위 LS4인 엄마의 잔소리, 1순위 LS9와 2순위 LS1인 딸의 저항감의 속뜻을 볼 수 있었다. 엄마는 규범적이고 원칙적이며 따뜻한 마음으로 염려하는 준거 틀로 딸을 위해 조언을 아끼지 않았고 딸은 열정적이며 호기심 많고 저항적인 준거 틀로 엄마에게 인정받고 돕기 위함이었지만 통제받는다고 느낄 때 저항감이 올라온다는 것을 알아차렸다고 한다. 준거 틀 분석은 모녀가 교류할 때, 심리적으로 건강할 때를 보여 주었다. 그동안 엄마의 판단으로 엄마는 힘들어했고, 자발성을 침해받은 것으로 느낀 딸의 저항은 엄마를 서운하게 하였음을 분명하게 이해하게 되었다고 한다.

CKFR 준거 틀 검사를 통하여 모녀가 왜 그러한 준거 틀을 갖게 되었는지와 그 밑바탕에는 서로를 사랑하고 위함이 바탕이었음을 알게 되었고, 그 순간 딸의 저항과 엄마의 서운함이 눈 녹듯 사그라짐을 느낄 수 있었다고 한다.

스스로 어떻게 변화할 것인가? 이제 딸은 엄마가 딸을 위해 충고 · 판단할 때 어떻게 반응을 할 것인지, 그리고 딸의 저항감을 일으키는 충고를 엄마는 어떻게 전달(자극)할 것인지를 생각하고 자극과 반응하기로 하였다. 엄마는 딸의 의견도 존중하고 공감하며 느긋하게 성장을 기다려 주기로 결심하였고, 딸은 영원한 내 편인 엄마의 말을 귀 담아 듣고 깊은 뜻을 이해하려고 노력한다고 한다. 성숙하고 아름다운 교류로 모녀 관계가 더욱 친밀해질 수 있게 되었다.

6. 상담자 총평

엄마는 자신의 아버지(사랑이 외할아버지)의 규범적이고 완벽하고자 하는 인생각본을 통하여 어린 시절 아버지와 같은 각본을 조기 결단하였다. 그리고 딸을 사랑하는 마음으로 자신의 딸에게도 규범적으로 하도록 양육하며 엄마의 인생각본을 따르도록 하였다.

그러나 딸은 엄마의 사랑에 감사하고 행복하지만 엄마의 규범적인 양육방식에 힘들어하였다. 더구나 엄마가 원하는 규범적인 준거 틀을 선택하지도 않았다. 즐거움을 추구하는 각본을 조기 결단을 통하여 형성하였다. 딸은 아빠의 인생각본을 보고 조기 결단하였으며 엄마와는 사뭇 다른 준거 틀이 형성된 것이다. 도리어 딸의 규범적 준거 틀은 약해졌다. 부모가 내리는 금지령과 대항지령에도 어떤 지령을 따를 것일지는 자녀가 선택하는 것임을 체감하는 순간이었고 선택에 따라 부모와 같을 수도 있고, 전혀 다른 준거 틀의 자녀가 되는 것을 볼 수 있었다.

우리의 부모는 자녀가 이 넓은 세상을 경험하며 바람직한 가치관을 갖고 누구보다도 잘 살기를 바란다. 자녀 역시 잘 살고 싶은 목표는 갖는다. 그러나 삶을 사는 방법은 다르다. 이때 부모는 옆에서 돕는 역할을 한다. 우리는 모두 다르게 생각할 수 있다. 상대방의 생각이 성숙하거나 진화된 생각이 아닐지라도 판단하거나 비난하는 것보다는 대화로써 다름을 설명해 보고 서로를 이해하며 지내는 것이 보다 성숙한 관계다. 부모가 지령을 내릴 때 자녀가 왜 자기와 다른 생각을 갖게 되었는지 서로 존중하며 이야기 나눌 수 있다는 자체를 감사하며 즐거운 마음으로 공감하고 소통한다면 부모도 그리고 자녀도 좀 더 차원이 높은 교류와 성장이 될 것이라고 생각한다. 그리고 자녀는 부모가 자신과 함께 나눈 높은 차원의 교류방법을 물려받게 될 것이다.

상담자이자 한 명의 인간으로서 이번 상담을 통해 부모가 자녀가 잘되기를 바라는 마음으로 자신의 지령(금지령, 대항지령)을 전달할 때 그 방법이 중함을 알 수 있었다. 모녀를 보았을 때 완벽하게 하게 하는 결과가 중요한 것이 아니라 완벽하게 하라고 할 때 부모가 '어떻게' 하는지 과정이 중요함을 보았다. 자녀가 어려서 무조건적으로 부모를 따라야 할 때 마음에 없이 부모의 말을 따랐고 결과적으로 완벽하였을지라도 모녀관계는 멀어지고 자녀의 자율성은 침해받는 결과를 가져온다. 그리고 자녀는 완벽하라는 준거 틀의 불건강한 부분을 대물림 받게 된다. 불건강한 통제와 강요는 저항감을 불러일으켜 정작 부모가 원하는 의견을 따르게 하는 것도 어렵게 되는 것은 물론이고 자녀가 반대 방향을 선택하게도 한다. 조화롭고 적절한 지령, 건강할 때의 지령을 실행하는 모습을 보여 주는 것, 부모의 준거 틀의 건강한 모습을 보여 주는 것! 자녀에게 어떤 유산보다도 건강한 심리를 대물림해 주는 것이 우리 삶의 지향점이라는 생각이 들었다.

자녀를 건강하게 양육하고 싶다면 부모가 지금 여기에서 조화롭고 적절하게 자율성을 발휘하며 건강한 모습을 보여 주는 것이 최선임을 깨달았다. 그리고 부모가 자녀를 양육한다는 것은 참으로 위대한 일이며 얼마나 힘든 일인지를 깊이 생각하게 되었다. 상담을 통해 이런 위대한 삶을 선행하신 나의 부모님께 끝없는 존경과 감사를 표하고 싶어졌다.

소통이 되지 않아 평행선을 달리는 부부

상담자: 최정온

1. 내담자의 기본 정보

- 내담자 1(아내): 직녀 / 성별: 여 / 연령: 50 / 학력: 대학원 졸 / 검사일: 2021년 8월 26일
- 내담자 2(남편): 견우 / 성별: 남 / 연령: 53 / 학력: 대학원 졸 / 검사일: 2021년 8월 2일

1) 의뢰경위 및 주 호소문제

① 의뢰경위

서로 함께 있는 시간이 적고 함께 있는 시간에도 의사소통이 원활하게 잘 이루어지지 않는다. 남편은 아내의 행동을 이해하지 못해 지적하고 비난하는 일이 발생하고, 아내는 남편과의 관계가 편안하지 않고 불편해서 혼자 있는 시간을 더 추구한다. 함께 있으면 의견 충돌이 일어나 싸우게 되어 친밀한 관계 회복을 하고 싶어 상담을 의뢰하게 되었다.

② 주 호소문제

- 내담자 1(아내): 남편이 던지는 비난의 말과 가르치려는 말로 상처를 받아요. 따뜻한 말 한마디가 필요한데 남편은 마음을 어루만져 주지 않고 못마땅한 표정과 요구하는 말로 상처를 줍니다. 스킨십이 전혀 없어요. 있는 그대로 인정받고 존중받고 싶어요.
- 내담자 2(남편): 아내가 자기의 일을 주도적으로 잘하지 않고, 미루며 적극적으로 하지 않아 힘들어요. 무슨 말을 하면 반응이 없어요. 정작 중요한 일은 뒷전이고, 자기 하고 싶은 일에 시간을 많이 쓰는데 우선적으로 챙겨야 할 일들을 먼저 챙기지 않고 대충하는 것 같아 이해가 되지 않아요.

2) 행동관찰

〈내담자 1(아내)〉

- 평소에 말수가 적고 조용하다.
- 대화를 할 때는 웃으며 밝고 적극적으로 이야기를 한다.
- 행동이 느긋하고 차분하다.
- 다른 사람들의 말을 편안하게 잘 들어주는 편이다.

〈내담자 2(남편)〉

- 168cm의 키에 배가 나오고 통통하다.
- 잘 웃지 않는 근엄한 표정을 짓는다.
- 대화를 주도하고 목소리에 힘이 있다.
- 다른 사람의 행동이나 잘못을 그냥 지나치지 않고 지적한다.
- 휴대전화에 걸려 오는 전화가 많고 통화를 자주 한다.
- 걸음걸이가 빠르다.

3) 내담자의 자원

〈내담자 1(아내)〉

- 밝고 적극적으로 자신의 생각을 잘 말한다.
- 인상이 선하고 웃으면서 말한다.
- 주변 상황을 주의 깊게 잘 살피고 예의 있게 행동한다.
- 현재 어린이집을 운영하고 있으며 편안하고 친숙하게 상대의 이야기를 잘 들어준다.
- 호기심이 많고 배우고자 하는 욕구가 많아 새롭게 도전하는 일을 주저 없이 한다.

〈내담자 2(남편)〉

- 회사 일을 열심히 하여 업무적으로는 인정을 받고 있다.
- 인상이 선하고 주변에서 도움을 청하면 거절을 쉽게 못하고 잘 도와준다.
- 일, 사람의 관계를 중시하고 만나는 사람이 많아 항상 바쁘다.
- 영업일을 하는 데 능력을 발휘하고 있으며 처세에 능하다.
- 일처리가 빠르고 판단력이 있으며 꼼꼼하다.

- 가끔 음식을 만들면 맛있어서 딸들이 아빠 음식을 좋아한다.
- 가족이 하고 싶어 하는 일은 적극적으로 해 보도록 권유한다.

4) 가족관계(3세대 가계도 및 내담자 문제와 관계된 가족 성향, 특이 사항)

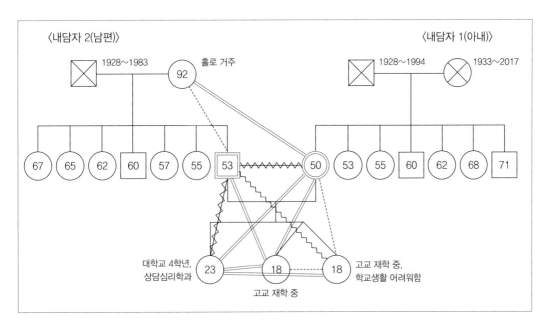

- 내담자 1(아내): 어린이집을 운영하고 있다. 회사 일로 바쁜 남편이라 육아와 가사를 혼자 도맡아 한다. 어린이집 관련한 도움 받을 일과 꼭 필요한 대화 이외에 남편과의 대화가 적다. 배우고 성장하는 것을 좋아해서 바쁘게 생활한다.
- 내담자 2(남편): 중소기업 상무이사로 재직 중이며 가정보다는 일을 최우선으로 생각한다. 출장이 잦고 술 약속이 많아 가족과 함께하는 시간이 거의 없다.

5) 생태도

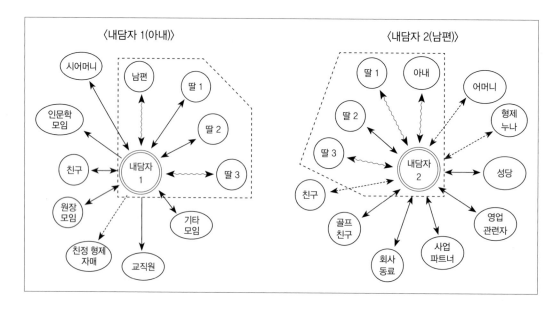

〈내담자 1(아내)〉

　아침 일찍 일어나 걷기 운동을 하고 하루 일과 업무를 마치고 나서는 골프 운동을 한다. 남편의 권유로 골프를 시작했지만 남편과 함께 할 수 있는 유일한 운동이라는 생각으로 시작하게 되었다. 요즘은 업무량이 늘어 골프운동은 잠깐 보류 상태다. 집에 돌아오면 집안일을 혼자서 하고, 시간을 내어 책을 읽고 블로그에 글 쓰는 작업을 한다. 요즘은 걷고, 글 쓰는 일로 몸 건강과 정신건강을 찾아가고 있다.

　외부 모임은 일주일에 한 번 친구 4명과 취미로 하는 기타 모임에 참여한다. 이외에 다른 모임은 갖지 않는다. 집 가까운 주변 공원이나 둘레길을 매일 7,000보, 주말엔 10,000보 이상 걷고 있다.

〈내담자 2(남편)〉

　이른 출근과 출장, 늦은 귀가로 가족과의 통화도 어렵고 대화 시간은 거의 없다. 운동을 시작해도 거의 실천하지 못하고, 주말에도 업무적인 일과 출장으로 집에 있는 시간이 적다. 3년 전부터 성당을 다니기 시작하여 성당 분들과 관계를 더 긴밀히 맺고 사목회 활동 등 봉사활동에 적극 참여한다. 일적으로 만나는 사람은 많지만 친구를 만나거나 가족과 식사를 함께 한 적이 거의 없다.

2. 내담자의 검사 결과

〈내담자 1(아내)〉

FR \ 구분	LS1	LS2	LS3	LS4	LS5	LS6	LS7	LS8	LS9
점수	35	29	32	35	30	38	29	41	39
순위	4	9	6	5	7	3	8	1	2
등급	5	6~7	6~7	6~7	6~7	3~4	6~7	1~2	1~2

〈내담자 2(남편)〉

FR \ 구분	LS1	LS2	LS3	LS4	LS5	LS6	LS7	LS8	LS9
점수	39	24	30	37	36	34	26	33	36
순위	1	9	7	2	3	5	8	6	4
등급	3~4	8~9	6~7	3~4	3~4	6~7	8~9	6~7	3~4

내담자 1(아내)의 해석

- 주 준거 틀: LS8(1~2등급)
- 2번 준거 틀: LS9(1~2등급)
- 9번 준거 틀: LS2(6~7등급)
- 1, 2번 준거 틀은 1~2등급으로 지나치게 높고, 9번 준거 틀은 6~7등급으로 낮은 편이다.

내담자 2(남편)의 해석

- 주 준거 틀: LS1이 3~4등급
- 2번 준거 틀: LS4가 3~4등급
- 9번 준거 틀: LS2가 8~9등급
- 주 준거 틀은 LS1으로 가장 많은 빈도로 사용하며, 2번 준거 틀 LS4를 다음으로 사용하고 있다.

  1~2등급 강도의 준거 틀은 없으며, 8순위 LS7과 9번 준거 틀 LS2는 8~9등급으로 낮은 강도로 사용되고 있다.

〈CKFR 심리검사 체크리스트〉

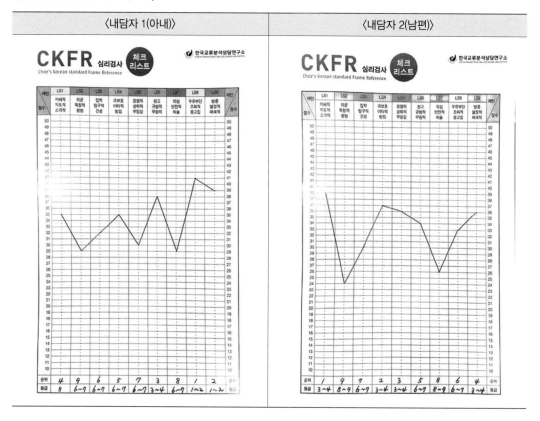

3. 준거 틀에 따른 특성과 해석

1) 준거 틀의 건강한 정도

〈내담자 1(아내)〉

FR＼특성	상	중	하
주 준거 틀 (LS8)	평화, 수용적, 자율적, 조화	온순, 융통성, 수동적, 태평	나태, 억압, 무능, 회피
2번 준거 틀 (LS9)	절제, 낙관적, 열정적, 자발적	호기심, 충동적, 과도한, 도취적	반항적, 탐닉, 퇴폐적, 광적
9번 준거 틀 (LS2)	온정적, 창조적, 예술적, 영감	자기몰두, 자기관대, 몽상, 비현실적	자기억제, 우울, 자기혐오, 자기파괴

내담자 1(아내)의 해석

① 건강할 때

• 주 준거 틀(LS8): 다른 사람의 입장을 잘 이해하고 존중하며 관계를 잘 맺는다. 타협하고 협조하며 자신의 의견을 잘 내세우지 않고 다른 사람의 강점을 부각시키며 잘 지지해 준다.

• 2번 준거 틀(LS9): 일을 할 때 적극적으로 참여하고 자신이 하고 싶은 일이 있으면 자발적으로 선택하고 열정적으로 찾아서 한다. 어려운 일에 직면할 때도 긍정적이고 낙관적으로 생각한다.

• 9번 준거 틀(LS2): 주어진 업무를 완벽하게 수행하지 못하거나 실수를 할 때도 자신과 타인에게 비교적 관대하게 대한다. 막연히 잘 해결될 거라 믿고 적극적으로 해결책을 찾지 않으며 느긋하게 기다린다.

② 불건강할 때

• 주 준거 틀(LS8): 남편이나 다른 사람과 의견 충돌이 생기면 갈등을 상대방 탓으로 돌리거나 더 이상 말을 하지 않는다. 해결의 노력 없이 상황을 회피하거나 문제를 축소해 버린다.

• 2번 준거 틀(LS9): 남편이 내담자의 행동이나 생각을 지적할 때는 무시하거나 대꾸를 하지 않는 등 소극적으로 저항한다.

• 9번 준거 틀(LS2): 남편과 충돌이 일어나거나 스트레스를 받는 상황이 발생하면 교류를 중단하고 혼자만의 시간을 갖거나 감정과 욕구를 억제하고 우울에 빠진다.

〈내담자 2(남편)〉

FR ＼ 특성	상	중	하
주 준거 틀 (LS1)	자신감, 관용, 리더, 정의	단호함, 책략적, 지배적, 자기주장	파괴적, 독재, 복수심, 반사회적
2번 준거 틀 (LS4)	이타적, 겸손, 진실, 온정	우호적, 과장, 간섭, 보상	조종, 분개, 억압, 교만
9번 준거 틀 (LS2)	온정적, 창조적, 예술적, 영감	자기몰두, 자기관대, 몽상, 비현실적	자기억제, 우울, 자기혐오, 자기파괴

내담자 1(아내)의 해석

① 건강할 때

- 주 준거 틀(LS1): 내담자는 자기 일과 삶에 자신감이 넘치고 자기주장이 강하며, 회사에서는 조직을 이끌어 가는 리더의 역할을 하고 있다.
- 2번 준거 틀(LS4): 타인을 배려하고 챙겨 주며 온정적이다. 상대방에 대해 우호적이고 과장된 관심과 친절을 표현하기도 한다.
- 9번 준거 틀(LS2): 문제를 자신만의 독창적인 생각과 순간 판단력으로 잘 해결해 나간다. 해결하기 힘든 일도 포기하지 않고 남들이 생각하지 못한 부분까지 생각하며 해결한다.

② 불건강할 때

- 주 준거 틀(LS1): 자기 생각이 맞다고 생각하고 주장이 강하다 보니 다른 사람의 말을 듣기보다는 자신의 생각을 독단적으로 이어 나가는 경우가 있다.
- 2번 준거 틀(LS4): 친절하고 챙김을 베풀 때 상대가 원하는 것을 해 주기보다 자신이 원하는 것을 해 주며 상대방을 조종하려고 한다. 자신이 마음을 쓴 것처럼 상대에게서 보상받기를 원한다.
- 9번 준거 틀(LS2): 상대방과 이야기가 통하지 않거나 의견 충돌 시 자기 감정을 억제하고 우울감을 느끼기도 한다.

내담자 커플관계 해석

아내는 조화롭게 상대를 배려하고 편안하게 대한다. 평화로운 마음으로 갈등을 싫어하여 갈등 상황이 오면 스스로 억제하고 표현하지 않으며 우울에 빠진다. 남편은 회사에서 리더의 위치에서 일을 추진하고 적극적으로 일처리를 해 나간다. 남편은 가정에서도 아내에게 지시하는 말투와 태도로 관리자처럼 지적하고 요구를 한다. 상하관계처럼 느껴지는 아내는 불편해하고 조정하려는 남편의 요구를 강하게 거부하며 소통에 어려움을 느낀다.

☞ 개선 방안: 서로의 다름을 인정하고 입장을 이해하며 존중하는 태도를 가진다. 상대가 열심히 일하고 노력하고 있음을 긍정적으로 받아들인다. 상하관계가 아니라 상호 평등한 관계에서 서로 존중하는 마음으로 상대의 장점을 인정한다. 자신의 생각만 일방적으로 표현하기보다 상대방의 생각이나 의견을 진심으로 들어준다. 원하는 것이 있으면 자신의 생각을 건강하게 표현하며 요구한다.

2) 준거 틀의 성향에 따른 승자각본과 패자각본

〈내담자 1(아내)〉

특성 FR	성향	승자각본	패자각본
주 준거 틀(LS8)	조화적	행동으로 실천한다.	태만하고 게으름을 피운다.
2번 준거 틀(LS9)	열정적	건전하게 즐기고 절제한다.	절제하지 못하고 탐닉한다.
9번 준거 틀(LS2)	탐구적	평안하고 어려움이 없다.	남을 부러워하고 바란다.

내담자 1(아내)의 해석

① 성향
• 주 준거 틀(LS8): 갈등 없이 평화롭게 살기 원해서 자신이 원하는 방식이 아니더라도 많은 부분 수용적이고 하고 싶은 일을 찾아 자율적으로 행동한다.
• 2번 준거 틀(LS9): 하고 싶고 배우고 싶은 일이 생기면 주저 없이 배움의 길을 선택하여 열정적으로 임한다. 사람관계나 일을 함에 있어 부정적인 면보다는 긍정적인 면을 보고 어떤 상황에서도 배울 점이 있다며 낙관적으로 생각한다.
• 9번 준거 틀(LS2): 남 앞에 나서거나 튀는 것을 싫어하고 있는 듯 없는 듯 조용하고 묵묵히 자신의 일을 한다. 분위기나 그 집단의 특성을 파악 후 잘 맞추는 편이다.

② 승자각본 쓸 때
• 주 준거 틀(LS8): 조직이나 모임에서 결정한 것을 잘 수용하고 조화롭게 자신의 역할을 수행해 나간다. 일단 하기로 마음먹은 것은 주저 없이 실천한다.
• 2번 준거 틀(LS9): 일하는 시간 이외의 시간은 하고 싶은 것을 배우거나 좋은 사람들과 관계 맺고 건강을 위해 걷거나 숲을 찾아 산책을 한다.
• 9번 준거 틀(LS2): 주어진 현실에서 외부적인 환경은 자신이 어쩔 수 없으니 마음의 평안을 찾기 위해 자기 마음을 편안한 쪽으로 생각한다.

③ 패자각본 쓸 때
• 주 준거 틀(LS8): 하고 싶은 일을 하고 난 후에 해야 할 집안일이나 개인적인 일은 자꾸 미루는 습관이 있다. 남편이 미루는 습관에 대해 지적을 하면 그 순간엔 잠시 하는 것 같지만 회피하고 미루는 일이 자꾸 반복된다.

- 2번 준거 틀(LS9): 할 일이 있는 상황에서도 계획성이 없이 즉흥적으로 시도하는 일이 많다. 그러다 보면 정작 해야 할 일을 놓치는 경우가 생긴다. 다 같이 하는 일보다 혼자서 하는 일에 빠져 있을 때가 있다(예: 혼자 걷기, 음악 듣기, 상담 공부, 글쓰기).
- 9번 준거 틀(LS2): 남편과 다툼이 있어 속상할 때, 남편과 원하는 것이 맞지 않아 늘 혼자일 때, 관계가 좋고 항상 다정한 친구 부부를 보면 부러워하고 더 외로워한다.

〈내담자 2(남편)〉

특성 FR	성향	승자각본	패자각본
주 준거 틀(LS1)	리더적	사사로운 욕심이나 불순한 생각이 없다.	수단방법을 가리지 않는다.
2번 준거 틀(LS4)	이타적	남을 존중하고 자기를 낮춘다.	잘난 체하고 건방지다.
9번 준거 틀(LS2)	독창적	평안하고 어려움이 없다.	남을 부러워하고 바란다.

내담자 2(남편)의 해석

① 성향

- 주 준거 틀(LS1): 어떤 일에 적극적으로 자신의 생각과 의견을 제시하고, 바로 행동으로 실천하여 리더 역할을 잘 해 나간다(회사의 목표를 잘 달성하고, 다른 조직에서도 앞장서서 일을 해 나간다.).
- 2번 준거 틀(LS4): 다른 사람들과 약속을 하고 만남을 즐긴다. 자신의 이득보다 주변 사람이 함께 행복하기를 바란다. 술 약속, 식사 약속을 잘하며 어디서든 잘 챙겨 줘서 다른 사람들에게 호의적인 평가를 받는다.
- 9번 준거 틀(LS2): 배우고 익힌 것을 현실에서 잘 적용하고 응용하는 능력이 있다. 하지만 상대가 자신의 기준에 맞지 않으면 이해를 잘 못한다.

② 승자각본 쓸 때

- 주 준거 틀(LS1): 회사에서는 성과를 달성하기 위해 자신의 몸과 마음을 다 바쳐 최선을 다한다. 성과를 위해서는 주말에도 일하고, 개인 경비를 지출하면서까지 업무적으로 관계 맺기를 한다.
- 2번 준거 틀(LS4): 자신이 좋아하는 사람들에게 특히 친절하고 호의적이며 존중하는 태도로 관계를 잘 맺는다.

- 9번 준거 틀(LS2): 생각의 전환이 빨라 문제 상황이 발생했을 때 다양한 시도로 문제를 해결한다.

③ 패자각본 쓸 때

- 주 준거 틀(LS1): 목표 달성, 성취를 위해 밤낮없이 사람을 만나고, 술을 마시며 좋은 인맥을 위해 수단방법을 가리지 않는다. 목표 달성을 위해 본인이 희생한다고 생각한다.
- 2번 준거 틀(LS4): 자신은 모든 일에 열심히 임하는데 가족은 태평하다며 답답해하고 무시한다.
- 9번 준거 틀(LS2): 아내와 딸의 행동을 다른 사람과 비교하며 질책하고 비난한다. 특히, 공부 잘하고 좋은 직장 다니는 다른 집 자녀와 비교하며 비난한다.

내담자 커플관계 해석

　아내와 남편 모두 자기 삶을 주도적으로 열심히 살아가고 있다. 각자 리더의 역할을 수행하고 있고, 삶을 적극적이고 활동적으로 바쁘게 살아간다. 각자의 업무 자리에서는 큰 어려움 없이 생활하지만 남편은 모든 가사와 자녀 교육문제는 아내의 역할이라 생각한다. 모든 문제를 아내의 부족과 아이들의 노력 부족 탓이라고 비난하여 친밀한 소통이 되지 않고 있다.

　☞ 개선 방안: 각자의 준거 틀과 성향에 대한 이해를 토대로 서로 다름을 인정하고 이해하며 존중하는 태도를 가진다. 남과의 비교나 비난은 서로의 감정을 상하게 하고 가장 소중한 관계와 교류를 단절시킨다. 가족에게 긍정적인 지지와 안정된 정서적 교류가 얼마나 중요한지를 깨달아야 한다. 무엇보다 가족과 함께 하는 시간을 늘리고 친밀한 대화를 늘려 가며 서로의 장점을 알고 칭찬과 격려로 지지한다.

3) 준거 틀의 등급에 따른 기술

〈내담자 1(아내)〉

FR ＼ 특성	등급에 따른 기술
주 준거 틀(LS8) 1~2등급	평화적, 수용적, 조화, 우유부단, 자책, 억압, 둔감
2번 준거 틀(LS9) 1~2등급	열정적, 개방적, 충동적, 이상적, 호기심, 도취적
9번 준거 틀(LS2) 6~7등급	온정적, 자기성찰, 무심, 평범, 현실적, 둔감

내담자 1(아내)의 해석

① 순기능

- 주 준거 틀(LS8): 타인과의 갈등 상황을 원하지 않고 서로 이해하고 조화롭게 평화적으로 살기를 원하고 그렇게 행동한다.
- 2번 준거 틀(LS9): 호기심이 생기고, 하고 싶은 일이 생기면 즉흥적으로 찾아 시도하고 배우는 것을 좋아한다. 사람관계 맺기나 일처리에 있어서도 개방적이고 열린 마음으로 받아들인다.
- 9번 준거 틀(LS2): 특별하게 튀는 것을 원치 않으며 평범한 일상 속에서 현실을 받아들이며 만족하는 삶을 살기를 원한다. 타인을 배려하고 자신의 마음과 생각을 성찰하며 성장하는 삶을 살기 위해 노력한다.

② 역기능

- 주 준거 틀(LS8): 갈등 없이 평화롭게 살기를 원하다 보니 가족의 말과 행동에 대해 규제가 필요한 경우에도 명확한 기준 제시가 없이 가볍게 넘기는 경우가 생긴다. 하고 싶은 말이 있고 화가 나도 참고 억누르고 표현하지 않는다.
- 2번 준거 틀(LS9): 하고 싶은 일이 많고 즉각 시도하다 보니 일과 후에도 해야 할 일들이 많아 가정일과 가족을 돌보는 일에 소홀한 경우가 발생한다. 이로 인해 남편과 갈등이 일어나기도 한다.
- 9번 준거 틀(LS2): 어떠한 상황에도 마음의 감정 기복이 없이 무심하거나 무감각하게 보일 때가 있다. 감정 표현이 적다보니 가족에게 사랑표현도 적다.

〈내담자 2(남편)〉

FR＼특성	등급에 따른 기술
주 준거 틀(LS1) 3~4등급	타인조종, 통제, 독단, 지도성, 자신감, 자기주장, 성실, 권위
2번 준거 틀(LS4) 3~4등급	과보호, 타인 조종, 소유욕, 배려, 돌봄, 챙김, 이타적, 친절
9번 준거 틀(LS2) 8~9등급	무심, 평범, 현실적, 순박, 무가치, 둔감, 무색무취

내담자 2(남편)의 해석

① 순기능

- 주 준거 틀(LS1): 자신의 생각과 의견에 대해 자기주장이 확실하다. 어떤 일에 임할 때 성실하고 자신감 있게 행하며 지도력이 있다.
- 2번 준거 틀(LS4): 다른 사람에게 친절을 베풀며 배려하고 챙기는 마음이 크다. 가족들에게 맛있는 음식을 사 주거나 선물을 잘 사 준다.
- 9번 준거 틀(LS2): 현실을 직시하고 현실에 맞게 판단하며 평범한 일상을 즐긴다.

② 역기능

- 주 준거 틀(LS1): 자신의 생각을 중심으로 타인을 통제하고 독단적으로 행동한다. 자신의 뜻대로 되지 않을 때는 상대가 원하는 것을 들어주지 않으면서 조종하거나 화를 낸다.
- 2번 준거 틀(LS4): 가족에게 사랑을 갈구하며 요구 사항이 너무 많다. 가족이 원하는 것을 하기보다 자신이 원하는 것을 해 주면서 만족을 느낀다.
- 9번 준거 틀(LS2): 평소 잘 웃지 않으며 무표정으로 감정을 잘 드러내지 않는다. 아내의 기분이나 요구를 살피지 않고 내버려둔다. 아내가 가끔 너무 힘들어 도움을 청해도 요구를 들어주지 않고 바쁜 일 때문에 어쩔 수 없다며 무시한다.

내담자 커플관계 해석

남편은 아내의 명확한 기준이 없이 우유부단하게 육아하고 생활하는 모습에 불만을 갖는다. 아내는 남편이 좀 더 가정에 관심을 갖고 함께 해 나가기를 바라지만 전혀 바뀌지 않고 요구 사항만 많아져 상처를 받고 있다. 아내는 직장에서도 가정에서도 평화적인 삶을 추구하고 있고, 변하지 않는 남편의 행동에 더 이상 요구하지 않는다. 남편은 바쁜 사회생활로 자신이 도와주지 못하기 때문에 가정 일은 아내가 야무지게 알아서 다 해결해 주기를 바라고 있다. 아내는 직장 일과 가사, 자녀 양육까지 챙기는 일이 버겁고, 노력을 하고 있음에도 부정적 자극만 오고 있어 힘들어한다.

☞ 개선 방안: 가정을 이루는 일은 혼자의 노력이나 상대에게 책임을 전가하는 것으로 해결되지 않는다. 부부가 서로의 현재 상황과 요구에 대해 진실한 대화가 필요하다. 서로의 입장을 이해하고 노력하고 있는 부분에 대한 칭찬과 격려가 필요하다. 적절한 업무 분담으로 가정에서의 균형을 찾아야 한다. 부부관계는 상하관계가 아닌 평등한 관계임을 알고 행복한 가족관계를 위한 구체적인 실천 방안을 함께 찾아본다. 작은 실천 방안이라도 실천해 가며 상호

보완적인 삶을 살아가도록 한다.

4) 준거 틀에 따른 인간관계 스트로크 성향

〈내담자 1(아내)〉

특성 FR	긍정적일 때	부정적일 때
주 준거 틀 (LS8)	친절하고 부드럽고 지지를 잘해 주며 충실하고 판단을 잘 하지 않는다. 분쟁을 싫어하여 조화롭게 관계 맺고 평화적으로 해결한다.	나를 힘들게 하는 상대에게 고집을 부리고 수동 공격을 한다. 내 생각과 의견을 주장하지 않지만 따르지도 않고 방어적이다. 지나치게 편한 것을 추구할 때가 있다.
2번 준거 틀 (LS9)	관대하고, 활동적이며 남을 잘 돌보아 준다. 쾌활하고 적극적이며 새로운 도전을 좋아한다. 일상 문제들을 낙관적으로 보려 한다.	자기도취에 빠져 혼자만의 일상을 즐긴다. 고집이 세고 방어적이다. 관계에 얽매이지 않고 자유롭다.

내담자 1(아내)의 해석

① 긍정적일 때 스트로크 방식
- 주 준거 틀(LS8): 아이들과 남편에게도 특별한 불만 없이 긍정적인 격려로 지지해 주고 스스로 할 수 있도록 믿어 주고 격려하며 기다려 준다.
- 2번 준거 틀(LS9): 일과 인간관계에 있어 너그럽고 관대하다. 새로운 도전에 두려움 없이 시도하고 어떤 문제가 생기면 배움의 시간이라 생각하고 긍정적으로 생각한다.

② 부정적일 때 스트로크 방식
- 주 준거 틀(LS8): 남편에게서 인정자극이 오지 않고 부정자극이 오면 마음의 문을 닫고 단절한다. 남편이 하는 말을 비난으로 받아들이고 원하는 것을 들어주지 않으며 변화 없이 수동 공격한다.
- 2번 준거 틀(LS9): 게으르고 나태한 생활을 이어 가는 가족을 보면 답답해하며 그 자리를 벗어나 혼자만의 시간을 갖거나 산책을 한다. 가족이 원하는 것을 수용하는 것처럼 더 이상 요구하지 않지만 '알아서 하겠지', '마음대로 해라'의 마음으로 자포자기하거나 방임하면서 순간의 갈등을 회피한다.

〈내담자 2(남편)〉

특성 FR	긍정적일 때	부정적일 때
주 준거 틀 (LS1)	충실하고, 남을 잘 돌보아 주고, 긍정적이다. 잘 놀고 직선적이고, 헌신적이며, 관대하고 지지를 잘해 준다.	요구가 많고, 거만하고, 투쟁적이고, 소유하려 들고, 비타협적이고, 남의 흠을 잘 집어낸다. 유연하지 못하다.
2번 준거 틀 (LS4)	매력적이고, 안목이 있고, 관대하고, 따뜻하고, 잘 어울리고, 남을 돌보아 준다. 주위 사람들의 기분을 잘 이해하여 상대방으로 하여금 특별하게 인식되고 사랑받고 있다고 느끼게 해 준다.	통제를 하려 들고, 소유하려 들며, 요구가 많고 불성실하다. 직접적으로 요구하는 일을 잘 못하기 때문에 원하는 것을 얻기 위하여 다른 사람을 조정하려는 경향이 있다.

내담자 2(남편)의 해석

① 긍정적일 때 스트로크 방식

- 주 준거 틀(LS1): 근면 성실하고 회사 일에 헌신적이다. 가족들을 생각하는 마음이 관대하고 하고 싶어 하는 일에 지지적이다.
- 2번 준거 틀(LS4): 따뜻한 말과 관심으로 남을 잘 돌보아 주고 사람들과 잘 어울린다. 생각지도 않은 부분까지 생각하여 챙기는 모습에 타인에게 인정을 받는다.

② 부정적일 때 스트로크 방식

- 주 준거 틀(LS1): 집에 오면 귀찮을 정도로 원하는 것이 많고 회사에서는 투쟁적으로 일을 한다. 가족들의 행동이 자신의 기준에 맞지 않으면 비난조로 지적하고 화를 낸다. 옛날에 자신이 살아온 과거의 경험 이야기를 잘하며 아이들에게 노력하라고 요구한다.
- 2번 준거 틀(LS4): 가족을 과도하게 통제하려 하고 요구가 많으며 자신의 생각대로 따라와 주기를 바란다. 통제되지 않고 반복되는 일상에 아내와 딸에게 화를 내는 순간에는 서로 갈등이 폭발하여 언성이 높아지고 외면한다.

내담자 커플관계 해석

아내와 남편의 관계는 서로 애틋하거나 사랑 표현이 없이 무미건조하다. 관계가 긍정적일 때는 서로 지지적이며 관계도 잘 맺지만 부정적인 감정일 때는 통제하고 요구가 많은 남편의 요구를 아내는 거부하고 잘 들어주지 않는다. 남편은 자신의 기준으로 아내의 행동을 통제하려하고 통제가 싫은 아내는 자신의 생각을 끝까지 고수하며 수동 공격한다. 바쁜 일상으로 가끔 얼굴 보는 시간에도 서로 상처 주는 말과 행동이 반복되며 긍정적인 정서 교류가 거의 없다. 긍정정서의 교류 없이 부정 정서의 교류가 많고, 갈등 상황을 해결하려는 노력의 부재로 서로에 대한 불만이 많다.

☞ 개선 방안: 부부가 불건강한 방법으로 이면 교류를 하고, 라켓 감정을 드러내는 것을 멈춘다. 자신의 감정과 의견을 건강한 방법으로 효과적인 교류(과녁 맞히기)를 통해 전달하고 소통해야 한다. 자신의 강한 준거 틀이 작동되고 있음을 알아차리고 그 행동을 멈춘다. 서로의 준거 틀을 직면하고 상대방의 입장에서 생각하고 마음을 헤아리려는 노력이 필요하다.

5) 준거 틀의 조기 결단과 집착 그리고 두려움

〈내담자 1(아내)〉

특성 FR	조기 결단	집착	두려움
주 준거 틀(LS8)	갈등 없이 평화롭게 살아야 한다.	평온	갈등
2번 준거 틀(LS9)	행복한 일을 찾아야 한다.	즐거움	고난

내담자 1(아내)의 해석

① 조기 결단의 의미

• 주 준거 틀(LS8): 어릴 적부터 부모로부터 자기주장이나 표현이 자주 거부되고 무시되는 상황에서 상처받지 않기 위해 '갈등 없이 평화롭게 살아야 한다.'는 조기 결단으로 갈등을 회피한다.

• 2번 준거 틀(LS9): 경제적·심리적으로 가족들에게서 채워지지 않는 욕구를 스스로 채우기 위해 '행복한 일을 찾아야 한다.'고 조기 결단을 한 후 끊임없이 하고 싶은 일을 찾아 배우고 경험한다.

② 집착의 성향

• 주 준거 틀(LS8): 갈등 상황이 오면 자기주장을 잘하지 못하고 속으로 답답해하며 축소각본에 빠진다. 외부 환경은 내 힘으로 어쩔 수 없으니 '상황은 마음먹기에 따라 다르다'고 생각하며 멍 때리기, 생각 비우기 등으로 평온에 집착한다.

- 2번 준거 틀(LS9): 남편과의 문제 상황이 발생해도 대화를 하거나 해결의 노력을 하지 않고 끊임없이 자아 성장과 욕구를 찾아 도전하고 경험하며 외부에서 즐거움을 찾으려고 한다.

③ 두려움의 성향
- 주 준거 틀(LS8): 남편과 대화가 되지 않고 부정적인 자극이 자주 와서 위축되어 있고, 눈치를 살핀다. 상처 받는 갈등 상황이 두려워 자신의 감정 표현을 억제하고 있다.
- 2번 준거 틀(LS9): 어릴 적 경제적으로 어려워 '고난'을 스스로 극복하기 위해 끊임없이 무언가에 도전하고 미래를 대비해야 한다고 생각하고 있다. 성장 욕구로 인해 삶의 여유가 부족하고 혼자서 감당하는 일이 많아 스스로 고난의 길을 만들어 간다.

〈내담자 2(남편)〉

FR＼특성	조기 결단	집착	두려움
주 준거 틀(LS1)	영향력 있는 사람이 되어야 한다.	통제	피해
2번 준거 틀(LS4)	사랑받아야 한다.	관심	무관심

내담자 2(남편)의 해석

① 조기 결단의 의미
- 주 준거 틀(LS1): 아버님이 일찍 돌아가시고 가정형편이 어려워져 '영향력이 있는 사람이 되어야 한다.'는 조기 결단으로 끊임없이 성취하기 위해 열심히 일한다. 인정받고 싶은 욕구가 강하고 하고자 했던 일을 이루었을 때 성취감을 느낀다.
- 2번 준거 틀(LS4): 7남매 중 막내아들로 태어나 부모의 사랑과 인정을 갈구하며 '사랑받아야 한다.'고 조기 결단을 하여 타인의 요구와 인정을 받기 위해 항상 노력한다.

② 집착의 성향
- 주 준거 틀(LS1): 영향력 있는 사람이 되고자 일에 집착하므로 쉬고 싶고 놀고 싶은 욕구를 통제한다. 밤늦도록, 주말도 없이 성과를 위해 일하고, 자신의 성취를 위해 필요한 사람이 되도록 아내와 딸의 행동을 통제한다.
- 2번 준거 틀(LS4): 끊임없이 관심받기를 원해 가족들에게도 챙김을 갈구하고, 타인에게도 자신의 능력을 이용하여 관심과 인정받기를 강하게 원한다.

③ 두려움의 성향

• 주 준거 틀(LS1): 계획했던 일이 잘 이루어지지 않았을 때에 일어날 피해에 대한 두려움이 크다. 뒷일을 먼저 앞서서 생각하다 보니 걱정이 많고 발생하지도 않은 불안으로 아내의 행동을 지적하며 거친 말로 상처를 준다.

• 2번 준거 틀(LS4): 가족에게 자신이 원하는 관심과 사랑을 받지 못할까 두려워 경제적 지원과 먹을 것을 충족시켜 주며 자신의 힘을 과시한다. 가족에게서 관심이 오지 않을 때는 일부러 무관심으로 일관하고 교류를 스스로 차단하기도 한다.

내담자 커플관계 해석

아내는 평화와 즐거움에 집착하여 현재의 삶을 즉흥적으로 즐기려 한다. 이러한 행동은 가족의 사랑을 갈구하며 통제하려는 남편과 갈등을 겪고 있다. 갈등 상황이 발생하는 걸 두려워하는 아내는 모든 것을 아내의 탓으로 돌리는 남편에게 하고 싶은 말이 있어도 침묵하거나 감정을 쌓아 둔 채 더욱 외면한다. 남편은 통제되지 않고 관심도 주지 않는 아내에게 무관심으로 일관하고 있다. 이런 상황이 반복될수록 서로 소통은 부재하고 관계는 더 멀어지고 있다.

☞ 개선 방안: 준거 틀 검사를 통해 서로의 조기 결단과 집착하는 것이 무엇인지 직면하고, 서로를 이해하려는 노력을 한다. 부부의 욕구가 건강하게 표현되도록 서로 대화를 많이 하고 서로의 결핍을 건강한 방법으로 채워 가도록 지지한다. 사랑은 내가 원하는 방식이 아닌 상대가 원하는 방식으로 해 주는 것이 진정한 사랑임을 알고 각자의 자율성을 인정한다.

6) 준거 틀에 따른 양육방식과 신념 그리고 방어기제

〈내담자 1(아내)〉

특성 FR	양육방식	각본 신념	방어기제
주 준거 틀(LS8)	요구당하고 혼자 지내는	조화롭게 사는 것이 최선이다.	도피
2번 준거 틀(LS9)	모험적이고 낙관적 밝은	인생은 즐겁게 살아야 한다.	합리화

내담자 1(아내)의 해석

① 양육환경

• 주 준거 틀(LS8): 어릴 때부터 먹고 살기 위해 밤늦도록 일만 하는 부모의 도움 없이 할 일

도 스스로 알아서 해내야 했고, 혼자 지내는 시간이 많았다. 이러한 행동이 현재의 자녀들에게도 요구되고 있다.

- 2번 준거 틀(LS9): 어릴 적 부모로부터 오는 열악하고 부정적인 자극에도 불만을 표현하지 않고 친구들과 어울려 산으로 들로 뛰어다니며 밝게 생활했다. 요구 사항이 있어도 전혀 수용이 안 되는 환경에서 답답하고 불편했지만 선생님이나 부모에게 인정과 칭찬을 받아 밝고 낙관적으로 생활했다.

② 각본 신념의 성향

- 주 준거 틀(LS8): 가진 것 없고, 배운 것 없어 부족해하는 부모님에게서 가족과 주변 사람들과 조화롭게 사는 것이 최선이라고 생각하게 되었다.
- 2번 준거 틀(LS9): 주어진 환경을 탓하지 말고 주어진 환경에서 할 수 있는 것을 찾아 즐겁게 살아야 현실을 극복한다고 생각하게 되었다.

③ 방어기제의 의미

- 주 준거 틀(LS8): 고민이나 해결 과제를 공유하지 않고 혼자서 해결하려고 한다. 뒤늦게 도움을 청하면 남편에게서 부정적 자극이 들어와 마음의 평화가 깨지니 대화를 단절하고 요구하지 않으며 현실 도피한다.
- 2번 준거 틀(LS9): 여러 가지를 병행하다 보니 시간적·체력적 이유로 어느 것 하나 제대로 해내지 못한다며 남편과 갈등 상황이 일어난다. 아내는 '나의 성장을 위해 도전하는 일이 더 가치 있다'라고 생각하며 현재의 문제 해결을 바로 해결하지 않고 미루는 것을 합리화한다.

〈내담자 2〉

FR ＼ 특성	양육방식	각본 신념	방어기제
주 준거 틀(LS1)	강한 모습 보일 때 칭찬	강하고 영향력 있는 사람이어야 한다.	부인
2번 준거 틀(LS4)	남을 돕고 베풀 때 인정	도움이 되는 사람이 되어야 한다.	억압

내담자 2(남편)의 해석

① 양육환경:

- 주 준거 틀(LS1): 7남매 중 막내로 태어나 사랑을 듬뿍 받고 자랐지만 일찍 아버지가 돌아가신 후 열악한 가정형편 속에서 더 열심히 살아야만 했다. 스스로 알아서 자기 할 일을 잘

하고 힘들다는 표현을 하지 않을 때 칭찬과 인정이 왔다.
- 2번 준거 틀(LS4): 어려운 가정환경 속에서도 항상 다른 사람들의 입장을 살피고 배려하며 친절을 베풀며 자라 왔다.

② 각본 신념의 성향
- 주 준거 틀(LS1): 초등학교 시절, 아버지가 학교에 와서 학교에 도움 되는 지원을 해 주었던 모습이 기억에 남는다고 한다. 군인이셨던 아버지의 모습을 보며 강하고 영향력 있는 사람이 되어야 한다는 각본 신념을 가지게 되었다.
- 2번 준거 틀(LS4): 온정적이고 챙김이 많은 할머니, 할아버지와 함께 지내면서 사랑도 듬뿍 받고 자랐다. 아버지가 돌아가신 후 어렵게 생활할 때 누나와 매형들의 도움을 많이 받고 자라 받은 만큼 항상 베풀고 다른 사람에게 도움이 되는 사람이 되어야 한다는 신념을 갖게 되었다.

③ 방어기제의 의미
- 주 준거 틀(LS1): 업무적으로는 인정을 받지만 가정에 소홀한 상황에서 아내와 아이들에게 인정받지 못한 현실을 부인하고 일 때문에 어쩔 수 없다고 설득한다. 자녀나 아내가 자기 역할을 잘 해내지 못하고 공부나 일에 소홀할 때 자녀나 아내 탓을 한다.
- 2번 준거 틀(LS4): 아내가 남편의 말과 요구를 잘 들어주지 않고 변화가 없으면 아내가 하는 행동을 잘못된 행동이라며 억압하고 통제한다.

내담자 커플관계 해석

남편은 아내와 가족을 위해 밖에서 열심히 일한다고 생각하는데 그 마음이 잘 전달되지 않거나 자신이 원하는 방식의 보상이 이루어지지 않을 때 아내를 통제하고 억압하는 방어기제를 쓴다. 아내는 남편에게서 부정의 의견이 올 때 자신의 행동을 합리화하고 현실을 회피하는 방어기제로 관계를 더 힘들게 한다. 서로가 해결의 노력보다는 방어기제로 회피하거나 억압하면서 힘든 관계를 지속적으로 유지하고 있다.

☞ 개선 방안: 과거의 양육방식을 통해 학습된 서로의 각본 신념을 이해하려는 노력이 필요하다. 상대방의 말과 행동을 표면적인 것에 격한 반응을 보이지 않고, 방어기제로 대응하는 자신을 바라본다. 상대가 공격한다고 느끼지 않도록 진실되게 교류하고 상대가 전하는 진짜 마음을 읽고 공감한다. 건강한 상보 교류를 통해 서로의 마음을 전달하고 상대가 싫어하는 말과 행동은 하지 않는다.

7) 준거 틀에 따른 드라이버, 라켓, 디스카운트

〈내담자 1(아내)〉

FR＼특성	드라이버	라켓	디스카운트
주 준거 틀(LS8)	평화를 구현하라.	태평, 안일, 자기비하	자기주장
2번 준거 틀(LS9)	열정적으로 살라.	자기도취, 무절제, 방종	현실감

　내담자 1(아내)의 해석

① 드라이버의 의미

- 주 준거 틀(LS8): 어려서부터 과도한 아버지의 폭언과 비난에도 참고 인내하는 어머님의 모습을 보며 자랐다. 자기 생각을 표현하면 더 거칠고 강도 높은 폭언으로 이어지니 갈등을 피하기 위해 참고 인내해야 잠시나마 평화로웠다. 자신보다 목소리가 크고 자기주장이 센 남편 앞에서 '평화를 구현하라.'의 드라이버가 작동되어 참고 인내하며 감정을 억누르고 있다.
- 2번 준거 틀(LS9): '내 삶은 스스로 개척하고 열정적으로 살아야 성장 발전한다.'는 드라이버가 작동되어 관심이 생기면 적극적으로 배우고 경험하며 분주하게 살아간다.

② 라켓의 성향

- 주 준거 틀(LS8): 남편과의 관계가 불편하고 친밀하지 못하면 스스로 마음의 평온을 찾기 위해 아무것도 하지 않거나 태평하고 안일하게 생활한다.
- 2번 준거 틀(LS9): 지금 현재 감당해야 할 일도 벅찬데 새로운 자극이 오면 또 도전하여 상황을 더 복잡하게 만든다. 한 가지라도 마무리를 제대로 하지 못한 채 복잡한 상황이 반복적으로 지속된다.

③ 디스카운트 성향

- 주 준거 틀(LS8): 남편이 생각하고 말하는 내용이 이해가 되지 않고 수용하기 힘들어도 어차피 남편의 생각만을 고집하기 때문에 침묵한다.
- 2번 준거 틀(LS9): 자신의 성장과 열정적인 삶을 위한다는 생각으로 당장 해결해야 하는 현실을 회피하고 새로운 자극이나 경험을 즉흥적으로 찾는다.

〈내담자 2(남편)〉

FR ＼ 특성	드라이버	라켓	디스카운트
주 준거 틀(LS1)	정의를 구현하라.	우월감, 오만, 비난	타인의 감정
2번 준거 틀(LS4)	구원자가 되라.	교만, 조종, 아부	순수함

내담자 2(남편)의 해석

① 드라이버의 의미

• 주 준거 틀(LS1): '정의를 구현하라'의 각본에 의해 자신의 능력과 재능을 살려 회사에서도 역할을 잘 해 나가고 있다. 아내의 행동을 '옳고 그름'으로 판단하여 자신의 기준을 말하니 소통에 어려움이 있다.

• 2번 준거 틀(LS4): '구원자가 되라'는 각본에 의해 자신이 많은 사람을 챙기며 도움을 주려고 한다. 자신의 일이 많은 상황에도 상대가 도움을 청하면 외면하지 못하고 회사 일, 성당 일에 앞장서느라 항상 바쁘고 귀가가 늦다.

② 라켓의 성향

• 주 준거 틀(LS1): 자신의 생각이 옳다고 생각하고 자신의 능력이 출중하다고 생각하며 우월 감을 갖는다. 자신보다 못하는 아내와 딸을 비난하고 오만한 태도를 보이기도 한다.

• 2번 준거 틀(LS4): 내담자 자신이 밤늦도록 일하고, 주말도 없이 일하는 것은 가족을 위해 희생한다고 생각한다. 가족들이 그걸 인정하지 않으면 용돈을 주거나 원하는 것을 사 주면서 마음을 얻으려 조종한다.

③ 디스카운트 성향

• 주 준거 틀(LS1): 직장에서도 타인의 감정은 돌보지 못하고 직원들에게 성과를 요구한다. 특히, 가족이 원하는 것이 무엇인지, 현재의 감정 상태가 어떠한지 전혀 살피지 않는다. 아내가 감정적으로 외로워하고 힘들어하는 상황에도 일이나 자녀의 성적, 성과에 더 관심을 보인다.

• 2번 준거 틀(LS4): 아내나 자녀에게 무조건적인 인정이나 사랑이 아닌 자신이 원하는 것을 해 줄 때 사랑을 주거나 인정해 준다. 가족을 있는 그대로 받아들이지 않고 자신이 원하는 방향을 자주 제시하며 변화를 요구한다.

내담자 커플관계 해석

　　남편은 자신의 일에 있어서 주장이 확실하고 자신감 있게 주도적으로 해 나가고 있다. 자신에 대해서는 관대하지만 아내에 대해서는 엄격하게 평가하고 비판하며 우월감과 교만으로 아내의 감정과 능력을 디스카운트한다. 아내는 평소에는 열정적으로 주체적인 삶을 살다가도 남편과 불건강한 갈등 상황이 오면 자기주장을 전혀 하지 못하고 무기력해진다. 단절과 침묵으로 부부의 소통은 사라진다.

　　☞ 개선 방안: 아내는 현실을 직시하고 지금 할 수 있는 일의 우선순위를 정해 급하고 중요한 일부터 차근차근 해 나간다. 남편은 상대에게 바라거나 남과 비교하지 않고 대가 없이 자신이 가족을 위해 할 수 있는 것을 한다. 부정적인 거짓 감정이 올라올 때를 알아차리고 진짜 감정을 건전하게 표현하도록 서로가 노력한다. 내 감정이 중요하듯 상대방의 감정도 중요하다는 것을 깨닫고 상대방의 감정을 디스카운트하거나 무시하는 태도를 멈춘다. 상대방을 있는 그대로 인정하고 수용하며 긍정적인 관계를 만들어 간다.

8) 준거 틀에 따른 임패스와 병리적 인생각본

〈내담자 1(아내)〉

FR ＼ 특성	금지령	대항지령	핵심 임패스	병리적 각본
주 준거 틀(LS8)	함께해서는 안 된다.	조화롭게 살라.	평온	조현성, 수동-공격성
2번 준거 틀(LS9)	즐겨서는 안 된다.	열정적으로 살라.	자주	연기성

내담자 1(아내)의 해석

① 금지령

- 주 준거 틀(LS8): 어린 시절 형제자매가 많았지만 각자 흩어져 살고 일찍부터 스스로 책임지며 독립을 하게 되었다. '함께 해서는 안 된다. 나서지 말라.' 등의 금지령에 의해 혼자 하는 것이 외롭고 두려웠음에도 자기주장을 잘 하지 않게 되었다.
- 2번 준거 틀(LS9): 항상 먹고 살기 위해서는 쉼 없이 일을 해야만 하는 가정형편이었다. 열악한 현실을 극복하기 위해서는 항상 부지런히 움직여야 했고 '즐겨서는 안 된다.'는 금지령이 주어졌다.

② 대항지령

- 주 준거 틀(LS8): 남들 앞에서 '나서거나 자기주장을 하지 말고 조화롭게 살라'는 가정환경으로 형성된 대항지령에 의해 자신의 주장을 잘 표현하지 않는다.
- 2번 준거 틀(LS9): '즐겨서는 안 된다.'는 금지령으로 현실을 극복하기 위해 '열정적으로 살라.'는 대항지령이 생겼다. 열심히 도전적으로 꿈을 찾아 헤매고 미래를 준비하면서 분주하게 살아간다.

③ 임패스 상태

- 주 준거 틀(LS8): 금지령과 대항지령의 갈등 상황에서 '평온'이 핵심 임패스가 된다. 감정이나 생각을 드러내지 않고 조화롭게 살고자 하지만 혼자만의 노력이 부족하거나 갈등 상황이 발생하면 침묵하거나 조용히 산책하며 마음 다스리기를 한다.
- 2번 준거 틀(LS9): '즐겨서는 안 된다.'의 금지령과 '열심히 살라.'의 대항지령과의 갈등 상황에서 '자주'의 핵심 임패스를 택한다. 남편에게 의지하지 않고 스스로 선택하고 문제를 해결해 나가며 자기 삶을 책임지려 한다.

④ 불건강의 극단

- 주 준거 틀(LS8): 남편과의 갈등 상황에서 비난 받고 지적을 받을 때 그 마음을 공감하거나 수용하지 않고 대화를 단절한다. 겉으로는 침묵하지만 마음속으로는 외면하고 현재의 상태를 고수하며 소심하게 공격한다.
- 2번 준거 틀(LS9): 현재의 일에도 집중하지 못하면서 또 새로운 자극이 들어오거나 함께하자고 권유받는 상황이 되면 거절하지 못하고 일단 시도해 본다. 열정 과잉 상태로 통제에 어려움이 발생한다.

〈내담자 2(남편)〉

특성 FR	금지령	대항지령	핵심 임패스	병리적 각본
주 준거 틀 (LS1)	자기주장을 해서는 안 된다.	영향력 있는 사람이 되라.	통제	반사회성
2번 준거 틀 (LS4)	관심을 받아서는 안 된다.	사랑을 받으라.	필요	연기성

내담자 2(남편)의 해석

① 금지령

- 주 준거 틀(LS1): 할아버지, 할머니, 엄격하신 아버지, 어머니와 함께 사는 환경에서 7남매 중 막내로 자랐다. 나이 차가 많은 형, 누나들의 보살핌 속에 자라면서 자신의 의견을 내세우기가 어려웠고, 가족의 뜻에 따라 행동하는 생활환경 속에서 '자기주장을 해서는 안 된다.'는 금지령이 생겼다.
- 2번 준거 틀(LS4): 새벽부터 뱃일을 하며 대가족이 먹고 살아야 하는 상황에서 자신의 요구를 말하거나 관심을 요구하기도 힘든 상황에서 '관심을 받아서는 안 된다.'는 금지령이 생겼다.

② 대항지령

- 주 준거 틀(LS1): 시키지 않아도 자신의 일과 역할을 스스로 알아서 잘 해결하며 살아야 했고, '영향력 있는 사람이 되라.'는 대항지령의 환경 속에서 인정받으며 자랐다.
- 2번 준거 틀(LS4): '사랑을 받으라.'는 대항지령으로 막내로 자라면서도 사랑받기 위해서 말도 잘 듣고, 집안일도 잘 도우며 공부도 열심히 했다.

③ 임패스 상태:

- 주 준거 틀(LS1): '자기주장을 해서는 안 된다.'의 금지령과 '영향력 있는 사람이 되라.'의 대항지령 사이에서 자신의 욕구와 노는 재미는 '통제'했다.
- 2번 준거 틀(LS4): '관심을 받아서는 안 된다.'는 금지령과 '사랑을 받으라.'는 대항지령 속에서 꼭 필요한 사람이 되기 위해 뭐든 열심히 했다.

④ 불건강의 극단

- 주 준거 틀(LS1): 자신의 힘과 영향력을 과시하기 위해 사람과 관계 맺는 것을 과할 정도로 집착하며 자신의 삶이 아닌 타인의 인정을 위해 치열하게 살아간다.
- 2번 준거 틀(LS4): 기분이 좋을 때는 뭐든지 다 들어주고, 기분이 나쁠 때는 분노를 거세게 표출하는 등 감정의 기복이 심하다. 부정의 감정이 커지고 격해져 극단적 상황에서는 폭언을 하고 나중에 후회하기도 한다.

내담자 커플관계 해석

남편은 끊임없이 자신의 영향력을 발휘하면서 그 영향력을 확인하고 인정받으며 사랑받기를 원한다. 아내는 불건강한 방법으로 대하는 남편에게 남편의 요구를 무시하고 사랑을 주지 않는다. 남편과 아내 모두 대항지령과 핵심 임패스 상황에서 각자의 힘듦을 유지한 채 살아가고 있다. 서로가 인정과 사랑을 갈구하고 있음을 알면서도 외면한 채 평행선을 달리며 살아가고 있다.

☞ 개선 방안: 어릴 적 부모로부터 받은 대항지령을 자신의 주체적인 판단에 의해 균형 있게 활용하고, 상대에 대한 진심 어린 공감과 사랑의 마음으로 이해하는 노력과 소통이 필요하다. 어쩔 수 없는 대물림된 정서와 핵심 임패스 상황에서 힘들어하는 서로를 끌어안고 아픔에 대해 공감하며 상처받은 어린아이가 스스로 치유할 수 있도록 지지한다. 서로의 장점을 인정하고 격려하며 존중하는 언어를 사용하고 친밀한 관계 회복을 위해 노력한다.

9) 준거 틀에 따른 효과적 교류패턴

〈내담자 1(아내)〉

FR ＼ 특성	효과적 교류패턴
주 준거 틀(LS8)	기대나 압력은 싫어한다, 애정을 보이라, 대결은 좋아하지 않는다, 이용하지 말라.
2번 준거 틀(LS9)	동료감과 자유를 달라, 고무적인 대화를 하라, 내 방식을 바꾸거나 명령하지 말라.

내담자 1(아내)의 해석

① 순기능적 교류패턴
- 주 준거 틀(LS8): 남편에게 요구나 기대를 강요하지 않고 진심어린 공감과 따뜻한 스킨십으로 진실한 교류를 한다.
- 2번 준거 틀(LS9): 진솔한 대화를 하고 서로의 의견과 생각을 존중한다. 있는 그대로 인정하고 하고 싶은 일을 하도록 자유를 준다.

② 역기능적 교류패턴
- 주 준거 틀(LS8): 살아온 생활방식과 생각이 다름을 틀렸다고 지적하는 것을 싫어하며 교류를 차단해 버린다. 억지로 시키거나 성과만을 위해 몰아세우는 것을 싫어한다.
- 2번 준거 틀(LS9): 많은 상황을 아내의 잘못으로 인식하고 변화하라고 비난하는 남편과의 대화를 단절하고 침묵을 선택한다.

〈내담자 2(남편)〉

특성 FR	효과적 교류패턴
주 준거 틀(LS1)	의리를 지키라, 솔직하라, 내 말을 공격으로 생각하지 말라, 내 공로를 인정하라.
2번 준거 틀(LS4)	서로의 문제에 늘 관심을 가지라, 감사하다고 말하라, 함께 재미있게 보내라.

내담자 2(남편)의 해석

① 순기능적 교류패턴

- 주 준거 틀(LS1): 자신의 감정을 숨김없이 아내에게 솔직하게 표현하고 자주 대화를 많이 한다. 아내는 남편이 하는 말을 공격이나 비난으로 생각하지 말고 열심히 일하는 남편의 공로를 인정해 주고 칭찬해 준다.
- 2번 준거 틀(LS4): 서로의 문제에 관심을 갖고 대화하며 서로가 애쓰고 있는 일에 감사함을 표현한다. 현재 주어진 것에 만족하고 각자 일에만 매달리지 말고 부부가 함께 재미있는 시간을 보낸다.

② 역기능적 교류패턴

- 주 준거 틀(LS1): 자신은 맞고 상대는 틀렸다며 아내에게 비아냥거리거나 비난의 어조로 말을 하는 경우가 있어 대화가 이어지지 않는다.
- 2번 준거 틀(LS4): 주어진 것을 당연하게 여기고 갖지 못한 것과 잘하지 못하는 것을 남과 비교하며 가족들을 힘들게 한다.

내담자 커플관계 해석

아내는 기대나 압력보다 그대로 믿어 주고 바라보며 따뜻한 말 한 마디를 원한다. 남편은 공격하려는 의도는 없다고 하지만 아내를 있는 그대로 인정하지 않고 자기가 생각하는 대로 따라 주도록 요구하며 말로 상처를 준다. 아내의 행동을 바꾸려 하고 지적하는 남편의 행동이 싫어서 사랑받고 싶어 하는 남편의 마음을 알면서도 외면한다. 부부가 서로 효과적인 교류패턴을 쓰기보다 역기능적인 교류패턴으로 교류를 차단하고 있다.

☞ 개선 방안: 자신의 생각과 의견을 솔직하게 전달하고 교류하며 각자의 삶을 자율적으로 살아갈 수 있도록 믿고 지지한다. 서로에게 좋은 효과적인 교류방식을 숙지하여 교류 시 적용하는 노력을 기울인다. 대화는 일방적이 아니라 쌍방적 상호작용이다. 아내와 남편은 서로의 감정을 건강하게 드러내고 진실한 마음을 보이며 조금씩 애정을

드러내는 연습을 한다. 하고 싶은 말이 있으면 미루거나 억제하지 않고 편안한 분위기 속에서 이야기할 수 있도록 기회를 마련한다. 자신의 생각을 상대방에게 강요하지 않으며 있는 그대로의 모습을 인정하고 사랑을 표현한다.

10) 준거 틀의 함정과 3P 활용

〈내담자 1(아내)〉

FR＼특성	함정	허용	보호	잠재능력
주 준거 틀(LS8)	평화	자신의 의견을 말해도 좋다.	무사안일, 자기비하	자기주장
2번 준거 틀(LS9)	낙천	절제해도 좋다.	방종, 합리화	현실감각

내담자 1(아내)의 해석

① 함정의 의미
- 주 준거 틀(LS8): 갈등 없이 '평화'의 가치를 강박적으로 따르려고 할 때 함정에 빠진다. 평화의 함정으로 요구 사항이 있거나 상대방에게 마음을 전달할 때도 쉽게 말하지 못하는 경우가 있다.
- 2번 준거 틀(LS9): 어렵고 힘든 상황에서도 자신의 마음만 긍정적이고 '낙천'적으로 생각하여 상황을 축소하려는 함정에 빠진다.

② 허용의 상황:
- 주 준거 틀(LS8): 자신의 생각과 감정, 의견을 말해도 좋다고 스스로에게 허용한다. 모든 의견과 생각이 맞을 수 없으며 수용되지 않아도 괜찮다는 것을 받아들인다.
- 2번 준거 틀(LS9): 하고 싶고 배우고 싶은 욕구가 생겨도 감당하기 힘들지 않게 절제한다. 감당할 수 있는 만큼 계획을 세워 천천히 허용한다.

③ 보호의 상황
- 주 준거 틀(LS8): '평화'라는 함정에 빠져 자신의 생각과 행동을 안일하게 바라보며 보호한다.
- 2번 준거 틀(LS9): 무분별한 시도로 우선순위가 없이 즉흥적으로 임하는 모습을 스스로 합리화한다.

④ 잠재능력 발휘

- 주 준거 틀(LS8): 표현하지 않고 참았던 자신의 감정과 생각을 있는 그대로 표현하며 주장을 펼쳐도 좋다.
- 2번 준거 틀(LS9): 현실을 직면하고 지금 당장 꼭 해야 하는 일들을 찾아 우선순위를 정해 중요한 일, 급한 일부터 해결한다.

〈내담자 2(남편)〉

FR＼특성	함정	허용	보호	잠재능력
주 준거 틀(LS1)	정의	다름을 인정해도 좋다.	완고, 독선	자애로운 마음
2번 준거 틀(LS4)	헌신	먼저 자신을 챙겨도 좋다.	조종, 의존	진정한 자신

내담자 2(남편)의 해석

① 함정의 의미

- 주 준거 틀(LS1): '정의'의 함정으로 아내의 행동을 옳고 그름으로 판단한다.
- 2번 준거 틀(LS4): 타인과 가족에게 헌신한다면서 정작 아내와 딸들이 필요로 하는 관심과 사랑을 주지 않는다.

② 허용의 상황

- 주 준거 틀(LS1): 나와 아내의 다름을 인정하고 존중해도 좋다고 허용한다.
- 2번 준거 틀(LS4): 일과 타인보다 자신을 먼저 챙겨도 좋다고 허용한다.

③ 보호의 상황

- 주 준거 틀(LS1): 자신의 생각과 가치가 옳다며 완강하게 고집하고 아내의 입장은 무시한 채 독단적으로 행동한다.
- 2번 준거 틀(LS4): 자신이 가족을 위해 헌신한 만큼 가족도 자신을 위해 희생하길 바란다. 사랑하는 마음으로 과잉 보호하며 가족의 의존성을 키운다.

④ 잠재능력 발휘

- 주 준거 틀(LS1): 아내를 있는 그대로 인정하고 자애로운 마음을 발휘해 이해하도록 한다.
- 2번 준거 틀(LS4): 나보다 타인을 위해 헌신하며 타인을 우선시하는 것을 멈추고 진정한 자

신을 먼저 챙기는 잠재능력을 발휘한다.

내담자 커플관계 해석

아내는 갈등을 피하기 위해 자신의 주장을 내세우지 않은 채 안일한 태도와 자기비하로 상황을 모면한다. 남편은 가족을 위해 헌신한다는 마음으로 일에 몰입하면서 정작 가족들의 마음 돌보는 일에 소홀하다. 아내는 자신의 마음을 몰라 주며 가족에게 소홀한 남편에게 불만이 있음에도 갈등이 두려워 이야기를 하지 않고 회피한다.

☞ 개선 방안: 아내는 자신의 생각을 분명하고 명확하게 표현하고, 현실을 직시하며 상황에 맞는 언행을 실천한다. 아내는 하고 싶은 욕구가 많아도 일의 우선순위를 정하고 시간을 구조화하여 중요한 일에 좀 더 집중한다. 남편은 타인과 가족도 중요하지만 진정으로 자신을 먼저 챙기고 자애로운 마음으로 아내와 자녀를 바라본다. 무엇이 진정으로 자신을 위하고 가족을 위하는지에 대한 성찰이 필요하다. 서로 다름을 인정하고 수용한다.

11) 준거 틀과 진로

〈내담자 1(아내)〉

FR　　特性	성향	적성	대표적 직업
주 준거 틀 (LS8)	수용적이어서 편견이 없고 타인의 입장을 이해하고 받아 준다. 마음이 넓고 조화롭고 강한 인내심이 있다.	수용적	외교관, 중계인, 상담사, 변호사, 중매인, 성직자
2번 준거 틀 (LS9)	매사 활동적이고 개방적이며 낙관적으로 밝고 명랑하다. 즐거움을 추구하고 호기심이 많고 아이디어와 상상력이 풍부하다.	활동적	기획자, 작가, 발명가, 상담사, 사회복지사, 영업직, 연예인

내담자 1(아내)의 해석

① 성향 통찰
- 주 준거 틀(LS8): 사람에 대한 판단이나 편견 없이 있는 그대로 수용하고 이해한다. 이해의 마음이 넓어 사람들과 조화롭게 잘 어울리고 참을성이 강하다.
- 2번 준거 틀(LS9): 매사에 활동적이고 밝고 열린 마음으로 적극적으로 임한다. 무슨 일을 하든 즐겁게 참여하고 새로운 일에 용기 있게 도전하고 융통성이 있어 아이디어가 풍부하다.

② 적성 찾기

- 주 준거 틀(LS8): 편견 없이 타인에 대한 이해의 마음이 넓고 수용적이다.
- 2번 준거 틀(LS9): 호기심이 많고 자발적으로 행동한다. 밝고 적극적이며 활동적이다.

③ 원하는 직업

- 주 준거 틀(LS8): 이야기를 잘 들어주고 해결책을 함께 모색하는 상담사
- 2번 준거 틀(LS9): 사회복지사, 아이디어와 상상력이 풍부한 작가

〈내담자 2(남편)〉

특성 FR	성향	적성	대표적 직업
주 준거 틀 (LS1)	지도력과 추진력이 있다. 집단구조를 파악하는 능력과 약자를 옹호하고 보호하는 포용력이 있다.	리더적	정치가, 경찰, 법조인, 사업가, 상담사, 영업직, 운동지도사
2번 준거 틀 (LS4)	보호적이고 이타적인 성향으로 친절하고 이해심이 많다. 남을 도와주고 봉사적이어서 인간관계가 좋다.	봉사적	사회복지사, 상담사, 서비스직, 교사, 성직자, 간호사, 공무원, 요리사

내담자 2(남편)의 해석

① 성향 통찰:

- 주 준거 틀(LS1): 회사 조직 내에서 조직구조를 파악하고 리드해 가는 능력과 가족과 회사 내 약자들을 옹호하며 보호하고 챙기는 능력이 있다.
- 2번 준거 틀(LS4): 회사나 사회생활에서 타인에게 친절하고 이해심이 많아 좋은 이미지를 보인다. 성당 봉사활동에 적극적으로 참여하고, 관계가 좋다.

② 적성 찾기

- 주 준거 틀(LS1): 어떠한 조직에 참여하게 되면 대화를 주도해 나가고 업무적으로 조직을 이끌어 가는 리더적 성향을 보인다.
- 2번 준거 틀(LS4): 회사에서 모임을 하면 끝까지 책임지고 도움이 필요한 상황을 마주하면 지나치지 않고 돕는 봉사적인 성향을 보인다.

③ 원하는 직업
- 주 준거 틀(LS1): 지도력과 추진력이 있는 사업가, 상담사, 영업직, 경찰
- 2번 준거 틀(LS4): 보호적이고 이타적인 성향의 사회복지사, 상담사, 서비스직, 교사

내담자 커플관계 해석

아내는 조화롭게 살아가고 매사 열정적으로 배우는 일에 적극적으로 참여한다. 수용적이고 활동적인 아내는 인간관계가 원만하고 성격 좋다는 평을 받는다. 남편은 타인에 대한 배려와 이해로 인간관계를 잘 맺고 지도력과 추진력이 있어 업무능력을 인정받고 있다. 자신의 적성에 맞는 영업직에서 탁월한 능력을 발휘하고 있다. 부부 모두 타인과의 관계가 원만하고 업무적으로 능력을 인정받고 있다. 그럼에도 부부관계에서는 서로가 팽팽하게 자기 고집을 내세운 채 거리감이 있다.

☞ 개선 방안: 성향과 적성에 맞는 직업을 선택하고 각자의 역할을 잘 해내고 있음을 인정하고 격려한다. 서로의 장점과 능력을 인정하고 현재 하고 있는 일을 존중하며 성장할 수 있도록 협력한다.

12) 자율성 회복과 발휘

〈내담자 1(아내)〉

특성 FR	자율성 회복과 발휘
주 준거 틀 (LS8)	수동적 태도를 벗어나 적극적으로 자신의 주장을 펼치고 중요한 일에 먼저 집중하라. 심각한 상황을 피하기보다는 직면하면 책임감 있고 정확한 사람이 될 것이다. 독립적이고 자립적인 사람이 되어 스스로 해결하는 실행자가 되라.
2번 준거 틀 (LS9)	흥미와 재미만 추구하는 것보다 그 일이 바람직하고 가치가 있을 때 행하도록 한다. 행복은 새롭고 흥분되는 것에서만 오는 것이 아니라 단순하고 평범한 것에 관심을 가질 때 느껴진다. 하던 일을 완성하는 습관을 가진다.

내담자 1(아내)의 해석

① 자율성의 회복의 의미
- 주 준거 틀(LS8): 의존적이고 수동적인 태도를 벗어나 중요한 일에 먼저 집중하여 책임감 있게 자립적으로 해결하는 노력을 한다.
- 2번 준거 틀(LS9): 진정으로 원하는 삶의 방향을 모색하여 바람직하고 가치가 있는 일을 해

나가되 가장 기본적인 가정의 건강과 행복을 위한 일부터 시작한다. 단순하고 평범한 것들을 세부적으로 나누어 함께 실천해 나간다.

② 어떻게 자율성을 발휘

- 주 준거 틀(LS8): 작고 평범한 일들이 기본이 되어 인생이 된다. 가족 서로를 위한 작은 습관 하나라도 실천하는 노력을 해 나간다.
- 2번 준거 틀(LS9): 여러 가지 일에 호기심을 갖기보다 한 가지라도 바람직하고 가치 있는 일에 몰입한다. 또한 혼자 추구하는 흥미와 재미만이 아닌 가족이 함께 할 수 있는 일들을 찾아 작은 것부터 완성해 나가는 성공 경험을 느끼고 습관을 완성해 간다.

〈내담자 2(남편)〉

특성 FR	자율성 회복과 발휘
주 준거 틀 (LS1)	다른 사람을 지배하는 것이 아니라, 적극적 경청을 하고 함께 협력하도록 한다. 사람들의 감정을 수용하고 독립적인 인격체로 도와주어야 한다. 좀 더 여유를 가지고 사람들과 소통하는 태도를 가진다.
2번 준거 틀 (LS4)	내 주장이 필요할 때는 회피하지 말고, 내 주장을 하고 자신에게 기쁨과 만족을 줄 수 있는 일을 하라. 남에게 도움을 줄 때 보상을 기대하는 태도를 떠나 독립적인 사람이 되도록 한다. 자기 자신과 다른 사람에게 정직하도록 한다.

내담자 2(남편)의 해석

① 자율성의 회복의 의미

- 주 준거 틀(LS1): 자신은 옳고 상대방은 틀리다는 생각으로 다른 사람을 지배하는 것이 아니라 적극적 경청을 하고 함께 협력하여 조화롭게 살아가도록 한다.
- 2번 준거 틀(LS4): 내 주장이 필요할 때는 타인의 눈치를 보거나 회피하지 말고 자신의 주장을 하고 자신에게 기쁨과 만족을 줄 수 있는 일을 한다.

② 어떻게 자율성을 발휘

- 주 준거 틀(LS1): 사람의 감정을 수용하고 독립적인 인격체로 존중해야 한다. 좀 더 여유를 가지고 가족과 아내와 소통하는 태도를 가진다.
- 2번 준거 틀(LS4): 남에게 도움을 줄 때 보상을 기대하는 태도를 버린다. 자기 자신과 다른 사람에게 거짓 감정으로 대하지 않고 정직하도록 한다.

 내담자 커플관계 해석

　남편은 아내를 지배하거나 가르치려는 태도를 보이고, 아내는 이런 상황이 불편하고 용납이 되지 않아 서로 충돌이 일어나기도 한다. 아내는 남편의 태도를 지적하고 요구를 들어주지 않는다. 아내는 갈등 상황을 피하고 하고 싶은 대화를 시도하지 않으며 수동적 태도를 보인다. 부부간 긍정적 대화나 소통이 이루어지지 않고 각자 일에만 집중하며 서로의 자율성을 인정하지 못하고 있다.

　☞ 개선 방안: 아내는 현재의 상황을 직면하고 책임감 있고 정확하게 판단하고 해결하는 노력을 한다. 작은 것부터 성공하는 경험을 쌓아 습관을 들인다. 남편은 가족의 감정을 수용하고 독립적인 인격체로 바라보고 인정한다. 가족에게 도움을 줄 때 보상을 기대하는 태도를 버리고 조건 없이 사랑을 실천한다. 각자의 주체적인 삶을 존중하고 자율성을 인정해 준다.

13) 내담자의 전체적인 준거 틀의 개선 방안

〈내담자 1(아내)〉

상태 패턴	현재	개선점
LS1	가족에게 너무 관대하고 하고 싶은 일을 지지해 주지만 원치 않은 행동에 대한 규제도 잘하지 않는다.	잘못된 행동에 대한 명확한 원칙을 세우고 그 원칙을 지켜 나간다.
LS2	평범한 일상에서 혼자 있는 시간을 자주 갖는다.	자신을 있는 그대로 드러내고 창조적인 일을 시도해 본다.
LS3	배우고 성장하는 삶을 추구하지만 계획성이 부족하고 감성적으로 단순하게 행동한다.	배우고 성장하는 일에 몰입하여 현명하게 판단하려고 노력한다.
LS4	아이들이 하고 싶은 대로 지켜보고 이해하고 있지만 과보호적이다.	아이들이 스스로 할 수 있도록 한계선을 분명히 하고 적극 지지한다.
LS5	근면 성실하게 자기 계발을 위한 노력을 하는 반면 어느 것에도 확실한 성취 욕구는 약하다.	진정으로 하고 싶은 것을 찾아 하나씩 성취해 가는 기쁨을 느껴 본다. 가족과 함께 할 수 있는 일을 늘린다.
LS6	원칙을 지키고 책임감 있게 행동하려고 노력한다. 가끔 계획 없이 즉흥적으로 행동하는 경우가 있다.	충동적이고 계획 없이 시도하다가 기본적인 일들을 놓치는 일이 없도록 세부적인 계획을 세워 지켜 나간다.

상태\패턴	현재	개선점
LS7	일을 선택할 때 즉흥적으로 판단할 때가 있고 안전의식과 준비성이 부족하다.	계획한 일을 잘 실천하도록 신중하게 약속하고 약속한 것은 지키도록 준비한다. 안전의식을 강화한다.
LS8	해결해야 할 일과 피곤함을 핑계로 남편과의 관계를 멀리하고 혼자서 평온을 찾는다. 문제해결에 있어 소극적으로 대처하거나 우유부단하게 행동할 때가 있다.	진솔하게 속마음을 드러내고 함께 할 수 있는 운동을 찾아 함께 하며 부부 친밀감을 높인다. 일처리에 있어 적극적으로 임하고 도움이 필요시에는 미루지 않고 바로 청한다.
LS9	일상문제를 낙관적으로 보고 새로운 배움활동과 모험을 즐기지만 가족이 아닌 남과 관계를 더 잘 맺는다.	가족의 소중함, 일상생활에서의 만족감을 높이기 위해 기본적인 역할과 가족 간의 관계 회복에 더 많은 시간과 노력을 집중한다.

〈내담자 2(남편)〉

상태\패턴	현재	개선점
LS1	자신의 업무에 열정을 가지고 성실하게 임하며 지도력과 추진력이 있어 인정을 받는다. 열정이 과해 아내를 가르치려고 하고 지적한다.	자신의 생각과 주장에 자신감을 가지고 성실하게 지도력을 발휘해 나간다. 서로 다름을 인정하고 존중한다.
LS2	감정을 잘 드러내지 않고 무심하며 자신과 상대방의 마음을 살피는 데 둔감하다. 무색무취	온정적이고 감성적이며 자기성찰을 통해 자신만의 개성대로 살아간다.
LS3	업무적으로는 분석적이고 정보력이 있고 현명한 판단을 한다. 가끔 사람을 만나 술 마시며 시간을 보낼 때 경솔하게 행동하기도 한다.	전체를 바라보며 통찰력을 가지고 현명하게 판단하고 사색하며 분석적으로 생각한다.
LS4	기본적으로 타인을 챙기고 배려하며 친절하다. 가끔 가족에게는 과보호와 조종하고 소유하려는 경향이 나타난다.	보상을 바라는 기대를 버리고 독립된 사람으로 존중하고 인정한다.
LS5	실적을 중시하고 성취 욕구가 강하며 근면성실하게 유능감을 발휘한다. 자신의 기준대로 상대가 유능하기를 원한다.	실적이나 결과보다 과정을 중시하고 진정 자신이 원하는 것을 찾아 해 보며 자신을 먼저 챙긴다.
LS6	일에 있어서는 책임감이 있고 합리적인 판단을 하며 자제력이 있다. 가끔 가족들에게 충동적이고 계획이 없이 즉흥적으로 행동하기도 한다.	일에 대한 판단 기준과 원칙을 세우고 합리적인 판단을 해 책임을 진다. 아내와 가족의 감정이나 생각을 잘 들어주고 이해한다.
LS7	안전의식이 약해 허술하고 준비성이 부족하며 건성이다.	안전을 위해 신중하게 현실을 판단하고 책임감을 갖도록 한다.

LS8	이해심이 있고 배려하며 인내심이 있다. 가끔 예민하고 참견하며 자신의 판단을 고집하기도 한다.	타인을 배려하고 이해하며 조화를 이루어 평화롭게 살아간다. 타인을 존중하며 자신의 생각을 건강하게 표현한다.
LS9	열정적이고 낙관적으로 신속하게 일처리를 한다. 열정이 과할 땐 자신감이 넘쳐 자기도취적이고 충동적이다.	서로 다름을 인정하고 상대를 있는 그대로 진실하게 대한다. 급한 마음을 잠시 멈추고 다시 한번 상대의 입장에서 생각해 본다.

내담자 커플관계 해석

아내와 남편은 서로의 장점을 잘 알면서도 장점을 인정하고 감사함을 전하지 않는다. 서로의 단점을 들추고 더 많이 요구하고 기대하는 마음만을 앞세우고 살아가고 있다. 장점이 많고 충분히 관계를 개선해 갈 수 있음에도 노력하지 않고 자신의 고집만을 앞세운다. 둘 다 열정이 많고 열심히 살아가고 있음에도 서로의 노력에 고마움을 표현하지 않고 당연시하고 있다.

☞ 개선 방안: 진솔하게 속마음을 드러내고 함께 할 수 있는 운동을 찾아 함께하며 부부 친밀감을 높인다. 가족의 소중함, 일상생활에서의 만족감을 높이기 위해 기본적인 역할과 가족 간의 관계 회복에 더 많은 시간과 노력을 집중한다. 서로의 다름을 인정하고 존중하는 태도의 상보 교류를 통해 신뢰를 쌓아가야 한다.

4. 내담자(커플)의 CKFR 심리검사 결과에 따른 상담 및 심리치료 계획

1) 상담자가 본 내담자(커플)의 문제

서로 각자의 인생각본과 준거 틀에 따른 주장과 고집이 강하다. 다른 사람들에게는 친절하고 배려심이 있지만 정작 가장 가까운 가족인 배우자를 존중하고 배려하며 이해하는 마음이 약해 보인다. 이면 교류나 라켓 감정으로 불건강한 교류를 할 때 축소각본에 빠지거나 방어기제를 쓰는 것을 자각하지 못하고 되풀이하고 있다. 남편과 아내 모두 사랑하는 마음을 진실되게 표현하는 기술이 서툴고 소통하는 노력이 부족하다. 각자 자기 생각을 고집하면서 변화하지 않고 상대방이 자신에게 맞춰 주고 이해해 주기를 바라는 태도에 문제가 있어 보인다.

2) 내담자(커플) 상담 및 심리치료

① 상담목표

- 현재 직면한 문제를 찾아 적극적으로 해결한다.
- 부부간의 친밀감을 높일 수 있는 방법을 찾는다.
- 즐겁게 상호 성장을 도와 친밀한 관계를 회복하도록 한다.

② 상담계획

CKFR 심리검사를 통해 자신의 준거 틀을 이해하고, 패턴의 함정을 자각하고 건강한 대처방법을 찾는다.

③ 상담전략

- 심리검사를 통하여 자신의 정체성(준거 틀)을 이해하고 개선 방안을 모색한다.
- 친밀감을 회복할 수 있는 구체적인 실천 방안을 함께 찾아본다.
- 온전한 독립된 존재로서 존중하고 배려하도록 돕는다.

5. 상담 및 심리치료 과정과 결과

1) 상담 및 심리치료 과정

- 초기: 라포 형성을 통해 상담에 동기를 고취하고 심리검사를 통해 자신의 성격특성을 이해하고 교류분석 이론을 중심으로 상담을 구조화하였다.
- 중기: 인생각본, 준거 틀이 현재의 삶과 부부관계에 어떻게 영향을 미치고 있는지 탐색하고, 적절한 태도 및 언어, 행동을 위한 대처 방안을 탐색하였다.
- 종결: 상담의 성과를 분석하고 미래 설계를 위한 구체적 행동 목록을 작성하고 소감을 나누고 종결하였다.

2) 상담 및 심리치료 결과

내담자 1(아내)과 내담자 2(남편)는 CKFR 심리검사를 통해 각자의 성향과 준거 틀에 대해 이해하고, 금지령과 대항각본이 자신의 삶과 부부관계에 얼마나 많은 영향을 미쳤는지 자각하게 되었다. 준거 틀 각 항목에 대한 분석을 만날 때 처음에는 의구심을 가지고 인정을 쉽게 하지 않았지만 성향 분석과 효과적인 교류패턴까지 공유했을 때는 많은 부분 인정하고 자각하는 모습을 보였다. 아내의 경우 LS8, LS9준거 틀이 1~2등급으로 승자각본일 때는 평화적이고 관대하며 밝고 적극적으로 행동하지만 패자각본일 때는 나태하고 고집이 세며 남편의 요구를 무시하고 수동 공격하고 있음을 인정했다. 남편의 경우는 LS1, LS4 준거 틀이 3~4등급으로 업무적으로는 리더적이고 이타적인 성향으로 관계를 잘 맺어 업무성과가 높지만 패자각본일 때는 아내의 성향을 이해하지 못하고, 잘난 체하고 통제하려는 언행으로 아내와 충돌이 많았던 것을 인정하게 되었다. 내담자 부부 모두 LS2 준거 틀이 9번 준거 틀로 패자각본일 때는 남과 비교하여 부러워하며 서로 상대가 먼저 해 주기를 바라는 마음이 지속되었음을 인지했다. 남편의 LS1준거 틀이 불건강할 때 육아와 일에 지친 아내의 감정을 전혀 읽어 주지 못하고 자신의 기준대로 통제하려는 남편의 준거 틀과 아내의 LS8 준거 틀이 불건강할 때 자기주장을 펼치지 않고 현실감을 디스카운트하는 아내의 준거 틀이 부부문제를 더 강화시켰다. 또한 주 준거 틀에 따른 아내를 억압하고 부인하는 남편의 방어기제와 끊임없는 합리화와 현실 도피로 외면하는 아내의 방어기제의 충돌로 부부의 갈등이 해결되지 않은 채 평행선을 달린 것으로 해석된다.

내담자 부부는 CKFR 준거 틀 심리상담을 통해 그동안 풀리지 않던 부부문제의 원인을 깨닫는 계기가 되었다. 현재 당장 할 수 있는 현실적인 실천방법을 작은 것부터 스스로 정해 보도록 했다. 내담자 부부가 서로 용서를 구하고 화해하는 과정을 통해 서로의 장점과 성향을 인정하고 친밀한 관계 회복을 위해 노력할 수 있었다.

6. 상담자 총평

내담자 부부는 현재 자신의 준거 틀에 대한 이해와 함께 자율적인 인간으로 주체적인 삶을 살고자 하는 욕구가 충만하다. 하지만 현실에서의 삶은 서로 존중하는 마음과 사랑의 감정을 나누는 일보다 외부적인 일의 성취나 타인과의 관계 등 관심과 시선이 밖으로 향해 있었다. 부부 둘만이 함께 공유하는 취미도 대화의 시간도 많이 부족하다. 부부 모두 상대에게서 채워지지 않는 인정 욕구와 사랑의 욕구를 밖에서 찾고 있었다. 대화를 시도해도 결국 대화가 이어지지 않고 마음의 상처만 받게 되는 일이 반복되다 보니 대화가 점점 줄어들었다. 그럼에도 내담자 부부는 CKFR 준거 틀 검사 후 상담을 통해 변화와 관계 회복을 간절히 바라고 노력하려는 의지가 있었기에 각자의 준거 틀을 자각하고 재결단을 할 수 있었다.

부부에게 직면한 문제는 두 사람이 솔직하게 직면하고 해결하려는 노력이 더해질 때 풀린다. 내담자 부부는 부부가 겪는 문제를 가슴 깊이 묻어 두고 회피하는 것이 능사가 아님을 23년이 넘도록 경험했기에 잘 알고 있었다. 현재의 준거 틀을 보고 상대를 더 깊이 이해하고 효과적인 교류패턴을 활용하여 행동으로 실천해 나간다면 관계는 더 깊어지고 친밀해지며 건강하게 회복될 것이다. 상담을 통해 자신을 알고 상대를 있는 그대로 이해하고 존중하는 노력이 시작되었다. 이번 상담을 계기로 서로 지지 않으려고 평행선을 달리는 불건강한 교류를 멈추고 깊은 이해와 사랑을 담은 눈빛과 언어로 친밀한 관계를 회복하여 자율성을 회복하길 희망한다.

교류분석과 CKFR 심리검사를
활용한 준거 틀 사례분석

에필
로그

성장은 일시적인 것이 아니고 지속적인 것으로 우리에게 기쁨과 행복을 준다.

우리가 성장하는 한 더 이상 무의미하지 않은 삶이 될 것이고, 매 순간 다른 삶이 되는 것이다. 성장은 세상을 더 아름답게 하는 힘이 있다.

우리는 성장을 위해 인생각본으로 집약된 준거 틀을 알아차리고 지금 여기에서 실존적이고 자율적인 인간으로 살아가야 하는 것이 삶의 이유가 되는 것이다.

최영일 교수 협회 수련감독

어린 시절 부모님이 만들어 준 색안경을 끼고 세상을 살았다.

내가 누구인지 수없이 정체성에 물음을 가질 때 준거 틀 검사를 통해

나의 무의식적 인생계획을 알아차리게 되었다.

이런 자각을 시작으로 나의 정체성을 열망한다면 CKFR 심리검사가

좋은 내비게이션이 될 것이라고 생각한다.

노정자 수련감독(일반)

우리는 세상을 보이는 대로 보지 않고 자신이 보고 싶은 대로 본다.

저마다 자신의 안경을 끼고 안경의 색깔대로 세상을 보는데 이것이 개인의 준거 틀이다.

CKFR 심리검사는 자신의 안경 색깔에 해당되는 준거 틀을 알 수 있는 유일한 검사 도구이며,

새로운 변화를 통해 있는 그대로의 자율적인 삶을 살아가기 위한 첫걸음이라 생각된다.

박봉근 수련감독(일반)

준거 틀이라는 색안경을 쓰고 나와 세상을 바라보고 살았습니다.

준거 틀의 영향에서 자유롭지 못했던 나는 같은 상황을 반복하며 힘들었습니다.

CKFR 검사를 통해 나의 준거 틀을 이해하면서 색안경을 벗고 총천연색의 세상을 있는 그대로 바라볼 수 있게 되었습니다.

진정한 나와 세상을 만나면서 자율적인 삶을 살게 되었습니다.

반복되는 삶이 아닌 현재와 다르게 살아 보고 싶은 분께 CKFR 검사를 권해 드립니다.

서미경 수련감독(일반)

상담자로 지내면서 내담자의 사고·감정·행동이 쉽게 바뀌지 않는다는 것을 알고 좌절할 때도 있었다. 그런 나에게 마음의 정체성을 찾는 심리검사 도구를 전문으로 사용할 수 있게 된 것은 획기적이며 행운이다. 어두움이 빛을 이기지 못하리라!

어떻게 살 것인가? 무엇을 할 것인가? 의미 있게 존재할 것인가?

내 삶의 주인 정신을 갖고 새롭게 재결단할 수 있는 교류분석을 활용한 CKFR 사례집을 만난 후 내 삶의 태도가 먼저 바뀌었다.

손희란 수련감독(일반)

CKFR 심리검사는 한 인간의 인생각본으로 집약된 준거 틀의 9가지 패턴을 파악하는 검사다.

더 나아가 자율적인 '나'로 성장할 수 있도록 하는 자기성찰적 심리검사다.

본 검사를 통해 내 안에 존재하는 빛과 그림자를 직시하고, 특히 인정하고 싶지 않았던

그림자를 받아들임으로써 진정한 나의 삶이 시작되었다.

조윤정 수련감독(일반)

사람들은 각본 신념의 틀로 구성된 준거 틀로 자아상태를 이루고 있다.

따라서 누구나 자신이 가지고 있는 준거 틀에 의해 영향을 받는다.

만약 진실이 준거 틀에 맞지 않는다면 준거 틀은 남고 진실이 버려진다.

진실에서 멀어지는 것이다. 그러나 자신의 준거 틀을 이해한다면

진실에 성큼 다가가는 우리가 될 것이다.

조찬희 수련감독(일반)

우리 모두는 각자의 인생각본에 의해 연기하며 살아가는 무대 위 배우다.

살아가는 동안 스스로에게 몇 번쯤 던졌을 '나는 누구인가?', '왜 지금의 모습으로 살아가는

가?'라는 질문에 답하기 위해 얼마나 헤매었던가!

CKFR 검사는 자신의 정체성, 인생각본, 세상을 보는 준거 틀이 무엇인지를 알아차릴 수 있는 매력적인 도구다.

내가 교류분석을 통해 진정한 '나'와 대면했듯 여러분도 '나'를 찾는 여정에 CKFR 검사를 꼭 만나 보길 권한다.

최정온 수련감독(일반)

인간 자체는 자유로운 존재이지만, 태어나서 부모에게 예속되는 과정에서 기대와 요구를 받게 되고, 그에 따라 자신의 생활양식도 결정된다.

이러한 결정은 성장 과정에서 만들어진 준거 틀에 의해 이루어진다.

이렇게 형성된 준거 틀이 나의 삶에 불편함을 줄 때 우리는 과감한 재결단이 필요하다는 것을 교류분석을 통해 알게 되었다. 우리는 모두 성숙한 인간이 되길 원하기에 또한 노력한다. 그렇다면 준거 틀 검사를 통해 나를 탐색해 보는 것은 어떨까? 나는 CKFR를 통해 나를 이해하게 되었고, 내 삶과의 우정도 쌓아 가는 중이다. 그래서 나는 참 행복하다.

허찬희 수련감독(일반)

교류분석과 CKFR 심리검사를
활용한 준거 틀 사례분석

참고
문헌

김규수, 류태보(2001). 교류분석치료. 서울: 형설출판사.

김종거(1986). 의사거래 분석을 통한 자아개념 및 인간관계 개선에 관한 연구. 원광대학교 대학원 석사
학위논문.

박명래(1997). TA Instructor Course를 위한 교류분석 가이드북. 서울: 을지문화사.

박원모(2008). 교류분석 이론에 의한 중고등학생 자아상태 검사 개발 및 타당화. 경성대학교 대학원 박
사학위논문.

박의순 외(2008). 기법을 중심으로 한 TA 상담과 심리치료. 서울: 시그마프레스.

박현주(2009). 에릭 번. 서울: 학지사.

오영준(1997). TA 스트로크 상담기법이 아동의 자기 충족감과 인간관계 개선에 미치는 효과. 한국교원
대학교 대학원 석사학위논문.

우재현(2006). 심성개발을 위한 교류분석(TA)프로그램. 경북: 정암서원.

우재현(2007). 교류분석 개인상담. 경북: 정암서원.

우재현(2007). 임상 교류분석(TA)프로그램. 경북: 정암서원.

조은주(2005). 교류분석 프로그램이 중학생의 대인불안과 열등감 감소에 미치는 영향. 충북대학교 교육
대학원 석사학위논문.

조혜정(2010). 심리게임. 서울: 교양인.

주진익(1999). 의사교류분석 집단상담이 사회성발달에 미치는 영향. 순천향대학교 지역사회개발대학원
석사학위논문.

최영일(2010). 교류분석과 교사의 자율성 증진. 꿈꾸는 씨앗.

최영일(2011). 교류분석이론의 실제와 자기분석. 서울: 오래.

최영일(2012). 교류분석 강의지침서 I, II. 꿈꾸는 씨앗.

최영일(2013). CKEO그램 심리검사. 서울: 한국교류분석상담연구소.

최영일(2015). CKDP 심리검사. 서울: 한국교류분석상담연구소.

최영일 외(2015). 교류분석을 활용한 집단상담 프로그램. 서울: 학지사.

최영일 외(2017). 교류분석 성격이론에 의한 CKEO그램 사례분석. 서울: 학지사.

최영일(2018). CKFR심리검사. 서울: 한국교류분석상담연구소.

최영일(2018). 교류분석 개인상담과 심리치료. 서울: 오래.

최영일 외(2020). 교류분석과 CKDP 심리검사 사례분석. 서울: 학지사.

Abell, R. (1976). *Own your own life*. New York: David Co.

Berne, E. (1964). *Games People Play*. NY: Grove Press.

Berne, E. (1970). *Sex in human loving*. New York: Simon and Schuster.

Berne, E. (1976). *Transactional analysis in psychotherapy*. NY: Grove Press.

Birnbaum, J. (1987). A Replacement Therapy For The Histrionic Personality Disorder. *Transactional Analysis Journal, 17*, 24-28.

Capers, H., & Goodman, L. (1983). The survival process: clarification of the miniscript. *TAJ, 13*(1), 142-148.

Dusay, J. (1972). Egograms and the constancy hypothesis. *TAJ, 2*(3), 32-42.

Emmel, R. J. (1976). *The use of transactional analysis techniques to change the self-concept of students in a selected sixth-grade classroom*. Dissertation, University of Mississippi.

English, F. (1971). Strokes in the credit bank for David Kupfer. *TAJ, 1*(3), 27-29.

Ernst, F. (1973). Psychological rackets in the OK corral. *TAJ, 3*(2), 19-23.

Ernst, K. (1972). *Games students play*. Millbrae: Celestial Arts.

Goulding, R., & Goulding, M. (1976). Injunctions, decisions and redecisions. *TAJ, 6*(1), 41-48.

Harris, T. (1967). *I'm OK, you're OK*. New York: Grove Press.

James, J. (1973). The game plan. *TAJ, 3*(4), 14-17.

James, M. (1977). *Techniques in transactional analysis for psychotherapists and counselors*. Reading: Addison-Wesley.

James, M., & Jongeward, D. (1971). *Born to Win: Transactional analysis with Gestalt Experiments*. Reading, Massachusetts: Addison-Wesley.

Joines, V. (1982). Similariting and differences in rackets and games. *TAJ, 12*(4), 280-283.

Kahler, T., & Capers, H. (1974). The miniscript. *TAJ, 4*(1), 26-42.

Karpman, S. (1968). 'Fairy tales and script drama analysis'. *TAB, 7*(26), 39-43.

Mellor, K., & Sigmund, E. (1975). *TAJ, 5*(3), 295-302.

Schiff, S. (1977). Personality development and symbiosis. *TAJ, 7*(4), 310-316.

Steiner, C. (1966). Script and counterscript. *TAJ, 5*(18), 133-135.

Stewart, I., & Joines, V. (1987). *TA today*. Nottingham and Chapel Hill: Life Space.

Woollams, S. (1976). 'When fewer strokes are better. *TAJ, 6*(3), 270-271.

Woollams, S., & Brown, M. (1978). *Transactional analysis*. Dexter: Hurton Valley Institute.

Woollams, S., & Huige, K. (1977). Normal dependency and symbiosis. *TAJ, 7*(3), 217–220.

Zalcman, M. (1987). Game analysis and racket analysis. In *Keynote speeches: Delivered at the EATA Conference, July 1986, Noorddwijkerhout, the Netherlands*. Geneva: EATA, 1987, speech 4.

저자 소개

최영일(Choe Yeong Il)
교육심리학 박사
한국교류분석상담협회 회장
전남심리상담센터 센터장
사단법인 참살이동행 이사장

노정자(Rho Jeong Ja)
사회복지학 박사
한국교류분석상담협회 수련감독(일반)
천안통합상담지원센터장
백석문화대학교 겸임교수

박봉근(Park Bong Kuen)
교육학과 상담심리전공 석사
한국교류분석상담협회 수련감독(일반)
삼일공업고등학교 상담실장
한국생명존중희망재단 강사

서미경(Seo Mi Kyung)
산업심리학 박사 수료
한국교류분석상담협회 수련감독(일반)
대학학생상담센터 전임상담원
청년도전지원사업 강사

손희란(Son Hi Ran)
복지상담학 박사
한국교류분석상담협회 수련감독(일반)
공군 병영생활전문상담관
해밀원격평생교육원 교수

조윤정(Cho Yun Jeong)

상담학 박사

한국교류분석상담협회 수련감독(일반)

중부대학교 대학원 아동상담학과 주임교수

온새미심리상담소 소장

조찬희(Cho Chan Hee)

교육심리학 박사 수료

한국교류분석상담협회 수련감독(일반)

사단법인 참살이동행 사무처장

전남청소년미래재단 청소년상담사

최정온(Choi Jeong On)

교육심리학 박사 과정

한국교류분석상담협회 수련감독(일반)

소을심리상담센터 센터장

한국 HRD원격평생교육원 교수

허찬희(Heo Chan Hee)

상담심리학 박사

한국교류분석상담협회 수련감독(일반)

'마음모듬' 가족상담소 소장

가정법원 가사조정위원

교류분석과 CKFR 심리검사를 활용한
준거 틀 사례분석
Reference Frame Case Analysis Using Transaction Analysis
CKFR Psychological Test

2024년 5월 10일 1판 1쇄 인쇄
2024년 5월 20일 1판 1쇄 발행

지은이 • 최영일 · 노정자 · 박봉근 · 서미경 · 손희란
　　　　조윤정 · 조찬희 · 최정온 · 허찬희
펴낸이 • 김진환
펴낸곳 • ㈜ **학지사**
　　　　04031 서울특별시 마포구 양화로 15길 20 마인드월드빌딩
대표전화 • 02-330-5114　팩스 • 02-324-2345
등록번호 • 제313-2006-000265호

홈페이지 • http://www.hakjisa.co.kr
인스타그램 • https://www.instagram.com/hakjisabook

ISBN 978-89-997-3113-6　93180

정가 28,000원

출판미디어기업 **학지사**
간호보건의학출판 **학지사메디컬** www.hakjisamd.co.kr
심리검사연구소 **인싸이트** www.inpsyt.co.kr
학술논문서비스 **뉴논문** www.newnonmun.com
교육연수원 **카운피아** www.counpia.com
대학교재전자책플랫폼 **캠퍼스북** www.campusbook.co.kr